信息与计算科学丛书·典藏版 31

有理函数逼近及其应用

王仁宏 朱功勤 著

科 学 出 版 社

北 京

内 容 简 介

本书系统介绍有理函数逼近的理论、方法及其应用.内容包括:有理逼近中的连分式方法,有理插值及向量值有理插值,Padé 逼近与 Padé 型逼近,基于广义逆的向量值、矩阵值、函数值的 Padé 逼近,有理 Tchebyshev 逼近、有理样条函数,以及有理逼近在图象处理、微分方程数值解法和几何设计中的应用.

本书可作为高等院校计算数学、应用数学和计算机科学专业的研究生及高年级大学生的教材,也可供工程技术人员阅读和参考.

图书在版编目(CIP)数据

有理函数逼近及其应用/王仁宏,朱功勤著.—北京:科学出版社,2004
(信息与计算科学丛书;31)
ISBN 978-7-03-011538-6

I.有… II.①王… ②朱… III.有理函数逼近 IV.O174.41

中国版本图书馆 CIP 数据核字(2003)第 045505 号

责任编辑:陈玉琢 刘嘉善/责任校对:宋玲玲
责任印制:徐晓晨/封面设计:王 浩

科学出版社出版
北京东黄城根北街 16 号
邮政编码:100717
http://www.sciencep.com
北京厚诚则铭印刷科技有限公司 印刷
科学出版社发行 各地新华书店经销
*
2004 年 1 月第 一 版 开本:B5(720×1000)
2016 年 1 月印 刷 印张:27 1/2
字数:523 000

定价:188.00 元
(如有印装质量问题,我社负责调换)

前　　言

在自然科学与技术科学领域中存在着大量的需要解决的非线性问题,它们已成为科学技术研究的热点和主攻方向之一.

诚如英国著名哲学家与数学家罗素(Bertrand Russell)所说:“所有精确的科学都受到逼近的思想所支配.”确实,所有的非线性科学也已受到、并将继续受到非线性逼近的思想的渗透和影响.多年来作为非线性逼近的典型之一的有理函数逼近,愈来愈引起人们的关注.因为有理函数仍属于简单函数类.它虽然比多项式要复杂,但用它来近似表示函数时,却比用多项式更灵活、有效,且能反映函数的一些固有特性,如奇性等.所以,近年来人们在数值与函数逼近,计算机辅助几何设计中常常偏爱有理函数.

由于有理函数逼近的实现比多项式逼近要复杂得多,使得它的应用受到了影响.但由于计算机的出现,过去难于实现的问题变成了可能,所以关于有理逼近的理论研究和应用研究仍有着巨大的发展潜力.遗憾的是,至今国际上尚无一本系统介绍有理逼近理论与方法的著作供我们采用.

早在二十多年前,本书作者之一曾出版过一本名为《数值有理逼近》的著作,为在我国开展有理逼近研究起了一点推动作用.十多年前徐献瑜、李家楷和徐国良曾出版了一部名为《Padé 逼近概论》的著作,该书就有理逼近中的十分重要的领域 Padé 逼近作了详细而有趣的论述.本书后一作者领导的研究集体长期系统地研究了有理逼近中的多个有关题材,在国家自然科学基金的资助下,取得了一系列有价值的研究成果,并培养了一批硕士、博士研究生.为适应科学技术发展和广大读者的需要,我们撰写了这本书.由于近年来国际上关于有理逼近的研究成果十分丰富,所以本书只能介绍最基本的理论与方法.全书共有七章.第一章介绍有理逼近中的连分式方法,主要介绍连分式向后三项递推算法及其应用、向量连分式与矩阵连分式、连分式的加速收敛以及分叉连分式等的基本理论与方法;第二章介绍有理插值的存在性及各种算法;第三章介绍向量值函数有理插值的基本理论与各种算法,着重介绍基于广义逆矩阵有理插值及分叉连分式插值的基本理论与算法及误差估计;第四章论述关于 Padé 逼近与 Padé 型逼近的理论.由于已有前面已提及的著作《Padé 逼近概论》,所以我们只侧重介绍 Padé 逼近及 Padé 型逼近的定义与算法,Tchebyshev-Padé 逼近,Padé 型逼近的性质及收敛性,基于广义逆的向量 Padé 逼近与矩阵 Padé 逼近,Newton-Padé 逼近,多元 Padé 型逼近的算法与收敛性等;第五章介绍一元与二元有理样条的基本理论及一类新的 Padé 样条等；第六章简要介绍最佳有理逼近中的通常有理 Tchebyshev 逼近，权函数具有零点的和插值约束的有理逼近，以及 Newton-Padé 逼近与最佳有理逼近等. 最后一章以举例的方式介绍向量值函数有理逼近及连分式插值方法在图象压缩与重构中的应用，函数值 Padé 逼近在积分方程数值解中的应用，矩阵指数函数的一种新算法，以及向量有理插值在计算机辅助几何设计(CAGD)中的应用等.

在本书的撰写过程中，檀结庆教授、顾传青教授、朱晓临博士、赵欢喜博士等提供了一些有价值的资料，我们表示衷心的感谢. 由于我们的水平有限，在题材的取舍和处理上可能会有不妥，甚至谬误之处，恳请广大读者批评指正.

作者由衷地感谢中国科学院科学出版基金资助本书的出版. 作者还要感谢国家自然科学基金委员会多年来的资助，感谢大连理工大学和合肥工业大学的一贯支持，第一作者还要感谢广东省自然科学基金和中山大学的资助与支持. 如果没有以上各方面的支持与帮助，本书是难以面世的. 科学出版社的吕虹、刘嘉善、毕颖等同志为本书的出版付出了辛勤的劳动，在此谨向他们表示衷心的感谢.

大连理工大学　王仁宏

合肥工业大学　朱功勤

2002 年 12 月 18 日

目　录

第一章　有理逼近中的连分式方法

连分式是一个古老的数学分支，随着科学技术的迅速发展，它的应用范围不断扩大，特别是以连分式为工具的数值逼近方法已引起人们的关注．连分式由数量形式推广到向量形式及矩阵形式的研究出现了大量的结果，为研究各种形式的有理逼近提供了有效的工具．有关连分式理论及其应用已有许多专著(参见文献[152])．本书不打算介绍连分式理论及其应用的各个方面，而只介绍与有理插值逼近的有关结果，例如连分式向后三项递推算法及其应用，向量连分式与矩阵连分式以及连分式的加速收敛等．为了便于阅读，在本章的开头扼要介绍连分式的基本概念及有关性质．

§1　基本概念及有关性质

连分式的一般形式为

$$b_0+\cfrac{a_1}{b_1+\cfrac{a_2}{b_2+\cfrac{a_3}{b_3+\ddots}}},\tag{1.1}$$

其中 a_i, b_i 称为连分式的元素，或部分分子和部分分母，通常为实数、复数或函数．a_i/b_i 称为连分式(1.1)的第 i 节．为了书写方便，常将式(1.1)写成紧凑形式：

$$b_0+\frac{a_1}{b_1}+\frac{a_2}{b_2}+\frac{a_3}{b_3}+\cdots,\tag{1.2}$$

或

$$b_0+\frac{a_1|}{|b_1}+\frac{a_2|}{|b_2}+\frac{a_3|}{|b_3}+\cdots=b_0+\sum_{i=1}^{\infty}\frac{a_i|}{|b_i},\tag{1.3}$$

或

$$b_0+K(a_i/b_i).\tag{1.4}$$

称

$$b_0 + \frac{a_1}{b_1} + \frac{a_2}{b_2} + \cdots + \frac{a_n}{b_n} \tag{1.5}$$

为连分式(1.1)的第 n 阶渐近分式,记为 c_n,即

$$c_n = b_0 + \frac{a_1}{b_1} + \frac{a_2}{b_2} + \cdots + \frac{a_n}{b_n}. \tag{1.6}$$

显然渐近分式序列为

$$c_0 = b_0, \quad c_1 = b_0 + \frac{a_1}{b_1} = \frac{b_0 b_1 + a_1}{b_1},$$

$$c_2 = b_0 + \frac{a_1}{b_1} + \frac{a_2}{b_2} = \frac{b_0(b_1 b_2 + a_2) + a_1 b_2}{b_1 b_2 + a_2}, \tag{1.7}$$

……

$$c_n = \frac{P_n}{Q_n} = \frac{P_n(b_0, a_1, b_1, \cdots, a_n, b_n)}{Q_n(b_1, b_2, a_2, \cdots, a_n, b_n)}.$$

若 $\lim\limits_{n\to\infty} c_n = c$ 存在,则称连分式(1.1)是收敛的,c 称为连分式(1.1)的值;否则连分式(1.1)称为发散的.

一、基本性质

首先给出式(1.7)中 P_n, Q_n 的递推关系.

定理 1.1　设 $P_{-1}=1, P_0=b_0, Q_{-1}=0, Q_0=1$,则对 $n\geqslant 1$ 有

$$\begin{cases} P_n = b_n P_{n-1} + a_n P_{n-2}, \\ Q_n = b_n Q_{n-1} + a_n Q_{n-2}. \end{cases} \tag{1.8}$$

证明　用数学归纳法证明.

显然

$$c_1 = P_1/Q_1 = \frac{b_0 b_1 + a_1 \cdot 1}{b_1 + a_1 \cdot 0},$$

假设 $n=k$ 时式(1.8)成立,即

$$\frac{P_k}{Q_k} = \frac{b_k P_{k-1} + a_k P_{k-2}}{b_k Q_{k-1} + a_k Q_{k-2}}.$$

注意到 $c_{k+1} = b_0 + \dfrac{a_1}{b_1} + \cdots + \dfrac{a_k}{b_k} + \dfrac{a_{k+1}}{b_{k+1}}$,从$\dfrac{P_k}{Q_k}$变到$\dfrac{P_{k+1}}{Q_{k+1}}$应以 $b_k + \dfrac{a_{k+1}}{b_{k+1}}$代替 b_k,所

以

$$\frac{P_{k+1}}{Q_{k+1}} = \frac{\left(b_k + \dfrac{a_{k+1}}{b_{k+1}}\right)P_{k-1} + a_k P_{k-2}}{\left(b_k + \dfrac{a_{k+1}}{b_{k+1}}\right)Q_{k-1} + a_k Q_{k-2}}$$

$$= \frac{b_{k+1}(b_k P_{k-1} + a_k P_{k-2}) + a_{k+1} P_{k-1}}{b_{k+1}(b_k Q_{k-1} + a_k Q_{k-2}) + a_{k+1} Q_{k-1}}$$

$$= \frac{b_{k+1} P_k + a_{k+1} P_{k-1}}{b_{k+1} Q_k + a_{k+1} Q_{k-1}}.$$

故 $n=k+1$ 时式(1.8)也成立，由归纳法原理知，定理结论成立. □

若 $Q_n Q_{n-1} \neq 0$，则由归纳法可以证明

$$c_n - c_{n-1} = (-1)^{n+1} \frac{a_1 a_2 \cdots a_n}{Q_n Q_{n-1}}. \tag{1.9}$$

定理 1.2 设对 $1 \leqslant i \leqslant n$ 时，$Q_i \neq 0$，则

$$c_n = b_0 + \sum_{i=1}^{n} (-1)^{i+1} \frac{a_1 \cdots a_i}{Q_{i-1} Q_i}. \tag{1.10}$$

证明 由式(1.9)有

$$\frac{P_n}{Q_n} = \left(\frac{P_n}{Q_n} - \frac{P_{n-1}}{Q_{n-1}}\right) + \left(\frac{P_{n-1}}{Q_{n-1}} - \frac{P_{n-2}}{Q_{n-2}}\right) + \cdots + \left(\frac{P_1}{Q_1} - \frac{P_0}{Q_0}\right) + \frac{P_0}{Q_0}$$

$$= (-1)^{n+1} \frac{a_1 \cdots a_n}{Q_n Q_{n-1}} + (-1)^n \frac{a_1 \cdots a_{n-1}}{Q_{n-1} Q_{n-2}} + \cdots + \frac{a_1}{Q_1 Q_0} + b_0. \quad \square$$

显然式(1.10)为级数

$$b_0 + \sum_{i=1}^{\infty} (-1)^{i+1} \frac{a_1 \cdots a_i}{Q_{i-1} Q_i} \tag{1.11}$$

的前 $n+1$ 项的部分和，称式(1.11)为 Euler-Minding 级数. 这样建立了级数与连分式之间的联系，即级数(1.11)的前 $n+1$ 项部分和等于连分式(1.1)的第 n 阶渐近分式. 因此可把对级数的一些已知结果应用到连分式的理论上去.

下面介绍连分式的等价变换. 令 $P_i \neq 0 (i \geqslant 0)$，将连分式(1.1)写成

$$b_0 + \frac{P_1 a_1|}{|P_1 b_1} + \sum_{i=2}^{\infty} \frac{P_{i-1} P_i a_i|}{|P_i b_i}. \tag{1.12}$$

容易验证，式(1.1)与(1.12)有相同的渐近分式. 故称式(1.12)为式(1.1)的等价连分式，将式(1.1)变为式(1.12)的变换称为等价变换. 这样，利用等价变换一个连分

式可以重新写成规定的形式. 例如连分式(1.1), 当 $a_i \neq 0 (i \geqslant 1)$ 时, 取 $P_1 = \frac{1}{a_1}$, $P_i = \frac{1}{a_i P_{i-1}} (i \geqslant 2)$, 则可以写成

$$d_0 + \sum_{i=1}^{\infty} \frac{1 \rfloor}{\lceil d_i}. \tag{1.13}$$

如果令 $e_1 = \frac{a_1}{b_1}$, $e_n = \frac{a_n}{b_{n-1} b_n} (n \geqslant 2)$, 则连分式(1.1)便可写成

$$b_0 + \frac{e_1 \rfloor}{\lceil 1} + \sum_{i=2}^{\infty} \frac{e_i \rfloor}{\lceil 1}. \tag{1.14}$$

在[152]中证明了等价连分式的特征定理.

定理 1.3　连分式 $K(a/b)$ 和 $K(a^*/b^*)$ 是等价的, 当且仅当存在一个非零常数序列 $\{r_i\}$ 使得

$$\begin{aligned} a_i^* &= r_i r_{i-1} a_i, \\ b_i^* &= r_i b_i, \end{aligned} \qquad i = 1, 2, \cdots.$$

再来看一下连分式的收缩与扩张问题. 在实际问题中经常会遇到这样的问题: 假设给定一个互不相同的序列 $\{c_n\}$, 要求构造一个连分式, 使得 c_n 为该连分式的第 n 阶渐近分式.

定理 1.4　设 $c_n \neq c_{n-1} (n \geqslant 1)$, 令 $b_0 = c_0$, $a_1 = c_1 - c_0$, $b_1 = 1$, $a_i = (c_{i-1} - c_i)/(c_{i-1} - c_{i-2})$, $b_i = (c_i - c_{i-2})/(c_{i-1} - c_{i-2})$, $i \geqslant 2$. 则连分式 $b_0 + \sum_{i=1}^{\infty} \frac{a_i \rfloor}{\lceil b_i}$ 的渐近分式为序列 $\{c_n\}$ 的元素.

利用连分式的等价变换, 对 $n \geqslant 2$, 由定理 1.4 中 a_i, b_i 的表示式, 连分式可以写为

$$c_0 + \frac{c_1 - c_0 \rfloor}{\lceil 1} + \frac{c_1 - c_2 \rfloor}{\lceil c_2 - c_0} + \sum_{i=3}^{\infty} \frac{(c_{i-2} - c_{i-3})(c_{i-1} - c_i) \rfloor}{\lceil c_i - c_{i-2}}. \tag{1.15}$$

设有两个连分式 $b_0 + K(a_n/b_n)$ 和 $b_0^* + K(a_n^*/b_n^*)$, 如果 $b_0 + K(a_n^*/b_n^*)$ 的渐近分式序列 $\{P_n^*/Q_n^*\}$ 为 $b_0 + K(a_n/b_n)$ 的渐近分式序列 $\{P_n/Q_n\}$ 的子序列, 则称连分式 $b_0^* + K(a_n^*/b_n^*)$ 为 $b_0 + K(a_n/b_n)$ 的收缩(压缩), 或称 $b_0 + K(a_n/b_n)$ 为

$b_0^* + K(a_n^*/b_n^*)$的扩张.

考虑渐近分式序列$\{c_n\}$的连分式,所谓连分式的偶收缩部分是渐近分式序列为$\{c_{2n}\}$的一个连分式,奇收缩部分是渐近分式序列为$\{c_{2n+1}\}$的一个连分式.显然我们可以利用定理 1.4 构造一个连分式的奇、偶收缩部分.

事实上,设$b_0 + \sum_{i=1}^{\infty} \frac{a_i|}{|b_i}$,其渐近分式序列$\{P_n/Q_n\}$,它的偶收缩部分为$b_0^* + \sum_{i=1}^{\infty} \frac{a_n^*|}{|b_n^*}$,其渐近分式序列为$\{c_n^*\}$,由定义知$c_n^* = P_{2n}/Q_{2n}$.于是

$$b_0^* = c_0^* = P_0/Q_0, b_1^* = 1, a_1^* = c_1^* - c_0^* = P_2/Q_2 - P_0/Q_0.$$

当$i \geqslant 2$时

$$a_i^* = \frac{c_{i-1}^* - c_i^*}{c_{i-1}^* - c_{i-2}^*} = \left[\frac{P_{2(i-1)}}{Q_{2(i-1)}} - \frac{P_{2i}}{Q_{2i}}\right] \bigg/ \left[\frac{P_{2(i-1)}}{Q_{2(i-1)}} - \frac{P_{2(i-2)}}{Q_{2(i-2)}}\right],$$

$$b_i^* = \frac{c_i^* - c_{i-2}^*}{c_{i-1}^* - c_{i-2}^*} = \left[\frac{P_{2i}}{Q_{2i}} - \frac{P_{2(i-2)}}{Q_{2(i-2)}}\right] \bigg/ \left[\frac{P_{2(i-1)}}{Q_{2(i-1)}} - \frac{P_{2(i-2)}}{Q_{2(i-2)}}\right].$$

故得偶收缩部分连分式为

$$\frac{P_0}{Q_0} + \frac{(P_2/Q_2 - P_0/Q_0)|}{|1} + \sum_{i=2}^{\infty} \frac{a_i^*|}{|b_i^*}.$$

再利用连分式的等价变换及类似于式(1.9)的等式,便可得到偶收缩部分连分式为

$$b_0 + \frac{a_1 b_2|}{|b_1 b_2 + a_2} - \frac{a_2 a_3 b_4|}{|(b_2 b_3 + a_3) b_4 + b_2 a_4} + \sum_{i=3}^{\infty} \frac{-a_{2i-2} a_{2i-1} b_{2i-4} b_{2i}|}{|b_{2i}(b_{2i-2} b_{2i-1} + a_{2i-1}) + b_{2i-2} a_{2i}}, \tag{1.16}$$

以同样的方法,可得奇收缩部分连分式为

$$\frac{b_0 b_1 + a_1}{b_1} - \frac{a_1 a_2 b_3/b_1|}{|(b_1 b_2 + a_2) b_3 + b_1 a_3} + \sum_{i=2}^{\infty} \frac{-a_{2i} a_{2i-1} b_{2i-3} b_{2i+1}|}{|(b_{2i} b_{2i+1} + a_{2i+1}) b_{2i-1} + a_{2i} b_{2i+1}}. \tag{1.17}$$

二、构造连分式的方法

由于连分式有很好的递推算法,对于给定的数或函数构造连分式是很有意义的.而构造方法也有很多,这里仅介绍几个较典型的方法,即逐次代换法、等价变换法和 Viscovatov 方法等.

设 f 为给定的一个数或函数. 记 $T_0=f$,按下列格式计算 $T_1,T_2,\cdots,T_{n+1}$:

$$T_0 = b_0 + T_1,$$

$$T_1 = \frac{a_1}{b_1 + T_2},$$

$$T_i = \frac{a_i}{b_i + T_{i+1}}, \quad 2 \leqslant i \leqslant n,$$

其中 b_0,a_i,b_i 为自由选取的数或函数. 由此方式便得

$$f = T_0 = b_0 + T_1 = b_0 + \frac{a_1}{b_1 + T_2} = b_0 + \cfrac{a_1}{b_1 + \cfrac{a_2}{b_2 + T_3}} = \cdots$$

$$= b_0 + \sum_{i=1}^{n-1} \left\lceil \frac{a_i}{b_i} \right\rfloor + \left\lceil \frac{a_n}{b_n + T_{n+1}} \right\rfloor .$$

继续上面的逐次代换法,便得到形如式(1.1)的连分式

$$f = b_0 + \sum_{i=1}^{\infty} \left\lceil \frac{a_i}{b_i} \right\rfloor .$$

如果级数 $\sum_{i=0}^{\infty} d_i$ 的部分和 $D_n = \sum_{i=0}^{n} d_i$ 与连分式 $b_0 + \sum_{i=1}^{\infty} \left\lceil \frac{a_i}{b_i} \right\rfloor$ 的第 n 阶渐近分式 $c_n = b_0 + \sum_{i=1}^{n} \left\lceil \frac{a_i}{b_i} \right\rfloor$ 相等,称级数与连分式等价. 而连式(1.1)与 Euler-Minding 级数是等价的,由式(1.15)及 $c_n = \sum_{i=0}^{n} d_i$ 可把一个给定的幂级数变成一个等价连分式

$$d_0 + \left\lceil \frac{d_1}{1} \right\rfloor + \left\lceil \frac{-d_2}{d_1 + d_2} \right\rfloor + \sum_{i=3}^{\infty} \left\lceil \frac{-d_{i-2}d_i}{d_{i-1} + d_i} \right\rfloor . \tag{1.18}$$

而 Viscovatov 方法可把两个幂级数的商展开成一个连分式. 显然,若 $f(x)$是一个有理分式函数,用这种方法可以展开为连分式. 下面介绍这种方法.
设

$$f(x) = \frac{d_{10} + d_{11}x + d_{12}x^2 + \cdots}{d_{00} + d_{01}x + d_{02}x^2 + \cdots}. \tag{1.19}$$

则

$$f(x) = \cfrac{1}{\cfrac{d_{00}}{d_{10}} + \cfrac{d_{00} + d_{01}x + d_{02}x^2 + \cdots}{d_{10} + d_{11}x + d_{12}x^2 + \cdots} - \cfrac{d_{00}}{d_{10}}}$$

$$= \cfrac{d_{10}}{d_{00} + x\cfrac{(d_{10}d_{01} - d_{00}d_{11}) + x(d_{10}d_{02} - d_{00}d_{12})x + \cdots}{d_{10} + d_{11}x + d_{12}x^2 + \cdots}}.$$

令 $d_{2i} = d_{10}d_{0i+1} - d_{00}d_{1i+1}(i \geqslant 0)$,上式便可写成

$$f(x) = \cfrac{d_{10}}{d_{00} + x\cfrac{d_{20} + d_{21}x + d_{22}x^2 + \cdots}{d_{10} + d_{11}x + d_{12}x^2 + \cdots}}.$$

继续重复上面过程,并令

$$d_{k,i} = d_{k-1,0}d_{k-2,i+1} - d_{k-2,0}d_{k-1,i+1} \quad (k \geqslant 2, i \geqslant 0), \tag{1.20}$$

最后得

$$f(x) = \frac{d_{10}|}{|d_{00}} + \frac{d_{20}x|}{|d_{10}} + \frac{d_{30}x|}{|d_{20}} + \cdots. \tag{1.21}$$

把上面的系数排成下表,按式(1.20)计算是很方便的.

$$\begin{array}{ccccc}
d_{00} & d_{01} & d_{02} & d_{03} & \cdots \\
d_{10} & d_{11} & d_{12} & d_{13} & \cdots \\
d_{20} & d_{21} & d_{22} & d_{23} & \cdots \\
d_{30} & d_{31} & d_{32} & d_{33} & \cdots \\
\vdots & \vdots & \vdots & \vdots &
\end{array}$$

第三行元素按表中所示方法求出,第四行元素由第二行与第三行元素求出(类似求第三行元素方法),余类推.

若 $d_{20} = 0$,则

$$f(x) = \cfrac{d_{10}}{d_{00} + x^2\cfrac{d_{21} + d_{22}x + \cdots}{d_{10} + d_{11}x + d_{12}x^2 + \cdots}}.$$

像前面的方法一样展开分式

$$\frac{d_{21} + d_{22}x + \cdots}{d_{10} + d_{11}x + d_{12}x^2 + \cdots},$$

便导出恒等式

$$f(x) = \frac{d_{10}|}{|d_{00}} + \frac{d_{21}x^2|}{|d_{10}} + \frac{d_{31}^1 x|}{|d_{21}} + \frac{d_{41}^1 x|}{|d_{31}^1} + \cdots, \tag{1.22}$$

其系数可按下列格式计算：

$$\begin{array}{ccccccc}
d_{00} & d_{01} & d_{02} & \cdots & & & \\
d_{10} & d_{11} & d_{12} & \cdots & & & \\
0 & d_{21} & d_{22} & \cdots & & & \\
d_{21} & d_{22} & d_{23} & \cdots & d_{31}^1 & = & d_{21}d_{11} - d_{10}d_{22}, \\
d_{31}^1 & d_{32}^1 & d_{33}^1 & \cdots & d_{32}^1 & = & d_{21}d_{12} - d_{10}d_{23} \\
 & & & & & \vdots & \\
d_{41}^1 & d_{42}^1 & d_{43}^1 & \cdots & d_{41}^1 & = & d_{31}^1 d_{22} - d_{32}^1 d_{21} \\
\vdots & \vdots & \vdots & & \vdots & &
\end{array}$$

一般地，如果 $d_{k,0}=0$ 也可采用上面方法处理.

例 1　将有理分式函数 $f(x)=\dfrac{1-3x^3}{1-x^2-4x^4}\left(x^2<\dfrac{\sqrt{17}-1}{8}\right)$展开成连分式.

解　将有理分式函数系数排成二行

$$\begin{array}{ccccc}
1 & 0 & -1 & 0 & -4 \\
1 & 0 & 0 & -3 & 0
\end{array}$$

$$d_{20} = 1\cdot 0 - 1\cdot 0 = 0, d_{21} = 1\cdot(-1) - 1\cdot 0 = -1, d_{22} = 1\cdot 0 - 1\cdot(-3) = 3,$$

$$d_{23} = 1\cdot(-4) - 1\cdot 0 = -4.$$

此时第三行元素为 0, −1, 3, −4, 0, 然后将第三行元素左移一个位置便得到第四行，即得数表为：

$$\begin{array}{ccccc}
1 & 0 & -1 & 0 & -4 \\
1 & 0 & 0 & -3 & 0 \\
0 & -1 & 3 & -4 & 0 \\
-1 & 3 & -4 & 0 & 0
\end{array}$$

然后由第三行、第四行元素按求第三行元素方法，便可求得第五行元素为：−3, 4, 3, 0, 0. 再由第四行与第五行元素按上面方法可求出第六行元素为：−5, 15, 0, 0, 0.

类似地可求出第七行元素为:25, −15,0,0,0.第八行元素为:300,0,0,0,0,最后一行元素为 −4500.

将这些系数代入式(1.22)得

$$f(x)=\frac{1\mid}{\mid 1}+\frac{-x^2\mid}{\mid 1}+\frac{-3x\mid}{\mid -1}+\frac{-5x\mid}{\mid -3}+\frac{25x\mid}{\mid -5}+\frac{300x\mid}{\mid 25}+\frac{-4500x\mid}{\mid 300}$$

$$=\frac{1\mid}{\mid 1}-\frac{x^2\mid}{\mid 1}+\frac{3x\mid}{\mid 1}-\frac{5x\mid}{\mid 3}-\frac{5x\mid}{\mid 1}+\frac{12x\mid}{\mid 5}-\frac{3x\mid}{\mid 1}.$$

三、连分式的收敛性

上面介绍了数或函数展开为连分式,都是从代数角度出发形式上导出的,并没有涉及展开式的收敛性.由于连分式的收敛性是比较复杂的理论问题,但有关连分式的收敛性成果是十分丰富的,限于篇幅我们不可能作详细介绍,只能简要地叙述一些古典收敛准则.

定理 1.5　若 $i\geqslant 1$ 时,$b_i>0$,则连分式 $b_0+\sum_{i=1}^{\infty}\frac{1\mid}{\mid b_i}$ 收敛充分必要条件是级数 $\sum_{i=1}^{\infty}b_i$ 发散.

定理 1.6　若 $|b_i|\geqslant|a_i|+1(i\geqslant 1)$,则连分式 $\sum_{i=1}^{\infty}\frac{a_i\mid}{\mid b_i}$ 收敛,且对第 n 阶渐近分式 c_n 而言,当 $n\geqslant 1$ 时有 $|c_n|<1$.

定理 1.7　设对所有 $i=0,1,\cdots,a_i,b_i$ 大于零,且 $b_i\geqslant a_i$,则连分式 $b_0+\sum_{i=1}^{\infty}\frac{a_i\mid}{\mid b_i}$ 收敛.

定理 1.8　若 $|a_i|\leqslant\frac{1}{4}(i\geqslant 2)$ 时,则连分式 $\sum_{i=1}^{\infty}\frac{a_i\mid}{\mid 1}$ 收敛.

定理 1.9　如果连分式 $b_0+\sum_{i=1}^{\infty}\frac{a_iz\mid}{\mid 1}$ 对任何非零 z 值收敛,则级数

$$\sum_{n=1}^{\infty}\left|\frac{a_2a_4\cdots a_{2n}}{a_1a_3\cdots a_{2n-1}}\right| \text{或} \sum_{n=1}^{\infty}\left|\frac{a_1a_3\cdots a_{2n-1}}{a_2a_4\cdots a_{2n}}\right|$$

必发散.

有关这些定理的证明请参阅文献[152].

§2　极限循环连分式的加速收敛

连分式的加速收敛也是一个古老的课题,但早期的研究仅局限于某个特殊的连分式.随着科学技术的发展,特别是数值逼近方法在工程技术中的广泛应用,自上个世纪 80 年代以来,人们对连分式的加速收敛研究产生了浓厚的兴趣,得到了一些好的结果.本节针对一类重要的极限循环连分式介绍加速收敛的方法.

对于连分式

$$K(a_n/b_n) = \mathop{\mathrm{K}}_{n=1}^{\infty}(a_n/b_n) = \frac{a_1}{b_1} + \frac{a_2}{b_2} + \cdots + \frac{a_n}{b_n} + \cdots, \tag{2.1}$$

它的第 n 阶渐近序列为

$$f_n = S_n(0) = \mathop{\mathrm{K}}_{i=1}^{n}(a_i/b_i) = \frac{a_1}{b_1} + \frac{a_2}{b_2} + \cdots + \frac{a_n}{b_n}. \tag{2.2}$$

如果 $\lim\limits_{n\to\infty} f_n = f(x)$ 存在,则称连分式(2.1)收敛,记作 $f = K(a_n/b_n)$,它的余项序列为

$$f^{(n)} = \mathop{\mathrm{K}}_{i=n+1}^{\infty}(a_i/b_i), \quad f^{(0)} = f. \tag{2.3}$$

显然有

$$f^{(n)} = \frac{a_{n+1}}{b_{n+1} + f^{(n+1)}}, \quad n = 0,1,2,\cdots. \tag{2.4}$$

将渐近分式序列(2.2)写成便于计算的分式形式

$$f_n = P_n/Q_n = S_n(0),$$

其中 P_n, Q_n 满足式(1.8).

连分式

$$K(a_n/1) = \mathop{\mathrm{K}}_{n=1}^{\infty}(a_n/1) = \frac{a_1}{1} + \frac{a_2}{1} + \cdots + \frac{a_n}{1} + \cdots \tag{2.5}$$

称为极限循环的,当且仅当 $\lim\limits_{n\to\infty} a_n = a$ 存在,如果 $a \notin (-\infty, -\frac{1}{4}]$,则连分式(2.5)收敛,且 $\mathop{\mathrm{K}}\limits_{n=1}^{\infty}(a_1/1) = x_1$,而 $x_1 = -\frac{1}{2} + \frac{\sqrt{1+4a}}{2}$.

一、选取加速收敛因子方法

在极限循环连分式(2.5)收敛的条件下,为了加速收敛,引入因子 ω_n,并将它

的渐近分式序列改写为

$$S_n(\omega_n)=\frac{a_1}{1}+\frac{a_2}{1}+\cdots+\frac{a_n}{1+\omega_n}. \tag{2.6}$$

如果选取的 ω_n 满足

$$\lim_{n\to\infty}\frac{S_n(\omega_n)-f}{S_n(0)-f}=0\quad(f\neq\infty), \tag{2.7}$$

则说 $S_n(\omega)$收敛于 f 的速度比 $S_n(0)$收敛于 f 的速度快,并称 ω_n 为加速收敛因子.

L. Jacobsen 在文献[153]中证明了.

定理 1.10 设 $K(a_n/1)\to f$(有限), $a_n\to 0$, 取 $\omega_n=\sqrt{a_{n+1}+\frac{1}{2}}-\frac{1}{2}$, $\mathrm{Re}\sqrt{a_{n+1}+\frac{1}{4}}\geqslant 0$,则

(i) $\left|\frac{S_n(\omega_n)-f}{f_n-f}\right|\to 0\quad(n\to\infty)$;

(ii) $\left|\frac{S_n(\omega_n)-f}{f_{n+1}-f}\right|\to 0,\Leftrightarrow\frac{a_n}{a_{n+1}}\to 1$;

(iii) $\left|\frac{S_n(\omega_n)-f}{f_{n+2}-f}\right|\to 0\quad\Leftrightarrow\left(\frac{a_n}{a_{n+1}}-1\right)/a_n\to 0$;

(iv) $\left|\frac{S_n(\omega_n)-f}{f_{n+3}-f}\right|\to 0\quad\Leftrightarrow\left(\frac{a_n}{a_{n+1}}-1\right)/a_n^2\to 0$.

为了加速极限循环连分式的收敛,可以选取各种各样的加速收敛因子,自然要问,加速收敛因子是否具有某种特征?下面给出加速收敛因子的特征定理.

定理 1.11[190] 设极限循环连分式为 $K(a_n/1)$, $a_n\to a\ (n\to\infty)$, $a\notin\left(-\infty,-\frac{1}{4}\right]\setminus\{0\}$,则

$$\lim_{n\to\infty}\frac{S_n(\omega_n)-f}{f_n-f}=0\Leftrightarrow\exists\{\omega_n\}\text{ 满足 }\omega_n\to x_1\ (n\to\infty),\text{其中 }x_1=-\frac{1}{2}+\frac{\sqrt{1+4a}}{2}.$$

由定理 1.11 可知,只要选取的加速收敛因子 ω_n 满足 $\omega_n\to x_1$,就能使极限循环连分式得到加速.

定理 1.12[154] 令 $K(a_n/1)$满足 $a_n\to a$, $\left|\arg\left(a+\frac{1}{4}\right)\right|<\pi$,则 $\varepsilon_{n+1}/\varepsilon_n\to t\in c$,当且仅当 $\delta_{n+1}/\delta_n\to t\in c$,其中 $\varepsilon_n=f^{(n)}-x_1$, $\delta_n=a_n-a$.

定理 1.13[154]　设极限循环连分式 $K(a_n/b_n)$ 为双曲型或斜驶型，则满足递推关系

$$g_{n-1} = \frac{a_n}{b_n + g_n} \quad (n = 1,2,\cdots)$$

的序列 $\{g_n\}$ 收敛.

下面从式(2.4)出发，即从

$$f^{(n-1)} = \frac{a_n}{1 + f^{(n)}} \tag{2.8}$$

出发，根据特征定理 1.11 给出一类极限循环连分式的加速收敛因子，它比目前常见的加速收敛因子具有更好的加速效果.

设 $f^{(n)} \to x_1$，于是 $f^{(n)}$ 可以写成 $f^{(n)} = x_1 + \varepsilon_n$，其中 $\varepsilon_n \to 0(n \to \infty)$. 代入式(2.8)整理得

$$x_1\varepsilon_n + (1 + x_1 + \varepsilon_n)\varepsilon_{n-1} = a_n - x_1 - x_1^2. \tag{2.9}$$

设 $\lim\limits_{n\to\infty}\dfrac{a_{n+1} - x_1 - x_1^2}{a_n - x_1 - x_1^2} = t_1$. 由于 $a = x_1(1 + x_1)$，故由定理 1.12 得 $\lim\limits_{n\to\infty}\dfrac{\varepsilon_{n+1}}{\varepsilon_n} = t_1$. 由式(2.9)得

$$\frac{a_{n+1} - x_1 - x_1^2}{\varepsilon_n} = x_1\frac{\varepsilon_{n+1}}{\varepsilon_n} + 1 + x_1 + \varepsilon_{n+1} \to 1 + x_1 + x_1t_1 \neq 0.$$

由此令

$$\hat{\varepsilon}_n = \frac{a_{n+1} - x_1 - x_1^2}{1 + x_1 + x_1t_1},$$

取

$$\begin{aligned} \omega_n = x_1 + \hat{\varepsilon}_n &= x_1 + \frac{a_{n+1} - x_1 - x_1^2}{1 + x_1 + x_1t_1}, \\ &= \frac{a_{n+1} + x_1^2t_1}{1 + x_1 + x_1t_1}. \end{aligned} \tag{2.10}$$

这就是由加速收敛因子 x_1 构造出新的加速收敛因子 ω_n 的过程. 完全类似地，由加速收敛因子 ω_n，便可构造新的加速收敛因子 ω'_n，继续上面过程又可构造新的加速收敛因子. 将用上述过程构造的加速收敛因子重新编号，便可得到如下的递推关系：

$$\omega_1^{(n)} = x_1, \omega_k^{(n)} = \frac{a_{n+1} + x_1 \omega_{k-1}^{(n)} t_{k-1}}{1 + \omega_{k-1}^{(n+1)} + x_1 t_{k-1}}, \quad k = 2,3,4,\cdots,$$

其中

$$t_k = \lim_{n\to\infty} \frac{a_{n+1} - \omega_k^{(n)}(1 + \omega_k^{(n+1)})}{a_n - \omega_k^{(n-1)}(1 + \omega_k^{(n)})} \quad (k = 1,2,\cdots).$$

由数学归纳法可以证明用上述方法构造的 $\omega_1^{(n)},\cdots,\omega_k^{(n)},\cdots$是极限循环连分式 $K(a_n/1)$的加速收敛因子.

为了证明上面构造的加速收敛因子的性质,我们将渐近分式序列(2.6)写成分式形式(参见式(1.8))

$$S_n(\omega_n) = \frac{P_n + P_{n-1}\omega_n}{Q_n + Q_{n-1}\omega_n}. \tag{2.11}$$

记

$$h_n = 1 + \frac{a_n}{1} + \cdots + \frac{a_2}{1}.$$

定理 1.14[60] 设

$$\lim_{n\to\infty} \frac{a_{n+1} - \omega_k^{(n)}(1 + \omega_k^{(n+1)})}{a_n - \omega_k^{(n-1)}(1 + \omega_k^{(n)})} = t_k \quad (t_k \neq 0),$$

则有

$$\lim_{n\to\infty} \frac{S_n(\omega_k^{(n)}) - f}{S_n(\omega_{k-1}^{(n)}) - f} = 0. \tag{2.12}$$

证明 由式(2.11)不难得到

$$\frac{S_n(\omega_k^{(n)}) - f}{S_n(\omega_{k-1}^{(n)}) - f} = \frac{f^{(n)} - \omega_k^{(n)}}{f^{(n)} - \omega_{k-1}^{(n)}} \cdot \frac{h_{n-1} + \omega_k^{(n)}}{h_n + \omega_{k-1}^{(n)}}. \tag{2.13}$$

由于 $\omega_{k-1}^{(n)}$为 $K(a_n/1)$的加速收敛因子,故可设 $f^{(n)} = \omega_{k-1}^{(n)} + e_{k-1}^{(n)}$,由递推关系式(2.8)可得

$$a_{n+1} - \omega_{k-1}^{(n)} - \omega_{k-1}^{(n)}\omega_{k-1}^{(n+1)} = e_{k-1}^{(n)} + e_{k-1}^{(n+1)}\omega_{k-1}^{(n)} + e_{k-1}^{(n)}e_{k-1}^{(n+1)} + e_{k-1}^{(n)}\omega_{k-1}^{(n+1)}, \tag{2.14}$$

于是

$$\frac{a_{n+1} - \omega_{k-1}^{(n)} - \omega_{k-1}^{(n)}\omega_{k-1}^{(n+1)}}{a_n - \omega_{k-1}^{(n-1)} - \omega_{k-1}^{(n-1)}\omega_{k-1}^{(n)}} = \frac{e_{k-1}^{(n)}}{e_{k-1}^{(n-1)}} \frac{1 + \omega_{k-1}^{(n)} e_{k-1}^{(n+1)}/e_{k-1}^{(n)} + e_{k-1}^{(n+1)} + \omega_{k-1}^{(n+1)}}{1 + \omega_{k-1}^{(n-1)} e_{k-1}^{(n)}/e_{k-1}^{(n-1)} + e_{k-1}^{(n)} + \omega_{k-1}^{(n)}}. \tag{2.15}$$

令

$$g_{k-1}^{(n)} = \omega_{k-1}^{(n)} \frac{e_{k-1}^{(n+1)}}{e_{k-1}^{(n)}}, \tag{2.16}$$

将上式代入到式(2.15)得

$$\omega_{k-1}^{(n-1)} \frac{a_{n+1} - \omega_{k-1}^{(n)} - \omega_{k-1}^{(n)}\omega_{k-1}^{(n+1)}}{a_n - \omega_{k-1}^{(n-1)} - \omega_{k-1}^{(n-1)}\omega_{k-1}^{(n)}} = g_{k-1}^{(n-1)} \frac{1 + g_{k-1}^{(n)} + e_{k-1}^{(n+1)} + \omega_{k-1}^{(n+1)}}{1 + \omega_{k-1}^{(n-1)} e_{k-1}^{(n)}/e_{k-1}^{(n-1)} + e_{k-1}^{(n)} + \omega_{k-1}^{(n)}}.$$

所以

$$\begin{aligned}
&\omega_{k-1}^{(n+1)} \frac{a_{n+1} - \omega_{k-1}^{(n)} - \omega_{k-1}^{(n)}\omega_{k-1}^{(n+1)}}{a_n - \omega_{k-1}^{(n-1)} - \omega_{k-1}^{(n-1)}\omega_{k-1}^{(n)}}(1 + e_{k-1}^{(n)} + \omega_{k-1}^{(n)}) \\
&\quad + \frac{a_{n+1} - \omega_{k-1}^{(n)} - \omega_{k-1}^{(n)}\omega_{k-1}^{(n+1)}}{a_n - \omega_{k-1}^{(n-1)} - \omega_{k-1}^{(n-1)}\omega_{k-1}^{(n)}}\omega_{k-1}^{(n-1)} g_{k-1}^{(n-1)} \\
&\quad = g_{k-1}^{(n-1)}(1 + e_{k-1}^{(n+1)} + \omega_{k-1}^{(n+1)} + g_{k-1}^{(n)}),
\end{aligned}$$

即

$$g_{k-1}^{(n-1)} = \frac{\omega_{k-1}^{(n-1)}(1 + e_{k-1}^{(n)} + \omega_{k-1}^{(n)}) \dfrac{a_{n+1} - \omega_{k-1}^{(n)} - \omega_{k-1}^{(n)}\omega_{k-1}^{(n+1)}}{a_n - \omega_{k-1}^{(n-1)} - \omega_{k-1}^{(n-1)}\omega_{k-1}^{(n)}}}{1 + e_{k-1}^{(n+1)} + \omega_{k-1}^{(n+1)} - \omega_{k-1}^{(n)} \dfrac{a_{n+1} - \omega_{k-1}^{(n)} - \omega_{k-1}^{(n)}\omega_{k-1}^{(n+1)}}{a_n - \omega_{k-1}^{(n-1)} - \omega_{k-1}^{(n-1)}\omega_{k-1}^{(n)}} + g_{k-1}^{(n)}}. \tag{2.17}$$

记

$$c_n = \omega_{k-1}^{(n-1)}(1 + e_{k-1}^{(n)} + \omega_{k-1}^{(n)}) \frac{a_{n+1} - \omega_{k-1}^{(n)} - \omega_{k-1}^{(n)}\omega_{k-1}^{(n+1)}}{a_n - \omega_{k-1}^{(n-1)} - \omega_{k-1}^{(n-1)}\omega_{k-1}^{(n)}},$$

$$d_n = 1 + e_{k-1}^{(n+1)} + \omega_{k-1}^{(n+1)} - \omega_{k-1}^{(n)} \frac{a_{n+1} - \omega_{k-1}^{(n)} - \omega_{k-1}^{(n)}\omega_{k-1}^{(n+1)}}{a_n - \omega_{k-1}^{(n-1)} - \omega_{k-1}^{(n-1)}\omega_{k-1}^{(n)}}.$$

则式(2.17)变成为

$$g_{k-1}^{(n-1)} = \frac{c_n}{d_n + g_{k-1}^{(n)}}. \tag{2.18}$$

由于 $c_n \to x_1(1+x_1)t_k = at_{k-1} \neq 0, d_n \to 1 + x_1 - x_1 t_{k-1}$. 因为 $t_k \neq 0$,非奇异线性分式变换 $S(\omega) = at_{k-1}/[(1 + x_1 - x_1 t_1) + \omega]$有两个不动点: $-(1+x_1)$和 $x_1 t_{k-1}$. 又因

$$|(1+x_1-x_1t_1)+(-1-x_1)|<|(1+x_1-x_1t_1)+x_1t_{k-1}|,$$

故 $S(\omega)$为双曲型或斜驶型,因而连分式 $K(c_n/d_n)$是双曲型的或斜驶型的极限循环连分式.由定理1.13知$\{g_{k-1}^{(n)}\}$收敛.

由式(2.16)知$\lim\limits_{n\to\infty}e_{k-1}^{(n)}/e_{k-1}^{(n-1)}$存在,再由式(2.15)得$\lim\limits_{n\to\infty}e_{k-1}^{(n)}/e_{k-1}^{(n-1)}=t_{k-1}$.又因

$$\begin{aligned}&\frac{f^{(n)}-\omega_k^{(n)}}{f^{(n)}-\omega_{k-1}^{(n)}}\\&=1-\frac{\omega_k^{(n)}-\omega_{k-1}^{(n)}}{e_{k-1}^{(n)}}\\&=1-\frac{a_{n+1}-\omega_{k-1}^{(n)}-\omega_{k-1}^{(n)}\omega_{k-1}^{(n+1)}}{e_{k-1}^{(n)}}\frac{1}{1+\omega_{k-1}^{(n+1)}+x_1t_{k-1}}.\end{aligned}\tag{2.19}$$

再由式(2.14)得

$$\frac{a_{n+1}-\omega_{k-1}^{(n)}-\omega_{k-1}^{(n)}\omega_{k-1}^{(n+1)}}{e_{k-1}^{(n)}}=1+e_{k-1}^{(n+1)}+\omega_{k-1}^{(n+1)}+\omega_{k-1}^{(n)}\frac{e_{k-1}^{(n+1)}}{e_{k-1}^{(n)}}\to 1+x_1+x_1t_{k-1},\tag{2.20}$$

而

$$\frac{1}{1+\omega_{k-1}^{(n+1)}+x_1t_{k-1}}\to\frac{1}{1+x_1+x_1t_{k-1}}.\tag{2.21}$$

因此由式(2.19)~(2.21)得

$$\frac{f^{(n)}-\omega_k^{(n)}}{f^{(n)}-\omega_{k-1}^{(n)}}\to 1-(1+x_1+x_1t_{k-1})\frac{1}{1+x_1+x_1t_{k-1}}=0.\tag{2.22}$$

又由式(2.13),(2.22)得

$$\frac{S_n(\omega_k^{(n)})-f}{S_n(\omega_{k-1}^{(n)})-f}\to 0.$$ □

定理1.14表明利用这种方法构造的加速收敛因子具有良好的性质,即用后面的收敛因子比用前面的因子加速效果更好.

二、序列变换法

C. Brezinski 在文献[94]中定义了一类序列变换:

$$f_n^*=(f_nt_{n+1}-f_{n+1}t_n)/(t_{n+1}-t_n),\quad n=0,1,\cdots,\tag{2.23}$$

其中$\{t_n\}$是一个辅助序列，且对任何 $n, t_n \neq t_{n+1}$，

$$f_n = \frac{a_1}{1} + \frac{a_2}{1} + \cdots + \frac{a_n}{1} \quad (a_n \to a \neq 0).$$

将 n 阶渐近分式序列f_n 写成分式形式，即 $f_n = \dfrac{P_n}{Q_n}$，由式(2.11)知

$$f_n^* = S_{n+1}(-Q_{n+1}t_{n+1}/Q_n t_n).$$

对 $t_n = f_{n+1} - f_n = \Delta f_n$，他证明了 Aitken Δ^2 过程在用于对极限循环连分式 $K(a_n/1)$的加速收敛时，可通过加速收敛因子来表示.

取 $t_n = f_{n+m} - f_n$，则

$$f_n^* = \frac{f_{n+m+1}f_n - f_{n+m}f_{n+1}}{\Delta f_{n+m} - \Delta f_n} = \frac{f_n \Delta f_{n+m} - f_{n+m}\Delta f_n}{\Delta f_{n+m} - \Delta f_n} = T_n^{(m)} \tag{2.24}$$

这就是著名的 T_{+m}变换(参见[178]).

当 $m=1$ 时，f_n^* 就是Δ^2 过程. C. Brezinski 和 A. Lembarki 在文献[95]中讨论了极限循环连分式的线性收敛，给出了收敛的充分必要条件，即

定理 1.15　总存在 $r \in \mathbf{C}, |r| < 1$ 使得 $\lim\limits_{n\to\infty}\dfrac{f_n - f}{f_{n-1} - f} = r$ 的充分必要条件是：$\exists a \in \mathbf{C}, a \neq -\dfrac{1}{4} + \nu, \nu \leqslant 0$ 使得$\lim\limits_{n\to\infty} a_n = a$，且 a 和r 满足关系式$a = -\dfrac{r}{(1+r)^2}$.

随后，A. Lembarki 在文献[155]中利用 T_{+m}变换对极限循环连分式$K(a_n/1)$进行加速收敛研究，得到了一些好的结果. 令 $\varepsilon_{n+1} = (e_{n+1}/e_n) - r$，其中 $e_n = f_n - f$.

定理 1.16　如果$\lim\limits_{n\to\infty}\varepsilon_{n+1}/\varepsilon_n = \varepsilon$ 存在且$\varepsilon \neq 1$，则

(i) $\lim\limits_{n\to\infty}\dfrac{T_n^{(m+1)} - f}{T_n^{(m)} - f} = r\,\dfrac{1-r^m}{1-r^{m+1}} \cdot \dfrac{1-\varepsilon^{m+1}}{1-\varepsilon^m}$;

(ii) $\lim\limits_{n\to\infty}\dfrac{T_n^{(m)} - f}{T_n^{(1)} - f} = r^{m-1}\dfrac{1-r}{1-r^m} \cdot \dfrac{1-\varepsilon^m}{1-\varepsilon}$.

定理 1.17　如果$\lim\limits_{n\to\infty}\varepsilon_{n+1}/\varepsilon_n = \varepsilon$ 存在，则

(i) $\lim\limits_{n\to\infty}\dfrac{T_n^{(m)} - f}{S_{n+1}(x_1) - f} = \lambda r^m\,\dfrac{1-r}{r-\lambda}\dfrac{1-\lambda^m}{1-r^m}$，如果 $\alpha \neq 0$;

(ii) $\lim\limits_{n\to\infty}\dfrac{S_{n+1}(x_1) - f}{T_n^{(m)} - f} = 0$，如果 $\alpha = 0$;

而且

(iii) $\lim\limits_{n\to\infty}\dfrac{T_n^{(m)}-f}{S_{n+m+1}(x_1)-f}=\dfrac{1}{\lambda^{m-1}}\dfrac{1-r^2}{r-\lambda}\dfrac{1-\lambda^m}{1-r^m}$,如果 $\alpha\neq0$ 且 $\lambda\neq0$;

(iv) $\lim\limits_{n\to\infty}\dfrac{S_{n+m+1}(x_1)-f}{T_n^{(m)}-f}=0$,如果 $\alpha=0$ 或 $\lambda=0$.

其中 $\lambda=\lim\limits_{n\to\infty}(a_{n+1}-a)/(a_n-a)$, $g=\lim\limits_{n\to\infty}g_n=\lim\limits_{n\to\infty}(1+\Delta f_{n-1}/\Delta f_{n-2})$,而 $\lim\limits_{n\to\infty}(a_{n+1}-a)/(g_n-g)=\alpha$.

定理 1.16 及定理 1.17 的结论取决于 $\lim\limits_{n\to\infty}\varepsilon_{n+1}/\varepsilon_n$ 的存在.但由于 ε_n 中包含未知数 f,所以条件不易验证.在文献[180]中对此条件进行改进,给出了便于检验条件的结果.由定理 1.17 可以看出,如果 $\alpha=0$,则 $\{S_n(x_1)\}$ 比 $\{T_n^{(m)}\}$ 收敛的更快,如果 $\alpha\neq0$ 且 $\lambda=1$,则 $T_n^{(m)}$ 收敛的快.

定理 1.18　给定极限循环连分式 $K(a_n/1)$, $\lim\limits_{n\to\infty}a_n=a$ 且 $a\notin(-\infty,-\frac{1}{4}]$, $a\neq0$,如果 $\lim\limits_{n\to\infty}(a_{n+1}-a)/(g_n-g)=\alpha$ 存在,则

(i) $\lim\limits_{n\to\infty}\dfrac{T_n^{(m+1)}-f}{T_n^{(m)}-f}=r$,如果 $\alpha=0$;

(ii) $\lim\limits_{n\to\infty}\dfrac{T_n^{(m+1)}-f}{T_n^{(m)}-f}=r\,\dfrac{1-r^m}{1-r^{m+1}}\dfrac{1-\lambda^{m+1}}{1-\lambda^m}$,如果 $\alpha\neq0$ 且 $|\lambda|\neq1$;

(iii) $\lim\limits_{n\to\infty}\dfrac{T_n^{(m)}-f}{T_n^{(1)}-f}=r^{m-1}$,如果 $\alpha\neq0$;

(iv) $\lim\limits_{n\to\infty}\dfrac{T_n^{(m)}-f}{T_n^{(1)}-f}=r^{m-1}\dfrac{1-r}{1-r^m}\dfrac{1-\lambda^m}{1-\lambda}$,如果 $\alpha\neq0$ 且 $|\lambda|\neq1$,其中

$$g_n=\frac{\Delta f_{n-1}}{\Delta f_{n-2}}-r,\quad g=\lim_{n\to\infty}g_n.$$

定理 1.19　在定理 1.18 条件下,如下结论成立:

(i) $\lim\limits_{n\to\infty}\dfrac{T_n^{(m)}-f}{S_{n+1}(x_1)-f}=\lambda r^m\,\dfrac{1-r^2}{r-\lambda}\dfrac{1-\lambda^m}{1-r^m}$,如果 $\alpha\neq0$ 且 $|\lambda|\neq1$;

(ii) $\lim\limits_{n\to\infty}\dfrac{S_{n+1}(x_1)-f}{T_n^{(m)}-f}=0$,如果 $\alpha=0$;

而且

(iii) $\lim\limits_{n\to\infty}\dfrac{T_n^{(m)}-f}{S_{n+m+1}(x_1)-f}=\dfrac{1}{\lambda^{m-1}}\dfrac{1-r^2}{r-\lambda}\dfrac{1-\lambda^m}{1-r^m}$,如果 $\alpha\neq0$, $|\lambda|\neq1$ 且 $\lambda\neq0$;

(iv) $\lim\limits_{n\to\infty}\dfrac{S_{n+m+1}(x_1)-f}{T_n^{(m)}-f}=0$,如果 $\alpha=0$ 或 $\lambda=0$.

关于极限循环连分式的加速收敛还有许多方法,这里不可能作全面介绍.需要

了解这方面结果的读者可参看书末有关文献.

§3　连分式古典向后递推关系式的应用

考虑形如(1.4)的连分式

$$b_0+\mathop{\mathrm{K}}_{n=1}^{\infty}(a_n/b_n)=b_0+\frac{a_1|}{|b_1}+\frac{a_2|}{|b_2}+\cdots+\frac{a_n|}{|b_n}+\cdots \tag{3.1}$$

其中 $a_i,b_i\in C,i=0,1,\cdots$它的 n 次渐近分式(1.6),其分式形式仍记为

$$f_n=\frac{P_n}{Q_n}=b_0+\frac{a_1|}{|b_1}+\frac{a_2|}{|b_2}+\cdots+\frac{a_n|}{|b_n} \tag{3.2}$$

在连分式数值计算中,计算连分式的值最常用的算法是向前三项递推公式(1.8),有时也可用向后递推算法

$$\begin{cases} f_n^k=b_k+\dfrac{a_{k+1}}{f_n^{k+1}},n\geqslant 1,0\leqslant k\leqslant n-1,\\ f_n^n=b_n. \end{cases} \tag{3.3}$$

算法(1.8)与(3.3)在连分式计算中各有优缺点:按算法(1.8)计算渐近分式的分子 P_i 及分母 Q_i,从前一步计算下一步渐近分式时,前一步值不需重新计算就可直接应用,但算法不具有数值稳定性.算法(3.3)具有数值稳定性,但从前一步计算下一步渐近分式值时,前一步值需重新计算.因此算法(1.8)被认为是连分式理论中最主要的理论之一,在连分式应用中它起了重要作用,而算法(3.3)普遍看重的是数值计算的稳定性,很少讨论它的理论价值.事实上我们也可以利用算法(3.3)来研究连分式(3.1)的收敛性.

定理 1.20　对任意给定的 $m,n\in N$,有

$$f_{m+n}^0-f_n^0=(-1)^n\frac{a_1a_2\cdots a_{n+1}}{(f_n^1f_n^2\cdots f_n^n)(f_{m+n}^1\cdots f_{m+n}^{n+1})}. \tag{3.4}$$

证明　令 $D_k=f_{m+n}^k-f_n^k$,则由(3.3)知

$$D_k=b_k+\frac{a_{k+1}}{f_{m+n}^{k+1}}-\left(b_k+\frac{a_{k+1}}{f_n^{k+1}}\right)=\frac{a_{k+1}}{f_{m+n}^{k+1}}-\frac{a_{k+1}}{f_n^{k+1}}=(-1)\frac{a_{k+1}}{f_{m+n}^{k+1}f_n^{k+1}}D_{k+1}.$$

令 $k=0$,得

$$D_0=(-1)\frac{a_1}{f_{m+n}^1f_n^1}D_1.$$

反复利用上式,便得

$$D_0 = (-1)\frac{a_1}{f_{m+n}^1 f_n^1}D_1 = (-1)^2\frac{a_1 a_2}{f_{m+n}^1 f_n^1 \cdot f_{m+n}^2 f_n^2}D^2$$

$$= \cdots = (-1)^n\frac{a_1 a_2 \cdots a_n}{(f_{m+n}^1 f_n^1)\cdots(f_{m+n}^n f_n^n)}D_n. \tag{3.5}$$

而

$$D_n = f_{n+m}^n - f_n^n = b_n + \frac{a_{n+1}}{f_{m+n}^{n+1}} - b_n = \frac{a_{n+1}}{f_{m+n}^{n+1}}. \tag{3.6}$$

由式(3.5),(3.6)便知

$$f_{m+n}^0 - f_n^0 = (-1)^n\frac{a_1 a_2 \cdots a_{n+1}}{(f_n^1 \cdots f_n^n)(f_{m+n}^1 \cdots f_{m+n}^{n+1})}.$$ □

定理 1.21 若对所有 $i=1,2,\cdots$ 不等式 $|b_i| \geqslant d + |a_{i+1}|$ 成立,这里 $d>1$ $(d\in N)$,则连分式(3.1)收敛,且其截断误差满足

$$|f - f_n^0| \leqslant (|b_0| + |a_1| + 1)\left(\frac{1}{d}\right)^{n+1}. \tag{3.7}$$

证明 用数学归纳法易证

$$|f_n^i| \geqslant d > 1, \quad i = 0,1,2,\cdots,n. \tag{3.8}$$

事实上,当 $i=n$ 时,$|f_n^n| = |b_n| \geqslant d > 1$. 现假设 $|f_n^i| \geqslant d > 1$,往证 $|f_n^{i-1}| \geqslant d > 1$. 而

$$|f_n^{i-1}| = \left|b_{i-1} + \frac{a_i}{f_n^i}\right| \geqslant |b_{i-1}| - \left|\frac{a_i}{f_n^i}\right|.$$

由归纳法假设及定理条件知

$$|f_n^{i-1}| \geqslant |b_{i-1}| - |a_i| = d + |a_i| - |a_i| = d > 1.$$

故由归纳法知,$\forall\, i \geqslant 0,1,\cdots,n$ (3.8)成立.

再由(3.3)知

$$f_n^{i-1} f_n^i = b_{i-1} f_n^i + a_i,$$

从而

$$|f_n^{i-1} f_n^i| = |b_{i-1} f_n^i + a_i| \geqslant |b_{i-1} f_n^i| - |a_i|$$

$$= |b_{i-1}||f_n^i| - |a_i| = (d + |a_i|)|f_n^i| - |a_i|$$

$$\geqslant (1 + |a_i|)|f_n^i| - |a_i|.$$

于是

$$[|f_n^i|(|f_n^{i-1}| - 1)] = |f_n^i||f_n^{i-1}| - |f_n^i| = |f_n^i f_n^{i-1}| - |f_n^i|$$

$$\geqslant (1 + |a_i|)|f_n^i| - |a_i| - |f_n^i| = |a_i|(|f_n^i| - 1).$$

所以

$$|f_n^{i-1}| - 1 \geqslant \frac{|a_i|}{|f_n^i|}(|f_n^i| - 1), \quad i = 1,2,\cdots,n.$$

令 $i=1$ 得

$$|f_n^0| - 1 \geqslant \frac{|a_1|}{|f_n^1|}(|f_n^1| - 1).$$

反复利用上式有

$$|f_n^0| - 1 \geqslant \frac{|a_1|}{|f_n^1|}\frac{|a_2|}{|f_n^2|}(|f_n^2| - 1) \geqslant \cdots \geqslant \frac{|a_1 a_2 \cdots a_n|}{|f_n^1 f_n^2 \cdots f_n^n|}(|f_n^n| - 1)$$

$$= \frac{|a_1 a_2 \cdots a_n|}{|f_n^1 \cdots f_n^n|}(|b_n| - 1) \geqslant \frac{|a_1 a_2 \cdots a_n|}{|f_n^1 \cdots f_n^n|}(d + |a_{n+1}| - 1)$$

$$\geqslant \frac{|a_1 a_2 \cdots a_n a_{n+1}|}{|f_n^1 \cdots f_n^n|},$$

即

$$\left|\frac{a_1 a_2 \cdots a_{n+1}}{f_n^1 \cdots f_n^n}\right| \leqslant |f_n^0| - 1 \leqslant |f_n^0| + 1 = \left|b_0 + \frac{a_1}{f_n^1}\right| + 1$$

$$\leqslant |b_0| + \left|\frac{a_1}{f_n^1}\right| + 1 \leqslant |b_0| + |a_1| + 1. \tag{3.9}$$

由(3.4),(3.8)及(3.9)知

$$|f_{m+n}^0 - f_n^0| = \left|\frac{a_1 a_2 \cdots a_{n+1}}{(f_n^1 \cdots f_n^n)(f_{m+n}^1 \cdots f_{m+n}^{n+1})}\right| = \left|\frac{a_1 a_2 \cdots a_{n+1}}{f_n^1 \cdots f_n^n}\right| \frac{1}{|f_{m+n}^1 \cdots f_{m+n}^{n+1}|}$$

$$\leqslant (|b_0| + |a_1| + 1)\left(\frac{1}{d}\right)^{n+1} \to 0 \quad (n \to \infty), \tag{3.10}$$

因此据(3.10)知$\{f_n^0\}_{n=0}^{\infty}$为 Cauchy 数列,由 Cauchy 收敛准则知$\{f_n^0\}_{n=0}^{\infty}$收敛,即

$\lim_{n\to\infty} f_n^0 = f$,且在(3.10)中令 $m\to\infty$便得

$$| f - f_n^0 | \leqslant (| b_0 | + | a_1 | + 1)\left(\frac{1}{d}\right)^{n+1}.$$

至此完成了定理证明. □

定理 1.22 设对所有 $i=0,1,\cdots,a_i,b_i>0$,且 $b_i\geqslant a_{i+1},b_i\geqslant d>0$,则连分式(3.1)收敛,且截断误差有如下估计式成立:

$$| f - f_n^0 | \leqslant \frac{1}{\sqrt{d(1+d)^{2n-1}}}.$$

证明 由题设不妨假定 $a_i>0, i=1,2,\cdots$,由算法(3.3)知

$$f_n^i = b_i + \frac{a_{i+1}}{f_n^{i+1}},$$

从而有

$$f_n^i = b_i \geqslant d > 0, \quad i = 0,1,\cdots,n, \tag{3.11}$$

及

$$f_n^i f_n^{i+1} = b_i f_n^{i+1} + a_{i+1}. \tag{3.12}$$

由(3.12)及定理条件知

$$f_n^i f_n^{i+1} = b_i f_n^{i+1} + a_{i+1} \geqslant a_{i+1}(1 + f_n^{i+1}). \tag{3.13}$$

将上式改写为

$$\frac{a_{i+1}}{f_n^i} \leqslant \frac{f_n^{i+1}}{1 + f_n^{i+1}} \leqslant 1.$$

由(3.13)可推出

$$f_n^i f_n^{i+1} \geqslant a_{i+1}(1 + f_n^{i+1}) \geqslant a_{i+1}(1 + d), \quad i = 0,1,\cdots,n-1. \tag{3.14}$$

对式(3.14)从 $i=1$ 到 $i=n-1$ 得

$$f_n^1 f_n^2 \geqslant a_2(1+d),$$

$$f_n^2 f_n^3 \geqslant a_3(1+d),$$

$$\vdots$$

$$f_n^{n-1} f_n^n \geqslant a_n(1+d).$$

将上面 $n-1$ 个式子相乘得

$$f_n^1(f_n^2\cdots f_n^{n-1})f_n^n \geqslant a_2\cdots a_n(1+d)^{n-1}.$$

又 $f_n^0 \geqslant a_1$,所以

$$(f_n^1 f_n^2\cdots f_n^{n-1})f_n^n \geqslant a_1 a_2\cdots a_n(1+d)^{n-1}.$$

再利用 $f_n^n = b_n \geqslant a_{n+1} > 0$,则

$$(f_n^1 f_n^2\cdots f_n^{n-1}) \geqslant a_1 a_2\cdots a_{n+1}(1+d)^{n-1}. \tag{3.15}$$

同理,对任意 $m \in N$,有

$$(f_{m+n}^1\cdots f_{m+n}^n)^2 f_{m+n}^{n+1} \geqslant a_1 a_2\cdots a_{n+1}(1+d)^n,$$

又由(3.11)得

$$(f_{m+n}^1\cdots f_{m+n}^n)^2 \geqslant d a_1 a_2\cdots a_{n+1}(1+d)^n. \tag{3.16}$$

由(3.15),(3.16)可知

$$(f_n^1\cdots f_n^n)(f_{m+n}^1\cdots f_{m+n}^{n+1}) \geqslant a_1\cdots a_{n+1}\sqrt{d(1+d)^{2n-1}}.$$

从而有

$$\frac{a_1 a_2\cdots a_{n+1}}{(f_n^1\cdots f_n^n)(f_{m+n}^1\cdots f_{m+n}^{n+1})} \leqslant \frac{1}{\sqrt{d(1+d)^{2n-1}}}. \tag{3.17}$$

根据(3.17)与定理 1.20 可得

$$| f_{m+n}^0 - f_n^0 | \leqslant \frac{1}{\sqrt{d(1+d)^{2n-1}}} \to 0 \quad (n \to \infty). \tag{3.18}$$

由此可知 $\{f_n^0\}_{n=0}^{\infty}$ 为 Cauchy 数列,由 Cauchy 收敛准则知 $\{f_n^0\}_{n=0}^{\infty}$ 收敛,即 $\lim\limits_{n\to\infty} f_n^0 = f$. 在(3.18)中令 $m\to\infty$,便得估计式

$$| f - f_n^0 | \leqslant \frac{1}{\sqrt{d(1+d)^{2n-1}}}.$$

至此完成了定理的证明.

例 2 考虑下列连分式的收敛性

$$K(a_n/b_n) = \frac{6|}{|5} + \frac{-3|}{|8} + \frac{6|}{|5} + \frac{-3|}{|8} + \cdots + \frac{6|}{|5} + \frac{-3|}{|8} + \cdots, \tag{3.19}$$

$$K(a_n/b_n)=\frac{6|}{|3}+\frac{-1|}{|9}+\frac{7|}{|4}+\frac{-1|}{|18}+\cdots+\frac{n+5|}{|n+2}+\frac{-1|}{|9n}+\cdots. \tag{3.20}$$

不难看出,(3.19),(3.20)两个连分式中元素满足$|b_n|\geqslant 2+|a_{n+1}|$, $n=1,2,\cdots$.这表明满足定理1.22中的条件,故由定理1.22知连分式(3.19),(3.20)都收敛,且有误差估计

$$|f-f_n^0|\leqslant 7\left(\frac{1}{2}\right)^{n+1}.$$

对于本例中的两个连分式,均不满足定理1.8的条件,所以用定理1.8不能推断连分式(3.19),(3.20)的收敛.

例3　判别下列连分式的收敛性

$$K\left(\frac{a_n}{b_n}\right)=\frac{3|}{|2}+\frac{0.3|}{|0.2}+\cdots+\frac{3\times 10^{-(n-1)}|}{|2\times 10^{-(n-1)}}+\cdots, \tag{3.21}$$

$$K\left(\frac{a_n}{b_n}\right)=\frac{1|}{|6}+\frac{5|}{|3}+\frac{1|}{|5}+\cdots+\frac{n|}{|5n+1}+\frac{5n|}{|5n-2}+\frac{n|}{|5n}+\cdots. \tag{3.22}$$

容易看出,在(3.21)与(3.22)中$b_n\geqslant a_{n+1}$, $n=1,2,\cdots$, $a_i,b_i>0$, $b_i>\varepsilon>0$(这里ε是任意小正整),所以满足定理1.22的条件.故连分式(3.21),(3.22)收敛.而用定理1.7由于不满足定理条件,无法判断连分式(3.21)与(3.22)是否收敛.

从上面两个例子可以看出,利用连分式向后递推关系式(3.3)推出的收敛定理,可以解决用定理1.6、定理1.7无法判断收敛性的连分式收敛问题.从这个意义上来说,定理1.21及定理1.22可以看作是对古典连分式收敛性的一个补充.当然,我们也可以举出例子说明用定理1.6或定理1.7能判定的收敛问题,用定理1.21或定理1.22不能断定收敛性.

§4　连分式向后三项递推算法及其应用

连分式算法有许多种,最常用的是古典向前三项递推算法及向后递推算法.本节介绍一种所谓的向后递推算法,这种算法在某种意义上来说,在连分式理论中的应用可与向前三项递推算法相媲美.且这种算法还可以推广到向量、矩阵值连分式情形(见§5,§6).

定义 1.1　令

$$\begin{cases} A_n^n = b_n, B_n^n = 1, B_n^{n-1} = |b_n|^2 \quad (n = 1,2,\cdots), & (4.1) \\ A_n^i = b_i B_n^i + a_{i+1}\overline{A}_n^{i+1} \quad (i = n-1, n-2, \cdots, 1, 0), & (4.2) \\ B_n^i = |b_{i+1}|^2 B_n^{i+1} + 2\mathrm{Re}(\bar{a}_{i+2} b_{i+1} A_n^{i+2}) + |a_{i+2}|^2 B_n^{i+2} (i = n-2, \cdots, -1), & (4.3) \end{cases}$$

这里 $\overline{A}_n^{i+1}$，$\bar{a}_{i+2}$分别表示 A_n^{i+1}，a_{i+2}的共轭，$a_i, b_i \in \mathbf{C}$. 并称式(4.1)～(4.3)为连分式向后三项递推算法.

用数学归纳法容易导出如下结论.

引理 1.23　由连分式向后三项递推算法可以推出

(i) $|A_n^k|^2 = B_n^k B_n^{k-1} \quad (k = n, \cdots, 1, 0)$;　　(4.4)

(ii) $\dfrac{A_n^k}{B_n^k} = b_k + \dfrac{a_k|}{|b_k} + \cdots + \dfrac{a_n|}{|b_n} \quad (k = n, \cdots, 1, 0)$;　　(4.5)

(iii) $B_n^k > 0 \quad (n = 0, 1, \cdots; k = n, \cdots, 0, -1)$.　　(4.6)

当连分式的部分分子、分母非负时，递推算法具有更加简洁的形式.

推论 1.24　若连分式 $b_0 + K(a_i/b_i)$的部分分子、分母 $a_i, b_i > 0 (i = 1, 2, \cdots)$，则

(i) $\sqrt{B_n^i} = b_{i+1}\sqrt{B_n^{i+1}} + a_{i+1}\sqrt{B_n^{i+2}} \quad (i = n-2, \cdots, 0, -1)$,

$B_n^n = 1, B_n^{n-1} = b_n^2$;　　(4.7)

(ii) $\sqrt{B_n^{i-1}}/\sqrt{B_n^i} = b_i + \dfrac{a_{i+1}|}{|b_{i+1}} + \cdots + \dfrac{a_n|}{|b_n} \quad (i = n, \cdots, 1, 0)$.　　(4.8)

证明　由式(4.3)及(4.4)，并注意 $a_i, b_i > 0$ 知

$$\begin{aligned} B_n^i &= |b_{i+1}|^2 B_n^{i+1} + 2\mathrm{Re}(\bar{a}_{i+2} b_{i+1} A_n^{i+2}) + |a_{i+2}|^2 B_n^{i+2} \\ &= |b_{i+1}|^2 B_n^{i+1} + 2a_{i+2} b_{i+1}\sqrt{B_n^{i+2}}\sqrt{B_n^{i+1}} + |a_{i+1}|^2 B_n^{i+2} \\ &= (b_{i+1}\sqrt{B_n^{i+1}} + a_{i+1}\sqrt{B_n^{i+2}})^2. \end{aligned}$$

由此便知(i)成立. 由式(4.5)及(4.4)知

$$\frac{A_n^i}{B_n^i} = \frac{\sqrt{B_n^i B_n^{i-1}}}{B_n^i} = \frac{\sqrt{B_n^{i-1}}}{\sqrt{B_n^i}} = b_i + \frac{a_{i+1}|}{|b_{i+1}} + \cdots + \frac{a_n|}{|b_n} \quad (i = n, \cdots, 1, 0).$$

在本章 §1，我们介绍了连分式向前三项递推算法(见式(1.8))，由递推算法可得

$$\frac{P_n}{Q_n} = b_0 + \frac{a_1|}{|b_1} + \cdots + \frac{a_n|}{|b_n}.$$

下面给出这两种递推算法的关系.

定理 1.25 对任意 $n \geqslant 0$,有

(i) $|Q_n| = \sqrt{B_n^0}$; (4.9)

(ii) $|P_n| = \sqrt{B_n^{-1}}$. (4.10)

证明 首先证明(i).由式(1.9)不难验证

$$|Q_n Q_{n-1}| = \sqrt{B_{n-1}^0}\sqrt{B_n^0}. \tag{4.11}$$

下面用数学归纳法证明式(4.9).由式(4.1)与式(1.8)知 $Q_0 = 1, B_0^0 = 1$ $|Q_1| = |b_1|, B_1^0 = |b_1|^2$,于是对 $n = 0,1$,式(4.9)成立.假设式(4.9)对 $n \leqslant k$ 成立.对 $n = k+1$,由式(4.11)知

$$|Q_k Q_{k+1}| = \sqrt{B_k^0}\sqrt{B_{k+1}^0}.$$

由归纳法假设知 $|Q_k| = \sqrt{B_k^0}$,故

$$|Q_{k+1}| = \sqrt{B_{k+1}^0}$$

成立,即(i)获证.

下面证明(ii).由式(4.4)~(4.6)及式(1.8)有

$$\left|\frac{P_n}{Q_n}\right| = \left|\frac{A_n^0}{B_n^0}\right| = \frac{\sqrt{B_n^0}\sqrt{B_n^{-1}}}{B_n^0} = \sqrt{B_n^{-1}}/\sqrt{B_n^0}.$$

又在(i)中已证 $|Q_n| = \sqrt{B_A^0}$,故得

$$|P_n| = \sqrt{B_n^{-1}}.$$

□

我们知道,渐近分式序列在研究连分式的收敛性及截断误差分析中是很重要的,下面给出任意两项渐近分式之差的公式.

定理 1.26 若 $B_{n+m}^i \neq 0$,则对任意 $m, n \in N, i \leqslant n+m$ 有

$$\frac{P_{n+m}}{Q_{n+m}} - \frac{P_n}{Q_n} = \frac{A_{n+m}^0}{B_{n+m}^0} - \frac{A_n^0}{B_n^0} = (-1)^n \frac{a_1 \cdots a_{n+1}(\bar{A}_n^1 \cdots \bar{A}_n^n)(\bar{A}_{n+m}^1 \cdots \bar{A}_{n+m}^{n+1})}{(B_n^0 \cdots B_n^n)(B_{n+m}^0 \cdots B_{n+m}^n)}, \tag{4.12}$$

而且

$$\left|\frac{P_{n+m}}{Q_{n+m}}-\frac{P_n}{Q_n}\right|=\frac{|a_1|\cdots|a_{n+1}|\sqrt{B_{n+m}^{n+1}}}{\sqrt{B_n^0}\sqrt{B_{n+m}^0}}=\frac{|a_1|\cdots|a_{n+1}|\sqrt{B_{n+m}^{n+1}}}{|Q_nQ_{n+m}|}. \tag{4.13}$$

证明　令

$$\frac{A_{n+m}^k}{B_{n+m}^k}-\frac{A_n^k}{B_n^k}=\frac{\Delta_k}{B_n^kB_{n+m}^k}, \tag{4.14}$$

其中

$$\Delta_k=B_n^kA_{n+m}^k-B_{n+m}^kA_n^k.$$

由式(4.2)有

$$\begin{aligned}\Delta_k&=(b_kB_{n+m}^k+a_{k+1}\overline{A}_{n+m}^{k+1})B_n^k-(b_kB_n^k+a_{k+1}\overline{A}_n^{k+1})B_{n+m}^k\\&=a_{k+1}(\overline{A}_{n+m}^{k+1}B_n^k-\overline{A}_n^{k+1}B_{n+m}^k).\end{aligned}$$

由式(4.4),上式可写为

$$\begin{aligned}\Delta_k&=a_{k+1}\overline{A}_{n+m}^{k+1}\overline{A}_n^{k+1}\left(\frac{A_n^{k+1}}{B_n^{k+1}}-\frac{A_{n+m}^{k+1}}{B_{n+m}^{k+1}}\right)\\&=-\frac{a_{k+1}\overline{A}_{n+m}^{k+1}\overline{A}_n^{k+1}}{B_n^{k+1}B_{n+m}^{k+1}}\Delta_{k+1}.\end{aligned}$$

重复上述过程便得

$$\Delta_k=(-1)^{n-k}\frac{a_{k+1}\cdots a_n(\overline{A}_n^{k+1}\cdots\overline{A}_n^n)(\overline{A}_{n+m}^{k+1}\cdots\overline{A}_{n+m}^n)}{(B_n^{k+1}\cdots B_n^n)(B_{n+m}^{k+1}\cdots B_{n+m}^n)}\Delta_n,$$

这里 $\Delta_n=a_n\overline{A}_{n+m}^{n+1}$. 把上式代入到式(4.14)得

$$\frac{A_{n+m}^k}{B_{n+m}^k}-\frac{A_n^k}{B_n^k}=(-1)^{n-k}\frac{a_{k+1}\cdots a_{n+1}(\overline{A}_n^{k+1}\cdots\overline{A}_n^n)(\overline{A}_{n+m}^{k+1}\cdots\overline{A}_{n+m}^{n+1})}{(B_n^k\cdots B_n^n)(B_{n+m}^k\cdots B_{n+m}^n)}.$$

特别令 $k=0$,有

$$\frac{A_{n+m}^0}{B_{n+m}^0}-\frac{A_n^0}{B_n^0}=(-1)^n\frac{a_1\cdots a_{n+1}(\overline{A}_n^1\cdots\overline{A}_n^n)(\overline{A}_{n+m}^1\cdots\overline{A}_{n+m}^{n+1})}{(B_n^1\cdots B_n^n)(B_{n+m}^1\cdots B_{n+m}^n)}.$$

注意到式(4.4)及定理 1.25 便知式(4.13)成立. □

在定理 1.26 中取 $m=1,2$ 得如下常见的相邻二项渐近分式之差公式:若 $\sqrt{B_n^0}\sqrt{B_{n+1}^0}\neq 0$,则有

$$\left|\frac{P_{n+1}}{Q_{n+1}}-\frac{P_n}{Q_n}\right|=\left|\frac{A_{n+1}^0}{B_{n+1}^0}-\frac{A_n^0}{B_n^0}\right|=\frac{|a_1\cdots a_{n+1}|}{\sqrt{B_n^0}\sqrt{B_{n+1}^0}}\quad(n=0,1,\cdots), \tag{4.15}$$

及

$$\left|\frac{P_{n+2}}{Q_{n+2}}-\frac{P_n}{Q_n}\right|=\left|\frac{A_{n+2}^0}{B_{n+2}^0}-\frac{A_n^0}{B_n^0}\right|=\frac{|a_1\cdots a_{n+1}||b_{n+2}|}{\sqrt{B_n^0}\sqrt{B_{n+2}^0}}. \tag{4.16}$$

在文献[151]中也给出了任意两项渐近分式之差公式

$$\frac{P_{n+m}}{Q_{n+m}}-\frac{P_n}{Q_n}=\frac{-f_m^n}{h_n+f_m^n}\left(\frac{P_n}{Q_n}-\frac{P_{n-1}}{Q_{n-1}}\right),\quad n=1,2,\cdots \tag{4.17}$$

这里

$$f_m^n=\frac{a_{n+1}|}{|b_{n+1}}+\cdots+\frac{a_{n+m}|}{|b_{n+m}},$$

$$h_n=-S_n^{-1}(\infty),$$

而 $S_n(\omega)=\dfrac{a_n}{b_n+\omega}$,它们的合成为 $S_0^0S_1\circ\cdots\circ S_n(\omega)=b_0+\dfrac{a_1}{b_1}+\cdots+\dfrac{a_n}{b_n+\omega}$. $n=1,2,\cdots$且 $S_0(\omega)=b_0+\omega$.

显然这里的公式与式(4.12)不同.

定义 1.2 设连分式值为 f,渐近分式为 f_n,如果$|f-f_n|\leqslant\lambda_n$,$\lambda_n>0$,则称 λ_n 为事前估计误差界;如果$|f-f_n|\leqslant M_n|f_n-f_{n-1}|$,则称 $M_n|f_n-f_{n-1}|$为事后误差界.

在式(4.17)中,如果能估计$\left|\dfrac{-f_m^n}{h_n+f_m^n}\right|\leqslant M_n$,则就能给出一个事后误差界,但遗憾的是只有在比较特殊的情形下才能得到满意的结果.一般来说连分式截断误差估计是比较困难的.在文献[152]等著作中都介绍了连分式截断误差估计问题.给出了一些好的结果.这里我们利用向后三项递推算法及定理 1.26 来分析一些著名收敛的连分式的截断误差界.

著名的 Worpitzky 定理说连分式 $K(a_n/2)$收敛到某个值 $f\in\{x||x|\leqslant1,x\in\mathbf{C}\}$,其中$|a_n|\leqslant1$.众所周知 Worpitzky 型收敛连分式的截断误差界为 $O\left(\dfrac{1}{n}\right)$,且这个界也是最优的.若假定$|a_n|\leqslant\rho^n<1$,则误差界可达到 $O(\rho^n)$. A. F. Beardon 在文献[103]中利用 Möbius 变换的几何性质,给出了一个精致的误差界

$$|f-f_n|\leqslant\frac{1}{\dfrac{1}{|a_1|}+\dfrac{1}{|a_1a_2|}+\cdots+\dfrac{1}{|a_1\cdots a_{n-1}|}+\dfrac{1.5}{|a_1\cdots a_n|}}. \tag{4.18}$$

更进一步,在$\sum_k|a_1\cdots a_k|<\infty$条件下,得到

$$|f-f_n|=O\left(\frac{1}{n^2}\right). \tag{4.19}$$

利用向后三项递推算法可以证明如下结论：

定理 1.27　若$|a_n|\leqslant 1$，$|b_n|=2$，$n=1,2,\cdots$，则 $K(a_n/b_n)$收敛且截断误差界为

$$|f-f_n|\leqslant \frac{|a_{n+1}|}{\left(\frac{1}{|a_1|}+\frac{1}{|a_1a_2|}+\cdots+\frac{1}{|a_1\cdots a_{n-1}|}+\frac{2}{|a_1\cdots a_n|}\right)\prod_{i=2}^{n+2}(2-|a_i|)}. \tag{4.20}$$

证明　首先由式(4.1)与(4.3)，用数学归纳法易证

$$B_n^k\geqslant B_n^{k+1},\quad n=1,2,\cdots,\quad k=0,1,\cdots,n-1. \tag{4.21}$$

及

$$\sqrt{B_n^k}\geqslant |b_{k+1}|\sqrt{B_n^{k+1}}-|a_{k+2}|\sqrt{B_n^{k+2}}. \tag{4.22}$$

由式(4.22)和式(4.21)得

$$\sqrt{B_n^k}\geqslant 2\sqrt{B_n^{k+1}}-|a_{k+2}|\sqrt{B_n^{k+1}}=(2-|a_{k+2}|)\sqrt{B_n^{k+1}}, \tag{4.23}$$

及

$$\begin{aligned}\sqrt{B_n^k}-\sqrt{B_n^{k+1}}&\geqslant 2\sqrt{B_n^{k+1}}-|a_{k+2}|\sqrt{B_n^{k+2}}-\sqrt{B_n^{k+1}}\\&=\sqrt{B_n^{k+1}}-|a_{k+2}|\sqrt{B_n^{k+2}}\\&\geqslant |a_{k+2}|(\sqrt{B_n^{k+1}}-\sqrt{B_n^{k+2}})\\&\geqslant |a_{k+2}||a_{k+3}|(\sqrt{B_n^{k+2}}-\sqrt{B_n^{k+3}})\\&\geqslant\\&\vdots\\&\geqslant |a_{k+2}||a_{k+3}|\cdots|a_n|(\sqrt{B_n^{n-1}}-\sqrt{B_n^{n}})\\&\geqslant \prod_{i=k+2}^{n}|a_i|(|b_n|-1)\geqslant \prod_{i=k+2}^{n}|a_i|.\end{aligned} \tag{4.24}$$

对任意 $n,m\in N$，由式(4.23)得

$$\begin{aligned}\sqrt{B_{n+m}^0}&\geqslant(2-|a_2|)\sqrt{B_{n+m}^1}\geqslant(2-|a_2|)(2-|a_3|)\sqrt{B_{n+m}^2}\\&\geqslant\cdots\geqslant(2-|a_2|)\cdots(2-|a_{n+2}|)\sqrt{B_{n+m}^{n+1}}.\end{aligned} \tag{4.25}$$

同样地反复利用式(4.24)得

$$\sqrt{B_n^0} \geqslant 2 + \sum_{k=0}^{n} \prod_{i=k+2}^{n} |a_i|. \tag{4.26}$$

利用定理 1.26 及式(4.25)和(4.26)得

$$|f_{n+m} - f_n| = \left|\frac{P_{n+m}}{Q_{n+m}} - \frac{P_n}{Q_n}\right| = \frac{|a_1|\cdots|a_{n+1}|\sqrt{B_{n+m}^{n+1}}}{\sqrt{B_n^0}\sqrt{B_{n+m}^0}}$$

$$\leqslant \frac{|a_1|\cdots|a_{n+1}|}{\left(2 + \sum_{k=0}^{n}\prod_{i=k+2}^{n}|a_i|\right)\prod_{k=2}^{n+2}(2-|a_k|)}. \tag{4.27}$$

在式(4.27)中令 $m\to\infty$便证得式(4.20). □

利用不等式

$$1 + x \geqslant 2^x, \quad 0 \leqslant x \leqslant 1$$

并注意到$|a_n|\leqslant 1$,有

$$\prod_{i=2}^{n+2}(2-|a_i|) \geqslant 2^{n+1-\sum_{k=2}^{n+2}|a_k|}.$$

在定理 1.27 条件下,由式(4.20)并利用上面不等式得

$$|f - f_n| \leqslant \frac{|a_{n+1}|}{\left(\frac{1}{|a_1|} + \cdots + \frac{1}{|a_1\cdots a_{n-1}|} + \frac{2}{|a_1\cdots a_n|}\right)}\left(\frac{1}{2}\right)^{n+1-\sum_{k=2}^{n+2}|a_k|}. \tag{4.28}$$

对任意 i,j 有

$$(|a_i| - |a_j|)^2 = |a_i|^2 + |a_j|^2 - 2|a_i||a_j| \geqslant 0.$$

所以

$$\left(\frac{|a_i|}{|a_j|} - \frac{|a_j|}{|a_i|}\right) \geqslant 2,$$

由此可得

$$\left(\sum_{i=1}^{n}\frac{1}{|a_1\cdots a_i|}\right)\left(\sum_{i=1}^{n}|a_1\cdots a_i|\right) \geqslant n + 2\binom{n}{2} = n^2.$$

推论 1.28 设$|a_n|\leqslant 1$, $|b_n| = 2$, $n = 1,2,\cdots$, $\sum|a_1\cdots a_i| < +\infty$及$\sum|a_i| < +\infty$,则 $K(a_n/b_n)$收敛且截断误差为

$$|f-f_n| = O(1/n^2 2^n). \tag{4.29}$$

显然式(4.20),(4.28)比式(4.18)估计精确、式(4.29)比式(4.19)逼近更好.

最后我们给出 Sleszynski-Pringsheim 收敛定理的截断误差界. S-P 定理是说连分式 $K(a_n/b_n)$收敛于单位圆 $D=\{z\in\mathbf{C}\,|\,|z|<1\}$中某一值 f,其中$|b_n|\geqslant 1+|a_n|$, $n=1,2,\cdots$.

A. F. Beardon 与 L. Lorentzen 在[103]中给出这类收敛连分式的截断误差界为

$$|f-f_n| \leqslant \frac{1}{1+|a_1|+|a_1a_2|+\cdots+|a_1\cdots a_{n-1}|+\frac{1}{2}|a_1\cdots a_n|}. \tag{4.30}$$

利用连分式向后三项递推算法及定理 1.27,可以证明

定理 1.29　设连分式 $K(a_n/b_n)$中$|b_n|\geqslant 1+|a_n|$, $n=1,2,\cdots$,则此收敛连分式的截断误差为

$$|f-f_n| \leqslant \frac{|a_1|\cdots|a_{n+1}|}{(1+|a_1|+|a_1a_2|+\cdots+|a_1\cdots a_{n-1}|+|a_1\cdots a_n|)\prod_{i=1}^{n+1}(|b_i|-1)}. \tag{4.31}$$

证明　由向前三项递推公式(1.8)知

$$|Q_n|-|Q_{n-1}| \geqslant |a_n|(|Q_{n-1}|-|Q_{n-2}|) \geqslant \cdots \geqslant |a_n\cdots a_1|,$$

即

$$|Q_n| \geqslant |Q_{n-1}|+|a_n\cdots a_1|.$$

反复利用上面的递推关系得

$$|Q_n| \geqslant 1+|a_1|+|a_1a_2|+\cdots+|a_1\cdots a_n|. \tag{4.32}$$

由 S-P 定理知

$$\left|\frac{a_k}{|b_k}+\cdots+\frac{a_n}{|b_n}\right| \leqslant 1,\text{对任何 } 1\leqslant k<n. \tag{4.33}$$

利用式(4.4)及式(4.33)有

$$\frac{\sqrt{B_{n+m}^{k+1}}}{\sqrt{B_{n+m}^{k}}} = \left|b_k+\frac{a_{k+1}}{|b_{k+1}}+\cdots+\frac{a_{n+m}}{|b_{n+m}}\right| \geqslant |b_k|-1,\quad n+m>k,$$

从而有

$$\sqrt{B_{n+m}^{n+1}} / \sqrt{B_{n+m}^{0}} \geqslant \prod_{k=1}^{n+1}(|b_k|-1). \tag{4.34}$$

利用定理 1.26 及式(4.32)和式(4.34)得

$$\left|\frac{P_{n+m}}{Q_{n+m}}-\frac{P_n}{Q_n}\right|=\left|\frac{A_{n+m}^0}{B_{n+m}^0}-\frac{A_n^0}{B_n^0}\right|=\frac{|a_1|\cdots|a_{n+1}|\sqrt{B_{n+m}^{n+1}}}{\sqrt{B_n^0}\sqrt{B_{n+m}^0}}$$

$$\leqslant\frac{|a_1||a_2|\cdots|a_{n+1}|}{\sqrt{B_n^0}\prod_{k=1}^{n+1}(|b_k|-1)}=\frac{|a_1||a_2|\cdots|a_{n+1}|}{(1+|a_1|+\cdots+|a_1\cdots a_n|)\prod_{k=1}^{n+1}(|b_k|-1)}.$$

在上式中令 $m\to\infty$,便得式(4.31). □

由于 $\prod_{i=1}^{n+1}(|b_i|-1)\geqslant 1$,所以估计式(4.31) 比估计式(4.30) 更精确.

以上我们介绍了利用连分式向后三项递推算法,给出了截断误差分析的结果.下面我们将这里的方法推广到向量值连分式及矩阵值连分式情形.

§5 向量值连分式的收敛性

P.R.Graves-Morris 在文献[133]中研究向量值函数有理插值时,给出向量值连分式定义:

定义 1.3 设 $a_i\in C$,$\boldsymbol{b}_i\in C^d$,称

$$\boldsymbol{b}_0+\frac{a_1|}{|\boldsymbol{b}_1}+\frac{a_2|}{|\boldsymbol{b}_2}+\cdots+\frac{a_n|}{|\boldsymbol{b}_n}+\cdots \tag{5.1}$$

为向量值连分式,记为 $K(a_i/\boldsymbol{b}_i)$.

上述定义是基于广义 Samelson 逆

$$\boldsymbol{b}^{-1}=\boldsymbol{b}^*/\|\boldsymbol{b}\|^2, \tag{5.2}$$

其中 $\boldsymbol{b}^*$ 表示 $\boldsymbol{b}$ 的共轭向量,$\|\boldsymbol{b}\|^2=\sum_{i=1}^{d}|b_i|^2$,而 $\boldsymbol{b}=(b_1,b_2,\cdots,b_d)$,$b_i$ 是实多项式或数.

下面我们分别介绍连分式(5.1)向后三项递推算法及其应用.

一、向后三项递推算法及渐近公式

如同数量连分式一样,称

$$\boldsymbol{R}_n = \boldsymbol{b}_0 + \frac{a_1|}{|\boldsymbol{b}_1} + \cdots + \frac{a_n|}{|\boldsymbol{b}_n}$$

为连分式 $K(a_i/\boldsymbol{b}_i)$的第 n 阶渐近分式;称

$$R_n^k = \boldsymbol{b}_k + \frac{a_k|}{|\boldsymbol{b}_{k+1}} + \cdots + \frac{a_n|}{|\boldsymbol{b}_n}, \quad (k \leqslant n)$$

为连分式(5.1)的第 n 个渐近分式的第k 个尾项.

对任何正整数 n,令

$$\boldsymbol{A}_n^n = \boldsymbol{b}_n, B_n^n = 1, B_n^{n-1} = \|\boldsymbol{b}_n\|^2, \quad n = 1,2,\cdots \tag{5.3}$$

$$\boldsymbol{A}_n^i = \boldsymbol{b}_i B_n^i + a_{i+1}\boldsymbol{A}_n^{*\,i+1}, \quad i = n-1, n-2, \cdots, 1, 0 \tag{5.4}$$

$$B_n^i = \|\boldsymbol{b}_{i+1}\|^2 B_n^{i+1} + 2Re(a_{i+2}^*\boldsymbol{b}_{i+1} \cdot \boldsymbol{A}_n^{i+2}) + |a_{i+2}|^2 B_n^{i+2}, \quad i = n-2, \cdots, 1, 0. \tag{5.5}$$

式(5.3)~(5.5)称为向量值连分式(5.1)的向后三项递推算法.

显然这里给出的递推算法是上一节递推算法(见式(4.1)~(4.3))的推广,其形式上几乎相同.类似于引理 1.23 有

引理 1.30[198]　设 $\boldsymbol{A}_n^k, B_n^k (k=0,1,\cdots,n)$由式(5.3)~(5.5)给出,则有

(i) $\|\boldsymbol{A}_n^k\|^2 = B_n^k B_n^{k-1}, \quad k = n, n-1, \cdots, 1,$ (5.6)

(ii) $\boldsymbol{R}_n^k = \dfrac{\boldsymbol{A}_n^k}{B_n^k} = \boldsymbol{b}_k + \dfrac{a_{k+1}|}{|\boldsymbol{b}_{k+1}} + \cdots + \dfrac{a_n|}{|\boldsymbol{b}_n}, \quad k = n, n-1, \cdots, 0$ (5.7)

(iii) $B_n^k \in R$ 且 $B_n^k \geqslant 0, \quad n = 0,1,\cdots, \quad k = n, \quad n-1, \cdots, 1, 0.$ (5.8)

证明　用数学归纳法容易证明.这里略去证明细节.

利用引理 1.30 不难证明如下的渐近分式公式.

定理 1.31[198]　对任意 $m, n \in N$,连分式 $K(a_n/\boldsymbol{b}_n)$有如下渐近分式公式

$$\left\|\frac{\boldsymbol{A}_{n+m}^0}{B_{n+m}^0} - \frac{\boldsymbol{A}_n^0}{B_n^0}\right\| = \frac{|a_1 a_2 \cdots a_{n+1}| \sqrt{B_{n+m}^{n+1}}}{\sqrt{B_n^0}\sqrt{B_{n+m}^0}}. \tag{5.9}$$

证明　由引理 1.30 及式(5.4),(5.7)有

$$\left\|\frac{\boldsymbol{A}_{n+m}^0}{B_{n+m}^0} - \frac{\boldsymbol{A}_n^0}{B_n^0}\right\| = \frac{1}{B_{n+m}^0 B_n^0}\|\boldsymbol{A}_{n+m}^0 B_n^0 - \boldsymbol{A}_n^0 B_{n+m}^0\|$$

$$= \frac{|a_1|}{B_{n+m}^0 B_n^0}\|\boldsymbol{A}_{n+m}^{1*} B_n^0 - \boldsymbol{A}_n^{1*} B_{n+m}^0\| = \frac{|a_1|}{B_{n+m}^0 B_n^0}\left\|\frac{\boldsymbol{A}_{n+m}^{1*}\|\boldsymbol{A}_n^1\|^2}{B_n^1} - \frac{\boldsymbol{A}_n^{1*}\|\boldsymbol{A}_{n+m}^1\|^2}{B_{n+m}^1}\right\|$$

$$= \frac{|a_1|}{B_{n+m}^0 B_n^0} \left\| \frac{\boldsymbol{A}_{n+m}^{1*} \boldsymbol{A}_n^{1*} \boldsymbol{A}_n^1}{B_n^1} - \frac{\boldsymbol{A}_n^{1*} \boldsymbol{A}_{n+m}^{1*} \boldsymbol{A}_{n+m}^1}{B_{n+m}^1} \right\|$$

$$= \frac{|a_1| \, \|\boldsymbol{A}_n^1\| \, \|\boldsymbol{A}_{n+m}^1\|}{B_n^0 B_{n+m}^0} \left\| \frac{\boldsymbol{A}_{n+m}^1}{B_{n+m}^1} - \frac{\boldsymbol{A}_n^1}{B_n^1} \right\|.$$

继续利用上面递推过程,得

$$\left\| \frac{\boldsymbol{A}_{n+m}^0}{B_{n+m}^0} - \frac{\boldsymbol{A}_n^0}{B_n^0} \right\| = \frac{|a_1| \cdots |a_n| \prod_{k=1}^{n} \|\boldsymbol{A}_n^k\| \, \|\boldsymbol{A}_{n+m}^k\|}{\prod_{k=0}^{n-2} B_n^k B_{n+m}^k} \left\| \frac{\boldsymbol{A}_{n+m}^n}{B_{n+m}^n} - \frac{\boldsymbol{A}_n^n}{B_n^n} \right\|, \tag{5.10}$$

而

$$\left\| \frac{\boldsymbol{A}_{n+m}^n}{B_{n+m}^n} - \frac{\boldsymbol{A}_n^n}{B_n^n} \right\| = \frac{1}{B_n^n B_{n+m}^n} \|a_{n+1} \boldsymbol{A}_{n+m}^{n+1}\|. \tag{5.11}$$

因此有

$$\left\| \frac{\boldsymbol{A}_{n+m}^0}{B_{n+m}^0} - \frac{\boldsymbol{A}_n^0}{B_n^0} \right\| = \frac{|a_1| \cdots |a_{n+1}| \prod_{k=1}^{n} \|\boldsymbol{A}_n^k\| \, \|\boldsymbol{A}_{n+m}^k\| \, \|\boldsymbol{A}_{n+m}^{k+1}\|}{\prod_{k=0}^{n} B_n^k B_{n+m}^k}. \tag{5.12}$$

由式(5.6)及式(5.10)得

$$\left\| \frac{\boldsymbol{A}_{n+m}^0}{B_{n+m}^0} - \frac{\boldsymbol{A}_n^0}{B_n^0} \right\| = \frac{|a_1 a_2 \cdots a_{n+1}| \sqrt{B_{n+m}^{n+1}}}{\sqrt{B_n^0} \sqrt{B_{n+m}^0}}.$$ □

二、向量连分式的收敛性质

定理 1.32 连分式 $K(1/\boldsymbol{b}_i)$ 收敛的必要条件是级数 $\sum_{n=1}^{\infty} \|\boldsymbol{b}_n\|$ 发散.

证明 用反证法.设 $\sum_{n=1}^{\infty} \|\boldsymbol{b}_n\| = M, M > 0$

首先用数学归纳法不难证明

$$\sqrt{B_n^0} \leqslant \prod_{k=0}^{n} (1 + \|\boldsymbol{b}_k\|) \tag{5.13}$$

与

$$\sqrt{B_{n+1}^{0}} \leqslant \prod_{k=0}^{n+1}(1+\|\boldsymbol{b}_k\|). \tag{5.14}$$

利用不等式

$$1+x \leqslant e^{x}, \quad x>0,$$

式(5.13),(5.14)变成为

$$\sqrt{B_n^0} \leqslant \prod_{k=1}^{n}(1+\|\boldsymbol{b}_k\|) \leqslant \exp\Big(\sum_{k=1}^{n}\|\boldsymbol{b}_k\|\Big) \leqslant e^{M}$$

与

$$\sqrt{B_{n+1}^0} \leqslant \prod_{k=1}^{n+1}(1+\|\boldsymbol{b}_k\|) \leqslant \exp\Big(\sum_{k=1}^{n+1}\|\boldsymbol{b}_k\|\Big) \leqslant e^{M}.$$

由定理 1.31 知

$$\left\|\frac{\mathbf{A}_{n+1}^{0}}{B_{n+1}^{0}}-\frac{\mathbf{A}_{n}^{0}}{B_{n}^{0}}\right\| = \frac{1}{\sqrt{B_n^0}\sqrt{B_{n+1}^0}} \geqslant e^{-2M}.$$

与 $K(1/\boldsymbol{b}_i)$收敛矛盾. □

定理 1.33　对于连分式 $\underset{n=1}{\overset{\infty}{K}}(1/\boldsymbol{b}_n)$,其中 $\boldsymbol{b}_n=(b_n^1,b_n^2,\cdots,b_n^d)$,而 $b_n^1,b_n^2,\cdots,b_n^d \geqslant 0$,其收敛的充分必要条件是级数$\sum_{n=1}^{\infty}\|\boldsymbol{b}_n\|=+\infty$.

证明　必要性由定理 1.32 即得. 下面证明充分性.

因为诸 $\boldsymbol{b}_n$ 中至少有一个不为零,不妨设 $\|\boldsymbol{b}_1\|\neq 0$,由定理条件及式(5.3),(5.5)有

$$\begin{cases} B_{2n}^{k} \geqslant \|\boldsymbol{b}_{k+1}\|^{2} B_{2n}^{k+1}+B_{2n}^{k+2}, & k=0,1,\cdots,2n \\ B_{2n}^{2n}=1, B_{2n}^{2n-1}=\|\boldsymbol{b}_{2n}\|^{2}. \end{cases} \tag{5.15}$$

式(5.15)蕴含

$$B_{2n}^{0} \geqslant B_{2n}^{2} \geqslant \cdots \geqslant B_{2n}^{2n}=1, \tag{5.16}$$

及

$$B_{2n}^{1} \geqslant B_{2n}^{3} \geqslant \cdots \geqslant B_{2n}^{2n-1}=\|\boldsymbol{b}_{2n}\|^{2}. \tag{5.17}$$

现考虑 $\boldsymbol{b}_k$,$\mathbf{A}_n^k$的第$r(1\leqslant r\leqslant d)$个分量分别记为 $\boldsymbol{b}_k(r)$,$\mathbf{A}_n^k(r)$. 由定理条件及式(5.4),(5.16)得

$$\mathbf{A}_{2n}^{2k}(r)=\boldsymbol{b}_{2k}(r)B_{2n}^{2k}+\mathbf{A}_{2n}^{2k+1}(r) \geqslant \boldsymbol{b}_{2k}(r)+\mathbf{A}_{2n}^{2k+2}(r), \quad k=0,\cdots,n-1.$$

从而有

$$\boldsymbol{A}_{2n}^{0}(r) \geqslant \boldsymbol{b}_0(r) + \boldsymbol{A}_{2n}^{2}(r) \geqslant \boldsymbol{b}_0(r) + \boldsymbol{b}_2(r) + A_{2n}^{4}(r) \geqslant \cdots \geqslant \boldsymbol{b}_0(r) + \boldsymbol{b}_2(r) + \cdots + \boldsymbol{b}_{2n}(r). \tag{5.18}$$

类似地有

$$\begin{cases} B_{2n+1}^{0} \geqslant B_{2n+1}^{2} \geqslant \cdots \geqslant B_{2n+1}^{2n} \geqslant 1, \\ B_{2n+1}^{1} \geqslant B_{2n+1}^{3} \geqslant \cdots \geqslant B_{2n+1}^{2n-1} \geqslant \| \boldsymbol{b}_{2n} \| , \\ \boldsymbol{A}_{2n+1}^{1}(r) \geqslant \boldsymbol{b}_1(r) + \boldsymbol{A}_{2n+1}^{3}(r) \geqslant \cdots \geqslant \boldsymbol{b}_1(r) + \boldsymbol{b}_3(r) + \cdots + \boldsymbol{b}_{2n-1}(r). \end{cases} \tag{5.19}$$

由式(5.18),(5.19)及$\sum\limits_{n=1}^{\infty} \| \boldsymbol{b}_n \| = +\infty$,有

$$\lim_{n\to\infty} \| \boldsymbol{A}_{2n+1}^{1} \| = +\infty, \tag{5.20}$$

或

$$\lim_{n\to\infty} \| \boldsymbol{A}_{2n}^{0} \| = +\infty. \tag{5.21}$$

不失一般性,设式(5.20)成立.由式(5.5)有

$$B_m^0 \geqslant \| \boldsymbol{b}_1 \|^2 B_m^1 \quad \text{对任意 } m \geqslant 1. \tag{5.22}$$

由式(5.22)及式(5.6)得

$$\| \boldsymbol{A}_{2n} \|^2 = B_{2n}^0 B_{2n}^1 \leqslant \frac{(B_{2n}^0)^2}{\| b_1 \|^2}.$$

由式(5.20)知

$$\lim_{n\to\infty} B_{2n}^0 = +\infty. \tag{5.23}$$

由定理1.31,式(5.4),(5.16),(5.17),(5.22)及(5.23)有

$$\begin{aligned} \left\| \frac{\boldsymbol{A}_{2n+m}^{0}}{B_{2n+m}^{0}} - \frac{\boldsymbol{A}_{2n}^{0}}{B_{2n}^{0}} \right\| &= \frac{\sqrt{B_{2n+m}^{2n+1}}}{\sqrt{B_{2n}^{0}}\sqrt{B_{2n+m}^{0}}} \leqslant \frac{\sqrt{B_{2n+m}^{n+1}}}{\sqrt{B_{2n}^{0}} \| \boldsymbol{b}_1 \| \sqrt{B_{2n+m}^{1}}} \\ &\leqslant \frac{1}{\sqrt{B_{2n}^{0}} \| \boldsymbol{b}_1 \|} \to 0 \quad (n \to \infty), \end{aligned} \tag{5.24}$$

及

$$\left\|\frac{\boldsymbol{A}_{2n+m}^{0}}{B_{2n+m}^{0}}-\frac{\boldsymbol{A}_{2n-1}^{0}}{B_{2n-1}^{0}}\right\|\leqslant\frac{1}{\|\boldsymbol{b}_1\|\sqrt{B_{2n}^{0}}}+\frac{1}{\sqrt{B_{2n}^{0}}\sqrt{B_{2n-1}^{0}}}\to 0\quad(n\to\infty).\tag{5.25}$$

由式(5.24)及(5.26)知$\left\{\dfrac{\boldsymbol{A}_n^0}{B_n^0}\right\}$为柯西序列,故 $K(1/\boldsymbol{b}_n)$收敛. □

定理 1.34　设不等式 $\|\boldsymbol{b}_i\|\geqslant c+|a_{i+1}|, i=0,1,2,\cdots, c>1$ 成立,则向量值连分式 $K(a_i/\boldsymbol{b}_i)$收敛于 $\boldsymbol{R}$,且截断误差界为 $\|\boldsymbol{R}_n-\boldsymbol{R}\|\leqslant\left(\dfrac{1}{c}\right)^n$.

证明　首先易用数学归纳法证明,对任意 $n\in N$ 有

$$B_n^k\geqslant B_n^{k+1},\quad k=0,1,\cdots,n-1.\tag{5.26}$$

从而由式(5.26)及式(5.5)得

$$\sqrt{B_n^k}-\sqrt{B_n^{k+1}}\geqslant\|\boldsymbol{b}_{k+1}\|\sqrt{B_n^{k+1}}-|a_{k+2}|\sqrt{B_n^{k+2}}\tag{5.27}$$

及

$$\begin{aligned}\sqrt{B_n^k}-\sqrt{B_n^{k+1}}+|a_{k+2}|(\sqrt{B_n^{k+1}}-\sqrt{B_n^{k+2}})&\geqslant\cdots\geqslant\\ |a_{k+2}|\cdots|a_n|(\|\boldsymbol{b}_n\|-1)&\geqslant 0.\end{aligned}\tag{5.28}$$

由定理条件及式(5.27)有

$$\sqrt{B_n^0}\geqslant|a_1|\cdots|a_n|(\|\boldsymbol{b}_n\|-1)\geqslant|a_1|\cdots|a_{n+1}|.\tag{5.29}$$

对任意 $m,n\geqslant 0, 0\leqslant k\leqslant n$,由定理条件及式(5.26),(5.27)有

$$\begin{aligned}\sqrt{B_{n+m}^k}&\geqslant\|\boldsymbol{b}_{k+1}\|\sqrt{B_{n+m}^{k+1}}-|a_{k+2}|\sqrt{B_{n+m}^{k+2}}\\&\geqslant(\|\boldsymbol{b}_n\|-|a_{k+2}|)\sqrt{B_{n+m}^{k+1}}\geqslant c\sqrt{B_{n+m}^{k+1}}.\end{aligned}$$

于是利用上式可知

$$\sqrt{B_{n+m}^0}\geqslant c\sqrt{B_{n+m}^1}\geqslant c^2\sqrt{B_{n+m}^2}\geqslant\cdots\geqslant c^{n+1}\sqrt{B_{n+m}^{n+1}}.\tag{5.30}$$

由定理 1.31,式(5.29),(5.30),对任何 m 有

$$\left\|\frac{\boldsymbol{A}_{n+m}^{0}}{B_{n+m}^{0}}-\frac{\boldsymbol{A}_{n}^{0}}{B_{n}^{0}}\right\|=\frac{|a_1|\cdots|a_{n+1}|}{\sqrt{B_n^0}\sqrt{B_{n+m}^0}}\sqrt{B_{n+m}^{n+1}}<\left(\frac{1}{c}\right)^{n+1}\to 0\quad(n\to\infty),$$

由 Cauchy 收敛准则知 $K(a_i/\boldsymbol{b}_i)$收敛于 $\boldsymbol{R}$,且

$$\| \boldsymbol{R} - \boldsymbol{R}_n \| \leqslant \left(\frac{1}{c}\right)^{n+1}. \qquad \square$$

我们知道对数量连分式

$$b_0 + \mathop{\mathrm{K}}_{n=1}^{\infty}(a_n/b_n) = b_0 + \frac{a_1|}{|b_1} + \cdots + \frac{a_n|}{|b_n} + \cdots$$

存在向后递推算法

$$\begin{cases} C_{n+1,n} = 0, \quad C_{k,n} = a_k/(b_k + C_{k+1,n}), \quad n \geqslant 1, \quad 1 \leqslant k \leqslant n, \\ C_{1,n} = \mathop{\mathrm{K}}_{i=1}^{n}(a_i/b_i). \end{cases}$$

众所周知向后递推算法在数值计算中稳定性好一些.因此将上面算法作适当修改并推广到向量值连分式情形.令

$$\begin{cases} \boldsymbol{R}_{n,n} = \boldsymbol{b}_n, \boldsymbol{R}_{k,n} = \boldsymbol{b}_k + a_{k+1}/\boldsymbol{R}_{k+1,n}, n \geqslant 1, \quad 0 \leqslant k \leqslant n-1, \\ \boldsymbol{R}_{0,n} = \boldsymbol{b}_0 + \mathop{\mathrm{K}}_{i=1}^{n}(a_i/\boldsymbol{b}_i). \end{cases} \tag{5.31}$$

显然 $\boldsymbol{R}_n$(或 $\boldsymbol{R}_{0,n}$)是向量值连分式 $\boldsymbol{b}_0 + K(a_i/\boldsymbol{b}_i)$的第 n 阶渐近分式.

记

$$\boldsymbol{F}_{k,n} = \left(\boldsymbol{b}_k + \frac{a_{k+1}|}{|\boldsymbol{b}_{k+1}} + \cdots + \frac{a_n|}{|\boldsymbol{b}_n}\right)^{-1}, \quad n \geqslant 1, \quad 1 \leqslant k \leqslant n, \tag{5.32}$$

$$\| \boldsymbol{v} \|^2 = \langle \boldsymbol{v}, \boldsymbol{v} \rangle. \tag{5.33}$$

引理 1.35　对任何 $m, n \in N, 0 \leqslant k \leqslant n$,有

$$\| \boldsymbol{F}_{k,n+m} - \boldsymbol{F}_{k,n} \| = \| \boldsymbol{F}_{k,n+m} \| \, \| \boldsymbol{F}_{k,n} \| \, \| \boldsymbol{R}_{k,n+m} - \boldsymbol{R}_{k,n} \|. \tag{5.34}$$

证明　利用向量范数定义与式(5.2)及式(5.31)和 $\boldsymbol{F}_{k,n}$定义(5.32)即可证明.

定理 1.36　对任何 $n, m \in N$ 有

$$\begin{aligned} \| \boldsymbol{R}_{n+m} - \boldsymbol{R}_n \| &= \| \boldsymbol{R}_{0,n+m} - \boldsymbol{R}_{0,n} \| = \| \boldsymbol{F}_{1,n+m} - \boldsymbol{F}_{1,n} \| \\ &= \prod_{k=1}^{n} \| \boldsymbol{F}_{k,n} \| \prod_{k=1}^{n+1} (| a_k | \, \| \boldsymbol{F}_{k,n+m} \|). \end{aligned} \tag{5.35}$$

证明　令 $D_k = \| \boldsymbol{R}_{k,n+m} - \boldsymbol{R}_{k,n} \|$,则由式(5.31)知

$$D_k = \left\| \frac{a_{k+1}}{\boldsymbol{R}_{k+1,n+m}} - \frac{a_{k+1}}{\boldsymbol{R}_{k+1,n}} \right\| = | a_{k+1} | \, \| \boldsymbol{F}_{k+1,n+m} - \boldsymbol{F}_{k+1,n} \|.$$

由引理 1.35 得

$$D_k = |a_{k+1}| \, \| \boldsymbol{F}_{k+1,n+m} \| \, \| \boldsymbol{F}_{k+1,n} \| D_{k+1}.$$

令 $k=0$,并反复利用上式可知

$$\begin{aligned} D_0 &= |a_1| \, \| \boldsymbol{F}_{1,n+m} \| \, \| \boldsymbol{F}_{1,n} \| D_1 \\ &= |a_1| \, \| \boldsymbol{F}_{1,n+m} \| \, \| \boldsymbol{F}_{1,n} \| \, |a_2| \, \| \boldsymbol{F}_{2,n+m} \| \, \| \boldsymbol{F}_{2,n} \| D_3 \\ &= \cdots = \prod_{k=1}^{n} (|a_k| \, \| \boldsymbol{F}_{k,n} \| \, \| \boldsymbol{F}_{k,n+m} \|) D_n, \end{aligned} \tag{5.36}$$

而

$$\begin{aligned} D_n &= \| \boldsymbol{R}_{n,m+n} - \boldsymbol{R}_{n,n} \| = \left\| \boldsymbol{b}_n + \frac{a_{n+1}}{\boldsymbol{R}_{n+1,n+m}} - \boldsymbol{b}_n \right\| \\ &= |a_{n+1}| \, \| \boldsymbol{F}_{n+1,n+m} \|. \end{aligned} \tag{5.37}$$

将 D_n 表示式(5.37)代入到式(5.36)便得式(5.35). □

对于数量连分式 $K(1/b_n)$,若下式成立:

$$|b_{2i-1}| \leqslant \alpha, \ |b_{2i}| \leqslant \beta,$$

这里 $0<\alpha<1, 0<\beta<1, \alpha\beta=\frac{1}{4}$,则连分式 $K(1/b_n)$收敛,且截断误差阶为 $O\left(\frac{1}{n}\right)$.

这一结果推广到向量值连分式 $K(1/\boldsymbol{b})$也有类似的结果,即

定理 1.37　若对所有的 $i=1,2,\cdots$,不等式

$$\| \boldsymbol{b}_{2i-1}^{-1} \| \leqslant \alpha, \quad \| \boldsymbol{b}_{2i}^{-1} \| \leqslant \beta$$

成立,这里 $0<\alpha<1, 0<\beta<1, \alpha\beta<\frac{1}{4}$,则连分式 $K(1/\boldsymbol{b}_i)$收敛,且截断误差为 $O\left(\frac{1}{n}\right)$.

对一般向量值连分式 $\boldsymbol{b}_0 + \underset{n=1}{\overset{\infty}{K}} (a_n/\boldsymbol{b}_n)$,若对任意 $k \geqslant 1$,令

$$\boldsymbol{B}_{2k} = \frac{a_2 \cdots a_{2k}}{a_1 \cdots a_{2k-1}} \boldsymbol{b}_{2k}$$

和

$$\boldsymbol{B}_{2k-1} = \frac{a_1 \cdots a_{2k-1}}{a_2 \cdots a_{2k-2}} \boldsymbol{b}_{2k-1}.$$

可以证明 $\boldsymbol{b}_0+\overset{\infty}{\underset{n=1}{K}}(a_n/\boldsymbol{b}_n)$与 $\boldsymbol{b}_0+\overset{\infty}{\underset{n=1}{K}}(1/\boldsymbol{B}_n)$等价.由此及定理1.37可得

定理1.38　若对所有 $i=1,2,\cdots$不等式

$$\left\|\frac{a_2\cdots a_{2k-2}}{a_1\cdots a_{2k-1}}\boldsymbol{b}_{2i-1}^{-1}\right\|\leqslant\alpha,\left\|\frac{a_1\cdots a_{2k-1}}{a_2\cdots a_{2k}}\boldsymbol{b}_{2k}^{-1}\right\|\leqslant\beta$$

成立,这里 $0<\alpha<1,0<\beta<1,\alpha\beta<\dfrac{1}{4}$,则连分式 $b_0+\overset{\infty}{\underset{n=1}{K}}(a_n/\boldsymbol{b}_n)$收敛,且截断误差为 $O\left(\dfrac{1}{n}\right)$.

三、向量连分式的截断误差

针对 Worpitzky 型向量连分式给出求收敛连分式截断误差的方法.设$\{t_n(\boldsymbol{\omega})\}$为一列如下形式的向量分式线性变换:

$$t_0(\boldsymbol{\omega})=\boldsymbol{b}_0+\boldsymbol{\omega},\quad t_n(\boldsymbol{\omega})=\frac{a_n}{\boldsymbol{b}_n+\boldsymbol{\omega}},\quad a_n\neq 0,\quad n\geqslant 1,\quad \boldsymbol{b}_n,\boldsymbol{\omega}\in C^d.$$

令

$$T_n(\omega)=t_0\circ t_1\circ\cdots\circ t_n(\boldsymbol{\omega})=\boldsymbol{b}_0+\frac{a_1}{\boldsymbol{b}_1}+\cdots+\frac{a_n}{\boldsymbol{b}_n+\boldsymbol{\omega}},\quad n\geqslant 1,$$

这里

$$\begin{aligned}t_{n-1}(\boldsymbol{\omega})\circ t_n(\boldsymbol{\omega})&=t_{n-1}(t_n(\omega))\\&=a_{n-1}/[\boldsymbol{b}_n+t_n(\boldsymbol{\omega})]=\cfrac{a_{n-1}}{\boldsymbol{b}_n+\cfrac{a_n}{\boldsymbol{b}_n+\boldsymbol{\omega}}}.\end{aligned}$$

T_n 是一个向量分式变换,且

$$T_n(0)=\boldsymbol{b}_0+\frac{a_1}{\boldsymbol{b}_1}+\frac{a_2}{\boldsymbol{b}_2}+\cdots+\frac{a_n}{\boldsymbol{b}_n}.$$

定理1.39　对任意 $n,m\in N,\boldsymbol{\omega}_1,\boldsymbol{\omega}_2\in C^d$,则有

$$\begin{aligned}\|T_n(\boldsymbol{\omega}_1)-T_n(\boldsymbol{\omega}_2)\|&=\left\|\frac{\boldsymbol{A}_n^0(\boldsymbol{\omega}_1)}{B_n^0(\boldsymbol{\omega}_1)}-\frac{\boldsymbol{A}_n^0(\boldsymbol{\omega}_2)}{B_n^0(\boldsymbol{\omega}_2)}\right\|\\&=\frac{|a_1|\cdots|a_n|\ \|\boldsymbol{\omega}_1-\boldsymbol{\omega}_2\|}{\sqrt{B_n^0(\boldsymbol{\omega}_1)}\sqrt{B_n^0(\boldsymbol{\omega}_2)}}.\end{aligned}\tag{5.38}$$

证明　令

$$D_i = \left\| \frac{\boldsymbol{A}_n^i(\boldsymbol{\omega}_1)}{B_n^i(\boldsymbol{\omega}_1)} - \frac{\boldsymbol{A}_n^i(\boldsymbol{\omega}_2)}{B_n^i(\boldsymbol{\omega}_2)} \right\|, \quad 0 \leqslant i \leqslant n.$$

对 $i=0$,由向后三项递推算法有

$$D_0 = \left\| \frac{\boldsymbol{A}_n^0(\boldsymbol{\omega}_1)}{B_n^0(\boldsymbol{\omega}_1)} - \frac{\boldsymbol{A}_n^0(\boldsymbol{\omega}_2)}{B_n^0(\boldsymbol{\omega}_2)} \right\| = |a_1| \left\| \frac{\boldsymbol{B}_n^1(\boldsymbol{\omega}_1)}{\boldsymbol{A}_n^1(\boldsymbol{\omega}_1)} - \frac{B_n^1(\boldsymbol{\omega}_2)}{\boldsymbol{A}_n^1(\boldsymbol{\omega}_2)} \right\|$$

$$= |a_1| \frac{B_n^1(\boldsymbol{\omega}_1) B_n^1(\boldsymbol{\omega}_2)}{\| \boldsymbol{A}_n^1(\boldsymbol{\omega}_1) \| \| \boldsymbol{A}_n^1(\boldsymbol{\omega}_2) \|} D_1.$$

重复上面过程知

$$D_0 = \prod_{i=0}^{n} |a_i| \frac{B_n^i(\boldsymbol{\omega}_1) B_n^i(\boldsymbol{\omega}_2)}{\| \boldsymbol{A}_n^i(\boldsymbol{\omega}_1) \| \| \boldsymbol{A}_n^i(\boldsymbol{\omega}_2) \|} D_n, \tag{5.39}$$

而

$$D_n = \left\| \frac{\boldsymbol{A}_n^n(\boldsymbol{\omega}_1)}{B_n^n(\boldsymbol{\omega}_1)} - \frac{\boldsymbol{A}_n^n(\boldsymbol{\omega}_2)}{\boldsymbol{B}_n^n(\boldsymbol{\omega}_2)} \right\| = \| \boldsymbol{\omega}_1 - \boldsymbol{\omega}_2 \|.$$

考虑到式(5.6)及式(5.39)便知式(5.38)成立.　□

下面给出 Worpitzky 型收敛连分式截断误差:

定理 1.40　若$|a_n|<1$, $\|\boldsymbol{b}_n\|=2$,则向量连分式 $K(a_n/\boldsymbol{b}_n)$收敛于 $\boldsymbol{R}$,且

$$\| T_n(0) - \boldsymbol{R} \| \leqslant \min(\varepsilon_1, \varepsilon_2), \tag{5.40}$$

其中

$$\begin{cases} \varepsilon_1 = \dfrac{1}{\displaystyle\sum_{i=1}^{n-1} \frac{1}{|a_1 \cdots a_i|} + \frac{2}{|a_1 \cdots a_n|}} \cdot \dfrac{1}{2^{n-1} - \displaystyle\sum_{k=2}^{n} |a_k|}, \\ \varepsilon_2 = \dfrac{|a_1| \cdots |a_n|}{2^{n-1-\sum_{k=2}^{n}|a_k|} 2^{n-\sum_{k=2}^{n}|a_k|}}. \end{cases} \tag{5.41}$$

证明　用类似于证明定理 1.34 的方法,可以证明

$$\sqrt{B_n^i(\boldsymbol{\omega})} \geqslant 2\sqrt{B_n^{i+1}(\boldsymbol{\omega})} - |a_{i+2}| \sqrt{B_n^{i+2}(\boldsymbol{\omega})},$$

$$0 \leqslant i \leqslant n-2, \text{对任意 } \boldsymbol{\omega} \in \boldsymbol{D} = \overline{\{z \in D, |z| < 1\}}. \tag{5.42}$$

进一步,因$|a_i|\leqslant 1$, $i\in N$,有

$$\sqrt{B_n^i(\boldsymbol{\omega})} - \sqrt{B_n^{i+1}(\boldsymbol{\omega})} \geqslant |a_{i+2}| \left(\sqrt{B_n^{i+1}(\boldsymbol{\omega})} - \sqrt{B_n^{i+2}(\boldsymbol{\omega})}\right),$$

继续上面过程有

$$\sqrt{B_n^i(\boldsymbol{\omega})} \geqslant |a_{i+2}||a_{i+3}|\left(\sqrt{B_n^{i+2}(\boldsymbol{\omega})} - \sqrt{B_n^{i+3}(\boldsymbol{\omega})}\right) \geqslant \cdots$$

$$\geqslant \sqrt{B_n^{i+1}(\boldsymbol{\omega})} + |a_2|\cdots|a_n|\left(\sqrt{B_n^{n-1}(\boldsymbol{\omega})} - 1\right). \tag{5.43}$$

在式(5.43)中令 $i=0$,得

$$\sqrt{B_n^0(\boldsymbol{\omega})} \geqslant \sqrt{B_n^1(\boldsymbol{\omega})} + |a_2|\cdots|a_n|\left(\sqrt{B_n^{n-1}(\boldsymbol{\omega})} - 1\right)$$

$$\geqslant \cdots \geqslant \sqrt{B_n^{n-1}(\boldsymbol{\omega})} + \sum_{k=2}^{n}|a_k\cdots a_n|\left(\sqrt{B_n^{n-1}(\boldsymbol{\omega})} - 1\right).$$

因为$\sqrt{B_n^{n-1}(\boldsymbol{\omega})} = \|\boldsymbol{b}_n + \boldsymbol{\omega}\|$,则上式可写为

$$\sqrt{B_n^0(\boldsymbol{\omega})} \geqslant \|\boldsymbol{b}_n + \boldsymbol{\omega}\| + \sum_{k=2}^{n}|a_k\cdots a_n|\left(\|\boldsymbol{b}_n + \boldsymbol{\omega}\| - 1\right). \tag{5.44}$$

又在式(5.42)中令 $i=0$,并利用式(5.43),得

$$\sqrt{B_n^0(\boldsymbol{\omega})} \geqslant (2-|a_{i+2}|)\sqrt{B_n^{i+1}(\boldsymbol{\omega})}, \quad 0 \leqslant i \leqslant n-2. \tag{5.45}$$

重复上面过程可得

$$\sqrt{B_n^0(\boldsymbol{\omega})} \geqslant (2-|a_2|)(2-|a_3|)\sqrt{B_n^{i+2}(\boldsymbol{\omega})} \geqslant \cdots$$

$$\geqslant (2-|a_2|)(2-|a_3|)\cdots(2-|a_n|)\sqrt{B_n^{n-1}(\boldsymbol{\omega})}$$

$$= (2-|a_2|)(2-|a_3|)\cdots(2-|a_n|)\|\boldsymbol{b}_n + \boldsymbol{\omega}\|. \tag{5.46}$$

从而由式(5.44),(5.46)及定理 1.39,有

$$\|T_n(\boldsymbol{\omega}_1) - T_n(\boldsymbol{\omega}_2)\| \leqslant \|T_n(\boldsymbol{\omega}_1) - T_n(0)\| + \|T_n(\boldsymbol{\omega}_2) - T_n(0)\|$$

$$\leqslant \sum_{m=1}^{2}\frac{|a_1|\cdots|a_n|\,\|\boldsymbol{\omega}_m\|}{\left(2\,|\sum_{k=2}^{n}|a_k\cdots a_n|\right)\left[\prod_{i=2}^{n}(2-|a_i|)\|\boldsymbol{b}_n + \boldsymbol{\omega}_m\|\right]}, \tag{5.47}$$

和

$$\|T_n(\boldsymbol{\omega}_1) - T_n(\boldsymbol{\omega}_2)\| \leqslant \|T_n(\boldsymbol{\omega}_1) - T_n(0)\| + \|T_n(\boldsymbol{\omega}_2) - T_n(0)\|$$

$$\leqslant \sum_{m=1}^{2}\frac{|a_1|\cdots|a_n|\,\|\boldsymbol{\omega}_m\|}{2\left[\prod_{i=2}^{n}(2-|a_i|)\right]\left[\prod_{i=2}^{n}(2-|a_i|)\|\boldsymbol{b}_n + \boldsymbol{\omega}_m\|\right]}. \tag{5.48}$$

从而,由式(5.47)知

$$\begin{aligned}\| R_n - R \| &\leqslant \frac{1}{2} \sup_{\boldsymbol{\omega}_1, \boldsymbol{\omega}_2 \in \boldsymbol{D}} \{ \| T_n(\boldsymbol{\omega}_1) - T_n(\boldsymbol{\omega}_2) \| \} \\ &\leqslant \frac{|a_1| \cdots |a_n|}{\left(2 + \sum\limits_{k=2}^{n} |a_k \cdots a_n|\right) \prod\limits_{i=2}^{n} (2 - |a_i|)}. \end{aligned} \tag{5.49}$$

类似地,由式(5.48)知

$$\| R_n - R \| \leqslant \frac{|a_1| \cdots |a_n|}{2 \prod\limits_{i=1}^{n} (2 - |a_i|)^2}. \tag{5.50}$$

注意到 $1 + x \geqslant 2^x, 0 \leqslant x \leqslant 1, |a_i| \leqslant 1$,可知

$$(2 - |a_2|) \cdots (2 - |a_n|) \geqslant 2^{n-1-\sum\limits_{i=2}^{n} |a_i|}. \tag{5.51}$$

因此,由式(5.49)~(5.51)得

$$\| R_n - R \| \leqslant \min(\varepsilon_1, \varepsilon_2),$$

其中 $\varepsilon_1, \varepsilon_2$ 由式(5.41)定义.

最后指出关于向量连分式定义,除上面介绍的基于 Samelson 逆的向量连分式外,还有所谓的基于部分逆的向量连分式,即

设 $\boldsymbol{a}_i, \boldsymbol{b}_i \in C^d$,称

$$\boldsymbol{b}_0 + \frac{\boldsymbol{a}_1 \rfloor}{\lceil \boldsymbol{b}_1} + \frac{\boldsymbol{a}_2 \rfloor}{\lceil \boldsymbol{b}_2} + \cdots + \frac{\boldsymbol{a}_n \rfloor}{\lceil \boldsymbol{b}_n} + \cdots$$

为部分逆向量连分式,记为 $\boldsymbol{b}_0 + K(\boldsymbol{a}_n / \boldsymbol{b}_n)$.

之所以称为部分逆向量连分式是因为在连分式的计算过程中基于如下的部分逆定义与向量乘法:设 $\boldsymbol{a} = (a_1, a_2, \cdots, a_d)$, $\boldsymbol{b} = (b_1, b_2, \cdots, b_d)$, $\boldsymbol{a} \cdot \boldsymbol{b} = (a_1 b_1, a_2 b_2, \cdots, a_d b_d)$,而 $\boldsymbol{b}^{-1} = \left(\frac{1}{b_d}, \frac{b_1}{b_d}, \cdots, \frac{b_{d-1}}{b_d} \right) (b_d \neq 0)$. 在文献[78]还讨论了这种向量连分式的收敛性.

§6　矩阵连分式

矩阵连分式是向量连分式的一种推广. 由于它在控制论、光学、谱理论及矩阵函数逼近等方面的广泛应用,近年来出现了许多好的结果(参看文献[48],[77],[104],[166],[174]). 如同向量连分式一样,由于矩阵逆的不同定义,出现了多种形式的矩阵连分式. 例如在通常矩阵逆(也称古典逆)意义的矩阵连分式;部分逆意

义下的矩阵连分式及广义 Samelson 逆意义下的矩阵连分式. 即

(i) 设 $A_i, B_i \in C^{n\times m}$, 若 $A/B = A(B)_C^{-1}$, 这里 $(B)_C^{-1}$ 表示矩阵 B 的古典逆, 即 $B\cdot(B)_C^{-1} = E$(E 为与 B 同阶单位方阵), 则称

$$B_0 + \frac{A_1 |}{| B_1} + \cdots + \frac{A_n |}{| B_n} + \cdots \tag{6.1}$$

为古典矩阵连分式.

(ii) 设 $A_i, B_i \in C^{m\times n}$, 若 $\dfrac{A}{B} = A(B)_P^{-1}$, 这里 $(B)_P^{-1}$ 为矩阵 B 的部分逆, 即 $(B)_P^{-1} = B_2(B_1)_C^{-1}$, $(B_1)_C^{-1}$ 存在, 其中

$$B = \begin{bmatrix} b_{11} & b_{12} & \cdots & b_{1n} \\ b_{21} & b_{22} & \cdots & b_{2n} \\ \vdots & \vdots & & \vdots \\ b_{m1} & b_{m2} & \cdots & b_{mn} \end{bmatrix}, \quad B_1 = \begin{bmatrix} b_{m1} & b_{m2} & \cdots & b_{m\,n-1} & b_{mn} \\ 1 & 0 & \cdots & 0 & 0 \\ \vdots & \vdots & & \vdots & \vdots \\ 0 & 0 & \cdots & 1 & 0 \end{bmatrix},$$

$$B_2 = \begin{bmatrix} 0 & \cdots & 0 & 1 \\ b_{11} & \cdots & b_{1\,n-1} & b_{1n} \\ \vdots & & \vdots & \vdots \\ b_{m-1,1} & \cdots & b_{m-1,n-1} & b_{m-1,n} \end{bmatrix},$$

则称

$$B_0 + \frac{A_1 |}{| B_1} + \cdots + \frac{A_n |}{| B_n} + \cdots \tag{6.2}$$

为部分逆矩阵连分式.

(iii) 设 $B_i \in C^{d\times d}$, $a_i \in R$. 若 $\dfrac{1}{B} = (B)_s^{-1} = \dfrac{B^*}{\| B \|^2}$, 这里 $\| B \|^2 = \mathrm{tr}(BB^{\mathrm{T}})$, B^* 表示 B 的共轭, 称

$$B_0 + \frac{a_1 |}{| B_1} + \frac{a_2 |}{| B_2} + \cdots + \frac{a_i |}{| B_i} + \cdots \tag{6.3}$$

为基于 Samelson 逆的矩阵连分式.

第三章我们将详细讨论向量值、矩阵值有理插值问题. 下面用具体例子来说明

用基于广义 Samelson 逆矩阵连分式插值较方便.

对于给定的插值节点 $\{z_i\}, i=0,1,\cdots,n$,及相应的矩阵 $A(x_i)=A_i$. 利用 Thiele 型连分插值算法(见第三章):

$$R_n^0(x) = B_0(x_0) + \frac{x-x_0}{|B_1(x_0x_1)} + \cdots + \frac{x-x_{n-1}}{|B_n(x_0,x_1,\cdots,x_n)},$$

其中 $B_0(x_i)=A(x_i), i=0,1,\cdots,n$,

$$B_1(x_0,x_1) = \frac{(x_1-x_0)}{(B_0(x_1)-B_0(x_0))},$$

$$B_k(x_0,x_1,\cdots,x_k) = \frac{(x_k-x_{k-1})}{(B_{k-1}(x_0,\cdots,x_{k-2},x_k)-B_{k-1}(x_0,\cdots,x_{k-1}))}.$$

例 4　给定节点 $z_0=-1, z_1=0, z_2=1$,相应地

$$A(z_0)=\begin{bmatrix}2 & 0\\ 0 & -\mathrm{i}\end{bmatrix},\quad A(z_1)=\begin{bmatrix}1 & 0\\ 1 & \mathrm{i}\end{bmatrix},\quad A(z_2)=\begin{bmatrix}0 & \mathrm{i}\\ 1 & 0\end{bmatrix},$$

求 $R_2(z)=P(z)/Q(z)$ 使 $R_2(z_i)=A(z_i), i=0,1,2$.

解法 1　用基于广义逆的方法:

$$B_0(z_0)=\begin{bmatrix}2 & 0\\ 0 & -\mathrm{i}\end{bmatrix}, B_1(z_0,z_1)=\frac{1}{(B_0(z_1)-B_0(z_0))}=\frac{1}{2}\begin{bmatrix}1 & 0\\ -1 & 2\mathrm{i}\end{bmatrix}$$

$$B_1(z_0,z_2)=\frac{2}{(B_0(z_2)-B_0(z_0))}=\frac{2}{3}\begin{bmatrix}-2 & -\mathrm{i}\\ 1 & -\mathrm{i}\end{bmatrix},$$

$$B_2(z_0z_1z_2)=\frac{1}{(B_1(z_0z_2)-B_1(z_0z_1))}=\frac{1}{9}\begin{bmatrix}-11 & 4\mathrm{i}\\ 7 & 10\mathrm{i}\end{bmatrix}.$$

$$R_2(z)=\begin{bmatrix}2 & 0\\ 0 & -\mathrm{i}\end{bmatrix}+\frac{z+1}{\left|\frac{1}{2}\begin{bmatrix}1 & 0\\ -1 & 2\mathrm{i}\end{bmatrix}\right.}+\frac{z}{\left|\frac{1}{9}\begin{bmatrix}-11 & 4\mathrm{i}\\ 7 & 10\mathrm{i}\end{bmatrix}\right.}$$

$$=\frac{1}{9z^2+2z-3}\begin{bmatrix}7z^2-4z-3 & 4z\mathrm{i}(z+1)\\ 7z^2+4z-3 & (z^2+2z-3)\mathrm{i}\end{bmatrix}.$$

解法 2　用古典逆的方法

$$B_1(z_0,z_1)=\frac{1}{\begin{bmatrix}-1 & 0\\ 1 & 2\mathrm{i}\end{bmatrix}}=\begin{bmatrix}-1 & 0\\ \frac{1}{2\mathrm{i}} & \frac{1}{2\mathrm{i}}\end{bmatrix},$$

$$B_1(z_0z_2)=\frac{2}{\begin{bmatrix}-2 & \mathrm{i}\\ 1 & \mathrm{i}\end{bmatrix}}=\frac{2}{3}\begin{bmatrix}-1 & 1\\ \frac{1}{\mathrm{i}} & \frac{2}{\mathrm{i}}\end{bmatrix},$$

$$B_2(z_0z_1z_2)=\frac{1}{\begin{bmatrix}\frac{1}{3} & \frac{2}{3}\\ \frac{1}{6\mathrm{i}} & \frac{5}{6\mathrm{i}}\end{bmatrix}}=\begin{bmatrix}5 & -4\mathrm{i}\\ -1 & 2\mathrm{i}\end{bmatrix},$$

$$R_2=\begin{bmatrix}2 & 0\\ 0 & -\mathrm{i}\end{bmatrix}+\frac{z+1|}{|\begin{bmatrix}-1 & 0\\ \frac{1}{2\mathrm{i}} & \frac{1}{2\mathrm{i}}\end{bmatrix}}+\frac{z|}{|\begin{bmatrix}5 & -4\mathrm{i}\\ -1 & 2\mathrm{i}\end{bmatrix}}$$

$$=\frac{1}{z^2-6z-3}\begin{bmatrix}7z^2-4z-3 & -4z\mathrm{i}(z+1)\\ -(z^2+4z+3) & (z^2+2z-3)\mathrm{i}\end{bmatrix}.$$

可以验证,用两种方法求得的 $R_2(z)$都满足插值条件.但用古典逆方法需要多次(这里需五次)求矩阵的逆矩阵,显然计算量比广义逆方法大得多.因此常采用广义逆方法来研究有理插值问题.下面给出基于广义逆的矩阵连分式的一些结果.

类似于有关 Samelson 逆的向量连分式,定义矩阵连分式向后三项递推算法为

$$\begin{cases}A_n^n=B_n,B_n^n=1,\quad B_n^{n-1}=\|B_n\|^2,\quad n=1,\cdots\\ A_n^i=B_iB_n^i+a_{i+2}A_n^{i+1},\quad i=n-1,\cdots,1,0,\\ B_n^i=\|B_{i+1}\|^2B_n^{i+1}+2a_{i+2}\mathrm{tr}(A_n^{i+2}B_{i+1}^T)+a_{i+2}^2B_n^{i+2},i=n-2,\cdots\end{cases}\tag{6.4}$$

由式(6.4)容易推出

(i) $\dfrac{A_n^i}{B_n^i}=B_i+\dfrac{a_{i+1}|}{|B_{i+1}}+\cdots+\dfrac{a_n|}{|B_n}$,　$i=0,1,\cdots,n-1$;

(ii) $\|A_n^i\|^2=B_n^iB_n^{i-1}$,　$i=0,1,\cdots,n$.

如果 $B_{n+m}^0\neq 0$(矩阵),则对任何 m,n,类似于向量情形的定理 1.26 证明方

法,可以证明

$$\left\|\frac{A_{n+m}^0}{B_{n+m}^0}-\frac{A_n^0}{B_n^0}\right\|=\frac{|a_1\cdots a_{n+1}|\sqrt{B_{n+m}^{n+1}}}{\sqrt{B_n^0}\sqrt{B_{n+m}^0}}.$$

关于广义逆矩阵连分式的收敛及截断误差,有如下结论:

定理 1.41　设 $B_i\in C^{r\times d}$,广义逆连分式 $K(1/B_i)$ 收敛的必要条件是级数 $\sum_{k=1}^{\infty}\|B_k\|$ 发散.

定理 1.42　如果 B_n 是非负矩阵,即 $B_n(i,j)\geqslant 0$,则广义逆矩阵连分式 $\mathop{\mathrm{K}}\limits_{n=1}^{\infty}(1/B_n)$ 收敛的充分必要条件是级数 $\sum_{n=1}^{\infty}\|B_n\|$ 发散.

定理 1.43　设不等式 $\|B_i\|\geqslant c+|a_{i+1}|$, $i=0,1,\cdots$,且 $c>1$ 成立,则广义逆连分式 $K(a_i/B_i)$收敛,且其截断误差界为 $O\left(\left(\frac{1}{c}\right)^n\right)$.

定理 1.44　若对所有 $i=1,2,\cdots$不等式

$$\|B_{2i-1}^{-1}\|\leqslant\alpha,\quad\|B_{2i}^{-1}\|\leqslant\beta$$

成立,这里 $0<\alpha<1$, $0<\beta<1$, $\alpha\beta<\frac{1}{4}$,则广义逆矩阵连分式 $K(1/B_n)$收敛,且其截断误差界为 $O\left(\frac{1}{n}\right)$.

关于古典逆矩阵连分式(6.1)有如下向前三项递推算法:

$$\begin{cases}P_n=B_nP_{n-1}+A_nP_{n-2},\quad P_{-1}=E(\text{单位阵}),P_0=B_0,\\ Q_n=B_nQ_{n-1}+A_nQ_{n-2},\quad Q_{-1}=0(\text{零矩阵}),Q_0=E_0.\end{cases}\quad n\geqslant 1,\tag{6.5}$$

由此可知

$$\frac{P_n}{Q_n}=B_0+\frac{A_1|}{|B_1}+\cdots+\frac{A_n|}{|B_n}.$$

定理 1.45　对古典逆矩阵连分式 $K(1/B_n)$有

$$\|P_n\|\leqslant\prod_{i=0}^{n}(1+\|B_i\|),\tag{6.6}$$

$$\|Q_n\|\leqslant\prod_{i=0}^{n}(1+\|B_i\|),\tag{6.7}$$

这里 $\|D\|$ 表示 D 的某种范数.

证明　用数学归纳法证明式(6.6).

由式(6.5)知 $n=0$ 时 $P_0=B_0$,所以 $\|P_0\|\leqslant 1+\|B_0\|$. 设 $n=k$ 时式(6.6)成立,即 $\|P_k\|\leqslant\prod_{i=0}^{k}(1+\|B_i\|)$. 当 $n=k+1$ 时,由式(6.5),并注意 $A_i=1(i=1,2,\cdots)$知

$$P_{k+1}=B_{k+1}P_k+P_{k-1}.$$

于是由归纳法假设,有

$$\begin{aligned}\|P_{k+1}\| &\leqslant \|B_{k+1}\|\,\|P_k\|+\|P_{k-1}\|\\ &\leqslant \|B_{k+1}\|\prod_{i=0}^{k}(1+\|B_i\|)+\prod_{i=0}^{k-1}(1+\|B_i\|)\\ &=\prod_{i=0}^{k-1}(1+\|B_i\|)[\|B_{k+1}\|(1+\|B_k\|)+1]\\ &\leqslant\prod_{i=0}^{k-1}(1+\|B_i\|)[\|B_{k+1}\|(1+\|B_k\|)+1+\|B_k\|]\\ &=\prod_{i=0}^{k+1}(1+\|B_i\|).\end{aligned}$$

由归纳法原理知式(6.6)成立.

类似地可证式(6.7)成立. □

定理 1.46 设古典逆连分式为 $K(A_n/B_n)$,则有

$$\det\left(\frac{P_n}{Q_n}-\frac{P_{n-1}}{Q_{n-1}}\right)=(-1)^{m(n-1)}(\det Q_n)^{-1}(\det Q_{n-1})^{-1}\prod_{i=1}^{n}\det A_i, \qquad (6.8)$$

其中 $m\in N$ 是某一正整数.

证明 设

$$\Delta_n=\frac{P_n}{Q_n}-\frac{P_{n-1}}{Q_{n-1}}=Q_n^{-1}P_n-Q_{n-1}^{-1}P_{n-1}=Q_n^{-1}(P_n-Q_nQ_{n-1}^{-1}P_{n-1}),$$

于是

$$\det\Delta_n=(\det Q_n)^{-1}\det(P_n-Q_nQ_{n-1}^{-1}P_{n-1}).$$

注意到下列等式

$$\det\begin{bmatrix}M_{11} & M_{12}\\ M_{21} & M_{22}\end{bmatrix}=\det M_{22}\det(M_{11}-M_{21}M_{22}^{-1}M_{12}),$$

其中 $M_{11},M_{12},M_{21},M_{22}$ 是分块方阵,且 M_{22} 可逆.

我们可知

$$\det\Delta_n = (\det Q_n)^{-1}(\det Q_{n-1})^{-1}\det\begin{bmatrix} P_n & P_{n-1} \\ Q_n & Q_{n-1} \end{bmatrix}.$$

记

$$\sigma_n = \det\begin{bmatrix} P_n & P_{n-1} \\ Q_n & Q_{n-1} \end{bmatrix}.$$

利用三项递推公式(6.5),则

$$\begin{aligned}
\sigma_n &= \det\begin{bmatrix} B_nP_{n-1} + A_nP_{n-2} & P_{n-1} \\ B_nQ_{n-1} + A_nQ_{n-2} & Q_{n-1} \end{bmatrix} \\
&= \det\begin{bmatrix} A_nP_{n-2} & P_{n-1} \\ A_nQ_{n-2} & Q_{n-1} \end{bmatrix} \\
&= \det Q_{n-1}\det(A_nP_{n-2} - A_nQ_{n-2}Q_{n-1}^{-1}P_{n-1}) \\
&= \det Q_{n-1}\det A_n\det(P_{n-2} - Q_{n-2}Q_{n-1}^{-1}P_{n-1}) \\
&= \det Q_{n-1}\det A_n\det(Q_{n-2}Q_{n-1}^{-1}(Q_{n-1}Q_{n-2}^{-1}P_{n-2} - P_{n-1})).
\end{aligned}$$

利用行列式的性质可知

$$\begin{aligned}
\sigma_n &= \det A_n\det Q_{n-2}\det(Q_{n-1}Q_{n-2}^{-1}P_{n-2} - P_{n-1}) \\
&= (-1)^m\det A_n\det Q_{n-2}\det(P_{n-1} - Q_{n-1}Q_{n-2}^{-1}P_{n-2}) \\
&= (-1)^m\det A_n\det\begin{bmatrix} P_{n-1} & P_{n-2} \\ Q_{n-1} & Q_{n-2} \end{bmatrix} \\
&= (-1)^m(\det A_n)\sigma_{n-1}.
\end{aligned}$$

重复上述过程得

$$\sigma_n = (-1)^{m(n-1)}\Big(\prod_{i=2}^{n}\det A_i\Big)\sigma_1,$$

而

$$\sigma_1 = \begin{bmatrix} P_1 & P_0 \\ Q_1 & Q_0 \end{bmatrix} = \det\begin{bmatrix} B_1P_0 + A_1 & B_0 \\ B_1 & E \end{bmatrix} = \det A_1.$$

于是

$$\sigma_n = (-1)^{m(n-1)}\prod_{i=1}^{n}\det A_1.$$

故式(6.8)成立. □

定理 1.47 设 $B_n \in R^{m\times m}$,若 $K(1/B_n)$ 收敛,则级数$\sum_{n=0}^{\infty}\|B_n\|$ 发散.

证明 用反证法.因为 $K(1/B_n)$收敛,令

$$M = \lim_{n\to\infty}\frac{P_n}{Q_n}.$$

现设级数$\sum_{n=0}^{\infty}\|B_n\|$ 收敛. 则$\prod_{n=0}^{\infty}(1+\|B_n\|)$也收敛. 由式(6.6) 及(6.7) 知$\sum_{n=0}^{\infty}B_nP_{n-1}$ 与$\sum_{n=0}^{\infty}B_nQ_{n-1}$ 也绝对收敛于 $R^{m\times m} = \{F \mid F\in C^{m\times m}\}$.因为 $R^{m\times m}$ 是一个完备线性空间,则上面两个级数也收敛于 $R^{m\times m}$.利用式(6.5) 有

$$P_n - P_{n-2} = B_nP_{n-1},$$

且

$$P_{2n} = \sum_{i=1}^{n}B_{2i}P_{2i-1},\quad P_{2n+1} = P_1 + \sum_{i=1}^{n}B_{2i+1}P_{2i}.$$

同理 Q_n 也有类似结果.

从而下列极限均存在

$$\lim_{n\to\infty}P_{2n+1} = P^{(1)},\lim_{n\to\infty}P_{2n} = P^{(2)},$$
$$\lim_{n\to\infty}Q_{2n+1} = Q^{(1)},\lim_{n\to\infty}Q_{2n} = Q^{(2)}.$$

根据定理 1.46 有

$$\det\left(P_{2n+1} - Q_{2n+1}\frac{P_{2n}}{Q_{2n}}\right)\det Q_{2n} = 1,\tag{6.9}$$

$$\det\left(Q_{2n}\frac{P_{2n+1}}{Q_{2n+1}} - P_{2n}\right)\det Q_{2n+1} = 1.\tag{6.10}$$

但$\lim_{n\to\infty}\frac{P_n}{Q_n} = F$,则

$$\lim_{n\to\infty}\frac{P_{2n}}{Q_{2n}} = \lim_{n\to\infty}\frac{P_{2n+1}}{Q_{2n+1}} = F.$$

在式(6.9),(6.10)中令 $n\to\infty$有

$$\det(P^{(1)} - Q^{(1)}F)\det Q^{(2)} = 1 \tag{6.11}$$

与

$$\det(Q^{(2)}F - P^{(2)})\det Q^{(1)} = 1. \tag{6.12}$$

从式(6.11),(6.12)知 $\det Q^{(1)}\neq 0,\det Q^{(2)}\neq 0$,即 $Q^{(1)},Q^{(2)}$可逆.从而

$$\det((Q^{(1)})^{-1}P^{(1)} - (Q^{(2)})^{-1}P^{(2)}) \neq 0.$$

所以下列两个极限

$$\lim_{n\to\infty}\frac{P_{2n+1}}{Q_{2n+1}} = (Q^{(1)})^{-1}P^{(1)}$$

与

$$\lim_{n\to\infty}\frac{P_{2n}}{Q_{2n}} = (Q^{(2)})^{-1}P^{(2)}$$

不相等.这说明$\lim\limits_{k\to\infty}\frac{P_k}{Q_k}$不存在,与假设矛盾. □

定理 1.48 设 $B_n\in R^{m\times m}$,且 $\| B_{2n-1}^{-1}\|\leqslant\alpha$, $\| B_{2n}^{-1}\|\leqslant\beta$, $n=1,2,\cdots,0<\alpha<1,0<\beta<1,\alpha\beta<\frac{1}{4}$,则连分式 $K(E/B_n)$收敛(E 为单位阵).

利用矩阵连分式的恒等变换,有

定理 1.49 设$\{A_n\},\{B_n\}$为一矩阵列,如果 $A_n,B_n\in R^{m\times m}$,若对所有 $k\geqslant 1$,

$$\| (A_{2k-2}\cdots A_2)^{-1}B_{2k-1}^{-1}A_{2k-1}\cdots A_1\| \leqslant \alpha$$

及

$$\| (A_{2k-1}\cdots A_1)^{-1}B_{2k}^{-1}A_{2k}\cdots A_2\| \leqslant \beta$$

成立,这里 $0<\alpha<1,0<\beta<1,\alpha\beta<\frac{1}{4}$,则古典逆连分式 $K(A_n/B_n)$收敛.

进一步可以推知

推论 1.50 如果对所有 $k>1$,

$$\prod_{i=1}^{k-1}\| A_{2i}^{-1}\| \ \| B_{2k-1}^{-1}\| \prod_{i=1}^{k}\| A_{2i-1}\| \leqslant \alpha$$

及

$$\prod_{i=1}^{k}\| A_{2i-1}^{-1}\| \ \| B_{2k}^{-1}\| \prod_{i=1}^{k}\| A_{2i}\| \leqslant \beta$$

成立,这里 $0<\alpha<1,0<\beta<1,\alpha\beta<\frac{1}{4}$,则古典逆连分式 $K(A_n/B_n)$收敛.

§7　分叉连分式

如果连分式 $b_0+\sum_{i=1}^{\infty}\frac{a_i|}{|b_i}$ 的部分分母b_i 本身也是一个连分式的展开式,则称这个连分式为分叉连分式. 这里 a_i,b_i 可以是数,也可以是向量或矩阵. 这里主要介绍数量情形.

给定分叉连分式

$$\sum_{j=0}^{\infty}\frac{a_j^{(0)}|}{|b_j^{(0)}}+\sum_{i=0}^{\infty}\frac{a_i|}{\left|\sum_{j=1}^{\infty}\frac{a_j^{(i)}|}{|b_j^{(i)}}\right.}. \tag{7.1}$$

它的渐近公式,例如第$(n,m_0,m_1,\cdots,m_n)$阶渐近分式可表示为

$$C_{n,m_0,m_1,\cdots,m_n}=\sum_{j=0}^{m_0}\frac{a_j^{(0)}|}{|b_j^{(0)}}+\sum_{i=1}^{n}\frac{a_i|}{\left|\sum_{j=0}^{m_i}\frac{a_j^{(i)}|}{|b_j^{(i)}}\right.} \tag{7.2}$$

常用的分叉连分式的一般形式为

$$b_{0,0}^{(0)}+\sum_{j=0}^{\infty}\frac{a_{1,j}^{(0)}|}{|b_{1,j}^{(0)}}+\cdots+\sum_{j=0}^{\infty}\frac{a_{k,j}^{(0)}|}{|b_{k,j}^{(0)}}+\sum_{i=1}^{\infty}\frac{a_i|}{\left|b_{0,0}^{(i)}+\sum_{j=0}^{\infty}\frac{a_{1,j}^{(i)}|}{|b_{1,j}^{(i)}}+\cdots+\sum_{j=0}^{\infty}\frac{a_{k,j}^{(i)}|}{|b_{k,j}^{(i)}}\right.}. \tag{7.3}$$

考虑连分式

$$B_i=b_0^{(i)}+\frac{a_1^{(i)}|}{|b_1^{(i)}}+\frac{a_2^{(i)}|}{|b_2^{(i)}}+\cdots,i=0,1,\cdots. \tag{7.4}$$

若用 $C_n^{(i)}$ 表示式(7.4)的第 n 阶渐近分式,由式(1.9)知

$$C_n^{(i)}-C_{n-1}^{(i)}=(-1)^{n+1}\frac{a_1^{(i)}\cdots a_n^{(i)}}{Q_n^{(i)}Q_{n-1}^{(i)}},\quad n=1,2,\cdots,C_0^{(i)}=b_0^{(i)}. \tag{7.5}$$

记

$$C_n^{(i)}=P_n^{(i)}/Q_n^{(i)}. \tag{7.6}$$

对分叉连分式

$$B_0+\frac{a_1|}{|B_1}+\frac{a_2|}{|B_2}+\cdots, \tag{7.7}$$

用 P_n/Q_n 表示表达式

$$\begin{aligned} c_{n,n-1,\cdots,1,0} &= b_0^{(0)}+\sum_{j=1}^{n}\frac{a_j^{(0)}|}{|b_j^{(0)}}+\sum_{i=1}^{n}\frac{a_i|}{\left|b_0^{(i)}+\sum_{j=1}^{n-i}\frac{a_j^{(i)}|}{|b_j^{(i)}}\right.} \\ &= C_n^{(0)}+\sum_{i=1}^{n}\frac{a_i|}{|C_{n-1}^{(i)}}. \end{aligned} \tag{7.8}$$

因而 P_n/Q_n 为式(7.7)的第$(n,n-1,\cdots,1,0)$阶渐近分式.令

$$\frac{R_k^{(n)}}{S_k^{(n)}}=C_n^{(0)}+\sum_{i=1}^{k}\frac{a_i|}{|C_{n-i}^{(i)}},\quad k=0,1,\cdots,n. \tag{7.9}$$

把式(7.8)看作一个有限连分式,则式(7.9)为 P_n/Q_n 的第 k 阶渐近分式.对式(7.9)使用连分式的向前三项递推关系(1.8)得

$$\begin{aligned} R_k^{(n)} &= C_{n-k}^{(k)}R_{k-1}^{(n)}+a_kR_{k-2}^{(n)}, \\ S_k^{(n)} &= C_{n-k}^{(k)}S_{k-1}^{(n)}+a_kS_{k-2}^{(n)}, \end{aligned} \tag{7.10}$$

其中 $R_{-1}^{(n)}=1,R_0^{(n)}=C_n^{(0)},S_{-1}^{(n)}=0,S_0^{(n)}=1$.

定理 1.51　对 $n\geqslant 2,k=1,2,\cdots,n-1$,有

$$\begin{aligned} R_k^{(n)}-R_k^{(n-1)} &= C_{n-k}^{(k)}(R_{k-1}^{(n)}-R_{k-1}^{(n-1)})+a_k(R_{k-2}^{(n)}-R_{k-2}^{(n-1)}) \\ &\quad+(-1)^{n-k+1}\frac{a_1^{(k)}\cdots a_{n-k}^{(k)}}{Q_{n-k}^{(k)}Q_{n-k-1}^{(k)}}R_{k-1}^{(n-1)}, \\ S_k^{(n)}-S_k^{(n-1)} &= C_{n-k}^{(k)}(S_{k-1}^{(n)}-S_{k-1}^{(n-1)})+a_k(S_{k-2}^{(n)}-S_{k-2}^{(n-1)}) \\ &\quad+(-1)^{n-k+1}\frac{a_1^{(k)}\cdots a_{n-k}^{(k)}}{Q_{n-k}^{(k)}Q_{n-k-1}^{(k)}}S_{k-1}^{(n-1)} \end{aligned}$$

和

$$\begin{aligned} R_{-1}^{(n)}-R_{-1}^{(n-1)} &= S_{-1}^{(n)}-S_{-1}^{(n-1)}=S_0^{(n)}-S_0^{(n-1)}=0, \\ R_0^{(n)}-R_0^{(n-1)} &= (-1)^{n+1}\frac{a_1^{(0)}\cdots a_n^{(0)}}{Q_n^{(0)}Q_{n-1}^{(0)}}. \end{aligned} \tag{7.11}$$

证明　仅对 $R_k^{(n)}-R_k^{(n-1)}$ 进行证明.至于 $S_k^{(n)}-S_k^{(n-1)}$ 完全类似地可以证

明.

由式(7.10)得

$$R_k^{(n)} - R_k^{(n-1)} = C_{n-k}^{(k)} R_{k-1}^{(n)} + a_k R_{k-2}^{(n)} - C_{n-1-k}^{(k)} R_{k-1}^{(n-1)} - a_k R_{k-2}^{(n-1)}$$

$$= C_{n-k}^{(n)} (R_{k-1}^{(n)} - R_{k-1}^{(n-1)}) + a_k (R_{k-2}^{(n)} - R_{k-2}^{(n-1)}) + (C_{n-k}^{(k)} - C_{n-k-1}^{(k)}) R_{k-1}^{(n-1)}. \tag{7.12}$$

由式(1.9)得

$$C_{n-k}^{(k)} - C_{n-k-1}^{(k)} = (-1)^{n-k-1} \frac{a_1^{(k)} \cdots a_{n-k}^{(k)}}{Q_{n-k}^{(k)} Q_{n-k-1}^{(k)}}. \tag{7.13}$$

将式(7.13)代入到式(7.12),即得式(7.11). □

$$\frac{P_n}{Q_n} - \frac{P_{n-1}}{Q_{n-1}} = \frac{R_n^{(n)}}{S_n^{(n)}} - \frac{R_{n-1}^{(n-1)}}{S_{n-1}^{(n-1)}}$$

由定理1.51,通过简单计算可以证明

定理 1.52 分叉连分式(7.1)的第$(n,n,n-1,\cdots,1,0)$阶渐近分式$c_{n,n,n-1,\cdots,1,0}$可表示为

$$\frac{P_n}{Q_n} = c_1^{(0)} + \frac{a_1}{c_0^{(1)}} + \sum_{i=2}^{n} (-1)^{i+1} \frac{a_1 \cdots a_{i-1}}{Q_i Q_{i-1}} \left(a_i + c_0^{(i)} \frac{a_1^{(i+1)}}{b_1^{(i+1)}} \right)$$

$$+ \sum_{i=2}^{n} \frac{a_i + c_0^{(i)} c_1^{(i-1)} (R_{i-2}^{(i)} - R_{i-2}^{(i-1)}) + c_0^{i} a_{i-1} (R_{i-3}^{(i)} - R_{i-3}^{(i-1)})}{Q_i}$$

$$- \sum_{i=2}^{n} \frac{P_{i-1}}{Q_{i-1}} \frac{a_i + c_0^{(i)} c_1^{(i-1)} (S_{i-2}^{(i)} - S_{i-2}^{(i-1)}) + c_0^{(i)} a_{i-1} (S_{i-3}^{(i)} - S_{i-3}^{(i-1)})}{Q_i}.$$

在文献[39]中讨论了向量值二元分叉连分式及三重分叉连分式插值问题,有关这方面结果将在第三章中介绍.

第二章　有理函数插值方法

众所周知,插值方法是函数逼近的一种方法,利用它可以通过函数在有限个点处的取值状况,估算该函数在其他点处的值.此外,插值法还是导出其他许多数值方法的依据.多项式插值理论与方法已经相当成熟,而有理函数插值的理论与方法,比多项式插值要复杂得多,其主要表现是有理插值问题有解是有条件的或者说有理插值问题不是总有解的.另一方面,对于具有极点的函数,即 $f(x)$在 x_0 附近无界,或者当 $x \to \infty$时,$f(x)$趋于某一定值时,采用多项式作为逼近工具是不合适的,而采用有理分式函数作为逼近工具是恰当的.基于此,本章介绍有理插值的基本理论和各种插值方法.

§1　有理插值问题的一般提法

设$(x_i, y_i), i = 0,1,\cdots,m+n$ 是与$y = f(x)$有关的 $m+n+1$ 个型值点,其中 $x_i(i = 0,1,\cdots,m+n)$ 互异,$y_i = f(x_i)(i = 0,1,\cdots,m+n)$. $P(x) = \sum_{i=0}^{m} a_i x^i$, $Q(x) = \sum_{i=0}^{n} b_i x^i$,所谓有理插值问题,乃是寻求有理分式函数

$$R_{m,n}(x) = \frac{P(x)}{Q(x)} = \frac{a_0 + a_1 x + \cdots + a_m x^m}{b_0 + b_1 x + \cdots + b_n x^n} \tag{1.1}$$

使之满足如下条件

$$R_{m,n}(x_j) = \frac{P(x_j)}{Q(x_j)} = f(x_j), \quad j = 0,1,\cdots,m+n, \tag{1.2}$$

并称 $x_0, x_1, \cdots, x_{m+n}$为插值节点,$y_i = f(x_i)(i=0,1,\cdots,m+n)$为型值,式(1.2)称为插值条件,式(1.1)中的 $R_{m,n}(x)$称为插值函数,$f(x)$称为被插函数,而

$$r(x) = f(x) - R_{m,n}(x) \tag{1.3}$$

称为插值余项.

为简便起见,记 $N = m + n$,P_t 表示次数不超过 t 的多项式集合,$D_N = \{(x_i, y_i) \mid i = 0,1,\cdots,N\}$.分子、分母次数分别不超过 m 和 n 的有理分式函数集合记为 $R(m,n)$,非负数偶(m,n)称为有理插值问题的次数类型.如果有理插值问题(1.1),(1.2)有解,则形式上记为 $D_N \in R(m,n)$.仿照文献[2]中的说法,如果有

理插值问题(1.1),(1.2)解存在且惟一,则称插值问题是适定的,而 $x_i(i=0,1,\cdots,N)$称为适定节点.

我们知道对于多项式插值问题,求插值多项式的最直接方法是通过解方程组

$$a_0 + a_1x_i + a_2x_i^2 + \cdots + a_nx_i^n = y_i, \quad i = 0,1,\cdots,n$$

来求满足插值条件的多项式 $P(x) = \sum_{i=0}^{n} a_ix^i$. 而有理插值问题(1.1),(1.2) 的解需要解如下方程组

$$P(x_i)/Q(x_i) = f(x_i), \quad i = 0,1,\cdots,N.$$

这是一个非线性方程组,一般来说求解很困难.但是当 $R_{mn}(x)=P(x)/Q(x)$是插值问题(1.1),(1.2)解时,此时 $Q(x_i)\neq 0$,所以自然有

$$a_0 + a_1x_i + \cdots + a_mx_i^m - y_i(b_0 + b_1x_i + \cdots + b_nx_i^n) = 0 \quad (i = 0,\cdots,N), \tag{1.4}$$

式(1.4)是一个含 $N+2$ 个参数 $a_i(i=0,1,\cdots,m)$及 $b_j(j=0,1,\cdots,n)$的 $N+1$ 个方程组成的齐次线性方程组.由线性代数基本理论知,方程组一定存在非平凡解.

现在的问题是由方程组(1.4)求出系数作成的有理分式函数 $P(x)/Q(x)$是否满足插值条件(1.2)呢?

例 1　给定型值点 $D_2=\{(-2,-3),(-1,-2),(0,1)\}, m=n=1$.

设 $R_{1,1}(x)=\dfrac{a_0+a_1x}{b_0+b_1x}$.由式(1.4)得

$$\begin{cases} a_0 - 2a_1 + 3b_0 - 6b_1 = 0, \\ a_0 - a_1 + 2b_0 \quad 2b_1 = 0, \\ a_0 = b_0. \end{cases}$$

解之得 $b_0=a_0, b_1=-a_0, a_1=5a_0$.则

$$R_{1,1}(x) = \frac{a_0 + 5a_0x}{a_0 - a_0x} = \frac{1+5x}{1-x}.$$

直接验证可知 $R_{1,1}(x_i)=f(x_i), i=0,1,2$.

例 2　给定型值点 $D_2=\{(-1,1),(1,3),(2,3)\}, m=n=1$.

设 $R_{1,1}(x)=\dfrac{a_0+a_1x}{b_0+b_1x}$.由式(1.4)得

$$\begin{cases} a_0 - a_1 - b_0 + b_1 = 0, \\ a_0 + a_1 - 3b_0 - 3b_1 = 0, \\ a_0 + 2a_1 - 3b_0 - 6b_1 = 0. \end{cases}$$

解方程组得 $a_0 = 3b_1, a_1 = 3b_1, b_0 = b_1$，则

$$R_{1,1}(x) = \frac{3b_1 + 3b_1 x}{b_1 + b_1 x} = \frac{3 + 3x}{1 + x},$$

显然 $R_{1,1}(x)$不满足所有插值条件. 这是因为当$x_0 = -1$时，$R_{11}(x_0)$成为$\frac{0}{0}$型，当$x \neq 1$时，$R_{1,1}(x) = 3$. 在几何上 $y = R_{1,1}(x) = 3$ 是平行于 x 轴的直线，不可能通过点$(-1,1)$.

从例 2 可以看出有理插值问题(1.1)，(1.2)的解不一定总存在，这就是有理插值与多项式插值不同之处，而例 1 得到的 $R_{1,1}(x)$是有理插值问题(1.1)，(1.2)的解，这说明有理插值问题解存在是有条件的. 另外从例 2 还看到同一有理函数有两种不同的表示形式，为讨论插值的惟一性带来不便，为此，引入下述概念.

定义 2.1　对于两个有理函数 $R_1 = P_1(x)/Q_1(x)$及 $R_2(x) = P_2(x)/Q_2(x)$，如果存在一个非零常数 α，使得 $P_2(x) = \alpha P_1(x)$，$Q_2(x) = \alpha Q_1(x)$，则称 $R_1(x)$与 $R_2(x)$恒等，记为 $R_1(x) \equiv R_2(x)$；如果 $P_1(x)Q_2(x) = P_2(x)Q_1(x)$，则称 $R_1(x)$与 $R_2(x)$是等价的，记为 $R_1(x) \sim R_2(x)$.

显然，这种等价关系具有性质：

(i) $R(x) \sim R(x)$；

(ii) 若 $R(x) \sim \phi(x)$，$\phi(x) \sim S(x)$，则 $R(x) \sim S(x)$；

(iii) 若 $R(x) \sim \phi(x)$，则 $\phi(x) \sim R(x)$.

不难看出两个有理分式函数 $R_1(x)$与 $R_2(x)$等价，必须且只须 $R_1(x)$和 $R_2(x)$的最简分式$r_1(x)$和 $r_2(x)$是恒等的. 这里所说的最简分式是指把一个有理分式函数 $R(x) = P(x)/Q(x)$的分子 $P(x)$与分母 $Q(x)$的最大公因式约去后所得到的有理分式，也就是说最简分式的分子与分母多项式是互质的.

今后只要两个有理分式函数 $R_1(x)$和 $R_2(x)$是等价的，则把它看成是一个有理分式函数而不加以区别. 或者说把互相等价的有理分式函数看成是一个函数.

下面的定理回答了由方程组(1.4)求出的 $a_i (i = 0,1,\cdots,m)$，$b_j (j = 0,1,\cdots,n)$作成的有理分式函数 $R_{m,n}(x) = P(x)/Q(x)$在什么条件下，才是有理插值问题(1.1)，(1.2)的解.

定理 2.1　若方程组(1.4)有非平凡解存在，则为使满足插值条件(1.2)的最

简有理分式函数 $R_{m,n}(x)=A(x)/B(x)$存在,必须且只须方程组(1.4)的任一非平凡解 $P(x),Q(x)$在约去一切公因子(即约化为两互质多项式)后所得的多项式 $A(x),B(x)$仍然是方程组(1.4)的解,即

$$A(x_j)-f(x_j)B(x_j)=0,\quad j=0,1,\cdots,N.$$

定理 2.1 虽然回答了由方程组(1.4)求出的解在什么条件下才是有理插值问题(1.1)、(1.2)的解,但这个条件不便于实际应用.

由定义 2.1 及其说明,容易证明由线性齐次方程组(1.4)的非平凡解作成的有理分式之间是等价的.

定理 2.2　若 $R_1(x)$与 $R_2(x)$是方程组(1.4)的非平凡解作成的分式有理函数,则 $R_1(x)$与 $R_2(x)$是等价的.

证明　设 $R_1(x)=P_1(x)/Q_1(x),R_2(x)=P_2(x)/Q_2(x)$都是(1.4)的解.此时 $m+n$ 次多项式

$$D(x)=P_1(x)Q_2(x)-P_2(x)Q_1(x)$$

有 $m+n+1$ 个不同零点:

$$D(x_i)=P_1(x_i)Q_2(x_i)-P_2(x_i)Q_1(x_i)=0,\ i=0,1,\cdots,m+n.$$

故 $D(x)\equiv 0$,即 $P_1(x)Q_2(x)-P_2(x)Q_1(x)\equiv 0$,这说明 $R_1(x)$与 $R_2(x)$等价.

□

从例 2 可以看出由方程组(1.4)求出的解,虽然不能全部满足插值条件(1.2),但却在部分点上满足插值条件,这种现象对一般情形也是成立的.

定理 2.3　如果方程组(1.4)的解 $P(x),Q(x)$有最大公因子 $d(x),\partial d=k$ (∂g 表示多项式 $g(x)$的次数),则至少存在一个由 $N-k+1$ 个点组成的子集 $\{(x_{k_t},y_{k_t})\mid t=0,1,\cdots,N-k\}$是属于 $R(m\quad k,n-k)$的.

证明　若 $d(x)$的互异实根中有 $x_l^1=x_{k_t},t=1,\cdots,l\leqslant k$,其中 $x_{k_t}(0\leqslant k_t\leqslant N)$是 D_N 中第 k_t 个点对(x_{k_t},y_{k_t})的第一个坐标,则

$$d(x_i)\neq 0,\quad i=0,1,\cdots,N,\quad i\neq k_t,\quad t=1,\cdots,l,$$

因此,由式(1.4)可得

$$\frac{A(x_i)}{B(x_i)}=y_i,\quad i=0,1,\cdots,N,\quad i\neq k_t,\quad t=1,\cdots,l. \tag{1.5}$$

这里 $A(x)/B(x)$是 $P(x)/Q(x)$的最简分式.将式(1.5)写成

$$\frac{A(x_i)}{B(x_i)} = y_i, \quad (x_i, y_i) \in D_N - \bigcup_{t=1}^{l}(x_{k_t}, y_{k_t}).$$

由于 $D_N - \bigcup\limits_{t=1}^{l}(x_{k_t}, y_{k_t})$中点数不少于 $N-k+1$,当然可从中选出 $N-k+1$ 个点满足式(1.5),显然$\partial A \leqslant m-k$,$\partial B \leqslant n-k$.

例 2 中的结果说明定理 2.3 的正确性.在例 2 中 $P(x)=3x+3$,$Q(x)=x+1$,$d(x)=x+1$,$\partial d=1$,$\partial A=0$,$\partial B=0$,$R_{1,1}(x)=3$ 满足插值条件

$$R_{11}(1) = R_{1,1}(2) = 3.$$

以后我们称满足方程组(1.4)而不满足插值条件(1.2)的点(x_k, y_k)为不可达点.

定理 2.3 给我们一个启发:对于有理插值问题(1.1),(1.2),利用解方程组(1.4)得到的有理分式函数,在个别点不满足插值条件,即有不可达点.能否采用别的办法把不可达点变成可达点,有关结果将在后面介绍.

§2 有理插值问题存在惟一性

上一节曾指出有理插值问题(1.1),(1.2)的解不一定总存在,但是如果解存在,则必惟一.

定理 2.4 有理插值(1.1),(1.2)若有解,则其解必惟一.

证明 设两个有理函数 $R_1(x)=P_1(x)/Q_1(x)$和 $R_2(x)=P_2(x)/Q_2(x)$都满足插值条件(1.2),则有

$$\frac{P_1(x_i)}{Q_1(x_i)} = \frac{P_2(x_i)}{Q_2(x_i)}, \quad i = 0,1,\cdots,N,$$

即

$$P_1(x_i)Q_2(x_i) - P_2(x_i)Q_1(x_i) = 0, \quad i = 0,1,\cdots,N.$$

由于 $P_1(x)$,$P_2(x) \in P_m$,$Q_1(x)$,$Q_2(x) \in P_n$,所以上式表明次数不超过 $m+n$ 次的多项式$P_1(x)Q_2(x)-P_2(x)Q_1(x)$有 $m+n+1$ 个不同零点,所以它是零多项式,即

$$P_1(x)Q_2(x) \equiv P_2(x)Q_1(x).$$

由定义 2.1 知 $R_1(x) \sim R_2(x)$.也即 $R_1(x)$与 $R_2(x)$可看作是一个函数.惟一性获证. □

下面介绍有理插值问题(1.1),(1.2)存在性的一些结果.

N. Macon 和 D. E. Dupree 在[157]中研究了有理插值问题(1.1)、(1.2)解的存在惟一性. 定义行列式 β 和矩阵 A_j 如下:

$$
\beta = \begin{vmatrix}
1 & x_0 & x_0^2 & \cdots & x_0^m & y_0 & x_0 y_0 & \cdots & x_0^n y_0 \\
1 & x_1 & x_1^2 & \cdots & x_1^m & y_1 & x_1 y_1 & \cdots & x_1^n y_1 \\
\vdots & \vdots & \vdots & & \vdots & \vdots & \vdots & \vdots & \\
1 & x_N & x_N^2 & \cdots & x_N^m & y_N & x_N y_N & \cdots & x_N^n y_N \\
1 & x & x^2 & \cdots & x^m & y & xy & \cdots & x^n y
\end{vmatrix}, \qquad (2.1).
$$

$$
A_j = \begin{bmatrix}
1 & x_0 & \cdots & x_0^{m-1} & y_0 & x_0 y_0 & \cdots & x_0^{n-1} y_0 \\
\vdots & \vdots & & \vdots & \vdots & \vdots & & \vdots \\
1 & x_{j-1} & \cdots & x_{j-1}^{m-1} & y_{j-1} & x_{j-1} y_{j-1} & \cdots & x_{j-1}^{n-1} y_{j-1} \\
1 & x_{j+1} & \cdots & x_{j+1}^{m-1} & y_{j+1} & x_{j+1} y_{j+1} & \cdots & x_{j+1}^{n-1} y_{j+1} \\
\vdots & \vdots & & \vdots & \vdots & \vdots & & \vdots \\
1 & x_N & \cdots & x_N^{m-1} & y_N & x_N y_N & \cdots & x_N^{n-1} y_N
\end{bmatrix}, \quad j = 0,1,\cdots,N.
$$

(2.2)

在 β 不恒为零的前提下,证明了

定理 2.5　设$(x_i, y_i)(i=0,1,\cdots,N)$中的各 x_i 互异,则为使存在满足插值条件(1.2)的最简有理分式

$$
R(x) = \frac{P(x)}{Q(x)}, \quad P(x) \in P_m, Q(x) \in P_n,
$$

必须且只须各个矩阵 $A_j(j-0,1,\cdots,N)$是非奇异的.

当 β 恒等零时,有

定理 2.6　若对于 $i=0,1,\cdots,N$, A_i 的秩数是一个常数,则存在满足插值条件(1.2)的有理函数

$$
y = P(x)/Q(x).
$$

有关定理 2.5 和定理 2.6 的证明请参看文献[1].

定理 2.5 的优点是根据型值点可直接判断有理插值问题解是否存在,但计算量很大.

在文献[41]中利用 Newton 插值多项式,给出判断有理插值问题(1.1),(1.2)解是否存在的方法.

设

$$\begin{cases}\omega_0(x):=1,\\ \omega_j(x):=(x-x_0)(x-x_1)\cdots(x-x_{j-1}),\quad j=1,2,\cdots,N,\end{cases}$$

$$V=\begin{bmatrix}1 & 0 & 0 & \cdots & 0\\ 1 & \omega_1(x_1) & 0 & \cdots & 0\\ 1 & \omega_1(x_2) & \omega_2(x_2) & \cdots & 0\\ \vdots & \vdots & \vdots & & \vdots\\ 1 & \omega_1(x_N) & \omega_2(x_N) & \cdots & \omega_N(x_N)\end{bmatrix}$$

及 V 的逆矩阵

$$V^{-1}=\begin{bmatrix}d_0^{(0)} & 0 & 0 & \cdots & 0\\ d_1^{(0)} & d_1^{(1)} & 0 & \cdots & 0\\ \vdots & \vdots & \vdots & & \vdots\\ d_N^{(0)} & d_N^{(1)} & d_N^{(2)} & \cdots & d_N^{(N)}\end{bmatrix},\tag{2.3}$$

其中

$$\begin{cases}d_k^{(k)}:=\dfrac{1}{\omega'_{k+1}(x_k)},\quad \omega'_{k+1}(x_j):=\prod\limits_{\substack{i=0\\ j\neq i}}^{k}(x_j-x_i),\\ d_k^{(j)}=d_{k-1}^{(j)}\dfrac{1}{x_j-x_k},\quad k=j+1,\cdots,N,\quad j=0,1,\cdots,N.\end{cases}\tag{2.4}$$

引理 2.7　如果 $Q(x)$是 N 次多项式,$Q(x_k)=Q_k,k=0,1,\cdots,N$,则

$$Q(x)=Q_0+\sum_{k=1}^{N}\left\{\sum_{i=0}^{k}d_k^{(i)}Q_i\right\}\omega_k(x).\tag{2.5}$$

证明　经分析和计算可知式(2.5)中的

$$\sum_{i=0}^{k}d_k^{(i)}Q_i,\quad k=0,1,\cdots,N$$

就是 $Q(x)$在点 $x_0,x_1,\cdots,x_k$ 处的差商,由 Newton 插值立知引理 2.7 成立.

定理 2.8　满足插值条件(1.2)的有理分式函数 $R_{m,n}(x)=P(x)/Q(x)$存在的充分必要条件是方程组

$$\begin{bmatrix} d_{n+1}^{(0)} & d_{n+1}^{(1)} & \cdots & d_{n+1}^{(n+1)} & & & \\ d_{n+2}^{(0)} & d_{n+2}^{(1)} & \cdots & d_{n+2}^{(n+1)} & d_{n+2}^{(n+2)} & & \\ \vdots & \vdots & & \vdots & \vdots & & \\ d_N^{(0)} & d_N^{(1)} & \cdots & d_N^{(n+1)} & d_N^{(n+2)} & \cdots & d_N^{(N)} \\ y_0 d_{m+1}^{(0)} & y_1 d_{m+1}^{(1)} & \cdots & y_{m+1} d_{m+1}^{(m+1)} & & & \\ y_0 d_{m+2}^{(0)} & y_1 d_{m+2}^{(1)} & \cdots & y_{m+1} d_{m+2}^{(m+1)} & y_{m+2} d_{m+2}^{(m+2)} & & \\ \vdots & \vdots & & \vdots & \vdots & & \\ y_0 d_N^{(0)} & y_1 d_N^{(1)} & \cdots & y_{m+1} d_N^{(m+1)} & y_{m+2} d_N^{(m+2)} & \cdots & y_N d_N^{(N)} \end{bmatrix} \begin{bmatrix} Q_0 \\ Q_1 \\ Q_2 \\ \vdots \\ Q_N \end{bmatrix} = \begin{bmatrix} 0 \\ 0 \\ 0 \\ 0 \\ \vdots \\ 0 \end{bmatrix} \tag{2.6}$$

存在一组解$[Q_0, Q_1, \cdots, Q_N]^{\mathrm{T}}$满足$Q_k \neq 0, k = 0, 1, \cdots, N$,且

$$R(x) = \frac{P(x)}{Q(x)} = \frac{y_0 Q_0 + \sum_{k=1}^{m} \left\{ \sum_{i=0}^{k} d_k^{(i)} y_i Q_i \right\} \omega_k(x)}{Q_0 + \sum_{k=1}^{n} \left\{ \sum_{i=0}^{k} d_k^{(i)} Q_i \right\} \omega_k(x)}, \tag{2.7}$$

其中$Q_k = Q(x_k), k = 0, 1, \cdots, N$.

证明 先证充分性.设方程组(2.6)存在一组解$[Q_0, Q_1, \cdots, Q_N]^{\mathrm{T}}$,且$Q_k \neq 0, k = 0, 1, \cdots, N$.记

$$P_k = y_k Q_k, \quad k = 0, 1, \cdots, N.$$

由引理2.7可得到满足插值条件

$$Q(x_k) = Q_k, P(x_k) = P_k, \quad k = 0, 1, \cdots, N$$

的两个多项式

$$Q(x) = Q_0 + \sum_{k=1}^{N} \left\{ \sum_{i=0}^{k} d_k^{(i)} Q_i \right\} \omega_k(x),$$

$$P(x) = P_0 + \sum_{k=1}^{N} \left\{ \sum_{i=0}^{k} d_k^{(i)} P_i \right\} \omega_k(x).$$

显然

$$R(x_k) = P(x_k)/Q(x_k) = y_k, \quad k = 0, 1, \cdots, N.$$

由方程组(2.6)知

$$\sum_{i=0}^{k} d_k^{(i)} Q_i = 0, \quad k = n + 1, \cdots, N,$$

$$\sum_{i=0}^{k} d_k^{(i)} y_i Q_i = 0, \quad k = m+1, \cdots, N.$$

由于 $P_i = y_i Q_i, i=0,1,\cdots,N$,所以上式可写成

$$\sum_{i=0}^{k} d_k^{(i)} Q_i = 0, \quad k = n+1, \cdots, N,$$

$$\sum_{i=0}^{k} d_k^{(i)} P_i = 0, \quad k = m+1, \cdots, N.$$

由此可看出$\partial P \leqslant m, \partial Q \leqslant n$,故 $R(x)=P(x)/Q(x)$是满足插值条件(1.2)的有理分式函数,且式(2.7)成立.

再证必要性.设 $R(x)=P(x)/Q(x)$是满足插值条件(1.2)的最简有理分式,$\partial P \leqslant m, \partial Q \leqslant n$.显然 $Q_k = Q(x_k) \neq 0, k=0,1,\cdots,N$,记

$$P_k = P(x_k) = y_k Q_k, \quad k = 0,1,\cdots,N.$$

由引理 2.7 得到满足下列两组插值条件

$$Q(x_k) = Q_k, P(x_k) = P_k, \quad k = 0,1,\cdots,N$$

的两个多项式为

$$Q(x) = Q_0 + \sum_{k=1}^{N} \left\{ \sum_{i=0}^{k} d_i^{(k)} Q_i \right\} \omega_k(x),$$

$$P(x) = P_0 + \sum_{k=1}^{N} \left\{ \sum_{i=0}^{k} d_i^{(k)} P_i \right\} \omega_k(x).$$

因为$\partial P \leqslant m, \partial Q \leqslant n$,所以

$$\sum_{i=0}^{k} d_k^{(i)} Q_i = 0, \quad k = n+1, \cdots, N,$$

$$\sum_{i=0}^{k} d_k^{(i)} P_i = 0, \quad k = m+1, \cdots, N.$$

又 $P_i = y_i Q_i, i=0,1,\cdots,N$,所以上式变成为

$$\begin{cases} \displaystyle\sum_{i=0}^{k} d_k^{(i)} Q_i = 0, \quad k = n+1, \cdots, N, \\ \displaystyle\sum_{i=0}^{k} d_k^{(i)} y_i Q_i = 0, \quad k = m+1, \cdots, N. \end{cases} \tag{2.8}$$

式(2.8)即为方程组(2.6).这说明方程组(2.6)存在一组解$[Q_0, Q_1, \cdots, Q_N]^{\mathrm{T}}$满足 $Q_k \neq 0, k=0,1,\cdots,N$.　□

定理 2.8 的证明是构造性的,它不但证明了有理插值问题(1.1),(1.2)有解的充要条件,还给出了有理插值函数的表达式.而方程组(2.6)的系数矩阵前 m 行的元素来自矩阵 V^{-1},后 n 行的元素也与 V^{-1} 有关,而 V^{-1} 中元素由递推关系式(2.4)算出,不需要求逆矩阵,大大减少了计算量.从计算量来看验证定理条件,定理 2.8 的计算量比定理 2.5 的计算量要小(因为定理 2.5 中验证条件时,要计算 N 个行列式).

用 A 和 S 表示方程组(2.6)的系数矩阵和解向量空间.设 β_j 是系数矩阵 A 的第 j 列元素,并记

$$A_j = (\beta_0, \beta_1, \cdots, \beta_{j-1}, \beta_{j+1}, \cdots, \beta_N), \quad j = 0,1,\cdots,N.$$

推论 2.9 若 $\dim S = 1$,则满足插值条件(1.2)的有理分式函数 $R(x)$ 存在的充分必要条件是:方程组(2.6)的任一组非零解 $[Q_0, Q_1, \cdots, Q_N]^{\mathrm{T}}$ 均满足 $Q_k \neq 0$, $k = 0,1,\cdots,N$.

推论 2.10 设 $[Q_0, Q_1, \cdots, Q_N]^{\mathrm{T}}$ 是方程组(2.6)的一组非零解,若对某个 $i_0 (0 \leqslant i_0 \leqslant N)$,有 $Q_{i_0} = 0$,则 $\det A_{i_0} = 0$.

证明 不妨设 $Q_0 = 0$,由方程组(2.6)得

$$Q_1\beta_1 + Q_2\beta_2 + \cdots + Q_N\beta_N = 0.$$

因为 $Q_1, Q_2, \cdots, Q_N$ 不全为零,所以 $\beta_1, \beta_2, \cdots, \beta_N$ 线性相关,因此 $\det A_0 = \det(\beta_1, \cdots, \beta_N) = 0$. □

推论 2.10 也可以表述为:对方程组(2.6)的一组非零解 $[Q_0, Q_1, \cdots, Q_N]^{\mathrm{T}}$,如果对 $i = 0,1,\cdots,N$, A_i 均是非奇异的,则 $Q_i \neq 0$, $i = 0,1,\cdots,N$,亦即满足插值条件(1.2)的有理分式函数 $R_{m,n}(x)$ 存在.

例 3 已知 $x_0 = -2, x_1 = -1, x_2 = 0, x_3 = 1, x_4 = 2, y_0 = -3, y_1 = -2, y_2 = 1, y_3 = 2, y_4 = -2$.试求 $R_{2,2}(x)$ 使之满足插值条件 $R_{2,2}(x_i) = y_i, i = 0,1,2,3,4$.

解 $m = n = 2$,由递推关系式(2.4)得

$$V^{-1} = \begin{bmatrix} 1 & & & & \\ -1 & 1 & & & \\ \frac{1}{2} & -1 & \frac{1}{2} & & \\ -\frac{1}{6} & \frac{1}{2} & -\frac{1}{2} & \frac{1}{6} & \\ -\frac{1}{24} & -\frac{1}{6} & \frac{1}{4} & -\frac{1}{6} & \frac{1}{24} \end{bmatrix}.$$

由定理 2.8 解方程组

$$\frac{1}{24}\begin{bmatrix}-4 & 12 & -12 & 4 & 0\\ 1 & -4 & 6 & -4 & 1\\ 12 & -24 & -12 & 8 & 0\\ -3 & 8 & 6 & -8 & -2\end{bmatrix}\begin{bmatrix}Q_0\\ Q_1\\ Q_2\\ Q_3\\ Q_4\end{bmatrix}=\begin{bmatrix}0\\ 0\\ 0\\ 0\\ 0\end{bmatrix},$$

得其基础解系为

$$k\left[3,\frac{11}{8},\frac{1}{2},\frac{3}{8},1\right]^{\mathrm{T}},\quad k \text{ 为常数}$$

取$[Q_0,Q_1,Q_2,Q_3,Q_4]^{\mathrm{T}}=[24,11,4,3,8]^{\mathrm{T}}$,由定理 2.8 知满足插值条件的有理分式函数 $R_{2,2}(x)$一定存在,由式(2.7)知

$$Q(x)=24-13(x+2)+3(x+2)(x+1),$$

$$P(x)=-72+50(x+2)-12(x+2)(x+1)$$

及

$$R_{2,2}(x)=\frac{P(x)}{Q(x)}=\frac{2(2+7x-6x^2)}{4-4x-3x^2}.$$

直接验证 $R_{2,2}(x_i)=y_i,i=0,1,2,3,4$.

在[1]中还介绍了 L. Wuytack 给出的一个有趣的结果.设方程组(1.4)的一组解为 $\overline{P}(x),\overline{Q}(x)$,用 $d(x)$ 表示 $\overline{P}(x)$ 与 $\overline{Q}(x)$ 的最大公因式,用 $r_{m,n}(x)=\frac{A(x)}{B(x)}$表示$\overline{P}(x)/\overline{Q}(x)$不可约形式,并对 $r_{m,n}(x)$用如下方法正规化:如果$B(x)=\sum_{k=0}^{m'}b'_kx^k$ 中$b'_k=0,k=0,1,\cdots,t-1$,而 $b'_t\neq 0$,$r_{m,n}$ 中分子、分母各除以 b'_t 可使 $b'_t=1$,并称这样的 $r_{m,n}$ 为D_N 上$f(x)$的(m,n)插值分式.

如果 $\min(m-m',n-n')=0$,则称 $r_{m,n}$是正则的;如果 $m'=m,n'=n$,则称 $r_{m,n}$是正规的,其中$\partial A=m',\partial B=n'$.

定理 2.11 设 $r_{m,n}(x)=A(x)/B(x)$是 $f(x)$的(m,n)插值有理分式,则存在$\{x_{i_1},\cdots,x_{i_k}\}\subset\{x_0,x_1,\cdots,x_N\}$,$0\leqslant k\leqslant\min(m-m',n-n')$使得

$$\overline{P}(x)=(x-x_{i_1})\cdots(x-x_{i_k})A(x),$$

$$\overline{Q}(x)=(x-x_{i_1})\cdots(x-x_{i_k})B(x)$$

是方程组(1.4)的解.

由定理 2.3 可以证明

定理 2.12 给定 $D_N:=\{(x_i,y_i)\mid i=0,1,\cdots,N\}$,有理插值问题(1.1),(1.2)有正则解的充分必要条件是它的任一由 $N-k+1$ 个元素组成的子集都不属于$R(m-k,n-k)$,其中 $1\leqslant k\leqslant \min(m,n)$.

证明 用反证法.设 D_N 中有一个含有 $N-k_0+1$ 个点的子集 $D_0:=\{(x_i,y_i)\mid i=0,1,\cdots,N,i\neq j_1,\cdots,j_{k_0},0\leqslant j_1\leqslant\cdots\leqslant j_{k_0}\leqslant N\}$是属于 $R(m-k_0,n-k_0)$的,即 $r(x)=A(x)/B(x)$在 D_0 上满足插值条件(1.2),于是

$$P(x)=A(x)\prod_{t=1}^{k_0}(x-x_{jt}),Q(x)=B(x)\prod_{t=1}^{k_0}(x-x_{jt})$$

在 D_N 上满足式(1.4).因此在 D_N 上 $r_{m,n}(x)=A(x)/B(x)$,显然

$$A(x_j)-y_jB(x_j)=0,\quad j=0,1,\cdots,N$$

不成立,由定理 2.1 知在 D_N 上不可能有正则有理插值函数与假设矛盾.必要性得证.

充分性.设 D_N 的子集满足定理条件,并设 $P(x),Q(x)$是 D_N 上的方程组(1.4)的任一组解,由定理 2.3 知 $P(x),Q(x)$不可能有次数大于零的公因式,以及$P(x),Q(x)$的次数不可能同时小于 m 和 n,这表明 $r_{m,n}(x)=P(x)/Q(x)$是 D_N 上的正则有理分式函数. □

关于有理插值问题(1.1)、(1.2)的存在性,C. Schneider 和 W. Werner 在文[169]中定义了一种带权的有理函数

$$r(x)=\frac{P(x)}{Q(x)}=\sum_{i=0}^{N}\frac{\omega_i}{x-x_i}f_i\Big/\sum_{i=0}^{N}\frac{\omega_i}{x-x_i},$$

其中 $x\neq x_i,i=0,1,\cdots,N$.显然,对 $i=0,1,\cdots,N$,当 $\omega_i\neq 0$ 时有 $\lim\limits_{x\to x_i}r(x)=f_i$,此时 $r(x)$就是满足插值条件(1.2)的有理函数,并证明了如下结论:

型值点(x_i,f_i),$0\leqslant i\leqslant N$ 是有理插值问题(1.1),(1.2)的不可达点当且仅当 $\omega_i=0$.

显然对于这种带权 ω_i 的有理插值,主要是求权 ω_i,虽然文献[169]及[87]给出了求 ω_i 的方法,但计算量较大,由于用它们的方法求出的权在一般情况下并不惟一,由 $\omega_i=0$ 来判断有理插值问题(1.1),(1.2)存在性似乎有点不严谨.

不论从计算量,还是从简便角度来看,定理 2.8 给出的结果具有明显的优点.

从上面的分析不难看出,对于有理插值问题(1.1),(1.2),如果能判断出有理

插值问题有解,剩下的问题就是如何求出它的解,这就是有理插值问题的算法;如果有理插值问题解不存在,根据前面的讨论知,有理插值函数出现不可达点.如何将不可达点变成“可达点”是非常有意义的. J. P. Berrut 和 D. Mittelman 在文献[87]中给出了一种方法,即升高有理函数分子的次数至 m^*, $m^*>m$,同时降低其分母的次数至 n^*, $n^*<n$,且满足 $m^*+n^*=m+n$,使新的有理分式函数满足所有插值条件.按照他们给出的方法,在连续求解新的有理插值过程中,要反复用求 ω_i 的方法来判断 ω_i 是否为零,工作量太大.下一节我们介绍一种简便的构造新的有理插值函数的方法.

§3　一种混合有理插值方法

上一节我们介绍了有理插值问题(1.1)、(1.2)解的存在性的判断方法,为实际应用提供了理论依据.但在实际问题中所获得的数据都是随机的,很难保证有理插值问题(1.1)、(1.2)解的存在性.而由定理 2.3 知道,由线性方程组(2.3)求出的参数作成的有理分式函数,总在一些点集上插值已知数据,而不插值点只是个别的.之所以产生这种现象,是与有理插值的提法有关. §1 中给出的有理插值提法是沿袭多项式插值的提法,即对给定的数据寻求固定有理函数类型的一种提法,这种提法在理论分析中是方便的,但在实际应用时受到限制.例如给定一批数据,绝大部分点都插值,只有个别点不插值,即有个别点是不可达点.对这种情形能否给出一个灵活的有理函数,能插值所有的点,这就是本节要讨论的问题.为此将有理插值问题(不妨称为经典有理插值问题)(1.1),(1.2)作一些修改,不强调 $\partial P\leqslant m$, $\partial Q\leqslant n$,只要求 $R(x)$是有理分式函数就行了,并保留经典有理插值函数的部分算法.具体做法是:

对给定的数据,固定 m,n 求方程组(2.6)的基础解系,如果解向量$[Q_0, Q_1,\cdots,Q_N]^{\mathrm{T}}$ 中 $Q_k\neq 0$, $k=0,1,\cdots,N$,则按定理 2.8 求出 $R_{m,n}(x)$,这就是经典有理插值问题(1.1)、(1.2)的解;如果对某个 k, $0\leqslant k\leqslant N$,方程组的基础解系中所有解向量的第 k 个分量为零,则(x_k,y_k)是经典有理插值意义的不可达点(参看文献[167]).对这种情况,我们用构造一种混合连分式方法来定义有理分式函数使它插值所有的数据.

设对某固定的 $m\geqslant 0$ 及 $n\geqslant 0$,求方程组(2.6)的基础解系,如果求出的基础解系中所有向量的第 k 个分量为零,则(x_k,y_k)是不可达点, $0\leqslant k\leqslant N$.我们可采用如下算法求满足全部插值条件的有理分式函数:(虽然这样求出的有理分式函数分母、分子多项式次数可能增高,但满足全部插值条件)

(i) 调整数据点集 $D=\{(x_0,f(x_0)),(x_1,f(x_1)),\cdots,(x_N,f(x_N))\}$的次序,

以使$(x_k, f(x_k))$位于 D 的最后,为方便起见,记 $y_i = f(x_i)$,调整后的点集 D 仍记为$\{(x_0, y_0), (x_1, y_1), \cdots, (x_N, y_N)\}$.

(ii) 用反差商公式

$$y_i^l = \frac{x_i - x_{l-1}}{y_i^{l-1} - y_{l-1}^{l-1}}, \quad l = 1,2,\cdots, \quad i = l, l+1, \cdots, N,$$

进行计算,其中 $y_i^0 = f(x_i)$, $i = 0,1,\cdots,N$,结果记在下表中:

$$\begin{array}{cccccc} x_0 & f(x_0) & & & & \\ x_1 & f(x_1) & y_1^1 & & & \\ x_2 & f(x_2) & y_2^1 & y_2^2 & & \\ \vdots & \vdots & \vdots & \vdots & & \\ x_N & f(x_N) & y_N^1 & y_N^2 & \cdots & y_N^N \end{array} \qquad (*)$$

直到出现 $y_j^j = y_{j+1}^j (j \leqslant N-2)$为止.

(iii) 从 y_{j+1}^{j+1}那一列开始,按差商公式

$$y_i^l = \frac{y_i^{l-1} - y_{l-1}^{l-1}}{x_i - x_{l-1}}, \quad l = j+1, j+2, \cdots, m+n; \quad i = l, l+1, \cdots, m+n,$$

进行计算.

(iv) 记 $b_i = y_i^i$, $i = 0,1,\cdots,N$,于是得到相应的混合连分式

$$r(x) = \frac{P(x)}{Q(x)} = b_0 + \frac{x - x_0}{b_1} + \cdots + \frac{x - x_{j-2}}{b_{j-1}} + \frac{x - x_{j-1}}{g(x)}, \qquad (3.1)$$

其中

$$g(x) = b_j + b_{j+1}(x - x_j) + b_{j+2}(x - x_j)(x - x_{j+1}) + \cdots + b_N(x - x_j)\cdots(x - x_{N-1}).$$

需要说明的是当 $m \geqslant n+2$ 时,对调整后的数据点集 D,先用差商计算上表$(*)$中的 y_i^l, $l = 1,\cdots,m-n-1$, $i = l, l+1, \cdots, N$,再利用反差商计算表中的 y_i^l, $l = m-n, m-n+1, \cdots$, $i = l, l+1, \cdots, N$,直到出现 $y_j^j = y_{j+1}^j (j \leqslant N-2)$为止,最后,从 y_{j+1}^{j+1}开始,用差商计算表中的 y_i^l, $l = j+1, j+2, \cdots, N$, $i = l, l+1, \cdots, N$,并记 $b_i = y_i^i$, $i = 0,1,\cdots,N$. 于是得到相应的混合连分式

$$r(x) = P_{m-n-1}(x) + (x - x_0)(x - x_1)\cdots(x - x_{m-n-1})\tilde{r}(x), \qquad (3.2)$$

其中

$$P_{m-n-1}(x) = b_0 + b_1(x - x_0) + \cdots + b_{m-n-1}(x - x_0)\cdots(x - x_{m-n-2}),$$

$$\tilde{r}(x) = \frac{P(x)}{Q(x)} = b_{m-n} + \frac{x - x_{m-n}}{b_{m-n+1}} + \cdots + \frac{x - x_{j-2}}{b_{j-1}} + \frac{x - x_j}{g(x)},$$

这里

$$g(x) = b_j + b_{j+1}(x - x_j) + b_{j+2}(x - x_j)(x - x_{j+1}) + \cdots$$
$$+ b_N(x - x_j)\cdots(x - x_{N-1}).$$

定理 2.13[41] 由上述算法构造的混合连分式(3.1)所表示的有理函数 $r(x) = P(x)/Q(x)$满足插值条件(1.2).

利用由算法得到的数据表及式(3.1),(3.2),并注意到 $b_i = y_i^i, i=0,1,\cdots,N$,即可证明定理 2.13 成立.

例 4 设已知数据为

x_i	$x_0=-2$	$x_1=-1$	$x_2=0$	$x_3=1$	$x_4=2$	$x_5=3$
y_i	$y_0=-\frac{3}{5}$	$y_1=-\frac{1}{3}$	$y_2=0$	$y_3=3$	$y_4=\frac{7}{3}$	$y_5=\frac{13}{5}$

求满足插值条件的有理函数.

解 对 $m=3, n=2$,根据定理 2.8 将数据代入到方程组(2.6),解得基础解系为

$$k[Q_0, Q_1, Q_2, Q_3, Q_4, Q_5]^{\mathrm{T}} = k[2/3, 1/5, 0, 1/15, 2/5, 1]^{\mathrm{T}} \quad (k \text{ 为任意实数})$$

点(0,0)是不可达点.但不在点集 D_5 的最后,调整后(0,0)排到最后,计算如下表:

i	x_i	y_i	y_i^1	y_i^2	y_i^3	y_i^4	y_i^5
0	-2	$-\frac{3}{5}$					
1	-1	$-\frac{1}{3}$	$\frac{15}{4}$				
2	1	3	$\frac{5}{6}$	$-\frac{24}{35}$			
3	2	$\frac{7}{3}$	$\frac{15}{11}$	$-\frac{44}{35}$	$-\frac{7}{4}$		
4	3	$\frac{13}{5}$	$\frac{25}{16}$	$-\frac{64}{35}$	$-\frac{7}{4}$	0	
5	0	0	$\frac{10}{3}$	$-\frac{12}{5}$	$\frac{7}{12}$	$-\frac{7}{6}$	$\frac{7}{18}$

混合连分式为

$$r(x)=y_0+\frac{x-x_0}{y_1^1}+\frac{x-x_1}{y_2^2}+\frac{x-x_2}{y_3^3+y_4^4(x-x_3)+y_5^5(x-x_3)(x-x_4)}$$

$$=-\frac{3}{5}+\frac{x+2}{(15/4)}+\frac{x+1}{(-24/35)}+\frac{x-1}{(-7/4)+(7/18)(x-2)(x-3)}.$$

容易验证 $r(x_i)=y_i, i=0,1,2,3,4,5$.

这里给出的混合连分式方法构造的插值惟一性是容易证明的. 建立这种插值方法虽然来源于定理 2.8,但对一般的有理插值问题,如果不强调插值函数的类型,只关心有理插值函数的获取也是适用的.

例 5　已知数据为 $D_3=\{(-1,1),(0,2),(1,3),(2,3)\}$求满足插值条件的有理函数 $R(x)$使之满足插值条件 $R(x_i)=y_i, i=0,1,2,3$.

解　我们不讨论它的存在性,直接采用混合连分式方法. 计算反差商,当出现 $y_1^1=y_2^1$ 时,改用差商计算. 求出 $y_0^0=1, y_1^1=1, y_2^2=0, y_3^3=\frac{1}{4}$. 所求有理插值函数为

$$R(x)=y_0^0+\frac{x-x_0}{y_1^1+(x-x_1)y_2^2+(x-x_1)(x-x_2)y_3^3}$$

$$=1+\frac{x+1}{1+x\cdot 0+\frac{1}{4}x(x-1)}$$

$$=1+\frac{4(x+1)}{4+x(x-1)}=\frac{8+3x+x^2}{4-x+x^2}.$$

经检验知 $R(x_i)=y_i, i=0,1,2,3$.

i	x_i	y_i^0	y_i^1	y_i^2	y_i^3
0	−1	1			
1	0	2	1		
2	1	3	1	0	
3	2	3	$\frac{3}{2}$	$\frac{1}{4}$	$\frac{1}{4}$

需要指出的是如果用线性方程组(2.6)知道基础解系中所有向量的某分量为零,则一定要调整插值节点,将其移到最后,否则得不到满意的结果. 例如,例 4 中按原始数据计算反差商得

$$y_0^0=-\frac{3}{5},\quad y_1^1=\frac{15}{4},\quad y_2^2=-\frac{12}{5},\quad y_3^3=\frac{7}{12},\quad y_4^4=\frac{6}{7},\quad y_5^5=-\frac{7}{3}.$$

由此求得 $r(x)=(x^2+x+1)/(2x-1)$,(0,0)点仍是不可达点.

由定理 2.8 判断有理插值问题(1.1),(1.2)的存在性,主要由方程组(2.6)的基础解系向量$[Q_0,Q_1,\cdots,Q_N]^T$ 中是否有为零的分量来决定.由定理 2.3 可知,若 $r=P_m/Q_m$ 是由方程组(1.5)的一个解,$\tilde{r}=\widetilde{P}/\widetilde{Q}$ 是某个既约有理分式函数,其中$\partial\widetilde{P}=m'$,$\partial\widetilde{Q}=n'$,$0\leqslant m'\leqslant m$,$0\leqslant n'\leqslant n$,一定存在 t 个点满足插值条件:

$$r(x_i) = P(x_i)/Q(x_i) = y_i,$$

而其余点是不可达点.即有 $m+n+1-t$ 点是不可达点.因此,我们可以说点(x_k,y_k)是不可达到的充要条件是方程组(2.6)的基础解系中所有解向量的第 k 个分量为零.

上面介绍的方法中只涉及一个不可达点,对于多个不可达点的情形可类似处理.

§4 有理插值的算法

上两节我们讨论了有理插值问题的存在惟一性,特别是定理 2.8 还给出了有理插值分式函数的显式表示,无疑是一种有效而简便的方法,但对每个具体问题都需要解一个线性齐次方程组,一般来说计算量较大.本节介绍两种有效的有理插值函数的算法.

一、倒差商-连分式算法

在多项式插值法中,Newton 插值方法具有明显的优点,其插值公式是用差商来表示的.第一章我们介绍了连分式的有关知识,能否用连分式来表示有理插值函数是值得讨论的问题.为此引入反差商概念.

对于给定数据 $D_N=\{(x_i,y_i)\mid i=0,1,\cdots,N,x_i\text{ 互异}\}$,其中 $y_i=f(x_i)$,$i=0,1,\cdots,N(N=m+n)$,定义反差商如下:

$$\varphi(x_i,x_j) = \frac{x_j - x_i}{y_j - y_i} \quad i \neq j, \quad i,j = 0,1,\cdots,N,$$

$$\varphi(x_i,x_j,x_k) = \frac{x_k - x_j}{\varphi(x_i,x_k) - \varphi(x_i,x_j)}, \quad k > j, \tag{4.1}$$

$$\varphi(x_i,\cdots,x_l,x_\mu,x_\nu) = \frac{x_\nu - x_\mu}{\varphi(x_i,\cdots,x_l,x_\nu) - \varphi(x_i,\cdots,x_l,x_\mu)}, \quad \nu > \mu > l.$$

如同用差商表计算差商一样,也可用如下反差商表计算反差商

表 2.1

i	x_i	y_i				
0	x_0	y_0				
1	x_1	y_1	$\varphi(x_0,x_1)$			
2	x_2	y_2	$\varphi(x_0,x_2)$	$\varphi(x_0,x_1,x_2)$		
3	x_3	y_3	$\varphi(x_0,x_3)$	$\varphi(x_0,x_1,x_3)$	$\varphi(x_0,x_1,x_2,x_3)$	$\cdots$
$\vdots$	$\vdots$	$\vdots$	$\vdots$	$\vdots$	$\vdots$	

下面以 $m=n$ 情况,导出有理插值函数的连分式表示式.

设 $R_{n,n}(x)=P_n(x)/Q_n(x)$,且 $R_{n,n}(x_i)=y_i,i=0,1,\cdots,2n$.显然有

$$R_{n,n}(x)=\frac{P_n(x)}{Q_n(x)}=y_0+\frac{P_n(x)}{Q_n(x)}-\frac{P_n(x_0)}{Q_n(x_0)}$$

$$=y_0+(x-x_0)\frac{P_{n-1}(x)}{Q_n(x)}=y_0+\frac{x-x_0}{Q_n(x)/P_{n-1}(x)},\tag{4.2}$$

在式(4.2)中令 $x=x_i$,得

$$\frac{Q_n(x_i)}{P_{n-1}(x_i)}=\frac{x_i-x_0}{y_i-y_0}=\varphi(x_0,x_i),\quad i=1,2,\cdots,2n.$$

$$\frac{Q_n(x)}{P_{n-1}(x)}=\varphi(x_0,x_1)+\frac{Q_n(x)}{P_{n-1}(x)}-\frac{Q_n(x_1)}{P_{n-1}(x_1)}$$

$$=\varphi(x_0,x_1)+(x-x_1)\frac{Q_{n-1}(x)}{P_{n-1}(x)}$$

$$=\varphi(x_0,x_1)+\frac{x-x_1}{P_{n-1}(x)/Q_{n-1}(x)}.\tag{4.3}$$

将式(4.3)代入到式(4.2)得

$$R_{n,n}(x)=y_0+\cfrac{x-x_0}{\varphi(x_0,x_1)+\cfrac{x-x_1}{P_{n-1}(x)/Q_{n-1}(x)}}.$$

在式(4.3)中令 $x=x_i$,得

$$\frac{P_{n-1}(x_i)}{Q_{n-1}(x_i)}=\frac{x_i-x_1}{\varphi(x_0,x_i)-\varphi(x_0,x_1)},\quad i=2,3,\cdots,2n.$$

继续上面的过程,便可得到

$$R_{n,n}(x)=\varphi(x_0)+\frac{x-x_0}{\varphi(x_0,x_1)}+\frac{x-x_1}{\varphi(x_0,x_1,x_2)}+\cdots+\frac{x-x_{2n-1}}{\varphi(x_0,x_1,\cdots,x_{2n})},$$

其中 $\varphi(x_0)=y_0$.

对 $m\neq n$ 情形可类似地推导,一般满足插值条件的有理分式函数 $R_{m,n}(x)$可表示成

$$R_{m,n}(x) = \varphi(x_0) + \frac{x - x_0}{\varphi(x_0,x_1)} + \frac{x - x_1}{\varphi(x_0,x_1,x_2)} + \cdots + \frac{x - x_{m+n-1}}{\varphi(x_0,x_1,\cdots,x_{m+n})}. \tag{4.4}$$

很自然地提出一个相反的问题,即对给定数据 $D_N=\{x_i,y_i \mid i=0,1,\cdots,N\}$用反差商表计算反差商,再利用反差商作形如式(4.4)右边的连分式,该连分式是否满足插值条件(1.2)呢? 回答是不一定.

例 6 已知数据 $D_3=\{(0,1),(1,0),(2,\frac{1}{3}),(3,10)\}$利用反差商表计算反差商($m=2,n=1$):

i	x_i	y_i	$\varphi(x_0,x_i)$	$\varphi(x_0,x_1,x_i)$	$\varphi(x_0,x_1,x_2,x_i)$
0	0	1			
1	1	0	-1		
2	2	$\frac{1}{3}$	-3	$-\frac{1}{2}$	
3	3	10	$\frac{1}{3}$	$\frac{3}{2}$	$\frac{1}{2}$

利用反差商构造连分式

$$R_{2,1}(x) = y_0 + \frac{x - x_0}{\varphi(x_0,x_1)} + \frac{x - x_1}{\varphi(x_0,x_1,x_2)} + \frac{x - x_2}{\varphi(x_0,x_1,x_2,x_3)}$$

$$= 1 + \cfrac{x}{-1 + \cfrac{x-1}{-\frac{1}{2} + \cfrac{x-2}{\frac{1}{2}}}} = \frac{4x^2 - 11x + 7}{7 - 2x}.$$

验证可知 $R_{2,1}(x_i)=y_i, i=0,1,2,3$.

例 7 已知数据 $D_5=\{(-2,-\frac{3}{5}),(-1,-\frac{1}{3}),(0,0),(1,3),(2,\frac{7}{3}),(3,\frac{13}{5})\}$.造反差商表

i	x_i	y_i	$\varphi(x_0,x_i)$	$\varphi(x_0,x_1,x_i)$	$\varphi(x_0,x_1,x_2,x_i)$	$\varphi(x_0,\cdots,x_3,x_i)$	$\varphi(x_0,\cdots,x_5)$
0	-2	$-\frac{3}{5}$					
1	-1	$-\frac{1}{3}$	$\frac{15}{4}$				
2	0	0	$\frac{10}{3}$	$-\frac{12}{5}$			
3	1	3	$\frac{5}{6}$	$-\frac{24}{35}$	$\frac{7}{12}$		
4	2	$\frac{7}{3}$	$\frac{15}{11}$	$-\frac{44}{35}$	$\frac{7}{4}$	$\frac{6}{7}$	
5	3	$\frac{13}{5}$	$\frac{25}{16}$	$-\frac{64}{35}$	$\frac{21}{4}$	$\frac{3}{7}$	$-\frac{7}{3}$

$$R_{3,2}(x)=-\frac{3}{5}+\cfrac{x+2}{\cfrac{15}{4}+\cfrac{x+1}{-\cfrac{12}{5}+\cfrac{x}{\cfrac{7}{12}+\cfrac{x-1}{\cfrac{6}{7}+\cfrac{x-2}{-\cfrac{7}{3}}}}}}$$
$$=\frac{x^2+x+1}{2x-1}.$$

显然 $R_{3,2}(0)\neq 0$,即 $R_{3,2}(x)$只满足部分插值条件,不满足全部插值条件.

例 8 已知数据 $D_4=\{(0,0),(1,1),(2,\frac{1}{2}),(3,3),(4,-\frac{1}{2})\}$ $m=n=2$. 造反差商表(规定$\frac{A}{0}=\infty,\frac{A}{\infty}=0$,$A$ 为常数):

i	x_i	y_i	$\varphi(x_0,x_i)$	$\varphi(x_0,x_1,x_i)$	$\varphi(x_0,x_1,x_2,x_i)$	$\varphi(x_0,\cdots,x_4)$
0	0	0				
1	1	1	1			
2	2	$\frac{1}{2}$	4	$\frac{1}{3}$		
3	(4)3	$(-\frac{1}{2})3$	$1(-8)$	$\infty(-\frac{1}{3})$	$0(-3)$	
4	(3)4	$(3)-\frac{1}{2}$	$-8(1)$	$-\frac{1}{3}(\infty)$	$-3(0)$	$-\frac{1}{3}$

利用反差商构造的函数

$$R(x)=0+\cfrac{x}{1+\cfrac{x-1}{\cfrac{1}{3}+\cfrac{x-2}{0+\cfrac{x-3}{-\cfrac{1}{3}}}}}=\frac{x(2x+3)}{-3x^2+32x-24}$$

可以验证 $R(x_i)=y_i,i=0,1,2$,而 $R(x_i)\neq y_i,i=3,4$. 但如果将插值点(3,3)与点$(4,-\frac{1}{2})$位置调换,并重新计算反差商(表中(·)表示调换后的数据),得到的有理函数为

$$R(x)=0+\frac{x}{1}+\frac{x-1}{\frac{1}{3}}+\frac{x-2}{-3}+\frac{x-4}{-\frac{1}{3}}=\frac{-x}{3x^2-12x+8}.$$

可以验证 $R(x_i)=y_i, i=0,1,2,3,4$.

从上面三个例子可以看出,反差商-连分式算法既简单又方便,但需解决好例7、例8中出现的一些问题.为此我们利用连分式的递推公式,给出一个实用的算法,该算法既解决了例8中的问题,又可较方便判别有理插值是否存在的问题.

在第一章我们已经知道连分式

$$b_0+\frac{a_1}{b_1}+\frac{a_2}{b_2}+\cdots+\frac{a_n}{b_n}+\cdots$$

的渐近分式序列 $c_n=P_n/Q_n$ 中的 $P_n(x)$ 和 $Q_n(x)$ 可用如下的递推关系(见定理1.1)求出:

$$\begin{cases}P_n(x)=b_nP_{n-1}+a_nP_{n-2}, & n\geqslant 1,\\ Q_n(x)=b_nQ_{n-1}+a_nQ_{n-2}, \\ P_{-1}=1,P_0=b_0,Q_{-1}=0,Q_0=1,\end{cases} \tag{4.5}$$

其中 $b_0=y_0, b_i=\varphi(x_0,x_1,\cdots,x_i)=y_i^i, a_i=x-x_{i-1}, i=0,1,\cdots,N$.

在文献[18]中证明了

定理 2.14　设已算出 $\left\{\frac{P_0}{Q_0},\frac{P_1}{Q_1},\cdots,\frac{P_l}{Q_l}\right\}$ 在运算到 P_{l+1}/Q_{l+1} 时失效,则必有下列两种情况之一发生

(1) 存在适当的 (x_{l0},y_{l0}), $k+l+2\leqslant l_0\leqslant N$,调换 (x_{k+l+1},y_{k+l+1}) 和 (x_{l0},y_{l0}) 的位置(点序),就可按新点序求出 P_{l+1}/Q_{l+1};

(2) 已能判断出 D_N 上有理插值问题(1.1),(1.2)解的情况.

记

$$\begin{cases}I_{l-1}=\sum_{j=1}^{N-k-l}f_{l-1}(j),\text{其中 } f_{l-1}(j)=\begin{cases}1,(x_{k+l+j},y_{k+l+j})\text{ 在 } y=P_{l-1}/Q_{l-1}\text{ 上},\\ 0,\text{其余 } j\end{cases}\\ I_l=\sum_{j=1}^{N-k-l}f_l(j),\text{其中 } f_l(j)=\begin{cases}1,(x_{k+l+j},y_{k+l+j})\text{ 在 } y=P_l/Q_l\text{ 上},\\ 0\end{cases}\end{cases} \tag{4.6}$$

在定理2.14的条件下,不论能否算出 P_{l+1}/Q_{l+1},只要 $I_{l-1}>\frac{1}{2}(N-k-l)$ 或 $I_l\geqslant\frac{1}{2}(N-k-1)$,都有结论(2)成立.

下面给出反差商-连分式算法:

第1步　计算反差商的第 i 列.

第 2 步 求 P_i/Q_i.

第 3 步 通过检验(x_{k+i+j},y_{k+i+j})是否在 $y=P_i/Q_i$ 上,$j=1,2,\cdots,N-k-i$,计算(4.6)中的 I_i(这里 P_i/Q_i 表示最简分式),若 $I_i\geqslant\frac{1}{2}(N-k-i)$,转第 5 步,否则转第 4 步.

第 4 步 记 j_0 是这样的数:$(x_{k+i+j_0},y_{k+i+j_0})$是$(x_{k+i},y_{k+i})$之后第一个既不在 $y=P_{i-1}/Q_{i-1}$上,也不在 $y=P_i/Q_i$ 上的点,调换$(x_{k+i+j_0},y_{k+i+j_0})$与$(x_{k+i+1},y_{k+i+1})$的次序,转第 1 步重新计算.

第 5 步 若 $I_i=N-k-i$,且 P_i/Q_i 是正则的,则 $y=P_i/Q_i$ 是D_N 上(1.1),(1.2)的解,否则(1.1),(1.2)无解.

我们用例子说明插值问题(1.1),(1.2)无解情况下可大大减少计算量.

例 9 设 $D_5=\{(0,0),(1,1),(2,\frac{1}{2}),(3,3),(4,-\frac{1}{2}),(5,5)\}$ $m=3,n=2$.

解 先按通常的方法,造反差商表:

i	x_i	y_i^0	y_i^1	y_i^2
0	0			
1	1	1		
2	2	4	$\frac{1}{3}$	
3	3	1	∞	0
⋮	⋮	⋮	⋮	⋮

由表看出按 D_5 原来次序计算反差商,$y_2^2=0$. 通常的做法可调换(3,3)与$(4,-\frac{1}{2})$的位置再继续计算几行. 调换点后的差商表:

i	x_i	y_i^0	y_i^1	y_i^2	y_i^3	y_i^4	y_i^5
0	0	0					
1	1	1	1				
2	2	$\frac{1}{2}$	4	$\frac{1}{3}$			
3	4	$-\frac{1}{2}$	-8	$-\frac{1}{3}$	-3		
4	3	3	1	∞	0	$-\frac{1}{3}$	
5	5	5	1	∞	0	$\frac{1}{3}$	3

利用反差商 $y_i^i,i=0,1,2,3,4,5$ 写出连分式

$$R(x) = 0 + \frac{x}{1+} \frac{x-1}{\frac{1}{3}+} \frac{x-2}{-3+} \frac{x-4}{-\frac{1}{3}+} \frac{x-3}{3}.$$

利用式(4.5)可算出

$$P_0 = 0, P_1 = x, P_2 = \frac{1}{3}x, P_3 = x^2 - 3x, P_4 = -\frac{1}{3}x, P_5 = x^3 - 6x^2 + 8x,$$

$$Q_0 = 1,\quad Q_1 = 1,\quad Q_2 = x - \frac{2}{3},\quad Q_3 = -2x,$$

$$Q_4 = x^2 - 4x + \frac{8}{3},\quad Q_5 = x^2 - 6x + 8.$$

由此可得

$$\frac{P_0}{Q_0} = 0,\quad \frac{P_1}{Q_1} = x,\quad \frac{P_2}{Q_2} = \frac{x}{3x-2},\quad \frac{P_3}{Q_3} = \frac{-x+3}{2},$$

$$\frac{P_4}{Q_4} = \frac{-x}{3x^2 - 12x + 8},\quad \frac{P_5}{Q_5} = x.$$

显然，$y = R(x) = x$ 不是 D_5 上的有理插值函数，即有理插值问题无解.

按这里的方法. 算出第 1 列，可知 $P_1/Q_1 = x$，用以后的点$(2, \frac{1}{2})$，$(3,3)$，$(4, -\frac{1}{2})$，$(5,5)$的横坐标代入 $y = x$，可知 $I_1 = 2 = \frac{1}{2}(N-k-i)$(这里 $N=5, k=0, i=1$)由定理 2.14 可知 $y = x$ 不是 D_5 上的有理插值.

由反差商表可看出，只要主对角线上元素 $y_i^i (i=1,2,\cdots,N)$有限，便可形式上写出连分式，然后按递推关系(4.5)求出 P_i/Q_i. 且易验证 $R(x) = \frac{P_i(x)}{Q_i(x)}$是在点$(x_l, y_l)$，$l = 0,1,\cdots,i$ 上的有理插值函数. 逐次求 P_i/Q_i 的方法又称为逐步有理插值方法. 这是实用上常采用的一种求有理插值函数的有效方法. 例如，例 8 中所求的满足插值条件的有理函数，就是例 9 中的 $P_4/Q_4 = -x/(3x^2 - 12x + 8)$.

逐步有理插值算法是一种递推算法，与多项式插值中的 Aitken 算法相类似.

需要说明的是上面采用反差商算法，而反差商对自变量不具有对称性，而倒差商对自变量是对称的. 所谓倒差商也是由递推关系定义的. 1 阶，2 阶，…倒差商分别定义为

$$\rho_1(x, x_0) = \frac{x - x_0}{f(x) - f(x_0)},$$

$$\rho_2(x,x_0,x_1) = \frac{x-x_1}{\rho_1(x,x_0)-\rho_1(x_0,x_1)} + f(x_0),$$

$$\rho_3(x,x_0,x_1,x_2) = \frac{x-x_2}{\rho_2(x,x_0,x_1)-\rho_2(x_0,x_1,x_2)} + \rho_1(x_0,x_1),$$

等. 令 $\rho_{-1}=0,\rho_0=f(x)$, 对 $n=1,2,\cdots$ 有如下递推关系式

$$\rho_n(x,x_0,x_1,\cdots,x_{n-1}) = \frac{x-x_{n-1}}{\rho_{n-1}(x,x_0,\cdots,x_{n-2})-\rho_{n-1}(x_0,\cdots,x_{n-1})} + \rho_{n-2}(x_0,\cdots,x_{n-2}).$$

利用归纳法可以证明倒差商与反差商关系为

$$\varphi(x_0,x_1,\cdots,x_n) = \rho(x_0,x_1,\cdots,x_n) - \rho(x_0,x_1,\cdots,x_{n-2}), \quad n=1,2,\cdots$$

用倒差商替代(4.4)中的反差商得倒差商-Thiele 型连分式为

$$R_{m,n}(x) = y_0 + \frac{x-x_0}{\rho(x_0,x_1)} + \frac{x-x_1}{\rho(x_0,x_1,x_2)-\rho(x_0)} + \cdots + \frac{x-x_{N-1}}{\rho(x_0,\cdots,x_N)-\rho(x_0,\cdots,x_{N-2})}.$$

关于倒差商算法可利用倒差商表

i	x_i	y_i			
0	x_0	y_0			
			$\rho(x_0,x_1)$		
1	x_1	y_1		$\rho(x_0,x_1,x_2)$	
			$\rho(x_1,x_2)$		$\rho(x_0,x_1,x_2,x_3)$
2	x_2	y_2		$\rho(x_1,x_2,x_3)$	
			$\rho(x_2,x_3)$		
3	x_3	y_3			
⋮	⋮	⋮	⋮	⋮	⋮

容易验证 $R_{m,n}(x_i)=y_i(i=0,1,\cdots,N)$.

由于反差商与倒差商关系,习惯上也称反差商连分式为倒差商连分式.

二、Neville 迭代算法

利用倒差商-连分式算法可以方便地求出满足插值条件的有理插值函数的表达式,而在有理逼近中有时需要求某点的近似值. 这时采用倒差商连分式算法求出有理函数后,还需求函数的近似值,一般来说是不经济的. 在多项式插值中的 Neville 算法是求某点近似值的好方法. 为此我们介绍 J. Stoer 在文献[167]中给出的有理插值的 Neville 算法.

给定插值型值点 $D_N=\{(x_i,y_i)\mid i=0,1,\cdots,N\}$,假定有理插值问题(1.1),(1.2)有解.设

$$R^s_{\mu,\nu}(x)=\frac{N^s_{\mu,\nu}(x)}{D^s_{\mu,\nu}(x)}=\frac{a^s_{\mu,\nu}x^\mu+\cdots+a^s_{0,\nu}}{b^s_{\mu,\nu}x^\nu+\cdots+b^s_{\mu,o}}, \tag{4.7}$$

为满足插值条件

$$R^s_{\mu,\nu}(x_i)=f(x_i)=y_i,\quad i=s,s+1,\cdots,s+\mu+\nu \tag{4.8}$$

的有理函数.

令 $d_i=x-x_i$, $T^s_{\mu,\nu}(x,y)=N^s_{\mu,\nu}(x)-yD^s_{\mu,\nu}(x)$,由于假定有理插值有解,所以

$$T^s_{\mu,\nu}(x_i,y_i)=0,\quad i=s,s+1,\cdots,s+\mu+\nu. \tag{4.9}$$

为了求分子多项式 $N^s_{\mu,\nu}(x)$和分母多项式 $D^s_{\mu,\nu}(x)$,可采用递推方法,由 $N^s_{0,0}(x)=f_s$, $D^s_{0,0}=1$ 出发逐步增加分子、分母多项式的次数.不难证明如下的递推关系式

$$\begin{cases}N^s_{\mu,\nu}(x)=d_sb^s_{\mu-1,\nu}N^{s+1}_{\mu-1,\nu}(x)-d_{s+\mu+\nu}b^{s+1}_{\mu-1,\nu}N^s_{\mu-1,\nu}(x).\\ D^s_{\mu,\nu}(x)=d_sb^s_{\mu-1,\nu}D^{s+1}_{\mu-1,\nu}(x)-d_{s+\mu+\nu}b^{s+1}_{\mu-1,\nu}D^s_{\mu-1,\nu}(x)\end{cases} \tag{4.10}$$

及

$$\begin{cases}N^s_{\mu,\nu}(x)=d_sa^s_{\mu,\nu-1}N^{s+1}_{\mu,\nu-1}-d_{s+\mu+\nu}a^{s+1}_{\mu,\nu-1}N^s_{\mu,\nu-1}(x),\\ D^s_{\mu,\nu}(x)=d_sa^s_{\mu,\nu-1}D^{s+1}_{\mu,\nu-1}-d_{s+\mu+\nu}a^{s+1}_{\mu,\nu-1}D^s_{\mu,\nu-1}(x).\end{cases} \tag{4.11}$$

可用来逐步增加分子、分母多项式的次数.

但式(4.10),(4.11)中含有多项式系数 $a^s_{\mu,\nu-1}$ 及 $b^s_{\mu-1,\nu}$,因此,对于给定的 x 值,这些公式不适合用来计算 $R^s_{\mu,\nu}(x)$.

下面设法将这些系数消去.由于

$$\begin{aligned}&R^s_{\mu-1,\nu}(x)-R^{s+1}_{\mu-1,\nu-1}(x)\\ &=\frac{N^s_{\mu-1,\nu}(x)}{D^s_{\mu-1,\nu}(x)}-\frac{N^{s+1}_{\mu-1,\nu-1}(x)}{D^{s+1}_{\mu-1,\nu-1}(x)}\\ &=\frac{N^s_{\mu-1,\nu}(x)D^{s+1}_{\mu-1,\nu-1}(x)-D^s_{\mu-1,\nu}(x)N^{s+1}_{\mu-1,\nu-1}(x)}{D^s_{\mu-1,\nu}(x)D^{s+1}_{\mu-1,\nu-1}},\end{aligned} \tag{4.12}$$

所以分子多项式的次数至多是 $\mu-1+\nu$.注意到 $R^s_{\mu,\nu}(x)$的定义知,它在 $\mu+\nu-1$ 个相异点 x_i, $i=s+1,\cdots,s+\mu+\nu-1$ 为零.于是分子多项式为

$$- a^{s+1}_{\mu-1,\nu-1} b^{s}_{\mu-1,\nu}(x - x_{s+1})\cdots(x - x_{s+\mu+\nu-1}).$$

类似地

$$R^{s+1}_{\mu-1,\nu}(x) - R^{s+1}_{\mu-1,\nu-1} = \frac{N^{s+1}_{\mu-1,\nu}(x)D^{s+1}_{\mu-1,\nu-1}(x) - D^{s+1}_{\mu-1,\nu}(x)N^{s+1}_{\mu-1,\nu-1}(x)}{D^{s+1}_{\mu-1,\nu}(x)D^{s+1}_{\mu-1,\nu-1}(x)} \tag{4.13}$$

的分子多项式为

$$- a^{s+1}_{\mu-1,\nu-1} b^{s+1}_{\mu-1,\nu}(x - x_{s+1})\cdots(x - x_{s+\mu+\nu-1}).$$

对于 $\mu \geqslant 1, \nu \geqslant 1$，由式(4.10)知

$$R^{s}_{\mu,\nu}(x) = \frac{d_s b^{s}_{\mu-1,\nu} N^{s+1}_{\mu-1,\nu}(x) - d_{s+\mu+\nu} b^{s+1}_{\mu-1,\nu} N^{s}_{\mu-1,\nu}(x)}{d_s b^{s}_{\mu-1,\nu} D^{s+1}_{\mu-1,\nu}(x) - d_{s+\mu+\nu} b^{s+1}_{\mu-1,\nu} D^{s}_{\mu-1,\nu}(x)}. \tag{4.14}$$

设 $a^{s+1}_{\mu-1,\nu-1} \neq 0$，用

$$\frac{- a^{s+1}_{\mu-1,\nu-1}(x - x_{s+1})(x - x_{s+2})\cdots(x - x_{s+\mu+\nu-1})}{D^{s+1}_{\mu-1,\nu}(x)D^{s}_{\mu-1,\nu}(x)D^{s+1}_{\mu-1,\nu-1}(x)}$$

乘(4.14)中的分子和分母，再利用式(4.12)，经简单计算得

$$R^{s}_{\mu,\nu}(x) = R^{s+1}_{\mu-1,\nu}(x) + \frac{R^{s+1}_{\mu-1,\nu}(x) - R^{s}_{\mu-1,\nu}(x)}{\dfrac{d_s}{d_{s+\mu+\nu}}\left[1 - \dfrac{R^{s+1}_{\mu-1,\nu}(x) - R^{s}_{\mu-1,\nu}(x)}{R^{s+1}_{\mu-1,\nu}(x) - R^{s+1}_{\mu-1,\nu-1}(x)}\right] - 1}. \tag{4.15}$$

类似地可得

$$R^{s}_{\mu,\nu}(x) = R^{s+1}_{\mu,\nu-1}(x) + \frac{R^{s+1}_{\mu,\nu-1}(x) - R^{s}_{\mu,\nu-1}(x)}{\dfrac{d_s}{d_{s+\mu+\nu}}\left[1 - \dfrac{R^{s+1}_{\mu,\nu-1}(x) - R^{s}_{\mu,\nu-1}(x)}{R^{s+1}_{\mu,\nu-1}(x) - R^{s+1}_{\mu-1,\nu-1}(x)}\right] - 1}. \tag{4.16}$$

特别地在式(4.15)中令 $\nu = 0$，此时就是多项式情形. 若令 $R^{s+1}_{\mu-1,\nu-1} = \infty$，则有

$$R^{s}_{\mu,0}(x) = \frac{d_s R^{s+1}_{\mu-1,0}(x) - d_{s+\mu} R^{s}_{\mu-1,0}(x)}{d_s - d_{s+\mu}}, \tag{4.17}$$

其中

$$R^{s}_{0,0}(x) = f_s$$

$$\mu = 1, 2, \cdots.$$

在式(4.16)中令 $\mu = 0$，若定义 $R^{s+1}_{-1,\nu-1} = 0$，便得如下递推式

$$R_{0,\nu}^{s}(x)=\frac{d_s-d_{s+\nu}}{\dfrac{d_s}{R_{0,\nu-1}^{s+1}(x)}-\dfrac{d_{s+\nu}}{R_{0,\nu-1}^{s}(x)}},\quad \nu=1,2,\cdots,\quad R_{0,0}^{s}(x)=f_s.$$

(4.18)

对于给定的 x 值,通过式(4.15)和(4.16)交替逐次增加分子和分母多项式的次数.

在实际应用中可将式(4.15),(4.16)及(4.18)相结合,便产生如下迭代计算方法.

记 $r_{i,k}(x)=R_{\mu,\nu}^{s}(x),i=s+\mu+\nu,k=\mu+\nu$

$$\begin{cases}r_{i,0}=f_i,r_{i,-1}=0,\\ r_{i,k}=r_{i,k-1}+\dfrac{r_{i,k-1}-r_{i-1,k-1}}{\dfrac{x-x_{i-k}}{x-x_i}\left[1-\dfrac{r_{i,k-1}-r_{i-1,k-1}}{r_{i,k-1}-r_{i-1,k-2}}\right]-1},\end{cases}$$

$$1\leqslant k\leqslant i,i=0,1,2,\cdots. \tag{4.19}$$

我们可以把算法列成如下表格进行计算:

i	x_i	$r_{i,0}$	$r_{i,1}$	$r_{i,2}$,	$r_{i,3}$
0	x_0	$r_{0,0}$			
			$r_{1,1}$		
1	x_1	$r_{1,0}$		$r_{2,2}$	
			$r_{2,1}$		$r_{3,3}$
2	x_2	$r_{2,0}$		$r_{3,2}$	
			$r_{3,1}$		
3	x_3	$r_{3,0}$			
⋮	⋮	⋮	⋮	⋮	

例 10　已知数据 $D_3=\{(1,1),(2,-1),(3,2),(4,-2)\}$.

利用递推关系式(4.19).计算结果如下表:

i	x_i	$r_{i,0}$	$r_{i,1}$	$r_{i,2}$	$r_{i,3}$
0	1	1			
			$\frac{1}{3-2x}$		
1	2	-1		$\frac{13-7x}{11-5x}$	
			$\frac{2}{3x-8}$		$\frac{36-16x}{11x^2-57x+66}$
2	3	2		$\frac{10x-28}{22-7x}$	
			$\frac{2}{7-2x}$		
3	4	-2			

递推式(4.19)与多项式的 Neville 迭代算法很类似.如果式(4.19)中的方括号[…]取成 1 就是多项式 Neville 算式了.

例 11[167] 设 $f(x)=\cot x$，$x=1^\circ,2^\circ,3^\circ,4^\circ,5^\circ$的值已给定，求 $\cot 2^\circ 30'$的近似值.

利用公式(4.19)取$(\mu,\nu)=(2,2)$，计算结果如下表：

i	x_i	$r_{i,0}$	$r_{i,1}$	$r_{i,2}$	$r_{i,3}$	$r_{i,4}$
0	1°	57.28996163				
			22.90760673			
1	2°	28.63625328		22.90341624		
			22.90201805		22.90369573	
2	3°	19.08113669		22.90411487		22.90376552
			22.91041916		22.90384141	
3	4°	14.30066626		22.90201975		
			22.94418151			
4	5°	11.43005230				

$\cot 2^\circ 30'$的精确值为 22.9037655484…，由此可以看出利用 Neville 算法求函数的近似值效果比较好.

三、变参数有理插值

Van Barel，和 A. Bultheel 在文献[101]中给出有理插值的一种算法. 下面介绍这种算法.

设 K 为数域(有限或无限)，系数属于 K 的多项式集合记为$K(z)$，给定节点 $z_i\in K$，其中$\{z_i\}$互异，$i=1,2,\cdots,p$ 及相应数据f_i/e_i，$e_i\in K$(若 $e_i=0$，且 $f_i\neq 0$，规定 $f_i/e_i\to\infty$)，$(f_i,e_i)\neq(0,0)$，$i=1,\cdots,p$. $n(z)$，$d(z)$是关于 z 的多项式，$(n(z),d(z))\neq(0,0)$，且 $n(z)$或 $d(z)$不能被 $z-z_i$ 整除. 我们知道多项式插值的复杂性是用插值多项式的次数来刻画的，自然有理插值的复杂性是由 $n(z)$和 $d(z)$的次数来刻画. 为表述 $n(z)$与 $d(z)$的次数关系，在文献[101]中引入一个转换参数 $s\in Z$，并定义若 $\alpha=\max(\partial d,\partial n-s)$取最小值，则称 α 为多项式偶$(n(z),d(z))$的 S 阶数. 对给定的 $z_i\in K$ 和$(f_i,e_i)\neq(0,0)$及参数 s，求具有最小阶数的多项式偶$(n(z)d(z))$满足

$$f_i d(z_i)=e_i n(z_i),\quad i=1,2,\cdots,p, \tag{4.20}$$

此时称为线性有理插值，简记为 LRIP.

若加上限制条件$(n(z),d(z))$不能被$(z-z_i)$整除，则称为正规有理插值，记为 PRIP.

把式(4.20)写成齐次线性方程组

$$R_i V(z)=f_i d(z_i)-e_i n(z_i)=0,\quad i=1,2,\cdots,p, \tag{4.21}$$

其中 $V(z)=(n(z),d(z))$. 用 $S_{P,\alpha}$ 表示所有 s 阶数小于或等于α 且满足式(4.20)，(4.21)的所有多项式偶$(n(z),d(z))$的向量空间. 由 $s\geqslant 0$，$s<0$ 以及 α 与 s 的关系可以看出，可根据两个多项式偶 $V_P(z)=(n_{PV}(z),d_{PV}(z))$，$W_P=$

$(n_{PW}(z), d_{PW}(z))$来确定向量空间 $S_{P\alpha}$ 的一个基 $BS_{P\alpha}$, $-\infty<\alpha<+\infty$.

定义多项式 $P(z)$与多项式偶 $X(z)=(n_x(z), d_x(z))$的乘法与除法分别为

$$P(z)\cdot X(z) = (P(z)n_x(z), P(z)d_x(z)),$$

$$X(z)/P(z) = (n_x(z)/P(z), d_x(z)/P(z)),$$

如果 $n_x(z), d_x(z)$都可以被 $z-z_i$ 整除,则 $X(z)/P(z)$仍是多项式偶. 并说 $X(z)$可被 $P(z)$整除. 任给 $\alpha\in Z$ 及多项式偶 $X(z)$,其中 $X(z)$的 s 阶数为 α_x. 定义一组多项式偶 $\{X(z)\}^{\alpha}$ 如下:

$$\{X(z)\}^{\alpha} = \varnothing(\text{空集}),\quad \alpha < \alpha_x,$$

$$\{X(z)\}^{\alpha} = \{X(z), zX(z), \cdots, z^{\alpha-\alpha_x}X(z)\},\quad \alpha \geqslant \alpha_x.$$

利用归纳法可以证明

定理 2.15　对任意的 $p\geqslant 0$ 都存在两个多项式偶 $V_p(z), W_p(z)$使得对任何 $\alpha, |\alpha|<\infty$, $S_{P\alpha}$的一组基 $BS_{P\alpha}$ 可表示成

$$BS_{P\alpha} = V_{P\alpha} \cup W_{P\alpha},$$

其中 $V_{P\alpha}=\{V_P(z)\}^{\alpha}, W_{P\alpha}=\{W_P(z)\}^{\alpha}$.

文中还给出了已知 $V_{p-1}(z), W_{p-1}(z)$计算 $V_p(z), W_p(z)$的算法:

初始化:

如果 $s\geqslant 0$, 则 $[V_0(z), W_0(z)] = \begin{bmatrix} n_{0V}(z) & n_{0W}(z) \\ d_{0V}(z) & d_{0W}(z) \end{bmatrix} = \begin{bmatrix} 1 & 0 \\ 0 & 1 \end{bmatrix}$,

否则 $[V_0(z), W_0(z)] = \begin{bmatrix} 0 & 1 \\ 1 & 0 \end{bmatrix}$.

递推关系:

对 $p=0,1,2,\cdots$,如果 $R_{p+1}V_p(z)=0$,则 $V_{p+1}(z)=\begin{bmatrix} 1 & 0 \\ 0 & z-z_{p+1} \end{bmatrix}$;否则

$$V'_{p+1}(z) = \begin{bmatrix} z-z_{p+1} & -h \\ 0 & 1 \end{bmatrix}, \text{其中 } h = \frac{R_{p+1}W_p(z)}{R_{p+1}V_p(z)}.$$

如果 $V_p(z)$的 s 阶数等于 $W_p(z)$的 s 阶数,则

$$V_{p+1} = V'_{p+1}(z)\begin{bmatrix} 0 & 1 \\ 1 & 0 \end{bmatrix},$$

否则 $V_{p+1}(z)=V'_{p+1}$, $[V_{p+1}(z)W_{p+1}(z)]=[V_p(z)W_p(z)]V_{p+1}(z)$.

也可将$[V_p(z)W_p(z)]$写成

$$[V_p(z)\ W_p(z)] = V_0(z)V_1(z)\cdots V_p(z),$$

其中若 $s\geqslant 0$,

$$V_0(z) = \begin{bmatrix} x_0(z) & t_0(z) \\ y_0(z) & u_0(z) \end{bmatrix} = \begin{bmatrix} 1 & 0 \\ 0 & 1 \end{bmatrix};$$

若 $s<0$ 时,则 $V_0(z)=\begin{bmatrix} 0 & 1 \\ 1 & 0 \end{bmatrix}$,且

$$V_i(z) = \begin{bmatrix} x_i(z) & t_i(z) \\ y_i(z) & u_i(z) \end{bmatrix} = \begin{bmatrix} 1 & 0 \\ 0 & z-z_i \end{bmatrix}$$

或者

$$V_i(z) = \begin{bmatrix} z-z_i & -h \\ 0 & 1 \end{bmatrix}, V_i(z) = \begin{bmatrix} -h & z-z_i \\ 1 & 0 \end{bmatrix}, \quad i\geqslant 1.$$

定理 2.16[101] 设 $V_p(z)$, $W_p(z)$定义如上,如果 $V_p(z)$不是 PRIP 的一个解,则 $a_V V_p(z)+a_W W_p(z)$是 PRIP 的解,且$(a_{i,V},a_{i,W})$是满足 $a_{i,V}V_p(z)+a_{i,W}W_p(z)$可被 $z-z_i$ 整除的惟一多项式偶,其中$(a_V,a_W)\neq(0,0)$且 $a_V/a_W\neq a_{i,V}/a_{i,W}$, $i=1,2,\cdots,p$.

证明 对任意给定的 i, $1\leqslant i\leqslant p$,若 $V_p(z)$能被 $z-z_i$ 整除,则 $V_p(z)$是 LRIP 的一个解,但不是 PRIP 的解.

若 $z\neq z_i$, $V_i(z)$的秩为 2,则$[V_p(z)W_p(z)]=V_0(z)V_1(z)\cdots V_p(z)$的秩也为 2;若 $z=z_i$, $V_i(z)$的秩为 1,则$[V_p(z)W_p(z)]=V_0(z)V_1(z)\cdots V_p(z)$的秩也为 1,因此,对惟一存在的 $a_{i,V}/a_{i,W}$, $a_{i,V}V_p(z)+a_{i,W}W_p(z)$可被 $z-z_i$ 整除,其中$(a_{i,V},a_{i,W})\neq(0,0)$. □

关于 LRIP 和 PRIP 解的参数形式有如下结论:

定理 2.17[101] 如果 $V_p(z)$的 s 阶数α_{PV}小于$W_p(z)$的 s 阶数α_{pW},则有且只有一个有理函数 $n_{pV}(z)/d_{pV}(z)$是 LRIP 的解,其解的参数形式为

$$\begin{bmatrix} n_p^a(z) \\ d_p^a(z) \end{bmatrix} = \begin{bmatrix} n_{pV}(z) & n_{pW}(z) \\ d_{pV}(z) & d_{pW}(z) \end{bmatrix} \begin{bmatrix} a_V \\ a_W \end{bmatrix}, \quad a=(a_V,a_W)\neq(0,0).$$

定理 2.18[101] 若 $V_p(z)$既是 LRIP 的解,又是 PRIP 的解,则定理 2.17 的结

论成立.若 $V_p(z)$不是 PRIP 的解,则 PRIP 解的参数形式为

$$\begin{bmatrix} n_p^a(z) \\ d_p^a(z) \end{bmatrix} = \begin{bmatrix} n_{pV}(z) & n_{pW}(z) \\ d_{pV}(z) & d_{pW}(z) \end{bmatrix} \begin{bmatrix} a(z) \\ 1 \end{bmatrix},$$

其中$\partial a \leqslant \alpha_{pW} - \alpha_{pV}$且$a(z_i) \neq a_{i,V}/a_{i,W}$. $a_V/a_W \neq a_{i,V}/a_{i,W}$, $i = 1, \cdots, p$.

由定理 2.18 可看出不同的多项式 $a(z)$可以得到不同的有理函数.

例 12[101]　设已知数据(0,1/1),(1,2/1),(2,2/1),用 Thebyshev 多项式 $T_k(x)$作多项式组的基.求 PRIP 的解.

解　易知有理插值不存在,且(0,1/1)是不可达到.利用上述方法可求出

$$V_0 = \begin{bmatrix} T_0(z) & 0 \\ 0 & T_0(z) \end{bmatrix}, \quad V_1 = \begin{bmatrix} 1 & z \\ 1 & 0 \end{bmatrix}, \quad V_2(z) = \begin{bmatrix} z-1 & 1 \\ 0 & 1 \end{bmatrix},$$

$$V_3(z) = \begin{bmatrix} 1 & z-2 \\ 1 & 0 \end{bmatrix}.$$

利用$(z - z_{p+1})T_0(z) = T_1(z) - z_{p+1}T_0(z)$及$(z - z_{p+1})T_k(z) = \frac{1}{2}T_{k+1}(z) - z_{p+1}T_k(z) + \frac{1}{2}T_{k-1}(z)$, $k \geqslant 1$,可得

$$\begin{aligned} [V_3(z), W_3(z)] &= V_0(z)V_1(z)V_2(z)V_3(z) \\ &= \begin{bmatrix} 2T_1(z) & \frac{1}{2}T_2(z) - 3T_1(z) + \frac{5}{2}T_0(z) \\ T_1(z) & \frac{1}{2}T_2(z) - 3T_1(z) + \frac{5}{2}T_0(z) \end{bmatrix}. \end{aligned}$$

它的秩为 2,因此阶数 s 为 2 的 PRIP 的解为

$$[V_3(z), W_3(z)] \begin{bmatrix} a(z) \\ 1 \end{bmatrix} = \begin{bmatrix} 2z & z^2 - 3z + 2 \\ z & z^2 - 3z + 2 \end{bmatrix} \begin{bmatrix} 1+z \\ 1 \end{bmatrix},$$

故

$$\frac{n(z)}{d(z)} = \frac{3z^2 - z + 2}{2z^2 - 2z + 2}.$$

作为本节结束给出有理插值的误差估计.

定理 2.19　给定区间$[a,b]$中一组互异点 x_i 及相应的函数值$f(x_i)$($i = 0, 1, \cdots, m+n$),满足插值条件(1.2)的有理函数 $R_{m,n}(x) = P(x)/Q(x)$,且当 $x \in [a,b]$时 $Q(x) \neq 0$,假定 $f(x)$在$[a,b]$有 $m+n$ 阶连续导数,且 $f^{(m+n+1)}(x)$在

(a,b)存在,则当 $x\in[a,b]$时,有如下余项表达式

$$f(x)-P(x)/Q(x)=\frac{w_{m+n}(x)}{(m+n+1)![Q(x)]^2}[f(x)Q^2(x)]_{x=\xi}^{(m+n+1)}, \tag{4.22}$$

其中 $w_{m+n}(x)=(x-x_0)(x-x_1)\cdots(x-x_{m+n})$, $\xi\in(a,b)$.

证明 当 x 是插值结点 x_i 时,式(4.22)是自然成立的.以下设 x 不是插值结点 $x_0,x_1,\cdots,x_{m+n}$,作辅助函数

$$\begin{aligned}F(z)&=f(z)Q^2(z)-P(z)Q(z)\\&\quad-\frac{f(x)Q^2(x)-P(x)Q(x)}{w_{m+n}(x)}w_{m+n}(z).\end{aligned} \tag{4.23}$$

显然 $F(z)$于$[a,b]$上 $m+n+1$ 次可微,并且 $F(x)=0,F(x_j)=0(j=0,1,\cdots,m+n)$又因 x_j 互异,故 $F(z)$在$[a,b]$内有 $m+n+2$ 个零点.由 Rolle 定理知 $F'(z)$于(a,b)内有至少有 $m+n+1$ 个不同零点,以此类推,最后知 $F^{(m+n+1)}(z)$于(a,b)至少有一个零点 ξ,亦即由式(4.23)应有

$$[f(z)Q^2(z)]_{z=\xi}^{(m+n+1)}-\frac{f(x)Q^2(z)-P(x)Q(x)}{w_{m+n}(x)}(m+n+1)!=0,$$

即

$$f(x)Q^2(x)-P(x)Q(x)=\frac{w_{m+n}(x)}{(m+n+1)!}[f(z)Q^2(z)]_{z=\xi}^{(m+n+1)},$$

由于 $Q(x)\neq0,x\in[a,b]$,上式两边除以 $Q^2(x)$得

$$f(x)-\frac{P(x)}{Q(x)}=\frac{w_{m+n}(x)}{(m+n+1)![Q(x)]^2}[f(x)Q^2(x)]_{x-\xi}^{(m+n+1)}.$$ □

§5 切触有理插值

切触有理插值是类似于多项式插值中的 Hermite 插值的一种插值,即设已知 $x_0<x_1<\cdots<x_j$ 及 $f_i^{(k)}=y_i^{(k)},k=0,1,\cdots,s_i-1,i=0,1,\cdots,j$,所谓切触有理插值问题就是寻求有理分式函数 $P(x)/Q(x)\in R(m,n)$,使得

$$\left(\frac{d}{dx}\right)^k\left(\frac{P(x)}{Q(x)}\right)_{x=x_i}=f_i^{(k)},\quad k=0,1,\cdots,s_i-1,\quad i=0,1,\cdots,j, \tag{5.1}$$

其中 $m + n = \sum_{i=0}^{j} s_i - 1$.

显然前几节讨论的有理插值是切触有理插值的特殊情形,为此考虑与插值问题(5.1)有关的线性化问题,即求 $P(x)\in P_m, Q(x)\in P_n$ 使

$$P^{(k)}(x_i) = (f(x)Q(x))^{(k)}(x_i),\quad k = 0,1,\cdots,s_i - 1,\quad i = 0,1,\cdots,j. \tag{5.2}$$

设 $P(x) = \sum_{i=0}^{m} a_i x^i, Q(x) = \sum_{i=0}^{n} b_i x^i$,则式(5.2)是一个由 $m+n+1$ 个方程组成的,含有 $m+n+2$ 个未知数的齐次线性方程组,因此该方程组必有非平凡解.1962年 H.E.Salzer 在文献[175]中证明了方程组(5.1)与(5.2)之间的关系,即

定理 2.20 若 $Q(x_i)\neq 0$,则方程组

$$\left(\frac{d}{dx}\right)^k\left[\frac{P(x)}{Q(x)}\right]_{x=x_i} = f^{(k)}(x_i),\quad k = 0,1,\cdots,s_i - 1, \tag{5.3}$$

等价于方程组

$$P^{(k)}(x_i) = (f(x)Q(x))^{(k)}(x_i),\quad k = 0,1,\cdots,s_i - 1. \tag{5.4}$$

如果方程组的解 $P(x)/Q(x) = P_0(x)/Q_0(x)$,而 $P_0(x)/Q_0(x)$ 是最简有理分式,并将 $Q_0(x)$ 正规化,这样得到的 $R_{m,n}(x) = P_0(x)/Q_0(x)$ 属于 $R(m,n)$,且对一切 x 值均有 $Q_0(x)\neq 0$,L. Wuytack(参见文献[195])称这样的 $R_{m,n}(x) = P_0(x)/Q_0(x)$ 为 (m,n) 切触于 $f(x)$.

因为方程组(5.4)的任何两个有理分式解都是等价的,从而它们当然有同一个不可约形式,在这种意义下,自然有

定理 2.21 (m,n) 切触于 $f(x)$ 的有理分式函数是惟一存在的.

进一步可以证明

定理 2.22 为使满足(5.1)的有理分式函数 $R(x)\in R(m,n)$ 存在,必须且只须 (m,n) 切触于 $f(x)$ 的有理分式函数满足式(5.2).

定理 2.23 若切触有理插值问题(5.1)于 $R(m,n)$ 有一解,则此解必惟一且等于 $f(x)$ 的 (m,n) 切触有理分式 $R_{m,n}(x)$.

定理 2.20~定理 2.23 的证明请参看文献[1].下面针对 $s_i = 2$、$s_i = 3(i = 0,1,\cdots,r)$ 情形给出切触有理插值问题(5.1)有解的条件及解的表达式.

对 $s_i = 2(i = 0,1,\cdots,r)$,此时插值问题(5.1)变成

$$R_{m,n}(x_i) = f_i, R'_{m,n}(x_i) = f'_i\quad (i = 0,1,\cdots,r). \tag{5.5}$$

用类似于§2 中的方法(见[41]).记

$$\omega_0(x)=1,$$
$$\omega_{2j}(x)=(x-x_0)^2(x-x_1)^2\cdots(x-x_{j-1})^2,\quad j=1,\cdots,r,$$
$$\omega_{2j+1}(x)=(x-x_j)\omega_{2j}(x),\quad j=0,1,\cdots,r.$$

$$V=\begin{bmatrix}1 & & & & & & \\ 0 & 1 & & & & & \\ 1 & \omega_1(x_1) & \omega_2(x_1) & & & & \\ 0 & 1 & \omega'_2(x_1) & \omega'_3(x_1) & & & \\ \vdots & \vdots & \vdots & \vdots & & & \\ 1 & \omega_1(x_r) & \omega_2(x_r) & \omega_3(x_r) & \cdots & \omega_{2r}(x_r) & \\ 0 & 1 & \omega'_2(x_r) & \omega'_3(x_r) & \cdots & \omega'_{2r}(x_r) & \omega'_{2r+1}(x_r)\end{bmatrix}. \tag{5.6}$$

经计算可得如下递推公式:

$$\begin{cases}\omega_0(x_k)=1,\\ \omega_{2j-1}(x_k)=(x_k-x_{j-1})\omega_{2j-2}(x_k),\quad j=1,2,\cdots,k,\quad k=1,\cdots,r,\\ \omega_{2j}(x_k)=(x_k-x_{j-1})\omega_{2j-1}(x_k)\end{cases} \tag{5.7}$$

及

$$\begin{cases}\omega_1(x_k)=1,\\ \omega'_{2j}(x_k)=\omega_{2j-1}(x_k)+(x_k-x_{j-1})\omega'_{2j-1}(x_k),\quad j=1,\cdots,k,\quad k=1,\cdots,r.\\ \omega'_{2j+1}(x_k)=\omega_{2j}(x_k)+(x-x_j)\omega'_{2j}(x_k),\end{cases} \tag{5.8}$$

记矩阵 V 的逆矩阵为

$$V^{-1}=\begin{bmatrix}d_0^{(0)} & & & \\ d_1^{(0)} & d_1^{(1)} & & \\ \vdots & \vdots & \ddots & \\ d_{m+n}^{(0)} & d_{m+n}^{(1)} & \cdots & d_{m+n}^{(m+n)}\end{bmatrix}. \tag{5.9}$$

引理 2.24　设 $Q(x)$是满足下列插值条件的多项式

$$Q(x_i)=f_i,Q'(x_i)=f'_i,\quad i=0,1,\cdots,r,\tag{5.10}$$

则

$$Q(x)=\sum_{k=0}^{m+n}\{\sum_{j=0}^{k}d_k^{(j)}\bar{f}_j\}\omega_k(x),\tag{5.11}$$

其中 $\bar{f}_{2j}=y_j,f'_{2j+1}=y'_j,j=0,1,\cdots,r,m+n=N=2r+1$.

这就是 Hermite 插值,只是把解表示成形式(5.11)而已.

为了讨论方便,引入下列记号,并将所需数据重新排序

$$\begin{cases}\bar{\eta}_{2j}=\eta_j,\quad \bar{\eta}_{2j+1}=\eta'_j,\quad \bar{\xi}_{2j}=\xi_j,\quad \bar{\xi}_{2j+1}=\bar{\xi}'_j,\\ \bar{f}_{2j}=f_j,\quad \bar{f}_{2j+1}=f'_j,\quad j=0,1,\cdots,r\end{cases}\tag{5.12}$$

$$\bar{d}_k^{(i)}=\begin{cases}d_k^{(i)}\bar{f}_i+d_k^{(i+1)}f_{i+1},\text{当 } i \text{ 是偶数},\\ d_k^{(i)}\bar{f}_{i-1},\text{当 } i \text{ 是奇数},i=0,1,\cdots,k,k=m+1,\cdots,m+n,\end{cases}\tag{5.13}$$

且 $d_k^{(i)}=0,(i>k)$.

定理 2.25　满足插值条件(5.5)的有理分式 $R_{m,n}(x)=P_m(x)/Q_n(x)$存在的充分必要条件是方程组(记 $m+n=N$)

$$\begin{bmatrix}d_{n+1}^{(0)} & d_{n+1}^{(1)} & \cdots & d_{n+1}^{(n+1)} & & \\ \vdots & \vdots & & \vdots & & \\ d_N^{(0)} & d_N^{(1)} & \cdots & d_N^{(n+1)} & \cdots & d_N^{(N)}\\ \bar{d}_{m+1}^{(0)} & \bar{d}_{m+1}^{(1)} & \cdots & \bar{d}_{m+1}^{(m+1)} & & \\ \vdots & & & & & \\ \bar{d}_N^{(0)} & \bar{d}_N^{(1)} & \cdots & \bar{d}_N^{(N)} & \cdots & \bar{d}_N^{(N)}\end{bmatrix}\begin{bmatrix}\bar{\eta}_0\\ \bar{\eta}_1\\ \vdots\\ \bar{\eta}_N\end{bmatrix}=\begin{bmatrix}0\\ 0\\ \vdots\\ 0\end{bmatrix}\tag{5.14}$$

存在一组解 $\eta=[\bar{\eta}_0,\bar{\eta}_1,\cdots,\bar{\eta}_N]^{\mathrm{T}}$ 满足 $\bar{\eta}_{2j}=\eta_j\neq0,j=0,1,\cdots,r$,此时有

$$R_{m,n}(x)=\frac{P_m(x)}{Q_n(x)}=\frac{\sum_{k=0}^{m}\left\{\sum_{i=0}^{k}d_k^{(i)}\bar{\xi}_i\right\}\omega_k(x)}{\sum_{k=0}^{n}\left\{\sum_{i=0}^{k}d_k^{(i)}\bar{\eta}_i\right\}\omega_k(x)}.\tag{5.15}$$

证明　先证必要性.设存在有理分式函数 $R_{m,n}(x)=P_n(x)/Q_n(x)$满足插值条件(5.5).记

$$\eta_i = Q_n(x_i), \eta'_i = Q'_n(x_i), \quad i = 0,1,\cdots,r,$$

$$\xi_i = P_m(x_i), \xi'_i = P'_m(x_i), \quad i = 0,1,\cdots,r.$$

由引理 2.24 知

$$Q_n(x) = \sum_{k=0}^{N} \left\{ \sum_{i=0}^{k} d_k^{(i)} \bar{\eta}_i \right\} \omega_k(x),$$

$$P_n(x) = \sum_{k=0}^{N} \left\{ \sum_{i=0}^{k} d_k^{(i)} \bar{\xi}_i \right\} \omega_k(x).$$

因为$\partial P_m \leqslant m, \partial Q_n \leqslant n$,所以有

$$\begin{cases} \sum_{i=0}^{k} d_k^{(i)} \bar{\eta}_i = 0, & k = n+1,\cdots,N, \\ \sum_{i=0}^{k} d_k^{(i)} \bar{\xi}_i = 0, & k = m+1,\cdots,N. \end{cases} \tag{5.16}$$

又因为 $P_m(x_i)/Q_n(x_i) = f_i, Q(x_i) \neq 0, i = 0,1,\cdots,r$,

$$R'_{m,n}(x_i) = \frac{P'_m(x_i)Q_n(x_i) - P_m(x_i)Q'_n(x_i)}{Q_n^2(x_i)} = f'_i, \quad i = 0,1,\cdots,r,$$

即

$$\frac{\xi_i}{\eta_i} = f_i, \quad \eta_i \neq 0; \quad \frac{\xi'_i \eta_i - \xi_i \eta'_i}{\eta_i^2} = f'_i, \quad i = 0,1,\cdots,r,$$

亦即

$$\xi_i = f_i \eta_i, \quad \eta_i \neq 0; \quad \xi'_i = f'_i \eta_i + f_i \eta'_i, \quad i = 0,1,\cdots,r.$$

结合式(5.12)及(5.13),方程组(5.16)化为

$$\sum_{i=0}^{k} d_k^{(i)} \bar{\eta}_i = 0, \quad k = n+1,\cdots,N,$$

$$\sum_{i=0}^{k} \bar{d}_k^{(i)} \bar{\eta}_i = 0, \quad k = m+1,\cdots,N$$

且 $\bar{\eta}_{2j} = \eta_j \neq 0, j = 0,1,\cdots,r$. 此即方程组(5.14)存在一组解 $\eta = [\bar{\eta}_0, \bar{\eta}_1, \cdots, \bar{\eta}_N]^{\mathrm{T}}$,且 $\bar{\eta}_{2j} = \eta_j \neq 0, j = 0,1,\cdots,r$. 这就完成了必要性的证明.

再证充分性.

设 $\eta = [\bar{\eta}_0, \bar{\eta}_1, \cdots, \bar{\eta}_N]^{\mathrm{T}}$ 为方程组(5.14)的一组解,且满足 $\bar{\eta}_{2j} = \eta_j \neq 0, j = 0, 1,\cdots,r$.

记

$$\bar{\xi}_{2j} = \bar{f}_{2j}\bar{\eta}_{2j}, \bar{\xi}_{2j+1} = \bar{f}_{2j}\bar{\eta}_{2j+1} + \bar{f}_{2j+1}\bar{\eta}_{2j}, \quad j = 0,1,\cdots,r,$$

其中 $\bar{f}_{2j} = f_j, \bar{f}_{2j+1} = f'_j, j = 0,1,\cdots,r$.

构造多项式

$$Q_n(x) = \sum_{k=0}^{N}\left\{\sum_{i=0}^{k} d_k^{(i)}\bar{\eta}_i\right\}\omega_k(x),$$

$$P_n(x) = \sum_{k=0}^{N}\left\{\sum_{i=0}^{k} d_k^{(i)}\bar{\xi}_i\right\}\omega_k(x).$$

由引理 2.24 知

$$Q_n(x_j) = \bar{\eta}_{2j}, \quad Q'_n(x_j) = \bar{\eta}_{2j+1}, \quad j = 0,1,\cdots,r,$$

$$P_n(x_j) = \bar{\xi}_{2j}, \quad \bar{P}'_m(x_j) = \bar{\xi}_{2j+1}, \quad j = 0,1,\cdots,r.$$

又因为 η 满足方程组(5.14),即

$$\sum_{i=0}^{k} d_k^{(i)}\bar{\eta}_i = 0, \quad k = n+1,\cdots,N,$$

$$\sum_{i=0}^{k} \bar{d}_k^{(i)}\bar{\eta}_i = 0, \quad k = m+1,\cdots,N. \tag{5.17}$$

由式(5.12)及(5.13),式(5.17)成为

$$\sum_{i=0}^{k} d_k^{(i)}\bar{\eta}_i = 0, \quad k = n+1,\cdots,N,$$

$$\sum_{i=0}^{k} d_k^{(i)}\bar{\xi}_i = 0, \quad k = m+1,\cdots,N.$$

由此可知$\partial P_m \leqslant m, \partial Q_n \leqslant n$,故

$$Q_n(x) = \sum_{k=0}^{n}\left\{\sum_{i=0}^{k} d_k^{(i)}\bar{\eta}_i\right\}\omega_k(x),$$

$$P_m(x) = \sum_{k=0}^{m}\left\{\sum_{i=0}^{k} d_k^{(i)}\bar{\xi}_i\right\}\omega_k(x),$$

且

$$P_m(x_i)/Q_n(x_i) = f_i, \quad \frac{d}{dx}[P_m(x)/Q_n(x)]_{x=x_i} = f'_i, \quad i = 0,1,\cdots,r.$$

所以 $R_{m,n}(x) = P_m(x)/Q_n(x)$即为满足插值条件(5.5)的有理分式函数. □

例 13　设 $f(x)=\sin\dfrac{\pi x}{2}$, $x_0=-1$, $x_1=0$, $x_2=1$ 求 $R_{3,2}(x)=P_3(x)/Q_2(x)$使之满足插值条件

$$R_{3,2}(x_i)=f(x_i),\quad R'_{3,2}(x_i)=f'(x_i),\quad i=0,1,2.$$

解　显然 $f(x_0)=f_0=-1, f_1=0, f_2=1, f'_0=0, f'_1=\dfrac{\pi}{2}, f'_2=0$. 首先写出矩阵 V 和 V^{-1}. 由

$$\begin{cases}\omega_0(x)=1,\\ \omega_1(x)=(x-x_0)\omega_0(x)=(x-x_0)=(x+1),\\ \omega_2(x)=(x-x_0)^2=(x+1)^2,\\ \omega_3(x)=(x-x_1)\omega_2(x)=x(x+1)^2,\\ \omega_4(x)=(x-x_0)^2(x-x_1)^2=(x+1)^2x^2,\\ \omega_5(x)=(x-x_2)\omega_4(x)=(x-1)(x+1)^2x^2\end{cases}$$

知

$$V=\begin{bmatrix}1&&&&&\\0&1&&&&\\1&1&1&&&\\0&1&2&1&&\\1&2&4&4&4&\\0&1&4&8&12&4\end{bmatrix},\quad V^{-1}=\begin{bmatrix}1&&&&&\\0&1&&&&\\-1&-1&1&&&\\2&1&-2&1&&\\-\dfrac{5}{4}&-\dfrac{1}{2}&1&-1&\dfrac{1}{4}&\\\dfrac{3}{4}&\dfrac{1}{4}&0&1&-\dfrac{3}{4}&\dfrac{1}{4}\end{bmatrix}.$$

由式(5.13)求出 $\bar{d}_k^{(i)}$,写出方程组(5.14)

$$\begin{bmatrix}2&1&-2&1&0&0\\-\dfrac{5}{4}&-\dfrac{1}{2}&1&-1&\dfrac{1}{4}&0\\\dfrac{3}{4}&\dfrac{1}{4}&0&1&-\dfrac{3}{4}&\dfrac{1}{4}\\\dfrac{5}{4}&\dfrac{1}{2}&-\dfrac{\pi}{2}&0&-\dfrac{1}{4}&0\\-\dfrac{3}{4}&-\dfrac{1}{4}&\dfrac{\pi}{2}&0&-\dfrac{3}{4}&\dfrac{1}{4}\end{bmatrix}\begin{bmatrix}\eta_0\\\eta'_0\\\eta_1\\\eta'_1\\\eta_2\\\eta'_2\end{bmatrix}=\begin{bmatrix}0\\0\\0\\0\\0\\0\end{bmatrix},$$

解之得

$$\lambda\left[\frac{\pi-2}{2\pi-6},\ -1,\ \ \frac{1}{2\pi-6},\ \ 0,\ \ \frac{\pi-2}{2\pi-6},\ \ 1\right]^{\mathrm{T}}(\lambda\text{ 为任意常数}),$$

显然有 $\eta_0=\pi-2,\eta_1=1,\eta_2=\pi-2$ 均不为零,由定理 2.25 知满足插值条件的有理分式 $R_{3,2}(x)$存在,由式(5.15)得

$$Q_2(x)=(\pi-2)-2(\pi-3)(x+1)+(\pi-3)(x+1)^2,$$

$$P_3(x)=(2-\pi)+2(\pi-3)(x+1)+(4-\pi)(x+1)^2+0.5(\pi-4)(x+1)^2x.$$

故 $R_{3,2}(x)=P_3(x)/Q_2(x)$即为所求.

对于 $s_i=3(i=0,1,\cdots,r)$情形,其插值条件为

$$R_{m,n}(x_i)=f_i,\quad R_{m,n}^{(k)}(x_i)=f_i^{(k)},\quad k=1,2,\quad m+n=3r+2.$$

完全类似于 $s_i=2$ 时的讨论.记

$$\begin{cases}\omega_0(x)=1,\\ \omega_{3j-2}(x)=\omega_{3j-3}(x)(x-x_{j-1}),\\ \omega_{3j-1}(x)=\omega_{3j-2}(x)(x-x_{j-1}),\quad j=0,1,\cdots,r\\ \omega_{3j}(x)=\omega_{3j-1}(x)(x-x_{j-1})=(x-x_0)^3\cdots(x-x_{j-1})^3,\end{cases}$$

$$V=\begin{bmatrix}1\\ 0&1\\ 0&0&2\\ 1&\omega_1(x_1)&\omega_2(x_1)&\omega_3(x_1)\\ 0&1&\omega_2'(x_1)&\omega_3'(x_1)&\omega_4'(x_1)\\ 0&0&2&\omega_3''(x_1)&\omega_4''(x_1)&\omega_5''(x_1)\\ \vdots&\vdots&\vdots&\vdots&\vdots&\vdots&\ddots\\ 1&\omega_1(x_r)&\omega_2(x_r)&\omega_3(x_r)&\omega_4(x_r)&\omega_5(x_r)&\cdots&\omega_{3r}(x_r)\\ 0&1&\omega_2'(x_r)&\omega_3'(x_r)&\omega_4'(x_r)&\omega_5'(x_r)&\cdots&\omega_{3r}'(x_r)&\omega_{3r+1}'(x_r)\\ 0&0&2&\omega_3''(x_r)&\omega_4''(x_r)&\omega_5''(x_r)&\cdots&\omega_{3r}''(x_r)&\omega_{3r+1}''(x_r)&\omega_{3r-1}''\end{bmatrix},$$

即只需将前面讨论的 $2r$ 换成 $3r$,类似 V 的写法便可写出 V^{-1}.类似于引理 2.24

及定理 2.25 的结论都成立.

定理 2.25 给出的切触有理插值问题(5.1)是否有解的判别法,在有解的条件下还给出显式表示,且矩阵 V 是下三角矩阵,求逆有递推公式,计算量也不大,无疑这种算法是一个实用的方法.

前面讨论的切触有理插值问题都与线性齐次方程组(5.4) 有联系. 而问题(5.4) 等价于求多项式 $P(x)=\sum_{i=0}^{m}a_ix^i, Q=\sum_{i=0}^{n}b_ix^i$ 使

$$(fQ-P)(x)=O(x^{m+n+1}). \tag{5.18}$$

上式表示 $x^i(i=0,1,\cdots,m+n)$系数为零. 而上式恰好与所谓 Newton-Padé 逼近类似.

给定点列$\{x_1,x_2,\cdots\}$,其中各 x_i 不必互异,由此产生的多项式序列为$\{\alpha_0(x),\alpha_1(x),\cdots\}$,这里

$$\alpha_0(x)=1,\alpha_{i+1}(x)=(x-x_{i+1})\alpha_i(x),\quad i=0,1,2,\cdots$$

对给定的函数 $f(x)$展开成 Newton 级数

$$f(x)=\sum_{i}^{\infty}a_i\alpha_i(x),\quad a_0\neq 0,$$

若次数不超过 L、M 的多项式$P(x),Q(x)$满足

$$(Qf-P)(x)=O(x^{L+M+1}) \tag{5.19}$$

且 $P(x),Q(x)$只有对(5.19)的成立是必要的那些公因子,则称 $P(x)/Q(x)$为$f(x)$关于点列$\{x_i\}$的(L/M)阶 Newton-Padé 逼近,简记为$[L/M]$.

由文献[44]知当 $P(x)$与 $Q(x)$无公因式时,$P(x)/Q(x)$即为在$\{x_1,x_2,\cdots,x_{L+M+1}\}$上对 $f(x)$的(L,M)有理 Hermite 插值,即只要有 $1\leqslant i\leqslant L+M+1$,$x_i$ 在$\{x_1,\cdots,x_{L+M-1}\}$中重复 s_i 次,则 $f(x)-P(x)/Q(x)$在 x_i 上直到s_i-1 阶导数都为零,因为给定$\{x_i\}$上的 Hermite 插值条件,满足此条件的 Newton 级数存在且容易得到,因此 Newton-Padé 逼近问题实际上就是有理 Hermite 插值问题(切触有理插值). L. Wuytack 在文献[195]中给出了类似于 qd 算法的方法来计算切触有理插值,但这种算法仅适用于正规切触有理插值表. 在文献[44]中给出了一种 $\Pi\zeta$ 算法来计算非正规 Newton-Padé 表,即非正规的切触有理插值表,并用例子说明这种算法的有效性. 下面介绍这种算法.

Newton-Padé 逼近的表与 Padé 逼近表(第四章§1)相同. 若以$[\lambda,\mu;r]$表示表中左上角元素为$[\lambda/\mu]$、边长为 r 的方块,当$[\lambda,\mu;r]$和$[\lambda',\mu';r']$为某缺块方块的两个连续子块时,应有 $0<\lambda'-\lambda=\mu'-\mu\leqslant r$ 与$\lambda'+r'>\lambda+r$.

引入参数 g. $g(n)_{j,i}^{(k)}$, $0\leqslant i\leqslant j$ 为 $\alpha_k\alpha_{n+j}/\alpha_n$ 按 $\alpha_k,\alpha_{k+1},\cdots,\alpha_{k+j}$ 展开的系数,即

$$\alpha_k\alpha_{n+j}/\alpha_n = \sum_{i=0}^{j} g(n)_{j,i}^{(k)}\alpha_{k+j-i}.$$

当 $n=0$ 时, $g(0)_{j,i}^{(k)}$ 简记为 $g_{j,i}^{(k)}$.

容易验证 $g(n)_{j,i}^{(k)}$ 有如下性质:

(i) $g(n)_{j,0}^{(k)}=1$; $g(n)_{j,i}^{(k)}=0$, $i<0$ 或 $i>j$.

(ii) $k\geqslant n$ 时, $g(n)_{j,i}^{(k)}=g(n)_{k-n,i}^{(n+j)}$,

(iii) $g(n)_{j,i}^{(k)}=(x_{k+j-i+1}-x_{n+j})g(n)_{j-1,i-1}^{(k)}+g(n)_{j-1,i}^{(k)}$, $j,i\geqslant 1$,

(iv) $g(n)_{j,i}^{(k)}=(x_{k+j-i-1}-x_k)g(n)_{j,i-1}^{(k-1)}+g(n)_{j,i}^{(k-1)}$, $k,i\geqslant 1$,

(v) $g(n-1)_{j,i}^{(k)}=(x_{k+j-i+1}-x_n)g(n)_{j-1,i-1}^{(k)}+g(n)_{j-1,i}^{(k)}$, $\quad n,i,j\geqslant 1$.

$[L/M]$ 的分子、分母分别为 $P(L/M)$, $Q(L/M)$:

$$P(L/M) = P_0(L/M)+P_1(L/M)\alpha_1+\cdots+P_L(L/M)\alpha_L,$$

$$Q(L/M) = Q_0(L/M)+Q_1(L/M)\alpha_1+\cdots+Q_M(L/M)\alpha_M.$$

并证 $S(L/M)=G(x)P(L/M)+H(x)Q(L/M)$,其中 $G(x)$, $H(x)$ 为任意给定的函数,当 $H(x)=A(x)=\sum_{i=0}^{\infty}a_i\alpha_i$, $G(x)=-1$ 时, S 记为 R:

$$\begin{aligned} R(L/M) &= Q(L/M)A(x)-P(L/M) \\ &= r_0(L/M)\alpha_{L+M+1}+r_1(L/M)\alpha_{L+M+2}+\cdots. \end{aligned}$$

由 $(x-a)\alpha_k=\alpha_{k+1}+(x_{k+1}-a)\alpha_k$ 知

$$(x-x_{L+M+2})R(L/M) = r_0^*(L/M)\alpha_{L+M+2}+O(\alpha_{L+M+3}),$$

其中 $r_0^*(L/M)=r_0(L/M)+r_1(L/M)(x_{L+M+3}-x_{L+M+2})$.

Newton-Padé 逼近的 $\Pi\zeta$ 算法是:

$\Pi\zeta$ 算法是先通过 $A(x)$ 的 Newton 系数构造 $\Pi\zeta$ 表. $\Pi\zeta$ 表由参数 $\Pi(L/M)$ 和 $\zeta(L/M)$ 构成, $\Pi(L/M)$ 记在 $[L/M]$ 的右边, $\zeta(L/M)$ 记在 $[L/M]$ 的下边,并规定记法:

$$\Pi^*(L/M) = \Pi(L/M)\mathrm{sgn}\,|\,\zeta(L-1/M+1)\,|,$$

$$\Pi_*(L/M) = \Pi(L/M)\mathrm{sgn}\,|\,\zeta(L/M)\,|,$$

$$\zeta^*(L/M) = \zeta(L/M)\mathrm{sgn}\,|\,\Pi(L/M)\,|,$$

$$\zeta_*(L/M) = \zeta(L/M)\mathrm{sgn}\,|\,\Pi(L+1/M-1)\,|.$$

$A(x)=\sum_{i=0}^{\infty}a_i\alpha_i$ 的 $\Pi\zeta$ 表构造如下：

初始值：

$$\Pi(L/-1)=\zeta(-1/M)=0;$$

$$\zeta(L/0)=a_L,\Pi(L/0)=\zeta(L-1/0)/a_L,a_L\neq 0,$$

$$\zeta(L/0)=\zeta(L-1/0),\Pi(L/0)=0,a_L=0,$$

其中 $L,M>0,\Pi(0/-1)=\zeta(-1/0)=0,\zeta(0/0)=a_0,\Pi(0/0)=1/a_0$.

零缺块方块结构. $\Pi\zeta$ 表中零元素具有缺块方块结构. $\Pi\zeta$ 表中$[\lambda,\mu;r-1]$方块由如下元素构成：

$$\Pi(\lambda+k/\mu+h),\zeta(\lambda+h/\mu+k),1\leqslant k\leqslant r,0\leqslant h\leqslant r,r\geqslant 1.$$

当 $r=1$,可认为此方块退缩为一点. $\Pi\zeta$ 表中零元素构成缺块方块由一串子方块组成,这些子方块的主对角线在同一直线上,且首末相连或部分重迭,即若$[\lambda,\mu;r-1]$与$[\lambda',\mu';r'-1]$为同一零缺块方块的两个连续子方块,应有 $0<\lambda'-\lambda=\mu'-\mu<r,\lambda'+r'>\lambda+r$. 当从左至右逐列计算 $\Pi\zeta$ 表时,零缺块方块可由各子方块最左边一列等于零的 Π 确定. $\Pi\zeta$ 表中的$[\lambda,\mu;r-1]$零子块对应于 Newton-Padé 表中的$[\lambda,\mu;r]$子块.

定义 $\phi(c_1,c_2,\cdots,c_k)$为 $c_1,c_2,\cdots,c_k$ 中为零者换为 1 后的乘积. 有如下递推公式：

(i) $\phi(\Pi(L/M)\zeta(L/M))=\phi(\zeta(L-1/M)\Pi(L/M-1))$, (5.20)

(ii) 设某缺块方块的两个连续子方块分别为$[\lambda,\mu;r]$和$[\lambda',\mu';r]$,记 $k=\lambda'-\lambda-1,d=\lambda-k-1$,故 $r'>d$,并且对前一子块$[\lambda,\mu;r]$已算出 $\xi_i,i=0,1,\cdots,r$,则

$$(\xi_0,\xi'_1,\cdots,\xi'_r)=(\xi_{k+1},\xi_{k+2},\cdots,\xi_r)$$

$$\cdot\begin{bmatrix} g(\lambda'+\mu'+d)_{0,0}^{(\lambda'+\mu'+r')} & & & 0 \\ g(\lambda'+\mu'+d)_{1,1}^{(\lambda'+\mu'+r')} & g(\lambda'+\mu'+d)_{1,0}^{(\lambda'+\mu'+r')} & & \\ \vdots & & \ddots & \\ g(\lambda'+\mu'+d)_{d,d}^{(\lambda'+\mu'+r')} & \cdots & & g(\lambda'+\mu'+d)_{d,0}^{(\lambda'+\mu'+r')} \end{bmatrix}$$

$$\times\begin{bmatrix} g(\lambda'+\mu'+d)_{r'-d,r'-d}^{(\lambda'+\mu'+r')} & \cdots & g(\lambda'+\mu'+d)_{r'-d,0}^{(\lambda'+\mu'+r')} & 0 \\ \vdots & & & \\ g(\lambda'+\mu'+d)_{r',r'}^{(\lambda'+\mu'+r')} & \cdots & & g(\lambda'+\mu'+d)_{r',0}^{(\lambda'+\mu'+r')} \end{bmatrix}$$

$$-[\Pi^*(\lambda'/\mu'+r'-1)+\zeta_*(\lambda'+r'-1/\mu'),\cdots,$$

$$\Pi^*(\lambda'/\mu'+d)+\zeta_*(\lambda'+d/\mu'),0,\cdots,0]$$

$$\times\begin{bmatrix} g(\lambda'+\mu'+r')_{0,0}^{(\lambda'+\mu'+r')} & & & \\ \vdots & \ddots & & \\ g(\lambda'+\mu'+d+1)_{r'-d-1,r'-d-1}^{(\lambda'+\mu'+r')} & \cdots & g(\lambda'+\mu'+d+1)_{r'-d-1,0}^{(\lambda'+\mu'+r')} & \\ 0 & & 0 & \\ \vdots & & & \ddots \\ 0 & & & 0 \end{bmatrix} \tag{5.21}$$

且 k' 满足

$$\Pi(\lambda'+r'/\mu'+k')\neq 0,\Pi(\lambda'+r'/r'+k'+1)=0,\quad 若\ k'<r. \tag{5.22}$$

否则 $k'=r'-1$.

$$\zeta^*(\lambda'+i/\mu'+r')+\Pi_*(\lambda'+r'/\mu'+j)+\xi'_i=0,\quad i=0,1,\cdots,k', \tag{5.23}$$

对第一子方块，$r=1,k=d=0,\xi_1=1$，由式(5.21)知对一切子方块$[\lambda,\mu;r]$总有 $\xi_r=1$.

由初始值及递推公式(5.20)～(5.23)可从左向右逐列计算 $\Pi\xi$ 表，对新得的 $\xi(L/M)$，若 $\zeta^*(L/M)\neq 0$，则 $\zeta(L/M)=\zeta^*(L/M)$；否则 $\zeta(L/M)=\phi(\Pi(L/M-1))\zeta(L-1/M)$，$\Pi(L/M)=0$，其余的 $\Pi(L/M)$ 由式(5.20)确定.

对正规情况，$r=1,k=d=0,r'=1,\xi=\zeta^*=\zeta_*,\Pi=\Pi^*=\Pi_*$，由式(5.21)，

(5.23)有

$$\zeta(\lambda/\mu+1)+\Pi(\lambda+1/\mu)=\Pi(\lambda/\mu)+\zeta(\lambda/\mu)-(x_{\lambda+\mu+2}-x_{\lambda+\mu+1}). \tag{5.24}$$

Newton-Padé 表中的递推公式:在$[\lambda,\mu;r]$子块周围有

$$S(\lambda+k/\mu+1)=\frac{a_{\lambda+\mu+r}}{a_{\lambda+\mu+k}}-S(d-1/\mu+h)-\left\{\left[\frac{a_{\lambda+\mu+r}}{a_{\lambda+\mu+h+1}}\Pi^*(\lambda/\mu+h)+\cdots\right.\right.$$
$$\left.+\frac{a_{\lambda+\mu+r}}{a_{\lambda+\mu+r-1}}\Pi^*(\lambda/\mu+r-2)+\Pi^*(\lambda/\mu+r-1)\right]-\left[\zeta^*(\lambda/\mu+r)\right.$$
$$\left.\left.+\frac{a_{\lambda+\mu+r+1}}{a_{\lambda+\mu+r}}\zeta^*(\lambda+1/\mu+r)+\cdots+\frac{a_{\lambda+\mu+r+k}}{a_{\lambda+\mu+r}}\zeta^*(\lambda+k/\mu+r)\right]\right\}S(\lambda/\mu), \tag{5.25}$$

$$S(\lambda+r/\mu+k)=\frac{a_{\lambda+\mu+r}}{a_{\lambda+\mu+h}}\frac{\xi(\lambda+h/\mu)}{\Pi(\lambda+r/\mu+k)}S(\lambda+h/\mu-1)$$
$$-\left\{\left[\frac{a_{\lambda+\mu+r}}{a_{\lambda+\mu+h+1}}\zeta_*(\lambda+h/\mu)+\cdots+\frac{a_{\lambda+\mu+r}}{a_{\lambda+\mu+r-1}}\zeta_*(\lambda+r-2/\mu)\right.\right.$$
$$\left.+\zeta_*(\lambda+r-1/\mu)\right]-\left[\Pi_*(\lambda+r/\mu)+\frac{a_{\lambda+\mu+r+1}}{a_{\lambda+\mu+r}}\Pi^*(\lambda+r/\mu+1)+\cdots\right.$$
$$\left.\left.+\frac{a_{\lambda+\mu+r+k}}{a_{\lambda+\mu+r}}\Pi_*(\lambda+r/\mu+k)\right]\right\}\frac{S(\lambda/\mu)}{\Pi(\lambda+r/\mu+k)}. \tag{5.26}$$

以上个二式中的三个元素互不等价,公式右边的二个已知元素的分母最高次项系数为 1.

取 $P[L/-1]=a_L, Q(L/-1)=0, P[L/0]=\sum_{i=0}^{L}a_i\alpha_i, Q(L/0)=1$,交替使用式(5.26) 和式(5.25);或取 $P(-1/M)=0, Q(-1/M)=\alpha_M, P(0/M)=1/\Pi(0/M), Q(0/M)=\sum_{i=0}^{M}\left[\frac{\Pi_*(0/i)}{\Pi(0/M)}\right]\alpha_i\,(\Pi(0/M)\neq 0)$,交替使用(5.25) 和(5.26) 就可得到 Newton-Padé 表中一列,并可将此序列直接用连分式表示.

此算法对 Padé 逼近也有效,只要取所有 $x_i=0$ 即可,且计算公式可以简化.

例 14[44] 已知 $f(0)=1, f(1)=1, f(2)=3/5, f(3)=2/5, f(4)=5/17, f(5)=3/13$.

若用 Thiele 倒差商算法需改变插值点顺序. 现用本节方法来计算. $f(x)$在$\{0,1,2,\cdots\}$上的 Newton 级数为

$$f(x) = 1 - \frac{1}{5}\alpha_2 + \frac{1}{10}\alpha_3 - \frac{1}{34}\alpha_4 + \frac{7}{1105}\alpha_5 + \cdots$$

$f(x)$的 Newton-Padé 表上有[0,0;2]方块.不能用正规情形方法计算,$\Pi\zeta$ 表为

$$\begin{array}{ccccccccccccc}
 & 0 & & 0 & & 0 & & 0 & & 0 & & 0 & \\
0 & & 1 & & 1 & & \frac{1}{3} & & -\frac{1}{12} & & \frac{1}{60} & & -\frac{1}{360} \\
 & 1 & & 0 & & 3 & & -4 & & -5 & & -6 & \\
0 & & 0 & & 0 & & 3 & & 12 & & 60 & & \\
 & 1 & & 0 & & 1 & & 0 & & 0 & & & \\
0 & & -5 & & -5 & & 0 & & 0 & & & & \\
 & -\frac{1}{5} & & 1 & & -5 & & 0 & & & & & \\
0 & & -2 & & -5 & & 0 & & & & & & \\
 & \frac{1}{10} & & \frac{2}{5} & & -25 & & & & & & & \\
0 & & -\frac{17}{5} & & -\frac{28}{5} & & & & & & & & \\
 & -\frac{1}{34} & & \frac{17}{70} & & & & & & & & & \\
0 & & -\frac{65}{14} & & & & & & & & & & \\
 & \frac{1}{1105} & & & & & & & & & & &
\end{array}$$

利用(5.25),(5.26)由 $\Pi\zeta$ 表可直接写出:

$$[0/5] = \left(1 + \frac{1}{3}\alpha_2 - \frac{1}{12}\alpha_3 + \frac{1}{60}\alpha_4 - \frac{1}{360}\alpha_5\right)^{-1},$$

$$S(2/1) = \frac{\alpha_2}{\alpha_0}\frac{\zeta(0/1)}{\Pi(2/1)}S(0/-1) + \left[\Pi_*(2/0) + \frac{\alpha_3}{\alpha_2}\Pi_*(2/1)\right]\frac{S(0/0)}{\Pi(2/1)},$$

$$= \frac{x(x-1)}{-5}S(0/-1) + [-5 + (x-2)(x-5)]\frac{S(0/0)}{-5},$$

故有

$$[2/1] = (x-1)\left(1 - \frac{x}{5}\right)/(x-1);$$

$$S(1/2) = \frac{\alpha_2}{\alpha_0}S(-1/0) + \left[\zeta^*(0/2) + \frac{\alpha_3}{\alpha_2}\zeta^*(1/2)\right]S(0/0)$$

$$= x(x-1)S(-1/0) + [3+(x-2)]S(0/0),$$

故

$$[1/2] = (x+1)/(x^2+1).$$

由于[2/1]的分子、分母有公因式,因此(2.1)有理插值不存在,而[1/2]分子、分母没有公因子,故 $f(x)$的(1,2)有理插值存在.

前面我们介绍的 Thiele 倒差商算法,Neville 递推算法以及提到的 Wuytack 给出的类似 qd 算法和 Salzer 的连分式算法等,用于非正规 Newton-Padé 逼近的计算时,都可能出现分母为零(或由于舍入误差,分母虽不为零但绝对值很小)的情况,致使计算无法继续下去.这里介绍的算法可避免这个问题,只要选择一个小的正 ε,当算得的参数 Π 或 ζ 的绝对值小于 ε 时就作零处理,这样算法始终可以进行下去.在计算机上进行计算时,可预先设置一个阀值 ε,逐渐减小,达到精度要求的 ε_0 就做零处理.

最后介绍利用 Salzer 给出的连分式的切触有理插值问题系数算法.考虑

$$R_n^{(k)}(x_i) = f^{(k)}(x_i),\quad k = 0,1,\cdots,s_i-1,\quad i = 1,2,\cdots,n. \tag{5.27}$$

利用文[175]中的连分式

$$R_n(x) = b_{1,0} + \frac{x-x_1}{b_{1,1}} + \cdots + \frac{x-x_1}{b_{1,s_1-1}} + \frac{x-x_1}{b_{2,0}} + \frac{x-x_2}{b_{2,1}} + \cdots$$
$$+ \frac{x-x_2}{b_{2,s_2-1}} + \frac{x-x_2}{b_{3,0}} + \frac{x-x_3}{b_{3,1}} + \cdots + \frac{x-x_n}{b_{n,0}} + \cdots + \frac{x-x_n}{b_{n,s_n-1}} \tag{5.28}$$

给出满足插值条件(5.27)的系数 b_{ij} 算法:

第 1 步　计算 $b_{1,k}, k=0,1,\cdots,s_1-1$.记 $D=\frac{d}{dx}$.

令 $\varphi_{1,0}(x)=f(x), b_{1,0}=\varphi_{1,0}(x_1)$,

$$\varphi_{1,1}(x) = (Df(x))^{-1},\quad b_{1,1} = \varphi_{1,1}(x_1),$$

$$k \geqslant 2, b_{1,k} = k(D\varphi_{1,k-1}(x_1))^{-1},$$

$$\varphi_{1,k}(x) = b_{1,k} + \varphi_{1,k-1}(x).$$

第 2 步　计算 $b_{2,k}$,　$k=0,1,\cdots,s_2-1$.

$$\varphi_{2,0}(x) = \frac{x-x_1}{(-b_{1,s_1-1})} + \frac{x-x_1}{(-b_{1,s_1-2})} + \cdots + \frac{x-x_1}{-b_{1,1}} + \frac{x-x_1}{f(x)-f(x_1)},$$

$$b_{2,0} = \varphi_{2,0}(x_2);$$

$$\varphi_{2,1}(x) = (D\varphi_{2,0}(x))^{-1}, b_{2,1} = \varphi_2(x_2);$$

$$k \geqslant 2, b_{2,k} = k(\varphi_{2,k-1}(x_2))^{-1},$$

$$\varphi_{2,k}(x) = b_{2,k} + \varphi_{2,k-2}(x).$$

第 l 步　计算 $b_{l,k}, k=0,1,\cdots,s_l-1, 3\leqslant l\leqslant n$.

$$\varphi_{l,0}(x) = \frac{x-x_{l-1}}{(-b_{l-1},s_l-1)} + \cdots + \frac{x-x_{l-1}}{(-b_{l-1},1)} + \cdots + \frac{x-x_1}{(-b_1,s_1-1)} + \cdots$$

$$+ \frac{x-x_1}{-b_{1,1}} + \frac{x-x_1}{f(x)-f(x_1)}.$$

$$b_{l,0} = \varphi_{l,0}(x_l),$$

$$\varphi_{l,1}(x) = (D\varphi_{l,0}(x_l))^{-1}, b_{l,1} = \varphi_{l,1}(x_l),$$

$$k \geqslant 2, b_{l,k} = k(D\varphi_{l,k-1}(x_l))^{-1},$$

$$\varphi_{l,k}(x) = b_{l,k} + \varphi_{l,k-1}(x).$$

上述系数算法具有连分式所特有的循环、递归的性质，适合在计算机上进行计算.

例 15　设 $f(x)=e^x, x_1=0, x_2=1, s_1=s_2=2$.

由系数算法得

$$\varphi_{1,0}(x) = f(x) = e^x, \quad b_{1,0} = \varphi_{1,0}(x_1) = 1,$$

$$\varphi_{1,1}(x) = (D\varphi_{1,0}(x_1))^{-1} = e^{-x}, \quad b_{1,1} = \varphi_{1,1}(x_1) = 1,$$

$$\varphi_{2,0}(x) = \frac{x}{-1} + \frac{x}{f(x)-f(x_1)} = \frac{x}{-1} + \frac{x}{e^x-1} = \frac{x(e^x-1)}{1-e^x+x},$$

$$b_{2,0} = \varphi_{2,0}(x_2) = (e-1)/(2-e),$$

$$\varphi_{2,1}(x) = (D\varphi_{2,0}(x)), b_{2,1} = \varphi_{2,1}(x_2) = \frac{(2-e)^2}{3e-e^2-1},$$

$$R_2(x) = 1 + \frac{x}{1} + \frac{x}{\left(\dfrac{e-1}{2-e}\right)} + \frac{x-1}{(2-e)^2/(3e-e^2-1)}$$

$$= 1 + \frac{x^2(3e-e^2-1)-x}{x(3-e)-1}.$$

§6 二元有理插值

二元有理插值问题是一元有理插值的自然推广.由于点集的复杂性,它比一元情形复杂得多,再就是二元多项式 $P(x,y)=p_{ij}x^iy^j$ 的次数可有两种不同的定义,一种是$\partial P=\max\limits_{P_{ij}\neq 0}\{i+j\}$;另一种是分别关于 x 和 y 定义次数,即$\partial P_x=\max\limits_{P_{ij}\neq 0}\{i\}$,$\partial P_y=\max\limits_{P_{ij}\neq 0}\{j\}$.这样多项式的集合分别为 P_k 和 $P_{m,n}$.在讨论插值问题时必须明确在什么情况下的插值.

设 $f(x,y)$为定义在平面有界区域 D 上的连续函数,$\{x_0,x_1,\cdots\}$和$\{y_0,y_1,\cdots\}$为实数或复数点列(不必互异).所谓二元有理插值问题,乃是求二元有理分式函数

$$R(x,y)=N(x,y)/M(x,y), \tag{6.1}$$

其中 $N(x,y)\in P_n$(或 $N(x,y)\in P_{k_1,l_1}$),$M(x,y)\in P_m$(或 $M(x,y)\in P_{k_2,l_2}$),使之满足插值条件

$$R(x_i,y_j)=N(x_i,y_j)/M(x_i,y_j)=f(x_i,y_j),$$

$$i=0,1,\cdots,n_1;\quad j=0,1,\cdots,n_2. \tag{6.2}$$

如果有理插值问题(6.1),(6.2)存在惟一解,则称插值问题是适定的,插值点集称为适定节点组.

由于一元 Newton 插值仅依赖于插值节点的个数,与插值节点的排序无关,而二元 Newton 插值的存在性不仅取决于插值节点的个数,且在很大程度上更取决于空间插值点的标号.为此引入包容集概念.

定义 2.2 如果$(i,j)\in I$,蕴含$(k,l)\in I$,$k\leqslant i$,$l\leqslant j$,则指标集 $I\subseteq N^2$ 称作为包容集.

给定点集$\{(x_i,y_j)|(i,j)\in I\}$,其中 I 是包容集.在点(x_i,y_j)处给定插值数据 $f_{ij}=f(x_i,y_j)$,对二元函数 $f(x,y)$定义差商如下:

$$f[x_0][y_0]=f(x_0,y_0), \tag{6.3}$$

$$f[x_0][y_0,y_1]=\frac{f[x_0][y_1]-f[x_0][y_0]}{y_1-y_0},$$

$$f[x_0][y_0,y_1,\cdots,y_k]=\frac{f[x_0][y_1,\cdots,y_k]-f[x_0][y_0,\cdots,y_{k-1}]}{y_k-y_0}, \tag{6.4}$$

$$f[x_0,x_1,\cdots,x_k][y_0]=\frac{f[x_1,\cdots,x_k][y_0]-f[x_0,\cdots,x_{k-1}][y_0]}{x_k-x_0},\quad(6.5)$$

$$f[x_0,x_1,\cdots,x_k][y_0,y_1,\cdots,y_l]$$
$$=\frac{f[x_0,\cdots,x_k][y_1,\cdots,y_l]-f[x_0,\cdots,x_k][y_0,\cdots,y_{l-1}]}{y_l-y_0}\quad(6.6)$$

或

$$f[x_0,\cdots,x_k][y_0,\cdots,y_l]$$
$$=\frac{f[x_1,\cdots,x_k][y_0,\cdots,y_l]-f[x_0,\cdots,x_{k-1}][y_0,\cdots,y_l]}{x_k-x_0}.\quad(6.7)$$

令 $A_k(x)=\prod_{i=0}^{k}(x-x_i),B_j(y)=\prod_{j=0}^{l}(y-y_j)$,式(6.6)与式(6.7)变成

$$f[x_0,\cdots,x_k][y_0,\cdots,y_l]=\sum_{p=0}^{l}\frac{f[x_0,\cdots,x_k][y_p]}{B'_l(y_p)}=\sum_{p=0}^{l}\frac{1}{B'(y_p)}\sum_{q=0}^{k}\frac{f[q][y_p]}{A'_k(x_q)}$$

或

$$f[x_0,\cdots,x_k][y_0,\cdots,y_l]=\sum_{q=0}^{k}\frac{1}{A'_k(x_q)}\sum_{p=0}^{l}\frac{f[x_q][y_p]}{B'_l(y_p)}.$$

这表明式(6.6)与(6.7)是等价的.

当节点有重合时,重合点的多元差商将被该点的偏导数取代.设 r_i 和 s_j 为正整数,包容集 I 中有 r_i+1 个 x 坐标与 x_i 重合,s_j+1 个 y 坐标与 y_j 重合,不妨设 $i(0),\cdots,i(r_i)$ 和 $j(0),\cdots,j(s_j)$ 分别为重合的 x 坐标及重合的 y 坐标所对应的分量指标,则规定

$$f[x_{i(0)},\cdots,x_{i(k)}][y_j]=\frac{1}{k!}\frac{\partial^k f}{\partial x^k}\bigg|_{(x_i,y_j)},\quad 0\leqslant k\leqslant r_i.$$

$$f[x_i][y_{j(0)},\cdots,y_{j(l)}]=\frac{1}{l!}\frac{\partial^l f}{\partial x^l}\bigg|_{(x_i,y_j)},\quad 0\leqslant l\leqslant s_j.$$

$$f[x_{i(0)},\cdots,x_{i(k)}][y_{j(0)},\cdots,y_{j(l)}]=\frac{1}{k!l!}\frac{\partial^{k+l}f}{\partial x^k\partial y^l}\bigg|_{(x_i,y_j)},\quad 0\leqslant k\leqslant r_i,\quad 0\leqslant l\leqslant s_j.$$

类似于一元差商,二元差商具有类似性质.例如差商不依赖于点的排序,再如

$$(fg)[x_0,\cdots,x_i][y_0,\cdots,y_j]$$
$$=\sum_{u=0}^{i}\sum_{v=0}^{j}f[x_0,\cdots,x_u][y_0,\cdots,y_v]g[x_u,\cdots,x_i][y_v,\cdots,y_j].$$

定义二元基函数如下：

$$B_{ij}(x,y) = \prod_{k=1}^{i}(x - x_{k-1}) \cdot \prod_{l=1}^{j}(y - y_{l-1}),$$

其中约定

$$B_{i,0}(x,y) = \prod_{k=1}^{i}(x - x_{k-1}), \quad B_{0,j}(x,y) = \prod_{l=1}^{j}(y - y_{l-1}).$$

令

$$C_{0i,0j} = f[x_0,\cdots,x_i][y_0,\cdots,y_j].$$

二元多项式可表示为

$$P(x,y) = \sum_{(i,j)\in I} C_{0i,0j}B_{ij}(x,y).$$

当 I 是包容集时，容易验证

$$P(x_i,y_j) = f(x_i,y_j),(x_i,y_j) \in I,$$

即 $P(x,y)$是 M 次的 Newton 插值多项式($P(x,y)\in P_M$).

考虑 $f(x,y)$的展开式

$$f(x,y) = \sum_{(i,j)\in N^2} C_{i0,j0}B_{ij}(x,y).$$

容易证明，设 $k+l\geqslant i+j$，则两个基函数的乘积可以展成

$$B_{ij}(x,y)B_{kl}(x,y) = \sum_{u=0}^{i}\sum_{v=0}^{j}\lambda_{uv}B_{k+u,l+v}(x,y).$$

在文献[111]中讨论了二元有理 Hermite 插值，与一元情形类似. 二元有理插值与二元 Newton-Padé 逼近相联系.

一、二元 Newton-Padé 逼近与有理插值

给定二元 Newton 级数

$$f(x,y) = \sum_{(i,j)\in N^2} C_{0i}C_{0j}B_{ij}(x,y),$$

在平面整数点集 N^2 中选取三个子集 N, D 和 I，构造 $f(x,y)$的二元 Newton-Padé 逼近$[N/D]_I(x,y)=P(x,y)/Q(x,y)$，其中

$$P(x,y) = \sum_{(i,j)\in N} a_{ij}B_{ij}(x,y),$$

$$Q(x,y)=\sum_{(i,j)\in D}b_{ij}B_{ij}(x,y),$$

且满足

$$(fQ-P)(x,y)=\sum_{(i,j)\in N^2\setminus I}d_{ij}B_{ij}(x,y). \tag{6.8}$$

我们假设 D 含有 $m+1$ 个元素 $(d_0,e_0),\cdots,(d_m,e_m)$，$N\subset I$ 且 I 是包容集，$I\setminus N$ 至少含 m 个元素. 令 $\partial P=N$，$\partial Q=D$，显然条件(6.8)等价于

$$d_{ij}=(fQ-P)[x_0,\cdots,x_i][y_0,\cdots,y_j]=0,\quad (i,j)\in I. \tag{6.9}$$

因为 $N\subset I$，所以方程组(6.9)可以分成非齐次与齐次两个部分：

$$(fQ)[x_0,\cdots,x_i][y_0,\cdots,y_j]=P[x_0,\cdots,x_i,y_0,\cdots,y_j],\quad (i,j)\in N, \tag{6.10}$$

$$(fQ)[x_0,\cdots,x_i][y_0,\cdots,y_j]=0,\quad (i,j)\in I\setminus N. \tag{6.11}$$

设 I 使齐次方程组(6.11)含 m 个线性无关的方程，且这 m 个方程对应于 $I\setminus N$ 中的标号为 $(h_1,k_1),(h_2,k_2),\cdots,(h_m,k_m)$. 并令

$$H=\{(h_1,k_1),(h_2,k_2),\cdots,(h_m,k_m)\}\subseteq I\setminus N.$$

利用乘积函数 fQ 差商的 Leibniz 规则，有

$$\begin{aligned}(fQ)[x_0,\cdots,x_i][y_0,\cdots,y_j]&=(gf)[x_0,\cdots,x_i][y_0,\cdots,y_j]\\&=\sum_{u=0}^{i}\sum_{v=0}^{j}g[x_0,\cdots,x_u][y_0,\cdots,y_v]f[x_u,\cdots,x_i][y_v,\cdots,y_j],\end{aligned}$$

这里只有 D 内的 (u,v)，$Q[x_0,\cdots,x_u][y_0,\cdots,y_v]$ 才有意义，因此可将上式写成

$$(fQ)[x_0,\cdots,x_i][y_0,\cdots,y_j]=\sum_{(u,v)\in D}b_{u,v}f[x_u,\cdots,x_i][y_v,\cdots,y_j], \tag{6.12}$$

其中规定

$$f[x_u,\cdots,x_i][y_v,\cdots,y_j]=0,\quad u>i\text{ 或 }v>j.$$

于是式(6.11)可看成是 $m+1$ 个未知数 $b_{u,v}$，$(u,v)\in D$ 的齐次方程组. 由于 $D=\{(d_0,e_0),\cdots,(d_m,e_m)\}$，式(6.11)可以写成矩阵形式

$$\begin{bmatrix}c_{d_0}h_1,e_0k_1 & \cdots & c_{d_m}h_1,e_mk_1\\ \vdots & & \vdots\\ c_{d_0}h_m,e_0k_m & \cdots & c_{d_m}h_m,e_mk_m\end{bmatrix}\begin{bmatrix}b_{d_0},e_0\\ \vdots\\ b_{d_m},e_m\end{bmatrix}=\begin{bmatrix}0\\ \vdots\\ 0\end{bmatrix}, \tag{6.13}$$

其中

$$c_{u_i,v_j} = f[x_u,\cdots,x_i][y_v,\cdots,y_j].$$

若式(6.13)的系数矩阵有最大值(秩 = min(i,j), i 行 j 列矩阵),则 $Q(x,y)$ 的某个解可用行列式表示为

$$Q(x,y) = \begin{vmatrix} B_{d_0}, h_0(x,y) & \cdots & B_{d_m}, e_m(x,y) \\ C_{d_0}h_1, e_0k_1 & \cdots & C_{d_m}h_1, e_mk_1 \\ \vdots & & \vdots \\ C_{d_0}h_m, e_0k_m & \cdots & C_{d_m}h_m, e_mk_m \end{vmatrix}. \tag{6.14}$$

由式(6.10)可得

$$P(x,y) = \begin{vmatrix} \sum\limits_{(i,j)\in N} C_{d_0 i}, e_{0j}B_{ij}(x,y) & \cdots & \sum\limits_{(i,j)\in N} C_{d_m i}, e_{mj}B_{ij}(x,y) \\ C_{d_0}h_1, e_0k_1 & \cdots & C_{d_m}h_1, e_mk_1 \\ \vdots & & \vdots \\ C_{d_0}h_m, e_0k_m & \cdots & C_{d_m}h_m, e_mk_m \end{vmatrix}. \tag{6.15}$$

如果对所有 $k,l \geqslant 0$ 均有 $Q(x_k,y_l) \neq 0$,则 $\dfrac{1}{Q(x,y)}$ 可表示成

$$\frac{1}{Q(x,y)} = \sum_{(i,j)\in N^2} e_{ij}B_{ij}(x,y). \tag{6.16}$$

其中 $e_{ij} = 1/Q[x_0,\cdots,x_i][y_0,\cdots,y_j]$,利用两乘积基函数表示式及 I 的包容性有

$$\left(f - \frac{P}{Q}\right)(x,y) = \left[\frac{1}{Q}(fQ - P)\right](x,y) = \sum_{(i,j)\in N^2\setminus I} d_{ij}B_{ij}(x,y). \tag{6.17}$$

若 I 不具有包容性,则式(6.17)不一定成立.

虽然给出了二元 Newton-Padé 逼近的行列式表示,但当指标集 N,D,I 所含元素个数较多时,利用行列式求解 $[N/D]_l(x,y)$ 显然比较困难,从计算角度考虑应建立类似一元 Newton-Padé 的递推算法,在[111]中介绍了各种递推算法,还给出了 Newton-Padé 逼近的连分式表示.

下面利用 Newton-Padé 逼近的行列式表示,建立一种二元有理插值公式.

首先给出插值节点组适定条件.设 $X = \{(x_i,y_j)\}$ 为插值节点组满足

(i) x_0 是给定数据中使 y 坐标数最大的 x 坐标，x_1 是剩余数据中使 y 坐标最大的 x 坐标，余类推，或简述为

集合 $\{y_j \mid (x_i, y_j) \in X\}$ 的基数 $\geqslant$ 集合 $\{y_j \mid (x_{i+1}, y_j) \in X\}$ 的基数 $(i=0, 1, \cdots)$；

(ii) 集合 $\{x_i \mid (x_i, y_j) \in X\}$ 的基数 $\geqslant$ 集合 $\{x_i \mid (x_i, y_{j+1}) \in X\}$ 的基数 $(j=0, 1, \cdots)$；

(iii) X 具有矩形包容性，即若 $(x_{i_0}, y_{j_0}) \in X$，则当 $i \leqslant i_0, j \leqslant j_0$ 时，$(x_i, y_j) \in X$.

值得注意的是(i)，(ii)不一定蕴含(iii). 如果某些插值节点组不满足条件(i)～(iii)，只要对 x_i, y_j 的编号作适当调整，可使其满足(i)～(iii). 例如，节点组 $(x_0, y_0)=(0,0)$，$(x_0, y_1)=(0,1)$，$(x_0, y_2)=(0,4)$，$(x_0, y_3)=(0,2)$，$(x_0, y_4)=(0,3)$，$(x_1, y_1)=(2,1)$，$(x_1, y_0)=(2,0)$，$(x_2, y_0)=(4,0)$，$(x_2, y_1)=(4,1)$，$(x_2, y_2)=(4,4)$，$(x_3, y_1)=(1,1)$，$(x_4, y_1)=(3,1)$，引入记号

$$x'_0 = x_0, x'_1 = x_2, x'_2 = x_1, x'_3 = x_4, x'_4 = x_3,$$

$$y'_0 = y_1, y'_1 = y_0, y'_2 = y_2, y'_3 = y_4, y'_4 = y_3,$$

则 (x'_i, y'_j) 满足条件(i)～(iii)，且不影响问题的实质. 下面假定插值节点组满足(i)～(iii). 利用式(6.14)及(6.15)可以证明

定理 2.26　如果对包容集 I 中的所有 (k, l) 有 $Q(x_k, y_l) \neq 0$，X 中重合的 x 和 y 坐标有连续的标号：

$$x_k = x_{k+1} = \cdots = x_{k+r_k}, y_l = y_{l+1} = \cdots = y_{l+s_l},$$

则

$$\frac{\partial^{u+v}}{\partial x^u \partial y^v} f(x_k, y_l) = \frac{\partial^{u+v}(P/Q)}{\partial x^u \partial y^v}(x_k, y_l). \tag{6.18}$$

如果 $r_k = s_l = 0$，则式(6.18)就转化为

$$f(x_k, y_l) = P(x_k, y_l)/Q(x_k, y_l). \tag{6.19}$$

式(6.18)就是满足条件的 Hermite 插值公式，而式(6.19)中的 $P(x,y)/Q(x,y)$ 就是通常的二元有理插值函数.

定理 2.26 的证明请参看文献[39].

二、二元有理插值的存在性

上面介绍的二元有理插值问题在工程技术中应用比较困难. 现介绍一种便于实际应用的二元有理插值问题(见文献[41]).

设 $x_0 < x_1 < \cdots < x_n$；$y_0 < y_1 < \cdots < y_m$．引入如下记号：

$$\begin{cases}\omega_0(x) = 1,\\ \omega_j(x) = (x - x_0)\cdots(x - x_{j-1}), \quad j = 1,2,\cdots,\end{cases}$$

$$\begin{cases}\tilde{\omega}_0(y) = 1,\\ \tilde{\omega}_j(y) = (y - y_0)\cdots(y - y_{j-1}), \quad j = 1,2,\cdots,\end{cases}$$

$$V = \begin{bmatrix} 1 & & & & \\ 1 & \omega_1(x_1) & & & \\ 1 & \omega_1(x_2) & \omega_2(x_2) & & \\ \vdots & \vdots & & \ddots & \\ 1 & \omega_1(x_n) & \omega_2(x_n) & \cdots & \omega_n(x_n) \end{bmatrix},$$

$$U = \begin{bmatrix} 1 & & & & \\ 1 & \tilde{\omega}_1(y_1) & & & \\ 1 & \tilde{\omega}_1(y_2) & \tilde{\omega}_2(y_2) & & \\ \vdots & \vdots & \vdots & \ddots & \\ 1 & \tilde{\omega}_1(y_m) & \tilde{\omega}_2(y_m) & \cdots & \tilde{\omega}_m(y_m) \end{bmatrix}.$$

矩阵 V 及 U 的逆矩阵分别为

$$V^{-1} = \begin{bmatrix} \alpha_0^{(0)} & & & \\ \alpha_1^{(0)} & \alpha_1^{(1)} & & \\ \vdots & \vdots & \ddots & \\ \alpha_n^{(0)} & \alpha_n^{(1)} & \cdots & \alpha_n^{(n)} \end{bmatrix}, \quad U^{-1} = \begin{bmatrix} \beta_0^{(0)} & & & \\ \beta_1^{(0)} & \beta_1^{(1)} & & \\ \vdots & \vdots & \ddots & \\ \beta_m^{(0)} & \beta_m^{(1)} & \cdots & \beta_m^{(m)} \end{bmatrix}.$$

经计算可得如下递推关系式：

$$\begin{cases}\alpha_j^{(j)} = 1/\omega'_{j+1}(x_j), \omega'_{k+1}(x_j) = \prod\limits_{\substack{i=0\\ i\neq j}}^{k}(x_j - x_i),\\ \alpha_k^{(j)} = \alpha_{k-1}^{(j)}\dfrac{1}{x_j - x_k} \quad (j = 0,1,\cdots,n;\quad k = j+1,\cdots,n);\end{cases} \tag{6.20}$$

$$\begin{cases} \beta_j^{(j)} = 1/\tilde{\omega}'_{j+1}(y_j), \tilde{\omega}'_{k+1}(y_j) = \prod\limits_{\substack{i=0 \\ i \neq j}}^{k} (y_j - y_i), \\ \beta_k^{(j)} = \beta_{k-1}^{(j)} \dfrac{1}{y_j - y_k} \quad (j = 0,1,\cdots,m; \quad k = j+1,\cdots,m). \end{cases} \tag{6.21}$$

由差商性质知

$$\sum_{i=0}^{h} \sum_{j=0}^{k} \alpha_h^{(j)} \beta_k^{(j)} g(x_i, y_j), \quad h = 0,1,\cdots,n; \quad k = 0,1,\cdots,m$$

是函数 $g(x,y)$关于节点

$$\begin{matrix} (x_0, y_0) & (x_1, y_0) & \cdots & (x_h, y_0) \\ (x_0, y_1) & (x_1, y_1) & \cdots & (x_h, y_1) \\ \vdots & \vdots & & \vdots \\ (x_0, y_k) & (x_1, y_k) & \cdots & (x_h, y_k) \end{matrix}$$

的二元差商，于是有下列结果.

引理 2.27　满足插值条件

$$g(x_i, y_j) = g_{i,j}, \quad i = 0,1,\cdots,n; \quad j = 0,1,\cdots,m$$

的二元 Newton 插值多项式为

$$g(x,y) = \sum_{h=0}^{n} \sum_{k=0}^{m} d_{hk} \omega_h(x) \tilde{\omega}_k(y),$$

其中

$$d_{hk} = \sum_{i=0}^{h} \sum_{j=0}^{k} \alpha_h^{(i)} \beta_k^{(j)} g_{ij}, \quad h = 0,1,\cdots,n; \quad k = 0,1,\cdots,m.$$

为了讨论方便，将插值节点组

$$\begin{matrix} (x_0, y_0) & (x_1, y_0) & \cdots & (x_n, y_0) \\ (x_0, y_1) & (x_1, y_1) & \cdots & (x_n, y_1) \\ \vdots & \vdots & & \vdots \\ (x_0, y_m) & (x_1, y_m) & \cdots & (x_n, y_m) \end{matrix}$$

规定某种逻辑顺序，首先采用对角线首尾相连的方式，对节点阵中节点的二元指标赋序如下：

$$(0,0),(1,0),(0,1),(2,0),(1,1),(0,2),\cdots,(n,m-1),(n-1,m),(n,m). \tag{6.22}$$

记 $L=m\cdot n+m+n$.将上面的顺序记二元指标集为

$$E=\{(u_0,v_0),(u_1,v_1),\cdots,(u_L,v_L)\}.$$

将 E 中的指标,按实际需要重新排序,得到两个二元指标集 E_1 及 E_2(可相同也可不相同):

$$E_1:=\{(i_0,j_0),(i_1,j_1),\cdots,(i_L,j_L)\},$$

$$E_2:=\{(d_0,e_0),(d_1,e_1),\cdots,(d_L,e_L)\},$$

$$N:=\{(i_0,j_0),(i_1,j_1),\cdots,(i_s,j_s)\}\subset E_1,$$

$$D:=\{(d_0,e_0),(d_1,e_1),\cdots,(d_t,e_t)\}\subset E_2,$$

其中 $s+t=L$.称 $r(x,y)=P(x,y)/Q(x,y)$为$[N/D]_l$ 型二元有理函数.设

$$\begin{cases} P(x,y)=\sum\limits_{(i_k,j_k)\in N} a_{i_k,j_k}\omega_{ik}(x)\tilde{\omega}_{jk}(y), \\ Q(x,y)=\sum\limits_{(d_k,e_k)\in D} b_{d_k,e_k}\omega_{dk}(x)\tilde{\omega}_{e_k}(y). \end{cases} \tag{6.23}$$

记

$$Q=\begin{bmatrix} q_{00} & q_{01} & \cdots & q_{0m} \\ q_{10} & q_{11} & \cdots & q_{1m} \\ \vdots & \vdots & & \vdots \\ q_{n0} & q_{n1} & \cdots & q_{nm} \end{bmatrix},\quad P=\begin{bmatrix} p_{00} & p_{01} & \cdots & p_{0m} \\ p_{10} & p_{11} & \cdots & p_{1m} \\ \vdots & \vdots & & \vdots \\ p_{n0} & p_{n1} & \cdots & p_{nm} \end{bmatrix}, \tag{6.24}$$

其中 $q_{ij}=q(x_i,y_j)$, $p_{ij}=f_{ij}q_{ij}$, $i=0,1,\cdots,n$, $j=0,1,\cdots,m$.分别将 Q,P 中的元素按(6.22)的顺序排成一列得

$$\overline{Q}=[q_{00},q_{10},q_{01},\cdots,q_{nm}]^{\mathrm{T}},\quad \overline{P}=[p_{00},p_{10},p_{01},\cdots,p_{nm}]^{\mathrm{T}}, \tag{6.25}$$

则分别插值 $\overline{Q},\overline{P}$ 的二元 Newton 多项式为

$$Q(x,y)=\sum_{k=0}^{L} b_{d_k},e_k\omega_{d_k}(x)\tilde{\omega}_{e_k}(y),$$

$$P(x,y)=\sum_{k=0}^{L} a_{i_k,j_k}\omega_{i_k}(x)\tilde{\omega}_{j_k}(y), \tag{6.26}$$

其中

$$b_{d_k,e_k}=\sum_{i=0}^{d_k}\sum_{j=0}^{e_k}\alpha_{d_k}^{(i)}\beta_{e_k}^{(j)}q_{ij},\quad a_{i_k,j_k}=\sum_{i=0}^{i_k}\sum_{j=0}^{j_k}\alpha_{i_k}^{(i)}\beta_{j_k}^{(i)}p_{ij},\quad k=0,\cdots,L \tag{6.27}$$

显然 $P(x,y)/Q(x,y)$为$[N/D]_l$ 型有理函数的充要条件是

$$\begin{cases}a_{i_k,j_k}=0, & k=s+1,\cdots,L,\\ b_{d_k,e_k}=0, & k=t+1,\cdots,L.\end{cases} \tag{6.28}$$

由上面分析及式(6.26)、(6.27)及 V^{-1},U^{-1}的特性可得式(6.28)与关于未知量 $\overline{Q}$ 的方程组

$$\begin{cases}[\alpha_{d_k}^{(0)},\cdots,\alpha_{d_k}^{(d_k)},0,\cdots,0]Q[\beta_{e_k}^{(0)},\cdots,\beta_{e_k}^{(e_k)},0,\cdots,0]^{\mathrm{T}}=0, \quad k=t+1,\cdots,L\\ [\alpha_{i_k}^{(0)},\cdots,\alpha_{i_k}^{(i_k)}0,\cdots,0]\begin{bmatrix}q_{00}f_{00} & q_{01}f_{01} & \cdots & q_{0m}f_{0m}\\ q_{10}f_{10} & q_{11}f_{11} & \cdots & q_{1m}f_{1m}\\ \vdots & \vdots & & \vdots\\ q_{n0}f_{n0} & q_{n1}f_{n1} & \cdots & q_{nm}f_{nm}\end{bmatrix}\begin{bmatrix}\beta_{j_k}^{(0)}\\ \vdots\\ \beta_{j_k}^{(j_k)}\\ 0\\ \vdots\\ 0\end{bmatrix}=0, \quad k=s+1,\cdots,L\end{cases} \tag{6.29}$$

等价,以及如下定理.

定理 2.28　若方程组(6.29)有一组解$[q_{00},q_{10},q_{01},\cdots,q_{nm}]^{\mathrm{T}}$ 满足 $q_{ij}\neq 0$, $i=0,1,\cdots,n;j=0,1,\cdots,m$,则存在满足插值条件(6.2)的$[N/D]_l$ 型二元有理函数$r(x,y)=P(x,y)/Q(x,y)$,且

$$\begin{cases}P(x,y)=\sum\limits_{k=0}^{s}\left\{\sum\limits_{i=0}^{i_k}\sum\limits_{j=0}^{j_k}\alpha_{i_k}^{(i)}\beta_{j_k}^{(j)}q_{ij}f_{ij}\right\}\omega_{i_k}(x)\tilde{\omega}_{j_k}(y),\\ Q(x,y)=\sum\limits_{k=0}^{t}\left\{\sum\limits_{i=0}^{d_k}\sum\limits_{j=0}^{e_k}\alpha_{d_k}^{(i)}\beta_{e_k}^{(j)}q_{ij}\right\}\omega_{d_k}(x)\tilde{\omega}_{e_k}(y).\end{cases} \tag{6.30}$$

下面以 $n=1,m=2$ 为例来说明插值节点排序问题.设插值条件为

$$r(x_0,y_0)=f_{00},\quad r(x_0,y_1)=f_{01},\quad r(x_0,y_2)=f_{02},$$

$$r(x_1,y_0)=f_{10},\quad r(x_1,y_1)=f_{11},\quad r(x_1,y_2)=f_{12}.$$

第 1 种 设

$$E_1=\{(0,0),(1,0),(0,1),(0,2),(1,2)\}, E_1=E_2,$$

$$N=\{(0,0),(1,0),(0,1)\}\subset E_1,$$

$$D=\{(0,0),(1,0),(0,1),(1,1)\}\subset E_2.$$

则相应的$[N/D]_l$型二元有理函数为

$$r(x,y)=\frac{a_{00}+a_{10}\omega_1(x)+a_{01}\tilde{\omega}_1(y)}{b_{00}+b_{10}\omega_1(x)+b_{01}\tilde{\omega}_1(y)+b_{11}\omega_1(x)\tilde{\omega}_2(y)},$$

此时方程组(6.29)便成为

$$\begin{bmatrix} \beta_2^{(0)} & 0 & \beta_2^{(1)} & 0 & \beta_2^{(2)} & 0 \\ \alpha_1^{(0)}\beta_2^{(0)} & \alpha_1^{(1)}\beta_2^{(0)} & \alpha_1^{(0)}\beta_2^{(1)} & \alpha_1^{(1)}\beta_2^{(1)} & \alpha_1^{(0)}\beta_2^{(2)} & \alpha_1^{(1)}\beta_2^{(2)} \\ \alpha_1^{(0)}\beta_1^{(0)}f_{00} & \alpha_1^{(1)}\beta_1^{(0)}f_{10} & \alpha_1^{(0)}\beta_1^{(1)}f_{01} & \alpha_1^{(1)}\beta_1^{(1)}f_{11} & 0 & 0 \\ \beta_2^{(0)}f_{00} & 0 & \beta_2^{(1)}f_{01} & 0 & \beta_2^{(2)}f_{02} & 0 \\ \alpha_1^{(0)}\beta_2^{(0)}f_{00} & \alpha_1^{(1)}\beta_2^{(0)}f_{10} & \alpha_1^{(0)}\beta_2^{(1)}f_{01} & \alpha_1^{(1)}\beta_2^{(1)}f_{11} & \alpha_1^{(0)}\beta_2^{(2)}f_{02} & \alpha_1^{(1)}\beta_2^{(2)}f_{12} \end{bmatrix}\times\begin{bmatrix} q_{00} \\ q_{10} \\ q_{01} \\ q_{11} \\ q_{02} \\ q_{12} \end{bmatrix}=0.$$

如果方程组一组解$[q_{00},q_{10},q_{01},q_{11},q_{02},q_{12}]^{\mathrm{T}}$满足

$$q_{ij}\neq 0,\quad i=0,1,\quad j=0,1,2,$$

则有理插值问题一定有解,其解为

$$r(x,y)=\frac{q_{00}f_{00}+\left\{\sum_{i=0}^{1}\alpha_1^{(i)}q_{i0}f_{i0}\right\}\omega_1(x)+\left\{\sum_{j=0}^{1}\beta_1^{(j)}q_{0j}f_{0j}\right\}\tilde{\omega}_1(y)}{q_{00}+\left\{\sum_{i=0}^{1}\alpha_1^{(i)}q_{i0}\right\}\omega_1(x)+\left\{\sum_{j=0}^{1}\beta_1^{(j)}q_{0j}\right\}\tilde{\omega}_1(y)+\left\{\sum_{i=0}^{1}\sum_{j=0}^{1}\alpha_1^{(i)}\beta_1^{(j)}q_{ij}\right\}\omega_1(x)\tilde{\omega}_1(y)}.$$

第 2 种 设

$$E_1=\{(0,0),(1,0),(0,1),(1,1),(0,2),(1,2)\},$$

$$E_2=\{(0,0),(1,0),(0,2),(1,1),(0,1),(1,2)\},$$

$$N=\{(0,0),(1,0),(0,1),(1,1)\}\subset E_1,$$

$$D=\{(0,0),(1,0),(0,2)\}\subset E_2.$$

则相应的$[N/D]_l$型二元有理函数为

$$r(x,y)=\frac{a_{00}+a_{10}\omega_1(x)+a_{01}\tilde{\omega}_1(y)+a_{11}\omega_1(x)\tilde{\omega}_1(y)}{b_{00}+b_{10}\omega_1(x)+b_{02}\tilde{\omega}_2(y)}.$$

由此可看出节点排序灵活、方便.只要注意到不同排法,待求的二元有理函数形式不同就行了.

三、逐步有理插值方法

上面介绍的算法实质上是乘积型的,且对插值节点要进行某种排序,对节点的要求过强.下面介绍类似于一元情形的 Thiele-连分式算法.

设 $G^n=\{(x_i,y_j)\}$表示 R^2 中 $n+1$ 个不同点,令

$u:=\{G^n$ 中不同x_i 的个数$\}-1$,诸 x 坐标仍记为x_i,

$w:=\{G^n$ 中不同y_j 的个数$\}-1$,诸 y 坐标仍记为y_j,

$u_i=\{G^n$ 中点(x_i,y_k)的个数$\}$,$i=0,1,\cdots,u$,

$w_j=\{G^n$ 中点(x_k,y_j)的个数$\}$,$j=0,1,\cdots,w$.

将所给数据排成一个表,数值表中相应于(x_i,y_k)的各列元素个数不一定相等,同样相应于(x_k,y_j)的各行元素个数也不一定相等,不妨将数据排成一个矩形表.如果$(x_i,y_j)\notin G^n$,则将此时 $A_{0,0}^{(i,j)}$用“X”替代.为叙述方便,设表为如下形式:

$A_{00}^{(i,j)}$	x_0	x_1	x_2	$\cdots$	x_u
y_0	$A_{0,0}^{(0,0)}$	$A_{0,0}^{(1,0)}$	$A_{0,0}^{(2,0)}$	$\cdots$	$A_{0,0}^{(u,0)}$
y_1	$A_{0,0}^{(0,1)}$	$A_{0,0}^{(1,1)}$	$A_{0,0}^{(2,1)}$	$\cdots$	$A_{0,0}^{(u,1)}$
$\vdots$	$\vdots$	$\vdots$	$\vdots$		$\vdots$
y_w	$A_{0,0}^{(0,w)}$	$A_{0,0}^{(1,w)}$	$A_{0,0}^{(2,w)}$	$\cdots$	$A_{0,0}^{(u,w)}$

下面给出各阶反差商的求法,并约定$\frac{a}{0}\to\infty$(a 为常数).记

$$A=\begin{bmatrix}A_{0,0}^{(0,0)} & A_{0,0}^{(1,0)} & A_{0,0}^{(2,0)} & \cdots & A_{0,0}^{(u,0)}\\ A_{0,0}^{(0,1)} & A_{0,0}^{(1,1)} & A_{0,0}^{(2,1)} & \cdots & A_{0,0}^{(u,1)}\\ \vdots & \vdots & \vdots & & \vdots\\ A_{0,0}^{(0,w)} & A_{0,0}^{(1,w)} & A_{0,0}^{(2,w)} & \cdots & A_{0,0}^{(u,w)}\end{bmatrix}.$$

不妨设 A 的行、列数由零开始计算.

对于 $j=0,1,\cdots,w$ 定义矩阵A 的所谓列初等变换如下:

第 1 步　A 的第 0 列元素不变,第 1 列,第 2 列,$\cdots$,第 u 列元素分别由

$$A_{1,0}^{(i,j)}=\begin{cases}\dfrac{x_i-x_0}{A_{0,0}^{(i,j)}-A_{0,0}^{(0,j)}},(x_i,y_j)\in G^n\text{ 且}(x_0,y_j)\in G^n,\\ A_{0,0}^{(i,j)},\qquad\text{其他}(i=1,2,\cdots,u)\end{cases}$$

相应元素替代;

第 2 步　经过第 1 步变换后的矩阵第 1 列元素不变,第 2 列,…,第 u 列元素分别由

$$A_{2,0}^{(i,j)}=\begin{cases}\dfrac{x_i-x_1}{A_{1,0}^{(i,j)}-A_{1,0}^{(i,j)}},\quad(x_i,y_j)\in G^n\text{ 且}(x_1,y_j)\in G^n,\\ 0,\qquad\text{其他}(i=2,3,\cdots,u)\end{cases}$$

相应元素替代.

第 t 步　经过$(t-1)$步变换后的矩阵的第 $t-1$ 列元素不变,第 t 列,…,第 u 列元素分别由

$$A_{t,0}^{(i,j)}=\begin{cases}\dfrac{x_i-x_{t-1}}{A_{t-1,0}^{(i,j)}-A_{t-1,0}^{(t-1,j)}},\quad(x_i,y_j)\in G^n\text{ 且}(x_{t-1},y_j)\in G^n,\\ 0,\qquad\text{其他}(i=t,t+1,\cdots,u)\end{cases}$$

相应元素替代,$t=1,2,\cdots,u$.

经过上述步骤已完成了对矩阵 A 的列变换,对已完成列变换的矩阵再进行所谓行初等变换,其行初等变换与列初等变换完全相同,即只要把列字换成行字,x 换成 y.其变换过程也完全一致.

经过列、行初等变换后的矩阵记为

$$A\to\begin{bmatrix}A_{0,0}^{(0,0)} & A_{1,0}^{(1,0)} & A_{2,0}^{(2,0)} & \cdots & A_{u,0}^{(u,0)}\\ A_{0,1}^{(0,1)} & A_{1,1}^{(1,1)} & A_{2,1}^{(2,1)} & \cdots & A_{u,1}^{(u,1)}\\ \vdots & \vdots & \vdots & & \vdots\\ A_{0,w}^{(0,w)} & A_{1,w}^{(1,w)} & A_{2,w}^{(2,w)} & \cdots & A_{u,w}^{(u,w)}\end{bmatrix}.\tag{6.31}$$

上面是先进行列初等变换再进行行初等变换得到的矩阵.当然也可先进行行初等变换,再进行列初等变换,这样得到的矩阵与(6.31)不一定相等,但利用矩阵元素作出的二元有理函数都满足插值条件.为了便于讨论不妨设 $A_{0,0}^{(0,0)}$ 有限,$(x_0,y_0)\in G^n$.

利用变换后矩阵(6.31)的元素(数据)构造二元有理插值函数.引入序列

$$\begin{cases} P_{k,i} = A_{i,k}^{(i,k)} P_{k-1,i} + (y - y_{k-1}) P_{k-2,i}, \\ Q_{k,i} = A_{i,k}^{(i,k)} Q_{k-1,i} + (y - y_{k-1}) Q_{k-2,i}, & k = 1,2,\cdots, i = 0,1,\cdots \\ P_{-1,} i = 1, Q_{-1,i} = 0, P_{0,i} = A_{i,0}^{(i,0)}, Q_{0,i} = 1, \end{cases}$$

(6.32)

对于固定 $i, P_{0,i}/Q_{0,i}, P_{1,i}/Q_{1,i}, \cdots$,为逐步有理函数. 记 $S_i(y) = P_{k,i}/Q_{k,i}, k = k(i), i = 0,1,\cdots$定义序列

$$\begin{cases} P_l = S_l(y) P_{l-1} + (x - x_{l-1}) P_{l-2}, \\ Q_l = S_l(y) Q_{l-1} + (x - x_{l-1}) Q_{l-2}, & l = 1,2,\cdots \\ P_{-1} = 1, Q_{-1} = 0, P_0 = S_0(y), Q_0 = 1. \end{cases} \tag{6.33}$$

称 $P_0/Q_0, P_1/Q_1, \cdots$,为逐步有理插值函数.

例 16 已知数据表,求 $R(x,y)$使之满足 $R(x_i,y_j) = f(x_i,y_j)$.

	0	1	2
0	1	0	−2
1	3	1	−3
2	4	1	−1

解 已知

$$A = \begin{bmatrix} 1 & 0 & -2 \\ 3 & 1 & -3 \\ 4 & 1 & -1 \end{bmatrix}.$$

先对 A 进行列初等变换再进行行初等变换得

$$A \to \begin{bmatrix} 1 & -1 & 3 \\ \frac{1}{2} & 2 & \frac{1}{3} \\ 6 & 1 & -\frac{9}{4} \end{bmatrix}.$$

由式(6.32)得

$$P_{1,0}/Q_{1,0} = \frac{A_{0,1}^{(0,1)} P_{0,0} + (y-0) P_{-1,0}}{A_{0,1}^{(0,1)} Q_{0,0} + (y-0) Q_{-1,0}} = \frac{\frac{1}{2} \times 1 + y}{\frac{1}{2}},$$

$$\frac{P_{2,0}}{Q_{2,0}}=\frac{A_{0,2}^{(0,2)}P_{1,0}+(y-1)P_{0,0}}{A_{0,2}^{(0,2)}Q_{1,0}+(y-1)Q_{0,0}}=\frac{6\left(\frac{1}{2}+y\right)+(y-1)}{6\times\frac{1}{2}+(y-1)}=\frac{7y+2}{y+2}=S_0(y).$$

同样方法可求出

$$\frac{P_{2,1}}{Q_{2,1}}=\frac{-1}{1+y}=S_1(y),\quad \frac{P_{2,2}}{Q_{2,2}}=\frac{21-3y}{7-4y}=S_2(y).$$

由式(6.33)可得

$$\frac{P_0}{Q_0}=\frac{S_0(y)}{1}=\frac{7y+2}{y+2}.$$

直接验证知 P_0/Q_0 是过点(0,0),(0,1),(0,2)的有理插值函数.而

$$\begin{aligned}\frac{P_1}{Q_1}&=\frac{S_1(y)P_0+(x-0)P_{-1}}{S_1(y)Q_0+(x-0)Q_{-1}}\\&=\frac{-\frac{1}{y+1}\cdot\frac{7y+2}{y+2}+x}{-\frac{1}{1+y}}\\&=\frac{7y+2-x(1+y)(2+y)}{y+2}\end{aligned}$$

为过点(0,0),(0,1),(0,2),(1,0),(1,1),(1,2)的有理插值函数.于是

$$\begin{aligned}R(x,y)=\frac{P_2}{Q_2}&=\frac{S_2(y)P_1+(x-1)P_0}{S_2(y)Q_1+(x-1)Q_0}.\\&=\frac{56-56x+196y-112xy-8y^2-25xy^2-28y^3+31xy^2}{(2+y)(28-7x-3xy-4y^2+4xy^2)}\end{aligned}$$

就是满足全部插值条件的二元有理函数.

这里给出的插值方法对于有“洞”的有理函数插值问题也是适用的.

例 17　若在例 16 的数据中缺少 $f(x_1,y_1)=1,f(x_2,y_1)=-3$,则此时矩阵为

$$A=\begin{bmatrix}1&0&-2\\3&\times&\times\\4&1&-1\end{bmatrix}\text{(“×”表示无数据)}.$$

利用列、行初等变换,得

$$A \to \begin{bmatrix} 1 & -1 & 3 \\ \frac{1}{2} & \times & \times \\ 6 & 3 & -\frac{1}{9} \end{bmatrix}.$$

利用式(6.32)、(6.33)得

$$R(x,y) = \frac{(7y+2)[(y-3)(1-3y)+(x-1)]+3x(y+2)(1-3y)}{(y+2)[(y-3)(1-3y)+(x-1)]}.$$

容易验证 $R(x,y)$满足插值条件.

上面我们介绍了有理插值的存在性、惟一性、算法及误差估计.受篇幅限制,介绍的内容不可能周全,需要深入了解的读者可查阅书末的有关文献.

由于有理插值问题的解存在是有条件的,所以对给定数据(型值点),给出一种简便的方法来判别有理插值问题是否存在,特别是用型值点(x_i,y_i)的分布几何解释,来判断有理插值问题存在性,值得进一步深入研究.

第三章　向量值函数有理插值与逼近

向量值函数有理插值问题最早是由 P. Wynn 于 1963 年在一篇文章[196]中提出来的. 以 P. R. Graves-Morris 为代表的一些学者于 20 世纪 80 年代初从机械振动中有关振动膜这一实际问题出发,利用一元 Thiele 型连分式和 Samelson 逆变换,研究了向量值函数有理插值问题,建立了一元向量值有理插值的理论与方法(参见文献[133]~[135]). 朱功勤、顾传青、檀结庆等于 1990 年开始,较系统地研究了多元向量值函数有理插值与逼近问题(见文献[39]). 从某种意义上来说,向量值有理插值是数量(标量)有理插值的一种自然推广.

研究向量值函数有理插值与逼近的主要工具是本书第一章介绍的向量连分式,由于连分式系数可以递推计算,所以有关向量值有理插值的算法易于在计算机上实现. 随着科学技术的发展,向量值函数(矩阵值函数)有理插值与逼近的应用范围将进一步扩大. 例如,文献[49]采用向量有理逼近研究图象重建取得了满意的结果. 有关向量值函数有理插值与逼近的应用,将在本书第七章介绍.

本章主要介绍向量值(矩阵值)函数有理插值与逼近的基本理论与方法,重点介绍各种算法.

§1　一元向量值函数有理插值问题

设由 $n+1$ 个不同点组成的点集为 $\Pi_x^n=\{x_i \mid i=0,1,\cdots,n;\ x_i\in R\}$和相应的有限值向量集为$\nabla_x^n=\{\boldsymbol{V}^{(i)} \mid i=0,1,\cdots,n;\ \boldsymbol{V}^{(i)}=\boldsymbol{V}(x_i),\boldsymbol{V}^{(i)}=(V_1(x_i),\cdots,V_d(x_i))\in\mathbb{D}^d\}$,令

$$\boldsymbol{R}(x)=\boldsymbol{N}(x)/D(x), \tag{1.1}$$

其中 $\boldsymbol{N}(x)$是 d 维向量多项式,即 $\boldsymbol{N}(x)=(N_1(x),\cdots,N_d(x))$,$N_j(x)(1\leqslant j\leqslant d)$是 x 的多项式,$D(x)$是实系数代数多项式. $\boldsymbol{R}(x)=(R_1(x),\cdots,R_d(x))$.

所谓向量值函数有理插值问题,就是寻求形如(1.1)的向量值有理分式函数 $\boldsymbol{R}(x)$,使之满足如下插值条件:

$$R_j(x_i)=\frac{N_j(x_i)}{D(x_i)}=V_j^{(i)},\quad i=0,1,\cdots,n;\quad j=1,\cdots,d, \tag{1.2}$$

这里 $R_j(x)$是 $\boldsymbol{R}(x)$的第 j 个分量,即 $\boldsymbol{R}(x)=(R_1(x),\cdots,R_d(x))$,$v_j^{(i)}$ 是 $\boldsymbol{V}^{(i)}$

的第 j 个分量,即 $\boldsymbol{V}^{(i)}=(v_1^{(i)},\cdots,v_d^{(i)})$.

从向量值函数有理插值的提法可以看出,对向量的各分量而言就是数量有理插值,所以说向量值有理插值是数量有理插值的推广,基于此在文献[135]中作了如下基本假设:

(i) 若 $\boldsymbol{V}^{(i)}$ 中的第 k 个分量为惟一非零分量,即 $v_j^{(i)}=0, j=1,\cdots,k-1,k+1,\cdots,d$,则向量值有理插值问题便简化为相应的有理分式函数插值;

(ii) 如果每个向量 $\boldsymbol{V}^{(i)}$ 的所有分量是成比例的,即 $v_k^{(i)}=\lambda_k\mu_i$, $k=1,\cdots,d$,且数量 μ_i 在点 x_i 处被相应的数量有理函数 $r(x)$ 插值,即 $r(x_i)=\mu_i$,则向量插值的分量为 $\{\lambda_k r(x)\mid k=1,\cdots,d\}$;

(iii) 向量值有理插值问题的解不依赖于插值节点的排序;

(iv) 在某种意义下,插值问题的解是惟一的;

(v) 插值问题的 d 个分量的极点产生于 x 轴上同一区间上.

一、Thiele 型向量连分式有理插值

将数量 Thiele 型连分式,写成向量形式

$$\boldsymbol{b}_0+\frac{x-x_0}{\boldsymbol{b}_1}+\frac{x-x_1}{\boldsymbol{b}_2}+\cdots+\frac{x-x_{n-1}}{\boldsymbol{b}_n},\tag{1.3}$$

自然假定 $\boldsymbol{b}_i\neq\boldsymbol{0}$(零向量), $i=1,2,\cdots,n$. 为了将式(1.3)由后向前有理化可得 $\boldsymbol{R}(x)=\boldsymbol{N}(x)/D(x)$,显然在有理化过程中需要计算向量 $\boldsymbol{b}_i$ 的逆. 为此引入向量 $\boldsymbol{V}$ 的 Samelson 逆:

$$\boldsymbol{V}^{-1}=\frac{\boldsymbol{V}^*}{|\boldsymbol{V}|^2}\ (\boldsymbol{V}^*\ \text{表示}\ \boldsymbol{V}\ \text{的共轭向量}),\tag{1.4}$$

而 $|\boldsymbol{V}|$ 表示向量 $\boldsymbol{V}=(v_1,v_2,\cdots,v_d)$ 的模,即 $|\boldsymbol{V}|=\sqrt{v_1^2+\cdots+v_d^2}$.

不难验证由式(1.4)定义的向量 $\boldsymbol{V}$ 的 Samelson 逆向量 $\boldsymbol{V}^{-1}=\boldsymbol{W}$ 具有性质:

$\|\boldsymbol{W}\|_2$ 最小;$(\boldsymbol{V}^{-1})^{-1}=\boldsymbol{V}$; $\boldsymbol{V}\cdot\boldsymbol{V}^{-1}=1$.

对于给定数据 $(x_i,\ \boldsymbol{V}^{(i)})$ $i=0,1,\cdots,n$,求形如(1.1)的向量值有理函数 $\boldsymbol{R}(x)$,使之满足插值条件

$$\boldsymbol{R}(x_i)=\boldsymbol{V}^{(i)},\quad i=0,1,\cdots,n\tag{1.5}$$

其中

$$\boldsymbol{R}(x)=\boldsymbol{b}_0+\frac{x-x_0}{\boldsymbol{b}_1}+\frac{x-x_1}{\boldsymbol{b}_2}+\cdots+\frac{x-x_{n-1}}{\boldsymbol{b}_n}\tag{1.6}$$

由插值条件(1.5)可逐一求出上述连分式的各个系数:

$$\boldsymbol{b}_0 = \boldsymbol{V}^{(0)} = \boldsymbol{\varphi}_0(x_0),$$

$$\boldsymbol{b}_1 = \frac{x_1 - x_0}{\boldsymbol{V}^{(1)} - \boldsymbol{V}^{(0)}} = \frac{x_1 - x_0}{\boldsymbol{\varphi}_0(x_1) - \boldsymbol{\varphi}_0(x_0)} = \boldsymbol{\varphi}_0(x_0, x_1), \tag{1.7}$$

$$\boldsymbol{b}_k = \boldsymbol{\varphi}_k(x_0, x_1, \cdots, x_{k-1}, x_k), \quad k = 1,2,\cdots,n,$$

其中

$$\boldsymbol{\varphi}_1(x_i, x_j) = \frac{x_j - x_i}{\boldsymbol{\varphi}_0(x_j) - \boldsymbol{\varphi}_0(x_i)},$$

$$\boldsymbol{\varphi}_2(x_i, x_j, x_k) = \frac{x_k - x_j}{\boldsymbol{\varphi}_1(x_i, x_k) - \boldsymbol{\varphi}_1(x_i, x_j)}, \tag{1.8}$$

$$\boldsymbol{\varphi}_k(x_0, \cdots, x_{k-1}, x_k) = \frac{x_k - x_{k-1}}{\boldsymbol{\varphi}_{k-1}(x_0, \cdots, x_{k-2}, x_k) - \boldsymbol{\varphi}_{k-1}(x_0, \cdots, x_{k-2}, x_{k-1})},$$

$$k = 1, \cdots, n.$$

式(1.8)就是反差商的定义.

在实际计算中常采用如下反差商表:

i	x_i	$\boldsymbol{V}^{(i)} = \boldsymbol{\varphi}_0(x_i)$			
0	x_0	$\boldsymbol{\varphi}_0(x_0)$			
1	x_1	$\boldsymbol{\varphi}_0(x_1)$	$\underline{\boldsymbol{\varphi}_1(x_0, x_1)}$		
2	x_2	$\boldsymbol{\varphi}_0(x_2)$	$\boldsymbol{\varphi}_1(x_0, x_2)$	$\underline{\boldsymbol{\varphi}_2(x_0, x_1, x_2)}$	
3	x_3	$\boldsymbol{\varphi}_0(x_3)$	$\boldsymbol{\varphi}_1(x_0, x_3)$	$\boldsymbol{\varphi}_2(x_0, x_1, x_3)$	$\underline{\boldsymbol{\varphi}_3(x_0, x_1, x_2, x_3)}$
⋮	⋮	⋮	⋮	⋮	⋮

例 1 已知数据 $x_0 = 0$, $\boldsymbol{V}(x_0) = (1,0)$, $x_1 = 1$, $\boldsymbol{V}(x_1) = (1,1)$, $x_2 - 2$, $\boldsymbol{V}(x_2) = (-1,0)$. 求 $\boldsymbol{R}(x) = \boldsymbol{N}(x)/D(x)$,使之满足插值条件 $\boldsymbol{R}(x_i) = \boldsymbol{V}(x_i)$ $(i=0,1,2)$.

解 列反差商表:

i	x_i	$\boldsymbol{V}(x_i)$	$\boldsymbol{\varphi}_1(x_0, x_i)$	$\boldsymbol{\varphi}_2(x_0, x_1, x_i)$
0	0	$\underline{(1,0)}$		
1	1	(1,1)	$\underline{(0,1)}$	
2	2	(−1,0)	(−1,0)	$\underline{\left(-\frac{1}{2}, -\frac{1}{2}\right)}$

$$\boldsymbol{R}(x)=(1,0)+\cfrac{x}{(0,1)+\cfrac{x-1}{\left(-\frac{1}{2},-\frac{1}{2}\right)}}=\frac{1}{2x^2-6x+5}(x^2-5x+5,\ 2x-x^2).$$

直接验证可知 $\boldsymbol{R}(x_i)=\mathbf{V}(x_i)(i=0,1,2)$，且 $D(x)$ 能整除 $|N(x)|^2$，即 $D(x)\,|\,|N(x)|^2$.（"|"表示整除记号）

例 2[133] 已知下列数据：

i	0	1	2	3
x_i	-1	0	1	2
$\mathbf{V}(x_i)$	$(0,0,0)$	$\left(\frac{1}{3},-\frac{1}{3},-\frac{1}{3}\right)$	$\left(\frac{7}{5},-\frac{1}{5},0\right)$	$\left(\frac{27}{17},0,\frac{6}{17}\right)$

求 $\boldsymbol{R}(x)=\mathbf{N}(x)/D(x)$，使之满足插值条件 $\boldsymbol{R}(x_i)=\mathbf{V}(x_i)(i=0,1,2)$.

解 列反差商表：

i	x_i	$\mathbf{V}(x_i)$	$\boldsymbol{\varphi}_1(x_0,x_i)$	$\boldsymbol{\varphi}_2(x_0,x_1,x_i)$	$\boldsymbol{\varphi}_3(x_0,x_1,x_2,x_3)$
0	-1	$\underline{(0,0,0)}$			
1	0	$\left(\frac{1}{3},-\frac{1}{3},-\frac{1}{3}\right)$	$\underline{(1,-1,-1)}$		
2	1	$\left(\frac{7}{5},-\frac{1}{5},0\right)$	$\left(\frac{7}{5},-\frac{1}{5},0\right)$	$\underline{\left(\frac{2}{9},\frac{4}{9},\frac{5}{9}\right)}$	
3	2	$\left(\frac{27}{17},0,\frac{6}{17}\right)$	$\left(\frac{9}{5},0,\frac{2}{5}\right)$	$\left(\frac{4}{9},\frac{5}{9},\frac{7}{9}\right)$	$\underline{(2,1,2)}$

$$\boldsymbol{R}(x)=(0,0,0)+\cfrac{x+1}{(1,-1,-1)+\cfrac{x}{\left(\frac{2}{9},\frac{4}{9},\frac{5}{9}\right)+\cfrac{x-1}{(2,1,2)}}}.$$

利用式(1.4)将上式由末项起逐项向前有理化：定义 $\boldsymbol{R}_3(x)=\boldsymbol{b}_3=(2,1,2)$，

$$\begin{aligned}\boldsymbol{R}_2(x)&=\boldsymbol{b}_2+\frac{x-x_2}{\boldsymbol{R}_3(x)}\\&=\left(\frac{2}{9},\frac{4}{9},\frac{5}{9}\right)+\frac{x-1}{(2,1,2)}=\left(\frac{2x}{9},\frac{x+3}{9},\frac{2x+3}{9}\right),\end{aligned}$$

$$\begin{aligned}\boldsymbol{R}_1(x)&=\boldsymbol{b}_1+\frac{x-x_1}{\boldsymbol{R}_2(x)}=(1,-1,-1)+\frac{9x}{(2x,\ x+3,\ 2x+3)}\\&=\frac{(3x^2+2x+2,\ x-2,\ x^2+x-2)}{x^2+2x+2},\end{aligned}$$

$$\boldsymbol{R}(x)=\boldsymbol{R}_0(x)=\boldsymbol{b}_0+\frac{x-x_0}{\boldsymbol{R}_1(x)}$$

$$=(0,0,0)+\frac{(x+1)(x^2+2x+2)}{(3x^2+2x+2,\ x-2,\ x^2+x-2)}$$

$$=\frac{\frac{1}{2}(x+1)}{5x^2-3x+3}(3x^2+2x+2,\ x-2,\ x^2+x-2).$$

从 $\boldsymbol{R}_1(x)$到 $\boldsymbol{R}_0(x)$的计算表明约去了因子 x^2+2x+2,可见 $\boldsymbol{R}_0(x)$是最简向量有理分式函数.

直接验证 $\boldsymbol{R}(x)$满足插值条件 $\boldsymbol{R}(x_i)=\mathbf{V}(x_i)$,$(i=0,1,2,3)$,且 $D(x)$能够整除$|\mathbf{N}|^2$,即 $D(x)\,|\,|\mathbf{N}|^2$.

为了避免由末项至前项的有理化,我们可采用第一章§5 中介绍的向后三项递推算法(5.3)~(5.5)

$$\boldsymbol{A}_1^1=\boldsymbol{b}_1=(1,-1,-1),\ B_1^1=1,B_1^0=|\boldsymbol{b}_1|^2=3$$

$$\boldsymbol{A}_2^2=\boldsymbol{b}_2=\left(\frac{2}{9},\frac{4}{9},\frac{5}{9}\right),\ B_2^2=1,B_2^1=|\boldsymbol{b}_2|^2=\frac{5}{9},$$

$$\boldsymbol{A}_3^3=\boldsymbol{b}_3=(2,1,2),\ B_3^3=1,B_3^2=|\boldsymbol{b}_3|^2=9.$$

$$\boldsymbol{A}_3^2=\boldsymbol{b}_2B_3^2+a_3\boldsymbol{A}_3^{*3}=(2,4,5)+(x-1)(2,1,2)=(2x,\ x+3,\ 2x+3),$$

$$B_3^1=|\boldsymbol{b}_2|^2B_3^2+2\mathrm{Re}(a_3\boldsymbol{b}_2\cdot\boldsymbol{A}_3^{*3})+|a_3|^2B_3^3$$

$$=\frac{5}{9}\cdot 9+2(x-1)\left(\frac{2}{9},\frac{4}{9},\frac{5}{9}\right)(2,1,2)+(x-1)^2=x^2+2x+2,$$

$$\boldsymbol{A}_3^1=\boldsymbol{b}_1B_3^1+a_2\boldsymbol{A}_3^{*2}=(1,-1,-1)(x^2+2x+2)+x(2x,\ x+3,\ 2x+3)$$

$$=(3x^2+2x+2,\ x-2,\ x^2+x-2),$$

$$B_3^0=|\boldsymbol{b}_1|^2B_3^1+2\mathrm{Re}(a_2\boldsymbol{b}_1\cdot\boldsymbol{A}_3^{*2})+|a_2|^2B_3^2=10x^2-6x+6,$$

$$\boldsymbol{A}_3^0=\boldsymbol{b}_0\cdot B_3^0+a_1\boldsymbol{A}_3^{*1}=(0,0,0)+(x+1)(3x^2+2x+2,\ x-2,\ x^2+x-2)$$

$$=(x+1)(3x^2+2x+2,\ x-2,\ x^2+x-2).$$

利用引理 1.30 知

$$\boldsymbol{R}(x)=\boldsymbol{A}_3^0/B_3^0=\frac{(x+1)(3x^2+2x+2,\ x-2,\ x^2+x-2)}{10x^2-6x+6}.$$

其结果与前面得到的结果完全一致.

由此可见,对 Thiele 型向量有理插值,利用反差商表求出 $\boldsymbol{b}_i(i=0,1,\cdots,n)$,再利用向后三项递推算法便可得到所求的向量值有理插值函数,且这些计算可在计算机上实现.

值得指出的是利用反差商表计算时,如果出现相邻(纵列)两个反差商相同的情况,则反差商计算需停止. 解决方法之一是调整节点或对某一向量的某一分量进行攝动,以使反差商计算可以进行下去.

从例 1 和例 2 不难看出将由反差商表给出的向量连分式,不论用由末项起向前有理化,还是用向后三项递推算法得到的向量值有理插值函数 $\boldsymbol{R}(x)=\boldsymbol{N}(x)/D(x)$,具有 $D(x)\,|\,|\boldsymbol{N}(x)|^2, D(x)>0$ 性质.

一般地有

定理 3.1[133]　设 $\boldsymbol{b}_i\in\mathbb{C}^d, x, x_i\in R,\ i=0,1,\cdots,n$ 如果对连分式(1.6)从末项起利用变换(1.4)逐项向前有理化,则存在 d 维向量多项式 $\boldsymbol{N}(x)$ 和实代数多项式 $D(x)$ 满足:

(i) $\boldsymbol{R}(x)=\boldsymbol{N}(x)/D(x)$;(ii) $D(x)>0$;(iii) $D(x)\,|\,|\boldsymbol{N}(x)|^2$.

为了叙述方便,引入如下定义:

定义 3.1　设 $D(x)$ 是实代数多项式,$\boldsymbol{N}(x)$ 是 d 维向量多项式,且 $D(x)\,|\,|\boldsymbol{N}(x)|^2$,由式(1.1)给出的向量有理分式函数的连分式表示(1.6)满足插值条件(1.2),则称 $\boldsymbol{R}(x)$ 为基于广义逆(1.4)的向量值有理插值函数,或 Thiele 型向量有理插值,简记为 GIRI.

定义 3.2　若 $\boldsymbol{N}(x)$ 为 d 维向量多项式,$\partial N_j\leqslant l,\ j=1,\cdots,d$,且存在 $j_0(1\leqslant j_0\leqslant d)$ 使 $\partial N_{j0}=l, \partial D=m$,($\partial g$ 表示 $g(x)$ 的次数),则称向量有理分式函数 $\boldsymbol{R}(x)=\boldsymbol{N}(x)/D(x)$ 为 $[l/m]$ 型,如果 $l=m$,则称之为对角型,否则称为非对角型. 如果 $\boldsymbol{R}(x)$ 为 $[l/m]$ 型,则记成 $\boldsymbol{R}\in[l/m]$.

下面给出向量值有理插值的特征定理与惟一性定理.

定理 3.2[133](特征定理)　设向量值有理插值函数 $\boldsymbol{R}(x)$ 由式(1.6)给出,则

(i) 如果 n 是偶数,则 $\boldsymbol{R}(x)$ 为 $[n/n]$ 型;

(ii) 如果 n 是奇数,则 $\boldsymbol{R}(x)$ 为 $[n/n-1]$ 型.

在例 1 中 $n=2$ 是偶数,此时 $\boldsymbol{R}(x)\in[2/2]$,例 2 中 $n=3, \boldsymbol{R}(x)\in[3/2]$. 与定理 3.2 的结论是一致的.

定理 3.3[133](惟一性)　设任意两个 GIRI $\boldsymbol{R}(x)$ 和 $\boldsymbol{r}(x)$ 在点集 Π_x^n 的 $n+1$ 个不同点处都插值,即

$$\boldsymbol{R}(x_i)=\boldsymbol{r}(x_i)=\boldsymbol{V}(x_i),\ i=0,1,\cdots,n \tag{1.9}$$

且具有相同的型,则 $\boldsymbol{R}(x)\equiv\boldsymbol{r}(x)$.

证明　设 $\boldsymbol{R}(x)=\boldsymbol{N}(x)/D(x)$，$\boldsymbol{r}(x)=\boldsymbol{P}(x)/Q(x)$，它们满足

$$D(x)\,|\,|\boldsymbol{N}(x)|^2,\ Q(x)\,|\,|\boldsymbol{P}(x)|^2.$$

并设

$$\partial D=n-\alpha(n\text{ 为偶数}),\partial D=n-\alpha-1(n\text{ 为奇数})\tag{1.10a}$$

$$\partial \boldsymbol{N}\leqslant n-\alpha,\quad \alpha\geqslant 0,\tag{1.10b}$$

$$\partial Q=n-\beta(n\text{ 为偶数}),\partial Q=n-\beta-1(n\text{ 为奇数})\tag{1.10c}$$

$$\partial \boldsymbol{P}\leqslant n-\beta,\quad \beta\geqslant 0,\tag{1.10d}$$

并设 $t(x)$是 $D(x)$和 $Q(x)$的最大公因式,显然 $t(x)$为实代数多项式. 于是

$$D(x)=t(x)Dr(x),\tag{1.11a}$$

$$Q(x)=t(x)Qr(x),\tag{1.11b}$$

这样 $Dr(x)$与 $Qr(x)$没有非平凡公因子. 令

$$\boldsymbol{T}(x)=\boldsymbol{N}(x)Qr(x)-\boldsymbol{P}(x)Dr(x).\tag{1.12}$$

由式(1.9)知

$$\boldsymbol{T}(x_i)=0,\quad i=0,1,\cdots,n.\tag{1.13}$$

由式(1.12)看出 $\boldsymbol{T}(x)$是一个向量多项式,定义多项式 $Z=(x-x_0)(x-x_1)\cdots(x-x_n)$和向量 $\boldsymbol{V}(x)$使

$$\boldsymbol{T}(x)=Z(x)\boldsymbol{V}(x).\tag{1.14}$$

由式(1.12)得

$$|\boldsymbol{T}(x)|^2=|\boldsymbol{N}(x)|^2Qr(x)+|\boldsymbol{P}(x)|^2Dr^2(x)$$
$$-2Qr(x)Dr(x)\mathrm{Re}(\boldsymbol{P}(x)\cdot\boldsymbol{N}^*(x)).$$

注意到 $Dr(x)\,|\,|\boldsymbol{N}(x)|^2$,$Qr\,|\,|\boldsymbol{P}(x)|^2$,由上式可看出

$$Dr(x)\,|\,|\boldsymbol{T}(x)|^2,\quad Qr(x)\,|\,|\boldsymbol{T}(x)|^2.\tag{1.15}$$

因为向量 $\boldsymbol{V}(x)$为有限向量,由式(1.14)及(1.15)推知

$$Dr(x)\,|\,|\boldsymbol{V}(x)|^2,\qquad Qr(x)\,|\,|\boldsymbol{V}(x)|^2,\tag{1.16}$$

除非 $\boldsymbol{V}(x)\equiv 0$. 否则由式(1.16)得

$$2\partial\boldsymbol{V}\geqslant\partial Dr+\partial Qr.\tag{1.17}$$

当 n 为偶数时,由式(1.10),(1.11),(1.12),(1.14)及式(1.17)可得

$$\partial Dr = n - \alpha - \partial t,$$

$$\partial Qr = n - \beta - \partial t,$$

$$\partial \boldsymbol{T} \leqslant 2n - \alpha - \beta - \partial t,$$

$$\partial |\boldsymbol{V}|^2 \leqslant 2(n - \alpha - \beta - \partial t - 1), \tag{1.18}$$

$$\partial |\boldsymbol{V}|^2 \geqslant 2n - \alpha - \beta - 2\partial t. \tag{1.19}$$

当 n 为奇数时,同样有

$$\partial Dr = n - 1 - \alpha - \partial t,$$

$$\partial Qr = n - 1 - \beta - \partial t,$$

$$\partial \boldsymbol{T} \leqslant 2n - \alpha - \beta - \partial t - 1,$$

$$\partial |\boldsymbol{V}|^2 \leqslant 2(n - \alpha - \beta - \partial t - 2), \tag{1.20}$$

$$\partial |\boldsymbol{V}|^2 \geqslant 2n - \alpha - \beta - 2\partial t - 2. \tag{1.21}$$

显然公式(1.18)与(1.19),公式(1.20)与(1.21)矛盾. 故 $\boldsymbol{V}(x) \equiv 0$. 于是 $\boldsymbol{T}(x) \equiv 0$,即 $\boldsymbol{N}(x)Qr(x) - \boldsymbol{P}(x)Dr(x) \equiv 0$,亦即

$$\frac{\boldsymbol{N}(x)}{Dr(x)} \equiv \frac{\boldsymbol{P}(x)}{Q(x)},$$

故

$$\boldsymbol{R}(x) \equiv \boldsymbol{r}(x).$$ □

对于 Thiele 型向量连分式插值,有如下的误差估计.

定理 3.4 设 $\boldsymbol{R}(x) = \boldsymbol{N}(x)/D(x)$ 是一个 GIRI,且 $D(x) > 0$,插值节点集 $\Pi_x^n \subset (a, b)$, $\boldsymbol{V}(x)$ 在 (a, b) 内具有直到 $n+1$ 阶的连续导数,则对任意 $x \in (a, b)$ 有

$$\begin{aligned} v_i(x) - R_i(x) &= v_i(x) - \frac{N_i(x)}{D(x)} \\ &= \frac{1}{(n+1)!} \frac{W_n(x)}{D(x)} \frac{\mathrm{d}^{n+1}}{\mathrm{d}x^{n+1}} [D(x) v_i(x)]_{x=\xi_i}, \end{aligned} \tag{1.22}$$

其中 $\xi_i \in (a, b)$, $W_n(x) = (x - x_0)(x - x_1) \cdots (x - x_n)$.

证明 当 x 是插值节点 x_i 时,式(1.22)两端恒为零,故定理自然成立. 当 $x \neq x_j$, $j = 0, 1, \cdots, n$ 时作辅助函数

$$F_i(z) = D(z)v_i(z) - D(x)v_i(x)\frac{W_n(z)}{W_n(x)} - N_i(z) + N_i(x)\frac{W_n(z)}{W_n(x)},$$

由插值定义 $\mathbf{V}(x_j)D(x_j)=\mathbf{N}(x_i)$,故易看出 $F(z)$有 $n+2$ 个零点,因此 $F_i(x_j)=F_i(x)=0$, $j=0,1,\cdots,n$. 由 Rolle 定理知存在 $\xi_i\in(a,b)$, $i=1,2,\cdots,d$ 使得 $d^{n+1}/dz^{n+1}F_i(z)\big|_{z=\xi_i}=0$. 又因 $N_i(z)$是 n 次多项式,故有

$$0 = \frac{d^{n+1}}{dz^{n+1}}F_i(z)\bigg|_{z=\xi_i}$$

$$= [D(z)v_i(z)]^{(n+1)}_{z=\xi_i} - \frac{(n+1)!}{W_n(x)}(D(x)v_i(x)) + N_i(x)\frac{(n+1)}{W_n(x)},$$

即

$$D(x)v_i(x) - N_i(x) = \frac{W_n(x)}{(n+1)!}[D(x)v_i(x)]^{(n+1)}_{x=\xi_i}, \quad i = 0,1,\cdots,n.$$

又因 $D(x)>0$,故有

$$v_i(x) - R_i(x) = \frac{1}{(n+1)!}\frac{W_n(x)}{D(x)}[D(x)v_i(x)]^{(n+1)}_{x=\xi_i},\ i = 1,2,\cdots,d. \quad \square$$

二、向量有理插值的显式表示

上一段我们介绍了 Thiele 型向量连分式插值方法. 正如所指出的那样,在计算某阶反差商时,如果出现相邻反差商相等,需要调整节点再进行计算. 但由给定的数据$(x_i,\ \mathbf{V}^{(i)})$, $i=0,1,\cdots,n$ 又无法判断是否会出现相邻反差商相等的情况,这给实际应用带来一定的困难. 为避免使用连分式,本节介绍文献[135]中给出的算法.

给定插值节点 $z_i\in\mathbf{C}$, $i=0,1,\cdots,n$,相应的向量为 $\mathbf{V}^{(i)}=\mathbf{V}(z_i)=(v_1(x_i),\cdots,v_d(x_i))\in\mathbf{C}^d$. 定义

$$\boldsymbol{P}(z) = (P_1(z),\cdots,P_d(z)),\ \partial\{\boldsymbol{P}\} = \max_{1\leqslant i\leqslant d}\partial\{P_j(z)\},$$

$(\boldsymbol{P}(z),Q(z))$为广义逆有理形式. 若 $P_j(z)$, $j=1,\cdots,d$, $Q(z)$为多项式,且

$$\partial\{\boldsymbol{P}\}\leqslant n-\alpha,\quad \partial\{Q\} = 2k-\alpha,\quad \alpha\geqslant 0, \tag{1.23}$$

$$Q(z)\,|\,|\boldsymbol{P}(z)\boldsymbol{P}^*(z)|,\quad Q(z) = Q^*(z), \tag{1.24}$$

则称$(\boldsymbol{P}(z),Q(z))$为$[n/2k]$型有理式.

如果

$$\boldsymbol{r}(z)=(r_1(z),\cdots,r_d(z))=\frac{\boldsymbol{P}(z)}{Q(z)},\tag{1.25}$$

满足插值条件

$$\boldsymbol{r}(z_i)=\mathbf{V}^{(i)}=\mathbf{V}(z_i),\quad i=0,1,\cdots,n,\tag{1.26}$$

则称 $\boldsymbol{r}(z)$为广义逆有理插值,$(\boldsymbol{P}(z),Q(z))$为$[n/2k]$型广义有理插值.

如果$\partial\{\boldsymbol{P}\}=n$,且$\partial\{Q\}=2k$,则$(\boldsymbol{P}(z),Q(z))$称为精确$[n/2k]$型广义有理插值.

在文献[135]中利用上面的定义证明了惟一性定理,即

定理 3.5　若对数据$(z_i,\ \mathbf{V}^i)$, $i=0,1,\cdots,n$,广义逆有理插值函数 $\boldsymbol{r}(z)$存在,则组成 $\boldsymbol{r}(z)$的有理函数$\{r_j(z),\ j=1,2,\cdots,d\}$是惟一的.

下面给出$[2k/2k]$型向量有理插值 $\boldsymbol{r}(z)=\boldsymbol{P}(z)/Q(z)$分母的表达式(见[135]).

设$\{z_i\mid i=0,1,\cdots,n\}$为实的或复的 $n+1$ 个不同插值节点,$\mathbf{V}^{(i)}\in\mathbb{C}^d$. 将点集 $I:=\{z_0,z_1,\cdots,z_n\}$分为两个不相交子集 A 和B:

$$A:=\{z_0,z_1,\cdots,z_J\},\quad B:=\{z_{J+1},\cdots,z_n\},$$

其中集 A 包括其共轭不属于I 的插值点,集 B 包括实插值点及共轭插值数对. $A\cap A^*=\phi$,A 或可能为空集(令 $J=-1$ 或 $J=n$). 将 B 重新排序为$\{(z_j^*,\widetilde{\mathbf{V}}_j)\mid j=J+1,\cdots,J+n\}$即可定义 $\widetilde{\mathbf{V}}$.

考虑第 i 个基本多项式

$$l_i(z)=\prod_{\substack{j\neq i\\ j=0}}^{n}(z-z_j)/(z_i-z_j).$$

对 $k=0,1,\cdots,n$,定义

$$L_{jk}=\sum_{i=0}^{n}l_i^*(z_j)l_k(z_i^*)\mathbf{V}_i^*(\mathbf{V}_j-\mathbf{V}_k),\ j=0,1,\cdots,J\tag{1.27}$$

$$L_{jk}=l'_k(z_j)\widetilde{\mathbf{V}}_j^*(\widetilde{\mathbf{V}}_j-\widetilde{\mathbf{V}}_k)+\sum_{i=0}^{n}l_i^*(z_j)l_k(z_i^*)\mathbf{V}_i^*(\mathbf{V}_k-\mathbf{V}_j),$$
$$j=J+1,\cdots,n\tag{1.28}$$

(这里 $\mathbf{V}_j$ 表示$\mathbf{V}^{(j)}$,l'_k 表示l_k 的导数).

以式(1.27),(1.28)中的 $L_{j,k}(j,k=0,1,\cdots,n)$为元素组成的矩阵记为 L,在文献[135]中证明$(n+1)\times(n+1)$矩阵 L 是奇异的. 如果取 L 的前n 行作为矩阵M 的前n 行,而 M 的最后一行为

$$M_{nk} = l_k(z),\ k = 0,1,\cdots,n, \tag{1.29}$$

则向量有理插值的分母 $Q(x)=\det M$.

为了求 $\boldsymbol{P}(z)$,只需利用插值条件

$$\boldsymbol{P}(z_i) = \boldsymbol{V}(z_i)Q(z_i), \quad i = 0,1,\cdots,n.$$

由多项式插值方法即可求得 $\boldsymbol{P}(z)$的表达式.

例 3[135] 设 $z_0=\mathrm{i}$, $z_1=2\mathrm{i}$, $z_2=0$,相应的向量为 $\boldsymbol{V}_0,\boldsymbol{V}_1,\boldsymbol{V}_2$,求[2,2]型 GIRI 的分母.

解 注意到点列$\{z_i\,|\,i=0,1,2\}$已按“非实先于实”的顺序排列,基函数为

$$l_0(z) = z^2 - 2\mathrm{i}z,\ l_1(z) = -\frac{1}{2}(z^2 - \mathrm{i}z),\ l_2(z) = -\frac{1}{2}(z - \mathrm{i})(z - 2\mathrm{i}).$$

由式(1.27),(1.28)得

$L=$

$$\begin{pmatrix} 0 & -3|\boldsymbol{V}_0-\boldsymbol{V}_1|^2 & (3\boldsymbol{V}_2^*-9\boldsymbol{V}_0^*+6\boldsymbol{V}_1^*)\cdot(\boldsymbol{V}_0-\boldsymbol{V}_2) \\ -24|\boldsymbol{V}_0-\boldsymbol{V}_1|^2 & 0 & (6\boldsymbol{V}_2^*-24\boldsymbol{V}_0^*+18\boldsymbol{V}_1^*)\cdot(\boldsymbol{V}_1-\boldsymbol{V}_2) \\ 2i(\boldsymbol{V}_2^*-3\boldsymbol{V}_0^*+2\boldsymbol{V}_1^*)\cdot(\boldsymbol{V}_0-\boldsymbol{V}_2) & \frac{1}{2}(\boldsymbol{V}_2^*+4\boldsymbol{V}_0^*-3\boldsymbol{V}_1^*)\cdot(\boldsymbol{V}_1-\boldsymbol{V}_2) & 0 \end{pmatrix}.$$

显然 L 为奇异,由 L 可得矩阵

$$M = \begin{pmatrix} 0 & -3|\boldsymbol{V}_0-\boldsymbol{V}_1|^2 & (3\boldsymbol{V}_2^*-9\boldsymbol{V}_0^*+6\boldsymbol{V}_1^*)\cdot(\boldsymbol{V}_0-\boldsymbol{V}_2) \\ -24|\boldsymbol{V}_0-\boldsymbol{V}_1|^2 & 0 & (6\boldsymbol{V}_2^*-24\boldsymbol{V}_0^*+18\boldsymbol{V}_1^*)\cdot(\boldsymbol{V}_1-\boldsymbol{V}_2) \\ l_0(z) & l_1(z) & l_2(z) \end{pmatrix}.$$

则 $Q(z)=\det M$,即为所求分母多项式.

进一步,如果已知 $z_0=\mathrm{i}, z_1=2\mathrm{i}, z_2=0$ 相应的向量 $\boldsymbol{V}_0=\left(\frac{13-\mathrm{i}}{17},\frac{-4-\mathrm{i}}{17}\right)$, $\boldsymbol{V}_1=\left(\frac{1-3\mathrm{i}}{10},0\right)$, $\boldsymbol{V}_2=\left(\frac{1+\mathrm{i}}{6},\frac{-2\mathrm{i}}{6}\right)$,则

$$Q(z) = \frac{361}{289}\begin{vmatrix} 0 & -3 & -7+4\mathrm{i} \\ -6 & 0 & 1+4\mathrm{i} \\ l_0(z) & l_1(z) & l_2(z) \end{vmatrix} = -\frac{1083}{289}(5z^2+4z+6).$$

由 $\boldsymbol{P}(z)=\boldsymbol{V}_i(z)Q(z)$在 $z_i(i=0,1,2)$上插值,利用一元 Lagrange 插值公式得

$$P(z)=-\frac{1083}{289}(2z+\mathrm{i}+1,\ z-2\mathrm{i}),$$

所以,

$$r(z)=\frac{(2z+\mathrm{i}+1,\ z-2\mathrm{i})}{5z^2+4z+6}$$

就是所求的满足插值条件 $r(z_i)=V_i$, $i=0,1,2$ 的有理函数,直接验证可知 $Q(x)|(P(z)\cdot P^*(x))|$.

如果 $z_0,z_1,\cdots,z_n$ 为实数,则

$$L_{jk}=l'_k(z_j)\mid V_j-V_k\mid^2,\ j,\quad k=0,1,\cdots,n. \tag{1.30}$$

例如取 $n=2$,对数据$\{(x_i,\ V_i)\mid i=0,1,2,x_i\in R,\ V_i\in\mathbf{C}^d\}$则[2/2]型 GIRI 的分母多项式为

$$Q(z)=\begin{vmatrix}0 & l'_1(x_0)|V_0-V_1|^2 & l'_2(x_0)|V_0-V_2|^2\\ l'_0(x_1)|V_1-V_0|^2 & 0 & l'_2(x_1)|V_1-V_2|^2\\ l_0(z) & l_1(z) & l_2(z)\end{vmatrix}.$$

例 4 设已知数据为 $x_0=0,x_1=1,x_2=2,V_0=(1,0),V_1=(1,1),V_2=(-1,0)$.

解 $l_0(x)=\frac{1}{2}(x-1)(x-2)$, $l_1(x)=2x-x^2$, $l_2(x)=\frac{1}{2}(x^2-x)$. 由式(1.29)得

$$Q(x)=\begin{vmatrix}0 & 2 & -2\\ -\frac{1}{2} & 0 & \frac{5}{2}\\ \frac{1}{2}(x-1)(x-2) & 2x-x^2 & \frac{1}{2}(x^2-x)\end{vmatrix}=2x^2-6x+5.$$

利用插值条件 $P(x_i)=Q(x_i)V(x_i)$得 $P(x_0)=(5,0),P(x_1)=(1,1),P(x_2)=(-1,0)$. 于是

$$\begin{aligned}P(x)&=l_0(x)P(x_0)+l_1(x)P(x_1)+l_2(x)P(x_2)\\&=(x^2-5x+5,\ 2x-x^2).\end{aligned}$$

其结果与例 1 中用连分式插值得到的结果完全一致.

上面我们介绍了$(2k/2k)$型向量有理插值函数分母 $Q(z)$的行列式表示. 对

于$(n/2k)n<2k$型有理插值，文献[135]中给出了构造方法：即通过增加任意不同的插值节点$z_{n+1},\cdots,z_{2k}$，然后定义

$$\boldsymbol{\Pi}(z)=\prod_{j=n+1}^{2k}(z-z_j),$$

$$\boldsymbol{W}_i=\boldsymbol{V}_i\boldsymbol{\Pi}(z_i),\quad i=0,1,\cdots,n,$$

$$\boldsymbol{W}_i=\boldsymbol{O},\quad i=n+1,\cdots,2k,$$

对数据$(z_i,\ \boldsymbol{W}_i)(i=0,1,\cdots,2k)$利用前面方法，构造出$[2k/2k]$型的分母$Q(z)$，此多项式$Q(z)$即为原数据的$[n/2k]$的GIRI的分母，其分子$\boldsymbol{P}(z)$可由在节点$z_i$ $(i=0,1,\cdots,n)$对$\{Q(z_i)\boldsymbol{V}_i,i=0,1,\cdots,n)\}$进行多项式插值得到.

对于$[n/2k]$，$n>2k$，型向量有理插值也给出了构造方法：对数据$\{(z_i,\boldsymbol{V}_i)\mid i=0,1,\cdots,n\}$，记$N=2k$，$\boldsymbol{\Pi}(z)$为$n-N$次多项式插值多项式，使得

$$\boldsymbol{\Pi}(z_i)=\boldsymbol{V}_i,\ i=N+1,\cdots,n.$$

然后定义

$$\boldsymbol{W}_i=\boldsymbol{V}_i-\boldsymbol{\Pi}(z_i),\ i=0,1,\cdots,N.$$

再构造多项式$\boldsymbol{P}^{[N/N]}(z)$及$Q(z)$，它们的比即为插值$\{(z_i,\ \boldsymbol{W}_i):i=0,1,\cdots,N\}$的$[N/N]$型向量有理插值.

设

$$\boldsymbol{P}(z)=\boldsymbol{P}^{[N/N]}(z)+\boldsymbol{\Pi}(z)Q(z),$$

则次数分别为n,$2k$的多项式$\boldsymbol{P}(z)$，$Q(z)$之比即为所求的向量有理插值函数.

上面介绍的Thiele型向量有理插值是向量值函数有理插值的基本形式，在定义3.1的意义下给出了向量有理插值的特征定理及惟一性定理. 事实上，对Thiele型向量有理插值定义3.1中的整除性条件可以去掉.

例5 设给定数据：

i	0	1	2	3	4
x_i	-1	0	1	2	3
$\boldsymbol{V}_i$	$\left(\frac{2}{35},-\frac{1}{35}\right)$	$(0,0)$	$\left(\frac{2}{15},\frac{1}{15}\right)$	$\left(\frac{2}{17},\frac{1}{34}\right)$	$\left(\frac{54}{481},\frac{9}{481}\right)$

用前面的算法可求得满足插值条件(1.2)的向量值有理插值函数为

$$\boldsymbol{R}(x)=\frac{\boldsymbol{N}(x)}{D(x)}=\frac{(2x^3,\ x^2)}{(1+4x^2)(5x-2)}.$$

直接验算可知它不满足$D(x) \mid |\boldsymbol{N}(x)|^2$. 然而 $D(x)$与$|\boldsymbol{N}(x)|^2$ 有公因子 $W(x)=1+4x^2$.

例 6 对于给定数据

i	0	1	2	3
x_i	-1	0	1	2
$\boldsymbol{V}_i$	$(0,-8,-5)$	$(1,5,3)$	$(2/3,4/3,5/3)$	$(3/5,1,11/5)$

求出的满足插值条件的向量值有理函数为

$$\boldsymbol{R}(x)=\frac{\boldsymbol{N}(x)}{D(x)}=\frac{(1+x,\ 5-2x+x^2,\ 3+2x^2)}{1+2x},$$

经验算,它不满足$D(x) \mid |\boldsymbol{N}(x)|^2$,且 $D(x)$与$|\boldsymbol{N}(x)|^2$ 没有非常数公因子.

这个例子说明不满足整除性条件的向量值有理插值函数确实存在,因而不能用定理 3.3 来确定这些向量有理插值函数的惟一性. 在文献[41]中将定义 3.1 中的整除性去掉,给出更一般的定义,并证明了惟一性.

三、一般形式的 Thiele 型向量有理插值

为了叙述方便起见,引入几个概念.

若 $\boldsymbol{R}(x)=\boldsymbol{N}(x)/D(x)$是既约向量有理函数,且 $D(x)$与$|\boldsymbol{N}(x)|^2$ 没有非常数公因子,则称 $\boldsymbol{R}(x)$是严格既约的. 设 $\boldsymbol{R}(x)=\boldsymbol{N}(x)/D(x)$是一个形如(1.1)的向量有理函数,若$\partial N_j\leqslant l$, $j=1,2,\cdots,d$; $\partial D\leqslant m$,则称 $\boldsymbol{R}(x)$是(l/m)型的;若再有对某个 j_0, $1\leqslant j_0\leqslant d$ 有$\partial N_{j0}=l$,$\partial D=m$,则仍称 $\boldsymbol{R}(x)$是$[l/m]$型的.

设 $\boldsymbol{R}(x)=\boldsymbol{N}(x)/D(x)$是形如(1.1)的$[l/m]$型向量有理函数,记$\langle A(x), B(x)\rangle$为 $A(x)$与 $B(x)$的最大实公因子,这里 $A(x)$与 $B(x)$均为实多项式,$[a]$表示不超过 a 的最大整数. 记

$\boldsymbol{R}[l/m;\ t]=\{\boldsymbol{R}(x)=\boldsymbol{N}(x)/D(x) \mid \boldsymbol{R}(x)$是形如(1.1)的$[l/m]$型向量有理函数,$\langle D(x),\ |\boldsymbol{N}(x)|^2\rangle=W(x),\ \partial W=t\}$,易证 t 为偶数,且

$$0\leqslant t\leqslant 2\left[\frac{m}{2}\right]=\begin{cases} m, \text{当 } m \text{ 是偶数时}, \\ m-1, \text{当 } m \text{ 是奇数时}. \end{cases}$$

定义 3.3 设 $\boldsymbol{R}(x)=\boldsymbol{N}(x)/D(x)$是一个形如(1.1)的向量有理分式,且$\langle D(x),\ |\boldsymbol{N}(x)|^2\rangle=W(x)$,其中$0\leqslant\partial W=t\leqslant 2\left[\frac{\partial D}{2}\right]$,则称 $\boldsymbol{R}(x)$为一般的广义逆有理分式,如果 $\boldsymbol{R}(x)$还满足插值条件(1.2),则称为一般的广义逆向量有理插

值函数,简记为 GGIRI.

称 $\boldsymbol{R}(x)=\mathbf{N}(x)/D(x)$是既约的,如果

(i) $D(x)$是实多项式;

(ii) $\mathbf{N}(x)$与 $D(x)$没有非退化的实多项式公因子;

(iii) $\langle D(x),\ |\mathbf{N}(x)|^2\rangle=W(x)$,其中 $0\leqslant\partial W=t\leqslant 2\left[\dfrac{\partial D}{2}\right]$.

在定义 3.3 中若取 $D(x)=W(x),\ t=\partial D$,则就是定义 3.1,这表明定义 3.3 更具有一般性.

利用数学归纳法可以证明

引理 3.6 设 $\boldsymbol{R}(x)=\mathbf{N}(x)/D(x)$是满足插值条件(1.2)的一般向量有理插值函数,其既约形式是

$$\boldsymbol{R}(x)=\boldsymbol{P}(x)/\boldsymbol{Q}(x)\in R[l/m;\ t],$$

且

$$\boldsymbol{R}(x_i)=\boldsymbol{P}(x_i)/\boldsymbol{Q}(x_i)=\mathbf{V}_i,\ i=0,1,\cdots,n.$$

(i) 若 n 是偶数,则 $l\leqslant m$,且 $m=\dfrac{(n+t)}{2}$;

(ii) 若 n 是奇数,则 $l>m$,且 $l=(n+t+1)/2$.

在例 5 中 $n=4$ 是偶数,$W(x)=1+4x^2,\ \partial W=2,\ \partial D=(4+2)/2=3$. 这说明引理 3.6 的正确性.

在例 6 中 $n=3$ 是奇数,由于 $D(x)$与$|\mathbf{N}(x)|^2$ 没有非常数的公因子,所以 $\partial W(x)=t=0,\partial\mathbf{N}(x)=l=(3+0+1)/2=2,\partial D=m=1$,所以 $l>m$,再一次说明引理 3.6 的正确性.

定理 3.7 设 $\boldsymbol{R}(x)\in R[L/M;\ t_1],\boldsymbol{r}(x)\in R[l/m,\ t_2]$是满足下列插值条件的任意两个 GGIRI

$$\boldsymbol{R}(x_i)=\boldsymbol{r}(x_i)=\mathbf{V}_i,\quad i=0,1,\cdots,n,$$

如果

$$L+M-t_1\leqslant n,\ l+m-t_2\leqslant n, \tag{1.31}$$

$L\leqslant M\leqslant(n+t_1)/2$($n$ 是偶数)或 $M<L\leqslant(n+t_1+1)/2$(n 是奇数),$l\leqslant m\leqslant(n+t_2)/2$($n$ 是偶数)或 $m<l\leqslant(n+t_2+1)/2$(n 是奇数),则 $\boldsymbol{R}(x),\boldsymbol{r}(x)$的既约形式是恒等的.

证明 不妨设 n 是偶数,n 是奇数同理可证明. 设 $\boldsymbol{R}(x),\boldsymbol{r}(x)$的既约形式分别为

$$\boldsymbol{R}(x) = \boldsymbol{P}(x)/Q(x),\ \boldsymbol{r}(x) = \boldsymbol{p}(x)/q(x),$$

其中 $Q(x)$, $q(x)$均是实多项式. 为简便起见,不妨设

$$\boldsymbol{P}(x)/Q(x) \in R[l/M,\ t_1]\ \text{满足}\ l + M - t_1 \leqslant n,\ l \leqslant M \leqslant (n + t_1)/2,$$

$$\boldsymbol{p}(x)/q(x) \in [l/m,\ t_2]\ \text{满足}\ l + m - t_2 \leqslant n,\ l \leqslant m \leqslant (n + t_2)/2.$$

往证 $\boldsymbol{P}(x)/Q(x) = \boldsymbol{p}(x)/q(x)$.

设

$$\langle Q(x),\ |\boldsymbol{P}(x)|^2\rangle = W_1(x),\ \partial W_1 = t_1,$$

$$\langle q(x),\ |\boldsymbol{p}(x)|^2\rangle = W_2(x),\ \partial W_2 = t_2,$$

$$\langle q(x),\ Q(x)\rangle = h(x),\ \partial h = s,$$

$$\langle W_1(x),\ W_2(x)\rangle = \overline{W}(x),\ \partial \overline{W} = \bar{t}.$$

显然 $\overline{W}(x) | h(x)$, $0 \leqslant \bar{t} \leqslant s$. 分别定义 $Q_1(x)$, $q_1(x)$为

$$Q(x) = Q_1(x)h(x),\ q(x) = q_1(x)h(x). \tag{1.32}$$

再分别定义 $W_1(x)$,$W_2(x)$为

$$W_1(x) = \overline{W}_1(x)\overline{W}(x), W_2(x) = \overline{W}_2(x)\overline{W}(x). \tag{1.33}$$

设

$$\boldsymbol{T}(x) = \boldsymbol{P}(x)q_1(x) - \boldsymbol{p}(x)Q_1(x). \tag{1.34}$$

则

$$\partial \boldsymbol{T} \leqslant \max\{L + m - s,\ l + M - s\} \leqslant M + m - s \leqslant n + (t_1 + t_2)/2 - s, \tag{1.35}$$

且

$$\boldsymbol{T}(x_i) = 0, \quad i = 0,1,\cdots,n.$$

定义

$$Z(x) = (x - x_0)(x - x_1)\cdots(x - x_n),$$

则

$$\boldsymbol{T}(x) = Z(x)\boldsymbol{V}(x). \tag{1.36}$$

因为

$$| \boldsymbol{T}(x) |^2 = | \boldsymbol{P}(x) |^2 q_1(x)^2 + | \boldsymbol{p}(x) |^2 \boldsymbol{Q}_1(x)^2$$
$$- 2q_1(x)\boldsymbol{Q}_1(x)\mathrm{Re}[\boldsymbol{p}(x) \cdot \boldsymbol{P}^*(x)],$$

所以

$$\overline{W}_1(x) \Big| | \boldsymbol{T} |^2(x), \overline{W}_2 \Big| | \boldsymbol{T}(x) |^2.$$

由于 $\boldsymbol{P}(x)/\boldsymbol{Q}(x)$, $\boldsymbol{P}(x)/q(x)$是既约的,于是

$$\boldsymbol{W}_1(x) \Big| | \boldsymbol{V}(x) |^2, \overline{W}_2(x) \Big| | \boldsymbol{V}(x) |^2.$$

若 $\boldsymbol{V}(x) \not\equiv 0$,则

$$\partial | \boldsymbol{V} |^2 = 2\partial \boldsymbol{V} \geqslant \partial \overline{W}_1 + \partial \overline{W}_2 = (t_1 - \bar{t}_1) + (t_2 - \bar{t}) = (t_1 + t_2) - 2\bar{t},$$

由式(1.35)知

$$\partial | \boldsymbol{T} |^2 = 2\partial \boldsymbol{T} \leqslant 2n + (t_1 + t_2) - 2s, \tag{1.37}$$

再由式(1.36),又有

$$\partial | \boldsymbol{T} |^2 = 2\partial Z + \partial | \boldsymbol{V} |^2$$
$$\geqslant 2(n+1) + (t_1 + t_2) - 2\bar{t} \geqslant 2(n+1) + (t_1 + t_2) - 2s, \tag{1.38}$$

显然(1.37)式与(1.38)式矛盾,这是由 $\boldsymbol{V}(x) \not\equiv 0$ 引起的,所以 $\boldsymbol{V}(x) \equiv 0$. 从而 $\boldsymbol{T}(x) \equiv 0$. □

在定理 3.7 中若取 $L = M = l = m = n, t_1 = t_2 = n$($n$ 是偶数时),或 $L - 1 = M = l - 1 = m = n - 1, t_1 = t_2 = n - 1$($n$ 是奇数时),就是定理 3.3.

这里介绍的一般 Thiele 型向量有理插值的有理性、特征定理仍成立. 至于算法则是完全一样的.

四、向量切触有理插值

在本书第二章曾介绍了数量情形的切触有理插值问题,解决问题的方法是利用连分式的三项递推关系. 这里我们介绍向量切触有理插值的系数算法及有关插值性质.

由 n 个不同实数构成的点集仍记为$\Pi_x^n = \{x_i \mid i = 1, \cdots, n\}$. 它们的重数分别为 $s_1, \cdots, s_n, t = \sum_{i=1}^{n} s_i - 1$,与之对应的向量集为

$$\nabla_x^t = \{ \boldsymbol{V}^{(m)}(x_i) \mid m = 0, 1, \cdots, s_i - 1 \},$$

其中

$$\mathbf{V}^{(m)}(x_i)=\frac{d^m}{dx^m}(\mathbf{V}(x))\Big|_{x=x_i},\quad \mathbf{V}^{(m)}(x_i)\in\mathbf{C}^d.$$

下面利用向量的广义逆(1.4)来构造 Thiele 型切触插值连分式

$$\boldsymbol{R}(x)=\boldsymbol{b}_{1,0}+\frac{x-x_1}{\boldsymbol{b}_{1,1}}+\frac{x-x_1}{\boldsymbol{b}_{1,2}}+\cdots+\frac{x-x_1}{\boldsymbol{b}_{1,s_1-1}}+\frac{x-x_1}{\boldsymbol{b}_{2,0}}+\frac{x-x_2}{\boldsymbol{b}_{2,1}}$$

$$+\frac{x-x_2}{\boldsymbol{b}_{2,2}}+\cdots+\frac{x-x_2}{\boldsymbol{b}_{2,s_2-1}}+\frac{x-x_2}{\boldsymbol{b}_{3,0}}+\frac{x-x_3}{\boldsymbol{b}_{3,1}}+\cdots+\frac{x-x_n}{\boldsymbol{b}_{n,s_n-1}},\tag{1.39}$$

使之满足插值条件：

$$R_j^{(m)}(x_i)=\frac{d^m}{dx^m}(N_j(x)/D(x))\,|_{x=x_i}=\mathbf{V}_j^{(m)}(x_i),\tag{1.40}$$

$$m=0,1,\cdots,s_i-1;\quad i=1,\cdots,n;\quad j=1,\cdots,d.$$

注意到连分式(1.39)中 $\boldsymbol{b}_{i,k}=\boldsymbol{b}_{i,k}(x_i)$的确定仅与前面的系数有关,而与后面的系数无关。记 $D=\frac{d}{dx}$,下面给出连分式(1.39)的系数算法：

第 1 步　计算第一组系数

$$\boldsymbol{b}_{1,k},\ k=0,1,\cdots,s_1-1.$$

$$\boldsymbol{F}_{1,0}(x)=\mathbf{V}(x);$$

$$\boldsymbol{b}_{1,0}=\boldsymbol{F}_{1,0}(x_1),$$

$$\boldsymbol{F}_{1,1}(x)=(D\mathbf{V}(x))^{-1},$$

$$\boldsymbol{b}_{1,1}=\boldsymbol{F}_{1,1}(x_1);$$

$$\boldsymbol{b}_{1,k}(x_1)=k(D\boldsymbol{F}_{1,k-1}(x_1))^{-1},\ k\geqslant 2,$$

$$\boldsymbol{F}_{1,k}(x)=\boldsymbol{b}_{1,k}(x)+\boldsymbol{F}_{1,k-2}(x).$$

第 2 步　计算第二组系数 $\boldsymbol{b}_{2,k}$, $k=0,1,\cdots,s_1-1$,

$$\boldsymbol{F}_{2,0}(x)=\frac{x-x_1}{(-\boldsymbol{b}_{1,s_1-1})}+\frac{x-x_1}{(-\boldsymbol{b}_{1,s_1-2})}+\cdots+\frac{x-x_1}{(-\boldsymbol{b}_{1,1})}+\frac{x-x_1}{\mathbf{V}(x)-\mathbf{V}(x_1)},$$

$$\boldsymbol{b}_{2,0}=\boldsymbol{F}_{2,0}(x_2),$$

$$\boldsymbol{F}_{2,1}(x)=(D\boldsymbol{F}_{2,0}(x))^{-1},$$

$$\boldsymbol{b}_{2,1}=\boldsymbol{F}_{2,1}(x_2),$$

$$b_{2,k} = k(DF_{2,k-1}(x_2))^{-1}, \quad k \geqslant 2,$$

$$F_{2,k}(x) = b_{2,k}(x) + F_{2,k-2}(x).$$

第 t 步 计算第 t 组系数 $b_{t,k}$, $k=0,\cdots,s_t-1$, $3\leqslant t\leqslant r$,

$$F_{t,0}(x) = \frac{x-x_{t-1}}{(-b_{t-1,s_t-1})} + \cdots + \frac{x-x_{t-1}}{(-b_{t-1,1})} + \cdots + \frac{x-x_1}{(-b_{1,s_1-1})}$$

$$+ \cdots + \frac{x-x_1}{(-b_{1,1})} + \frac{x-x_1}{(V(x)-V(x_1))}.$$

$$F_{t,1}(x) = (DF_{t,0}(x))^{-1}, b_{t,1}(x_t) = F_{t,1}(x_t)$$

$$b_{t,2} = F_{t,2}(x_t),$$

$$b_{t,k} = k(DF_{t,k}(x_t))^{-1}, k \geqslant 2,$$

$$F_{t,k}(x) = b_{t,k}(x) + F_{t,k-2}(x).$$

由广义逆构造的连分式(1.39)的困难在于它不能利用连分式的三项递推公式,但上述系数算法却具有连分式所特有的循环,递归的性质,尤其适合在计算机上进行计算.

例 7 设 $V(x)=(x^5, x-1)$, $x_1=0$, $x_2=1$, 求 $R(x)$使之满足插值条件:

$$R^{(m)}(x_1) = V^{(m)}(x_1), \ m = 0,1,$$

$$R^{(m)}(x_2) = V^{(m)}(x_2), \ m = 0,1.$$

解 由算法设所求 $R(x)$为

$$R(x) = b_{1,0} + \frac{x-x_1}{b_{1,1}} + \frac{x-x_1}{b_{2,0}} + \frac{x-x_2}{b_{2,1}} + \frac{x-x_2}{b_{2,2}}$$

$$= b_{1,0} + \frac{x}{b_{1,1}} + \frac{x}{b_{2,0}} + \frac{x-1}{b_{2,1}} + \frac{x-1}{b_{2,2}}.$$

$$V(x) = (x^5, x-1), \ F_{1,0}(x) = V(x),$$

$$b_{1,0} = F_{1,0}(0) = (0, -1),$$

$$F_{1,1}(x) = (DF_{1,0}(x))^{-1} = \frac{1}{(5x^4,1)}, \ b_{1,1} = F_{1,1}(0) = (0,1).$$

$$F_{2,0}(x) = \frac{x-x_1}{(-b_{1,1})} + \frac{x-x_1}{V(x)-V(x_1)} = \frac{x}{-b_{1,1}} + \frac{x}{V(x)-V(0)} = \left(\frac{1}{x^3}, -x\right),$$

$$\boldsymbol{b}_{2,0}=\boldsymbol{F}_{2,0}(1)=(1,-1),$$

$$\boldsymbol{F}_{2,1}(x)=(D\boldsymbol{F}_{2,0}(x))^{-1}=\left(\frac{-3x^4}{9+x^8},\frac{-x^8}{9+x^8}\right),$$

$$\boldsymbol{b}_{2,1}=\boldsymbol{F}_{2,1}(1)=\left(-\frac{3}{10},-\frac{1}{10}\right),$$

$$\boldsymbol{b}_{2,2}(x)=2(D\boldsymbol{F}_{2,1}(x))^{-1}=\frac{2(9+x^8)^2(12x^{11}-108x^3,-72x^7)}{(12x^{11}-108x^3)^2+(72x^7)^2},$$

$$\boldsymbol{b}_{2,2}(1)=2(D\boldsymbol{F}_{2,1}(1))^{-1}=\left(-\frac{4}{3},-1\right).$$

于是

$$\boldsymbol{R}(x)=(0,-1)+\frac{x}{(0,1)}+\frac{x}{(1,-1)}+\frac{x-1}{\left(-\frac{3}{10},-\frac{1}{10}\right)}+\frac{x-1}{\left(-\frac{4}{3},-1\right)}$$

即为所求的满足插值条件的向量有理函数.

一般地有

定理 3.8　若由系数算法得到的向量 $\boldsymbol{b}_{i,j}, i=1,2,\cdots,n, j=0,1,\cdots,s_i-1$ 都是有限向量,且除 $\boldsymbol{b}_{1,0}$外都不是零向量,则向量切触连分式(1.39)满足

$$\boldsymbol{R}^{(m)}(x_i)=\boldsymbol{V}^{(m)}(x_i),\ i=1,2,\cdots,n, m=0,1,\cdots,s_i-1.$$

由于这里给出的算法是构造性的,所以一般定理 3.8 也可由算法经简单计算推出,故略去证明. 类似定理 3.1 有

定理 3.9　设 $\boldsymbol{b}_{1,0},\boldsymbol{b}_{1,1},\cdots,\boldsymbol{b}_{n,t}\in\mathbb{C}^d, x_i\in\Pi_x^n, x\in R$ 如果对向量连分式(1.39)从末项起逐项向前施行 Samelson 逆变换(1.4),则必存在 d 维向量多项式 $\boldsymbol{N}(x)$和实多项式 $D(x)$满足:

(i) $\boldsymbol{R}(x)=\boldsymbol{N}(x)/D(x)$; $D(x)\geqslant 0$;

(ii) $D(x)\mid|\boldsymbol{N}(x)|^2$.

证明　用数学归纳法先证明(i).

令 $\boldsymbol{S}(x)=\boldsymbol{b}_{n,\alpha_n-1}$, $t(x)=1$,假设对 $j=\alpha_n-1, \alpha_n-2,\cdots,1$

$$\boldsymbol{G}_{n,j}(x)=\boldsymbol{b}_{n,j}+\frac{x-x_n}{\boldsymbol{b}_{n,j+1}}+\cdots+\frac{x-x_n}{\boldsymbol{b}_{n,\alpha_n-1}},\tag{1.41}$$

$$\boldsymbol{G}_{n,j}(x)=\boldsymbol{S}(x)/t(x),\ t(x)\geqslant 0,\ t(x)\mid|\boldsymbol{S}(x)|^2$$

成立,其中 $\boldsymbol{S}(x)$为向量多项式,$t(x)$是实多项式. 定义向量 $\boldsymbol{U}(x)$和实多项式

$r(x)$为

$$|\boldsymbol{S}(x)|^2 = r(x)t(x),\ \boldsymbol{u}(x) = \boldsymbol{b}_{n,j-1}r(x) + (x-x_n)\boldsymbol{S}(x), \quad (1.42)$$

则 $r(x) \geqslant 0$,且

$$\boldsymbol{G}_{n,j-1}(x) = \boldsymbol{b}_{n,j-1} + \frac{x-x_n}{\boldsymbol{G}_{n,j}(x)} = \boldsymbol{b}_{n,j-1} + \frac{(x-x_n)t(x)\boldsymbol{S}^*(x)}{|\boldsymbol{S}(x)|^2}$$

$$= \frac{\boldsymbol{b}_{n,j-1}r(x) + (x-x_n)\boldsymbol{S}^*(x)}{r(x)} = \frac{\boldsymbol{u}(x)}{r(x)},$$

由式(1.42)知

$$|\boldsymbol{u}|^2 = (\boldsymbol{b}_{n,j-1}r(x) + (x-x_n)\boldsymbol{S}^*(x))(\boldsymbol{b}^*_{n,j-1}r(x) + (x-x_n)\boldsymbol{S}(x))$$

$$= |\boldsymbol{b}_{n,j-1}|^2 r^2(x) + (x-x_n)r(x)(\boldsymbol{S}(x)\cdot\boldsymbol{b}^*_{n,j-1} + \boldsymbol{b}_{n,j-1}\boldsymbol{S}^*(x))$$

$$+ (x-x_n)^2|\boldsymbol{S}(x)|^2.$$

由上式可知

$$r(x) \mid |\boldsymbol{u}(x)|^2.$$

在式(1.41)中令 $j=0$ 得

$$\boldsymbol{G}_{n,0}(x) = \boldsymbol{b}_{n,0} + \frac{x-x_n}{\boldsymbol{b}_{n,1}} + \cdots + \frac{x-x_n}{\boldsymbol{b}_{n,\alpha_n-1}}.$$

这就完成了(i)的证明.

下面证明(ii). 根据(i)中结果,假定对 $i=n-1,\cdots,1$

$$\boldsymbol{G}_{i+1,0}(x) = \boldsymbol{b}_{i+1,0} + \frac{x-x_{i+1}}{\boldsymbol{b}_{i+1,1}} + \cdots + \frac{x-x_{i+1}}{\boldsymbol{b}_{i+1,\alpha_{i+1}-1}} + \frac{x-x_{i+1}}{\boldsymbol{b}_{i+2,0}}$$

$$+ \cdots + \frac{x-x_n}{\boldsymbol{b}_{n,\alpha_n-1}}, \quad (1.43)$$

$\boldsymbol{G}_{i+1,0}(x) = \boldsymbol{S}_1(x)/t_1(x)$, $t_1(x) \geqslant 0$, $t_1(x) \mid |\boldsymbol{S}_1(x)|^2$ 成立,则

$$\boldsymbol{G}_{i,0}(x) = \boldsymbol{b}_{i,0} + \frac{x-x_i}{\boldsymbol{b}_{i,1}} + \cdots + \frac{x-x_i}{\boldsymbol{b}_{i,\alpha_i-1}} + \frac{x-x_i}{\boldsymbol{G}_{i+1,0}(x)}.$$

用证明(i)的同样方法可以证明 $\boldsymbol{G}_{i,0}(x) = \boldsymbol{u}_1(x)/r_1(x)$,且 $r_1(x) \geqslant 0$, $r_1(x) \mid |\boldsymbol{u}_1(x)|^2$. 在式(1.43)中令 $i=0$,即得

$$\boldsymbol{R}(x) = \boldsymbol{G}_{1,0}(x).$$

□

定义 3.4　设在(1.39)中 $\boldsymbol{R}(x)=\boldsymbol{N}(x)/D(x)$,若满足(i)$D(x)$是实多项式;(ii)$D(x)\,|\,|\boldsymbol{N}(x)|^2$;(iii)满足插值条件(1.40),则称 $\boldsymbol{R}(x)$是由广义逆得到的向量 Thiele 型切触有理插值,简记为切触 GIRI.

类似定理 3.2,这里有

定理 3.10(特征性)　记切触 GIRI 为 $\boldsymbol{R}_n(x)=\boldsymbol{N}(x)/D(x)$,$M=\sum_{i=1}^{n}\alpha_i-1$,则当 M 是偶数时,$\boldsymbol{R}_n(x)$具有$[M/M]$型;当 M 是奇数时,$\boldsymbol{R}_n(x)$具有$[M/M-1]$型.

该定理的证明方法与证明定理 3.2 的方法类似. 可用归纳法证明.

为了证明切触有理插值的惟一性,不加证明地引用

引理 3.11[175]　设 $D(x_i)\neq 0$,则方程组

$$\left(\frac{d}{dx}\right)^k\left[\frac{\mathbf{N}(x)}{D(x)}\right]_{x=x_i}=\mathbf{V}^{(k)}(x_i),\quad k=0,1,\cdots,s_i-1 \tag{1.44}$$

等价于方程组

$$\mathbf{N}^{(k)}(x_i)=(D(x)\mathbf{V}(x))^{(k)}(x_i),\ k=0,1,\cdots,s_i-1. \tag{1.45}$$

定理 3.12(惟一性)　设任意两个切触 GIRI:$\boldsymbol{R}(x)$与 $\boldsymbol{r}(x)$若满足

(i) $\boldsymbol{R}^{(m)}(x_i)=\boldsymbol{r}^{(m)}(x_i)=\mathbf{V}^{(m)}(x_i)$, $m=0,1,\cdots,s_i-1$, $i=1,\cdots,n$;

(ii) $\boldsymbol{R}(x)$与 $\boldsymbol{r}(x)$同型且都是既约形式,则 $\boldsymbol{R}(x)\equiv\boldsymbol{r}(x)$.

证明　设 $\boldsymbol{R}(x)$,$\boldsymbol{r}(x)$的既约形式分别为

$$\boldsymbol{R}(x)=\boldsymbol{N}(x)/D(x),\ \boldsymbol{r}(x)=\boldsymbol{P}(x)/Q(x),$$

且 $D(x)$, $Q(x)$满足

(i) $D(x)\,|\,|\boldsymbol{N}(x)|^2$, $Q(x)\,|\,|\boldsymbol{P}(x)|^2$,

(ii) $\partial\{D\}=t-\alpha$(t 为偶数),$\partial\{D\}=t-\alpha-1$,(t 为奇数),$\partial\{\boldsymbol{N}\}\leqslant t-\alpha$,$\alpha\geqslant 0$.

(iii) $\partial\{Q\}=t-\beta$(t 为偶数),$\partial\{Q\}=t-\beta-1$(t 为奇数),

$$\partial\{\boldsymbol{P}\}\leqslant t-\beta,\quad \beta\geqslant 0,$$

其中 $t=\sum_{j=0}^{n}s_j-1$.

设 $D(x)=\varphi(x)D_r(x)$, $Q(x)=\varphi(x)Q_r(x)$,这里 $\varphi(x)$是 $D(x)$与 $Q(x)$的最大公共因子. 定义

$$\boldsymbol{T}(x)=\boldsymbol{N}(x)Q_r(x)-\boldsymbol{P}(x)D_r(x).$$

由引理 3.11 并利用数学归纳法可知

$$\boldsymbol{T}^{(m)}(x_i)=0,\quad m=0,1,\cdots,s_i-1,\quad i=1,2,\cdots,n. \tag{1.46}$$

令

$$Z(x)=\prod_{i=1}^{n}(x-x_i)^{s_i}, \tag{1.47}$$

$$\boldsymbol{T}(x)=Z(x)\boldsymbol{\nabla}(x). \tag{1.48}$$

由式(1.46)得

$$D_r(x)\,\big|\,|\boldsymbol{T}(x)|^2,\ \boldsymbol{Q}_r(x)\,\big|\,|\boldsymbol{T}(x)|^2. \tag{1.49}$$

因$\boldsymbol{\nabla}^{(m)}(x_i)$均为有限向量,由式(1.48),(1.49)可推出

$$D_r(x)\,\big|\,|\boldsymbol{\nabla}(x)|^2,\ \boldsymbol{Q}_r(x)\,\big|\,|\boldsymbol{\nabla}(x)|^2, \tag{1.50}$$

除非$\boldsymbol{\nabla}(x)\equiv 0$,否则由式(1.50)必有

$$2\partial\boldsymbol{\nabla}\geqslant\partial D_r+\partial\boldsymbol{Q}_r.$$

不妨设 t 是偶数,由(ii)、(iii)及式(1.47),(1.48)得

$$\partial D_r=t-\alpha-\partial\varphi,$$

$$\partial\boldsymbol{Q}_r=t-\beta-\partial\varphi,$$

$$\partial\boldsymbol{T}\leqslant 2t-\alpha-\beta-\partial\varphi,$$

$$\partial|\boldsymbol{\nabla}|^2\leqslant 2(t-\alpha-\beta-\partial\varphi-1),$$

$$\partial|\boldsymbol{\nabla}|^2\geqslant 2t-\alpha-\beta-2\partial\varphi.$$

上面最后两式矛盾,所以$\boldsymbol{\nabla}(x)\equiv 0$. 即

$$\boldsymbol{N}(x)Q(x)=\boldsymbol{P}(x)D(x).$$

故

$$\frac{\boldsymbol{N}(x)}{D(x)}=\frac{\boldsymbol{P}(x)}{Q(x)}.$$ □

由惟一性定理可知,由算法构造的切触 GIRI 与插值节点的排序无关.

五、预给极点的向量有理插值

前面讨论的向量有理插值性质及算法,都是在假定向量是有限值,没有涉及到向量为无穷的情况. 从函数逼近观点,对奇异函数的计算,用有理插值函数去逼近无疑是一种有效的途径. 但有时逼近的效果不一定十分理想,其重要原因之一是在

构造插值公式时,没有充分利用被逼近函数在奇点的信息. M. Gasca 等在文献[141]研究了指定极点的有理插值算法,这里介绍预给极点的向量有理插值性质及算法.

所谓预给极点的向量有理插值问题是指给定的 $n+1$ 个不同的点集 $\Pi_x^n=\{x_i \mid i=0,1,\cdots,n,x_i\in R\}$,相应的向量集 $\mathbf{V}_x^n=\{\mathbf{V}^{(i)}=\mathbf{V}(x_i),\ i=0,1,\cdots,n,\mathbf{V}(x_i)\in\mathbf{C}^d\}$中有几个向量是"无穷向量". 寻求向量有理函数 $\boldsymbol{R}(x)=\mathbf{N}(x)/D(x)$,使之满足插值条件:

$$\boldsymbol{R}(x_i)=\mathbf{V}(x_i),\quad i=0,1,\cdots,n.$$

由于 $\mathbf{V}(x_i)$中有几个为∞,为了利用前面给出的算法,所以需要对向量的 Samelson 变换(1.4)进行补充,即

定义 3.5　设 $\mathbf{V}$ 为一d 维向量,Samelson 逆变换为

$$\mathbf{V}^{-1}=\mathbf{V}^*/|\mathbf{V}|^2,$$

若 $\mathbf{V}=\mathbf{0}$, 则规定 $\mathbf{V}^{-1}=\infty$;若 $\mathbf{V}=\infty$,则规定 $\mathbf{V}^{-1}=\mathbf{0}$.

有了这种规定,对向量的运算就可把∞视为"常量"进行计算了,这样以来前面介绍的方法在这里都适用.

为叙述方便,把对应有限向量的点集记为 $X_1=\{x_i \mid i=0,1,\cdots,m\}$,对应无穷向量的点集记为 $X_2=\{x_i \mid i=1,\cdots,s\}$. 将点集 $X_1\cup X_2$ 及向量进行排序,不妨设为

$$X=\{x_i \mid i=0,1,\cdots,m,\ m+1,\cdots,m+s,\ m+s=n,$$
$$x_i\in X_1\cup X_2,\quad x_0\notin X_2\}.$$

为了得到较好的逼近效果,必要时可以选一些辅助点及向量,如选 x_{-2},x_{-1} 及 $\mathbf{V}(x_{-2}),\mathbf{V}(x_{-1})$,且 $x_{-2},x_{-1}\notin X_2,\mathbf{V}(x_{-2}),V(x_{-1})\notin\mathbf{V}_x^n\cup\{\infty\}$.

为简明起见,以只选一个辅助点为例. 如同 Thiele 型向量连分式计算一样,采用反差商表来计算向量连分式

$$\boldsymbol{R}(x)=\boldsymbol{b}_{-1}+\frac{x-x_{-1}}{\boldsymbol{b}_0}+\frac{x-x_0}{\boldsymbol{b}_1}+\cdots+\frac{x-x_{n-1}}{\boldsymbol{b}_n}\tag{1.51}$$

的系数 $\boldsymbol{b}_i(i=-1,0,1,\cdots,n)$.

然后将连分式(1.51)由末项起利用补充的 Samelson 变换逐项向前有理化,便得到满足插值条件的向量有理函数 $\boldsymbol{R}(x)$. 如果不选取辅助点,连分式(1.51)就变成(1.6)的形式.

例 8　已知插值节点为{0,1,2,3},相应的向量为{(1,0),(1,1),(-1,0),∞},求 $\boldsymbol{R}(x)=\mathbf{N}(x)/D(x)$使之满足插值条件 $\boldsymbol{R}(x_i)=\mathbf{V}(x_i),\ i=0,1,2,3$.

解 列反差商表

i	x_i	$\boldsymbol{V}(x_i)$	$\boldsymbol{\varphi}_1(x_0,x_i)$	$\boldsymbol{\varphi}_2(x_0,x_1,x_i)$	$\boldsymbol{\varphi}_3(x_0,x_1,x_2,x_i)$
0	0	$\underline{(1,0)}$			
1	1	$(1,1)$	$\underline{(0,1)}$		
2	2	$(-1,0)$	$(-1,0)$	$\underline{\left(-\frac{1}{2},-\frac{1}{2}\right)}$	
3	3	∞	$(0,0)$	$(0,-2)$	$\underline{\left(\frac{1}{5},-\frac{3}{5}\right)}$

$$\boldsymbol{R}(x)=(1,0)+\frac{x}{(0,1)}+\frac{x-1}{\left(-\frac{1}{2},-\frac{1}{2}\right)}+\frac{x-2}{\left(\frac{1}{5},-\frac{3}{5}\right)}$$

$$=\frac{1}{5x^3-33x^2+71x-51}(5x^4-18x^3+2x^2+54x-51,\ 10x^4-56x^3+106x^2-68x).$$

容易验证 $\boldsymbol{R}(x_i)=\boldsymbol{V}(x_i)$, $i=0,1,2,3$.

定义 3.6 由 Thiele 型向量连分式算法得到的有理分式 $\boldsymbol{R}(x)=\boldsymbol{N}(x)/D(x)$,若满足(i)$D(x)$为实多项式;(ii)$D(x)\,|\,|\boldsymbol{N}(x)|^2$,(iii)$\boldsymbol{N}(x_i)/D(x_i)=\boldsymbol{V}(x_i)$,$x_i\in X_1$,且其极点集为 X_2,则称为预给极点的向量有理插值函数,简记为 GIRI_∞.

由文献[133]中特征定理可直接得到

引理 3.13 对 GIRI_∞ $\boldsymbol{R}(x)=\boldsymbol{N}(x)/D(x)$,若 $m+s$ 为偶数,则 $\boldsymbol{R}(x)$为$[(m+s+1)/(m+s)]$型;若 $m+s$ 为奇数,则 $\boldsymbol{R}(x)$为$[(m+s+1)/(m+s+1)]$型.

需要指出的是引理 3.13 是对形如(1.51)的向量连分式建立的,这里插值节点比定理 3.2 中的 n 多一个,所以结论正好相反. 在实际应用中如果没有引入辅助节点 x_{-1}时,要用 $s+m+1$ 来代替引理 3.13 中的 $m+s$ 来考察. 如例 8 中没有引入辅助点,$m=2$, $s=1$,我们考虑 $m+s+1=4$. 因为是偶数,故 $\boldsymbol{R}(x)$是[4/3]型的.

定理 3.14(特征定理) 当 $s\leqslant 2\left[\frac{m+1}{2}\right]$时,引理 3.13 中 $\boldsymbol{N}(x)/D(x)$可表示成 $\boldsymbol{N}(x)/D(x)=[\boldsymbol{N}_1(x)/D_1(x)]\cdot[\prod_{x_i\in X_2}(x-x_i)]$,其中当 $m+s$ 为偶数时,$\boldsymbol{N}_1(x)/D_1(x)$为$[(m+1)/(m-s)]$型;当 $m+s$ 为奇数时,$\boldsymbol{N}_1(x)/D_1(x)$为$[(m+1)/(m+1-s)]$型($[x]$表示不超过 x 的最大整数).

由上面定理 3.14 可以推出

推论 3.15　若 $s>2\left[\frac{m+1}{2}\right]$,则 GIRI_∞ 不存在.

注:这里给出的方法比较适合 X_2 中节点靠后,极点集中元素的个数少的对角型向量有理插值情形.

类似于定理 3.14 有如下余项定理.

定理 3.16　设 $\boldsymbol{V}(x)=\{V_1(x),\cdots,V_d(x)\}$, $V_i(x)$ 是 x 的多项式, $\Pi_x^n\subset[a,b]$,若 $\boldsymbol{R}(x)=\boldsymbol{N}(x)/D(x)$ 为 Π_x^n 上插值 $\boldsymbol{V}(x)$ 的 GIRI_∞,则有

$$V_i(x)-R_i(x)=\frac{W_{n+1}(x)}{(n+1)!D(x)}\frac{\mathrm{d}^{n+1}}{\mathrm{d}x^{n+1}}[D(x)V_i(x)]_{x=\xi_i},$$

其中 $x\in(a,b)\setminus X_2,\xi_i\in(a,b)$, $i=1,\cdots,d$, $W_{n+1}(x)=\prod\limits_{i=0}^{n}(x-x_i)$.

其证明方法与定理 3.4 的证明方法类似.

六、向量有理插值的递推算法

在第二章我们曾介绍了有理插值的逐步逆推算法. 这里介绍一下文献[41]中给出的向量有理插值的逐步递推算法.

设 $\boldsymbol{R}(x)$是由下列连分式

$$\boldsymbol{R}_l(x)=\boldsymbol{b}_0+\frac{x-x_0}{\boldsymbol{b}_1}+\frac{x-x_1}{\boldsymbol{b}_2}+\cdots+\frac{x-x_{l-1}}{\boldsymbol{b}_l},l=1,\cdots,n \tag{1.52}$$

定义的满足插值条件 $\boldsymbol{R}(x_i)=\boldsymbol{V}(x_i)$, $i=0,1,\cdots,n$ 的有理函数.

对 $l=1,2,\cdots,n,1\leqslant i\leqslant l-1$,定义

$$\boldsymbol{B}_l=\left(2\left[\frac{l}{2}\right]-l+1\right)\boldsymbol{b}_l+\left(l-2\left[\frac{l}{2}\right]\right)\boldsymbol{b}_l^*=\begin{cases}\boldsymbol{b}_l, & \text{当 } l \text{ 是偶数时},\\ \boldsymbol{b}_l^*, & \text{当 } l \text{ 是奇数时}.\end{cases} \tag{1.53}$$

$$d_{l-i,\,l}=\begin{cases}2\mathrm{Re}(\boldsymbol{b}_{l-i}\cdot\boldsymbol{b}_l), & \text{当 } i \text{ 是偶数时},\\ 2\mathrm{Re}(\boldsymbol{b}_{l-i}^*\cdot\boldsymbol{b}_l), & \text{当 } i \text{ 是奇数时}.\end{cases} \tag{1.54}$$

$$d_{l,l}=\boldsymbol{b}_l\cdot\boldsymbol{b}^*=|\boldsymbol{b}_l|^2.$$

特别当 $\boldsymbol{b}_l,l=1,2,\cdots,n$ 是实向量时,

$$\boldsymbol{B}_l=\boldsymbol{b}_l,\ d_{l-i,\,l}=2\boldsymbol{b}_{l-i}\cdot\boldsymbol{b}_l,\quad 1\leqslant i\leqslant l-1.$$

$$\begin{cases}\omega_0^l(x) = 1, \quad l = 1,2,\cdots,n,\\ \omega_k^l(x) = (x - x_{l-k})(x - x_{l-k+1})\cdots(x - x_{l-1}), \quad k = 0,1,\cdots,l,\end{cases} \tag{1.55}$$

$$[\boldsymbol{A}_1,\boldsymbol{A}_2,\cdots,\boldsymbol{A}_n][\boldsymbol{B}_1,\boldsymbol{B}_2,\cdots,\boldsymbol{B}_n]^{\mathrm{T}} = \boldsymbol{A}_1\cdot\boldsymbol{B}_1 + \boldsymbol{A}_2\cdot\boldsymbol{B}_2 + \cdots + \boldsymbol{A}_n\cdot\boldsymbol{B}_n.$$

这里 $\boldsymbol{X}\cdot\boldsymbol{Y}$ 表示向量$\boldsymbol{X}$ 与 $\boldsymbol{Y}$ 的数量积.

为了更方便地计算(1.52),引入序列

$$\begin{cases}\boldsymbol{P}_l = d_{ll}\boldsymbol{P}_{l-1} + \sum\limits_{i=1}^{l-1}\omega_i^l d_{l-i,l}\boldsymbol{P}_{l-i-1} + (x - x_{l-1})^2\boldsymbol{P}_{l-2} + \omega_l^l\boldsymbol{B}_l,\\ Q_l = d_{ll}Q_{l-1} + \sum\limits_{i=1}^{l-1}\omega_i^l d_{l-i,\,l}Q_{l-i-1} + (x - x_{l-1})^2 Q_{l-2}, \qquad l = 2,\cdots,n,\\ \boldsymbol{P}_0 = \boldsymbol{b}_0,\ \boldsymbol{P}_1 = d_{1,1}\boldsymbol{P}_0 + \omega_1^1\boldsymbol{b}_1^*,\ Q_0 = 1,\ Q_1 = d_{1,1}Q_0,\end{cases} \tag{1.56}$$

其中

$$\omega_k^l(x) = (x - x_{l-k})\omega_{k-1}^l(x), \quad k = 1,2,\cdots,n. \tag{1.57}$$

用数学归纳法可以证明 $\boldsymbol{P}_l(x)/Q_l(x)$ $(l=0,1,\cdots,n)$是满足插值条件

$$\boldsymbol{R}_l(x_i) = \boldsymbol{P}(x_i)/Q(x_i) = \boldsymbol{V}(x_i), \quad i = 0,1,\cdots,l$$

的向量有理函数.

事实上,当 $l=0$ 时,$\boldsymbol{R}_0 = \boldsymbol{b}_0 = \dfrac{\boldsymbol{P}_0}{Q_0}$.当 $l=1$ 时,由式(1.52)及式(1.56)得

$$\boldsymbol{R}_1(x) = \boldsymbol{b}_0 + \frac{x - x_0}{\boldsymbol{b}_1} = \frac{\boldsymbol{b}_0|\boldsymbol{b}_1|^2 + (x - x_0)\boldsymbol{b}_1^*}{|\boldsymbol{b}_1^*|^2} = \frac{\boldsymbol{P}_1}{Q_1}.$$

当 $l=2$ 时,由式(1.52)及式(1.56)得

$$\boldsymbol{R}_2(x) = \boldsymbol{b}_0 + \cfrac{x - x_0}{\boldsymbol{b}_1 + \cfrac{x - x_1}{\boldsymbol{b}_2}} = \frac{\boldsymbol{b}_0\left|\boldsymbol{b}_1 + \dfrac{x - x_1}{\boldsymbol{b}_2}\right|^2 + (x - x_0)\left(\boldsymbol{b}_1 + \dfrac{x - x_1}{\boldsymbol{b}_2}\right)^*}{\left|\boldsymbol{b}_1 + \dfrac{x - x_1}{\boldsymbol{b}_2}\right|^2}$$

$$= \frac{(\boldsymbol{b}_0|\boldsymbol{b}_1|^2 + (x - x_0)\boldsymbol{b}_1^*)|\boldsymbol{b}_2|^2 + 2(x - x_1)\mathrm{Re}(\boldsymbol{b}_1\cdot\boldsymbol{b}_2)\boldsymbol{b}_0 + (x - x_0)(x - x_1)\boldsymbol{b}_2 + (x - x_1)^2\boldsymbol{b}_0}{|\boldsymbol{b}_1|^2|\boldsymbol{b}_2|^2 + 2(x - x_1)\mathrm{Re}(\boldsymbol{b}_1\cdot\boldsymbol{b}_2) + (x - x_1)^2}$$

$$= \frac{\boldsymbol{P}_1|\boldsymbol{b}_2|^2 + 2(x - x_1)\mathrm{Re}(\boldsymbol{b}_1\cdot\boldsymbol{b}_2)\boldsymbol{P}_0 + (x - x_0)(x - x_1)\boldsymbol{b}_2 + (x - x_1)^2\boldsymbol{P}_0}{Q_1|\boldsymbol{b}_2|^2 + 2(x - x_1)\mathrm{Re}(\boldsymbol{b}_1\cdot\boldsymbol{b}_2)Q_0 + (x - x_1)^2}$$

由式(1.54)及(1.55)和式(1.56)得

$$\boldsymbol{R}_2(x) = \boldsymbol{P}_2(x)/\boldsymbol{Q}_2(x).$$

假设当 $l=k<n$ 时成立，即

$$\boldsymbol{R}_k(x) = \frac{d_{k,k}\boldsymbol{P}_{k-1} + \sum_{i=1}^{k-1}\omega_i^k d_{k-i,\,k}\boldsymbol{P}_{k-i-1} + (x - x_{k-1})^2\boldsymbol{P}_{k-2} + \omega_k^k\boldsymbol{B}_k}{d_{k,k}\boldsymbol{Q}_{k-1} + \sum_{i=1}^{k-1}\omega_i^k d_{k-i,\,k}\boldsymbol{Q}_{k-i-1} + (x - x_{k-1})^2\boldsymbol{Q}_{k-2}}$$

$$= \boldsymbol{P}_k(x)/\boldsymbol{Q}_k(x). \tag{1.58}$$

当 $l=k+1$ 时，由式(1.52)只需将 $\boldsymbol{R}_k(x)$中所有的 $\boldsymbol{b}_k$ 和$\boldsymbol{b}_k^*$ 分别换成

$$\boldsymbol{b}_k + \frac{x - x_k}{\boldsymbol{b}_{k+1}} \text{ 和 } \left(\boldsymbol{b}_k + \frac{x - x_k}{\boldsymbol{b}_{k+1}}\right)^*.$$

结合(1.54),(1.55),(1.56)及归纳假设，经计算得

$$\boldsymbol{R}_{k+1}(x) = \frac{d_{k+1,k+1}\boldsymbol{P}_k + \sum_{i=1}^{k}\omega_i^{k+1} d_{k+1-i,\,k+1}\boldsymbol{P}_{k-i} + (x - x_k)^2\boldsymbol{P}_{k-1} + \omega_{k+1}^{k+1}\boldsymbol{B}_{k+1}}{d_{k+1,k+1}\boldsymbol{Q}_k + \sum_{i=1}^{k}\omega_i^{k+1} d_{k+1-i,\,k+1}\boldsymbol{Q}_{k+1} + (x - x_k)^2\boldsymbol{Q}_{k-1}}$$

$$= \frac{\boldsymbol{P}_{k+1}(x)}{\boldsymbol{Q}_{k+1}(x)}.$$

称

$$\frac{\boldsymbol{P}_0(x)}{\boldsymbol{Q}_0(x)}, \frac{\boldsymbol{P}_1(x)}{\boldsymbol{Q}_1(x)}, \cdots, \frac{\boldsymbol{P}_n(x)}{\boldsymbol{Q}_n(x)}$$

为逐步向量有理插值函数. 每增加一个节点，只要按(1.56)的递推关系求得新的 $P_m(x)/Q_m(x)$即可.

为简明起见，将式(1.56)形式地记成

$$\boldsymbol{P}_l = [d_{l,l}\, d_{l-1,l} \cdots d_{1,l}\ 1][\boldsymbol{P}_{l-1}\ \omega_1^l\boldsymbol{P}_{l-2}\ \omega_2^l\boldsymbol{P}_{l-3} \cdots \omega_{l-1}^l\boldsymbol{P}_0\ \omega_l^l\boldsymbol{B}_l]^{\mathrm{T}} + (x - x_{l-1})^2\boldsymbol{P}_{l-2}, \tag{1.59}$$

$$\boldsymbol{Q}_l = [d_{l,l}\, d_{l-1,l} \cdots d_{1,l}\ 1][\boldsymbol{Q}_{l-1}\ \omega_1^l\boldsymbol{Q}_{l-2}\ \omega_2^l\boldsymbol{Q}_{l-3} \cdots \omega_{l-1}^l\boldsymbol{Q}_0\ 0]^{\mathrm{T}} + (x - x_{l-1})^2\boldsymbol{Q}_{l-2}. \tag{1.60}$$

对于例 2 用这里的方法重新计算

$$\boldsymbol{R}(x)=\boldsymbol{b}_0+\frac{x-x_0}{\boldsymbol{b}_1}+\frac{x-x_1}{\boldsymbol{b}_2}+\frac{x-x_2}{\boldsymbol{b}_3}$$

$$=(0,0,0)+\frac{x+1}{(1,-1,-1)}+\frac{x}{\left(\frac{2}{9},\frac{4}{9},\frac{5}{9}\right)}+\frac{x-1}{(2,1,2)},$$

$$\boldsymbol{R}_0(x)=\frac{\boldsymbol{P}_0}{Q_0}=\boldsymbol{b}_0=(0,0,0),$$

$$\boldsymbol{R}_1(x)=\frac{\boldsymbol{b}_0\mid\boldsymbol{b}_1\mid^2+(x-x_0)\boldsymbol{b}_1^*}{\mid\boldsymbol{b}_1\mid^2}$$

$$=\frac{(x+1,-(x+1),-(x+1))}{3}=\frac{\boldsymbol{P}_1(x)}{Q_1(x)}.$$

易知

$$\boldsymbol{R}_1(x_i)=\boldsymbol{V}(x_i),\ i=0,1,$$

$$\boldsymbol{P}_2(x)=(x+1,-(x+1),-(x+1))\frac{5}{9}+2x\left(-\frac{7}{9}\right)(0,0,0)$$

$$+(x+1)x\left(\frac{2}{9},\frac{4}{9},\frac{5}{9}\right)+x^2(0,0,0)$$

$$=\frac{1}{9}(2x^2+7x+5,\ 4x^2-x-5,\ 5x^2-5),$$

$$Q_2(x)=3\cdot\frac{5}{9}+2\times\left(-\frac{7}{9}\right)+x^2=x^2-\frac{14}{9}x+\frac{5}{3}.$$

$$\boldsymbol{R}_2(x)=\frac{\boldsymbol{P}_2(x)}{Q_2(x)}=\frac{(2x^2+7x+5,\ 4x^2-x-5,\ 5x^2-5)}{9x^2-14x+15}.$$

易验证 $\boldsymbol{R}_2(x_i)=\boldsymbol{V}(x_i)$，$i=0,1,2$.

$$\boldsymbol{P}_3(x)=d_{3,3}\boldsymbol{P}_2(x)+\sum_{i=1}^{2}\omega_i^3 d_{3-i,3}\boldsymbol{P}_{2-i}+(x-x_2)^2\boldsymbol{P}_1+\omega_3^3\boldsymbol{B}_3$$

$$=9\cdot\frac{1}{9}(2x^2+7x+5,\ 4x^2-x-5,\ 5x^2-5)+(x-1)4(x+1,$$

$$-(x+1),-(x+1))+x(x-1)(-2)(0,0,0)+(x-1)^2(x+1,$$

$$-(x+1),-(x+1))+x(x-1)(x+1)(2,1,2)$$

$$=(x+1)(3x^2+2x+2,\ x-2,\ x^2+x-2),$$

$$Q_3(x)=d_{3,3}Q_2+\omega_1^3 d_{2,3}Q_1+\omega_2^3 d_{1,3}Q_0+(x-x_2)^2Q_1$$

$$=9\cdot\left(x^2-\frac{14}{9}x+\frac{5}{3}\right)+4(x-1)\cdot 3+x(x-1)(-2)+(x-1)^2\cdot 3$$

$$= 10x^2 - 6x + 6,$$

$$\boldsymbol{R}_3(x) = \frac{(x+1)(3x^2+2x+2,\ x-2,\ x^2+x-2)}{10x^2-6x+6}$$

与例 2 中的结果完全一样.

作为本节的结束,我们指出关于一元向量值有理插值的存在性还没有见到一般的证明,如果遇到不插值的情形,建议采用上一章介绍的混合有理插值方法,给出混合型向量有理插值函数,使它满足所有插值条件.

除前面介绍的 Thiele 型向量有理插值外,还有定向向量有理插值及变参数的向量有理插值,这里均未作介绍,有兴趣的读者可参看书末文献[134]、[102]等.

§2 二元 Thiele 型向量值函数有理插值

如同将一元有理插值推广到多元一样,将一元向量值函数有理插值问题推广到多元情形是非常有意义的. 为了叙述方便我们主要介绍二元向量值函数有理插值问题,至于多元情形(三元以上)形式上与二元类似,只是计算复杂而已.

将一元情形推广到二元主要解决如何推广以及推广后是否仍保留一元情形的特征问题. 由于已有向量形式的分叉连分式,所以采用类似于一元情况,即用向量分叉连分式及二元 Samelson 逆变换来构造二元向量值函数有理插值,但向量分叉连分式的形式是多样的,故对同一问题构造出的向量值有理插值函数也是多样的. 于是研究插值的惟一性问题必须针对某种方法进行讨论,这是与一元情形的主要区别之一.

这一节针对矩形区域介绍二元向量有理插值的基本概念以及构造向量值有理插值函数方法.

设 $\Pi_x^\infty = \{x_0, x_1, \cdots\}$ 和 $\Pi_y^\infty = \{y_0, y_1, \cdots\}$ 是两组实数构成的集合,且 $x_i \neq x_j$, $y_i \neq y_j$, $i \neq j$, $i, j = 0, 1, \cdots$. 设平面点集为

$$\Pi_{x,y}^{n,m} = \{(x_i, y_j) \mid,\ i = 0,1,\cdots,n;\ j = 0,1,\cdots,m,\ x_i \in \Pi_x^\infty,\ y_j \in \Pi_y^\infty.\},$$

对应的有限值二元向量组成的集为

$$\nabla_{x,y}^{n,m} = \{\boldsymbol{V}^{(i,j)} \mid \boldsymbol{V}^{(i,j)} = \boldsymbol{V}(x_i,\ y_j) \in \mathbf{C}^d,\quad (x_i,\ y_j) \in \Pi_{x,y}^{n,m}\}.$$

定义二元向量 $\boldsymbol{V}(x, y)$ 的 Samelson 逆变换为

$$\boldsymbol{V}^{-1}(x,y) = \boldsymbol{V}^*(x,y)/|\boldsymbol{V}(x,y)|^2, \tag{2.1}$$

其中 $\boldsymbol{V}^*(x, y)$ 表示 $\boldsymbol{V}(x, y)$ 的共轭向量, $|\boldsymbol{V}(x, y)|^2$ 表示向量 $\boldsymbol{V}(x, y)$ 的模. 令

$$\boldsymbol{R}(x,y)=\frac{\boldsymbol{N}(x,y)}{D(x,y)}=\frac{(N_1(x,y),\cdots,N_d(x,y))}{D(x,y)},\tag{2.2}$$

其中 $N_k(x,y)(k=1,2,\cdots,d)$为二元多项式,$D(x,y)$是二元实多项式.

所谓二元向量值函数有理插值问题,就是寻求形如(2.2)的向量值有理函数 $\boldsymbol{R}(x,y)$使之满足插值条件:

$$\boldsymbol{R}(x_i,\ y_j)=\boldsymbol{N}(x_i,\ y_j)/D(x_i,\ y_j)=\boldsymbol{V}(x_i,\ y_j),\ (x_i,\ y_j)\in\Pi_{x,y}^{n,m}.\tag{2.3}$$

记 $\boldsymbol{R}(x,y)=(R_1(x,y),\cdots,R_d(x,y))$, $\boldsymbol{V}(x,y)=(V_1(x,y),\cdots,V_d(x,y))$,则上式可写成

$$R_k(x_i,y_j)=N_k(x_i,y_j)/D(x_i,y_j)=V_k(x_i,\ y_j),\ k=1,\cdots,d,$$

$$(x_i,\ y_j)\in\Pi_{x,y}^{n,m}.$$

对于插值问题(2.2),(2.3),主要讨论插值函数的构造,插值特性及误差估计等.

一、二元 Thiele 型向量值有理插值

所谓二元向量分叉连分式是指如下形式的连分式:

$$\boldsymbol{R}(x,y)=\boldsymbol{B}_0(y)+\frac{x-x_0}{\boldsymbol{B}_1(y)}+\frac{x-x_1}{\boldsymbol{B}_2(y)}+\cdots+\frac{x-x_n}{\boldsymbol{B}_{n+1}(y)}+\cdots,\tag{2.4}$$

其中

$$\boldsymbol{B}_i(y)=\boldsymbol{b}_{i,0}(x_0,\cdots,x_i;\ y_0)+\frac{y-y_0}{\boldsymbol{b}_{i,1}(x_0,\cdots,x_i;\ y_0,y_1)}+\cdots$$
$$+\frac{y-y_m}{\boldsymbol{b}_{i,m+1}(x_0,\cdots,x_i;\ y_0,\cdots,y_m,y)},$$
$$i=0,1,\cdots,n,\tag{2.5}$$
$$\boldsymbol{B}_{n+1}(y)=\boldsymbol{b}_{n+1,0}(x_0,\cdots,x_n,x;\ y_0)$$
$$+\frac{y-y_0}{\boldsymbol{b}_{n+1,1}(x_0,\cdots,x_{n+1},x;\ y_0,y_1)}+\cdots+\frac{y-y_m}{\boldsymbol{b}_{n+1,m+1}(x_0,\cdots,x_n,x;\ y_0,\cdots,y_m,\ y)}.$$

式(2.5)中 $\boldsymbol{b}_{i,j}(x_0,\cdots,x_i;\ y_0,\cdots,y_j)$是二元偏反差商,定义它的递推关系如下:

$$\boldsymbol{b}_{0,0}=\boldsymbol{b}_{0,0}(x_i,\ y_j),\quad i=0,1,\cdots,n;\quad j=0,1,\cdots,m.\tag{2.6}$$

$$\boldsymbol{b}_{1,0}=\boldsymbol{b}_{1,0}(x_0,x_1;y_0)=\frac{x_1-x_0}{\boldsymbol{b}_{0,0}(x_1;y_0)-\boldsymbol{b}(x_0;y_0)},$$

$$\begin{aligned}\boldsymbol{b}_{l,0}&=\boldsymbol{b}_{l,0}(x_0,\cdots,x_l;\ y_0)=\boldsymbol{b}_{0,1,\cdots,l;0}\\&=\frac{x_l-x_{l-1}}{\boldsymbol{b}_{l-1,0}(x_0,\cdots,x_{l-2},x_l;y_0)-\boldsymbol{b}_{l-1,0}(x_0,\cdots,x_{l-1};y_0)}\\&=\frac{x_l-x_{l-1}}{\boldsymbol{b}_{0,1,\cdots,l-2,l;0}-\boldsymbol{b}_{0,1,\cdots,l-1;0}},\quad l\geqslant 1\end{aligned}\tag{2.7}$$

$$\begin{aligned}\boldsymbol{b}_{0,k}&=\boldsymbol{b}_{0,k}(x_0;y_0,\cdots,y_k)=\boldsymbol{b}_{0;0,1,\cdots,k}\\&=\frac{y_k-y_{k-1}}{\boldsymbol{b}_{0,k-1}(x_0;\ y_0,\cdots,y_{k-2},\ y_k)-\boldsymbol{b}_{0,k-1}(x_0;\ y_0,\cdots,y_{k-1})}\\&=\frac{y_k-y_{k-1}}{\boldsymbol{b}_{0;0,1,\cdots,(k-2),k}-\boldsymbol{b}_{0;0,1,\cdots,k-1}},\quad k\geqslant 1\end{aligned}\tag{2.8}$$

$$\begin{aligned}\boldsymbol{b}_{l,k}&=\boldsymbol{b}_{l,k}(x_0,\cdots,x_l;y_0,\cdots,y_k)=\boldsymbol{b}_{0,1,\cdots,l;\,0,1,\cdots,k}\\&=\frac{y_k-y_{k-1}}{\boldsymbol{b}_{l,k-1}(x_0,\cdots,x_l;\ y_0,\cdots,y_{k-2},\ y_k)-\boldsymbol{b}_{l,k-1}(x_0,\cdots,x_l;\ y_0,\cdots,y_{k-1})}\\&=\frac{y_k-y_{k-1}}{\boldsymbol{b}_{0,1,\cdots,l;\,0,1,\cdots,(k-2),k}-\boldsymbol{b}_{0,1,\cdots,l;0,1,\cdots,k-1}},\quad k\geqslant 1.\end{aligned}\tag{2.9}$$

若利用式(2.1)得到的所有向量 $\boldsymbol{b}_{l,k}(0\leqslant l\leqslant n,\ 0\leqslant k\leqslant m)$都存在,且除 $\boldsymbol{b}_{0,0}$ 外都不是零向量,则容易验证 $\boldsymbol{R}(x,y)=\boldsymbol{b}_{0,0}(x,y)$. 连分式(2.4)的$(n,\ m)$阶渐近分式记为

$$\boldsymbol{R}_{n,m}(x,y)=\boldsymbol{L}_0(y)+\frac{x-x_0}{\boldsymbol{L}_1(y)}+\cdots+\frac{x-x_{n-1}}{\boldsymbol{L}_n(y)},\tag{2.10}$$

其中

$$\boldsymbol{L}_i(y)=\boldsymbol{b}_{i,0}+\frac{y-y_0}{\boldsymbol{b}_{i,1}}+\cdots+\frac{y-y_{m-1}}{\boldsymbol{b}_{i,m}},\quad i=0,1,\cdots,n.\tag{2.11}$$

对于给定的节点集 $\Pi_{x,y}^{n,m}$ 及相应的向量集$\boldsymbol{\nabla}_{x,y}^{n,m}$只要由算法(2.6)~(2.9)求出的 $\boldsymbol{b}_{i,j}$除$\boldsymbol{b}_{0,0}$之外均不是零向量,则容易验证

$$\boldsymbol{R}_{n,m}(x_i,\ y_j)=\boldsymbol{V}(x_i,\ y_j),\ (x_i,\ y_j)\in\Pi_{x,y}^{n,m}.$$

定义 3.7[23] 若二元向量值有理函数

$$\boldsymbol{R}_{n,m}(x,y) = \frac{\boldsymbol{N}(x,y)}{D(x,y)} = \boldsymbol{L}_0(y) + \frac{x - x_0}{\boldsymbol{L}_1(y)} + \cdots + \frac{x - x_{n-1}}{\boldsymbol{L}_n(y)},$$

其中 $\boldsymbol{L}_i(y)$, $i=0,1,\cdots,n$ 由式(2.11)确定,若满足:(i)$D(x,y)$是二元实多项式且 $D(x,y) \mid |\boldsymbol{N}(x,y)|^2$;(ii)$\boldsymbol{R}_{n,m}(x_i, y_j)=\boldsymbol{V}(x_i, y_j)$, $i=0,1,\cdots,n$; $j=0,1,\cdots,m$,则称它为基于广义逆(2.1)的二元 Thiele 型向量值有理插值,简记为 $\mathrm{BGIRI_T}$.

将式(2.10),(2.11)及(2.3)合在一起,称为在矩形网格 $\Pi_{x,y}^{n,m}$ 上对向量集 $\boldsymbol{\nabla}_{x,y}^{n,m}$ 插值的二元 Thiele 型向量值有理插值公式.

对于给定数据构造向量值有理插值函数的关键是求出式(2.11)中的系数向量 $\boldsymbol{b}_{i,j}$. 而求它的方法在形式上是多样的,但最基本的是利用式(2.1)来计算各阶反差商.

例 9　设给定节点(x_i, y_j)及相应的向量 $\boldsymbol{V}_{i,j}$ 为

	$x_0=0$	$x_1=1$
$y_0=0$	$(1,0,0)$	$(1,-1,0)$
$y_1=1$	$(1,-1,1)$	$(2,0,1)$

解　利用式(2.1)求偏反差商,经计算可得

$$\boldsymbol{b}_{0,0} = (1,0,0), \quad \boldsymbol{b}_{0,1} = \left(0, -\frac{1}{2}, \frac{1}{2}\right), \quad \boldsymbol{b}_{1,0} = (0, -1, 0),$$

$$\boldsymbol{b}_{1,1} = \left(\frac{1}{5}, \frac{3}{5}, 0\right), \quad \boldsymbol{L}_0(y) = (1,0,0) + \frac{y}{\left(0, -\frac{1}{2}, \frac{1}{2}\right)} = (1, -y, y),$$

$$\boldsymbol{L}_1(y) = (0, -1, 0) + \frac{y}{\left(\frac{1}{5}, \frac{3}{5}, 0\right)} = \left(\frac{1}{2}y, \frac{3}{2}y - 1, 0\right),$$

$$\boldsymbol{R}(x,y) = \boldsymbol{L}_0(y) + \frac{x}{\boldsymbol{L}_1(y)}.$$

可直接验证 $\boldsymbol{R}(x_i, y_j)=\boldsymbol{V}_{i,j}$, $i, j=0,1$.

显然构造分叉连分式插值的关键是计算二元偏反差商. 下面介绍一下分叉连分式系数的另一种算法.

设 R^2 中的点集 $\Pi^{n,m}$ 由下表给出:

$$(x_0, y_0), (x_0, y_1), \cdots, (x_0, y_m)$$

$$(x_1,y_0),(x_1,y_1),\cdots,(x_1,y_m)$$

$$\vdots$$

$$(x_n,y_0),(x_n,y_1),\cdots,(x_n,y_m)$$

并称 $\Pi^{n,m}$ 为矩形网格. 对 $\Pi^{n,m}$ 中的每个点$(x_i,\ y_j)$给定 d 维向量 $\boldsymbol{V}^{(i,j)}=\boldsymbol{V}(x_{i,\ y_j})\in\mathbf{C}^d$,并按上述方式排成向量网格,并记为 $\boldsymbol{V}^{n,m}$:

$$\begin{matrix}\boldsymbol{V}^{(0,0)}, & \boldsymbol{V}^{(0,1)}, & \cdots, & \boldsymbol{V}^{(0,m)}\\ \boldsymbol{V}^{(1,0)}, & \boldsymbol{V}^{(1,1)}, & \cdots, & \boldsymbol{V}^{(1,m)}\\ \vdots & \vdots & & \vdots\\ \boldsymbol{V}^{(n,0)}, & \boldsymbol{V}^{(n,1)}, & \cdots, & \boldsymbol{V}^{(n,m)}\end{matrix}$$

算法 3.1

第 1 步 对任意$(x_i,\ y_j)\in\Pi^{n,m}$,令

$$\boldsymbol{A}_{0,0}^{(i,j)}=\boldsymbol{V}^{(i,j)},\quad i=0,1,\cdots,n;\quad j=0,1,\cdots,m;$$

第 2 步 对 $i=0,1,\cdots,n$; $j=1,\cdots,m$; $k=1,\cdots,j$. 令

$$\boldsymbol{A}_{i,k}^{(i,j)}=\frac{y_j-y_{k-1}}{\boldsymbol{A}_{i,\ k-1}^{(i,j)}-\boldsymbol{A}_{i,\ k-1}^{(i,k-1)}};$$

第 3 步 对 $t=1,\cdots,i$; $i=1,\cdots,n$;$j=0,1,\cdots,m$,令

$$\boldsymbol{A}_{t,0}^{(i,j)}=\frac{x_i-x_{t-1}}{\boldsymbol{A}_{t-1,\ 0}^{(i,j)}-\boldsymbol{A}_{t-1,0}^{(t-1,j)}}.$$

为了计算方便,将二元向量 $\boldsymbol{V}$Samelson 逆变换(2.1)作补充规定如下:如果 $\boldsymbol{V}=\boldsymbol{0}$,则 $\boldsymbol{V}^{-1}=\infty$;如果 $\boldsymbol{V}=\infty$, 则 $\boldsymbol{V}^{-1}=\boldsymbol{0}$.

利用算法得到的 $\boldsymbol{A}_{l,0}^{(l,0)},\boldsymbol{A}_{l,1}^{(l,1)},\cdots,\boldsymbol{A}_{l,m}^{(l,m)}(l=0,1,\cdots,n)$构造分叉连分式

$$\boldsymbol{R}(x,y)=\boldsymbol{L}_0(y)+\frac{x-x_0}{\boldsymbol{L}_1(y)}+\cdots+\frac{x-x_{n-1}}{\boldsymbol{L}_n(y)},$$

其中

$$\boldsymbol{L}_l(y)=\boldsymbol{A}_{l,0}^{(l,\ 0)}+\frac{y-y_0}{\boldsymbol{A}_{l,1}^{(l,1)}}+\cdots+\frac{y-y_{m-1}}{\boldsymbol{A}_{l,m}^{(l,m)}},\ l=0,1,\cdots,n \tag{2.12}$$

可以证明 $\boldsymbol{R}(x_i,\ y_j)=\boldsymbol{V}^{(i,\ j)}$, $(x_i,\ y_j)\in\Pi^{n,m}$.

事实上,由算法 3.1 可推出

$$\begin{aligned}\boldsymbol{L}_l(y_j) &= \boldsymbol{A}_{l,0}^{(l,0)} + \frac{y_j - y_0}{\boldsymbol{A}_{l,1}^{(l,1)}} + \cdots + \frac{y_j - y_{j-1}}{\boldsymbol{A}_{l,j}^{(l,j)}} \\ &= \boldsymbol{A}_{l,0}^{(l,0)} + \frac{y_j - y_0}{\boldsymbol{A}_{l,1}^{(l,1)}} + \cdots + \frac{y_j - y_{j-2}}{\boldsymbol{A}_{l,j-1}^{(l,j-1)}} + \cfrac{y_j - y_{j-1}}{\cfrac{y_j - y_{j-1}}{\boldsymbol{A}_{l,j-1}^{(l,j)} - \boldsymbol{A}_{l,j-1}^{(l,j-1)}}} \\ &= \boldsymbol{A}_{l,0}^{(l,0)} + \frac{y_j - y_0}{\boldsymbol{A}_{l,1}^{(l,1)}} + \cdots + \frac{y_j - y_{j-2}}{\boldsymbol{A}_{l,j-1}^{(l,j)}} \\ &= \cdots = \boldsymbol{A}_{l,0}^{(l,j)}.\end{aligned}$$

因此

$$\begin{aligned}\boldsymbol{R}(x_i, y_j) &= \boldsymbol{L}_0(y_j) + \frac{x_i - x_0}{\boldsymbol{L}_1(y_j)} + \cdots + \frac{x_i - x_{i-1}}{\boldsymbol{L}_i(y_j)} \\ &= \boldsymbol{A}_{0,0}^{(0,j)} + \frac{x_i - x_0}{\boldsymbol{A}_{1,0}^{(1,j)}} + \cdots + \frac{x_i - x_{i-1}}{\boldsymbol{A}_{i-1,0}^{(i,j)}} \\ &= \cdots = \boldsymbol{A}_{0,0}^{(i,j)} = \boldsymbol{V}^{(i,j)}.\end{aligned}$$

例 10 设 $n=2$, $m=1$, $d=2$ 且 $\Pi^{2,1}$ 和 $\boldsymbol{V}^{2,1}$ 由下表给出

$\boldsymbol{V}$	$x_0=1$	$x_1=2$	$x_2=3$
$y_0=1$	$(0,0)$	$\left(\frac{1}{2},\frac{1}{2}\right)$	$(2,0)$
$y_1=2$	$(0,1)$	$(1,2)$	$(1,2)$

$$\boldsymbol{A}_{0,0}^{(0,0)} = \boldsymbol{V}^{(0,0)} = (0,0),\quad \boldsymbol{A}_{0,0}^{(0,1)} = (0,1),\quad \boldsymbol{A}_{0,0}^{(1,0)} = \left(\frac{1}{2},\frac{1}{2}\right),$$

$$\boldsymbol{A}_{0,0}^{(1,1)} = (0,1), \boldsymbol{A}_{0,0}^{(2,0)} = (1,2), \boldsymbol{A}_{0,0}^{(2,1)} = (1,2).$$

由算法 3.1 得

$$\boldsymbol{A}_{0,1}^{(0,1)} = \frac{y_1 - y_0}{\boldsymbol{A}_{0,0}^{(0,1)} - \boldsymbol{A}_{0,0}^{(0,0)}} = \frac{2-1}{(0,1)-(0,0)} = (0,1),$$

$$\boldsymbol{A}_{1,0}^{(1,0)} = \frac{x_1 - x_0}{\boldsymbol{A}_{0,0}^{(1,0)} - \boldsymbol{A}_{0,0}^{(0,0)}} = \frac{1}{\left(\frac{1}{2},\frac{1}{2}\right)-(0,0)} = (1,1),$$

$$\boldsymbol{A}_{1,1}^{(1,1)} = (-1,-1), \boldsymbol{A}_{2,0}^{(2,0)} = (0,-1), \boldsymbol{A}_{2,1}^{(2,1)} = \left(\frac{1}{5},\frac{2}{5}\right).$$

于是

$$L_0(y) = (0,0) + \frac{y-1}{(0,1)} = (0, y-1),$$

$$L_1(y) = (1,1) + \frac{y-1}{(-1,-1)} = \left(\frac{3-y}{2},\frac{3-y}{2}\right),$$

$$L_2(y) = (0, -1) + \frac{y-1}{\left(\frac{1}{5}, \frac{2}{5}\right)} = (y-1, 2y-3).$$

故

$$\boldsymbol{R}(x,y) = (0, y-1) + \frac{x-1}{\left(\frac{3-y}{2}, \frac{3-y}{2}\right)} + \frac{x-2}{(y-1,\ 2y-3)}.$$

为了便于记忆算法，甚至希望像差商表那样直接由数表计算，下面给出的所谓矩阵算法可以达到这样的要求(见文献[68]).

算法 3.2

令 $\mathbf{A}_{0,0}^{(i,j)} = \mathbf{V}^{(i,j)}$, $i=0,1,\cdots,n$; $j=0,1,\cdots,m$. 将给定的向量 $\mathbf{A}_{0,0}^{(i,j)}$ 排成一个初始矩阵

$$\mathbf{A} = \begin{bmatrix} \mathbf{A}_{0,0}^{(0,0)} & \mathbf{A}_{0,0}^{(1,0)} & \cdots & \mathbf{A}_{0,0}^{(n,0)} \\ \mathbf{A}_{0,0}^{(0,1)} & \mathbf{A}_{0,0}^{(1,1)} & \cdots & \mathbf{A}_{0,0}^{(n,1)} \\ \vdots & \vdots & & \vdots \\ \mathbf{A}_{0,0}^{(0,m)} & \mathbf{A}_{0,0}^{(1,m)} & \cdots & \mathbf{A}_{0,0}^{(n,m)} \end{bmatrix}, \tag{2.13}$$

这里初始向量矩阵是从 0 行，0 列开始的.

首先定义特殊方式的行和列初等变换：**A** 的第 1 列减去第 0 列后的新矩阵为

$$\begin{bmatrix} \mathbf{A}_{0,0}^{(0,0)} & \mathbf{A}_{1,0}^{(1,0)} & \cdots & \mathbf{A}_{0,0}^{(n,0)} \\ \mathbf{A}_{0,0}^{(0,1)} & \mathbf{A}_{1,0}^{(1,1)} & \cdots & \mathbf{A}_{0,0}^{(n,1)} \\ \vdots & \vdots & & \vdots \\ \mathbf{A}_{0,0}^{(0,m)} & \mathbf{A}_{1,0}^{(1,m)} & \cdots & \mathbf{A}_{0,0}^{(n,m)} \end{bmatrix}, \tag{2.14}$$

其中

$$\mathbf{A}_{1,0}^{(1,j)} = \frac{x_1 - x_0}{\mathbf{A}_{0,0}^{(1,j)} - \mathbf{A}_{0,0}^{(0,j)}}, \quad j = 0,1,\cdots,m.$$

而 **A** 的第 1 行减去第 0 行后产生的新矩阵为

$$\begin{bmatrix} \mathbf{A}_{0,0}^{(0,0)} & \mathbf{A}_{0,0}^{(1,0)} & \cdots & \mathbf{A}_{0,0}^{(n,0)} \\ \mathbf{A}_{0,1}^{(0,1)} & \mathbf{A}_{0,1}^{(1,1)} & \cdots & \mathbf{A}_{0,1}^{(n,1)} \\ \vdots & \vdots & & \vdots \\ \mathbf{A}_{0,0}^{(0,m)} & \mathbf{A}_{0,0}^{(1,m)} & \cdots & \mathbf{A}_{0,0}^{(n,m)} \end{bmatrix}, \tag{2.15}$$

其中

$$\mathbf{A}_{0,1}^{(i,1)} = \frac{y_1 - y_0}{\mathbf{A}_{0,0}^{(i,1)} - \mathbf{A}_{0,0}^{(i,0)}}, \quad i = 0,1,\cdots,n.$$

一般地

对 $i=0,1,\cdots,n-1,j=i+1,\cdots,n$,将 $\mathbf{A}$ 的第 j 列减去第 i 列后得到变换后的向量矩阵为

$$\begin{bmatrix} \mathbf{A}_{0,0}^{(0,0)} & \mathbf{A}_{1,0}^{(1,0)} & \mathbf{A}_{2,0}^{(2,0)} & \cdots & \mathbf{A}_{n,0}^{(n,0)} \\ \mathbf{A}_{0,0}^{(0,1)} & \mathbf{A}_{1,0}^{(1,1)} & \mathbf{A}_{2,0}^{(2,1)} & \cdots & \mathbf{A}_{n,0}^{(n,1)} \\ \vdots & \vdots & \vdots & & \vdots \\ \mathbf{A}_{0,0}^{(0,m)} & \mathbf{A}_{1,0}^{(1,m)} & \mathbf{A}_{2,0}^{(2,m)} & \cdots & \mathbf{A}_{n,0}^{(n,m)} \end{bmatrix}, \tag{2.16}$$

其计算具体过程是:第 1 列减第 0 列,第 2 列减第 0 列,…,第 n 列减第 0 列,然后新的第 2 列减第 1 列,第 3 列减第 1 列,…,第 n 列减第 1 列,以此类推,最后得到式(2.16)中的矩阵.

对 $i=0,1,\cdots,m-1,j=i+1,\cdots,m$,将(2.16)中矩阵的第 j 行减去第 i 行后得到的向量矩阵为

$$\begin{bmatrix} \mathbf{A}_{0,0}^{(0,0)} & \mathbf{A}_{1,0}^{(1,0)} & \cdots & \mathbf{A}_{n,0}^{(n,0)} \\ \mathbf{A}_{0,1}^{(0,1)} & \mathbf{A}_{1,1}^{(1,1)} & \cdots & \mathbf{A}_{n,1}^{(n,1)} \\ \vdots & \vdots & & \vdots \\ \mathbf{A}_{0,m}^{(0,m)} & \mathbf{A}_{1,m}^{(1,m)} & \cdots & \mathbf{A}_{n,m}^{(n,m)} \end{bmatrix}, \tag{2.17}$$

其具体计算过程是:(2.16)中矩阵第 1 行减第 0 行,第 2 行减第 0 行,…,第 m 行减第 0 行,然后对变换后的矩阵,由第 2 行减第 1 行,第 3 行减第 1 行,…,第 m 行减第 1 行,又得新矩阵再对新矩阵进行变换,即第 3 行减第 2 行,以此类推便得矩阵(2.17).

矩阵(2.17)的每一列(如第 i 列)就是 $L_i(y)$的系数.

对例 10 中的向量矩阵 $\mathbf{A}$ 利用算法 3.2 进行计算:

$$\mathbf{A} = \begin{bmatrix} (0,0) & \left(\frac{1}{2},\frac{1}{2}\right) & (2,0) \\ (0,1) & (1,2) & (1,2) \end{bmatrix} \to \begin{bmatrix} (0,0) & (1,1) & (1,0) \\ (0,1) & \left(\frac{1}{2},\frac{1}{2}\right) & (1,1) \end{bmatrix}$$

$$\to\begin{bmatrix}(0,0) & (1,1) & (0,-1)\\ (0,1) & \left(\frac{1}{2},\frac{1}{2}\right) & (1,1)\end{bmatrix}\to\begin{bmatrix}(0,0) & (1,1) & (0,-1)\\ (0,1) & (-1,-1) & \left(\frac{1}{5},\frac{2}{5}\right)\end{bmatrix}.$$

其结果和例 10 中计算的 $\boldsymbol{A}_{i,j}^{(i;\,j)}$完全一样.

上面介绍的分叉连分式系数计算方法简单、整齐、美观,只要记住计算是在反差商意义下进行的,其计算过程与多项式插值的 Aitken 算法非常相似,只不过这里从行、列两个方面计算.

这种由分叉连分式定义的二元向量值有理插值,具有一元 Thiele 型向量值有理插值的类似特性.

定义 3.8　如果 $\boldsymbol{R}(x,y)=\boldsymbol{N}(x,y)/D(x,y)$满足

(i) $\partial N_j\leqslant l,\ j=1,2,\cdots,d$,且存在某个 $j_0(1\leqslant j_0\leqslant d)$使$\partial N_{j_0}=l$;

(ii) $\partial D=m$;

则称 $\boldsymbol{R}(x,y)$具有$[l/m]$型.

如果 $\boldsymbol{N}(x,y)=(N_1(x,y),\cdots,N_d(x,y))$中 d 个多项式与$D(x,y)$之间不存在非常数的公因式,则称 $\boldsymbol{R}(x,y)$是既约的.

定理 3.17[23]　对形如(2.10)的 $\mathrm{BGIRI_T}\,\boldsymbol{R}(x,y)$,当 m,n 全是偶数时,则 $\boldsymbol{R}(x,y)$具有$[(mn+m+n)/(mn+n+m)]$型;当 n,m 不全是偶数时,则 $\boldsymbol{R}(x,y)$是$[(mn+n+m)/(mn+m+n-1)]$型.

证明　为了叙述简便,记 $L_i(y)=\dfrac{\boldsymbol{A}_i}{B_i}\ (i=0,1,\cdots,n)$,用数学归纳法证明. 不妨设 m 是偶数,当 $n=0$ 时,$\boldsymbol{R}=\boldsymbol{A}_0/B_0=\boldsymbol{N}(y)/D_1(y)$是 y 的一元有理函数,由定理 3.2 知 $\boldsymbol{R}$ 具有$[m/m]$型.

当 $n=1$ 时,$\boldsymbol{R}=\boldsymbol{L}_0(y)+\dfrac{x-x_0}{\boldsymbol{L}_1(y)}=\dfrac{\boldsymbol{A}_0}{B_0}+\dfrac{x-x_0}{\boldsymbol{A}_1/B_1}$. 注意 $\boldsymbol{L}_i(y)$是一元 Thiele 型连分式,又 m 是偶数,所以$\partial\boldsymbol{A}_1=m,\ \partial B_1=m$,设$|\boldsymbol{A}_1|^2=B_1\theta_1$,故$\partial\theta_1=m$. 于是

$$\boldsymbol{R}=\boldsymbol{A}_0/B_0+\frac{x-x_0}{\boldsymbol{A}_1/B_1}=\frac{\boldsymbol{A}_0\theta_1+(x-x_0)B_0\boldsymbol{A}_1^*}{B_0\theta_1},$$

此时 $\boldsymbol{R}$ 具有$[(2m+1)/2m]$型.

当 $n=2$ 时,设

$$\boldsymbol{N}_2/D_2=\frac{\boldsymbol{A}_1}{B_1}+\frac{x-x_1}{\boldsymbol{A}_2/B_2},$$

令$|\boldsymbol{N}_2|^2=D_2\theta_2$,又 $\boldsymbol{N}/D_2$ 是$[(2m+1)/2m]$型,所以$\partial\theta_2=2m+2$. 于是

$$\boldsymbol{R}=\frac{\mathbf{A}_0}{B_0}+\cfrac{x-x_0}{\cfrac{\mathbf{A}_1}{B_1}}+\cfrac{x-x_1}{\cfrac{\mathbf{A}_2}{B_2}}=\frac{\mathbf{A}_0}{B_0}+\cfrac{x-x_0}{\cfrac{\mathbf{N}_2}{D_2}}$$

$$=\frac{\mathbf{A}_0\theta_2+(x-x_0)B_0\mathbf{N}_2^*}{B_0\theta_2}$$

具有$[(3m+2)/(3m+2)]$型.

当 $n=2k-2$ 时,

$$\boldsymbol{R}=\frac{\mathbf{A}_0}{B_0}+\cfrac{x-x_0}{\cfrac{\mathbf{A}_1}{B_1}}+\cdots+\cfrac{x-x_{2k-3}}{\cfrac{\mathbf{A}_{2k-2}}{B_{2k-2}}}$$

具有$[\{(2k-2)m+m+(2k-2)\}/\{(2k-2)m+m+(2k-2)\}]$型,则当 $n=2k-1$ 时,设

$$\frac{\mathbf{N}_{2k-1}}{D_{2k-1}}=\frac{\mathbf{A}_1}{B_1}+\frac{x-x_1}{\mathbf{A}_2/B_2}+\cdots+\frac{x-x_{2k-2}}{\mathbf{A}_{2k-1}/B_{2k-1}},\ |\mathbf{N}_{2k-1}|^2=D_{2k-1}\theta_{2k-1}.$$

由假设可推知$\partial\theta_{2k-1}=(2k-2)m+m+(2k-2)$,于是

$$\boldsymbol{R}=\frac{\mathbf{A}_0}{B_0}+\frac{x-x_0}{\mathbf{A}_1/B_1}+\cdots+\frac{x-x_{2k-2}}{\mathbf{A}_{2k-1}/B_{2k-1}}$$

$$=\frac{\mathbf{A}_0}{B_0}+\frac{x-x_0}{\mathbf{N}_{2k-1}/D_{2k-1}}=\frac{\mathbf{A}_0\theta_{2k-1}+(x-x_0)B_0\mathbf{N}_{2k-1}^*}{B_0\theta_{2k-1}}$$

是$[((2k-1)m+m+(2k-1))/((2k-1)m+m+(2k-1)-1)]$型.

当 $n=2k$ 时,同法可证

$$\boldsymbol{R}=\frac{\mathbf{A}_0}{B_0}+\frac{x-x_0}{\mathbf{A}_1/B_1}+\cdots+\frac{x-x_{2k-1}}{\mathbf{A}_{2k}/B_{2k}}$$

$$=\frac{\mathbf{A}_0}{B_0}+\frac{x-x_0}{\mathbf{N}_{2k}/D_{2k}}=\frac{\mathbf{A}_0\theta_{2k}+(x-x_0)B_0\mathbf{N}_{2k}^*}{B_0D_{2k}}$$

是$[(2km+m+2k)/(2km+m+2k)]$型. □

需要指出的是用向量分叉连分式构造向量值有理插值的方法直观、算法简单,但用不同的算法得到的向量值有理插值函数是不同的,请看下面的例子.

例 11　设 $m=n=1$, $d=2$, $\Pi^{1,1}$ 和 $\mathbf{V}^{1,1}$ 由下表给出

$\mathbf{V}$	$x_0=1$	$x_1=2$
$y_0=1$	$(0,0)$	$\left(\frac{1}{2},\frac{1}{2}\right)$
$y_1=2$	$(0,1)$	$(1,2)$

利用算法 3.2 得 $\boldsymbol{A}_{0,0}^{(0,0)}=(0,0),\boldsymbol{A}_{0,1}^{(0,1)}=(0,1),\boldsymbol{A}_{1,0}^{(1,0)}=(1,1),\boldsymbol{A}_{1,1}^{(1,1)}=(-1,-1)$. 由式(2.12)得

$$\boldsymbol{L}_0(y)=(0,y-1),\ \boldsymbol{L}_1(y)=\left(\frac{3-y}{2},\frac{3-y}{2}\right).$$

由式(2.11)得

$$\boldsymbol{R}(x,y)=\boldsymbol{L}_0(y)+\frac{x-1}{\boldsymbol{L}_1(y)}=\frac{(x-1,\ -y^2+4y+x-4)}{3-y}=\frac{\boldsymbol{N}(x,y)}{D(x,y)}.\tag{a}$$

容易验证,$\boldsymbol{R}(x_i,\ y_j)=\mathbf{V}^{(i,j)}(i,j=0,1)$. 但 $D(x,y)$不能整除$|\boldsymbol{N}(x,y)|^2$,这说明不满足整除性条件的向量值有理插值函数确实存在. 这就是下面定义 3.9 与定义 3.7 不同的原因.

如果在算法 3.2 中,先对矩阵 $\boldsymbol{A}$ 的行进行初等变换(反偏差商意义的运算),再对变换后的矩阵进行列变换,算法 3.2 仍成立,只不过这时要先求

$$\boldsymbol{L}_l(x)=\boldsymbol{A}_{0,l}^{(0,l)}+\frac{x-x_0}{\boldsymbol{A}_{1,l}^{(1,l)}}+\cdots+\frac{x-x_{n-1}}{\boldsymbol{A}_{n,l}^{(n,l)}},\quad l=0,1,\cdots,m,\tag{2.18}$$

然后求

$$\boldsymbol{R}(x,y)=\boldsymbol{L}_0(x)+\frac{y-y_0}{\boldsymbol{L}_1(x)}+\cdots+\frac{y-y_{m-1}}{\boldsymbol{L}_m(x)}\tag{2.19}$$

对于例 11 中求出的 $\boldsymbol{A}_{i,j}^{(i,j)}(i,j=0,1)$按式(2.18)及(2.19)可得

$$\begin{aligned}\boldsymbol{R}(x,y)&=\left(\frac{x-1}{2},\frac{x-1}{2}\right)+\frac{(xy-x-y+1,\ -2xy+2x+7y-7)}{x^2-6x+10}\\&=\frac{(x^3-7x^2+2xy+14x-2y-8,\ x^3-7x^2-4xy+20x+14y-24)}{2(x^2-6x+10)}\\&=\frac{\boldsymbol{N}(x,y)}{D(x,y)}.\end{aligned}\tag{b}$$

直接验证可知 $\boldsymbol{R}(x_i,\ y_j)=\mathbf{V}(x_i,\ y_j),i,j=0,1$. 显然 $D(x,y)$不能整除$|\boldsymbol{N}(x,y)|^2$.

从这个例子可看出用不同方法求分叉连分式系数,所得向量值有理函数 $\boldsymbol{R}(x,y)$ 的表现形式是不一样的. 且在两种表示中 x,y 的地位也不同,所以在实际计算拟采用其平均值比较合理. 记由式(2.11)和(2.12)得到的向量值有理函数为 $\boldsymbol{R}(x,y)$,而由式(2.18)和(2.19)得到的记为 $\boldsymbol{R}_2(x,y)$. 令

$$\boldsymbol{R}(x,y)=\frac{1}{2}(\boldsymbol{R}_1(x,y)+\boldsymbol{R}_2(x,y)) \tag{2.20}$$

由于向量值有理插值函数的表现形式可以不一样,因此一般的惟一性定理是不成立的,但就某种算法(例如算法 3.1),插值惟一性是成立的.

定义 3.9 若二元向量值函数

$$\boldsymbol{R}_{n,m}(x,y)=\frac{\boldsymbol{N}(x,y)}{D(x,y)}=\boldsymbol{L}_0(y)+\frac{x-x_0}{\boldsymbol{L}_1(y)}+\cdots+\frac{x-x_{n-1}}{\boldsymbol{L}_n(y)}, \tag{2.21}$$

其中 $\boldsymbol{L}_i(y),\ i=0,1,\cdots,n$ 由式(2.11)确定,又

$$\boldsymbol{R}_{n,m}(x_i,\ y_j)=\boldsymbol{V}^{(i,j)},\qquad (x_i,\ y_j)\in\Pi_{x,y}^{n,m}$$

$D(x,y)$ 是实二元多项式,则称它为基于广义逆的二元 Thiele 型向量值有理插值,简记为 BVRI_x.

定理 3.18(惟一性定理) BVRI_x 中任意两个向量值有理函数 $\boldsymbol{R}(x,y)$ 和 $\boldsymbol{r}(x,y)$ 若满足

$\boldsymbol{R}(x_i,y_j)=\boldsymbol{r}(x_i,y_j)=\boldsymbol{V}^{(i,j)},(x_i,y_j)\in\Pi_{x,y}^{n,m}$,且具有相同的型,则有 $\boldsymbol{R}(x,y)\equiv\boldsymbol{r}(x,y)$.

证明 不妨设 $\boldsymbol{R}(x,y),\boldsymbol{r}(x,y)$ 的既约形式分别为

$$\boldsymbol{R}(x,y)=\frac{\boldsymbol{N}(x,y)}{D(x,y)},\ \boldsymbol{r}(x,y)=\frac{\boldsymbol{P}(x,y)}{Q(x,y)}.$$

由于 $\boldsymbol{R}(x,y)\in\mathrm{BGIRI}_T,\boldsymbol{r}(x,y)\in\mathrm{BGIRI}_T$,所以有

$$\boldsymbol{R}(x,y)=\boldsymbol{L}_0(y)+\frac{x-x_0}{\boldsymbol{L}_1(y)}+\cdots+\frac{x-x_{n-1}}{\boldsymbol{L}_n(y)} \tag{2.22}$$

$$\boldsymbol{r}(x,y)=\boldsymbol{t}_0(y)+\frac{x-x_0}{\boldsymbol{t}_1(y)}+\cdots+\frac{x-x_{n-1}}{\boldsymbol{t}_n(y)}, \tag{2.23}$$

其中

$$\boldsymbol{L}_l(y)=\boldsymbol{b}_{l,0}+\frac{y-y_{l(0)}}{\boldsymbol{b}_{l(1)}}+\cdots+\frac{y-y_{l(m-1)}}{\boldsymbol{b}_{l(m)}},\quad l=0,1,\cdots,n, \tag{2.24}$$

$$\boldsymbol{t}_k(y)=\boldsymbol{a}_{k(0)}+\frac{y-y_{k(0)}}{\boldsymbol{a}_{k(1)}}+\cdots+\frac{y-y_{k(m-1)}}{\boldsymbol{a}_{k(m)}},\quad k=0,1,\cdots,n, \tag{2.25}$$

这里 $l(0),l(1),\cdots,l(m)$ 和 $k(0),k(1),\cdots,k(m)$ 均是 $0,1,\cdots,m$ 的某个排列.

由假设 $\boldsymbol{R}(x_0,y_j)=\boldsymbol{r}(x_0,y_j),\ j=0,1,\cdots,n$,可得

$$\boldsymbol{t}_0(y_j)=\boldsymbol{L}_0(y_j),\quad j=0,1,\cdots,m$$

由一元向量值有理插值惟一性定理 3.3 知 $\boldsymbol{L}_0(y)\equiv\boldsymbol{t}_0(y)$.

现假设 $\boldsymbol{L}_i(y)\equiv\boldsymbol{t}_i(y),\ i=0,1,\cdots,k-1$,由式(2.24)及(2.25)有

$$\boldsymbol{L}_k(y)=-\frac{x_k-x_{k-1}}{\boldsymbol{L}_{k-1}(y)}+\cdots+\frac{x_k-x_1}{\boldsymbol{L}_1(y)}+\frac{x_k-x_0}{\boldsymbol{L}_0(y)-\boldsymbol{R}(x_k,y)},$$

$$\boldsymbol{t}_k(y)=-\frac{x_k-x_{k-1}}{\boldsymbol{t}_{k-1}(y)}+\cdots+\frac{x_k-x_1}{\boldsymbol{t}_1(y)}+\frac{x_k-x_0}{\boldsymbol{t}_0(y)-\boldsymbol{r}(x_k,y)}.$$

因为 $\boldsymbol{R}(x_k,\ y_j)=\boldsymbol{r}(x_k,\ y_j),j=0,1,\cdots,m$,于是 $\boldsymbol{L}_k(y_j)=\boldsymbol{t}_k(y_j),j=0,1,\cdots,m$. 由定理 3.3 知 $\boldsymbol{L}_k(y)=\boldsymbol{t}_k(y)$. 按归纳法原理知对 $i=0,1,\cdots,n$ 恒有 $\boldsymbol{L}_i(y)=\boldsymbol{t}_i(y)$,故 $\boldsymbol{R}(x,\ y)=\boldsymbol{r}(x,y)$. □

从定理 3.18 的证明可知,BVRI_x 中的向量值有理函数与点集 $\Pi^{n,m}$ 每一行的元素排序无关. 然而若将各行的位置互换,则得到不同的向量值有理函数,因此我们说这里的惟一性是单向惟一,并不是整体惟一性.

对于由式(2.18),(2.19)确定的向量值有理函数,如果满足插值条件 $\boldsymbol{R}(x_i,y_j)=\boldsymbol{V}^{(i,j)},\ (x_i,\ y_j)\in\Pi_{x,y}^{n,m}$,同样可以证明它的惟一性. 为叙述方便将这种向量值有理插值记为 BVRI_y.

定理 3.19　BVRI_y 中任意两个向量值有理函数 $\boldsymbol{R}(x,y)$ 和 $\boldsymbol{r}(x,y)$ 若满足 $\boldsymbol{R}(x_i,y_j)=\boldsymbol{r}(x_i,y_j)=\boldsymbol{V}^{(i,j)},(x_i,y_j)\in\Pi^{n,m}$,则

$$\boldsymbol{R}(x,y)\equiv\boldsymbol{r}(x,y).$$

定理 3.19 说明了 BVRI_y 中的向量值有理函数与点阵 $\Pi^{n,m}$ 每一列的 $n+1$ 个元素排序无关. 但若将各列的位置互换,则将得到不同的插值同一网格的向量值有理函数.

定义 3.10　若 $\boldsymbol{R}(x,y)\in\mathrm{BVRI}_x$,$\boldsymbol{DR}(x,y)\in\mathrm{BVRI}_y$,且 $\boldsymbol{R}(x_i,y_j)=\boldsymbol{DR}(x_i,y_j)=\boldsymbol{V}^{(i,j)},(x_i,y_j)\in\Pi_{x,y}^{n,m}$ 则称它是定义在点阵 $\Pi^{n,m}$ 上插值于向量网格 $\boldsymbol{V}^{n,m}$ 的互为对偶的向量值有理函数.

例如,例 11 中的式(a)与(b)就是互为对偶的向量值有理函数. 一般来说对偶向量值有理函数不相等,但如下结论是成立的.

定理 3.20[30]　若 $\boldsymbol{R}(x,y)$ 与 $\boldsymbol{DR}(x,y)$ 互为对偶,则

(i) $\boldsymbol{R}(x_0,y)\equiv\boldsymbol{DR}(x_0,y)$;

(ii) $\boldsymbol{R}(x,y_0)\equiv \boldsymbol{DR}(x,y_0)$.

如果 $n=m$, $x_i=y_i$; $\boldsymbol{V}^{(i,j)}=\boldsymbol{V}^{(j,i)}$, $i,j=0,1,\cdots,n$,则插值点阵 $\Pi^{n,m}$ 和向量网格 $\boldsymbol{V}^{n,m}$ 称作是对称的.

定理 3.21[30] 定义在对称点集上的互为对偶的两个向量值有理函数 $\boldsymbol{R}(x,y)$ 和 $\boldsymbol{DR}(x,y)$,如果插值于对称向量网格 $\boldsymbol{V}^{n,m}$,则 $\boldsymbol{R}(x,y)\equiv\boldsymbol{DR}(x,y)$.

二、对称型向量值有理插值

前面我们介绍了类似于一元 Thiele 型向量值有理插值问题. 由于分叉连分式有两种形式,所以得到的向量值有理插值函数不相同,且每种形式中 x,y 的地位不平等. 这里介绍文献[39]中利用另一形式的向量分叉连分式(或称为对称形式的分叉连分式)构造向量值有理插值方法.

记插值节点集为 $Z_n=\{(x_i,\ y_j)\in R^2,\ (i,j)\in I\}$,相应的向量集为 $\boldsymbol{\nabla}_n=\{\boldsymbol{V}(x_i,y_j)=\boldsymbol{V}^{(i,j)}\in\mathbb{C}^d,(x_i,y_j)\in Z_n\}$ 这里 $N=\{n\mid i_0,\ j_0;i_1,\ j_1;\cdots;i_n,\ j_n\}$, $I=\bigcup\limits_{l=0}^{n}([(l,k)\mid l\leqslant k\leqslant j_l]\cup[(k,l)\mid l\leqslant k\leqslant i_l])$. 二元向量值有理函数为

$$\boldsymbol{R}(x,y)=(R_1(x,y),\cdots,R_d(x,y))=\frac{\boldsymbol{P}(x,y)}{Q(x)}=\frac{(p_1(x,y),\cdots,p_d(x,y))}{Q(x)},$$

其中 $\boldsymbol{P}(x,y)\in\mathbb{C}^d$, $Q(x,y)$是二元实多项式. 为了求满足插值条件

$$R_k(x_i,\ y_j)=p_k(x_i,\ y_j)/Q(x_i,\ y_j)=V_k^{(i,j)},\ (x_i,\ y_j)\in Z_n$$

的 $\boldsymbol{R}(x,y)$,将 $\boldsymbol{R}(x,y)$表示为

$$\boldsymbol{R}_{n,0}(x,y)=\boldsymbol{L}_0(x,y)+\frac{(x-x_0)(y-y_0)}{\boldsymbol{L}_1(x,y)}+\cdots+\frac{(x-x_{n-1})(y-y_{n-1})}{\boldsymbol{L}_n(x,y)}. \tag{2.26}$$

下面给出 $\boldsymbol{L}_i(x,y)$, $i=0,1,\cdots,n$ 的算法. 令

$$\boldsymbol{b}(x_i,y_j)=\boldsymbol{V}(x_i,y_j),\quad i,\ j=0,1,\cdots,n,$$

$$\boldsymbol{b}(x_0,\cdots,x_k;y_0,\cdots,y_j)$$
$$=\frac{x_k-x_{k-1}}{\boldsymbol{b}(x_0,\cdots,x_{k-2},x_k;y_0,\cdots,y_j)-\boldsymbol{b}(x_0,\cdots,x_{k-1};y_0,\cdots,y_j)},\quad k>j$$

$$\boldsymbol{b}(x_0,\cdots,x_k;y_0,\cdots,y_j)$$
$$=\frac{y_j-y_{j-1}}{\boldsymbol{b}(x_0,\cdots,x_k;y_0,\cdots,y_{j-2},y_j)-\boldsymbol{b}(x_0,\cdots,x_k;y_0,\cdots,y_{j-1})},\quad j>k$$

$$\boldsymbol{b}(x_0,x_1,\cdots,x_j;y_0,y_1,\cdots,y_j)$$

$$=\frac{(x-x_{j-1})(y-y_{j-1})}{[\boldsymbol{b}(x_0,\cdots,x_{j-2},x_j;y_0,\cdots,y_{j-2},y_j)}$$

$$-\boldsymbol{b}(x_0,\cdots,x_{j-1};y_0,\cdots,y_{j-2},y_j)-\boldsymbol{b}(x_0,\cdots,x_{j-2},\ x_j;y_0,\cdots,y_{j-1})+$$

$$\boldsymbol{b}(x_0,x_1\cdots,x_{j-1};y_0,y_1,\cdots,y_{j-1})].$$

设 $\boldsymbol{B}(X_i,Y_i)=\boldsymbol{b}(x_0,x_1\cdots,x_i;y_0,y_1,\cdots,y_j)$. 对 $l=0,1,\cdots,n$ 定义

$$\boldsymbol{L}_l(x,y)=\boldsymbol{B}(X_l;Y_l)+\frac{x-x_l}{\boldsymbol{B}(X_{l+1};\ Y_l)}+\cdots+\frac{x-x_{i_l-1}}{\boldsymbol{B}(X_{i_l};\ Y_l)}$$

$$+\frac{y-y_l}{\boldsymbol{B}(X_l;\ Y_{l+1})}+\cdots+\frac{y-y_{j_l-1}}{\boldsymbol{B}(X_l;\ Y_{j_l})}. \tag{2.27}$$

在式(2.26)中,对 $u=0,1,\cdots,n-1$,令

$$\boldsymbol{R}_{n,u}(x,y)=\boldsymbol{L}_u(x,y)+\frac{(x-x_u)(y-y_u)}{\boldsymbol{R}_{n,u+1}(x,y)}, \tag{2.28}$$

这里 $\boldsymbol{R}_{n,n}(x,y)=\boldsymbol{L}_n(x,y)$.

在式(2.27)中,对 $l=0,1,\cdots,n$,令

$$\boldsymbol{L}_l(x,y)=\boldsymbol{B}(X_l;Y_l)+\frac{x-x_l}{\boldsymbol{B}(X_{l+1};Y_l)}+\cdots+\frac{x-x_{s-1}}{\boldsymbol{B}(X_s,Y_l)}+\frac{x-x_s}{\boldsymbol{L}_{l,s+1}(x)}$$

$$+\frac{y-y_l}{\boldsymbol{B}(X_l;Y_{l+1})}+\cdots+\frac{y-y_{t-1}}{\boldsymbol{B}(X_l;Y_t)}+\frac{y-y_t}{\boldsymbol{L}_{l,t+1}(y)}, \tag{2.29}$$

其中

$$\boldsymbol{L}_{l,s+1}(x)=\boldsymbol{B}(X_{s+1};Y_l)+\frac{x-x_{s+1}}{\boldsymbol{B}(X_{s+2};Y_l)}+\cdots+\frac{x-x_{i_l-1}}{\boldsymbol{B}(X_{i_l};Y_l)}, \tag{2.30}$$

$$s=l,\ l+1,\cdots,i_l-1$$

$$\boldsymbol{L}_{l,t+1}(y)=\boldsymbol{B}(X_l;Y_{t+1})+\frac{y-y_{t+1}}{\boldsymbol{B}(X_l;Y_{t+2})}+\cdots+\frac{y-y_{j_l-1}}{\boldsymbol{B}(X_l;\ Y_{j_l})},$$

$$t=l,\cdots,j_l-1. \tag{2.31}$$

定理 3.22[39] 设 $i_0\geqslant i_1\geqslant\cdots\geqslant i_n$,$j_0\geqslant j_1\geqslant\cdots\geqslant j_n$,式(2.26)$\boldsymbol{B}(X_l;\ Y_k)$除 $\boldsymbol{B}(x_0,y_0)$外皆存在且不为零,如果满足条件

(i) $\boldsymbol{R}_{n,\ s+1}(x_s, y_t) \neq 0$, $s \leqslant t$, $s=0,1,\cdots,n-1$,

$\boldsymbol{R}_{n,\ t+1}(x_s, y_t) \neq 0$, $s \geqslant t$, $s=0,1,\cdots,n-1$;

(ii) $\boldsymbol{L}_{l,\ s+1}(x_s) \neq 0$, $s=l,\cdots,i_l-1$, $l=0,1,\cdots,n$; $\boldsymbol{L}_{l,\ t+1}(y_t) \neq 0$, $t=l,l+1,\cdots,j_l-1$.

则形如(2.26)的 $\boldsymbol{R}_{n,0}(x,y)$存在并满足

$$\boldsymbol{R}_{n,0}(x_s, y_t) = \boldsymbol{V}(x_s, y_t),\ (x_s,\ y_s) \in Z_n.$$

例 12 对例 11 中给定的数据,求 $\boldsymbol{R}_{1,0}(x,y)$.

用这里记号 $\boldsymbol{b}(x_0,y_0)=(0,0)$, $\boldsymbol{b}(x_0,y_1)=(0,1)$, $\boldsymbol{b}(x_1,y_0)=\left(\frac{1}{2},\frac{1}{2}\right)$, $\boldsymbol{b}(x_1,y_1)=(1,2)$. $i_0=j_0=1$, $i_1=j_1=1$.

$$\boldsymbol{L}_0(x,y) = \boldsymbol{b}(x_0,y_0) + \frac{x-1}{\boldsymbol{b}(x_0,x_1;y_0)} + \frac{y-1}{\boldsymbol{b}(x_0;y_0,y_1)}$$

$$= \left(\frac{1}{2}(x-1), \frac{1}{2}(x-1)+(y-1)\right)$$

$$\boldsymbol{L}_1(x,y) = \boldsymbol{b}(x_0,\ x_1;\ y_0,\ y_1)$$

$$= \frac{(x_1-x_0)(y_1-y_0)}{[\boldsymbol{b}(x_1,y_1)-\boldsymbol{b}(x_0,y_1)-\boldsymbol{b}(x_1,y_0)+\boldsymbol{b}(x_0,y_0)]}$$

$$= \frac{1}{\left(\frac{1}{2},\frac{1}{2}\right)}$$

$$\boldsymbol{R}_{1,0}(x,y) = \boldsymbol{L}_0(x,y) + \frac{(x-1)(y-1)}{\boldsymbol{L}_1(x,y)} = \left(\frac{1}{2}(x-1), \frac{1}{2}(x-1)+(y-1)\right)$$

$$+ \frac{1}{2}((x-1)(y-1),(x-1)(y-1)) = \frac{1}{2}(xy-y,\ xy+y-2).$$

例 13 已知数据如下表

$\boldsymbol{V}_{i,j}$	$x_0=0$	$x_1=1$	$x_2=2$
$y_0=0$	(0,0,0)	(0,1,1)	(0,−1,1)
$y_1=1$	(1,0,1)	(−1,1,0)	(1,0,−1)
$y_2=2$	(1,1,0)	(−1,0,1)	(1,−1,0)

令 $N=\{n \mid i_0=j_0=2, i_1=j_1=2, i_2=j_2=2\}$,由式(2.26)得

$$\boldsymbol{R}_{2,0} = \boldsymbol{L}_0(x,y) + \frac{xy}{\boldsymbol{L}_1(x,y)} + \frac{(x-1)(y-1)}{\boldsymbol{L}_2(x,y)},$$

其中

$$\boldsymbol{L}_0(x,y) = (0,0,0) + \frac{x}{\frac{1}{2}(0,1,1)} + \frac{x-1}{\frac{1}{5}(0,-3,1)} + \frac{y}{\frac{1}{2}(1,0,1)} + \frac{y-1}{\frac{1}{3}(1,2,-1)},$$

$$\boldsymbol{L}_1(x,y) = \frac{1}{4}(-1,0,-1) + \frac{x-1}{\frac{2}{9}(5,4,-7)} + \frac{y-1}{\frac{2}{3}(-1,2,1)},$$

$$\boldsymbol{L}_2(x,y) = \frac{2}{227}(5,-34,-33).$$

易验证 $\boldsymbol{R}_{2,0}(x_s,y_t)=\boldsymbol{V}(x_s,y_t),(x_s,\ y_t)\in Z_2$，且 $\boldsymbol{R}_{2,0}(x,y)$满足定理 3.22 的条件(i)，(ii).

三、二元 Thiele 型向量值有理插值误差公式

由于二元 Thiele 型向量值有理插值具有一定的代表性，这里我们来介绍其误差公式，仍记 $\Pi^{n,m}=\{(x_i,\ y_j)\mid i=1,2,\cdots,n;j=1,2,\cdots,m\}$是 $\Delta=(a,b)\times(c,d)\subset R^2$ 中的一个矩形网格，相应地向量 $\boldsymbol{V}_{i,j}=\boldsymbol{V}(x_i,y_j)\in C^d$ 为有限值向量. 利用广义逆(2.1)及偏反差商递推公式，得到的二元 Thiele 型向量有理插值公式为

$$\boldsymbol{R}_{n-1,m-1}(x,y) = \frac{\boldsymbol{P}_{n-1,m-1}(x,y)}{\boldsymbol{Q}_{n-1,m-1}(x,y)} = \boldsymbol{L}_0(y) + \frac{x-x_1}{\boldsymbol{L}_1(y)} + \cdots + \frac{x-x_{n-1}}{\boldsymbol{L}_{n-1}(y)}, \tag{2.32}$$

其中

$$\boldsymbol{L}_i(y) = \boldsymbol{b}_{i,0} + \frac{y-y_1}{\boldsymbol{b}_{i,1}} + \cdots + \frac{y-y_{m-1}}{\boldsymbol{b}_{i,m-1}}, \quad i=0,1,\cdots,n-1$$

满足插值条件 $\boldsymbol{R}_{n-1,m-1}(x_i,y_j)=\boldsymbol{V}_{i,j},\ i=1,\cdots,n;\ j=1,\cdots,m$.

由定理 3.2 知道，当 n 是偶数时，$\boldsymbol{R}_{n-1,m-1}(x,y)$，$\boldsymbol{R}_{n-1,m}(x,y)$仅关于 x 的次数是$[(n-1)/(n-2)]$型的，当 n 是奇数时，$\boldsymbol{R}_{n-1,m-1}(x,y)$，$\boldsymbol{R}_{n-1,m}(x,y)$仅关于 x 的次数是$[(n-1)/(n-1)]$型的. 在式(2.32)中将 y 视为参数，则可视为如下形式的连分式

$$\boldsymbol{R}(x) = \frac{\boldsymbol{N}(x)}{D(x)} = \boldsymbol{b}_0 + \frac{x-x_1}{\boldsymbol{b}_1} + \cdots + \frac{x-x_{n-1}}{\boldsymbol{b}_{n-1}}$$

由引理 3.11 知当 $D(x_i)\neq 0$,则方程组

$$\left(\frac{d}{dx}\right)^k\left[\frac{\mathbf{N}(x)}{D(x)}\right]\bigg|_{x=x_i} = \mathbf{V}^{(k)}(x_i),\quad k=0,1,\cdots,n$$

等价于方程组

$$\mathbf{N}^{(k)}(x_i) = (D(x)\mathbf{V}(x))^{(k)}(x_i),\ k=0,1,\cdots,n.$$

设 $\omega_s(z)=\prod\limits_{i=1}^{s}(z-z_i)$; $D_z^i=\partial^i/\partial z^i$, $z=x,y$, 若 $\mathbf{V}(x,y)$在Δ上 $n+m$ 次连续可微,且记为 $\mathbf{V}(x,y)\in D_\Delta^{n+m}$. 记 $Q(x,y)=Q_{n-1,m-1}(x,y),Q_{n-1,m}(x,y)$, $\boldsymbol{\varphi}(x,y)=Q(x,y)[\mathbf{V}(x,y)-R_{n-1,m-1}(x,y)]$.

定理 3.23[50] 设 $\mathbf{V}(x,y)\in D_\Delta^{n+m}$,且对 $\Pi^{n,m}\subset\Delta$, $\mathbf{V}(x,y)$的所有反差商都存在,则必有$(\xi,\eta)\in\Delta$使

$$\begin{aligned}\mathbf{V}(x,y)-\boldsymbol{R}_{n-1,m-1}(x,y) &= \frac{1}{Q(x,y)}\left\{\frac{\omega_n(x)}{n!}D_x^n[\boldsymbol{\varphi}(\xi,y)]\right.\\ &\left.+\frac{\omega_m(y)}{m!}D_y^m[\boldsymbol{\varphi}(x,\eta)]-\frac{\omega_n(x)\omega_m(y)}{n!m!}D_{x,y}^{n+m}[\boldsymbol{\varphi}(\xi,\eta)]\right\}.\end{aligned}\tag{2.33}$$

证明 设

$$\begin{aligned}\boldsymbol{f}(u,y) &= [Q_{n-1,m}(u,y)\mathbf{V}(u,y)-\boldsymbol{P}_{n-1,m}(u,y)]\omega_n(x)\\ &\quad -[Q_{n-1,m}(x,y)\mathbf{V}(x,y)-\boldsymbol{P}_{n-1,m}(x,y)]\omega_n(u).\end{aligned}\tag{2.34}$$

令 $u=x$ 及 $u=x_i$, $i=1,2,\cdots,n$ 上式有 $n+1$ 个零点. 对 $f(u,y)$反复利用 Rolle 定理,并注意到 $Q_{n-1,m}(x_i,\ y_j)\neq 0$,可得 $D_u^n[\boldsymbol{f}(u,y)]_{u=\xi}=\mathbf{0}$,但注意 $\boldsymbol{P}_{n-1,m}(u,y)$ 是关于 u 的次数不超过 $n-1$ 的多项式,故 $D_u^n[\boldsymbol{P}_{n-1,m}(u,y)]=0$. 于是由式(2.34)可得

$$Q_{n-1,m}(x,y)\mathbf{V}(x,y)-\boldsymbol{P}_{n\ \ 1,m}(x,y) = \frac{\omega(x)D_x^n[Q_{n-1,m}(x,y)\mathbf{V}(x,y)]_{x=\xi}}{n!}.\tag{2.35}$$

注意 $\boldsymbol{\varphi}(x,y)$的表示式易知

$$D_x^n[\boldsymbol{\varphi}(\xi,y)] = Q_{n-1,m-1}(x,y)D_x^n[Q_{n-1,m}(x,y)\mathbf{V}(x,y)]_{x=\xi},\tag{2.36}$$

比较式(2.35)与式(2.36)得

$$\mathbf{V}(x,y)-\boldsymbol{R}_{n-1,m}(x,y) = \omega_n(x)D_x^n[\boldsymbol{\varphi}(\xi,y)]/n!Q(x,y).\tag{2.37}$$

由于对任意 $x\in(a,b)$都有 $\boldsymbol{R}_{n-1,m}(x,y_j)-\boldsymbol{R}_{n-1,m-1}(x,y_j)=0, j=1,\cdots,m$,故存在 $\eta\in(c,d)$,使

$$\begin{aligned}&\boldsymbol{R}_{n-1,m}(x,y)-\boldsymbol{R}_{n-1,m-1}(x,y)\\&=\omega_m(y)\{D_y^m[Q(x,y)(\boldsymbol{R}_{n-1,m}(x,y)-\boldsymbol{V}(x,y))]_{y=\eta}/m!Q(x,y)\\&\quad+D_y^m[Q(x,y)(\boldsymbol{V}(x,y)-\boldsymbol{R}_{n-1,m-1}(x,y)]_{y=\eta}\}.\end{aligned}$$

对上式的第一项应用式(2.37)可推出

$$\begin{aligned}\boldsymbol{R}_{n-1,m}(x,y)-\boldsymbol{R}_{n-1,m-1}(x,y)&=\omega_m(y)D_y^m[\boldsymbol{\varphi}(x,\eta)]/m!Q(x,y)\\&\quad-\omega_n(x)\omega_m(y)D_{xy}^{n+m}[\boldsymbol{\varphi}(\xi,\eta)]/n!m!Q(x,y).\end{aligned}\tag{2.38}$$

由式(2.37),(2.38)定理得证. □

在定理 3.23 中取 $d=1$,就得到二元 Thiele 型标量有理插值的误差公式.

四、二元 Lagrange 型向量值有理插值

在上一节我们介绍了一元 Thiele 型向量值有理插值的行列式表示. 这里介绍二元 Thiele 型向量值有理插值的行列式表示.

设 $Z_{n,m}=\{(x_i, y_j)\mid i=0,1,\cdots,n;\ j=0,1,\cdots,m,\ x_i,\ y_j\in\mathbb{C}\}$,相应地向量集$\nabla^{n,m}=\{\boldsymbol{V}_{i,j}=\boldsymbol{V}(x_i,y_j)\in C^d,(x_i,y_j)\in Z_{n,m}\}$,构造节点为 $Z_{n,m}$的$[(n+m)/(n+m)]$型的向量值有理函数

$$\boldsymbol{R}(x,y)=\boldsymbol{P}(x,y)/Q(x,y),$$

其中 $\boldsymbol{P}(x,y)=(p^{(1)}(x,y),\cdots,p^{(d)}(x,y))\in\mathbb{C}^d$ 是复向量多项式,$Q(x,y)$是代数多项式,如果 $\boldsymbol{R}(x,y)$满足如下条件:

(i) $\partial\{\boldsymbol{P}\}=\max\limits_{1\leqslant k\leqslant d}\partial\{P^{(k)}\}\leqslant n+m,\partial\{Q\}=n+m$;

(ii) $Q(x,y)\mid\boldsymbol{P}(x,y)\cdot\boldsymbol{P}^*(x,y)$;

(iii) $\boldsymbol{R}(x_i,y_j)=\boldsymbol{V}_{i,j},(x_i,y_j)\in Z_{n,m},\ Q(x_i,y_j)\neq0$

则称之为基于广义逆的二元 Lagrange 型向量值有理插值,简记为 BGIRI_L.

令二元 Lagrange 型基本多项式为

$$l_{ij}(x,y)=\prod_{\substack{u=0\\u\neq i}}^{n}\left(\frac{x-x_u}{x_i-x_u}\right)\prod_{\substack{v=0\\v\neq j}}^{m}\left(\frac{y-y_v}{y_j-y_v}\right).$$

将点集 $Z_{n,m}$ 按顺序表示为

$$I=\{(x_0,y_0),(x_1,y_0),(x_0,y_1),\cdots,(x_n,y_m)\}.$$

如果在数对$(x_i,\ y_j)$中$x_i,\ y_j\in R$,则称$(x_i,\ y_j)$为实数对,如果在数对$(x_i,\ y_j)$中$x_i,\ y_j\in C$,则称$(x_i,\ y_j)$为复数对,如果在数对$(x_i,\ y_j)$中$x_i\in R,\ y_j\in C$或$x_i\in C,\ y_j\in R$,则称$(x_i,\ y_j)$为混合数对.

把I分成两个互不相交的集合I_1和I_2:

$$I_2=\{(x_{i0},\ y_{j0}),\cdots,(x_{iJ},\ y_{jJ})\},$$

$$I_1=\{(x_{iJ+1},\ y_{jJ+1}),\cdots,(x_{in+m},\ y_{jn+m})\},$$

其中I_1是由其共轭复数不属于I的点的集合;I_2是实数对、混合数对及复共轭数对组成的集合,I_1,I_2中某一个可以是空集.

记$\sum_{ij}=\sum_{i=0}^{n}\sum_{j=0}^{m}$,在[124]中证明了如下结论:

定理 3.24　设$\mathbf{R}(x,y)=\mathbf{P}(x,y)/Q(x,y)$是对点集$Z_{n,m}$的$[(n+m)/(n+m)]$型 BGIRI_L,则

$$Q(x,\ y)=\begin{vmatrix} H_{00;00} & H_{00;10} & H_{00;01} & H_{00;20} & H_{00;11} & \cdots & H_{00;nm} \\ H_{10;00} & H_{10;10} & H_{10;01} & H_{10;20} & H_{10;11} & \cdots & H_{10;nm} \\ H_{01;00} & H_{01;10} & H_{01;01} & H_{01;20} & H_{01;11} & \cdots & H_{01;nm} \\ H_{20;00} & H_{20;10} & H_{20;01} & H_{20;20} & H_{20;11} & \cdots & H_{20;nm} \\ \vdots & \vdots & \vdots & \vdots & \vdots & & \vdots \\ H_{n,m-1;00} & H_{n,m-1;10} & H_{n,m-1;01} & H_{n,m-1;20} & H_{n,m-1;11} & \cdots & H_{n,m-1;nm} \\ l_{00}(x,y) & l_{10}(x,y) & l_{01}(x,y) & l_{20}(x,y) & l_{11}(x,y) & \cdots & l_{nm}(x,y) \end{vmatrix},\tag{2.39}$$

$$\mathbf{P}(x,y)=\sum_{ij}l_{ij}(x,y)Q_{ij}\mathbf{V}_{ij},\quad Q_{ij}=Q(x_i,y_j),\tag{2.40}$$

其中

$$H_{st;uv}=\sum_{ij}l_{ij}^{*}(x_s,\ y_t)l_{uv}(x_i^{*},\ y_j^{*})\mathbf{V}_{ij}^{*}(\mathbf{V}_{st}-\mathbf{V}_{uv}),\ (x_i,y_j)\in I_1,\tag{2.41}$$

$$H_{u,v;uv}=\left(\frac{\partial^2}{\partial x\partial y}l_{uv}(x_s,y_t)\widetilde{V}_{st}^{*}(\mathbf{V}_{st}-\mathbf{V}_{uv})\right.$$
$$\left.+\sum_{ij}\left(\frac{\partial^2}{\partial x\partial y}l_{ij}^{*}(x_s,y_t)\right)l_{uv}(x_i^{*},\ y_j^{*})\mathbf{V}_{ij}^{*}(\mathbf{V}_{uv}-\mathbf{V}_{st}),\ (x_s,\ y_t)\in I_2,\tag{2.42}$$

这里 $\widetilde{V}_{st}^{*}=\boldsymbol{P}^{*}(x_s,y_t)/Q_{st}$.

利用代数方法及定理条件即可证明定理 3.23,这里略去证明细节. 如果所有插值节点都是实数对,则式(2.42)变成简单形式

$$H_{st,uv}=\sum_{uv}\left(\frac{\partial^2}{\partial x\partial y}l_{uv}(x_s,\ y_t)\right)|\ \boldsymbol{V}_{st}-\boldsymbol{V}_{uv}\ |^2,\ (x_s,\ y_t)\in I_2,\quad (2.43)$$

进一步还可以证明

定理 3.25[124]　设 $\boldsymbol{R}(x,y)=\boldsymbol{P}(x,y)/Q(x,y)$是$[(n+m)/(n+m)]$型 BGIRI_L,且 $Q(x,y)$的表示形式为(2.39),则

$$\boldsymbol{P}(x,\ y)=\begin{vmatrix} H_{00;00} & H_{00;10} & H_{00;01} & H_{00;20} & H_{00;11} & \cdots & H_{00;nm}\\ H_{10;00} & H_{10;10} & H_{10;01} & H_{10;20} & H_{10;11} & \cdots & H_{10;nm}\\ H_{01;00} & H_{01;10} & H_{01;01} & H_{01;20} & H_{01;11} & \cdots & H_{01;nm}\\ H_{20;00} & H_{20;10} & H_{20;01} & H_{20;20} & H_{20;11} & \cdots & H_{20;nm}\\ \vdots & \vdots & \vdots & \vdots & \vdots & & \vdots\\ H_{n,m-1;00} & H_{n,m-1;10} & H_{n,m-1;01} & H_{n,m-1;20} & H_{n,m-1;11} & \cdots & H_{n,m-1;nm}\\ \boldsymbol{V}_{00}l_{00} & \boldsymbol{V}_{10}l_{10} & \boldsymbol{V}_{01}l_{01} & \boldsymbol{V}_{20}l_{20} & \boldsymbol{V}_{11}l_{11} & \cdots & \boldsymbol{V}_{nm}l_{nm}\end{vmatrix}\quad (2.44)$$

且满足

$$\boldsymbol{R}(x_i,y_j)=\boldsymbol{P}(x_i,y_j)/Q(x_i,\ y_j)=\boldsymbol{V}_{ij},\quad (x_i,y_j)\in Z_{n,m}.$$

这里 $l_{ij}=l_{ij}(x,y)$.

例 14　给定插值节点$(x_0,y_0)=(0,0),(x_1,y_0)=(1,0),(x_0,y_1)=(0,1),(x_1,y_1)=(1,1)$,相应的向量为 $\boldsymbol{V}_{00}=(1,0),\boldsymbol{V}_{10}=(1,-2),\boldsymbol{V}_{01}=(0,-1),\boldsymbol{V}_{11}=(-1,1)$. 求[2/2]型 $\mathrm{BGIRI}_L\boldsymbol{R}(x,y)=\boldsymbol{P}(x,y)/Q(x,y)$.

解　基本多项式为 $l_{00}(x,y)=(x-1)(y-1)$, $l_{10}(x,y)=x(1-y)$, $l_{01}(x,y)=(1-x)y$, $l_{11}(x,y)=xy$. 这里插值节点为实数对,由式(2.39),(2.43)及式(2.44)可得

$$Q(x,y)=\begin{vmatrix} 0 & -4 & -2 & 5\\ 4 & 0 & -2 & 13\\ 2 & -2 & 0 & 5\\ l_{00} & l_{10} & l_{01} & l_{11}\end{vmatrix}=8(-14xy+10x+17y-9),$$

$$P(x,y)=\begin{vmatrix} 0 & -4 & -2 & 5 \\ 4 & 0 & -2 & 13 \\ 2 & -2 & 0 & 5 \\ \mathbf{V}_{00}l_{00} & \mathbf{V}_{10}l_{10} & \mathbf{V}_{01}l_{01} & \mathbf{V}_{11}l_{11} \end{vmatrix}$$

$$=(-112xy+80x+72y-72,112xy-16x-64y).$$

可以直接验证 $\boldsymbol{R}(x,y)=\boldsymbol{P}(x,y)/Q(x,y)$满足插值条件,即 $\boldsymbol{R}(x_i,y_j)=\mathbf{V}(x_i,y_j)$, $i=0,1,\ j=0,1$.

定理 3.26[124] 设 $Q(x,y)$由式(2.39)给出,$\boldsymbol{P}(x,y)$由式(2.44)给出,如果

$$D_{nm}=\begin{vmatrix} H_{00;00} & H_{00;10} & \cdots & H_{00;nm} \\ H_{10;00} & H_{10;10} & \cdots & H_{10;nm} \\ \vdots & \vdots & & \vdots \\ H_{n,m-1;00} & H_{n,m-1;10} & \cdots & H_{n,m-1;nm} \end{vmatrix}\neq 0,$$

则$[(n+m)/(n+m)]$型 BGIRI_L, $\boldsymbol{R}(x,y)=\boldsymbol{P}(x,y)/Q(x,y)$存在且惟一.

对于例 14,由于

$$D_{11}=\begin{vmatrix} 0 & -4 & -2 \\ 4 & 0 & -2 \\ 2 & -2 & 0 \end{vmatrix}=32\neq 0,$$

所以[2/2]型 BGIRI_L, $\boldsymbol{R}(x,y)=\boldsymbol{P}(x,y)/Q(x,y)$存在且惟一.

而用算法 3.2 求出例 14 中的 $\boldsymbol{R}(x,y)$为

$$\boldsymbol{R}(x,y)=\frac{(-17y^3+35y^2-23y-4xy+5,\ -17y^3+18y^2-5y+18xy-10x)}{17y^2-18y+5}.$$

这再一次说明用不同的算法求出的二元向量值有理插值函数可以是不一样的,因此所讨论的插值存在惟一性,也是针对某种算法而言的. 用不同方法求出的向量值有理插值函数的型也可以是不一样的. 因此,在实际应用时,要根据具体问题的特性来选择不同的构造方法.

§3 二元复合型向量值有理插值

上面我们介绍了矩形网格上的向量值有理插值的几种构造方法. 这些方法的

一个共同点就是假定在计算过程中每一步计算都是可行的,即不会出现分母为零(零向量),但在实际进行计算之前,却无法判定某一步会出现分母向量为零的情况;即使出现分母向量为零向量的情况,也不能断言相应的向量值有理插值函数不存在,因此,对向量值有理插值问题,如果用某种方法构造向量值有理插值函数不可行,可改用别的方法进行构造,这就是本节要介绍的所谓复合型向量值有理插值方法.

为叙述方便起见,仿照多项式插值问题的说法,对矩形网格 $\Pi^{n,m}$ 及向量网格 $\mathbf{V}^{n,m}$,如果用某种算法能构造出满足插值条件的惟一的向量值函数 $\boldsymbol{R}(x,y)$,则说网格 $\mathbf{V}^{n,m}$ 是适定网格,其算法也称为适定算法,否则称为不适定算法. 需要特别强调的是这里所说的适定性问题是针对某种算法而言的,而不是一般的适定性问题.

下面用例子来说明这一点.

例 15 给定数据如下表

$\mathbf{V}^{i,j}$	$x_0=-2$	$x_1=-1$	$x_2=0$
$y_0=0$	(0,0)	(12,6)	(2,2)
$y_1=1$	(6,0)	(6,0)	(6,0)
$y_2=2$	(−2,2)	(12,6)	(24,24)

这是一个矩形网格(确切地说是方形网格),用上一节的算法 3.1 或算法 3.2 来构造向量值有理插值函数是不可行的,其原因就是这里 $\mathbf{V}_{0,1}=\mathbf{V}_{1,1}=\mathbf{V}_{2,1}=(6,0)$. 按算法 3.2 中记号这里 $\mathbf{A}_{00}^{(0,1)}=\mathbf{A}_{00}^{(1,1)}=\mathbf{A}_{00}^{(2,1)}=(6,0)$,而算法 3.2 的第 1 步就遇到

$$\mathbf{A}_{1,0}^{(1,1)}=\frac{x_1-x_2}{\mathbf{A}_{00}^{(1,1)}-\mathbf{A}_{00}^{(0,1)}}=\frac{1}{(6,0)-(6,0)}$$

的情形. 于是用算法 3.1 或算法 3.2 构造向量值有理插值是不可行的.

针对类似于例 15 中给定的向量网格,在文献[188]中给出了一种所谓"分而治之"的复合型向量值有理插值方法. 其主要思想是把方形网格 $\Pi^{n,n}$(简记 Π^n,下同)分成如下两个三角形网格:

$$\begin{matrix}(x_0,y_0) & & & \\ (x_1,y_0) & (x_1,y_1) & & \\ \vdots & \vdots & \ddots & \\ (x_n,y_0) & (x_n,y_1) & \cdots & (x_n,y_n)\end{matrix} \qquad \begin{matrix}(x_0,y_1) & (x_0,y_2) & \cdots & (x_0,y_n) \\ & (x_1,y_2) & \cdots & (x_1,y_n) \\ & & \ddots & \vdots \\ & & & (x_{n-1},y_n)\end{matrix}$$

并分别记成 LB 网格和 RU 网格，简称为 LB 和 RU. 与此相应的正方形向量网格也分成二个三角形网格. 这样以来可以利用文献[39]中给出的三角网格插值方法在 LB 和 RU 上分别构造向量值有理函数：

$$\boldsymbol{R}_n(LB;x,y)=\boldsymbol{S}_0(LB;y)+\frac{x-x_n}{\boldsymbol{S}_1(LB;y)}+\cdots+\frac{x-x_1}{\boldsymbol{S}_n(LB;y)},\tag{3.1}$$

$$\boldsymbol{R}_n(RU;x,y)=\boldsymbol{S}_0(RU;y)+\frac{x-x_0}{\boldsymbol{S}_1(RU;y)}+\cdots+\frac{x-x_{n-2}}{\boldsymbol{S}_{n-1}(RU;y)},\tag{3.2}$$

其中

$$\boldsymbol{S}_k(LB;y)=\boldsymbol{a}_{k,0}+\frac{y-y_0}{\boldsymbol{a}_{k,1}}+\cdots+\frac{y-y_{n-k-1}}{\boldsymbol{a}_{k,n-k}},\quad k=0,1,\cdots,n,\tag{3.3}$$

$$\boldsymbol{S}_k(RU;y)=\boldsymbol{b}_{k,k+1}+\frac{y-y_{k+1}}{\boldsymbol{b}_{k,k+2}}+\cdots+\frac{y-y_{n-1}}{\boldsymbol{b}_{k,n}},\quad k=0,1,\cdots,n-1.\tag{3.4}$$

如果 Π^n 是均匀的，即

$$x_{i-1}-x_i=x_i-x_{i+1}=y_{i+1}-y_i=y_i-y_{i-1},\ i=1,2,\cdots,n-1,$$

令

$$P(x,y)=\prod_{l=0}^{n}(x+y-x_n-y_l),\tag{3.5}$$

$$Q(x,y)=\prod_{l=0}^{n-1}(x+y-x_l-y_n),\tag{3.6}$$

显然 $P(x,y)$和 $Q(x,y)$是次数分别为 $n+1$ 和 n 的多项式，且它们满足

$$\begin{cases}P(x_i,\ y_j)=0,\ Q(x_i,\ y_j)\neq 0,\text{当}(x_i,\ y_j)\in LB\text{ 时},\\ P(x_i,\ y_j)\neq 0,\ Q(x_i,\ y_j)=0,\text{当}(x_i,\ y_j)\in RU\text{ 时}.\end{cases}\tag{3.7}$$

如果 Π^n 非均匀，我们也可以构造满足上述性质的多项式 $P(x,y)$和 $Q(x,y)$，只不过此时多项式 $P(x,y)$与 $Q(x,y)$的次数将增大，例如可取

$$\begin{cases}P(x,y)=\displaystyle\prod_{(x_i,\ y_j)\in LB}((x-x_i)^2+(y-y_j)^2),\\ Q(x,y)=\displaystyle\prod_{(x_i,\ y_j)\in RU}((x-x_i)^2+(y-y_j)^2).\end{cases}\tag{3.8}$$

定义复合型的向量值有理插值函数为

$$\boldsymbol{R}_n(x,y) = Q(x,y)\boldsymbol{R}_n(LB;x,y) + P(x,y)\boldsymbol{R}_n(RU;x,y). \quad (3.9)$$

显然要构造上述 $\boldsymbol{R}_n(x,y)$，关键就是给出式(3.1)中向量连分式 $\boldsymbol{R}_n(LB;x,y)$ 及式(3.2)中 $\boldsymbol{R}_n(RU;x,y)$的系数算法.

算法 3.3

第 1 步　对 $i=0,1,\cdots,n$; $j=0,1,\cdots,i$，令

$$\boldsymbol{A}_{i,j}^{(0,0)} = \boldsymbol{V}_{i,j}/Q(x_i,y_j),$$

对 $i=0,1,\cdots,n-1$; $j=i+1,\cdots,n$，令

$$\boldsymbol{B}_{i,j}^{(0,0)} = \boldsymbol{V}_{i,j}/P(x_i,y_j);$$

第 2 步　对 $j=0,1,\cdots,n$, $p=1,2,\cdots,n-j$; $i=j,\cdots,n-p$，令

$$\boldsymbol{A}_{i,j}^{(p,0)} = \frac{x_i - x_{n-p+1}}{\boldsymbol{A}_{i,j}^{(p-1,0)} - \boldsymbol{A}_{n-p+1,j}^{(p-1,0)}};$$

第 3 步　对 $i=0,1,\cdots,n$, $q=1,2,\cdots,i$; $j=q,\cdots,i$，令

$$\boldsymbol{A}_{i,j}^{(n-i,q)} = \frac{y_j - y_{q-1}}{\boldsymbol{A}_{i,j}^{(n-i,q-1)} - \boldsymbol{A}_{i,q-1}^{(n-i,q-1)}};$$

第 4 步　对 $j=1,2,\cdots,n$; $p=1,2,\cdots,j-1$; $i=p,p+1,\cdots,j-1$，令

$$\boldsymbol{B}_{i,j}^{(p,0)} = \frac{x_i - x_{p-1}}{\boldsymbol{B}_{i,j}^{(p-1,0)} - \boldsymbol{B}_{p-1,j}^{(p-1,0)}};$$

第 5 步　对 $i=0,1,\cdots,n-1$, $j=i+1,\cdots,n$，令

$$\boldsymbol{B}_{i,j}^{(i,i+1)} = \boldsymbol{B}_{i,j}^{(i,0)};$$

第 6 步　对 $i=0,1,\cdots,n-2$; $j=i+2,\cdots,n$, $q=i+2,\cdots,j$，令

$$\boldsymbol{B}_{i,j}^{(i,q)} = \frac{y_j - y_{q-1}}{\boldsymbol{B}_{i,j}^{(i,q-1)} - \boldsymbol{B}_{i,q-1}^{(i,q-1)}}.$$

定理 3.27[188]　令

$$\boldsymbol{a}_{k,l} = \boldsymbol{A}_{n-k,l}^{(k,l)}, \quad k=0,1,\cdots,n; \quad l=0,1,\cdots,n-k,$$

$$\boldsymbol{b}_{k,l} = \boldsymbol{B}_{k,l}^{(k,l)}, k=0,1,\cdots,n-1; \ l=k+1,\cdots,n.$$

则由式(3.1),(3.2),(3.9)所确定的向量值有理函数 $\boldsymbol{R}_n(x,y)$当 n 为偶数时是 $[\max(\partial Q+n^2+n-2,\partial P+n^2+n-1)/(n^2+n-2)]$型的；当 n 为奇数时是 $[\max(\partial Q+n^2+n-1,\partial P+n^2+n-2)/(n^2+n-2)]$型的，且 $\boldsymbol{R}_n(x,y)$满足

$$\boldsymbol{R}_n(x_i, y_j) = \boldsymbol{V}_{i,j}, \ (x_i, y_j) \in \Pi^n.$$

证明 用 $\boldsymbol{r}_{m,n}$ 表示分子次数为 m 次 d 维向量值多项式,分母为 n 次代数多项式的所有二元向量值有理函数组成的集合. 用归纳法不难证明

$$\boldsymbol{R}_n(LB; x, y) \in \boldsymbol{r}_{(n^2+2n)/2,(n^2+2n)/2}, \quad n \text{ 为偶数},$$

$$\boldsymbol{R}_n(LB; x, y) \in \boldsymbol{r}_{(n^2+2n-1)/2,(n^2+2n-3)/2}, \quad n \text{ 为奇数},$$

$$\boldsymbol{R}_n(RU; x, y) \in \boldsymbol{r}_{(n^2-2)/2,(n^2-4)/2}, \quad n \text{ 为偶数},$$

$$\boldsymbol{R}_n(RU; x, y) \in \boldsymbol{r}_{(n^2-1)/2,(n^2-1)/2}, \quad n \text{ 为奇数}.$$

因而

$$\boldsymbol{R}_n(x, y) \in \boldsymbol{r}_{\max(\partial Q+n^2+n-2, \partial P+n^2+n-1), n^2+n-2}, \quad n \text{ 为偶数},$$

$$\boldsymbol{R}_n(x, y) \in \boldsymbol{r}_{\max(\partial Q+n^2+n-1, \partial P+n^2+n-2), n^2+n-2}, \quad n \text{ 为奇数}.$$

往下证明插值性质. 由于 $\Pi^n = LB \cup RU$,当 $(x_i, y_j) \in LB$ 时,有

$$\begin{aligned}
\boldsymbol{S}_k(LB; y_j) &= \boldsymbol{A}_{n-k,0}^{(k,0)} + \cfrac{y_j - y_0}{\boldsymbol{A}_{n-k,1}^{(k,1)} + \cdots + \cfrac{y_j - y_{j-1}}{\boldsymbol{A}_{n-k,j}^{(k,j)}}} \\
&= \boldsymbol{A}_{n-k,0}^{(k,0)} + \cfrac{y_j - y_0}{\boldsymbol{A}_{n-k,1}^{(k,1)} + \cdots + \cfrac{y_j - y_{j-2}}{\boldsymbol{A}_{n-k,j}^{(k,j-1)}}} \\
&= \cdots = \boldsymbol{A}_{n-k,j}^{(k,0)}.
\end{aligned}$$

于是

$$\begin{aligned}
\boldsymbol{R}_n(LB; x_i, y_j) &= \boldsymbol{A}_{n,j}^{(0,0)} + \cfrac{x_i - x_n}{\boldsymbol{A}_{n-1,j}^{(1,0)} + \cdots + \cfrac{x_i - x_{i+1}}{\boldsymbol{A}_{i,j}^{(n-i,0)}}} \\
&= \boldsymbol{A}_{n,j}^{(0,0)} + \cfrac{x_i - x_n}{\boldsymbol{A}_{n-1,j}^{(1,0)} + \cdots + \cfrac{x_i - x_{i+2}}{\boldsymbol{A}_{i,j}^{(n-i-1,0)}}} \\
&= \cdots = \boldsymbol{A}_{i,j}^{(0,0)} = \boldsymbol{V}_{i,j} / Q(x_i, y_j).
\end{aligned}$$

因而

$$\boldsymbol{R}_n(x_i, y_j) = Q(x_i, y_j)\boldsymbol{R}_n(LB; x_i, y_j) = \boldsymbol{V}_{i,j}.$$

当 $(x_i, y_j) \in RU$ 时,同理可证

$$\boldsymbol{R}_n(x_i, y_j) = P(x_i, y_j)\boldsymbol{R}_n(RU; x_i, y_j) = \boldsymbol{V}_{i,j}.$$

这就完成了插值性的证明. □

对于例 15 中的 Π^n 由于是均匀的,取

$$P(x,y)=(x+y+2)(x+y+1)(x+y),$$

$$Q(x,y)=(x+y-2)(x+y-1).$$

利用算法 3.3 求得

$$\boldsymbol{R}_2(LB;x,y)$$

$$=\frac{(3y-2y^2,y^2-y)}{(3-2y)^2+(y-1)^2}+\frac{(10x+20)(6x+y+10,\ 8x-2y+10)}{(6x+y+10)^2+(8x-2y+10)^2},$$

$$\boldsymbol{R}_2(RU;x,y)=(1-x,y-1).$$

从而

$$\boldsymbol{R}_2(x,y)=(x+y-2)(x+y-1)\times$$

$$\left[\frac{(3y-2y^2,y^2-y)}{(3-2y)^2+(y-1)^2}+\frac{(10x+20)(6x+y+10,\ 8x-2y+10)}{(6x+y+10)^2+(8x-2y+10)^2}\right]$$

$$+(x+y+2)(x+y+1)(x+y)(1-x,y-1).$$

直接验证可知 $\boldsymbol{R}_2(x_i,y_j)=\boldsymbol{V}(x_i,y_j),(x_i,\ y_j)\in\Pi^2$.

在[39]中对三角网格点阵上的向量值有理插值进行了较系统的介绍,这里不再介绍了.

§4　一般点集上的向量值有理插值

设 $G^n=\{(x_i,\ y_i)\mid i=0,1,\cdots,n\}$ 为 R^2 中的一些离散点集,相应地向量(d 维)集为 $\boldsymbol{V}^n=\{\boldsymbol{V}_i=\boldsymbol{V}(x_i,y_i)\in C^d,(x_i,\ y_i)\in G^n\}$,其向量 $\boldsymbol{V}$ 的 Samelson 逆为

$$\boldsymbol{V}^{-1}=\begin{cases}\dfrac{\boldsymbol{V}^*}{|\boldsymbol{V}|^2}, & 当\ \boldsymbol{V}\ 为有限值,\\ \boldsymbol{0}, & 当\ \boldsymbol{V}\ 为\ \infty,\\ \infty, & 当\ \boldsymbol{V}=\boldsymbol{0}.\end{cases}\tag{4.1}$$

这里 $\boldsymbol{V}^*$ 仍表示向量 $\boldsymbol{V}$ 的共轭向量,$|\boldsymbol{V}|^2=\sum_{i=1}^{d}V_i^*V_i(\boldsymbol{V}=V_1,\cdots,V_d)$.

向量值有理插值问题的提法与矩形网格上提法一样,寻求向量值函数 $\boldsymbol{R}(x,y)$ 使之满足插值条件 $\boldsymbol{R}(x_i,\ y_i)=\boldsymbol{V}(x_i,\ y_i),\ i=0,1,\cdots,n$.

借鉴矩形网格点向量值有理插值函数的方法，给出离散点集上向量值有理插值函数的构造方法.

设 $u:=\{G^n$ 中不同 x_i 的个数$\}-1$，诸 x 坐标记为 $\bar{x}_i$，$i=0,1,\cdots,u$；$w:=\{G^n$ 中不同 y_j 的个数$\}-1$，诸 y 坐标记为 $\bar{y}_j$，$j=0,1,\cdots,w$，而

$$u_i := \{G^n \text{ 中点}(\bar{x}_i, \bar{y}_k)\text{ 的个数}\}, \ i = 0,1,\cdots,u_i.$$

$$w_i := \{G^n \text{ 中点}(\bar{x}_k, \bar{y}_j)\text{ 的个数}\}, \ j = 0,1,\cdots,w_j.$$

例如点集 $G^4=\{(1,1),(1,2),(2,1),(2,2),(3,2)\}$ 中，$u=2$，$w=1$，而 $u_0=2$，$u_1=2$，$u_2=1$，$w_0=2$，$w_1=3$.

构造向量值有理插值的基本思想是：把离散点集预先放置好后，然后用虚设点"X"将它扩充为矩形网格点，相应的向量集在虚设点的向量用 $\underline{(0,0)}$ 表示. 这样的网格向量也形成为矩形网格向量. 对于扩充后的矩形网格点及矩形向量网格，利用§2 中方法构造向量值有理插值函数.

下面具体介绍**算法 3.4.**

第 1 步 初始化，对 $i=0,1,\cdots,u$；$j=0,1,\cdots,w$，令

$$\mathbf{A}_{0,0}^{(i,j)} = \begin{cases} \mathbf{V}(\bar{x}_i, \bar{y}_j), & (\bar{x}_i, \bar{y}_j) \in G^n, \\ (0,0), & (\bar{x}_i, \bar{y}_j) \notin G^n. \end{cases}$$

并将初始化的向量排成一个初始向量矩阵

$$\mathbf{A} = \begin{bmatrix} \mathbf{A}_{0,0}^{(0,0)} & \mathbf{A}_{0,0}^{(1,0)} & \cdots & \mathbf{A}_{0,0}^{(u,0)} \\ \mathbf{A}_{0,0}^{(0,1)} & \mathbf{A}_{0,0}^{(1,1)} & \cdots & \mathbf{A}_{0,0}^{(u,1)} \\ \vdots & \vdots & & \vdots \\ \mathbf{A}_{0,0}^{(0,w)} & \mathbf{A}_{0,0}^{(1,w)} & \cdots & \mathbf{A}_{0,0}^{(u,w)} \end{bmatrix}.$$

第 2 步 对 $j=0,1,\cdots,w$，$i=1,\cdots,u$，$t=1,\cdots,i$，令

$$\mathbf{A}_{t,0}^{(i,0)} = \begin{cases} \dfrac{\bar{x}_i - \bar{x}_{t-1}}{\mathbf{A}_{t-1,0}^{(i,0)} - \mathbf{A}_{t-1,0}^{(t-1,0)}} (\bar{x}_i, \bar{y}_0) \in \mathbf{C}^n \text{ 且} (\bar{x}_{t-1}, \bar{y}_0) \in G, \\ \mathbf{A}_{t,0}^{(i,0)}, \qquad \text{其他}, \end{cases}$$

$$\mathbf{A}_{t,0}^{(i,1)} = \begin{cases} \dfrac{\bar{x}_i - \bar{x}_{t-1}}{\mathbf{A}_{t-1,0}^{(i,1)} - \mathbf{A}_{t-1,0}^{(t-1,1)}}, (\bar{x}_i, \bar{y}_1) \in G^n, \text{且} (\bar{x}_{t-1}, \bar{y}_1) \in G^n, \\ \mathbf{A}_{t-1,0}^{(i,1)}, \qquad \text{其他}, \end{cases}$$

$$\boldsymbol{A}_{t,0}^{(i,j)}=\begin{cases}\dfrac{\bar{x}_i-\bar{x}_{t-1}}{\boldsymbol{A}_{t-1,0}^{(i,j)}-\boldsymbol{A}_{t-1,0}^{(t-1,j)}}, & (\bar{x}_i,\bar{y}_j)\in G^n \text{ 且}(\bar{x}_{t-1},\bar{y}_j)\in G^n,\\ \boldsymbol{A}_{t-1,0}^{(i,j)}, & \text{其他}.\end{cases}\tag{4.2}$$

第 3 步　对 $i=0,1,\cdots,u$, $j=1,\cdots,w$, $k=1,\cdots,j$,令

$$\boldsymbol{A}_{i,k}^{(i,j)}=\begin{cases}\dfrac{\bar{y}_j-\bar{y}_{k-1}}{\boldsymbol{A}_{i,k-1}^{(i,j)}-\boldsymbol{A}_{i,k-1}^{(i,k-1)}}, & (\bar{x}_i,\bar{y}_j)\in G^n \text{ 且}(\bar{x}_i,\bar{y}_{k-1})\in G^n\\ \boldsymbol{A}_{i,k-1}^{(i,j)}, & \text{其他}.\end{cases}\tag{4.3}$$

这就是类似于算法 3.2 的构造向量值有理插值系数的方法.

利用算法 3.4 得到的数据,构造如下分叉连分式

$$\boldsymbol{R}(x,y)=\boldsymbol{S}_0(y)+\frac{x-\bar{x}_0}{\boldsymbol{S}_1(y)}+\cdots+\frac{x-\bar{x}_{n-1}}{\boldsymbol{S}_n(y)},\tag{4.4}$$

$$\boldsymbol{S}_l(y)=\boldsymbol{A}_{l,m(0)}^{(l,m(0))}+\frac{y-\bar{y}_{u_l-1}}{\boldsymbol{A}_{l,m(1)}^{(l,m(1))}}+\cdots+\frac{y-\bar{y}_{m(u_l-1)}}{\boldsymbol{A}_{l,m(u_l)}^{(l,m(u_l))}},\tag{4.5}$$

其中 $m(0),\cdots,m(n)$仍表示 $0,1,\cdots,n$ 的一种排列,并要求 $m(k)$满足$(\bar{x}_l,\bar{y}_{m(k)})\in G^n$,且 $m(0)<m(1)<\cdots<m(u_l)$,显然有

$$\boldsymbol{A}_{l,m(0)}^{(l,m(0))}=\boldsymbol{A}_{l,0}^{(l,m(0))}.\tag{4.6}$$

定理 3.28[32]　由算法 3.4 及式(4.4),(4.5)确定的向量值有理函数 $\boldsymbol{R}(x,y)$满足

$$\boldsymbol{R}(x_k,y_k)=\boldsymbol{V}_k=\boldsymbol{V}(x_k,y_k),\ (x_k,y_k)\in G^n.$$

证明　不妨设$(x_k,y_k)=(\bar{x}_i,\bar{y}_j)$,则相应的向量 $\boldsymbol{V}_k=\boldsymbol{V}(\bar{x}_i,\bar{y}_j)$,故只须证明 $\boldsymbol{R}(\bar{x}_i,\bar{y}_j)=\boldsymbol{V}(\bar{x}_i,\bar{y}_j)$即可. 记 $j=m(j')$,由算法 3.4 可得

$$\begin{aligned}\boldsymbol{S}_l(\bar{y}_j)&=\boldsymbol{S}_l(\bar{y}_{m(j')})\\&=\boldsymbol{A}_{l,m(0)}^{(l,m(0))}+\frac{\bar{y}_{m(j')}-\bar{y}_{m(0)}}{\boldsymbol{A}_{l,m(1)}^{(l,m(1))}}+\cdots+\frac{\bar{y}_{m(j')}-\bar{y}_{m(j'-1)}}{\boldsymbol{A}_{l,m(j'-1)}^{(l,m(j'))}}\\&=\boldsymbol{A}_{l,m(0)}^{(l,m(0))}+\frac{\bar{y}_{m(j')}-\bar{y}_{m(0)}}{\boldsymbol{A}_{l,m(1)}^{(l,m(1))}}+\cdots+\frac{\bar{y}_{m(j')}-\bar{y}_{m(j'-2)}}{\boldsymbol{A}_{l,m(j-1)}^{(l,m(j'))}}\\&=\cdots=\boldsymbol{A}_{l,m(0)}^{(l,m(j'))}.\end{aligned}$$

因而

$$
\begin{aligned}
\boldsymbol{R}(\bar{x}_i,\bar{y}_j) &= \boldsymbol{R}(\bar{x}_i,\bar{y}_{m(j')}) \\
&= \boldsymbol{S}_0(\bar{y}_{m(j')}) + \frac{\bar{x}_i-\bar{x}_0}{\boldsymbol{S}_1(\bar{y}_{m(j')})} + \cdots + \frac{\bar{x}_i-\bar{x}_{i-1}}{\boldsymbol{S}_i(\bar{y}_{m(j')})} \\
&= \boldsymbol{A}_{0,m(0)}^{(0,m(j'))} + \frac{\bar{x}_i-\bar{x}_0}{\boldsymbol{A}_{1,m(0)}^{(1,m(j'))}} + \cdots + \frac{\bar{x}_i-\bar{x}_{i-1}}{\boldsymbol{A}_{i,m(0)}^{(i,m(j'))}} \\
&= \boldsymbol{A}_{0,m(0)}^{(0,m(j'))} + \frac{\bar{x}_i-\bar{x}_0}{\boldsymbol{A}_{1,m(0)}^{(1,m(j'))}} + \cdots + \frac{\bar{x}_i-\bar{x}_{i-2}}{\boldsymbol{A}_{i-1,m(0)}^{(i,m(j'))}} \\
&= \cdots = \boldsymbol{A}_{0,m(0)}^{(i,m(j'))} = \boldsymbol{A}_{0,m(0)}^{(i,j)} = \boldsymbol{A}_{0,0}^{(i,j)} = \boldsymbol{V}(\bar{x}_i,\bar{y}_j).
\end{aligned}
$$

为书写方便,将点集$\{(\bar{x}_i,\bar{y}_j)\}$仍写成$\{(x_i,\ y_j)\}$.

例 16 设 $n=4,\ d=2,\ G^n=\{(1,1),(1,2),(2,1),(2,2),(3,2)\},\ \boldsymbol{V}^n=\{(0,0),(0,1),\left(\frac{1}{2},\frac{1}{2}\right),(1,2),(1,2)\}$

解 将点集 G^4 及 $\boldsymbol{V}^4$ 排成下表

$\boldsymbol{V}_{i,j}$	$x_0=1$	$x_1=2$	$x_2=3$
$y_0=1$	$(0,0)$	$\left(\frac{1}{2},\frac{1}{2}\right)$	$\underline{(0,0)}$
$y_1=2$	$(0,1)$	$(1,2)$	$(1,2)$

初始化:$\boldsymbol{A}_{0,0}^{(0,0)}=(0,0),\ \boldsymbol{A}_{0,0}^{(1,0)}=\left(\frac{1}{2},\frac{1}{2}\right),\boldsymbol{A}_{0,0}^{(2,0)}=\underline{(0,0)},\boldsymbol{A}_{0,0}^{(0,1)}=(0,1),\boldsymbol{A}_{0,0}^{(1,1)}=(1,2),\boldsymbol{A}_{0,0}^{(2,1)}=(1,2)$. 此时初始化后的向量排成的矩阵为

$$
\boldsymbol{A}=\begin{bmatrix}(0,0) & \left(\frac{1}{2},\frac{1}{2}\right) & \underline{(0,0)} \\ (0,1) & (1,2) & (1,2)\end{bmatrix}. \tag{4.7}
$$

我们按算法 3.2 进行计算,但在计算时凡遇到$\underline{(0,0)}$参与的计算,则一律不进行计算,仍保留原值不变.

将矩阵(4.7)第 0 列保持不动,第 1 列元素减去第 0 列元素,第 2 列元素减去第 0 列相应元素(包括 x 的坐标,根据算法 3.2,x 坐标相减作分子,向量相减作分母,再利用 Samelson 逆变换(4.1))得

$$
\begin{bmatrix}(0,0) & \left(\frac{1}{2},\frac{1}{2}\right) & \underline{(0,0)} \\ (0,1) & (1,2) & (1,2)\end{bmatrix} \to \begin{bmatrix}(0,0) & (1,1) & \underline{(0,0)} \\ (0,1) & \left(\frac{1}{2},\frac{1}{2}\right) & (1,1)\end{bmatrix} = \boldsymbol{A}_1.
$$

对上式右边的矩阵第 0 行不动，第 1 行元素减去第 0 行相应元素（包括 y 的坐标相减，且 y 的相减作分子，向量相减作分母，再由 Samelson 逆变换(4.1))得

$$\mathbf{A}_1 \to \begin{bmatrix} (0,0) & (1,1) & \underline{(0,0)} \\ (0,1) & (-1,-1) & (1,1) \end{bmatrix} = \mathbf{A}_2.$$

$\mathbf{A}_2$ 中元素 $\mathbf{A}_{0,0}^{(0,0)}=(0,0)$，$\mathbf{A}_{1,0}^{(1,0)}=(1,1)$，$\mathbf{A}_{0,0}^{(2,0)}=\underline{(0,0)}$，$\mathbf{A}_{0,1}^{(0,1)}=(0,1)$，$\mathbf{A}_{1,1}^{(1,1)}=(-1,-1)$，$\mathbf{A}_{2,1}^{(2,1)}=(1,1)$.

由算法 3.2 可得

$$S_0(y) = (0,0) + \frac{y-1}{(0,1)} = (0, y-1),$$

$$S_1(y) = (1,1) + \frac{y-1}{(-1,-1)} = \left(\frac{3-y}{2}, \frac{3-y}{2}\right),$$

$$S_2(y) = (1,1).$$

故

$$\boldsymbol{R}(x,y) = (0, y-1) + \cfrac{x-1}{\left(\frac{3-y}{2}, \frac{3-y}{2}\right) + \cfrac{x-2}{(1,1)}}.$$

例 17　设 $n=5$，$d=2$，$G^n=\{(0,0),(0,1),(0,2),(1,0),(1,1),(2,0)\}$，相应的向量 $\mathbf{V}^n=\left\{(1,0),\left(\frac{1}{2},\frac{1}{2}\right),(0,-1),(-1,0),(1,1)\right\}$.

解

	$x_0=0$	$x_1=1$	$x_2=2$
$y_0=0$	$(1,0)$	$(-1,0)$	$(1,1)$
$y_1=1$	$\left(\frac{1}{2},\frac{1}{2}\right)$	$(1,1)$	$\underline{(0,0)}$
$y_2=2$	$(0,-1)$	$\underline{(0,0)}$	$\underline{(0,0)}$

由算法 3.4 中式(4.2),(4.3)算得

$$\mathbf{A}_{0,0}^{(0,0)} = (1,0),\ \mathbf{A}_{0,1}^{(0,1)} = (-1,1),\ \mathbf{A}_{0,2}^{(0,2)} = (0, -\frac{1}{2}),$$

$$\mathbf{A}_{1,0}^{(1,0)} = (-\frac{1}{2}, 0),\ \mathbf{A}_{1,1}^{(1,1)} = \left(\frac{6}{13}, \frac{4}{13}\right),\ \mathbf{A}_{2,0}^{(2,0)} = \left(\frac{2}{17}, \frac{8}{17}\right).$$

由式(4.4)、(4.5)得

$$\boldsymbol{S}_0(y)=(1,0)+\frac{y}{(-1,1)+\cfrac{y-1}{\left(0,-\frac{1}{2}\right)}}=\frac{(10-13y+4y^2,\ 3y-2y^2)}{10-12y+4y^2},$$

$$\boldsymbol{S}_1(y)=\left(-\frac{1}{2},0\right)+\frac{y}{\left(\frac{6}{13},\frac{4}{13}\right)}=\left(\frac{3}{2}y,-\frac{1}{2}y\right),$$

$$\boldsymbol{S}_2(y)=\left(\frac{2}{17},\frac{8}{17}\right).$$

故

$$\boldsymbol{R}(x,y)=\frac{(10-13y+4y^2,\ 3y-2y^2)}{10-12y+4y^2}+\frac{x}{\left(\frac{3}{2}y,-\frac{1}{2}y\right)+\cfrac{x-1}{\left(\frac{2}{17},\frac{8}{17}\right)}}.$$

可以验证 $\boldsymbol{R}(x_i,y_j)=\boldsymbol{V}(x_i,y_j)$.

从上面两个例子可以看出,这里给出的算法是规则插值点集(矩形、三角形网格集)的一种推广,它的特征定理与规则插值点集上结果类似.

引理 3.29 若记式(4.4),(4.5)中 $\boldsymbol{R}(x,y)=\dfrac{\boldsymbol{P}(x,y)}{Q(x,y)}$,$\boldsymbol{S}_l(y)=\boldsymbol{P}_l(y)/Q_l(y)$,$l=0,1,\cdots,u$,则有

$$Q(x,y)\mid|\boldsymbol{P}(x,y)|^2,\ Q_l(y)\mid|\boldsymbol{P}_l(y)|^2,\tag{4.8}$$

$$\boldsymbol{S}_l(y)\in\left[u_l/2\left[\frac{u_l}{2}\right]\right].\tag{4.9}$$

引理 3.29 的证明方法与定理 3.2 及定理 3.17 的证明方法类似,故略去.

定理 3.30[32] (i) 令 $\alpha u=u_u$;(ii) 对 $i=u-1,u-2,\cdots,0$ 依下式进行迭代计算

$$\alpha_i=\max\left\{1+\alpha_{i+1}+2\left[\frac{u_i}{2}\right],2\left[\frac{\alpha_{i+1}+1}{2}\right]+u_i\right\},\tag{4.10}$$

则 $\boldsymbol{R}(x,y)\in\left[\alpha_0/2\left[\dfrac{\alpha_0}{2}\right]\right]$.

证明 由式(4.9)和 $\boldsymbol{S}_u(y)\in[u_u/2[u_u/2]]$,由式(4.8)设 $|\boldsymbol{P}_u(y)|^2=Q_u(y)\theta_u(y)$. 因为

$$\alpha\{\boldsymbol{P}_u\}=u_u,\ \alpha Q_u=2[u_u/2],$$

故 $\alpha\theta_u=2u_u-2[u_u/2]=2\left[\dfrac{u_u+1}{2}\right]$,考虑

$$\begin{aligned}\boldsymbol{R}_{u-1}(x,y) &= \boldsymbol{S}_{u-1}(y)+\frac{x-\bar{x}_{n-1}}{\boldsymbol{S}_u(y)}\\ &= \frac{\boldsymbol{P}_{u-1}(y)}{\boldsymbol{Q}_{u-1}(y)}+\frac{x-\bar{x}_{u-1}}{\boldsymbol{P}_u(y)/\boldsymbol{Q}_u(y)}\\ &= \frac{\boldsymbol{P}_{u-1}(y)\theta_u(y)+(x-\bar{x}_{u-1})\boldsymbol{Q}_{u-1}(y)\boldsymbol{P}_u^*(y)}{\boldsymbol{Q}_{u-1}(y)\theta_u(y)}.\end{aligned}$$

令 $\boldsymbol{R}_{u-1}(x,y)\in[\alpha_{u-1}/\beta_{u-1}]$,则

$$\begin{aligned}\alpha_{u-1} &= \max\left\{u_{u-1}+2\left[\frac{u_u+1}{2}\right],\ 1+u_u+2\left[\frac{u_{u-1}}{2}\right]\right\}\\ &= \max\left\{u_{u-1}+2\left[\frac{\alpha_u+1}{2}\right],\ 1+\alpha_u+2\left[\frac{u_{u-1}}{2}\right]\right\},\end{aligned}$$

令

$$\beta_{u-1}=2\left[\frac{u_{u-1}}{2}\right]+2\left[\frac{u_u+1}{2}\right]=2\left[\frac{u_{u-1}}{2}\right]+2\left[\frac{\alpha_u+1}{2}\right],$$

易知

$$\beta_{u-1}=2\left[\frac{\alpha_{u-1}}{2}\right].$$

故由式(4.10)同理依次对 $i=u-1,\ u-2,\cdots,0$,逆推计算所得$[\alpha_0/2[\frac{\alpha_0}{2}]]$即为所求 $\boldsymbol{R}(x,y)$的型. □

对于例 16,不难验证 $\boldsymbol{R}(x,y)\in[3/2]$. 类似地我们也可以证明插值的惟一性.

§5 预给极点的二元向量值有理插值

在§1 我们介绍了一元预给极点向量值有理插值方法. 基于同样的原因,研究二元预给极点的向量值有理插值是非常有意义的. 由于被逼近函数极点的多样性,构造出的插值公式要有普遍性,不强调极点的阶数,为简便起见,本节只讨论具有一阶极点的情形.

预给极点向量值有理插值的一般提法是:给定节点集 $\Pi^{n,m}$ 及向量集 $\mathbf{V}^{n,m}$,极点集 $G\subset\Pi^{n,m}$,寻求向量值有理函数 $\boldsymbol{R}(x,y)=\mathbf{N}(x,y)/D(x,y)$,使得

(i) $\boldsymbol{R}(x_i,y_j)=\mathbf{V}_{i,j}=\mathbf{V}(x_i,y_j),(x_i,y_j)\in\Pi^{n,m}\setminus G$;

(ii) $\boldsymbol{R}(x,y)$以 G 为极点集; (5.1)

(iii) $\boldsymbol{R}(x,y)$为对角型.

为求解问题(5.1),首先给出如下算法:

算法 3.5

第 1 步 初始化:对$(x_i,y_j)\in \Pi^{n,m}\setminus G$,令

$$\mathbf{A}_{i,j}=\mathbf{V}^{(i,j)},\quad i=0,1,\cdots,n;\ j=0,1,\cdots,m.$$

对 $j=0,1,\cdots,m,\ t=1,2,\cdots,n$

$$\mathbf{A}_{i,j}=\begin{cases}0, & 若(x_i,y_j)\in G;\\ \dfrac{x_t-x_0}{\mathbf{A}_{t,j}-\mathbf{A}_{0,j}}, & 若(x_i,y_j)\in \Pi^{n,m}\setminus G.\end{cases}$$

第 2 步 第 1 次迭代:

对 $j=0,1,\cdots,m,\ i=1,\cdots,n-1;t=i+1,\cdots,n$,令

$$\mathbf{A}_{t,j}=\frac{x_t-x_i}{\mathbf{A}_{t,j}-\mathbf{A}_{i,j}}.$$

第 3 步 第 2 次迭代:

对 $i=0,1,\cdots,n;j=0,1,\cdots,m-1;t=j+1,\cdots,m$,令

$$\mathbf{A}_{i,t}=\frac{y_t-y_j}{\mathbf{A}_{i,t}-\mathbf{A}_{i,j}}.$$

利用上述算法所求得系数 $\mathbf{A}_{i,j}$,可构造如下二元向量分叉连分式

$$\boldsymbol{R}(x,y)=\mathbf{S}_0(y)+\frac{x-x_0}{\mathbf{S}_1(y)}+\cdots+\frac{x-x_{n-1}}{\mathbf{S}_n(y)},\tag{5.2}$$

其中

$$\mathbf{S}_l(y)=\mathbf{A}_{l,0}+\frac{y-y_0}{\mathbf{A}_{l,1}}+\cdots+\frac{y-y_{m-1}}{\mathbf{A}_{l,m}}.\tag{5.3}$$

算法 3.5 实质上和算法 3.2 是一样的,所以由算法过程便知

$$\boldsymbol{R}(x_i,y_j)=\mathbf{V}_{ij},(x_i,\ y_j)\in \Pi^{n,m}\setminus G,$$

$$\boldsymbol{R}(x_i,y_j)=\infty,(x_i,\ y_j)\in G.$$

例 18 给定 $\Pi^{2,1}=\{(1,1),(2,1),(3,1),(1,2),(2,2),(3,2)\}$, $\mathbf{V}^{2,1}=\{(0,0),\left(\frac{1}{2},\frac{1}{2}\right),(2,0),(0,1),(1,2),\infty\}$. 求 $\boldsymbol{R}(x,y)$.

解 $\mathbf{A}_{0,0}=(0,0)$, $\mathbf{A}_{1,0}=\left(\frac{1}{2},\frac{1}{2}\right)$, $\mathbf{A}_{2,0}=(2,0)$, $\mathbf{A}_{0,1}=(0,1)$, $\mathbf{A}_{1,1}=(1,2)$, $\mathbf{A}_{2,1}=\infty$.

初始化：$\mathbf{A}_{0,0}=(0,0)$，$\mathbf{A}_{1,0}=\dfrac{x_1-x_0}{\mathbf{A}_{1,0}-\mathbf{A}_{0,0}}=\dfrac{1}{\left(\frac{1}{2},\frac{1}{2}\right)}=(1,1)$，$\mathbf{A}_{2,0}=\dfrac{x_2-x_0}{\mathbf{A}_{2,0}-\mathbf{A}_{0,0}}=\dfrac{2}{(2,0)}=(1,0)$，$\mathbf{A}_{0,1}=(0,1)$，$\mathbf{A}_{1,1}=\dfrac{x_1-x_0}{\mathbf{A}_{1,1}-\mathbf{A}_{0,1}}=\dfrac{1}{(1,2)-(0,1)}=\left(\frac{1}{2},\frac{1}{2}\right)$，$\mathbf{A}_{2,1}=\dfrac{x_2-x_0}{\mathbf{A}_{2,1}-\mathbf{A}_{0,1}}=\dfrac{2}{\infty-(0,1)}=(0,0)$.

第 1 次迭代：$\mathbf{A}_{0,0}=(0,0)$，$\mathbf{A}_{1,0}=(1,1)$，$\mathbf{A}_{2,0}=(0,-1)$，$\mathbf{A}_{0,1}=(0,1)$，$\mathbf{A}_{1,1}=\left(\frac{1}{2},\frac{1}{2}\right)$，$\mathbf{A}_{2,1}=(-1,-1)$.

第 2 次迭代：$\mathbf{A}_{0,0}=(0,0)$，$\mathbf{A}_{1,0}=(1,1)$，$\mathbf{A}_{2,0}=(0,-1)$，$\mathbf{A}_{0,1}=(0,1)$，$\mathbf{A}_{1,1}=(-1,-1)$，$\mathbf{A}_{2,1}=(-1,0)$.

利用求得的系数得

$$\mathbf{S}_0(y)=\mathbf{A}_{0,0}+\frac{y-1}{\mathbf{A}_{0,1}}=(0,0)+\frac{y-1}{(0,1)}=(0,y-1),$$

$$\mathbf{S}_1(y)=\mathbf{A}_{1,0}+\frac{y-1}{\mathbf{A}_{1,1}}=(1,1)+\frac{y-1}{(-1,-1)}=\frac{1}{2}(3-y,3-y),$$

$$\mathbf{S}_2(y)=\mathbf{A}_{2,0}+\frac{y-1}{\mathbf{A}_{2,1}}=(0,-1)+\frac{y-1}{(-1,0)}=(1-y,-1).$$

由此便得

$$\boldsymbol{R}(x,y)=(0,y-1)+\cfrac{x-1}{\left(\frac{3-y}{2},\frac{3-y}{2}\right)+\cfrac{x-2}{(1-y,-1)}}.$$

易验证 $\boldsymbol{R}(x_i,y_j)=\mathbf{V}^{i,j}$，$(x_i,y_j)\in\Pi^{2,1}\setminus G$，且以(3,2)为极点.

从例 18 可看出对于预给极点的向量值有理插值是一种矩形网格插值，只不过把极点处的向量记成∞，根据 Samelson 广义逆(4.1)进行计算而已，所以关于矩形网格点上的构造有理插值函数的算法在这里也适用.

下面用例子来说明用算法 3.3 的解题过程.

例 19 给定数据为

$\mathbf{V}_{i,j}$	$x_0=0$	$x_1=1$	$x_2=2$
$y_0=0$	(0,0)	$\left(\frac{1}{2},\frac{1}{2}\right)$	(2,0)
$y_1=1$	(0,1)	(2,1)	∞
$y_2=2$	(1,0)	∞	(1,2)

解 利用算法 3.3,将向量网格中向量排成矩阵

$$\boldsymbol{A}=\begin{bmatrix}(0,0) & \left(\frac{1}{2},\frac{1}{2}\right) & (2,0)\\ (0,1) & (2,1) & \infty\\ (1,0) & \infty & (1,2)\end{bmatrix},$$

采用先列、后行变换顺序变换

$$\boldsymbol{A}\to\begin{bmatrix}(0,0) & (1,1) & (1,0)\\ (0,1) & (\frac{1}{2},0) & (0,0)\\ (1,0) & (0,0) & (0,1)\end{bmatrix}\to\begin{bmatrix}(0,0) & (1,1) & (0,-1)\\ (0,1) & (\frac{1}{2},0) & (-2,0)\\ (1,0) & (0,0) & (0,1)\end{bmatrix}$$

$$\to\begin{bmatrix}(0,0) & (1,1) & (0,-1)\\ (0,1) & \left(-\frac{2}{5},-\frac{4}{5}\right) & \left(-\frac{2}{5},\frac{1}{5}\right)\\ (2,0) & (-1,-1) & (0,1)\end{bmatrix}$$

$$\to\begin{bmatrix}(0,0) & (1,1) & (0,-1)\\ (0,1) & \left(-\frac{2}{5},-\frac{4}{5}\right) & \left(-\frac{2}{5},\frac{1}{5}\right)\\ \left(\frac{2}{5},-\frac{1}{5}\right) & \left(-\frac{3}{2},-\frac{1}{2}\right) & \left(\frac{1}{2},1\right)\end{bmatrix}.$$

以最后矩阵的每一列为系数由式(5.3)得

$$\boldsymbol{S}_0(y)=(0,0)+\frac{y}{(0,1)}+\frac{y-1}{\left(\frac{2}{5},-\frac{1}{5}\right)}=\frac{(2y^2-2y,\ 2y-y^2)}{5y^2-12y+8},$$

$$\boldsymbol{S}_1(y)=(1,1)+\frac{y}{\left(-\frac{2}{5},-\frac{4}{5}\right)}+\frac{y-1}{\left(-\frac{3}{2},-\frac{1}{2}\right)}=\frac{(-y^2+y+2,\ y^2-3y+2)}{2y^2+2},$$

$$\boldsymbol{S}_2(y)=(0,-1)+\frac{y}{\left(-\frac{2}{5},\frac{1}{5}\right)}+\frac{y-1}{\left(\frac{1}{2},1\right)}=\frac{(2y^2-4y,\ 5y-5)}{4y^2-8y+5}.$$

由式(5.2)得

$$\boldsymbol{R}(x,y)=\boldsymbol{S}_0(y)+\frac{x}{\boldsymbol{S}_1(y)}+\frac{x-1}{\boldsymbol{S}_2(y)}.$$

易验证上式插值性成立,且以(1,2),(2,1)为极点.

利用算法 3.3 也可以利用先行后列变换,再利用变换后的矩阵每一行为系数作向量连分式

$$\mathbf{S}_l(x) = \mathbf{A}_{l,0}^{(l,0)} + \frac{x - x_0}{\mathbf{A}_{l,1}^{(l,1)}} + \cdots + \frac{x - x_{n-1}}{\mathbf{A}_{l,n}^{(l,n)}},\ l = 0,1,\cdots,m.$$

和

$$\boldsymbol{R}(x,y) = \mathbf{S}_0(x) + \frac{y - y_0}{\mathbf{S}_1(x)} + \cdots + \frac{y - y_{m-1}}{\mathbf{S}_m(x)}.$$

其插值性仍成立.

由上述算法所得 $\boldsymbol{R}(x,y)$化成向量有理分式 $\mathbf{N}(x,y)/D(x,y)$,其中 $D(x,y)$为实系数二元多项式,如果满足插值条件

$$\boldsymbol{R}(x_i,\ y_j) = \mathbf{N}(x_i,\ y_j)/D(x_i,\ y_j) = \mathbf{V}(x_i,\ y_j),\ (x_i,\ y_j) \in \Pi^{n,\ m} \setminus G,$$

且其极点集为 G,则称之为预给极点的二元向量值有理插值,简记为 BVRI$_\infty$.

由于预给极点的向量值有理插值的定义与算法和矩形网格点类似,所以,BVRI$_\infty$的特征定理、惟一性定理及误差公式的证明和推导也类似. 为节省篇幅,这里只列出结论而略去推证.

记

$$\Pi^{i,\ m} = \{(x_i,\ y_j) \mid j = 0,1,\cdots,m\},\quad i = 0,1,\cdots,n,$$

$$\Pi^{n,\ j} = \{(x_i,\ y_j) \mid i = 0,1,\cdots,n\},\quad j = 0,1,\cdots,m.$$

以 $I(\cdot)$表示集合"·"中元素个数.

定理 3.31[37]

(i) $\boldsymbol{R}(x,y)$为$[(nm+n+m)/2[(mn+n+m)/2]]$型;

(ii) $\boldsymbol{R}(x_i,y)$为$[((i+1)m - I(\Pi^{i,\ m}\cap G))/((i+1)m - I(\Pi^{i,\ m}\cap G))]$型($m$ 为偶数)或$[((i+1)m + i - I(\Pi^{i,\ m}\cap G))/((i+1)m + (i-1) - I(\Pi^{i,\ m}\cap G))]$型($m$ 为奇数);

(iii) $\boldsymbol{R}(x,y_j)$为$[(n - I(\Pi^{n,j}\cap G))/(2[\frac{n}{2}] - I(\Pi^{n,j}\cap G))]$型.

定理 3.32[37] BVRI$_\infty$中任意两个向量值有理函数 $\boldsymbol{R}(x,y)$和 $\boldsymbol{r}(x,y)$,如果满足

$$\boldsymbol{R}(x_i,y_j) = \boldsymbol{r}(x_i,y_j) = \mathbf{V}(x_i,y_j),(x_i,y_j) \in \Pi^{n,m} \setminus G,$$

且 $\boldsymbol{R}(x,y)$与 $\boldsymbol{r}(x,y)$有相同的极点集 G,则有

$$\boldsymbol{R}(x,y) \equiv \boldsymbol{r}(x,y).$$

上面几节介绍了向量值有理插值方法,并证明了插值函数的特性及惟一性.而它们的存在性的一般证明至今还没有很好地解决.但这不妨碍它的应用.在实际应用中最主要的是选择简便的、稳定的、便于在计算机上实现的算法.

对二元 Thiele 型向量值有理插值算法,当求出分叉连分式

$$\boldsymbol{R}(x,y) = \boldsymbol{N}(x,y)/D(x,y) = \boldsymbol{S}_0(y) + \frac{x-x_0}{\boldsymbol{S}_1(y)} + \cdots + \frac{x-x_{n-1}}{\boldsymbol{S}_n(y)},$$

$$\boldsymbol{S}_k(y) = \boldsymbol{b}_{k,0} + \frac{y-y_0}{\boldsymbol{b}_{k,1}} + \cdots + \frac{y-y_{m-1}}{\boldsymbol{b}_{k,m}},\ k = 0,1,\cdots,n$$

的系数后,也可以利用§2 中的方法给出二元向量值有理插值函数的递推算法,请读者自己完成.

§6 矩阵值函数有理插值

矩阵理论不论在自然科学,还是在工程技术中都是重要的基础理论,研究矩阵函数的插值与逼近无疑具有重要意义.近年来有许多学者从事矩阵连分式的研究,可见研究矩阵值函数有理插值具有广阔的应用前景.而研究矩阵连分式必然要引入矩阵逆运算,在第一章我们介绍了三种逆(即古典逆、广义逆及部分逆)的连分式,并用例子(例 2)说明用广义逆定义的连分式插值计算简便.而矩阵的广义逆和向量 $\boldsymbol{V}=(V_1,\cdots,V_d)$的广义逆是相似的.我们知道 $\boldsymbol{V}$ 的 Samelson 逆为

$$\boldsymbol{V}^{-1} = \frac{\boldsymbol{V}^*}{|\boldsymbol{V}|^2} = \frac{\boldsymbol{V}^*}{V_1^2 + V_2^2 + \cdots + V_d^2}. \tag{6.1}$$

$m\times n$ 阶矩阵 $A=(a_{ij})_{m\times n}$的广义逆为

$$A^{-1} = \frac{A^*}{\|A\|^2} \quad (A^* \text{ 表示 } A \text{ 的共轭}), \tag{6.2}$$

其中 $\|A\| = \mathrm{tr}(A^{\mathrm{T}}A) = \left(\sum_{i=1}^{m}\sum_{j=1}^{n} a_{ij}^2\right)^{1/2}$.

(6.1)式与(6.2)式的表示实质上是一样的.如果引用矩阵理论中的矩阵$A=(a_{ij})_{m\times n}$的行向量列展开定义,即设 A 的 m 个行向量为$a_1,a_2,\cdots,a_m$,$\mathrm{Vec}A \triangleq [a_1^T,a_2^T,\cdots,a_m^T]^T$ 就是$m\times n$ 维列向量.

例如

$$A = \begin{bmatrix} 1 & 2 & 0 \\ 2 & 1 & 3 \end{bmatrix},\quad a_1 = (1,2,0),\quad a_2 = (2,1,3),$$

$$\mathrm{Vec}A = [1\ 2\ 0\ 2\ 1\ 3]^T.$$

由于矩阵 A 的行向量列展开定义,便可用前面构造向量值有理插值函数的方法来构造矩阵值函数有理插值了. 为书写方便在前几节研究向量值有理插值问题时,把向量写成行向量形式. 由于矩阵的行向量列展开 Vec$A$ 是一个 $m \times n$ 维列向量,所以可把向量值有理插值方法应用到矩阵情形. 但在实际应用时,为方便起见,没有必要把矩阵写成行向量展开形式,而直接用矩阵就可以了.

一、一元矩阵值函数有理插值

设相异点组成的集合为 $\Pi_x^n = \{x_i \mid i = 0,1,\cdots,n,\ x_i \in R\}$,相应的矩阵集为 $M_n = \{A_i \mid i = 0,1,\cdots,n,\ A_i = A(x_i) \in C^{d_1 \times d_2}\}$

所谓基于广义逆(6.2)的矩阵值有理插值就是求矩阵函数

$$R_n(x) = P(x)/Q(x), \tag{6.3}$$

使之满足条件:

$$R_n(x_i) = P(x_i)/Q(x_i) = A_i, \quad i = 0,1,\cdots,n, \tag{6.4}$$

其中 $P(x) = (P_{ij}(x))_{d_1 \times d_2}$,而 $P_{ij}(x)$是 x 的多项式(实的或复的),$Q(x)$是一元实系数多项式.

对给定的点集 Π_x^n 及矩阵集M_n,定义

$$B_0(x_i) = A_i, \quad i = 0,1,\cdots,n,$$

$$B_1(x_0,x_1) = (x_1 - x_0)/[B_0(x_1) - B_0(x_0)], \tag{6.5}$$

$$\vdots$$

$$B_l(x_0,x_1,\cdots,x_l) = \frac{x_l - x_{l-1}}{B_{l-1}(x_0,\cdots,x_{l-2},\ x_l) - B_{l-1}(x_0,\cdots,x_{l-1})}, \quad l \geqslant 2.$$

如果利用递推式(6.5)算出的 $B_l(x_0,\cdots,x_l) \neq 0$,(零矩阵)$l = 1,\cdots$($B_0(x_0)$除外),则形式上有

$$A(x) = B_0(x_0) + \frac{x - x_0}{B_1(x_0,x_1)} + \frac{x - x_1}{B_2(x_0,x_1,x_2)} + \cdots$$

它的第 n 阶渐近分式

$$R_n(x) = B_0(x_0) + \frac{x - x_0}{B_1(x_0,x_1)} + \frac{x - x_1}{B_2(x_0,x_1,x_2)} + \cdots + \frac{x - x_{n-1}}{B_n(x_0,x_1,\cdots,x_n)}. \tag{6.6}$$

就是满足插值条件(6.4)的矩阵值有理函数.

事实上,由式(6.5)可推得

$$R_n(x_i)=B_0(x_0)+\frac{x_i-x_0}{B_1(x_0,x_1)}+\frac{x_i-x_1}{B_2(x_0,x_1,x_2)}+\cdots+\frac{x_i-x_{i-1}}{B_i(x_0,x_1,\cdots,x_i)}$$

$$=B_0(x_0)+\frac{x-x_0}{B_1(x_0,x_1)}+\cdots+\frac{x_i-x_{i-2}}{B_{i-1}(x_0,\cdots,x_{i-1})}$$

$$+\frac{(x_i-x_{i-1})[B_{i-1}(x_0,\cdots,x_{i-2},x_{i-1})-B_{i-1}(x_0,x_1,\cdots,x_{i-1})]}{x_i-x_{i-1}}$$

$$=B_0(x_0)+\frac{x_i-x_0}{B_1(x_0,x_1)}+\cdots+\frac{x_i-x_{i-2}}{B_{i-1}(x_0,\cdots,x_{i-2},x_i)}$$

$$=\cdots=B_0(x_0)+\frac{x_i-x_0}{B_1(x_0,x_i)}=B_0(x_i)=A_i,\quad i=0,1,\cdots,n.$$

例 20 设 $\Pi_x^2=\{-1,0,1\}$, $M_2=\left\{\begin{bmatrix}0&0&0\\0&0&0\end{bmatrix},\begin{bmatrix}1&0&1\\1&1&1\end{bmatrix},\begin{bmatrix}0&1&0\\0&1&1\end{bmatrix}\right\}$.

这里 $x_0=-1,x_1=0,\ x_2=1,A_0=\begin{bmatrix}0&0&0\\0&0&0\end{bmatrix},A_1=\begin{bmatrix}1&0&1\\1&1&1\end{bmatrix},A_2=\begin{bmatrix}0&1&0\\0&1&1\end{bmatrix}$. 由式(6.5)可算出

$$B_0(x_0)=\begin{bmatrix}0&0&0\\0&0&0\end{bmatrix},B_1(x_0,x_1)=\frac{x_1-x_0}{B_0(x_1)-B_0(x_0)}=\frac{1}{\begin{bmatrix}1&0&1\\1&1&1\end{bmatrix}}=\frac{1}{5}\begin{bmatrix}1&0&1\\1&1&1\end{bmatrix},$$

$$B_1(x_0,x_2)=\frac{x_2-x_0}{B_0(x_2)-B_0(x_0)}=\frac{2}{\begin{bmatrix}0&1&0\\0&1&1\end{bmatrix}}=\frac{2}{3}\begin{bmatrix}0&1&0\\0&1&1\end{bmatrix},$$

$$B_2(x_0,x_1,x_2)=\frac{x_2-x_1}{B_1(x_0,x_2)-B_1(x_0,x_1)}$$

$$=\frac{1}{\frac{2}{3}\begin{bmatrix}0&1&0\\0&1&1\end{bmatrix}-\frac{1}{5}\begin{bmatrix}1&0&1\\1&1&1\end{bmatrix}}=\frac{1}{15}\begin{bmatrix}-3&10&-3\\-3&7&7\end{bmatrix}.$$

于是

$$R_2(x)=\begin{bmatrix}0&0&0\\0&0&0\end{bmatrix}+\frac{x+1}{\frac{1}{5}\begin{bmatrix}1&0&1\\1&1&1\end{bmatrix}+\frac{x}{\frac{1}{15}\begin{bmatrix}-3&10&-3\\-3&7&7\end{bmatrix}}}$$

$$= \frac{\begin{bmatrix} 3-3x & 10x & 3-3x \\ 3-3x & 3+7x & 3+7x \end{bmatrix}(x+1)}{15x^2+2x+3}.$$

易验证 $R_2(x_i)=A_i$，$i=0,1,2$.

这里递推关系式(6.5)就是计算矩阵连分式(6.6)系数的公式. 我们也可以按如下反差商表进行计算：

反差商表

x_i	$B_0(x_i)$	$B_1(x_0,x_i)$	$B_2(x_0,x_1,x_i)$	$B_3(x_0,x_1,x_2,x_i)$
x_0	$\underline{B_0(x_0)}$			
x_1	$B_0(x_1)$	$\underline{B_1(x_0,x_1)}$		
x_2	$B_0(x_2)$	$B_1(x_0,x_2)$	$\underline{B_2(x_0,x_1,x_2)}$	
x_3	$B_0(x_3)$	$B_1(x_0,x_3)$	$B_2(x_0,x_1,x_3)$	$\underline{B_3(x_0,x_1,x_2,x_3)}$

注：画“——”的反差商就是 $R_n(x)$的系数.

将连分式(6.6)从末项起利用矩阵广义逆(6.2)逐次向前有理化便可得到矩阵值有理函数

$$R_n(x)=\frac{P(x,y)}{Q(x,y)}=B_0(x_0)+\frac{x-x_0}{B_1(x_0,x_1)}+\cdots+\frac{x-x_{n-1}}{B_n(x_0,\cdots,x_n)}. \tag{6.7}$$

定义 3.11　由式(6.7)表示的矩阵值有理函数满足条件 $\boldsymbol{R}_n(x_i)=\dfrac{P(x_i,\ y_j)}{Q(x_i,y_j)}=A_i$，$i=0,1,\cdots$且 $Q(x,y)\neq 0$,则称 $R_n(x)$为基于广义逆(6.2)的 Thiele 型矩阵值有理插值,简记为 GMRI.

定义 3.12　由式(6.7)定义的 $R_n(x)=P(x)/Q(x)$,如果满足

(i) $\partial\{P_{ij}\}\leqslant l$，$1\leqslant i\leqslant d_1$，$1\leqslant j\leqslant d_2$,且必有某个$(i_0,\ j_0)$使$\partial\{P_{i_0,j_0}\}=l$，$1\leqslant i_0\leqslant d_1$，$1\leqslant j_0\leqslant d$；

(ii) $\partial Q(x)=m$，

则称 $R_n(x)$具有$[l/m]$型. 如果$\partial\{P_{i,j}\}=l$,$1\leqslant i\leqslant d_1$,$1\leqslant j\leqslant d_2$,则称为是严格$[l/m]$型.

设矩阵值有理函数 $R(x)=P(x)/Q(x)$是$[l/m]$型的,当 $P_{ij}(x)$与 $Q(x)$没有非常数公因子,而 $Q(x)$与 $\|P(x)\|^2$ 最大公因子为 $W(x)$,其中$0\leqslant\partial W=t\leqslant m$,若$0<t\leqslant m$,则说 $R(x)$是既约的,若 $t=0$ 时,则称 $R(x)$是严格既约的. 利用数学归纳法可以证明.

引理 3.33[53] 设 $R(x)$是满足插值条件(6.4)的矩阵值有理函数,其既约形式为 $R(x)=N(x)/D(x)$,其中$\partial\{N\}=L$, $\partial\{D\}=M$,而 $D(x)$与 $\|N(x)\|^2$ 的最大公因子 $W(x)$是满足 $0\leqslant\partial\{W\}=t\leqslant M$ 的实多项式.

(i) 若 n 是偶数,则 $L\leqslant M$,且 $M=(n+t)/2$,

(ii) 若 n 是奇数,则 $L>M$,且 $L=(n+t+1)/2$.

例 20 中 $R(x)$是既约形式,$\partial\{N\}=2$,$\partial\{D\}=2$. $15x^2+2x+3$ 是 $D(x)$与 $\|N(x)\|^2$的最大公因式$\partial\{w\}=t=2$,$n=2$ 是偶数,所以 $M=(2+2)/2=2$. 这一结果说明引理 3.31 的正确性.

我们给出的定义 取消了整除条件,这表明这里给出的结果具有一般性.

完全类似于定理 3.7 有如下的惟一性定理.

定理 3.34[53] 如果 $R(x)$, $r(x)$是满足插值条件

$$R(x_i)=r(x_i)=V_i,\quad i=0,1,\cdots,n$$

的两个矩阵值有理函数,且它们具有相同的型,则

$$R(x)\equiv r(x).$$

类似于向量值情形,也有矩阵值切触有理插值,即设实区间$[a,b]$中的互异点 $x_i(i=1,2,\cdots,n)$,它们的重数分别为 $\alpha_1,\alpha_2,\cdots,\alpha_n$, $M=\sum_{i=1}^{n}\alpha_i-1$. 与此相应的矩阵集为$\{A_i^{(K)}\mid k=0,1,\cdots,\alpha_i-1,\ A_i^{(k)}=A^{(k)}(x_i)\in C^{d_1\times d_2},\ i=1,\cdots,n\}$.

利用矩阵的广义逆(6.2)构造 Thiele 型矩阵连分式(记 $B_{ik}=B_{ik}(x_i)\in C^{d_1\times d_2}$)

$$R_n(x)=B_{1,0}+\frac{x-x_1}{B_{1,1}}+\cdots+\frac{x-x_1}{B_{1,\alpha_1-1}}+\frac{x-x_1}{B_{2,0}}+\frac{x-x_2}{B_{2,1}}+\cdots+\frac{x-x_2}{B_{2,\alpha_2-1}}+\frac{x-x_2}{B_{3,0}}+\frac{x-x_3}{B_{3,1}}+\cdots+\frac{x-x_n}{B_{n,1}}+\cdots+\frac{x-x_n}{B_{n,\alpha_n-1}}\tag{6.8}$$

使之满足插值条件:

$$R_n^{(k)}(x_i)=A_i^{(k)},\quad k=0,1,\cdots,\alpha_i-1,\quad i=1,\cdots,n.\tag{6.9}$$

记 $D=\dfrac{d}{dx}$,式(6.8)系数算法如下:

第 1 步 计算 $B_{1k}(x_1)$, $k=0,1,\cdots,\alpha_1-1$.

令 $\Phi_{1,0}(x)=A(x)$,$B_{1,0}(x_1)=\Phi_{1,0}(x_1)$;

$\Phi_{1,1}(x)=(DA(x))^{-1}$,$B_{1,1}(x_1)=\Phi_{1,1}(x_1)$;

$B_{1,k}(x_1)=k(D\Phi_{1,k-1}(x_1))^{-1}$, $k\geqslant 2$,

$\Phi_{1,k}(x)=B_{1,k}(x)+\Phi_{1,k-2}(x)$. $k\geqslant 2$.

第 2 步　计算 $B_{2,k}(x_2)$, $k=0,1,\cdots,\alpha_2-1$. 令

$$\Phi_{2,0}(x)=\frac{x-x_1}{(-B_{1,\alpha_1-1})}+\frac{x-x_1}{(-B_{1,\alpha_1-2})}+\cdots+\frac{x-x_1}{(-B_{1,1})}+\frac{x-x_1}{A(x)-A(x_1)},$$

$$B_{2,0}(x_2)=\Phi_{2,0}(x_2),$$

$$\Phi_{2,1}(x)=(D\Phi_{2,0}(x))^{-1},\ B_{2,1}(x_2)=\Phi_{2,1}(x_2);$$

$$B_{2,k}(x_2)=k(D\Phi_{2,k-1}(x_2))^{-1},\ k\geqslant 2,$$

$$\Phi_{2,k}(x)=B_{2,k}(x)+\Phi_{2,k-2}(x),\ k\geqslant 2.$$

第 l 步　计算 $B_{lk}(x_l)$, $k=0,1,\cdots,\alpha_l-1,3\leqslant l\leqslant n$.

$$\Phi_{l,0}(x)=\frac{x-x_{l-1}}{(-B_{l-1,\alpha_{l-1}-1})}+\cdots+\frac{x-x_{l-1}}{(-B_{l-1,1})}+\cdots+\frac{x-x_1}{(-B_{1,\alpha_1-1})}+\cdots+$$

$$\frac{x-x_1}{(-B_{1,1})}+\frac{x-x_1}{A(x)-A(x_1)},$$

$$B_{l,0}(x_l)=\Phi_{l,0}(x_l),$$

$$\Phi_{l,1}(x)=(D\Phi_{l,0}(x))^{-1},\ B_{l,1}(x_l)=\Phi_{l,1}(x_l),$$

$$B_{l,k}(x_l)=k(D\Phi_{l,k-1}(x_l))^{-1},\ \Phi_{l,k}(x)=B_{l,k}(x)+\Phi_{l,k-1}(x),\quad k\geqslant 2.$$

这里的系数算法与向量切触插值中的系数算法是类似的,只是记号不同而已.

容易证明,当由上面的算法求得的矩阵 $B_{1,0},B_{1,1},B_{1,2},\cdots,B_{l,k}$ 均存在,且除 $B_{1,0}$ 之外均不是零矩阵,则式(6.8)中 $R_n(x)$ 满足插值条件(6.9).

需要说明的是凡是对向量值有理插值的结论,对矩阵值函数有理插值都是成立的.

二、二元矩阵值函数有理插值

二元矩阵值有理插值是一元情形的自然推广. 在文献[200]中曾指出二元 Thiele 型矩阵值有理插值的有关结果,也可以利用矩阵的行向量列展开概念,将二元向量值有理插值的结果转移到矩阵值有理插值情形,给出二元矩阵值有理插值的插值性质,特征定理、算法及误差估计. 受篇幅限制,这里不再列出了. 需要了解矩阵值有理插值的读者,可参看文献[126],[125],[200]等.

经过近二十年来的发展,向量值有理插值从一元发展到多元情形,初步形成一

套完整的理论与方法. 本章仅介绍 Thiele 型的向量值有理插值,其他类型的涉及很少. 至今还没有见到 Thiele 型向量值有理插值问题存在性的一般证明;对于二元 Thiele 型向量值有理插值问题的惟一性及存在性,也需要深入进行研究.

第四章 Padé 逼近与 Padé 型逼近

Padé 逼近是一种有效的有理逼近类型,由于它在计算数学、量子力学、量子场论、原子和分子物理及控制论等领域中的应用背景,自上个世纪 70 年代以来,它的理论、方法及其应用得到了很大的发展,出版了许多专著(见[82][86]等),并有多种形式的推广,例如 Padé 型逼近,基于广义逆的矩阵 Padé 逼近等等.

本章首先介绍经典 Padé 逼近最基本的理论,然后介绍 Padé 逼近的几种推广形式,如 Padé 型逼近,基于广义逆的 Padé 逼近等,以及多元 Padé 逼近与多元 Padé 型逼近有关结果. 最后简要介绍向量值函数有理逼近.

§1 Padé 逼近的基本概念及其算法

众所周知,在自然科学和工程技术的实际计算中,用函数的 Taylor 展开的部分和作为该函数的近似表示是一种最基本且有效的方法. 但有时这种方法在实际应用时显得不足,例如有些函数的 Taylor 级数收敛速度较慢,或收敛范围受到限制. 请看下面例子.

例 1 设 $f(x)=\ln(1+x)$,它的 Taylor 展开为

$$\ln(1+x) = x - \frac{x^2}{2} + \frac{x^3}{3} - \frac{x^4}{4} + \cdots + (-1)^{n+1}\frac{x^n}{n} + \cdots, \quad [-1,1], \tag{1.1}$$

其部分和为

$$S_n(x) = \sum_{k=1}^{n}(-1)^{k-1}\frac{x^k}{k}. \tag{1.2}$$

我们知道用其 Taylor 展开的部分和计算 ln2 的近似值,收敛速度很慢,为了保证误差不超过 10^{-4},就需要取 $n \geqslant 10000$,可见这样做计算量太大. 如果用第一章的方法,将 $\ln(1+x)$展成连分式

$$\ln(1+x) = \frac{x}{1} + \frac{1\cdot x}{2} + \frac{1\cdot x}{3} + \frac{2^2\cdot x}{4} + \frac{2^2\cdot x}{5} + \cdots \tag{1.3}$$

取它的逐次渐近分式

$$R_{1,1}(x) = \frac{2x}{2+x},$$

$$R_{2,2}(x)=\frac{6x+3x^2}{6+6x+x^2},\tag{1.4}$$

$$R_{3,3}(x)=\frac{60+60x^2+11x^3}{60+90x+36x^2+3x^3},$$

$$R_{4,4}(x)=\frac{420x+630x^2+260x^3+25x^4}{420+840x+540x^2+120x^3+6x^4},$$

……

按式(1.2)计算 $S_{2n}(1)$与按(1.4)计算 $R_{nn}(1)$作为 ln2 的逼近误差 ε_T 和ε_R 的大小情况见表 4.1.

表 4.1

n	$S_{2n}(1)$	ε_T	$R_{nn}(1)$	ε_R
1	0.5	0.19	0.667	0.26×10^{-1}
2	0.58	0.11	0.69231	0.84×10^{-3}
3	0.617	0.76×10^{-1}	0.693122	0.25×10^{-4}
4	0.634	0.58×10^{-2}	0.69314642	0.76×10^{-6}

ln2 的准确值为 0.67314718…. 由表 4.1 可以看出用 $R_{4,4}(1)$计算 ln2 的精度与 $S_8(1)$精度相差竟达 8 万倍. 特别是当 $x=2$ 时幂级数(1.1)发散,而 $R_{4,4}(2)=1.09857$,与 ln3 = 1.098612289 非常接近. 进一步我们可以验证将 $R_{n,n}(x)$进行 Taylor 展开的前 $2n$ 项与 $S_{2n}(x)$完全相同. 而两者逼近效果则大不相同. 这个事实说明开展函数的有理分式逼近问题的研究是很有意义的.

在著作[1]中还给出了一个例子说明对某些函数有理分式逼近可以扩大其逼近范围. 设 $f(x)=[(1+2x)/(1+x)]^{1/2}$,它的 Taylor 级数为

$$f(x)=1+\frac{1}{2}x-\frac{5}{8}x^2+\frac{13}{16}x^2-\frac{141}{128}x^4+\cdots,\quad |x|<\frac{1}{2}.\tag{1.5}$$

显然当 $x>\frac{1}{2}$时,上述 Taylor 级数展开式是不成立的. 如果作变量替换

$$x=\omega/(1-2\omega)\text{ 或 }\omega=x/(1+2x),$$

则

$$f(x(\omega))=(1-\omega)^{-1/2}$$

$$= 1 + \frac{1}{2}\omega + \frac{3}{8}\omega^2 + \frac{5}{16}\omega^3 + \frac{35}{128}\omega^4 + \cdots \tag{1.6}$$

在上述变量代换下，点 $x=\infty$ 变为 $\omega=1/2$. 可以验证，当 $\omega\in[0,1/2]$ 时级数(1.6)收敛. 即展开式(1.6)对 $x=\infty$ 时是收敛的. 如果把展开式(1.6)换回到变量 x，便得到前几项的有理逼近式

$$1,\ \frac{1+(5/2)x}{1+2x},\ \frac{1+(9/2)x+(43/8)x^2}{(1+2x)^2},\cdots \tag{1.7}$$

当 $x=\infty$ 时，上式之值分别为

$$1,\ 1.25,\ 1.34375,\ 1.38281,\ 1.39990,\ \cdots$$

它们收敛到 $\sqrt{2}=1.414\cdots\cdots$.

再一次说明研究有理分式函数逼近是十分有意义的. 上面例子告诉我们从幂级数出发，获得有理分式逼近式是一种非常简捷而且十分有效的方法. 一般地这种方法可描述为将函数 $f(x)$ 展开为形式幂级数

$$f(x) = a_0 + a_1x + a_2x^2 + \cdots + a_nx^n + \cdots,$$

作一个有理分式函数

$$R_{L,M}(x) = P_L(x)/Q_M(x),$$

其中

$$P_L(x) = \sum_{j=0}^{L} p_jx^j,\quad Q_M(x) = \sum_{j=0}^{M} q_jx^j.$$

希望有理分式函数 $R_{L,M}(x)$ 的 Taylor 展开的尽可能多的项与被逼近函数 $f(x)$ 的形式幂级数重合，即

$$f(x) - \frac{P_L(x)}{Q_M(x)} = O(x^{L+M+1}).$$

这就是 Padé 逼近的基本定义，简记为 $(L/M)_f$.

Padé 逼近是一类十分有效的有理函数逼近，有关它的理论及其应用方面的成果十分丰富，已有许多专著进行介绍(参见文献[85]，[58]等). 这里仅就最基本的理论与方法作扼要介绍.

定义 4.1(Baker) 设 $f(z)$ 为由下述形式幂级数所定义的函数

$$f(z) = \sum_{j=0}^{\infty} a_jz^j, \tag{1.8}$$

如果存在有理分式函数 $P_L(x)/Q_M(x)\in R_{L,M}$($P_L(x)$ 与 $Q_M(x)$ 互质)满足

$$f(z) - P_L(z)/Q_M(z) = O(z^{L+M+1}), \tag{1.9}$$

$$Q_M(0) = 1, \tag{1.10}$$

则称 $P_L(z)/Q_M(z)$为 $f(z)$在 $R_{L,M}$中的 Padé 逼近式,记为$[L/M]_f(z)$,或简记为$[L/M]_f$,或$[L/M]$.

不难看出定义 4.1 给出了求已知函数 $f(z)$的 Padé 逼近方法. 若记

$$P_L(z) = p_0 + p_1 z + p_2 z^2 + \cdots + p_L z^L,$$

$$Q_M(z) = 1 + q_1 z + q_2 z^2 + \cdots + q_M z^M,$$

则以 $Q_M(z)$乘式(1.9),并比较等式两边 $1, z, \cdots, z^{L+M}$ 的系数,便得关于 p_0, $p_1, \cdots, p_L$ 及 $q_0, q_1, \cdots, q_M$ 的线性方程组(称为 Padé 方程组):

$$\begin{bmatrix} p_0 \\ p_1 \\ p_2 \\ \vdots \\ p_L \end{bmatrix} = \begin{bmatrix} a_0 & 0 & 0 & \cdots & 0 \\ a_1 & a_0 & 0 & \cdots & 0 \\ a_2 & a_1 & a_0 & \cdots & 0 \\ \vdots & \vdots & \vdots & & \vdots \\ a_L & a_{L-1} & a_{L-2} & \cdots & a_{L-M} \end{bmatrix} \begin{bmatrix} 1 \\ q_1 \\ q_2 \\ \vdots \\ q_M \end{bmatrix}, \tag{1.11}$$

及

$$\begin{bmatrix} a_{L+1} & a_L & a_{L-1} & \cdots & a_{L-M+1} \\ a_{L+2} & a_{L+1} & a_L & \cdots & a_{L-M+2} \\ \vdots & \vdots & \vdots & & \vdots \\ a_{L+M} & a_{L+M-1} & a_{L+M-2} & \cdots & a_L \end{bmatrix} \begin{bmatrix} 1 \\ q_1 \\ q_2 \\ \vdots \\ q_M \end{bmatrix} = \begin{bmatrix} 0 \\ 0 \\ \vdots \\ 0 \end{bmatrix}. \tag{1.12}$$

其中规定了

$$\begin{cases} a_n = 0, \text{ 若 } n < 0; \\ q_j = 0, \text{ 若 } j > M. \end{cases} \tag{1.13}$$

有些著作中,常把$[L/M]$记为$[L,M]$或$[M,L]$,这里只采用记号$[L/M]$. 并记

$$L + M = N, \quad L - M = J.$$

将方程组(1.12)改写成

$$\begin{bmatrix} a_{L-M+1} & a_{L-M+2} & \cdots & a_L \\ a_{L-M+2} & a_{L-M+3} & \cdots & a_{L+1} \\ \vdots & \vdots & & \vdots \\ a_L & a_{L+1} & \cdots & a_{L+M-1} \end{bmatrix} \begin{bmatrix} q_M \\ q_{M-1} \\ \vdots \\ q_1 \end{bmatrix} = - \begin{bmatrix} a_{L+1} \\ a_{L+2} \\ \vdots \\ a_{L+M} \end{bmatrix}. \tag{1.14}$$

记

$$C(L/M) = \det \begin{bmatrix} a_{L-M+1} & a_{L-M+2} & \cdots & a_L \\ a_{L-M+2} & a_{L-M+3} & \cdots & a_{L+1} \\ \vdots & \vdots & & \vdots \\ a_L & a_{L+1} & \cdots & a_{L+M-1} \end{bmatrix}. \tag{1.15}$$

如果 $C(L/M)\neq 0$,则由 Cramer 法则可求出

$$Q_M[L/M](z) = \det \begin{bmatrix} a_{L-M+1} & a_{L-M+2} & \cdots & a_L & a_{L+1} \\ a_{L-M+2} & a_{L-M+3} & \cdots & a_{L+1} & a_{L+2} \\ \vdots & \vdots & & \vdots & \vdots \\ a_L & a_{L+1} & \cdots & a_{L+M-1} & a_{L+M} \\ z^M & z^{M-1} & \cdots & z & 1 \end{bmatrix}. \tag{1.16}$$

再将由方程组(1.14)求出的 $q_1, \cdots, q_M$ 代入到方程组(1.11),便可求得

$$P_L[L/M](z) = \det \begin{bmatrix} a_{L-M+1} & a_{L-M+2} & \cdots & a_L & a_{L+1} \\ \vdots & \vdots & & \vdots & \vdots \\ a_L & a_{L+1} & \cdots & a_{L+M-1} & a_{L+M} \\ \sum\limits_{j=M}^{L} a_{j-M} z^j & \sum\limits_{j=M-1}^{L} a_{j-M+1} z^j & \cdots & \sum\limits_{j=-1}^{L} a_{j+1} z^j & \sum\limits_{j=0}^{L} a_j z^j \end{bmatrix}, \tag{1.17}$$

其中除假定式(1.13)成立外,当求和号中下指标超过上指标时,规定该和为零.

定理 4.1[82]　由式(1.16)及(1.17)定义的 $Q_M(z)$及 $P_L(z)$满足

$$Q_M(z)\sum_{i=0}^{\infty} a_i z^i - P_L(z) = O(z^{L+M+1}).$$

由式(1.16)易知

$$Q_M(0)=\det\begin{bmatrix} a_{L-M+1} & a_{L-M+2} & \cdots & a_L \\ a_{L-M+2} & a_{L-M+3} & \cdots & a_{L+1} \\ \vdots & \vdots & & \vdots \\ a_{L-1} & a_L & \cdots & a_{L+M-2} \\ a_L & a_{L+1} & \cdots & a_{L+M-1} \end{bmatrix}=C(L/M).$$

定理 4.2[82] 设 $Q_M(z)$, $P_L(z)$分别由式(1.16)及(1.17)给出,在 $Q_M(0)\neq 0$ 条件下,$f(z)$的形式幂级数(1.8)的$[L/M]$Padé 逼近式可表示为

$$[L/M]_f(z)=P_L(z)/Q_M(z). \tag{1.18}$$

在实际应用时,常把 Padé 逼近列成一张 Padé 逼近表,见表 4.2.

表 4.2 Padé 逼近表

M \ L	0	1	2	3	…
0	[0/0]	[1/0]	[2/0]	[3/0]	…
1	[0/1]	[1/1]	[2/1]	[3/1]	…
2	[0/2]	[1/2]	[2/2]	[3/2]	…
3	[0/3]	[1/3]	[2/3]	[3/3]	…
⋮	⋮	⋮	⋮	⋮	…

上述 Padé 表中的第 1 行元素恰为式(1.8)Taylor 级数的部分和.

作为例子在[1]中给出 e^x 的 Padé 表,并指出当 $L+M=N$ 为一确定常数值时,也即 Padé 逼近的分子和分母次数和为一常数值时,只有当 $L=M$(N 为偶数)或$|L-M|=1$(N 为奇数)时,其精确度为最好.

在 Padé 逼近的行列式表示中,分母 $Q_M(z)$在 $z=0$ 时的表示式 $C(L/M)$起了重要作用,我们也将它列成一张所谓 Padé 逼近的 C 表.

表 4.3 Padé 逼近的 C 表

M \ L	0	1	2	3	…
0	$C(0/0)$	$C(1/0)$	$C(2/0)$	$C(3/0)$	…
1	$C(0/1)$	$C(1/1)$	$C(2/1)$	$C(3/1)$	…
2	$C(0/2)$	$C(1/2)$	$C(2/2)$	$C(3/2)$	…
3	$C(0/3)$	$C(1/3)$	$C(2/3)$	$C(3/3)$	…
⋮	⋮	⋮	⋮	⋮	…

任给两个函数 $G(z)$和 $H(z)$,记

$$S(L/M)(z) = G(z)P_L(z) + H(z)Q_M(z), \tag{1.19}$$

在后面的各递推公式中 $S(L/M)(z)$(为方便以后简记为 $S(L/M)$)一般代表 $P_L(z)$或 $Q_M(z)$,即取 $G(z)=1,H(z)=0$;或 $G(z)=0,H(z)=1$. 特别取 $H(z)=f(z)$, $G(z)=-1$,这时的 $S(L/M)$记为 $R[L/M]$,于是

$$R(L/M) = Q_M(z)f(z) - P_L(z) = Z^{L+M+1}(r_0 + r_1 z + \cdots),$$

这就是$[L/M]$的余项.

若 $R(L/M)=O(z^k)$,则称$[L/M]$是 k 阶的. 若 $P_L(z)\neq 0$,则称$[L/M]$是分子满次的;若 $Q_M(z)\neq 0$,则称$[L/M]$是分母满次的;若 $r_0\neq 0$,则称$[L/M]$是严格的.

如果由 $f(z)$的形式幂级数产生的 Padé 表中所有元素都存在,则称 $f(z)$及其 Padé 表是正规的. 可以证明 $f(z)$及 Padé 表是正规的充要条件是 Padé 表中所有元素是分子满次的;或分母满次的;或严格的.

为了后面叙述方便,对 Padé 表的结构进行说明. Padé 表中的对角线 D_k 是指序列$\{[k/0],[k+1/1],[k+2/2],\cdots\}$, $k\geqslant 0$ 或$\{[0/-k],[1/-k+1],\cdots\}$, $k\leqslant 0$. Padé 表中的副对角线 E_k 是指序列$\{[k/0],[k-1/1],\cdots,[0/k]\}$, $k\geqslant 0$;Padé 表中的下降阶梯 T_k 是指序列$\{[k/0],[k+1/0],[k+1/1],[k+2/1],\cdots\}$, $k\geqslant 0^+$ 或$\{[0/-k],[0/-k+1],\cdots\}$, $k\leqslant 0^-$;Padé 表中的上升阶梯是指序列$\{[k/0],[k-1/0],[k-1/1],[k-2/1],\cdots,[0/k-1],[0/k]\}$, $k\geqslant 1$.

Padé 表具有方块结构,即 Padé 表可分解为一些基本方块,称为 Padé 方块,边长为 r 的方块称为 r 阶方块. 左上角元素为$[\lambda/\mu]$的 r 阶方块记为$[\lambda,\mu;r]$,即$[\lambda,\mu;r]=\{[\lambda+h/\mu+k],0\leqslant h,k\leqslant r-1\}$. Padé 表的对角线或副对角线在方块中的部分,称为此方块的对角线或副对角线,其中最长的对角线或副对角线称为主对角线或主副对角线. 当 $r=1$ 时,则有$[\lambda,\mu,1]=[\lambda/\mu]$,一般不特别声明时,Padé 方块是指 $r>1$ 的情形.

方块$[\lambda,\mu;r]$的左上部分(包括主副对角线)的元素都等于左上角元素$[\lambda/\mu]$,其右下部分(不包括主副对角线)的元素不存在. 方块的最上一行元素分子满次,最左一列元素分母满次,主副对角线上的元素是严格的.

在 C 表中 $C(L/0)=1$, $C(L/1)=a_L$, $L=0,1,\cdots$且 $C(0/M)=(-1)^{\frac{1}{2}M(M-1)}a_0^M$, $M=0,1,\cdots$, C 表中相邻元素间有如下关系(见[85]中定理 1.2 的推论):

$$C(L/M)^2 = C(L-1/M)C(L+1/M) - C(L/M-1)C(L/M+1). \tag{1.20}$$

若 C 表中有零元素,则相邻的零元素总构成方块. 把由 $C(\lambda+h,\mu+k)$,$1\leqslant h,k\leqslant r-1$,构成的零方块记为$[\lambda,\mu;r-1]$. 若 $r=1$,则可认为$[\lambda,\mu,0]$零方块退化为 C 表中$C(\lambda/\mu)$,$C(\lambda+1/\mu)$,$C(\lambda/\mu+1)$,$C(\lambda+1/\mu+1)$之间两条互相垂直的分界线的交点. C 表中的零方块$[\lambda,\mu;r-1]$与 Padé 表中的方块$[\lambda,\mu;r]$相对应,即 C 表中有$[\lambda,\mu;r-1]$零方块,则 Padé 表中必有$[\lambda,\mu;r]$Padé 方块,反之亦然. 因此 Padé 表为正规的充要条件是所有的 $C(L/M)$值非零.

用值 $C(L/M)$可以表示 Padé 表中元素间的关系,即 Frobenius 恒等式:

$$C(L+1/M)S(L-1/M)-C(L/M+1)S(L/M-1)$$
$$=C(L/M)S(L/M), \tag{1.21}$$

$$C(L/M+1)S(L+1/M)-C(L+1/M)S(L/M+1)$$
$$=C(L+1/M+1)zS(L/M), \tag{1.22}$$

$$C(L+1/M)S(L/M)-C(L/M)S(L+1/M)$$
$$=C(L+1/M+1)zS(L/M-1), \tag{1.23}$$

$$C(L/M+1)S(L/M)-C(L/M)S(L/M+1)$$
$$=C(L+1/M+1)zS(L-1/M). \tag{1.24}$$

利用这四个恒等式,还可推出一些恒等式. 特别,如果用 $S(L-1/M)$乘式(1.23),用 $S(L/M-1)$乘式(1.24)然后相减,再利用式(1.21)可得

$$S(L+1/M)S(L-1/M)-S(L/M+1)S(L/M-1)=S(L/M)^2. \tag{1.25}$$

类似地,由 Frobenius 恒等式及两项恒等式还可推出 Wynn 恒等式

$$([L-1/M]-[L/M])^{-1}+([L+1/M]-[L/M])^{-1}$$
$$=([L/M-1]-[L/M])^{-1}+([L/M+1]-[L/M])^{-1}.$$

其中规定$[-1/M]=0$, $[L/-1]=\infty$. 这个恒等式的特点是包含 Padé 表中五个毗邻元素,若记它们为

$$\begin{matrix} & N & \\ W & F & E \\ & S & \end{matrix}$$

则式(1.25)可表示为

$$(F-N)^{-1}+(F-S)^{-1}=(F-W)^{-1}+(F-E)^{-1}. \tag{1.26}$$

且与构成这些 Padé 逼近的幂级数系数无关. 假定 N,E,W 和 S 为已知,则由式(1.26)表示的可看作是 F 的一个二次方程. 由此可以讨论在中心位置 F 的存在性条件.

由于 Padé 逼近是一类有理逼近,有关它的计算问题也可分为两类:一是求 Padé 逼近式,即求 Padé 逼近式的分子 $P_L(z)$ 及分母 $Q_M(z)$ 的系数问题;另一类就是求 Padé 逼近式在某处的值,也称为求值问题. 虽然 Padé 逼近的行列式表示在理论上解决了 Padé 逼近的计算问题,但由于高阶行列式计算是很麻烦的. 为此介绍在实际中常用的 ε-算法及 η-算法.

由 Wynn 恒等式(1.25)可得

$$\begin{aligned}[L/M+1]=[L/M]+\{&([L+1/M]-[L/M])^{-1}\\+([L-1/M]-[L/M])^{-1}-&([L/M-1]-[L/M])^{-1}\}^{-1},\end{aligned} \tag{1.27}$$

其中 $[L/-1]=\infty,[-1/M]=0,[L/0]=\sum_{i=0}^{L}a_ix^i$. 这样可以从 Padé 表第 1 列开始,由式(1.27)逐列计算所要求的 Padé 逼近值.

所谓 ε-算法是指如下的递推关系式:

$$\begin{aligned}&给定:\varepsilon_{-1}^{(j)}=0,\ \varepsilon_0^{(j)}=s_j(j=0,1,\cdots),\\&\varepsilon_{k+1}^{(j)}=\varepsilon_{k-1}^{(j+1)}+(\varepsilon_k^{(j+1)}-\varepsilon_k^{(j)})^{-1}(j=0,1,\cdots,k=0,1,\cdots),\end{aligned} \tag{1.28}$$

其中 s_j 是形式幂级数(1.8)的前 $j+1$ 项的部分和在 $z=z_0$ 点的值. 这种算法来源于 D. Shanks 及 P. Wynn 的文章(参见文献[58],[82]). 在实际应用时,通常把 ε-算法所生成的二维数组列成一个所谓 ε-表.

表 4.4　ε-表

$\varepsilon_{-1}^{(0)}$					
	$\varepsilon_0^{(0)}$				
$\varepsilon_{-1}^{(1)}$		$\varepsilon_1^{(0)}$			
	$\varepsilon_0^{(1)}$		$\varepsilon_2^{(0)}$		
$\varepsilon_{-1}^{(2)}$		$\varepsilon_1^{(1)}$		$\varepsilon_3^{(0)}$	
	$\varepsilon_0^{(2)}$		$\varepsilon_2^{(1)}$		$\ddots$
$\varepsilon_{-1}^{(3)}$		$\varepsilon_1^{(2)}$		$\vdots$	
	$\varepsilon_0^{(3)}$		$\vdots$		
$\varepsilon_{-1}^{(4)}$		$\vdots$			
	$\vdots$				
$\vdots$					

(1.28)式中四个元素在表 4.4 中的位置,彼此相连构成一个菱形

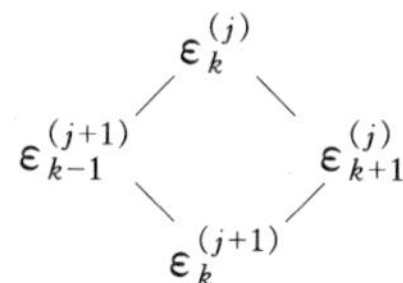

右边的元素 $\varepsilon_{k+1}^{(j)}$ 可由其左边的三个元素推出. 从式(1.28)可以看出,如果 $\varepsilon_k^{(j)}=\varepsilon_k^{(j+1)}$,则 $\varepsilon_{k+1}^{(j)}$ 不存在,除非特别说明,我们总假定表 4.4 中所有元素都存在,否则称表 4.4 退化.

在文献[1]和[58]中曾指出 ε 算法与 Padé 逼近式的关系为

$$\varepsilon_{2k}^{(j)}=[k+j/k]_f(z_0). \tag{1.29}$$

即 $\varepsilon_{2k}^{(j)}$ 是 $f(z)$ 的 $[k+j/k]$ Padé 逼近在点 $z=z_0$ 处的值,所以 ε-算法是求 Padé 逼近值的一种有效的方法.

事实上用数学归纳法及 Wynn 恒等式(1.25)便可证明式(1.29)的正确性. 关于 ε-算法的详细讨论可参看[58].

关于 Padé 逼近的系数算法,我们推荐 Baker 算法(见文献[85]). 这里仅以计算上升阶梯 U_N 的算法为例来说明.

记

$$\eta_{2j}(z)/\theta_{2j}(z)=[N-j/j],\eta_{j+1}(z)/\theta_{2j+1}(z)=[N-j-1/j]. \tag{1.30}$$

令初始值

$$\eta_0(z)=\sum_{k=0}^{N}a_kz^k,\quad \theta_0(z)=1, \tag{1.31}$$

$$\eta_1(z)=\sum_{k=0}^{N-1}a_kz^k,\quad \theta_1(z)=1, \tag{1.32}$$

对 $j\geqslant1$,有

$$\frac{\eta_{2j}(z)}{\theta_{2j}(z)}=\frac{(\bar{\eta}_{2j-1}\eta_{2j-2}(z)-z\bar{\eta}_{2j-2}\eta_{2j-1}(z))/\bar{\eta}_{2j-1}}{(\bar{\eta}_{2j-1}\theta_{2j-2}(z)-z\bar{\eta}_{2j-2}\theta_{2j-1}(z))/\bar{\eta}_{2j-1}}, \tag{1.33}$$

$$\frac{\eta_{2j+1}(z)}{\theta_{2j+1}(z)}=\frac{(\bar{\eta}_{2j}\eta_{2j-1}(z)-\bar{\eta}_{2j-1}\eta_{2j}(z))/(\bar{\eta}_{2j}-\bar{\eta}_{2j-1})}{(\bar{\eta}_{2j}\theta_{2j-1}(z)-\bar{\eta}_{2j-1}\theta_{2j}(z))/(\bar{\eta}_{2j}-\bar{\eta}_{2j-1})}. \tag{1.34}$$

其中 $\bar{\eta}_k$ 是 $\eta_k(z)$ 的最高次项系数(即 $z^{N-[(j+1)/2]}$ 的系数).

具体计算某个 $[L/M]_f$,则以 $[L+M/0]$,$[L+M-1/0]$ 初始值交错利用递推公式(1.33)和(1.34).

关于 Padé 逼近算法还有许多,这里就不一一介绍了,读者可参看文献[58],[85],[62]等. 这里介绍的 Baker 算法一般只适用于正规 Padé 表.

最后我们介绍下 Padé 逼近的存在性及收敛性问题.

我们知道,按定义 4.1 定义的 Padé 逼近不一定总存在. 记

$$H(L,\ i,\ j)=\begin{bmatrix} a_L & a_{L-1} & \cdots & a_{L-i} \\ a_{L+1} & a_L & \cdots & a_{L-i+1} \\ \vdots & \vdots & & \vdots \\ a_{L+j} & a_{L+j-1} & \cdots & a_{L+j-i} \end{bmatrix}.$$

可以证明

(i) Padé 逼近$[L/M]_f$ 存在的充分必要条件是

$$\operatorname{rank}H(L,M-1,M-1)=\operatorname{rank}H(L+1,M,M-1);$$

(ii) 当矩阵 $H(L,M-1,M-1)$非奇异时,$[L/M]$存在.

至于 Padé 逼近式的序列收敛性问题,一般而言是比较复杂的. 它不仅依赖于函数 $f(z)$的特性,还与序列的取法相关. 对于 Padé 表而言,它的序列取法太多,如行序列、列序列、对角序列等等. 需要针对不同序列讨论它的收敛性. 而且研究 Padé 逼近式的收敛性,还需要其他方面的知识,例如复变函数等,所以我们在这里就不介绍有关 Padé 逼近式的收敛性结果了. 有兴趣的读者可参看[58],[83]等.

受篇幅所限,这里不能详细介绍 Padé 逼近的有关性质及一些恒等式. 出于计算考虑,不加证明地给出 Padé 逼近的对偶性质,即设 $g(z)=1/f(z)$,且 $f(0)\neq 0$,则$[L/M]_g=\{[M/L]_f\}^{-1}$.

§2 Tchebyshev-Padé 逼近

从这一节起我们将第一节介绍的 Padé 逼近(称为经典 Padé 逼近)进行一些推广.

将经典 Padé 逼近定义中的序列$\{x^i\mid i=0,1,\cdots\}$换成函数序列$\{\varphi_i(x)\mid i=0,1,\cdots\}$,Padé 逼近的定义就变为:设

$$f(x)=c_0\varphi_0(x)+c_1\varphi_1(x)+\cdots+c_n\varphi_n(x)+\cdots \tag{2.1}$$

如果存在广义有理函数

$$r_{m,n}(x)=P_m(x)/Q_n(x),$$

其中

$$P_m(x) = \sum_{i=0}^{m} a_i \varphi_i(x), \quad Q_n(x) = \sum_{i=0}^{n} b_i \varphi_i(x),$$

使得

$$Q_n(x)f(x) - P_m(x) = O(\varphi_{m+n+1}(x)). \tag{2.2}$$

式中 $O(\varphi_{m+n+1}(x))$为形如 $\sum_{i=m+n+1}^{\infty} e_i \varphi_i(x)$ 的形式展开,则称 $r_{m,n}(x)$为 $f(x)$的广义 Padé 逼近.

这是线性化的推广形式. 而非线性化的推广形式为:寻求广义有理分式,$r_{m,n}(x) = P_m(x)/Q_n(x)$使得

$$f(x) - P_m(x)/Q_n(x) = O(\varphi_{m+n+1}(x)).$$

由于$\{\varphi_i(x)\}$选取有很大的任意性,所以经典 Padé 逼近的推广形式也是多种多样的.

本节主要介绍 Tchebyshev-Padé 逼近.

定义 4.2 设$[-1,1]$上的连续函数 $f(x)$可以展成 Tchebyshev 级数

$$f(x) = \sum_{i=0}^{\infty} c_i T_i(x), \tag{2.3}$$

其中 $T_i(x) = \cos(i\arccos x)$. 若广义有理函数

$$r_{m,n}(x) = \frac{U_m(x)}{V_n(x)} = \frac{a_0 T_0(x) + a_1 T_1(x) + \cdots + a_m T_m(x)}{b_0 T_0(x) + b_1 T_1(x) + \cdots + b_n T_n(x)}, \tag{2.4}$$

满足方程

$$f(x) - r_{m,n}(x) = \sum_{k=m+n+1}^{\infty} e_k T_k(x), \tag{2.5}$$

则称 $r_{m,n}(x)$为 $f(x)$的 Tchebyshev-Padé 逼近,简记为$[m,n]cp$.

显然求函数 $f(x)$的 Tchebyshev-Padé 逼近要用展开式(2.3)的系数. 一般来说展开式(2.3)的系数计算比幂级数系数困难. Maehly 在文献[159]针对线性化逼近问题(2.2),利用 Tchebyshev 多项式 $T_i(x)$的性质:

$$T_j(x)T_k(x) = \frac{1}{2}(T_{j+k}(x) + T_{|j-k|}(x)), \quad j;k = 0,1,\cdots$$

给出了求 a_i, b_i 的算法:

$$a_0 = \frac{1}{2}\sum_{k=0}^{n} b_k c_k,$$

$$a_i = \frac{1}{2}\sum_{k=0}^{n} b_k(c_{i+k} + c_{|i-k|}), \qquad i = 1,\cdots,m, \tag{2.6}$$

$$0 = \frac{1}{2}\sum_{k=0}^{n} b_k(c_{i+k} + c_{|i-k|}), \qquad i = m+1,\cdots,m+n. \tag{2.7}$$

由式(2.7)解出诸 b_k，代入式(2.6)便可求得诸 a_i.

例 2　试求函数 $\mathrm{th}\mu x$ 在区间[-1,1]上的有理逼近式，其中 $\mu = \frac{1}{2}\ln 3$.

首先用 Maehly 方法求 $\mathrm{th}\mu x/x$ 的 Tchebyshev-Padé 逼近 $r_{2,4}(x)$，然后以 $x\cdot r_{2,4}(x)$ 作为 $\mathrm{th}\mu x$ 的有理逼近.

这里 $m=2,n=4$. 由于 $\mathrm{th}\mu x/x$ 是偶函数，所以 c_k 中的奇数项等于零. 不难指出未知量 a_1,b_1 和 b_3 等于零，如果把相应的(2.6)，(2.7)的方程加以整理可得

$$\begin{cases} a_0 = b_0c_0 + \frac{1}{2}b_2c_2 + \frac{1}{2}b_4c_4, \\ a_2 = b_0c_2 + b_2(c_0 + \frac{1}{2}c_4) + b_4(\frac{1}{2}c_2 + \frac{1}{2}c_6), \\ 0 = b_0c_4 + b_2(\frac{1}{2}c_2 + \frac{1}{2}c_6) + b_4(c_0 + \frac{1}{2}c_8), \\ 0 = b_0c_6 + b_2(\frac{1}{2}c_4 + \frac{1}{2}c_8) + b_4(\frac{1}{2}c_2 + \frac{1}{2}c_{10}). \end{cases}$$

取定 $b_0=1$，解上面方程便可求得

$$\begin{aligned} P_2(x) &= 0.52320016427T_0(x) + 0.00739002644T_2(x) \\ &= 0.51581013784 + 0.01478005287x^2, \\ Q_4(x) &= T_0(x) + 0.06107956977T_2(x) + 0.00010081226T_4(x) \\ &= 0.93902124249 + 0.12135264149x^2 + 0.00080649804x^4. \end{aligned}$$

所以

$$r_{2,4}(x) = \frac{0.54930614399 + 0.01573984933x^2}{1 + 0.12923311636x^2 + 0.00085887093x^4}.$$

而 $\mathrm{th}\mu x(-1\leqslant x\leqslant 1)$ 的有理逼近为 $xR_{2,4}(x)$.

在[1]中对用 $xR_{2,4}(x)$ 逼近 $\mathrm{th}\mu x$ 的相对误差进行了分析，并指出它和最佳逼近有理分式的相对误差的估计误差几乎一样. 这是我们重点介绍 Tchebyshev-Padé 逼近的原因. 然而 Maehly 方法与经典 Padé 逼近相比，它需要使用 Tchebyshev 系数．如果诸 Tchebyshev 系数不易计算，该方法的应用会受到限制．且由此方法得到的$[m,n]$不一定能满足式(2.5)．尽管如此，该算法对于幂级数收敛较慢，而 Tchebyshev 级数收敛较快的一些函数还是有效的．

Clenshaw 及 Lord[107]等给出的方法使非线性化问题(2.5)变得容易求解．这种方法弥补了 Maehly 方法的不足．下面我们简要介绍这方面的主要结果．

对于$f(x)\in C[-1,1]$的 Tchebyshev 级数展开式为

$$f(z)=\sum_{k=0}^{\infty}c_kT_k(z). \tag{2.8}$$

引入 Faber 映射

$$w=z+\sqrt{z^2-1},$$

它将 z-平面上$[-1,1]$的外部映射到 w 平面上单位圆周的外部，其逆映射为

$$z=(w+w^{-1})/2.$$

由

$$T_k(z)=\frac{1}{2}[(z+\sqrt{z^2-1})^k+(z-\sqrt{z^2-1})^k],\quad k=0,1,\cdots$$

有

$$f(z)=\frac{1}{2}\sum_{k=0}^{\infty}c_k(w^k+w^{-k})=\frac{1}{2}[\varphi(w)+\varphi(w^{-1})],$$

其中 $\varphi(\omega)=\sum\limits_{k=0}^{\infty}c_kw^k$.

定理 4.3 设 $f(z)$由式(2.8)定义，若$(m/n)_\varphi(w)$在闭单位圆盘上没有极点，则函数

$$r_{m,n}(z)=\frac{(m/n)_\varphi(z+\sqrt{z^2-1})+(m/n)_\varphi(z-\sqrt{z^2-1})}{2}$$

在$[-1,1]$上连续，且满足

$$f(z)-r_{m,n}(z)=\sum_{k=p}^{\infty}e_kT_k(z),$$

其中 p 为$(m/n)_\varphi$ 对 φ 逼近的误差阶，即

$$\varphi(w)-(m/n)_\varphi(w)=O(w^p).$$

定理 4.4 设 $(m/n)_\varphi(w)=\sum\limits_{i=0}^{m}\alpha_iw^i\Big/\sum\limits_{i=0}^{n}\beta_iw^i$, $l=\max\{m,n\}$, 则在定理

4.3中所定义的 $r_{m,n}(z)$ 是一个 (l,n) 型有理函数,且

$$r_{m,n}(z)=\frac{\sum_{i=0}^{m}\sum_{j=0}^{n}\alpha_i\beta_j T_{|i-j|}(z)}{2\sum_{k=0}^{n}{}'T_k(z)\{\sum_{i=k}^{n}\beta_i\beta_{i-k}\}}. \tag{2.9}$$

由定理 4.3 及定理 4.4 可推出

推论 4.5　设函数 $f(z)$ 与 $\varphi(w)$ 关系如前述,若 $[m/n]_\varphi(w)=\sum_{i=0}^{m}\alpha_i w^i\Big/\sum_{i=0}^{n}\beta_i w^i$ 存在,且在闭单位圆盘上没有极点,则当 $m\geqslant n$ 时,$f(z)$ 的 (m,n) 型 Tchebyshev-Padé 逼近 $r_{m,n}(z)$ 存在,且具有表达式(2.9).

有关定理 4.3 及定理 4.4 的证明可参看[58]. 推论 4.5 表明当 $m\geqslant n$, $f(z)$ 的 (m,n) 型 Tchebyshev-Padé 逼近可以通过 $\varphi(w)$ 的经典 Padé 逼近 $[m/n]_\varphi$ 和式(2.9)方便地求出. 当 $n>m$ 也有类似的结论.

推论 4.5 给出了 (m,n) 型 Tchebyshev-Padé 逼近存在的充分条件,即 $[m/n]_\varphi(w)$ 存在且在闭单位圆盘上没有极点. 在文献[61]中证明了这个条件也是必要的. 我们仍采用[61]中的记号.

设

$$R_{l,n}(w)=P_l(w)/q_n(w)=\sum_{k=0}^{l}\alpha_k w^k/\sum_{k=0}^{n}\beta_k w^k,\ l=\max\{m,n\}$$

($P_l(w)$ 与 $q_n(w)$ 互质),并满足

$$\begin{cases} q_n(w)\varphi(w)-P_l(w)=O(w^{m+n+1}),\\ P_l(w)q_n(\frac{1}{w})+P_l(\frac{1}{w})q_n(w)=\sum_{k=0}^{m}\eta_k(w^k+\frac{1}{w^k}),\\ \text{对某组系数 } \eta_k. \end{cases} \tag{2.10}$$

由式(2.10)可得确定 $R_{l,n}(w)$ 系数 α_k 及 β_k 的方程组

$$\alpha_k=\sum_{j=0}^{k}{}'c_j\beta_{j-k}=\frac{1}{2}c_0\beta_k+\sum_{j=1}^{k}{}'c_j\beta_{k-j},\quad k=0,1,\cdots,l, \tag{2.11}$$

$$\begin{bmatrix}\alpha_{m-n+1} & \alpha_{m-n+2} & \cdots & \alpha_{m+1}\\ \alpha_{m-n+2} & \alpha_{m-n+3} & \cdots & \alpha_{m+2}\\ \vdots & \vdots & & \vdots\\ \alpha_m & \alpha_{m+1} & \cdots & \alpha_{m+n}\end{bmatrix}\begin{bmatrix}\beta_n\\ \beta_{n-1}\\ \vdots\\ \beta_0\end{bmatrix}=\begin{bmatrix}0\\0\\ \vdots\\0\end{bmatrix}.$$

当 $R_{l,n}(w)$在$|w|\leqslant 1$ 上无极点时

$$r_{m,n}(z)=\frac{1}{2}[R_{l,n}(z+\sqrt{z^2-1})+R_{n,l}(z-\sqrt{z^2-1})]. \tag{2.12}$$

定理 4.6[61] $r_{m,n}(z)$存在的充分必要条件是:$R_{l,n}(x)$存在,且在$|w|\leqslant 1$ 中无极点.

证明 前面已经说明当 $R_{l,n}(w)$存在且在$|w|\leqslant 1$ 时,$r_{m,n}(z)$不但存在,而且还有表示式(2.12). 所以只须证明必要性.

设 $r_{m,n}(z)=U_m(z)/V_n(z)$,$U_m(z)$与 $V_n(z)$互质,且 $V_n(z)$在$[-1,1]$上无零点. 首先设 $U_m(z)$,$V_n(z)$分别达到 m,n 次. 令 $z=\left(w+\frac{1}{w}\right)/2$,则 z 平面上的实区间$[-1,1]$变为 w 平面上的单位圆$|w|=1$,且具有割线$[-1,1]$的整个 z 平面映射为$|w|\geqslant 1$ 和$|w|\leqslant 1$,$V_n(z)$在 z 平面上有 n 个零点 $z_1,\cdots,z_n$,且这些零点不在$[-1,1]$上,$z=\left(w+\frac{1}{w}\right)/2$,把 z_i 映射为 w_i 和 $1/w_i$,$|w_i|>1$,$i=1,2,\cdots,n$. 故 $V_n(z)=V_n\left(\frac{w+\frac{1}{w}}{2}\right)$可表示为 $q_n(w)q_n\left(\frac{1}{w}\right)$,$q_n(w)$为 w 的 n 次多项式,并具有零点 $w_1,\cdots,w_n$,这样 $V_{m,n}(z)=U_m((w+\frac{1}{w})/2)/q_n(w)q_n(\frac{1}{w})$. 现找 l 次多项式$P_l(w)$使

$$2U_m\left(w+(\frac{1}{w})/2\right)=P_l(w)q_n\left(\frac{1}{w}\right)+P_l\left(\frac{1}{w}\right)q_n(w). \tag{2.13}$$

当 $n\geqslant m$,$l=n$ 时,在式(2.13)中令 $w=w_i(i=1,\cdots,n)$,注意 $q_n(w_i)=0$,$|w_i|>1$,$q_n\left(\frac{1}{w_i}\right)\neq 0$,便得到 $P_l(w)$的 n 个插值条件,再令式(2.13)中两端 w 的零次幂系数相等,这 $n+1$ 个插值条件唯一确定的 $P_l(w)$使式(2.13)成立.

当 $m>n$ 时,$l=m$,$U_m\left(\frac{w+\frac{1}{w}}{2}\right)$有 m 对零点 w_i 和$\frac{1}{w_i}$,$|w_i|\geqslant 1(i=1,2,\cdots,m)$,由 $r_{m,n}(z)$的既约性可知,w_i 不是 $q_n(w)$的零点. 把 w_i 代入式(2.13),有

$$P_l(w_i)q_n\left(\frac{1}{w_i}\right)+P_l\left(\frac{1}{w_i}\right)q_n(w_i)=0,\quad i=1,2,\cdots,m.$$

w_i 为 $U_m\left(\dfrac{w+\dfrac{1}{w}}{2}\right)$ 的 $k(k>1)$ 重零点时，$P_l(w)q_n\left(\dfrac{1}{w}\right)+P_l\left(\dfrac{1}{w}\right)q_n(w)$ 直到 $k-1$ 阶导数在 w_i 的值为零. 再令式(2.13)两端 w 的 m 次系数相等. 上述 $m+1$ 个条件可惟一地确定 $P_l(w)$，这时的 $P_l(w)$ 也使式(2.13)成立. 易验证上述的 $P_l(w)$，$q_n(w)$ 满足式(2.10). 取 $R_{l,n}(w)=P_l(w)/q_n(w)$ 即可.

若 $U_m(z)$ 或 $V_n(z)$ 的次数不到 m 或 n，设 $U_m(x)$，$V_n(z)$ 的实际次数分别为 h,k，$h\leqslant m$，$k\leqslant n$，则 $\gamma_{h,k}(z)=U_h(z)/V_k(z)$，$U_h(z)=U_m(z)$，$V_k(z)=V_n(z)$. 用上述方法可得与 $r_{h,k}(z)$ 对应的 $R_{j,k}(w)(j=\max\{h,k\})$，且 $R_{j,k}(w)$ 在 $|w|\leqslant 1$ 上无极点. 易证 $R_{j,k}(w)$ 满足 $R_{l,n}(w)$ 的条件(2.10)，故 $R_{j,k}(w)=R_{l,n}(w)$. 至此完成了定理的证明. □

在文献[61]中还讨论了 Tchebyshev-Padé 表的结构，并指出若(2.3)中 $f(x)$ 的 d 表，即 $d(m,0)=1$，$d(m,n)$ 分别取 $m,n=0,1,\cdots$ 排列成的表，这里

$$d(m,n)=\det\begin{bmatrix}\alpha_{m-n+1} & \alpha_{m-n+2} & \cdots & \alpha_m\\ \alpha_{m-n+2} & \alpha_{m-n+3} & \cdots & \alpha_{m+1}\\ \vdots & \vdots & & \vdots\\ \alpha_m & \alpha_{m+1} & \cdots & \alpha_{m+n-1}\end{bmatrix},\quad m,n=0,1,\cdots$$

有以 $d(0,n+1)$，$d(0,n+2j+1)$，$d(j,n+1)$，$d(j,n+2j+1)$，$(n>0)$ 为顶点的零矩形块，则其 CP 表中以 $r_{0,n}(x)$，$r_{0,n+2j+1}(x)$，$r_{j,n}(x)$，$r_{j,n+2j+1}(x)$ 为顶点的半方块中所有元素都是非奇异的. 还指出 CP 表的奇异半方块只能位于 CP 表的顶端. 有关这方面的详细论证，可参看文献[61].

§3　Padé 型逼近方法

第一节我们介绍了 Padé 逼近，在那里我们知道一个 Padé 逼近式的分子、分母完全由被逼近函数的形式幂级数展开式所确定. 其特点是能反映被逼近函数尽可能多的信息，特别是极点位置的信息. 但极点的位置是不易控制的. 这样，在某些情况下给实际应用带来一定的困难. 1979 年 C. Brezinski 在[89]中研究了 Padé 逼近的一种推广形式——Padé 型逼近. 其基本思想就是预先选取有理分式的极点，然后确定其分子和分母，使得该有理分式函数的形式幂级数与被逼近函数的形式幂级数有尽可能多的项重合. 在实际问题中，可以根据被逼近函数的特征来选取 Padé 型逼近的生成多项式(或 Padé 型逼近的分母)，使其能产生一个较好的逼近效果.

一、Padé 型逼近的概念及其性质

设 $f(z)$是由下述形式幂级数所定义的函数

$$f(z) = \sum_{i=0}^{\infty} c_i z^i, \quad c_i \in \mathbb{C}, \tag{3.1}$$

在多项式空间上定义线性泛函 C:

$$C(t^i) = C_i, \quad i = 0,1,2,\cdots$$

数 C_i 称为泛函C 的第i 阶矩. 将$(1-tz)^{-1}$展开成形式幂级数,则有

$$C((1-tz)^{-1}) = C(1 + tz + (tz)^2 + \cdots) = C_0 + C_1 z + C_2 z^2 + \cdots.$$

由式(3.1)知

$$f(z) = C((1-tz)^{-1}). \tag{3.2}$$

其中泛函 C 作用在t 上,z 视为参数,并称$(1-tz)^{-1}$为 $f(z)$的生成函数. 设 V 是任一 n 次多项式

$$V(z) = b_0 + b_1 z + b_2 z^2 + \cdots + b_n z^n. \tag{3.3}$$

不难验证

$$W(z) = C\left(\frac{V(t) - V(z)}{t - z}\right) \tag{3.4}$$

是关于 z 的$n-1$ 次多项式.

事实上 $[V(t) - V(z)]/(t-z) = \sum_{i=0}^{n} b_i (t^i - z^i)/(t-z)$

$$= \sum_{i=1}^{n} b_i (t^{i-1} + t^{i-2} z + \cdots + tz^{i-2} + z^{i-1}),$$

$$W(z) = \sum_{i=1}^{n} b_i C(t^{i-1} + t^{i-2} z + \cdots + tz^{i-2} + z^{i-1})$$

$$= \sum_{i=1}^{n} b_i \sum_{j=0}^{i-1} C_{i-1-j} z^j.$$

规定若 $p<0$,则 $C_p = 0$,于是

$$W(z) = \sum_{j=0}^{n-1} a_j z^j,$$

式中 $a_j = \sum_{i=1}^{n} b_i C_{i-1-j}$，故知 $W(z)$是 z 的 $n-1$ 次多项式.

令

$$\widetilde{V}(z) = z^n V(z^{-1}),$$
$$\widetilde{W}(z) = z^{n-1} W(z^{-1}). \tag{3.5}$$

称 $\widetilde{W}(z)/\widetilde{V}(z)$是$(n-1,n)$阶有理分式.

定义 4.3[90]　设 $f(z)$是由式(3.1)确定的形式幂级数，如果有函数 $\widetilde{W}(z)/\widetilde{V}(z)$满足

$$\widetilde{W}(z)/\widetilde{V}(z) - f(z) = O(z^n), \quad |z| \to 0. \tag{3.6}$$

则称 $\widetilde{W}(z)/\widetilde{V}(z)$为 $f(z)$的以 $V(z)$为生成多项式的$(n-1,n)$阶 Padé 型逼近式，记为$(n-1/n)_f(z)$，或简记为$(n-1/n)_f$.

不难看出这里定义的 Padé 型逼近与 Padé 逼近在本质上是相同的. 泛函数 C 本质上是由被逼近函数$f(x)$的 Maclauri 展开式确定的；不同点在于定义 4.3 中的分母多项式是取定的.

例 3　设 $f(x) = \mathrm{e}^x + \dfrac{1}{1-x}$

$$= 2 + 2x + \frac{3}{2}x^2 + \frac{7}{6}x^3 + \frac{25}{24}x^4 + \frac{121}{120}x^5 + \frac{721}{720}x^6 + \cdots$$

在 $x = 0.9$ 处的近似值.

首先求 $f(x)$的 Padé 逼近与 Padé 型逼近式. 取 $V(x) = 1-x$，不难算出它的 Padé 逼近式

$$[0/1]_f = \frac{2}{1-x},$$

$$[1/1]_f = \frac{2+0.5x}{1-0.75x},$$

$$[2/1]_f = \frac{2+0.\dot{4}x+0.0\dot{5}x^2}{1-0.7x},$$

$$[3/1]_f = \frac{2+0.214286x-0.285714x^2-0.113095x^3}{1-0.892857x},$$

$$[4/1]_f = \frac{2+0.064x-0.436x^2-0.285\dot{3}x^3-0.0876x^4}{1-0.968x},$$

$$[5/1]_f = \frac{2-0.013774x-0.468226x^3-0.116965x^4-0.026159x^5}{1-0.993113x}.$$

Padé 型逼近式为

$$(0/1)_f = \frac{2}{1-x},$$

$$(1/1)_f = \frac{2}{1-x},$$

$$(2/1)_f = \frac{2-0.5x^2}{1-x},$$

$$(3/1)_f = \frac{2-0.5x^2-0.\dot{3}\,x^3}{1-x},$$

$$(4/1)_f = \frac{2-0.5x^2-0.\dot{3}\,x^3-0.125x^4}{1-x},$$

$$(5/1)_f = \frac{2-0.5x^2-0.\dot{3}\,x^3-0.125x^4-0.0\dot{3}\,x^5}{1-x},$$

$$(6/1)_f = \frac{2-0.5x^2-0.\dot{3}\,x^3-0.125x^4-0.0\dot{3}\,x^5-0.00694x^6}{1-x}.$$

将$[m/1]_f(0.9)$及$(m/1)_f(0.9)$的值列成表 4.5.

表 4.5

m	$[m/1]_f(0.9)$	$(m/1)_f(0.9)$
0	20	20
1	7.538462	20
2	7.731667	15.95
3	9.565727	13.52
4	11.4674	12.699875
5	11.922106	12.503045
6		12.466139

函数 $f(x)$的精确值 $f(0.9)=12.459603$.

计算$[5/1]_f$ 与$(6/1)_f$ 的计算量一样,但

$$|f-[5/1]|=0.537497, \quad |f-(6/1)|=0.006536.$$

由例 3 可以看出,由 Padé 型逼近计算函数 $f(x)$在极点 $x=1$ 附近的值是比

较好的(相对 Padé 逼近而言). 如果我们将函数 $f(x)$改写为

$$f(x)=\frac{(1-x)e^{x}+1}{1-x},$$

再将 $f(x)$的分子$(1-x)e^{x}+1$ 展开成幂级数,则有

$$f(x)=\frac{1}{1-x}(2-0.5x^{2}-0.\dot{3}\,x^{3}-0.125x^{4}-0.0\dot{3}\,x^{5}-0.00694x^{6}-\cdots).$$

比较 $f(x)$的 Padé 型逼近$(m/1)_f$,可以看出 Padé 型逼近式$(m/1)$的分子恰好是$(1-x)e^{x}+1$的幂级数的前 $m+1$ 项和. 由此可见,Padé 型逼近的算法比 Padé 逼近要简单些. 产生这种情况的原因就是 Padé 型逼近式的分母是预先选定的. 正因为如此,Padé 型逼近与 Padé 逼近相比缺乏灵活性,且如何选生成多项式对一般函数而言也不是一件容易的事. 如果取的不好,逼近效果就不会好.

为了构造一般阶的 Padé 型逼近,在多项式空间上定义线性泛函数 $C^{(l)}$:

$$C^{(l)}(t^{k})=C_{l+k},\quad k=0,1,\cdots,l \text{ 为整数}.$$

令

$$\widetilde{V}(z)=z^{n}V(z^{-1}),$$

$$W(z)=C^{(m-n+1)}\left(\frac{V(t)-V(z)}{t-z}\right),\tag{3.7}$$

$$\widetilde{W}(z)=z^{n-1}W(z^{-1}).$$

则 f 的(m,n)阶 Padé 型逼近定义为

$$(m/n)_f(z)=\sum_{k=0}^{m-n}C_kz^{k}+z^{m-n+1}\widetilde{W}(z)/\widetilde{V}(z).\tag{3.8}$$

按习惯,当 $m<n$ 时,上式右端第一项的和式为零,$V(z)$称为该 Padé 型逼近的生成多项式. $f(z)$的以 $V(z)$为生成多项式的 Padé 型逼近有时也称为 $f(z)$的以$\widetilde{V}(z)$为分母的 Padé 型逼近.

由定义不难推出

$$(m/n)_f(z)-f(z)=O(z^{m+1}),\ |z|\to 0.\tag{3.9}$$

Padé 型逼近也有类似于 Padé 逼近的代数性质. 这里列出几个,其余有关性质可参看文献[90].

设函数 $g(z)$是 $f(z)$的倒函数,即 $f(z)\cdot g(z)=1$. 记 $g(z)=d_0+d_1z+d_2z^{2}+\cdots$,假定 $C_0\neq0$,则 $g(z)$的系数由下式给出:

$$C_0 d_0 = 1,$$

$$C_k d_0 + C_{k-1} d_1 + \cdots + C_0 d_k = 0, \ k = 1,2,\cdots$$

设 $V(z)$是任一 n 次多项式,$(n/n)_f$ 是f 的以V 为生成多项式的 Padé 型逼近,则

$$(n/n)_f = C_0 + z \frac{\widetilde{W}^{(1)}(z)}{\widetilde{V}(z)},$$

其中

$$W^{(1)}(z) = C^{(1)}\left(\frac{V(t) - V(z)}{t - z}\right).$$

考虑 $g(z)$的以 $C_0\widetilde{V}(z) + z\widetilde{W}^{(1)}$为分母的$(n,n)$阶 Padé 型逼近$(n/n)_g(z)$,则有

性质 3.1 $(n/n)_f \cdot (n/n)_g = 1.$ (3.10)

性质 3.2(惟一性) 设 $P(z)$与 $Q(z)$分别是 m 次与n 次多项式,且满足

$$P(z)/Q(z) - f(z) = O(z^{m+1}),$$

则

$$\frac{P(z)}{Q(z)} = (m/n)_f, \tag{3.11}$$

其中$(m/n)_f$ 的分母取为$Q(z)$.

性质 3.3 $f(z)$的以 $\widetilde{V}(z)$为分母的 Padé 型逼近$(m/n)_f$ 的分子是 $\widetilde{V}(z)f(z)$的 Taylor 级数的前 $m+1$ 项和.

事实上,设

$$\widetilde{V}(z)f(z) = a_0 + a_1 z + a_2 z^2 + \cdots + a_m z^m + O(z^{m+1}).$$

两边同除以 $\widetilde{V}(z)$,得

$$\frac{\sum_{k=0}^{m} a_k x^k}{\widetilde{V}(z)} - f(z) = O(z^{m+1}).$$

由惟一性知性质 3.3 成立.

由性质 3.3 知 Padé 型逼近的计算是非常简便的. 对于给定的分母 $\widetilde{V}(z)$(或生成多项式 $V(z)$),只要将 $\widetilde{V}(z)f(z)$展开成幂级数,然后取该级数前 $m+1$ 项的和作为 Padé 型逼近的分子即可.

二、Padé 型逼近的恒等式及算法

定理 4.7[90]

$$f(z)-(n-1/n)_f=\frac{z^n}{\widetilde{V}(z)}C\left(\frac{V(t)}{1-tz}\right). \tag{3.12}$$

证明　令 $W(z)=C\left(\frac{V(t)-V(z)}{t-z}\right)$,

$$\begin{aligned}\widetilde{W}(z)&=z^{n-1}W(z^{-1})=z^{n-1}C\left(\frac{V(z^{-1})-V(t)}{z^{-1}-t}\right)\\&=C\left(\frac{z^nV(z^{-1})-z^nV(t)}{1-tz}\right)\\&=\widetilde{V}(z)f(z)-z^nC\left(\frac{V(t)}{1-tz}\right).\end{aligned}$$

由性质 3.2 知(3.12)成立. □

由此定理还可以推出

$$f(z)-(n-1/n)_f=z^n/\widetilde{V}(z)\sum_{k=0}^{\infty}d_kz^k, \tag{3.13}$$

其中 $d_k=C(t^nV(t))=b_0c_k+b_1c_{k+1}+\cdots+b_nc_{k+n}$.

$$f(z)-(m/n)_f=\frac{z^{m+1}}{\widetilde{V}(z)}C^{(m-n+1)}\left(\frac{V(t)}{1-tz}\right). \tag{3.14}$$

在文献[90]中还给出了 Padé 型逼近的具有积分形式的误差公式.

定理 4.8　设 $f(z)$在区域 D 内解析,则 $f(z)$的以 $V_n(z)$为生成多项式的 Padé 型逼近有如下的误差公式

$$f(z)-(m/n)_f=\frac{z^{m+1}}{\widetilde{V}_n(z)}\cdot\frac{1}{2\pi i}\int_{\Gamma}\frac{\widetilde{V}_n(\nu)f(\nu)}{\nu^{m+1}(\nu-z)}d\nu, \tag{3.15}$$

其中 Γ 是 D 内任一包围原点和 z 的简单闭曲线.

利用误差公式(3.15)可以建立一些特殊情况下的递推公式与恒等式.

给定无穷序列 $z_1,z_2,\cdots$.令

$$V_n(z)=\prod_{k=1}^{n}(z-z_k)=\sum_{k=0}^{n}b_k^{(n)}z^k,\ V_0(z)=1, \tag{3.16}$$

则

$$\widetilde{V}_n(z)=z^nV_n(z^{-1})=\prod_{k=1}^{n}(1-z_kz)=\sum_{k=0}^{n}b_k^{(n)}z^{n-k}.$$

考虑 $f(z)$以 $V_n(z)$为生成多项式的 Padé 型逼近,由误差公式(3.15)得

$$f(z)-(m/n)_f=\frac{z^{m+1}}{\widetilde{V}_n(z)}C^{(m-n+1)}\left(\frac{V_n(t)}{1-tz}\right), \tag{3.17}$$

$$\begin{aligned}f(z)-(m+1/n)_f&=\frac{z^{m+2}}{\widetilde{V}_n(z)}C^{(m-n+2)}\left(\frac{V_n(t)}{1-tz}\right)\\&=\frac{z^{m+1}}{\widetilde{V}_n(z)}C^{(m-n+1)}\left(\frac{tzV_n(t)}{1-tz}\right),\end{aligned} \tag{3.18}$$

上面两式相减得

$$\begin{aligned}(m+1/n)_f-(m/n)_f&=\frac{z^{m+1}}{\widetilde{V}_n(z)}C^{(m-n+1)}(V_n(t))\\&=\frac{z^{m+1}}{\widetilde{V}_n(z)}\sum_{k=0}^{n}b_n^{(n)}C_{m-n+k-1}.\end{aligned} \tag{3.19}$$

将式(3.19)中的 m 换成$m+1$,得

$$\begin{aligned}(m+2/n)_f-(m+1/n)_f&=\frac{z^{m+2}}{\widetilde{V}_n(z)}C^{(m-n+2)}(V_n(t))\\&=\frac{z^{m+2}}{\widetilde{V}_n(z)}C^{(m-n+1)}(tV_n(t)).\end{aligned} \tag{3.20}$$

式(3.19)与式(3.20)相加得

$$(m+2/n)_f-(m/n)_f=\frac{z^{m+1}}{\widetilde{V}_n(z)}C^{(m-n+1)}((1+xt)V_n(t)).$$

一般地,有

$$(m+k/n)_f-(m/n)_f=\frac{z^{m+1}}{\widetilde{V}_n(z)}C^{(m-n+1)}\left(\sum_{i=0}^{k-1}(tz)^iV_n(t)\right),\ k=1,2,\cdots. \tag{3.21}$$

由

$$f(z)-(m/n)_f=\frac{z^{m+1}}{\widetilde{V}_n(z)}C^{(m-n+1)}\left(\frac{V_n(t)}{1-tz}\right)=\frac{z^{m+1}}{\widetilde{V}_n(z)}C^{(m-n)}\left(\frac{tV_n(t)}{1-tz}\right),$$

及

$$f(z)-(m/n+1)_f=\frac{z^{m+1}}{\widetilde{V}_{n+1}(z)}C^{(m-n)}\left(\frac{V_{n+1}(t)}{1-tz}\right),$$

两式相减,得

$$(m/n+1)_f-(m/n)_f=z^{m+1}C^{(m-n)}\left[\left[\frac{tV_n(t)}{\widetilde{V}_n(z)}-\frac{V_{n+1}(t)}{\widetilde{V}_{n+1}(z)}\right]/(1-tz)\right]$$

$$=\frac{z_{n+1}z^{m+1}}{\widetilde{V}_{n+1}(z)}C^{(m-n)}(V_n(t))$$

$$=\frac{z_{n+1}z^{m+1}}{\widetilde{V}_{n+1}(z)}\sum_{k=0}^{n}b_k^{(n)}C_{m-n+k}. \tag{3.22}$$

将式(3.19)改写为

$$(m+1/n)_f-(m/n)_f=\frac{z^{m+1}}{\widetilde{V}_n(z)}C^{(m-n)}(tV_n(t)),$$

再与式(3.22)比较,得

$$(m+1/n)_f-(m/n+1)_f=\frac{z^{m+1}}{\widetilde{V}_{n+1}(z)}C^{(m-n)}((t-z_{n+1}tz-z_{n+1})V_n(t)). \tag{3.23}$$

将下式

$$f(z)-(m+1/n+1)_f=\frac{z^{m+2}}{\widetilde{V}_{n+1}(z)}C^{(m-n+1)}\left(\frac{V_{n+1}(t)}{1-tz}\right),$$

与式(2.17)比较,得

$$(m+1/n+1)_f-(m/n)_f=z^{m+1}C^{(m-n+1)}\left[\left[\frac{\widetilde{V}_n(t)}{\widetilde{V}_n(z)}-\frac{zV_{n+1}(t)}{\widetilde{V}_{n+1}(z)}\right]/(1-tz)\right]$$

$$=\frac{z^{m+1}}{\widetilde{V}_{n+1}(z)}C^{(m-n+1)}(V_n(t)). \tag{3.24}$$

在式(3.24)两端乘以$(1-z_{n+1}z)$,然后与式(2.19)相减,得

$$(1-z_{n+1}z)(m+1/n+1)_f-(m+1/n)_f+z_{n+1}z(m/n)_f=0. \tag{3.25}$$

关于 Padé 型逼近式的计算,如同 Padé 逼近一样也有 Padé 型表. 但这两种表却有很大差别. 在 Padé 表中,它们的元素之间有着紧密联系,有着各种各样的递

推公式,而 Padé 型逼近的分母在某种意义下是任取的,所以分母形式是多种多样的. 因此,如果不对 Padé 型逼近的分母加以限制,Padé 型表中的诸元素之间的联系就不像 Padé 表中诸元素那样密切. 在特殊情况下,我们可以利用上面给出的递推公式及恒等式进行计算. 由性质 3.3 知 Padé 型逼近有更简便的算法:

设生成多项式为 $V_n(z)$,将 $\widetilde{V}_n(z)f(z)$展开成幂级数,并设其前 $m+1$ 项和为 $\sum_{k=0}^{m} a_k z^k$,按性质 3.3$f(z)$的以 $V_n(z)$为生成多项式的(m,n)阶 Padé 型逼近为

$$(m/n)_f = \sum_{k=0}^{m} a_k z^k / \widetilde{V}_n(z).$$

考虑以式(3.16)定义的 $V_n(z)$为生成多项式的 Padé 型逼近,这时$(m/0)_f$ 为$f(z)$的形式幂级数前 $m+1$ 项和,即

$$(m/0)_f = \sum_{k=0}^{m} C_k z^k, \tag{3.26}$$

又由 Padé 型逼近的定义

$$(0/n)_f = C_0 / \prod_{k=0}^{n} (1 - z_k z). \tag{3.27}$$

由等式(3.19)与式(3.27)或等式(3.22)与式(3.26),即可递推地计算出任意阶的 Padé 型逼近式$(m/n)_f$.

$(m/0)_f$, $m=0,1,2,\cdots$是 Padé 型表(表 4.6)中的第 1 行元素,$(0/n)_f$, $n=0,1,\cdots$是 Padé 型表中第 1 列元素,然后利用三项恒等式(3.25)即可简便地计算出表 4.6 中任一元素.

表 4.6

n \ m	0	1	2	3	⋯
0	(0/0)	(1/0)	(2/0)	(3/0)	⋯
1	(0/1)	(1/1)	(2/1)	(3/1)	⋯
2	(0/2)	(1/2)	(2/2)	(3/2)	⋯
3	(0/3)	(1/3)	(2/3)	(3/3)	⋯
⋮	⋮	⋮	⋮	⋮	

三、Padé 型逼近的收敛性

Padé 型逼近式的收敛性问题与 Padé 逼近不同,Padé 逼近的收敛性主要取决

于被逼近函数的性质. 由于 Padé 型逼近的生成多项式是预先取定的,且生成多项式不同所得到的 Padé 型逼近也不同,因此,对于一个给定的函数而言,它的 Padé 型逼近式的收敛性问题主要取决于生成多项式的结构,由此可见,如何选取 Padé 型逼近的生成多项式是至关重要的.

设 D 是扩大的复平面上的有界或无界,单连通或有限多连通的包含原点在内的区域,它的边界 $C=\partial D$ 由有限多条简单闭曲线 $C_0, C_1, \cdots, C_n$ 组成,其中 C_1, $C_2, \cdots, C_n$ 中的每一条都在所有其余的曲线之外,而它们全体又都位于 C_0 的内部.

任意给定一个无穷三角阵

$$
\begin{array}{l}
z_1^{(1)} \\
z_1^{(2)}\ z_2^{(2)} \\
\cdots\cdots \\
z_1^{(n)}\ z_2^{(n)}\ \cdots\ z_n^{(n)} \\
\cdots\cdots
\end{array}
$$

令

$$V_n(z) = \prod_{k=1}^{n}(z - z_k^{(n)}),\ V_0(z) = 1,$$

$$\widetilde{V}_n(z) = z^n V_n(z^{-1}) = \prod_{k=1}^{n}(1 - z_k^{(n)} z).$$

对于任一固定的 n,当 $m\to\infty$ 时,$(m/n)_f(z)$ 的收敛性问题比较简单. 而对于固定的 k,当 $n\to\infty$ 时,$(n+k/n)_f(z)$ 的收敛性与 $(n-1/n)_f(z)$ 的收敛性是一致的. 因此我们主要给出 $(n-1/n)_f(z)$ 的收敛性定理,对于 m,n 按其它方式趋于无穷大时 $(m/n)_f(z)$ 的收敛性可类似得到. 为了证明收敛性定理,我们不加证明的引用.

引理 4.9[122]　设 K 是区域 D 内任一固定的紧子集,函数 $\varphi(z)/z$ 在 $\overline{D}\setminus\{0\}$ 上连续,则对任意给定的常数 ε,存在 D 内的简单闭曲线 Γ,使得 Γ 包围了 K 与原点 O,并且满足

$$\left|\sup_{z\in\Gamma}\left|\frac{\varphi(z)}{z}\right| - \sup_{V\in\partial D}\left|\frac{\varphi(V)}{V}\right|\right| < \varepsilon.$$

定理 4.10[33]　设函数 $f(z)$ 是区域 $D=\{z:|z|<R\}$ 内的亚纯函数. $f(z)$ 在 D 内有 n_1 个极点 $z_1, z_2, \cdots, z_{n_1}$,其阶数分别为 $\alpha_1, \alpha_2, \cdots, \alpha_{n_1}$, $\sum_{i=1}^{n_1}\alpha_i = n$, 并且

满足

$$0 < |z_1| \leqslant |z_2| \leqslant \cdots \leqslant |z_{n_1}| < R.$$

令

$$\Pi_n(z) = (z - z_1)^{\alpha_1}(z - z_2)^{\alpha_2}\cdots(z - z_{n_1})^{\alpha_{n_1}}.$$

又设 $U_l(z)$是任一 l 次多项式,则当 $m\to\infty$时,$f(z)$的以 $Q(z)=\Pi_n(z)U_l(z)$为分母的 Padé 型逼近式$(m/n+l)_f(z)$在 $D\setminus\{z:Q(z)=0\}$的任一紧子集上一致地以几何速度收敛于 $f(z)$. 并且对任意的 $z\in D\setminus\{z:Q(z)=0\}$,有

$$\overline{\lim_{n\to\infty}} |f(z) - (m/n + l)_f(z)|^{1/n} \leqslant |z|/R. \tag{3.28}$$

证明 记 $R_0 = \sup_{z\in K}|z|$,任取 R'满足 $R_0 < R' < R$ 和 $|z_{n_1}| < R'$. 由于 $Q(z)f(z)$在 D 内解析,当 $z\in K$ 时,由定理 4.8 可得

$$\begin{aligned}
&|f(z)-(m/n+l)_f(z)| \\
&= \left|\frac{z^{m+1}}{Q(z)}\frac{1}{2\pi i}\int_{|V|=R'}\frac{Q(\nu)f(\nu)}{\nu^{m+1}(\nu - z)}d\nu\right| \\
&\leqslant \frac{1}{2\pi(R' - R_0)|Q(z)|}\left(\frac{|z|}{R'}\right)^{m+1}\int_{|\nu|=R'}|Q(z)f(z)|\cdot|d\nu| \\
&\leqslant \frac{1}{2\pi(R' - R_0)\varepsilon}\left(\frac{R_0}{R}\right)^{m+1}\int_{|\nu|=R'}|Q(z)f(z)|\cdot|d\nu|,
\end{aligned} \tag{3.29}$$

其中 $\varepsilon = \inf_{z\in K}|Q(z)|$.

由于 $R_0/R'<1$,这样便证明了定理的前一部分.

对任意的 $z\in D\setminus\{z:Q(z)=0\}$,类似(2.29)可得

$$\overline{\lim_{n\to\infty}} |f(z) - (m/n + l)_f(z)|^{\frac{1}{m}} \leqslant |z|/R',$$

由于 R'的任意性知(3.28)成立. □

特别地,当 $n=0$ 时,$f(z)$在 $D=\{z:|z|<R\}$内解析,可取 $V_n(z)=1$. 又当 $l=0$时,可取 $U_l(z)=1$.

从某种意义上来讲,该定理类似于 Padé 逼近中的 Montussus 定理.

定理 4.11[33] 设函数 $f(z)$在区域 D 内解析,$|\widetilde{V}_n(z)|^{1/n}$在$D$ 的任一紧子集上一致收敛于函数 $\varphi(z)$,如果函数 $\varphi(z)/z$ 的 $D\setminus\{0\}$上连续,则 $f(z)$的以 $V_n(z)$为生成多项式的 Padé 型逼近式$(n-1/n)_f(z)$在

$$D^* = \left\{ z \in D : \frac{\varphi(z)}{|z|} > \sup_{\nu \in \partial D} \frac{\varphi(\nu)}{|\nu|} \right\} \tag{3.30}$$

的任一紧子集 K 上一致地以几何速度收敛于 $f(z)$，并且对任意的 $z \in D^*$，有

$$\lim_{n\to\infty} |f(z) - (n-1/n)_f(z)|^{1/n} \leqslant \frac{|z|}{\varphi(z)} \sup_{\nu \in \partial D} \frac{\varphi(\nu)}{|\nu|}. \tag{3.31}$$

证明 因为 $|\widetilde{V}_n(z)|^{1/n}$ 在 D 的任一紧子集上一致收敛于 $\varphi(z)$，所以 $\varphi(z)$ 在 D 内连续，并且当 $z \in D$ 时 $\varphi(z) \geqslant 0$. 再由 D^* 的定义及 $K \subset D^*$ 和 $\inf\limits_K \varphi(z) > 0$，任取充分小的正数 ε，使其满足

$$\begin{gathered} \inf_{z\in K} \varphi(z) > \varepsilon \sup_{z \in K} |z|, \\ \inf_{z \in K} \frac{\varphi(z)}{|z|} > \sup_{\nu \in \partial D} \frac{\varphi(\nu)}{|\nu|} + 3\varepsilon. \end{gathered} \tag{3.32}$$

由引理 4.9 可在 D 内取简单闭曲线 Γ，使 Γ 包围紧集 K 与原点 O，并且

$$\sup_{\nu \in \Gamma} \frac{\varphi(\nu)}{|\nu|} < \sup_{\nu \in \partial D} \frac{\varphi(\nu)}{|\nu|} + \varepsilon.$$

由定理 4.8，当 $z \in K$ 时

$$\begin{aligned} |f(z) - (n-1/n)_f(z)| &= \left| \frac{z^n}{\widetilde{V}_n(z)} \cdot \frac{1}{2\pi i} \int_\Gamma \frac{V_n(\nu) f(z)}{\nu^n(\nu - z)} d\nu \right| \\ &\leqslant \frac{1}{2\pi\delta} \left| \frac{z^n}{\widetilde{V}_n(z)} \right| \cdot \sup_{\nu \in \Gamma} \left| \frac{\widetilde{V}_n(\nu)}{\nu^n} \right| \int_\Gamma |f(\nu)| |d\nu|, \end{aligned} \tag{3.33}$$

其中 δ 是 K 与 Γ 的距离.

因为 $|\widetilde{V}_n(\nu)/V^n|^{1/n}$ 在 Γ 上一致收敛于 $\varphi(\nu)/|\nu|$，所以当 n 充分大时

$$\sup_{\nu \in \Gamma} \left| \frac{\widetilde{V}_n(\nu)}{\nu^n} \right| \leqslant \left(\sup_{\nu \in \Gamma} \frac{\varphi(\nu)}{|\nu|} + \varepsilon \right)^n. \tag{3.34}$$

又因为 $|\widetilde{V}_n(z)|^{\frac{1}{n}}$ 在 K 上一致收敛于 $\varphi(z)$，所以当 n 充分大时，对一切 $z \in K$ 有

$$|\widetilde{V}_n(z)| > (\varphi(z) - \varepsilon |z|)^n. \tag{3.35}$$

因此，当 n 充分大时，由式(3.33)～(3.35)得

$$\begin{aligned} &|f(z) - (n-1/n)_f(z)| \\ &\leqslant \frac{1}{2\pi\delta} \left(\frac{|z|}{\varphi(z) - \varepsilon |z|} \right)^n \cdot \left(\sup_{\nu \in \Gamma} \frac{\varphi(\nu)}{|\nu|} + \varepsilon \right)^n \int_\Gamma |f(\nu)| |d\nu| \end{aligned}$$

$$\leqslant \frac{1}{2\pi\delta}\left(\frac{|z|}{\varphi(z)-\varepsilon|z|}\right)^n \cdot \left(\sup_{\nu\in\partial D}\frac{\varphi(\nu)}{|\nu|}+2\varepsilon\right)^n\int_\Gamma |f(\nu)||d\nu|. \quad (3.36)$$

再由式(3.32)知

$$\left(\sup_K \frac{|z|}{\varphi(z)-\varepsilon|z|}\right)\cdot\left(\sup_\Gamma \frac{\varphi(\nu)}{|\nu|}+2\varepsilon\right)<1.$$

这就证明了定理的前一部分.

对任意的 $z\in D^*$,类似式(3.36),可得

$$\overline{\lim_{n\to\infty}}|f(z)-(n-1/n)_f(z)|^{1/n}\leqslant \frac{|z|}{\varphi(z)-\varepsilon|z|}\left(\sup_{\nu\in\partial D}\frac{\varphi(\nu)}{|\nu|}+2\varepsilon\right),$$

由 ε 的任意性可知式(3.31)成立. □

四、高阶 Padé 型逼近

在前面的讨论中没有对生成多项式作限制,如果对生成多项式附加一些限制会产生什么结果呢?下面我们以$(n-1,n)$阶 Padé 型逼近为例进行讨论(因为一般阶的 Padé 型逼近可由$(n-1,n)$阶 Padé 型逼近导出). 由误差公式(3.15)知

$$f(z)-(n-1/n)_f(z)=\frac{z^n}{\widetilde{V}(z)}C\left(\frac{V(t)}{1-tz}\right)$$

$$=\frac{z^n}{\widetilde{V}(z)}[C(V)+C(tV)z+C(t^2V)z^2+\cdots].$$

多项式 $V(z)$(见式(3.3))依赖于 $n+1$ 个任意常数,但若以 aV(a 为非零常数)代替 V,$(n-1/n)_f(z)$并不改变,因此$(n-1/n)_f(z)$仅依赖 n 个独立的常数. 其中有些常数可以在对 V 作某些附加条件确定,例如要求

$$C(t^kV(t))=0,\quad k=0,1,\cdots,n_1-1\leqslant n-1, \quad (3.37)$$

其余 $n-n_1$ 个常数是任意的. 对于这样的生成多项式 $V(z)$的 Padé 型逼近,有

$$f(z)-(n-1/n)_f(z)=\frac{z^{n+n_1}}{\widetilde{V}(z)}C\left(\frac{t^{n_1}V(t)}{1-tz}\right)-O(z^{n+n_1}), \quad (3.38)$$

这种余项的阶数高于$(n-1/n)_f(z)$的分子次数的逼近,称为高阶 Padé 型逼近.

计算这种高阶 Padé 型逼近需要用到数据 $C_0,C_1,\cdots,C_{n+n_1-1}$. 若 $n=n_1$,则式(3.37)变为

$$C(t^kV(t))=\sum_{i=0}^n C_{i+k}b_i=0,\quad k=0,1,\cdots,n-1. \quad (3.39)$$

上式表明 $V(t)$与 $t^k(k=0,1,\cdots,n-1)$关于泛函 C 正交. 由于泛函 C 是线性的, 而 $V(t)$与一切次数小于 n 的多项式正交,这时也称 $V(t)$是按泛函 C 正交的多项式.

由于 $V(z)=b_0+b_1z+\cdots+b_nz^n$,不妨取 $b_n=1$. 由式(3.39)得

$$\sum_{i=0}^{n-1}C_{i+k}b_i=-C_{k+n},\quad k=0,1,\cdots,n-1. \tag{3.40}$$

这时式(3.38)就变为

$$f(z)-(n-1/n)_f(z)=\frac{z^{2n}}{\widetilde{V}(z)}C\left(\frac{t^nV(t)}{1-tz}\right)=O(z^{2n}). \tag{3.41}$$

方程组(3.40)的系数行列式

$$H_n(C_0)=\det\begin{bmatrix}C_0 & C_1 & \cdots & C_{n-1}\\ C_1 & C_2 & \cdots & C_n\\ \vdots & \vdots & & \vdots\\ C_{n-1} & C_n & \cdots & C_{2n-2}\end{bmatrix}$$

称为 Hankel 行列式. 如果 $H_n(C_0)\neq 0$,则方程组(3.40)的解存在且惟一. 由方程组(3.40)的解 $b_0,b_1,\cdots,b_{n-1}$及 $b_n=1$ 形成多项式 $V(z)$,按 Padé 型逼近的定义知,由这样的 $V(z)$为生成多项式的 Padé 型逼近(见式(3.4))就是 $f(z)$的 Padé 逼近$[n-1/n]_f(z)$.

类似地,可用泛函 $C^{(l)}$定义一般的 Padé 逼近,即

$$[m/n]_f(z)=\det\begin{bmatrix}C_{m-n+1} & C_{m-n+2} & \cdots & C_{m+1}\\ \vdots & \vdots & & \vdots\\ C_m & C_{m+1} & \cdots & C_{m+n}\\ \sum\limits_{i=n}^{m}C_{i-n}z^i & \sum\limits_{i=n-1}^{m}C_{i-n+1}^{i}z^i & \cdots & \sum\limits_{i=0}^{m}C_iz^i\end{bmatrix}$$

$$/\det\begin{bmatrix}C_{m-n+1} & C_{m-n+2} & \cdots & C_{m+1}\\ \vdots & \vdots & & \vdots\\ C_m & C_{m+1} & \cdots & C_{m+n}\\ z^n & z^{n-1} & \cdots & 1\end{bmatrix},$$

它满足

$$f(z)-[m/n]_f(z)=\frac{z^{m+n+1}}{\widetilde{V}(z)}C^{(m-n+1)}\left(\frac{t^nV(t)}{1-tz}\right)$$

$$=\frac{z^{m+n+1}}{\widetilde{V}(z)}C^{(m+1)}\left(\frac{V(t)}{1-tz}\right)=O(z^{m+n+1}),\qquad(3.42)$$

其中 $V(z)$满足

$$C^{(m-n+1)}(t^kV(t))=0,\quad k=0,1,\cdots,n-1.\qquad(3.43)$$

类似地,如果

$$H_n(C_{m-n+1})=\det\begin{bmatrix}C_{m-n+1}&C_{m-n+2}&\cdots&C_m\\C_{m-n+2}&C_{m-n+3}&\cdots&C_{m+1}\\\vdots&\vdots&&\vdots\\C_m&C_{m+1}&\cdots&C_{m+n+1}\end{bmatrix}\neq 0$$

可解出 $b_0,b_1,\cdots,b_{n-1}$. 它们形成生成多项式 $V(z)$. 由式(3.43)我们也称 $V(z)$ 是按泛函 $C^{(m-n+1)}$ 正交的多项式.

有关正交多项式的论述这里不作介绍,读者可参见文献[90].

从上面讨论可以看出高阶 Padé 型逼近兼有 Padé 逼近和 Padé 型逼近的优点,所以它的应用会更为广泛.

在[90]中给出了高阶 Padé 逼近的一些性质. 下面推广一个有趣的性质.

性质 3.4 设 n 次多项式 $Q_n(z)$满足 $C^{(m-n+1)}(t^kQ_n(t))=0,k=0,1,\cdots,n-1,U_l$ 是任一 l 次多项式,$0\leqslant l\leqslant n$,$(m/n)_f(z)$是 $f(z)$的以 $Q_n(z)$为生成多项式的 Padé 型逼近,则 $f(z)$的以 $V(z)=U_lQ_n$ 为生成多项式的$(m+l+h,n+l)$阶 Padé 型逼近满足

$$(m+l+h/(n+l))_f(z)=(m/n)_f(z)=[m/n]_f(z),\qquad(3.44)$$

其中 $0\leqslant l+h\leqslant n$.

证明 由 f 的 Padé 型逼近定义知

$$(m/n)_f(z)=\sum_{k=0}^{m-n}c_kz^k+z^{m-n+1}\frac{\widetilde{W}(z)}{\widetilde{V}(z)},$$

$$(m+l+h/(n+l))_f(z)=\sum_{k=0}^{m+h-n}c_kz^k+z^{m+h-n+1}\frac{\widetilde{W}'(z)}{\widetilde{U}_l(z)\widetilde{Q}_n(z)}$$

$$= \sum_{k=0}^{m-n} c_k z^k + \sum_{k=m-n+1}^{m+h-n} c_k z^k + z^{m+h-n+1} \frac{\widetilde{W}'(z)}{\widetilde{U}_l(z)\widetilde{Q}(z)}, \tag{3.45}$$

其中

$$W(z) = C^{(m-n+1)}\left(\frac{Q_n(t) - Q_n(z)}{t - z}\right),$$

$$W'(z) = C^{(m+h-n+1)}\left(\frac{U_l(t)Q_n(t) - U_l(z)Q_n(z)}{t - z}\right)$$

$$= C^{(m-n+1)}\left(t^h \frac{U_l(t)Q_n(t) - U_l(z)Q_n(z)}{t - z}\right)$$

$$= C^{(m-n+1)}\left(\frac{Q_n(t) - Q_n(z)}{t - z}U_l(z)z^h - \frac{t^h - z^h}{t - z}U_l(z)Q_n(z)\right.$$

$$\left. + \frac{U_l(t)t^h - U_l(z)z^h}{t - z}Q_n(t)\right).$$

因为$\frac{U_l(t)t^h - U_l(z)z^h}{t - z}$是$t$的$l + h - 1 < n$次多项式，又$Q_n(t)$是$n$次多项式，由正交性知

$$C^{(m-n+1)}\left(\frac{U_l(t)t^h - U_l(z)z^h}{t - z}Q_n(t)\right) = 0.$$

所以

$$W'(z) = z^h U_l(z) C^{(m-n+1)}\left(\frac{Q_n(t) - Q_n(z)}{t - z}\right)$$

$$- U_l(z)Q_n(z)C^{(m-n+1)}\left(\frac{t^h - z^h}{t - z}\right)$$

$$= z^h U_l(z) W(z) - U_l(z)Q_n(z)C^{(m-n+1)}\left(\sum_{k=0}^{n-1} t^{h-1-k} z^k\right).$$

于是

$$\widetilde{W}'(z) = z^{n-l-1}\left(z^{-h}U_l(z^{-1})W(z^{-1}) - U_l(z^{-1})Q_n(z^{-1})C^{(m-n+1)}\left(\sum_{k=0}^{n-1} t^{h-1-k} z^{-k}\right)\right)$$

$$= z^h\left(\widetilde{U}_l(z)\widetilde{W}(z) - \widetilde{U}_l(z)\widetilde{Q}_n(z)C^{(m-n+1)}\left(\sum_{k=0}^{h-1}(tz)^k\right)\right).$$

将 $\widetilde{W}'(z)$代入式(3.45)得

$$
\begin{aligned}
(m+l+h/(n+l))_f(z) &= \sum_{k=0}^{m-n} c_k z^k + \sum_{k=m-n+1}^{m+h-n} c_k z^k + \frac{z^{m+h-n+1}}{\widetilde{U}_l(z)\widetilde{Q}_n(z)} z^{-h} \cdot \\
&\quad \left(\widetilde{U}_l(z)\widetilde{W}(z) - \widetilde{U}_l(z)\widetilde{Q}_n(z)C^{(m-n+1)}\left(\sum_{k=0}^{h-1}(tz)^k\right)\right) \\
&= \sum_{k=0}^{m-n} c_k z^k + \sum_{k=m-n+1}^{m+h-n} c_k z^k + z^{m-n+1}\frac{\widetilde{W}(z)}{Q_n(z)} - \sum_{k=m-n+1}^{m+h-n} c_k z^k \\
&= (m/n)_f(z).
\end{aligned}
$$

至于式(3.44)最后的等式可由定义直接得到,至此完成了性质 2.4 的证明.

该性质表明:当把 Padé 型逼近的生成多项式取为正交多项式时,Padé 型表具有三角形结构. 即如下表 4.7 中三角形区域中的所有元素均相同.

表 4.7

	0	1	…	m	$m+1$	…	$m+n$
0				⋮			⋮
1				⋮			⋮
⋮							
n	…	…		(m/n)	$(m+1/n)$	…	$(m+n/n)$
$n+1$					$(m+1/n+1)$	…	$(m+n/n+1)$
⋮							⋮
$2n$						…	$(m+n/2n)$

§4 基于广义逆的向量与矩阵 Padé 逼近

上一节我们介绍了经典 Padé 逼近的推广. 本节介绍另一种推广形式.

一、向量值 Padé 逼近

向量值 Padé 逼近是经典 Padé 逼近的一种自然推广. 有关这种逼近的系统研究始于文献[135]. 这种逼近在积分方程求解,图像处理等方面都有成功的应用(见第七章),下面我们介绍它的基本概念及有关性质和算法.

设 $\boldsymbol{P}(z)=(P_1(z),P_2(z),\cdots,P_d(z))$,其中 $P_i(z)$是复值多项式($i=1,\cdots,d$),它的次数定义为

$$\partial\{\boldsymbol{P}\} = \max_{1\leqslant i\leqslant d}(\partial\{P_i\}).$$

$Q(z)$是一个代数多项式. 称$(\boldsymbol{P}(z), Q(z))$是一个$[n/2k]$型广义逆有理分式,如

果 $\boldsymbol{P}(z)$与 $\boldsymbol{Q}(z)$满足如下条件:

(i) $\partial\{\boldsymbol{P}(z)\}\leqslant n-\alpha$, n 是自然数, $\alpha\geqslant 0$;

(ii) $\partial\{\boldsymbol{Q}(z)\}\leqslant 2k-2\alpha$, k 是正整数, $\alpha\geqslant 0$;

(iii) $\boldsymbol{Q}(z)\mid \boldsymbol{P}(z)\boldsymbol{P}^*(z)$;

(iv) $\boldsymbol{Q}(z)=\boldsymbol{Q}^*(z)$.

如果$(\boldsymbol{P}(z),\ \boldsymbol{Q}(z))$是一个$[n/2k]$型广义逆有理分式,且 $Q(0)\neq 0$. 又

$$\boldsymbol{f}(z)=\sum_{i=0}^{n}\boldsymbol{C}_i z^i,\quad \boldsymbol{C}_i\in C^d\quad(i=0,1,\cdots,n),$$

且

$$\boldsymbol{P}(z)-\boldsymbol{Q}(z)\boldsymbol{f}(z)=O(z^{n+1}),$$

则称 $\boldsymbol{P}(z)/\boldsymbol{Q}(z)$是 $\boldsymbol{f}(z)$的一个$[n/2k]$型广义逆向量 Padé 逼近,简记为 GIPA 或 $[n/2k]_f=\boldsymbol{P}(z)/\boldsymbol{Q}(z)$.

容易证明

定理 4.12[135]　设 $\boldsymbol{f}(z)=\sum_{i=0}^{n}\boldsymbol{C}_i z^i$,若$[n/2k]_f$ 存在,则必惟一.

定理 4.13[135]　设 $\boldsymbol{f}(z)=\sum_{i=0}^{\infty}\boldsymbol{C}_i z^i$, $\boldsymbol{C}_i\in C^d$, $Q(z)$表示$[n/2k]_f$ 的分母,记 $n=2k=N$,则

$$Q(z)=\begin{vmatrix} 0 & M_{0,1} & M_{0,2} & \cdots & M_{0,N-1} & M_{0,N}\\ M_{1,0} & 0 & M_{1,2} & \cdots & M_{1,N-1} & M_{1,N}\\ \vdots & \vdots & \vdots & & \vdots & \vdots\\ M_{N-1,0} & M_{N-1,1} & M_{N-1,2} & \cdots & 0 & M_{N-1,N}\\ z^N & z^{N-1} & z^{N-2} & \cdots & z & 1 \end{vmatrix},$$

其中

$$M_{ij}=\sum_{l=0}^{j-i-1}\boldsymbol{C}_{l+i+1}\boldsymbol{C}_{j-l}^*,\quad i=0,1,\cdots,N-1,\ j=i+1,\cdots,N,$$

$$M_{ij}=-\sum_{l=0}^{i-j-1}\boldsymbol{C}_{l+j+1}\boldsymbol{C}_{i-l}^*,\quad i=0,1,\cdots,N-1,\ j=0,1,\cdots,i-1.$$

(当 $j<0$ 时,则 $\boldsymbol{C}_j=\boldsymbol{0}$). 而

$$\boldsymbol{P}(z)=[\boldsymbol{f}(z)Q(z)]_0^n,$$

其中$[\boldsymbol{f}(z)Q(z)]_0^n$ 表示保留 $\boldsymbol{f}(z)Q(z)$中次数低于或等于 n 的项,而去掉次数

大于 n 的所有项.

例 4 设 $\boldsymbol{f}(z)=(1,0)+(0,1)z+(1,1)z^2$,求$[2/2]_f$.

解 由定理 4.13 知

$$Q(z)=\begin{vmatrix} 0 & M_{0,1} & M_{0,2} \\ M_{1,0} & 0 & M_{1,2} \\ z^2 & z & 1 \end{vmatrix},$$

易算出

$$M_{0,1}=\boldsymbol{C}_1\boldsymbol{C}_1^*=1,\ M_{0,2}=\boldsymbol{C}_1\boldsymbol{C}_2^*+C_2C_1^*=2,$$

$$M_{1,0}=-\boldsymbol{C}_1\boldsymbol{C}_1^*=-1,\ M_{1,2}=\boldsymbol{C}_2\boldsymbol{C}_2^*=2.$$

于是

$$Q(z)=\begin{vmatrix} 0 & 1 & 2 \\ -1 & 0 & 2 \\ z^2 & z & 1 \end{vmatrix}=2z^2-2z+1,$$

$$\boldsymbol{P}(z)=[\boldsymbol{f}(z)Q(z)]_0^2=(3z^2-2z+1,\ -z^2+z),$$

故

$$\boldsymbol{P}(z)/Q(z)=(3z^2-2z+1,\ -z^2+z)/(2z^2-z+1).$$

容易验证 $Q(z)\mid\boldsymbol{P}(z)\boldsymbol{P}^*(z)$.

向量 Padé 逼近具有类似于经典 Padé 逼近的性质. 为了后面应用这里列出几个性质.

性质 4.1 设 $\boldsymbol{f}(z)=\sum_{i=0}^{\infty}\boldsymbol{C}_iz^i$, $\boldsymbol{g}(z)=(\boldsymbol{f}(z)-\sum_{i=0}^{k-1}\boldsymbol{C}_iz^i)z^{-k}$,若$[m/n]_f$存在,则对自然数 k,当 $k\geqslant 1, m-k\geqslant n\quad 1$ 时$[(m-k)/n]_{\boldsymbol{g}}$ 存在,且有

$$[(m-k)/n]_{\boldsymbol{g}}=([m/n]_{\boldsymbol{f}}-\sum_{i=0}^{k-1}\boldsymbol{C}_iz^i)z^{-k},\quad n \text{ 为偶数}.$$

将上式改写成

$$[m/n]_f=[(m-k)/n]_{\boldsymbol{g}}z^k+\sum_{i=0}^{k-1}\boldsymbol{C}_iz^i,$$

令 $k=m-n$,则

$$[m/n]_f = [n/n]_g z^{m-n} + \sum_{i=0}^{m-n-1} \boldsymbol{C}_i z^i.$$

对 $m>n$，n 为偶数，设

$$\boldsymbol{g}(z) = \Big(\boldsymbol{f}(z) - \sum_{i=0}^{m-n-1} \boldsymbol{C}_i z^i\Big) z^{m-n}$$

$$= \boldsymbol{C}_{m-n} + \boldsymbol{C}_{m-n+1} z + \boldsymbol{C}_{m-n+2} z^2 + \cdots$$

若$[m/n]_f$存在，则$[n/n]_g$也存在，且有

$$[m/n]_f = [n/n]_g z^{m-n} + \sum_{i=0}^{m-n-1} \boldsymbol{C}_i z^i.$$

这表明$[m/n]_f(m>n)$可由 $\boldsymbol{g}(z)$的对角向量 Padé 逼近$[n/n]$产生.

性质 4.2　设 $\boldsymbol{f}(z) = \sum_{i=0}^{\infty} \boldsymbol{C}_i z^i$，$k$ 为正整数，n 为偶数，$\boldsymbol{g}(z) = z^k \boldsymbol{f}(z) = C_0 z^k + \boldsymbol{C}_1 z^{k+1} + \cdots$，若$[m/n]_f$存在，则$[(m+k)/n]_g$亦存在，且有

$$[(m+k)/n]_g = z^k [m/n]_f.$$

事实上，设

$$[m/n]_f = \boldsymbol{P}(z)/Q(z),$$

则有

$$\boldsymbol{P}(z) - Q(z)\boldsymbol{f}(z) = O(z^{m+1}),$$

$$z^k \boldsymbol{P}(z) - Q(z) z^k f(z) = O(z^{m+k+1}),$$

$$z^k \boldsymbol{P}(z) - Q(z)\boldsymbol{g}(z) = O(z^{m+k+1}).$$

显然

$$Q(z) \mid (\boldsymbol{P}(z) z^k)(\boldsymbol{P}(z) z^k)^*$$

且 $\boldsymbol{P}(z) z^k$ 是$m+k$ 次向量多项式.

对 m 为正整数，n 为偶数，且 $n>m\geqslant \frac{n}{2}$，

$$\boldsymbol{g}(z) = z^{n-m} \boldsymbol{f}(z) = \boldsymbol{C}_0 z^{n-m} + \boldsymbol{C}_1 z^{n-m+1} + \boldsymbol{C}_2 z^{n-m+2} + \cdots$$

若$[m/n]_f$存在，则$[n/n]_g$也存在且有

$$[m/n]_f = z^{m-n} [n/n]_g.$$

利用定理 4.13 及性质 4.1,4.2 可以给出非对角向量 Padé 逼近的行列式表示.

定理 4.14 设 $\boldsymbol{f}(z)=\sum_{i=0}^{\infty}\boldsymbol{C}_i z^i$,若$[m/n]_f$存在,记$[m/n]_f=\boldsymbol{P}(z)/Q(z)$,$n$ 为偶数,$m\geqslant n/2$,则有

$$Q(z)=\begin{vmatrix} 0 & M_{0,1} & M_{0,2} & \cdots & M_{0,n-1} & M_{0,n} \\ M_{1,0} & 0 & M_{1,2} & \cdots & M_{1,n-1} & M_{1,n} \\ \vdots & \vdots & \vdots & & \vdots & \vdots \\ M_{n-1,0} & M_{n-1,1} & M_{n-1,2} & \cdots & 0 & M_{n-1,n} \\ z^n & z^{n-1} & z^{n-2} & \cdots & z & 1 \end{vmatrix},$$

其中

$$M_{ij}=\sum_{l=0}^{j-i-1}\boldsymbol{C}_{l+i+1+m-n}\cdot\boldsymbol{C}_{j-l+m-n}^{*},\quad i=0,1,\cdots,n-1,\quad j=i+1,\cdots,n,$$

$$M_{ij}=-\sum_{l=0}^{i-j-1}\boldsymbol{C}_{l+j+1+m-n}\boldsymbol{C}_{i-l+m-n}^{*},\quad i=0,1,\cdots,n-1,\quad j=0,1,\cdots,i-1,$$

$$\boldsymbol{C}_j=0,\quad j<0.$$

当 $m>n$ 时,记$[n/n]_g=\boldsymbol{P}_1(z)/Q(x)$,由性质 4.1 知

$$\boldsymbol{P}(z)=z^{m-n}\boldsymbol{P}_1(z)+Q(z)\sum_{i=0}^{m-n-1}\boldsymbol{C}_i z^i,$$

当 $m<n$ 时,记$[n/n]_g=\boldsymbol{P}_2(z)/Q(z)$,由性质 4.2 知

$$\boldsymbol{P}(z)=z^{n-m}\boldsymbol{P}_2(z).$$

例 5 设 $\boldsymbol{f}(z)=(2,1)+(1,0)z+(0,1)z^2+(1,1)z^3$,求$\lfloor 3/2\rfloor_f$.

解 由定理 4.14 知

$$M_{0,1}=\boldsymbol{C}_2\boldsymbol{C}_2^{*}=1,\quad M_{0,2}=\boldsymbol{C}_2\boldsymbol{C}_3^{*}+\boldsymbol{C}_3\boldsymbol{C}_2^{*}-2,$$

$$M_{1,0}=-M_{0,1}=-1,\quad M_{1,2}=\boldsymbol{C}_3\boldsymbol{C}_3^{*}=2.$$

故

$$Q(z)=\begin{vmatrix} 0 & 1 & 2 \\ -1 & 0 & 2 \\ z^2 & z & 1 \end{vmatrix}=2z^2-2z+1.$$

这里 $\boldsymbol{g}(z)=(\boldsymbol{f}(z)-\boldsymbol{C}_0)z^{-1}=(1,0)+(0,1)z+(1,1)z^2$，由例 4 知

$$P_1(z) = [f(z)Q(z)]_0^2 = (3z^2-2z+1, -z^2+z).$$

于是

$$P(z)= z[f(z)Q(z)]_0^2 + Q(z)(2,1)$$
$$= (3z^3+2z^2-3z+2, -z^3+3z^2-2z+1).$$

将经典 Padé 逼近推广到向量值 Padé 逼近，扩大了 Padé 逼近应用的范围．为了实际应用，下面重点介绍基于广义逆的矩阵 Padé 的一些结果．由于矩阵乘法运算一般不满足交换律，所以将经典 Padé 逼近推广到以矩阵为系数的幂级数时，必须给出左、右矩阵 Padé 逼近定义，这为理论研究及实际运算带来一定的困难．本节介绍的基于广义逆的矩阵 Padé 逼近与原有的矩阵 Padé 逼近方法相比具有明显的优点，即在构造过程中不需要用矩阵的乘法运算，没有左、右矩阵 Padé 逼近的区别，从而拓宽了应用范围，更便于实际应用．

二、矩阵 Padé 逼近的基本概念

一般矩阵 Padé 逼近定义是分左右来定义的．

设 $f(z)=\sum_{i=0}^{\infty}C_iz^i$，$C_i$ 为 $d\times d$ 方阵，其元素为实数或复数，则 $f(z)$的右 Padé 逼近式

$${}^R[m/n]_f(z) = {}^RP(z)\{{}^RQ(z)\}^{-1},$$

由

$$f(z){}^RQ(z) - {}^RP(z) = O(z^{m+n+1}) \tag{4.1}$$
$${}^RQ(0) = I$$

定义，其中

$${}^RP(z) = \sum_{i=0}^{m}{}^Ra_iz^i,\ {}^RQ(z) = \sum_{i=0}^{n}{}^Rb_iz^i,$$

${}^Ra_i, {}^Rb_i\in C^{d\times d}$，$I$ 为单位矩阵，$O(z^{m+n+1})$表示形如 $\sum_{i=m+n+1}^{\infty}e_iz^i$ 的形式展开，$e_i\in C^{d\times d}$．

类似地可定义左矩阵 Padé 逼近

$${}^L[m/n]_f(z) = \{{}^LQ(z)\}^{-1}P(z),$$

${}^{L}P(z)$与${}^{L}Q(z)$满足

$$
\begin{aligned}
{}^{L}Q(z)f(z) - {}^{L}P(z) &= O(z^{m+n+1}),\\
{}^{L}Q(0) &= I.
\end{aligned}
\tag{4.2}
$$

例 6([58])　设

$$
f(z) = \begin{bmatrix} 1+z+z^2 & 0 \\ -z & 1+z-z^2 \end{bmatrix} = \begin{bmatrix} 1 & 0 \\ 0 & 1 \end{bmatrix} + \begin{bmatrix} 1 & 0 \\ -1 & 1 \end{bmatrix} z + \begin{bmatrix} 1 & 0 \\ 0 & -1 \end{bmatrix} z^2
$$

$$
= C_0 + C_1 z + C_2 z^2.
$$

由(4.1)和(4.2)出发，经过简单计算得

$$
{}^{R}[1/1]_f(z) = \begin{bmatrix} 1 & 0 \\ -2z & 1+2z \end{bmatrix} \begin{bmatrix} 1-z & 0 \\ -z & 1+z \end{bmatrix}^{-1}, \tag{4.3}
$$

$$
{}^{L}[1/1]_f(z) = \begin{bmatrix} 1-z & 0 \\ z & 1+z \end{bmatrix}^{-1} \begin{bmatrix} 1 & 0 \\ 0 & 1+2z \end{bmatrix}. \tag{4.4}
$$

显然，一个矩阵函数的左、右 Padé 逼近有不同的表现形式.

关于矩阵 Padé 逼近的惟一性，在文献[99]中证明了如下定理.

定理 4.15　如果左、右 Padé 逼近同时存在，则它们恒等而且惟一. 如果只有单侧 Padé 逼近存在，它是否惟一呢？回答是否定的.

关于矩阵 Padé 逼近的存在性(参见文献[58])，记

$$
H(i,j,k) = \begin{bmatrix} c_i & c_{i-1} & \cdots & c_{i-j} \\ c_{i+1} & c_i & \cdots & c_{i-j+1} \\ \vdots & \vdots & & \vdots \\ c_{i+k} & c_{i+k-1} & \cdots & c_{i+k-j} \end{bmatrix}.
$$

定理 4.16　设 $f(z) = \sum_{i=0}^{\infty} C_i z^i, C_i \in C^{d\times d}$，则

(i) ${}^{R}[m/n]_f(z)$存在的充要条件是

$$
\mathrm{rank}H(m, n-1, n-1) = \mathrm{rank}H(m+1, n, n-1);
$$

(ii) ${}^{L}[m/n]_f(z)$存在的充要条件是

$$
\mathrm{rank}H(m, n-1, n-1) = \mathrm{rank}H(m, n-1, n);
$$

(iii) 当 $H(m,\ n-1, n-1)$ 非奇异时，${}^{R}[m/n]_f(z)$ 与 ${}^{L}[m/n]_f(z)$ 同时存在.

例 7([54]) 设

$$f(z)=\begin{bmatrix}-1 & 1\\ 0 & 0\end{bmatrix}+\begin{bmatrix}0 & 1\\ 0 & 0\end{bmatrix}z+\begin{bmatrix}1 & 1\\ -1 & 1\end{bmatrix}z^2+\begin{bmatrix}1 & 2\\ 0 & 1\end{bmatrix}z^3+\cdots$$

由于

$$\operatorname{rank}H(1,0,0)=\operatorname{rank}C_1=1,$$

$$\operatorname{rank}H(2,1,0)=\operatorname{rank}[C_2,C_1]=2,$$

所以由定理 4.16 知 ${}^{R}[1/1]_f(z)$ 不存在. 类似地可知 ${}^{L}[1/1]_f(z)$ 也不存在.

由前面介绍可知上述矩阵 Padé 逼近的定义在实际应用时是不方便的. 在文献[54]中借助向量 Padé 逼近的思想给出的基于广义逆的矩阵 Padé 逼近，弥补了它的不足.

三、基于广义逆的矩阵 Padé 逼近

在第二章曾引用 d 维向量 $\mathbf{V}\in C^d$ 的 Samelson 逆为

$$\mathbf{V}^{-1}=\mathbf{V}^*/|\mathbf{V}|^2,\quad \mathbf{V}^*\text{ 为 }\mathbf{V}\text{ 的共轭向量}.$$

利用矩阵的行向量列展开概念，也可引入 d 阶方阵 A 的广义逆 $A^{-1}=A/\|A\|^2$，其中

$$\|A\|^2=(A\mid A)=\operatorname{tr}(A^{\mathrm{T}}A)=\sum_{s=1}^{d}\sum_{t=1}^{d}(a^{(st)})^2.$$

设矩阵值幂级数为

$$f(z)=C_0+C_1z+C_2z^2+\cdots+C_nz^n+\cdots,\tag{4.5}$$

其中 $C_i=C(C_i^{(st)})\in R^{d\times d}$，$z\in R$. 设矩阵有理函数 $r(z)=P(z)/Q(z)$，其中 $P(z)=(P_z^{(st)})\in R^{d\times d}$ 是矩阵值多项式，$Q(z)$ 是实多项式，若它们满足：

$$P(z)-Q(z)f(z)=0(z^{n+1}),(P/Q)(0)\text{ 为有限值},\tag{4.6}$$

$$\partial\{P\}=\max_{1\leqslant s,t\leqslant d}\partial(P^{(s,t)})\leqslant n-\alpha,\partial\{Q\}=2k-2\alpha,\alpha\geqslant 0,\tag{4.7}$$

$$Q(z)\mid\|P(z)\|^2,\tag{4.8}$$

则称 $r(z)=P(z)/Q(z)$ 是关于(4.5)的 $[n/2k]$ 型广义逆矩阵 Padé 逼近，简记为 GMPA_f.

关于此定义作几点说明.

(i) 关于逼近阶. 这里定义与原左、右矩阵 Padé 逼近定义不同. 式(4.6)中关于$P(z)$的次数 n 是式(4.1)中${}^R[m/n]=P(z)[Q(z)]^{-1}=P(z)Q^*(z)/Q(z)$中分子 $P(z)Q^*(x)$的次数,不是(4.1)中 $P(z)$的次数 m(这里 $Q^*(x)$表示 $Q(z)$的伴随矩阵).

例 8[54] 设

$$f(z)=\begin{bmatrix}\cos z & -\sin z\\ \sin z & \cos z\end{bmatrix}=\begin{bmatrix}1&0\\0&1\end{bmatrix}+\begin{bmatrix}0&-1\\1&0\end{bmatrix}z+\begin{bmatrix}-\frac{1}{2}&0\\0&-\frac{1}{2}\end{bmatrix}z^2+\cdots.$$

由式(4.1)可以算出

$${}^R[1/1]_f=\begin{bmatrix}1&-\frac{1}{2}z\\ \frac{1}{2}z&1\end{bmatrix}\begin{bmatrix}1&\frac{1}{2}z\\ -\frac{1}{2}z&1\end{bmatrix}^{-1}=\frac{1}{1+\frac{1}{4}z^2}\begin{bmatrix}1-\frac{1}{4}z^2&-z\\ z&1-\frac{1}{4}z^2\end{bmatrix},$$

显然满足

$$P(z)-f(z)Q(z)=O(z^{m+n+1})=O(z^3).$$

按这里给出的定义,由后面的式(4.19)可算出

$$Q(z)=\begin{vmatrix}0&2&0\\ -2&0&\frac{1}{2}\\ z^2&z&1\end{vmatrix},$$

其中 $M_{01}=2$, $M_{02}=0$, $M_{12}=\frac{1}{2}$. 再由式(4.6)算得

$$P(z)/Q(z)=\frac{1}{z^2+4}\begin{bmatrix}-z^2+4&-4z\\ 4z&-z^2+4\end{bmatrix},$$

是[2/2]型,满足

$$P(z)-f(z)Q(z)=O(z^{n+1})=O(z^3).$$

事实上${}^R[1/1]_f$ 与 GMPA_f 的$[2/2]_f$ 型是一样的.

(ii) 条件(4.8)整除性要求虽然是有点限制,一般来说左、右 Padé 逼近也是满

足的.

(iii) 这里给出的定义适用性有所拓宽,如例 6 左、右矩阵 Padé 逼近不存在,下面将看到相应的 GMPA_f 是存在的. 特别是 $\mathrm{GMPA}_f\, r(z)$若存在,则必惟一.

定理 4.17[54]　若$[n/2k]$型 $\mathrm{GMPA}_f r(z)=P(z)/Q(z)$存在,则必惟一.

证明　设 $\widetilde{V}(z)=\widetilde{P}(z)/\widetilde{Q}(z)$是另一$[n/2k]$型 GMPA_f. 并设

$$\partial\{P\}\leqslant n-\alpha,\ \partial\{Q\}=2k-2\alpha,\alpha\geqslant 0,Q\mid \|P\|^2, \tag{4.9}$$

$$\partial\{\widetilde{P}\}\leqslant n-\tilde{\alpha},\ \partial\{\widetilde{Q}\}=2k-2\tilde{\alpha},\alpha\geqslant 0,\widetilde{Q}\mid \|\widetilde{P}\|^2. \tag{4.10}$$

由式(4.5)不妨设

$$Q(z)=Q_b(z)\prod_{i=0}^{n}z^{\beta_i},\qquad P(z)=P_b(z)\prod_{i=0}^{n}z^{\beta_i},$$

$$Q_b(0)\neq 0,\qquad \beta=\sum_{i=0}^{n}\beta_i, \tag{4.11}$$

$$\widetilde{Q}(z)=\widetilde{Q}_b(z)\prod_{i=0}^{n}z^{\bar{\beta}_i},\qquad \widetilde{P}(z)=\widetilde{P}_b(z)\prod_{i=0}^{n}z^{\bar{\beta}_i},$$

$$\widetilde{Q}_b(0)\neq 0,\qquad \bar{\beta}=\sum_{i=0}^{n}\bar{\beta}_i. \tag{4.12}$$

由式(4.9)及(4.10)不难看出

$$\partial\{P_b(z)\}\leqslant n-\alpha-\beta,\ \partial\{Q_b(z)\}=2k-2\alpha-\beta, \tag{4.13}$$

$$\partial\{\widetilde{P}_b(z)\}\leqslant n-\tilde{\alpha}-\tilde{\beta},\ \partial\{\widetilde{Q}_b(z)\}=2k-2\tilde{\alpha}-\tilde{\beta}. \tag{4.14}$$

由式(4.11)及(4.12)可得

$$r(z)-\tilde{r}(z)=T(z)/Q_b(z)\widetilde{Q}_b(z),$$

其中

$$T(z)=P_b(z)\widetilde{Q}_b(z)-\widetilde{P}_b(z)Q_b(z)=O(z^{n+1}). \tag{4.15}$$

由于上式左端是矩阵多项式,所以可以定义矩阵值多项式 $T_b(z)$为

$$T(z)=z^{n+1}T_b(z). \tag{4.16}$$

由 $\|T\|^2=\|P_b\|^2\widetilde{Q}_b^2+\|\widetilde{P}_b\|^2Q_b^2-Q_b\widetilde{Q}_b(\mathrm{tr}(P_b^{\mathrm{T}}\widetilde{P}_b+P_b\widetilde{P}_b^{\mathrm{T}}))$和(4.9),(4.10)可得 $Q_b\widetilde{Q}_b\mid\|T\|^2$.注意到 $Q_b(0)\neq 0,\widetilde{Q}_b(0)\neq 0$,于是便得到

$$Q_b\widetilde{Q}_b\mid\|T_b\|^2. \tag{4.17}$$

由此可知 $T(z)\equiv 0$. 否则由式(4.17)和式(4.13)、式(4.14)得

$$\partial\{Q_b\}+\partial\{\widetilde{Q}_b\}=4k-2\alpha-2\tilde{\alpha}-\beta-\tilde{\beta}\leqslant\partial\{\|T_b\|^2\}. \tag{4.18}$$

但由式(4.13)～(4.16)得

$$\partial\{T_b\}\leqslant 2k-\alpha-\tilde{\alpha}-\beta-\tilde{\beta}-1-\min(\alpha,\tilde{\alpha}),$$

从而

$$\partial\{\|T_b\|^2\}\leqslant 4k-2\alpha-2\tilde{\alpha}-2\beta-2\tilde{\beta}-2-2\min(\alpha,\tilde{\alpha}).$$

与式(3.18)矛盾. 故 $T(z)\equiv 0$,从而有

$$P(z)\widetilde{Q}(z)\equiv\widetilde{P}(z)Q(z)$$

成立. 惟一性获证. □

关于 GMPA_f 的计算,类似于古典 Padé 逼近的直接算法,从式(4.6)出发,通过求解有关系数方程,导出 $Q(z)$的计算公式,然后再给出 $P(z)$的计算方法.

记 $N=2k$, $\sum\limits_{d}=\sum\limits_{s=1}^{d}\sum\limits_{t=1}^{d}$, 并假定型$[n/2k]$的 GMPA_f 存在.

定理 4.18[54] 设 $r(z)=P(z)/Q(z)$是$[n/2k]$型 GMPA_f,则

$$Q(z)=\begin{vmatrix} 0 & M_{0,1} & M_{0,2} & \cdots & M_{0,N-1} & M_{0,N} \\ -M_{0,1} & 0 & M_{1,2} & \cdots & M_{1,N-1} & M_{1,N} \\ -M_{0,2} & -M_{1,2} & 0 & \cdots & M_{2,N-2} & M_{2,N} \\ \vdots & \vdots & \vdots & & \vdots & \vdots \\ -M_{0,N-1} & -M_{1,N-1} & -M_{2,N-1} & \cdots & 0 & M_{N-1,N} \\ Z^N & Z^{N-1} & Z^{N-2} & \cdots & Z & 1 \end{vmatrix}, \tag{4.19}$$

其中

$$M_{i,j}=\sum_{d}\Big(\sum_{l=0}^{j-i-1}C_{l+i+n-N+1}^{(st)}C_{j-l+n-N}^{(st)}\Big),\quad j>i, \tag{4.20}$$

$$M_{i,j}=-\sum_{d}\Big(\sum_{l=0}^{i-j-1}C_{l+j+n-N+1}^{(st)}C_{i-l+n-N}^{(st)}\Big),\quad j<i. \tag{4.21}$$

证明 分两步来证明,首先证明 $N=2k=n$ 情形. 设 $r(z)=P(z)/Q(z)$,其中

$$Q(z)=Q_0+Q_1z+\cdots+Q_nz^n, \tag{4.22}$$

$$P(z)=P_0+P_1z+\cdots+P_nz^n,\ P_i\in R^{d\times d},\ i=1,2,\cdots,n. \tag{4.23}$$

由式(4.6)知关于 $z^i(i=0,1,\cdots,n)$的系数两边对应相等,即

$$P(z)=[f(z)Q(z)]_0^n. \tag{4.24}$$

设

$$\| f(z)\|^2=\sum_{i=0}^{\infty}d_iz^i, \tag{4.25}$$

式中

$$d_i=\sum_d\sum_{j=0}^{u_i}C_j^{(st)}C_{i-j}^{(st)},\ i=0,1,\cdots,n,u_i=\min(n,i),\ i=1,2,\cdots.$$

定义实的辅助多项式

$$h(z)=[\| f(z)\|^2Q(z)]_0^n=\sum_{i=0}^{n}h_iz^i, \tag{4.26}$$

其中

$$h_i=\sum_{l=v_i}^{u_i}Q_id_{i-l},\ i=0,1,\cdots,n,\qquad v_i=\max\{0,\ i-n\},\ i=0,1,\cdots.$$

则有

$$Q(z)h(z)=\sum_{i=0}^{2n}a_iz^i, \tag{4.27}$$

式中

$$a_i=\sum_{m=v_i}^{u_i}h_{i-m}Q_m=\sum_{l=v_i}^{u_i}\sum_{m=0}^{i-l}\left(\sum_d\sum_{j=0}^{i-l-m}C_j^{(st)}C_{i-m-l-j}^{(st)}\right)Q_pQ_m.$$

由式(4.24)设

$$\| P(z)\|^2=\sum_{i=0}^{2n}b_iz^i, \tag{4.28}$$

其中

$$\begin{aligned}b_i&=\sum_d\sum_{m=v_i}^{u_i}P_m^{(st)}P_{i-m}^{(st)}\\&=\sum_d\sum_{m=v_i}^{u_i}\left(\sum_{j=0}^{u_m}C_{m-j}^{(st)}Q_j\right)\left(\sum_{l=0}^{u_i-m}C_{i-m-l}^{(st)}Q_l\right)\end{aligned}$$

$$= \sum_{l=0}^{u_i} \sum_{m=0}^{u_i-l} Q_l Q_m \left(\sum_d \sum_{j=v_i-m}^{w} C_j^{(st)} C_{i-l-m-j}^{(st)} \right) w = \min(i-l-m,\ n-m).$$

根据式(4.8)可知 $Q(z)h(z) = \| P(z) \|^2$,于是由式(4.27)及(4.28)得

$$b_i - a_i = 0, \quad i = 0,1,2,\cdots,2n.$$

对 $i=0,1,\cdots,n$ 这些方程为平凡恒等式,但

$$b_i - a_i = 0, \quad i = n+1,\ n+2,\cdots,2n \tag{4.29}$$

组成的 n 个方程可最后导出 $Q_0,\ Q_1,\cdots,Q_n$.

为了通过 a_i 和 $b_i(i=n+1,\ n+2,\cdots,2n)$ 求 $Q_0,\ Q_1,\cdots,Q_n$,需对式(4.29)进行分析,令

$$\Phi_{\alpha,\beta}^{\lambda} = \sum_d \sum_{j=0}^{\lambda} C_{\alpha+j}^{(st)} C_{\beta-j}^{(st)},$$

并设

$$\varphi_0 = \sum_{l=0}^{n-1} Q_l \Phi_{1,n-l}^{n-l-1}, \tag{4.30}$$

$$\varphi_k = \sum_{l=0}^{n-k-1} Q_l \Phi_{k+1,n-l}^{n-l-1-k} - \sum_{l=n-k+1}^{n} Q_l \Phi_{n-l+1,k}^{l-n-1+k}. \tag{4.31}$$

则从式(4.29)依次解出

$$\varphi_0 Q_0 = 0,\ \sum_{k=0}^{m} \varphi_k Q_{m-k} = 0, \quad m = 1,2,\cdots,n-1. \tag{4.32}$$

因 $Q(0) = Q_0 \neq 0$,所以由式(4.32)得

$$\varphi_0 = \varphi_1 = \cdots = \varphi_{n-1} = 0, \tag{4.33}$$

即

$$\begin{bmatrix} 0 & \Phi_{1,1}^0 & \Phi_{1,2}^1 & \cdots & \Phi_{1,n}^{n-1} \\ -\Phi_{1,1}^0 & 0 & \Phi_{2,2}^0 & \cdots & \Phi_{2,n}^{n-2} \\ -\Phi_{1,2}^0 & -\Phi_{2,2}^0 & 0 & \cdots & \Phi_{3,n}^{n-3} \\ \vdots & \vdots & \vdots & & \vdots \\ -\Phi_{1,n-1}^{n-2} & -\Phi_{2,n-1}^{n-3} & -\Phi_{3,n-1}^{n-4} & \cdots & \Phi_{n,n}^{n} \end{bmatrix} \begin{bmatrix} Q_n \\ Q_{n-1} \\ Q_{n-2} \\ \vdots \\ Q_0 \end{bmatrix} = 0.$$

将上式写成等价形式

$$\sum_{j=0}^{n} M_{ij} Q_{n-j} = 0, \qquad i = 0,1,\cdots,n-1, \tag{4.34}$$

其中非零元素为 $M_{ij} = \Phi_{i+1,j}^{j-i-1}$，$j > i$；$M_{ij} = -\Phi_{j+1,i}^{j-i-1}$，$i > j$. 将式(4.34)与式(4.22)合并易解出 $Q(z)$如式(4.19).

再证 $n \neq N$ 情形. 当 $n < N$ 时,定义常数矩阵

$g_i = 0$，$i = 0,1,\cdots,N-n-1$；$g_i = C_{i-N+n}$，$i = N-n$，$N-n+1,\cdots,N$,利用$\{g_i，i = 0,1,\cdots,N\}$可构造形如式(4.19)的 $Q(z)$.

当 $n > N$ 时,利用前面的方法对级数

$$\tilde{f}(z) = \sum_{i=n-N}^{\infty} C_i z^{i+N-n}$$

构造$[N/N]_{\tilde{f}}(z)$的分子多项式 $Q(z)$. 定义

$$P(z) = z^{n-N} P_N(z) + Q(z) \sum_{i=0}^{n-N-1} C_i z^i,$$

其中

$$P_N(z) = \left[\left(\sum_{i=n-N}^{\infty} C_i z^{i+N-n} Q(z)\right)\right]_0^N,$$

则 $P(z)/Q(z)$即是关于(4.5)的$[n/N]$型 GMPA_f.

例 9　用公式法求例 7 中矩阵函数的 GMPA_f.

由式(4.19)～(4.21)得

$$Q(z) = \begin{vmatrix} 0 & M_{0,1} & M_{0,2} \\ -M_{0,1} & 0 & M_{1,2} \\ z^2 & z & 1 \end{vmatrix} = 4z^2 - 2z + 1, \tag{4.35}$$

其中 $M_{0,1} = \| C_1 \|^2 = \sum_2 (C_1^{(st)})^2 = 1$，$M_{0,2} = 2\sum_2 C_1^{(st)} C_2^{(st)} = 2, M_{1,2} = \| C_2 \|^2 = 4$. 由式(4.6)和式(4.35)得

$$P(z) = \begin{bmatrix} -3z^2 + 2z - 1 & 3z^2 - z + 1 \\ -z^2 & z^2 \end{bmatrix}.$$

容易验证:$P(z) - Q(z)f(z) = O(z^3)$;$\partial\{P\} = 2$，$\partial\{Q\} = 2$；$\| P(z) \|^2 = (4z^2 - 2z + 1)(5z^2 - 2z + 2)$,显然 $Q(z) \mid \| P(z) \|^2$,故 $P(z)/Q(z)$是 $f(z)$的[2/2]型矩阵 Padé 逼近.

而在例 7 中,左、右 Padé 逼近均不存在,这表明基于广义逆的矩阵 Padé 逼近

是原有矩阵 Padé 逼近的一种有意义的拓广.

类似于[135]中的方法,利用方阵 $A=(a^{(st)})\in R^{d\times d}$ 的 Samelson 型广义逆

$$A^{-1}=1/A=A/\|A\|^2,\ A\neq 0, \tag{4.36}$$

构造矩阵值 ε-算法如下:

$$\varepsilon_{-1}^{(j)}=0,\ \varepsilon_0^{(j)}=\sum_{i=0}^{j}C_iz^i, \tag{4.37}$$

$$\varepsilon_{k+1}^{(j)}=\varepsilon_{k-1}^{(j+1)}+(\varepsilon_k^{(j+1)}-\varepsilon_k^{(j)})^{-1},\quad j,k\geqslant 0. \tag{4.38}$$

定理 4.19[54] 若利用公式(4.36)~(4.38)构造 $\varepsilon_{2k}^{(j)}$ 的过程中没有出现分母为零阵的情形,则$[j+2k/2k]$型 GMPA$_f r(z)=P(z)/Q(z)$存在,且

$$\varepsilon_{2k}^{(j)}=P(z)/Q(z),\quad j,k\geqslant 0. \tag{4.39}$$

证明 用数学归纳法证明. 由公式(4.5)和公式(4.36)~(4.38),得

$$\varepsilon_1^{(j)}=(\varepsilon_0^{(j+1)}-\varepsilon_0^{(j)})^{-1}=\left(\sum_{i=0}^{j+1}C_iz^i-\sum_{i=0}^{j}C_iz^i\right)^{-1}$$

$$=\frac{1}{C_{j+1}z^{j+1}}=H_0^{(j)}(z)/z^{j+1}, \tag{4.40}$$

其中

$$H_0^{(j)}(z)=\frac{1}{C_{j+1}}=\frac{C_{j+1}}{\|C_{j+1}\|^2},\quad \partial\{H_0\}=0,$$

$$\varepsilon_2^{(j)}=\sum_{i=0}^{j+1}C_iz^i+\left(\frac{1}{C_{j+2}z^{j+2}}-\frac{1}{C_{j+1}z^{j+1}}\right)^{-1}$$

$$=\sum_{i=0}^{j}C_iz^i+C_{j+1}z^{j+1}+z^{j+2}/(C_{j+2}^{-1}-C_{j+1}^{-1}z), \tag{4.41}$$

由上式易看出

$$\varepsilon_2^{(j)}=O(z^j),\qquad (z\to\infty). \tag{4.42}$$

记 $g(z)=C_{j+2}^{-1}-C_{j+1}^{-1}z$,$\partial\{\|g\|^2\}=2$,于是(4.41)式可写成

$$\varepsilon_2^{(j)}=(\|g(z)\|^2\varepsilon_0^{(j+1)}+z^{j+2}g(z))/\|g(z)\|^2$$

$$\stackrel{\text{def}}{=\!=}P_2(z)/Q_2(x),\ Q_2(z)=\|g(z)\|^2. \tag{4.43}$$

由(4.41)式及(4.42)式得$\partial\{P_2\}=j+2$, $\partial\{Q_2\}=2$,于是知(4.6)显然成立. 又由

$$\| P_2 \|^2 = Q_2^2 \| \varepsilon_0^{(j+1)} \|^2 + Q_2 z^{2(j+2)} + Q_2 z^{j+2}[\operatorname{tr}(C\varepsilon_0^{j+1})^{\mathrm{T}} g + \varepsilon_0^{(j+1)} g^{\mathrm{T}}]$$

和 $Q_2(z) \mid \| P_2(z) \|^2$,故 $\varepsilon_2^{(j)} = P_2(z)/Q_2(z)$是$[j+2/2]$型的 GMPA_f.

假设当 $j=0,1,\cdots,k>2$ 时

(i) $\varepsilon_{2k-1}^{(j)} = O(z^{-j-1}), \varepsilon_{2k}^{(j)} = O(z^j)\ (z \to \infty)$ (4.44)

(ii) $\varepsilon_{2k-1}^{(j)} = H_{2k-2}^{(j)}(z)/z^{j+2k-1}$(式中 $H_{2k-2}^{(j)} \in R^{d\times d}, \partial\{H_{2k-2}^{(j)}\} \leqslant 2k-2$),

(4.45)

(iii) $\varepsilon_{2k}^{(j)}$是$[j+2k/2k]$型的 GMPA_f. (4.46)

成立. 用数学归纳法便可证明 $k+1$ 时式(4.44)~(4.46)也成立.

事实上,当式(4.44)成立时,由式(4.38)可得

$$\varepsilon_{2k+1}^{(j)} = O(z^{-j-1}),\ \varepsilon_{2k+2}^{(j)} = O(z^j),\ (z \to \infty). \tag{4.47}$$

当式(4.45)及(4.46)成立时,设

$$\varepsilon_{2k}^{(j+1)} = s(z)/t(z), \qquad \varepsilon_{2k}^{(j)} = U(z)/V(z)$$

为既约分式. 仿照定理 4.17 的证明,可设

$$T(z) = S(z)V(z) - U(z)t(z) = z^{j+2k+1} T_c(z), \tag{4.48}$$

且 $V(z)t(z) \mid \| T_c(z) \|^2$. 注意到

$$\partial\{s\} \leqslant j+2k+1,\ \partial\{t\} = 2k;\ \partial\{U\} \leqslant j+2k,\ \partial\{V\} = 2k, \tag{4.49}$$

由式(4.48),(4.49)可得$\partial\{T_c\} \leqslant 2k, \partial\{Vt\} = 4k$. 因此,$M(z) = V(z)t(z)/T_c(z) = V(z)t(z)T_c(z)/\| T_c(z) \|^2$ 是一矩阵值多项式,且$\partial\{M\} \leqslant 2k$,由此可得

$$(\varepsilon_{2k}^{(j+1)} - \varepsilon_{2k}^{(j)})^{-1} = \left(\frac{s(z)}{t(z)} - \frac{U(z)}{V(z)}\right)^{-1} = \frac{V(z)t(z)}{T_c(z)z^{j+2k+1}} = \frac{M(z)}{z^{j+2k+1}}. \tag{4.50}$$

于是

$$\begin{aligned} \varepsilon_{2k+1}^{(j)} &= \varepsilon_{2k-1}^{(j+1)} + (\varepsilon_{2k}^{(j+1)} - \varepsilon_{2k}^{(j)})^{-1} \\ &= \frac{H_{2k-2}^{(j+1)}(z)}{z^{j+2k}} + \frac{M(z)}{z^{j+2k+1}} \overset{\text{def}}{=\!=} \frac{H_{2k}^{(j)}(z)}{z^{j+2k+1}}. \end{aligned} \tag{4.51}$$

这就证明了 $k+1$ 时,式(4.45)成立.

由式(4.51)和(4.38)有

$$\begin{aligned} \varepsilon_{2k+2}^{(j)} &= \varepsilon_{2k}^{(j+1)} + (\varepsilon_{2k+1}^{(j+1)} - \varepsilon_{2k+1}^{(j)})^{-1} \\ &= \varepsilon_{2k}^{(j+1)} + z^{j+2k+2}[H_{2k}^{(j+1)}(z) - zH_{2k}^{(j)}(z)]^{-1}. \end{aligned} \tag{4.52}$$

设 $G(z)=H_{2k}^{(j+1)}(z)-zH_{2k}^{(j)}(z)$,则

$$\partial\{G\}\leqslant 2k+1. \tag{4.53}$$

又由 $\varepsilon_{2k}^{(j+1)}=s(z)/t(z)$中$\partial\{s\}\leqslant j+2k+1,\partial\{t\}=2k$,不妨设 $t(z)$的 $2k$ 个零点的任一个零点为ξ,则由式(4.38)可知

$$s(\xi)/t(\xi)=\varepsilon_{2k}^{(j+1)}(\xi)=\varepsilon_{2k-2}^{(j+2)}+[\varepsilon_{2k-1}^{(j+2)}(\xi)-\varepsilon_{2k-1}^{(j+1)}(\xi)]^{-1},$$

由归纳法假设(iii),便得

$$\varepsilon_{2k+1}^{(j+2)}(\xi)=\varepsilon_{2k-1}^{(j+1)}(\xi), \tag{4.54}$$

同理可得

$$\varepsilon_{2k+1}^{(j)}(\xi)=\varepsilon_{2k-1}^{(j+1)}(\xi),\qquad \varepsilon_{2k+1}^{(j+1)}(\xi)=\varepsilon_{2k-1}^{(j+2)}(\xi),$$

于是

$$\varepsilon_{2k+1}^{(j+1)}(\xi)=\varepsilon_{2k+1}^{(j)}(\xi). \tag{4.55}$$

将式(4.55)代入式(4.52)得

$$\varepsilon_{2k+2}^{(j)}(\xi)=\frac{s(\xi)}{t(\xi)}+\frac{1}{\varepsilon_{2k+1}^{(j+1)}(\xi)-\varepsilon_{2k+1}^{(j)}(\xi)}=\frac{s(\xi)}{t(\xi)}+\frac{\xi^{j+2k+2}}{G(\xi)}. \tag{4.56}$$

注意到 $t(0)\neq 0$,即 $\xi\neq 0$,则式(4.56)右端两项当 $z=\xi$ 时均有极点ξ. 即若 $z=\xi$ 是$t(z)$的任一零点,必有 $G(\xi)=0$.

由式(4.49)或式(4.53)可设

$$G(z)=t(z)G_0(z),\ G_0(z)\in R^{d\times d},\ \partial\{G_0\}\leqslant 1, \tag{4.57}$$

则式(4.52)变成为

$$\varepsilon_{2k+2}^{(j)}=\frac{s(z)}{t(z)}+\frac{z^{j+2k+2}}{G(z)}=\frac{t(z)\parallel G_0(z)\parallel^2 s(z)+z^{j+2k+2}t(z)G_0(z)}{t^2(z)\parallel G_0(z)\parallel^2}$$

$$\stackrel{\text{def}}{=\!=}\frac{P_{2k+2}(z)}{Q_{2k+2}(z)}. \tag{4.58}$$

又

$$\parallel P_{2k+2}\parallel^2=\parallel S\parallel^2\parallel G_0\parallel^2 Q_{2k+2}+z^{2(j+2k+2)}Q_{2k+2}$$
$$+Q_{2k+2}z^{j+2k+2}[\mathrm{tr}(S^{\mathrm T}G_0+SG_0^{\mathrm T})],$$

显然有

$$Q_{2k+2}(z) \mid \| P_{2k+2}(z) \|^2. \tag{4.59}$$

式(4.58)的既约形式为

$$\varepsilon_{2k+2}^{(j)} = \frac{P(z)}{Q(z)} = \frac{S(z)\| G_0(z) \|^2 + z^{j+2k+2} G_0(z)}{t(z)\| G_0(z) \|^2}, \tag{4.60}$$

显然有$\partial\{Q\} = 2k+2$. 由式(4.47)得

$$\partial\{P\} = \partial\{\varepsilon_{2k+2}^{(j)}\} + \partial\{Q\} = j + 2k + 2. \tag{4.61}$$

由式(4.59)～(4.61)知 $\varepsilon_{2k+2}^{(j)} = P(z)/Q(z)$是$[j+2k+2/2k+2]$型的 GMPA_f. 至此完成了定理的证明.

下面用 ε 算法求例 9 中的 GMPA_f.

由式(4.36)～(4.38)得

$$\varepsilon_0^{(0)} = \begin{bmatrix} -1 & 1 \\ 0 & 0 \end{bmatrix}, \ \varepsilon_0^{(1)} = \begin{bmatrix} -1 & 1+z \\ 0 & 0 \end{bmatrix}, \ \varepsilon_0^{(2)} = \begin{bmatrix} z^2-1 & z^2+z+1 \\ -z^2 & z^2 \end{bmatrix},$$

$$\varepsilon_1^{(1)} = \frac{1}{4z^2}\begin{bmatrix} 1 & 1 \\ -1 & 1 \end{bmatrix}, \ \varepsilon_1^{(0)} = \frac{1}{z}\begin{bmatrix} 0 & 1 \\ 0 & 0 \end{bmatrix},$$

$$\varepsilon_2^{(0)} = \frac{1}{4z^2-2z+1}\begin{bmatrix} -3z^2+2z-1 & 3z^2-z+1 \\ -z^2 & z^2 \end{bmatrix} = \frac{P(z)}{Q(z)}.$$

与例 9 的结果完全一致.

四、基于广义逆矩阵 Padé 逼近的 Pfaffia 计算公式

Graves-Morris 等在文献[139]中研究了 Cayley 定理在向量值 Padé 逼近中的应用. 利用第三章给出的矩阵行向量列展开概念,可将文献[135]中向量 Padé 逼近的有关结论,推广到基于广义逆矩阵 Padé 逼近情形.

按照文献[139]的记号,设 K_n 是具有 $n=2m$ 个顶点的图的集合,每个排列 $\sigma\in S(n)$确定一个关于边$\{\sigma(2i-1),\ \sigma(2i)\}_{i=1}^m$的完全匹配 $\pi(\sigma)$. 由于 $\pi(\sigma)$与边的方向和次序都无关,所以知同样一个 $\pi(\sigma)$应有 $2^m m!$ 种不同的排列 σ. 设任意一个反对称矩阵 $A\in C^{2m\times 2m}$,定义

$$\pi(\sigma) = \mathrm{sign}\sigma\prod_{i=1}^{m} a_{\sigma(2i-1),\sigma(2i)},$$

则矩阵 A 的 Pfaffian 公式定义为

$$\mathrm{Pf}A = \sum \pi(\sigma), \tag{4.62}$$

其中和号表示对 K_n 中所有不同的完全匹配 $\pi(\sigma)$ 求和.

记 $A/i,j$ 是从矩阵 A 中去掉第 i 行和第 j 列而得到的子矩阵.

定理 4.20 (Cayley) 设 A 是一个行、列为偶数的方阵,子阵 $A/V,W$ 是一个反对称矩阵,R,C 分别表示仅改变矩阵 A 的第 V 行,第 W 列而形成的反对称阵,则有

$$\det A = \mathrm{Pf}R \cdot \mathrm{Pf}C. \tag{4.63}$$

定理 4.21[139] 给出了一种计算行列式的方法. 因此我们也可以将由定理 4.18得到的 GMPA_f 的分母行列式(4.19)给出一种算法. 为方便起见令式(4.6),(4.7)中的 $\alpha=0$,则行列式(4.19)就变成

$$Q(z) = \begin{vmatrix} 0 & M_{1,2} & \cdots & M_{1,2k} & M_{1,2k+1} \\ M_{2,1} & 0 & \cdots & M_{2,2k} & M_{2,2k+1} \\ \vdots & \vdots & & \vdots & \vdots \\ M_{2k,1} & M_{2k,2} & \cdots & 0 & M_{2k,2k+1} \\ z^{2k} & z^{2k-1} & \cdots & z & 1 \end{vmatrix}, \tag{4.64}$$

其中

$$M_{i,j} = \sum_d \left(\sum_{l=0}^{j-i-1} C_{l+i+n-2k}^{(st)} C_{j-l+n-2k-1}^{(st)} \right), \ j > i$$

$$M_{i,j} = - M_{j,i}, \quad j < i \tag{4.65}$$

记 $Q(z)=\det M$.

引理 4.22[55]

$$Q(z) = Q^{\mathrm{Pf}}(z) Q^{\mathrm{Pf}}(0). \tag{4.66}$$

证明 由式(4.64)可以推出

$$Q(z) = \sum_{j=0}^{2k} z^{2k-j} (-1)^j \det M\Big/_{2k+1,j+1}. \tag{4.67}$$

设

$$Q^{\mathrm{Pf}}(z) = \sum_{j=0}^{2k} z^{2k-j} (-1)^j \mathrm{Pf}\ \det M\Big/_{j+1,\ j+1}, \tag{4.68}$$

即

$$Q^{\mathrm{Pf}}(z) = z^{2k}\mathrm{Pf}\ \det M/_{1,1} + z^{2k-1}(-1)\mathrm{Pf}\ \det M/_{2,2} + \cdots + z(-1)^{2k-1}\mathrm{Pf}\ \det M/_{2k,2k} + \mathrm{Pf}\ \det M/_{2k+1,2k+1}$$

于是

$$Q^{\mathrm{Pf}}(0) = \mathrm{Pf} M/_{2k+1,2k+1}. \tag{4.69}$$

依定理 4.20 知

$$\det M/_{2k+1,j} = \mathrm{Pf} M/_{j,j}\mathrm{Pf} M/_{2k+1,2k+1}. \tag{4.70}$$

将式(4.70)代入式(4.67),再由式(4.68),(4.67)便知式(4.66)成立.

利用定理 4.21 及引理 4.22 可以证明(这里不证)

定理 4.23[55]　定义 Pfaffian 公式

$$\varphi(z) = \begin{vmatrix} M_{1,2} & M_{1,3} & \cdots & M_{1,2k+1} & z^{2k} \\ & M_{2,3} & \cdots & M_{2,2k+1} & z^{2k-1} \\ & & \ddots & \vdots & \vdots \\ & & & M_{2k,2k+1} & z \\ & & & & 1 \end{vmatrix}, \tag{4.71}$$

则下述结论

(i) $\varphi(z) = Q^{\mathrm{Pf}}(z)$, (4.72)

(ii) $Q(z) = \varphi(z)\varphi(0)$ (4.73)

成立.

例 10[55]　设[4/4]型 GMPA 的分母行列式为

$$Q_4(z) = \begin{vmatrix} 0 & G_1 & 2H_{12} & 2H_{13}+G_2 & 2H_{14}+2H_{23} \\ -G_1 & 0 & G_2 & 2H_{23} & 2H_{24}+G_3 \\ -2H_{12} & -G_2 & 0 & G_3 & 2H_{34} \\ -2H_{13}-G_2 & -2H_{23} & -G_3 & 0 & G_4 \\ z^4 & z^3 & z^2 & z & 1 \end{vmatrix}, \tag{4.74}$$

其中 $G_i = \| G_i \|^2$, $H_{ij} = \sum_d C_i^{(st)} C_j^{(st)}$. 根据定理 4.23 知 $Q_4(z) = \varphi(z)\varphi(0)$,其中

$$\varphi(z)=\begin{vmatrix} G_1 & 2H_{12} & 2H_{13}+G_2 & 2H_{14}+2H_{23} & z^4 \\ & G_2 & 2H_{23} & 2H_{24}+G_3 & z^3 \\ & & G_3 & 2H_{34} & z^2 \\ & & & G_4 & z \\ & & & & 1 \end{vmatrix}$$

$$\overset{\text{def}}{=\!=\!=}\begin{vmatrix} a & b & c & d & z^4 \\ & e & f & g & z^3 \\ & & h & j & z^2 \\ & & & k & z \\ & & & & 1 \end{vmatrix}$$

$$= (ah-bf+ce)+(de+ja-gb)z+(ak-gc+df)z^2 + (jc-bk-hd)z^3+(gh+ek-jf)z^4, \tag{4.75}$$

$$\varphi(c)=\begin{vmatrix} a & b & c \\ & e & f \\ & & h \end{vmatrix}=(ah-bf+ce). \tag{4.76}$$

由式(4.75),(4.76)便可得到 $Q_4(z)=\varphi(z)\varphi(0)$的实用而大为简化的 Pfaffian 计算公式.

利用例 10 中方法求 e^{Az} 的矩阵逼近多项式,其中 $A=\begin{bmatrix}0 & 1\\ 0 & -2\end{bmatrix}$.

将 e^{Az} 展成矩阵幂级数.

$$e^{Az}=\begin{bmatrix}1 & 0\\ 0 & 1\end{bmatrix}+\begin{bmatrix}0 & 1\\ 0 & -2\end{bmatrix}z+\begin{bmatrix}0 & -1\\ 0 & 2\end{bmatrix}z^2+\begin{bmatrix}0 & \frac{2}{3}\\ 0 & -\frac{4}{3}\end{bmatrix}z^3+\begin{bmatrix}0 & \frac{1}{3}\\ 0 & \frac{2}{3}\end{bmatrix}z^4+\cdots$$

$$= C_0+C_1z+C_2z^2+C_3z^3+C_4z^4+\cdots$$

先计算式(4.75)中元素

$$a=G_1=\|C_1\|^2=5,$$

$$b = 2H_{12} = 2\sum_{2} C_1^{(st)} C_2^{(st)} = -10,$$

$$c = 2H_{13} + G_2 = 2\sum_{2} C_1^{(st)} C_3^{(st)} + \| C_2 \|^2 = 3/35,$$

$$d = 2H_{14} + 2H_{23} = 2\sum_{2} C_1^{(st)} C_4^{(st)} + 2\sum_{2} C_2^{(st)} C_3^{(st)} = -10,$$

$$e = \| C_2 \|^2 = 5,$$

$$f = 2H_{23} = 2\sum_{2} C_2^{(st)} C_3^{(st)} = -20/3,$$

$$g = 2H_{24} + G_3 = 2\sum_{2} C_2^{(st)} C_4^{(st)} + \| C_3 \|^2 = 50/9,$$

$$h = G_3 = \| C_3 \|^2 = 20/9,$$

$$j = 2H_{34} = 2\sum_{2} C_3^{(st)} C_4^{(st)} = -20/9,$$

$$k = G_4 = \| C_4 \|^2 = 5/9.$$

将上述数据代入到式(4.75),(4.76)得

$$\varphi(z) = \frac{25}{81}[z^4 + 6z^3 + 15z^2 - 18z + 9],$$

$$\varphi(0) = \frac{25}{9}$$

于是

$$Q_4(z) = \varphi(z)\varphi(0) = \frac{625}{729}(z^4 + 6z^3 + 15z^2 - 18z + 9).$$

由式(4.6)便得到 e^{Az} 的逼近矩阵多项式

$$P_4(z) = e^{Az}Q_4(z) + O(z^5)$$

$$= \frac{625}{729}\begin{bmatrix} z^4 + 6z^3 + 15z^2 - 18z + 9 & 3z(-8z^3 + 13z^2 - 9z + 3) \\ 0 & 49z^4 - 72z^3 + 69z^2 - 36z + 9 \end{bmatrix}.$$

§5 矩阵 Padé 型逼近

从上一节可看到基于广义逆的矩阵 Padé 逼近式的分子、分母完全由被逼近函

数的形式幂级数决定,但需要解一个块状矩阵方程组,计算量较大,且极点不易控制. Draux 在文献[120]中提出矩阵 Padé 型逼近概念,如同 Padé 型逼近一样,它的分母可根据需要选取. 但由于矩阵一般不满足乘法交换律,所以分成左、右矩阵 Padé 型逼近进行研究. 这一节我们介绍统一定义的矩阵 Padé 型逼近.

一、矩阵 Padé 型逼近的基本概念

矩阵 Padé 型逼近是基于广义逆矩阵 Padé 逼近的一种推广,也可以看作是向量值 Padé 逼近的一种推广,在文献[39]中介绍了向量值 Padé 型逼近的算法、性质、误差公式及向量 Newton-Padé 型逼近问题. 下面介绍一种新的矩阵 Padé 型逼近.

考虑矩阵函数 $F(z)=(f^{(r,s)}(z))\in R^{d\times d}$,而 $f^{(r,s)}(z)$为形式幂级数

$$f^{(r,s)}(z) = \sum_{i=0}^{\infty} C_i^{(r,s)} z^i,\ C_i^{(r,s)} \in R,\ 1 \leqslant r,s \leqslant d.$$

$F(z)$的各阶导数定义为

$$\frac{d^k}{dz^k}F(z) = \left(\frac{d^k}{dz^k}f^{(r,s)}(z)\right),\ k = 0,1,2,\cdots.$$

若 $f^{(r,s)}(z)$为多项式时,则 $F(z)$的次数为

$$\partial\{F\} = \max_{1\leqslant r,s\leqslant d}(\partial\{f^{(r,s)}\}).$$

若 $f^{(r,s)}(z)=O(z^k)(|z|\to 0)$,则记 $F(z)=O(z^k)$. 令 $C_i=(C_i^{(r,s)})\in R^{d\times d}$,则 $F(z)$可以写成形式幂级数

$$F(z) = \sum_{i=0}^{\infty} C_i z^i. \tag{5.1}$$

定义线性算子 T:$T=(T^{(r,s)})\in R^{d\times d}$,且

$$T(t^i) = C_i,\ T^{(r,s)}(t^i) = C_i^{(r,s)},\ i = 0,1,\cdots,l,1\leqslant r,s\leqslant d, \tag{5.2}$$

则 $F(z)$可以表示为

$$\begin{aligned} F(z) &= T\left(\frac{1}{1-tz}\right) \\ &= T(1+(tz)+(tz)^2+\cdots) \\ &= C_0 + C_1 z + C_2 z^2 + \cdots, \end{aligned} \tag{5.3}$$

$$f^{(r,s)}(z) = T^{(r,s)}\left(\frac{1}{1-tz}\right),\ 1\leqslant r,s\leqslant d. \tag{5.4}$$

算子 T 和泛函 $T^{(r,s)}$ 作用在 t 上,z 作为参数(下同).

设 $V(z)$是任一 n 次代数多项式：

$$V(z) = b_0 + b_1 z + \cdots + b_n z^n. \tag{5.5}$$

定义矩阵多项式

$$W(z) = (W^{(r,s)}(z)) = T\left(\frac{V(t) - V(z)}{t - z}\right), \tag{5.6}$$

$$W^{(r,s)}(z) = T^{(r,s)}\left(\frac{V(t) - V(z)}{t - z}\right). \tag{5.7}$$

令 $\widetilde{V}(z) = z^n W(z^{-1}), \widetilde{W}(z) = z^{n-1} W(z^{-1})$，利用矩阵行向量列展开定义，并利用文献[137]中结果可推出

$$F(z) - \frac{\widetilde{W}(z)}{\widetilde{V}(z)} = O(z^n), \tag{5.8}$$

称 $\widetilde{W}(z)/\widetilde{V}(z)$为 $F(z)$的$(n-1,n)$阶矩阵值 Padé 型逼近，记为 MPTA_F.

为了构造一般阶的矩阵 Padé 型逼近，定义线性泛函

$$T^{(l)}(t^i) = C_{l+i}, \quad T_l^{(r,s)}(t^i) = C_{l+i}^{(r,s)}, \quad i = 0,1,\cdots, l \in Z$$

当 $l+i<0$ 时，规定 $T^{(l)}(t^i)=0, T_l^{(r,s)}(t^i)=0$. 令

$$W(z) = T^{(m-n+1)}\left(\frac{V(t) - V(z)}{t - z}\right), (m \text{ 为非负整数}).$$

定义 $F(z)$的(m,n)阶矩阵值 Padé 型逼近为

$$(m/n)_F(z) = \sum_{i=0}^{m-n} C_i z^i + z^{m-n+1} \frac{\widetilde{W}(z)}{\widetilde{V}(z)} \tag{5.9}$$

类似地可以推出

$$(m/n)_F(z) - F(z) = O(z^{m+1}). \tag{5.10}$$

并称$(m/n)_F(z)$为 $F(z)$的以 $V(z)$为生成多项式(或以 $\widetilde{V}(z)$为分母)的(m, n)阶矩阵值 Padé 型逼近，仍记为 MPTA_F.

例 11　设 $F(z)=e^{Az}+\dfrac{1}{I-Az}$，其中 $A=I=\begin{bmatrix}1 & 0\\ 0 & 1\end{bmatrix}$，求$(6/1)_F(z)$.

解　$F(z)=2I+2Az+\dfrac{3}{2}Az^2+\dfrac{7}{6}Az^3+\cdots$

$=C_0+C_1z+C_2z^2+\cdots$

$z=1$ 是 $F(z)$的极点. 取 $V(z)=z-1, \widetilde{V}(z)=zV(z^{-1})=1-z, W(z)=$

$$T^m\left(\frac{V(t)-V(z)}{t-z}\right)=T^m(1),\widetilde{W}(z)=z^{1-1}W(z^{-1})=W(z).$$

类似于例 3 中的方法经计算得

$$(6/1)_F(z)$$

$$=\begin{bmatrix}2-\frac{z^2}{2}-\frac{z^3}{3}-\frac{z^4}{8}-\frac{z^5}{30}-\frac{z^6}{144} & 0\\ 0 & 2-\frac{z^2}{2}-\frac{z^3}{3}-\frac{z^4}{8}-\frac{z^5}{30}-\frac{z^6}{144}\end{bmatrix}/(1-z)$$

令 $z=0.9$,得精确值

$$F(0.9)=\begin{bmatrix}12.459603 & 0\\ 0 & 12.459603\end{bmatrix},$$

$$(6/1)_F(0.9)=\begin{bmatrix}12.466139 & 0\\ 0 & 12.466139\end{bmatrix},$$

$$|F-(6/1)_F|=\begin{bmatrix}0.006536 & 0\\ 0 & 0.006536\end{bmatrix}.$$

利用相同信息(同样个数 c_i, $i=0,1,\cdots,6$),由上一节的方法算出的结果为

$$[5/1]_F(0.9)=\begin{bmatrix}11.922106 & 0\\ 0 & 11.922106\end{bmatrix}.$$

显然误差比这里算出的误差大. 从表面上看,不论矩阵 Padé 逼近,还是矩阵 Padé 型逼近收敛速度较慢. 但在 $z=1$ 处 $F(z)$的幂级数是发散的,由此可见,对具有极点的矩阵函数而言,当把矩阵 Padé 型逼近的极点取为被逼近函数的极点时,则在这些极点附近矩阵 Padé 型逼近的效果较好. 一般来说,如果能估计出被逼近函数的极点范围,采用矩阵 Padé 型逼近作为逼近工具比较合适.

关于矩阵 Padé 型逼近还有如下误差公式

$$F(z)-(n/n-1)_F(z)=\frac{z^n}{\widetilde{V}(z)}T\left(\frac{V(t)}{1-tz}\right), \tag{5.11}$$

$$F(z)-(m/n)_F(z)=\frac{z^{m+1}}{\widetilde{V}(z)}T\left(\frac{V(t)}{1-tz}\right). \tag{5.12}$$

二、矩阵 Padé 型逼近的代数性质

性质 5.1 矩阵函数 $F(z)$的以 n 次多项式 $V(z)$为生成多项式的(m,n)阶

MPTA_F 若存在,则必惟一.

证明 设有两个 m 次矩阵多项式 $\widetilde{W}_1(z)$,$\widetilde{W}_2(z)$则由 MPTA_F 定义知

$$\widetilde{W}_1(z)/\widetilde{V}(z) - F(z) = O(z^{m+1}),\ \widetilde{W}_2(z)/\widetilde{V}(z) - F(z) = O(z^{m+1}),$$

即

$$\widetilde{W}_1(z) - \widetilde{V}(z)F(z) = O(z^{m+1}),\ \widetilde{W}_2(z) - \widetilde{V}(z)F(z) = O(z^{m+1}).$$

上面两式相减,得

$$\widetilde{W}_2(z) - \widetilde{W}_1(z) = O(z^{m+1}).$$

注意到 $\widetilde{W}_1(z)$,$\widetilde{W}_2(z)$是 m 次矩阵多项式,所以

$$\widetilde{W}_1(z) \equiv \widetilde{W}_2(z).$$

于是

$$\frac{\widetilde{W}_1(z)}{\widetilde{V}(z)} \equiv \frac{\widetilde{W}_2(z)}{\widetilde{V}(z)}.$$

这就证明了惟一性.

性质 5.2 $F(z)$的以 $\widetilde{V}(z)$为分母的矩阵 Padé 型逼近式$(m/n)_F(z)$的分子是 $\widetilde{V}(z)F(z)$的 Taylor 级数的前 $m+1$ 项的和.

事实上,设

$$\widetilde{V}(z)F(z) = a_0 + a_1 z + \cdots + a_m z^m + O(z^{m+1}),\ a_i \in R^{d\times d}$$

$(i=0,1,\cdots)$. 两边同除 $\widetilde{V}(z)$得

$$F(z) = \frac{\sum_{i=0}^{m} a_i z^i}{\widetilde{V}(z)} + O(z^{m+1})$$

由式(5.10)知性质 5.2 成立.

性质 5.2 给出了矩阵 Padé 型逼近的一种简便计算方法. 即将 $F(z)$乘以选定的分母 $\widetilde{V}(z)$(因为 $V(z)$是预先选定的,而 $\widetilde{V}(z)=z^n V(z^{-1})$)的积 $\widetilde{V}(z)F(z)$展成幂级数,然后取该级数前 $m+1$ 项之和作为分子,便得到 $F(z)$以 $\widetilde{V}(z)$为分子的矩阵 Padé 型逼近.

例如,在例 11 中用 $\widetilde{V}(z)=1-z$ 乘 $F(z)$,得

$$(1-z)F(z) = (1-z)\left(2I + 2Az + \frac{3}{2}Az^2 + \frac{7}{6}Az^3 + \cdots\right)$$

$$= 2I - \frac{1}{2}Az^2 - \frac{1}{3}Az^3 - \frac{1}{8}Az^4 - \cdots,$$

取前 7 项部分和得

$$\begin{bmatrix} 2 - \frac{1}{2}z^2 - \frac{z^3}{3} - \frac{z^4}{8} - \frac{z^5}{30} - \frac{z^6}{144} & 0 \\ 0 & 2 - \frac{z^2}{2} - \frac{z^3}{3} - \frac{z^4}{8} - \frac{z^5}{30} - \frac{z^6}{144} \end{bmatrix}.$$

它恰好是$(6/1)_F(z)$的分子.

关于矩阵 Padé 型逼近的性质,这里只列出两个. 事实上它还有许多性质,由于和 Padé 型逼近性质类似,所以就不一一列出了.

三、矩阵值 Newton-Padé 型逼近

利用文献[42]中给出的向量值 Newton-Padé 型逼近及矩阵行向量列展开的定义,可以建立矩阵值 Newton-Padé 型逼近.

设 $z_0, z_1, \cdots, z_s$ 是给定的互异点,$\alpha_0, \alpha_1, \cdots, \alpha_s$ 为自然数序列,且 $\sum_{i=0}^{n}\alpha_i = n+1$. 构造 n 次矩阵多项式$P(z) \in C^{d\times d}$,使得

$$P^{(k)}(z_i) = F^{(k)}(z_i),\ k = 0,1,\cdots,\alpha_i - 1, i = 0,1,\cdots,s.$$

上式可以看作是 Hermite 插值条件. $\{z_i\}$是插值点列,把插值点列写成

$\{\underbrace{z_0,\cdots,z_0}_{\alpha_0};\underbrace{z_1,\cdots,z_1}_{\alpha_1};\cdots;\underbrace{z_s,\cdots,z_s}_{\alpha_s}\}$并重新编号成为$\{z_0, z_1, \cdots, z_n\}$,利用算子 T,$P(z)$可表示为

$$P(z) = T\left(\frac{W_{n+1}^*(t) - t^{n+1}W_{n+1}(z)}{(1-tz)W_{n+1}^*(t)}\right), \tag{5.13}$$

其中

$$W_l(z) = W_{0,l}(z) = \prod_{i=0}^{l-1}(z - z_i), \quad W_l^*(z) = W_{0,l}^*(z) = \prod_{i=0}^{l-1}(1 - z_i z),$$

则有

$$P(z) - F(z) = O(W_{n+1}(z)). \tag{5.14}$$

上式右端可以写成 $W_{n+1}(z)G(z)$,$G(z)$为在包含$\{z_0, \cdots, z_n\}$的一个区域上解析的矩阵函数.

定义 4.4 设矩阵函数 $F(z)$可由式(5.3),(5.4)表达,给定 n 次多项式 $Q(z)$,又给定 $s+1$ 个点 $z_0,z_1,\cdots,z_s$ 以及正整数$\alpha_0,\alpha_1,\cdots,\alpha_s$, $\sum_{i=0}^{s}\alpha_i = m+1$,令 $P(z)$为在 z_i 以α_i 重插值$[QF](z)$的矩阵多项式($P(z)\in R^{d\times d}$),则 $r_{m,n}(z) = P(z)/Q(z)$称为 $F(z)$的(m,n)阶 Newton-Padé 型逼近,记为(m/n)-MNPTA.

例 12 设

$$F(z) = \begin{bmatrix}1 & 0\\0 & 1\end{bmatrix} + \begin{bmatrix}1 & 1\\0 & 0\end{bmatrix}z + \begin{bmatrix}1 & 0\\0 & 0\end{bmatrix}z^2 + \begin{bmatrix}1 & 1\\1 & 1\end{bmatrix}z^3 + \begin{bmatrix}0 & 1\\0 & 0\end{bmatrix}z^4$$

$$= \begin{bmatrix}1+z+z^2+z^3 & z+z^3+z^4\\ z^3 & 1+z^3\end{bmatrix}.$$

取 $Q(z)=1+z^2$,给定两点 $z_0=0$, $z_1=1$, 且 $\alpha_0=\alpha_1=2$,构造三次矩阵多项式 $P(z)\in R^{2\times2}$,使得 $P(z)$在 z_i 处以α_i 重插值$[QF](z)$.

$$W_4(z) = (z-z_0)(z-z_0)(z-z_1)(z-z_1) = z^2(z-1)^2,$$

$$W_4^*(z) = (1-z_0z)(1-z_0z)(1-z_1z)(1-z_1z) = (1-z)^2.$$

由式(5.13)知

$$P(z) = T\left(\frac{(1-t)^2 - t^4z^2(z-1)^2}{(1-tz)(1-t)^2}\right)$$

$$= c_0 + c_1z + (c_2 - c_4 - 2c_5 - 3c_6 - \cdots)z^2$$

$$+ (c_3 + 2c_4 + 3c_5 + 4c_6 + 5c_7 + \cdots)z^3.$$

又

$$[QF](z) = \begin{bmatrix}1+z+2z^2+3z^3+z^4+z^5 & z+2z^3+z^4+z^5+z^6\\ z^3+z^5 & 1+z^2+z^3+z^5\end{bmatrix}$$

$$= \begin{bmatrix}1 & 0\\0 & 1\end{bmatrix} + \begin{bmatrix}1 & 1\\0 & 0\end{bmatrix}z + \begin{bmatrix}2 & 0\\0 & 1\end{bmatrix}z^2 + \begin{bmatrix}2 & 2\\1 & 1\end{bmatrix}z^3 + \begin{bmatrix}1 & 1\\0 & 0\end{bmatrix}z^4$$

$$+ \begin{bmatrix}1 & 1\\1 & 1\end{bmatrix}z^5 + \begin{bmatrix}0 & 1\\0 & 0\end{bmatrix}z^6$$

$$= c_0 + c_1z + c_2z^2 + c_3z^3 + c_4z^4 + c_5z^5 + c_6z^6.$$

于是得

$$P(z)=\begin{bmatrix}1 & 0\\ 0 & 1\end{bmatrix}+\begin{bmatrix}1 & 1\\ 0 & 0\end{bmatrix}z+\begin{bmatrix}-1 & -6\\ -2 & -1\end{bmatrix}z^2+\begin{bmatrix}7 & 11\\ 4 & 4\end{bmatrix}z^3$$

$$=\begin{bmatrix}1+z-z^2+7z^3 & z-6z^2+11z^3\\ -2z^2+4z^3 & 1-z^2+4z^3\end{bmatrix}.$$

则

$$r_{3,2}(z)=P(z)/Q(z)=\begin{bmatrix}1+z-z^2+7z^3 & z-6z^2+11z^3\\ -2z^2+4z^3 & 1-z^2+4z^3\end{bmatrix}/(1+z^2).$$

此即为 $F(z)$的(3,2)阶 Newton-Padé 型逼近.

误差为

$$\frac{P(z)}{Q(z)}-F(z)=\begin{bmatrix}-3z^2+5z^3-z^4-z^5 & -6z^2+9z^3-z^4-z^5-z^6\\ -2z^2+3z^3-z^5 & -2z^2+3z^3-z^5\end{bmatrix},$$

上式也可以写成

$$r_{3,2}(z)-F(z)=z^2(z-1)^2\begin{bmatrix}-3-z & -6-3z-z^2\\ -2-z & -2-z\end{bmatrix}$$

$$=z^2(z-1)^2G(z)=O(W_4(z)),$$

这里 $G(z)$每个元素都是解析的.

用数归纳法可以证明

定理 4.24 若 $Q(z_i)\neq 0$, $i=0,1,\cdots,s$,则 $F^{(k)}(z_i)=(P/Q)^{(k)}(z_i)$的充要条件是

$$P^{(k)}(z_i)=[QF]^{(k)}(z_i),\quad k=0,1,\cdots,\alpha_i-1,$$

其中 $P(z)$,$Q(z)$如定义 4.4 中所规定.

定理 4.25 若 $Q(z_i)\neq 0, i=0,1,\cdots,s$,则定义中的 MNPTA$r_{m,n}(z)$是惟一的.

证明方法同普通的 NPTA 的相应定理相同(参看文献[140]). 这里略.

定理 4.24 的作用在于把非线性问题转化为一个等价的线性问题来求解,从而使问题得以简化.

由于在 Padé 型逼近中,$Q(z)$可以任意选取,因此可以使它在插值节点处不等

于零,从而保证定理 4.24,定理 4.25 的结论成立.

$r_{m,n}(z)$以及余项用算子 T 的表达式为

$$
\begin{aligned}
r_{m,n} &= T\left(\frac{\widetilde{Q}(t)[W_{m+1}^*(t) - t^{m+1}W_{m+1}(z)]}{Q(z)t^n(1-tz)W_{m+1}^*(t)}\right) \\
&= T^{(-n)}\left(\frac{\widetilde{Q}(t)[W_{m+1}^*(t) - t^{m+1}W_{m+1}(z)]}{Q(z)(1-tz)W_{m+1}^*(t)}\right),
\end{aligned}
\tag{5.15}
$$

式中 $\widetilde{Q}(t)$定义同 $\widetilde{V}(t)$.

$$
F(z) - r_{m,n}(z) = T\left(\frac{\widetilde{Q}(t)t^{m-n+1}}{Q(z)(1-tz)W_{m+1}^*(t)}\right),
\tag{5.16}
$$

对应的线性问题的余项表达式为

$$
(QF - P)(z) = T\left(\frac{\widetilde{Q}(t)t^{m-n+1}}{(1-tz)W_{m+1}^*(t)}\right)W_{m+1}(z).
\tag{5.17}
$$

当 $m = n-1$ 时

$$
\begin{aligned}
P(z) = P_{n-1}^{(n-1,n)}(z) &= T\left(\frac{\widetilde{Q}(z)W_n^*(t) - \widetilde{Q}(t)W_n(z)}{(1-tz)W_n^*(t)}\right) \\
&= z^{n-1}T\left(\frac{Q(z^{-1})W_n^*(t) - \widetilde{Q}(t)W_n^*(z^{-1})}{(z^{-1}-t)W_n^*(t)}\right).
\end{aligned}
\tag{5.18}
$$

§6　多元 Padé 逼近

前面几节我们介绍了经典 Padé 逼近及其几种推广形式,不论是那种形式的推广,都保持了经典 Padé 逼近的某些基本性质. 因此根据需要将 Padé 逼近进行推广是很有意义的. 将一元 Padé 逼近推广到多元情形也是在理论上及实际应用上十分有意义的课题,但由于多元理论的复杂性,势必导出定义多元 Padé 逼近方式的多样性,且很难找到一个衡量各种定义的优劣程度的客观标准,然而有一点是肯定的,即不论哪种模式是否具有生命力,都取决于它能否最大限度地保持经典 Padé 逼近的特性.

受篇幅所限,本节简要介绍二元 Newton-Padé 逼近及二元 Padé 型逼近.

一、二元 Newton-Padé 逼近

一元 Newton-Padé 逼近与切触有理插值是密切相关的. 我们在第二章 §5 中曾讨论过切触有理插值问题:将式(5.3),在 $Q(x_i)\neq 0$ 的条件下转化为线性方程

$$(fQ-P)^{(l)}(x_i)=0,\quad i=0,1,\cdots,j,\quad l=0,1,\cdots,s_i-1,\tag{6.1}$$

其中 $\sum_{i=0}^{j}s_i=m+n+1, P(x)=\sum_{i=0}^{n}a_ix^i,\ Q(x)=\sum_{i=0}^{m}b_ix^i$. 方程组(6.1)中至少有一个有效解,并且证明了如果多项式 $P_1(x), Q_1(x)$和 $P_2(x), Q_2(x)$都是(6.1)的解,则必有 $P_1Q_2=P_2Q_1$,将满足(6.1)的解进行规范化,即 $Q_{n,m}(x_0)=1$,又 $r_{n,m}(x)=P_{n,m}(x)/Q_{n,m}(x)$是不可约的,而且 $P_{n,m}(x),\ Q_{n,m}(x)$仍是(6.1)的解,则 $r_{n,m}(x)$就是切触插值问题的解.

上面的切触有理插值问题可叙述为下面的 Newton-Padé 逼近问题.

给定点列$\{x_1,x_2,\cdots\}$中各 x_i 不必互异,由这些点列产生的多项式序列为$\{\alpha_0(x),\alpha_1(x),\cdots\}$,其中

$$\alpha_0(x)=1,\ \alpha_{i+1}(x)=(x-x_{i+1})\alpha_i(x),\quad i=0,1,2,\cdots\tag{6.2}$$

函数 $f(x)$可展成 Newton 级数 $c_0\alpha_0+c_1\alpha_1+\cdots$,若对 $i<k, c_i=0$,则说 $f(x)=O(\alpha_k)$.

定义 4.5 给定一关于点列$\{x_1,\ x_2,\cdots\}$的 Newton 级数

$$A(x)=a_0\alpha_0(x)+a_1\alpha_1(x)+\cdots,\quad a_0\neq 0,$$

若次数分别不超过 L,M 的多项式$P(x),Q(x)$满足

$$Q(x)A(x)-P(x)=O(\alpha_{L+M+1}),\tag{6.3}$$

且 $P(x),Q(x)$只有对(6.3)的成立是必要的那些公因子,则称 $P(x)/Q(x)$为 $A(x)$关于点列$\{x_i\}$的(L,M)阶 Newton-Padé 逼近,仍简记为$[L/M]$.

式(6.3)中的符号 $O(\alpha_k)$表示至少从 α_k 项开的 Newton 级数 $\sum_{i=k}^{\infty}c_i\alpha_i$. 除分子、分母可相差相同的常数倍外,$[L/M]$是惟一确定的. Newton-Padé 逼近约去公因式后即为切触有理插值. 关于 Newton-Padé 逼近算法,如同 Padé 逼近一样也有行列式公式、ε 算法、qd 算法和 $\Pi\xi$ 算法等.

下面我们转入二元 Newton-Padé 逼近(见文献[114]).

定义二元基函数

$$B_{ij}(x,y)=\prod_{k=1}^{i}(x-x_{k-1})\prod_{l=1}^{j}(y-y_{l-1}),\tag{6.4}$$

并按如下方式定义二元函数 $f(x,y)$的差商

$$f[x_0][y_0]=f(x_0,y_0),\tag{6.5}$$

$$f[x_0][y_0,y_1,\cdots,y_k]=\frac{f[x_0][y_1,\cdots,y_k]-f[x_0][y_0,\cdots,y_{k-1}]}{y_k-y_0},\tag{6.6}$$

$$f[x_0,\cdots,x_k][y_0]=\frac{f[x_1,\cdots,x_k][y_0]-f[x_0,\cdots,x_{k-1}][y_0]}{x_k-x_0},\tag{6.7}$$

$$f[x_0,x_1,\cdots,x_k][y_0,y_1,\cdots,y_l]$$
$$=\frac{f[x_0,\cdots,x_k][y_1,\cdots,y_l]-f[x_0,\cdots,x_k][y_0,\cdots,y_{l-1}]}{y_l-y_0},\tag{6.8}$$

或

$$f[x_0,\cdots,x_k][y_0,\cdots,y_l]$$
$$=\frac{f[x_1,\cdots,x_k][y_0,\cdots,y_l]-f[x_0,\cdots,x_{k-1}][y_0,\cdots,y_l]}{x_k-x_0}.\tag{6.9}$$

不难验证上述差商具有如下性质：

(i) $f[x_0,\cdots,x_k][y_0,\cdots,y_l]$与点列 $x_0,\cdots,x_k$ 及 $y_0,\cdots,y_l$ 的排序无关；

(ii) $(f\cdot g)[x_0,\cdots,x_i][y_0,\cdots,y_j]$

$$=\sum_{\mu=0}^{i}\sum_{\nu=0}^{j}f[x_0,\cdots,x_\mu][y_0,\cdots,y_\nu]g[x_\mu,\cdots,x_i][y_0,\cdots,y_j];$$

(iii) $B_{ij}[x_0,\cdots,x_l][y_0,\cdots,y_m]=\delta_{il}\delta_{jm}$,

其中 δ_{ij}是 Kronecker 记号. 因此,若

$$f(x,y)=\sum_{(i,j)\in N^2}C_{0i}C_{0j}B_{ij}(x,y),\tag{6.10}$$

则必有

$$C_{0i,0j}=f[x_0,\cdots,x_i][y_0,\cdots,y_j].$$

在平面整数点集 N^2 上选取三个子集 N,D 和 I,构造多项式

$$P(x,y)=\sum_{(i,j)\in N}a_{ij}B_{ij}(x,y),\tag{6.11}$$

$$Q(x,y)=\sum_{(i,j)\in D}b_{ij}B_{ij}(x,y),\tag{6.12}$$

使之满足

$$(fQ-P)(x,y)=\sum_{(i,j)\in N^2-I}d_{ij}B_{ij}(x,y).\tag{6.13}$$

假定 D 含有 $m+1$ 个元素$(d_0,e_0),\cdots,(d_m,e_m)$,$N\subset I$;点集 I 满足矩形法则

$$(i,j)\in I\Rightarrow(k,l)\in I,\quad k\leqslant i,\ l\leqslant j,$$

且 $I\setminus N$ 至少含有 m 个元素.

由式(6.13)知,当$(i,j)\in I$时,$d_{ij}=0$,故

$$(fQ-P)[x_0,\cdots,x_i][y_0,\cdots,y_j]=0,\quad (i,j)\in I. \tag{6.14}$$

又因为 $I\supset N$,故方程组(6.14)可分成齐次与非奇次两个部分:

$$(fQ)[x_0,\cdots,x_i][y_0,\cdots,y_j]=P[x_0,\cdots,x_i][y_0,\cdots,y_j],\ (i,j)\in N. \tag{6.15}$$

$$(fQ)[x_0,\cdots,x_i][y_0,\cdots,y_j]=0,\ (i,j)\in I\setminus N. \tag{6.16}$$

若指标集 $I\setminus N$ 中有 m 个点$(h_1,k_1),\cdots,(h_m,k_m)$使得齐次方程组(6.16)线性无关,则由性质(ii)、(iii)有

$$(fQ)[x_0,\cdots,x_i][y_0,\cdots,y_j]=\sum_{(\mu,\nu)\in D}b_{\mu\nu}f[x_\mu,\cdots,x_i][y_\nu,\cdots,y_j],$$

因此式(6.16)等价于

$$\begin{bmatrix} C_{d_0h_1,e_0k_1} & \cdots & C_{d_mh_1,e_mk_1} \\ \vdots & & \vdots \\ C_{d_0h_m,e_0k_m} & \cdots & C_{d_mh_m,e_mk_m} \end{bmatrix}\begin{bmatrix} b_{d_0,e_0} \\ \vdots \\ b_{d_m,e_m} \end{bmatrix}=\begin{bmatrix} 0 \\ \vdots \\ 0 \end{bmatrix}. \tag{6.17}$$

解方程组(6.17)求出 $b_{d_0,e_0},\cdots,b_{d_m,e_m}$,于是

$$Q(x,y)=\begin{vmatrix} B_{d_0,e_0}(x,y) & B_{d_1,e_1}(x,y) & \cdots & B_{d_m,e_m}(x,y) \\ C_{d_0h_1,e_0k_1} & C_{d_1h_1,e_1k_1} & \cdots & C_{d_mh_1,e_mk_1} \\ \vdots & \vdots & & \vdots \\ C_{d_0h_m,e_0k_m} & C_{d_1h_m,e_1k_m} & \cdots & C_{d_mh_m,e_mk_m} \end{vmatrix}. \tag{6.18}$$

从而

$$\begin{aligned} P(x,y) &= \sum_{(i,j)\in N}a_{ij}B_{ij}(x,y) \\ &= \sum_{(i,j)\in N}P[x_0,\cdots,x_i][y_0,\cdots,y_j]B_{ij}(x,y) \\ &= \sum_{(i,j)\in N}(Qf)[x_0,\cdots,x_i][y_0,\cdots,y_j]B_{ij}(x,y) \\ &= \sum_{(\mu,\nu)\in D}b_{\mu\nu}\Big(\sum_{(i,j)\in N}C_{\mu_i,\nu_j}B_{ij}(x,y)\Big) \end{aligned}$$

$$
= \begin{vmatrix} \sum_{(i,j)\in N} C_{d_0 i, e_0 j} B_{ij}(x,y) & \cdots & \sum_{(i,j)\in N} C_{d_m i, e_m j} B_{ij}(x,y) \\ C_{d_0 h_1, e_0 k_1} & \cdots & C_{d_m h_1, e_m k_1} \\ \vdots & & \vdots \\ C_{d_0 h_m, e_0 k_m} & \cdots & C_{d_m h_m, e_m k_m} \end{vmatrix}. \tag{6.19}
$$

如果对所有 $k,l\geqslant 0, Q(x_k,\ y_l)\neq 0$,则$\frac{1}{Q}(x,y)$可写成

$$
\frac{1}{Q}(x,y) = \sum_{(i,j)\in N^2} e_{ij} B_{ij}(x,y), \tag{6.20}
$$

因指标集 I 满足矩形规则,故必有

$$
\begin{aligned} \left(f - \frac{P}{Q}\right)(x,y) &= \left[\frac{1}{Q}(fQ - P)\right](x,y) \\ &= \sum_{(i,j)\in N^2/I} \bar{d}_{ij} B_{ij}(x,y), \end{aligned} \tag{6.21}
$$

称满足上式的 $P(x,y)/Q(x,y)$ 为 $f(x,y)$ 的二元 Newton-Padé 逼近.

关于 $P(x,y)/Q(x,y)$ 的多种算法和表示(见[110],[39][109]等),这里不再列出了.

如果令所有的插值节点(x_k,y_l)与原点重合,则有

$$
B_{ki,lj}(x,y) = B_{ij}(x,y)/B_{k,l}(x,y) = x^{i-k} y^{j-l},
$$

$$
C_{ki,lj} = f[x_k,\cdots,x_i][y_l,\cdots,y_j] = \left.\frac{\partial^{i-k+j-l}}{\partial x^{i-k}\partial y^{j-l}} f(x,y)\right|_{(0,0)}
$$

且式(6.10)~(6.13)分别变为

$$
f(x,y) = \sum_{(i,j)\in N^2} c_{0i,0j} x^i y^j, \tag{6.10$'$}
$$

$$
P(x,y) = \sum_{(i,j)\in N^2} a_{ij} x^i y^j, \tag{6.11$'$}
$$

$$
Q(x,y) = \sum_{(i,j)\in D} b_{ij} x^i y^j, \tag{6.12$'$}
$$

$$
(fQ - P)(x,y) = \sum_{(i,j)\in N^2/I} d_{ij} x^i y^j. \tag{6.13$'$}
$$

由(6.10)′~(6.13)′确定的$P(x,y)/Q(x,y)$即是 Levi 在[156]中所定义的

多元 Padé 型逼近. 在文献[39]中还介绍了由于指标集 $N.D.I$ 的不同取法,可建立多种 Padé 型逼近形式,这里就不一一介绍了.

二、二元 Padé 型逼近

多元 Padé 型逼近是一元 Padé 型逼近的一种有意义的推广,而构造多元 Padé 型逼近的方法一种是由任意一个二元多项式(由矩形数据所决定的二元多项式)为生成多项式构成,而另一种是利用生成函数的二元插值多项式为生成多项式构成(见文献[90]). C. Brezinski, P. Sablonniere, S. Arioka,等人研究了二元 Padé 型逼近的代数性质、算法及收敛性问题(参见文献[171],[76],[92],[38]等),得到了一些很有意义的结果.

设$\mathbf{P}$是二元多项式空间,f 是一个二元形式幂级数

$$f(t,s)=\sum_{i=0}^{\infty}\sum_{j=0}^{\infty}C_{ij}t^is^j,\ C_{ij}\in\mathbf{C},\quad i,j=0,1,2,\cdots$$

在$\mathbf{P}$上定义线性泛函 C:

$$C(x^i,y^j)=C_{ij},\quad i,j=0,1,\cdots$$

则 $f(t,s)$可以形式地表示为

$$f(t,s)=C(G(x,y))\equiv C((1-xt)^{-1}(1-ys)^{-1}).\tag{6.22}$$

事实上将 $G(x,y)=(1-xt)^{-1}(1-ys)^{-1}=(1+xt+\cdots)(1+ys+\cdots)=\sum_{i=0}^{\infty}\sum_{j=0}^{\infty}x^iy^jt^is^j$,用泛函 C 作用便知式(6.22)成立.

设 $V(x,y)=\sum_{i=0}^{k_1}\sum_{j=0}^{k_2}b_{ij}x^iy^j\in\mathbf{P}$是任意一个二元多项式,定义

$$W(t,s)=C\left(\frac{V(x,y)+V(t,s)-V(t,y)-V(x,s)}{(x-t)(y-s)}\right),\tag{6.23}$$

其中泛函 C 作用于$x,y;t,s$ 是参数.

不难验证 $W(t,s)$是一个 t 的次数为k_1-1,s 的次数为k_2-1 的二元多项式,且

$$W(t,s)=\sum_{n=0}^{k_1-1}\sum_{m=0}^{k_2-1}a_{nm}t^ns^m,\tag{6.24}$$

其中

$$a_{nm}=\sum_{i=1}^{k_1}\sum_{j=1}^{k_2}b_{ij}C_{i-1-n,j-1-m},$$

规定若 $p<0$,或 $q<0$ 时,$C_{pq}=0$.

定义 $\widetilde{V},\widetilde{W}$ 如下:

$$\begin{aligned}\widetilde{V}(t,s) &= t^{k_1}s^{k_2}V(t^{-1},s^{-1}),\\ \widetilde{W}(t,s) &= t^{k_1-1}s^{k_2-1}W(t^{-1},s^{-1}).\end{aligned} \tag{6.25}$$

定义 4.6　称 $\widetilde{W}(t,s)/\widetilde{V}(t,s)$为 $f(t,s)$的(k_1,k_2)阶二元 Padé 型逼近式,记为$(k_1-1,k_2-1/k_1,k_2)_f(t,s)$. 若 $k_1=k_2=k$,则简记为$(k-1/k)_f(t,s)$.

称 $V(t,s)$为上述 Padé 型逼近式的生成多项式,$W(t,s)$为 $V(t,s)$的相关多项式.

可以证明

定理 4.26　$\widetilde{V}(t,s)f(t,s)-\widetilde{W}(t,s)=O(t^is^{k_2})+O(s^it^{k_1}),\ i\geqslant 0.$ (6.26)

证明　设

$$\widetilde{V}(t,s) = \sum_{i=0}^{k_1}\sum_{j=0}^{k_2}b_{ij}t^{k_1-i}s^{k_2-j}.$$

则

$$\widetilde{V}(t,s)f(t,s) = \sum_{i=0}^{k_1}\sum_{j=0}^{k_2}b_{ij}\sum_{N=0}^{\infty}\sum_{M=0}^{\infty}C_{NM}t^{k_1+N-i}s^{k_2+M-j}.$$

令 $n=k_1+N-i,\ m=k_2+M-j$,得

$$\widetilde{V}(t,s)f(t,s) = \sum_{n=0}^{\infty}\sum_{m=0}^{\infty}t^ns^m\left(\sum_{i=0}^{k_1}\sum_{j=0}^{k_2}b_{ij}C_{n+i-k_1,m+j-k_2}\right)$$

由式(6.24)、(6.25)知

$$\widetilde{W}(t,s) = \sum_{n=0}^{k_1-1}\sum_{m=0}^{k_2-1}t^ns^m\left(\sum_{i=1}^{k_1}\sum_{j=1}^{k_2}b_{ij}C_{n+i-k_1,m+j-k_2}\right).$$

在上式右端中若 $i=0$,则 $n-k_1<0$,于是 $C_{n-k_1,m+j-k_2}$ 为零,对 $j=0$ 情况亦是如此,故可将上式写成

$$\widetilde{W}(t,s) = \sum_{n=0}^{k_1-1}\sum_{m=0}^{k_2-1}t^ns^m\left(\sum_{i=0}^{k_1}\sum_{j=0}^{k_2}b_{ij}C_{n+i-k_1,m+j-k_2}\right),$$

若令

$$d_{nm} = \sum_{i=0}^{k_1}\sum_{j=0}^{k_2}b_{ij}C_{n+i-k_1,m+j-k_2},$$

则有

$$\widetilde{V}(t,s)f(t,s)=\sum_{n=0}^{\infty}\sum_{m=0}^{\infty}d_{nm}t^ns^m,$$

$$\widetilde{W}(t,s)=\sum_{n=0}^{k_1-1}\sum_{m=0}^{k_2-1}d_{nm}t^ns^m.$$

于是

$$\begin{aligned}&\widetilde{V}(t,s)f(t,s)-\widetilde{W}(t,s)\\&=\sum_{n=0}^{\infty}\sum_{m=k_2}^{\infty}d_{nm}t^ns^m+\sum_{n=k_1}^{\infty}\sum_{m=0}^{\infty}d_{nm}t^ns^m\\&=O(t^is^{k_2})+O(t^{k_1}s^i),\ i\geqslant 0.\end{aligned}$$

□

设 $x_1, x_2,\cdots,x_{k_1}; y_1, y_2,\cdots,y_{k_2}(k_1,k_2=1,2,3,\cdots)$是复平面上的任意点，且所有的 x_i 互异，y_i 也互异. $P(x,y)$是满足如下条件的插值多项式：

$$P(x_i, y_j)=g(x_i)h(y_j),\quad i=1,2,\cdots,k_1,\quad j=1,2,\cdots,k_2$$

而 $g(x)=(1-xt)^{-1},\quad h(y)=(1-ys)^{-1}$.

令 $\mu(x)=\prod_{i=1}^{k_1}(x-x_i),\nu(y)=\prod_{i=1}^{k_2}(y-y_i)$.

定理 4.27 设 $V(x,y)=\mu(x)\nu(y)$是二元 Padé 型逼近的生成多项式，则

$$C(P(x,y))=(k_1-1,\ k_2-1/k_1,k_2)_f(t,s).\tag{6.27}$$

证明 设 $P_1(x)$是 $g(x)$的关于 $x_1,x_2,\cdots,x_{k_1}$ 的 Lagrange 插值多项式，$P_2(y)$是 $h(y)$的关于 $y_1,\cdots,y_{k_2}$ 的 Lagrange 插值多项式，显然有

$$P_1(x)=\sum_{i=1}^{k_1}\frac{\mu(x)}{\mu'(x_i)(x-x_i)}\frac{1}{1-x_it},$$

$$P_2(y)=\sum_{j=1}^{k_2}\frac{\nu(y)}{\nu'(y_j)(y-y_j)}\frac{1}{1-y_jt}.$$

容易验证 $P(x,y)=P_1(x)P_2(y)$，于是

$$\begin{aligned}C(P(x,y))&=C(P_1(x)P_2(y))\\&=\sum_{i=1}^{k_1}\frac{1}{\mu'(x_i)}\frac{1}{1-x_it}\sum_{j=1}^{k_2}\frac{1}{\mu'(y_j)}\frac{1}{1-y_jt}W(x_i,y_j),\end{aligned}$$

其中

$$W(x,y)=C\left(\frac{\mu(x)-\mu(t)}{x-t}\cdot\frac{\nu(y)-\nu(s)}{y-s}\right)$$
$$=C\left(\frac{\mu(x)\nu(y)+\mu(t)\nu(s)-\mu(t)\nu(y)-\mu(x)\nu(s)}{(x-t)(y-s)}\right)$$
$$=C\left(\frac{V(x,y)+V(t,s)-V(t,y)-V(x,s)}{(x-t)(y-s)}\right).$$

再对固定的 i,易证

$\sum_{j=1}^{k_2}\frac{1}{\nu'(y_j)}\cdot\frac{1}{1-y_js}W(x_i,\ y_j)$ 是有理函数$\frac{s^{-1}W(x_i,\ s^{-1})}{\nu(s^{-1})}$的分式展开,则

$$C(P(x,y))=\frac{s^{-1}}{\nu(s^{-1})}\sum_{i=1}^{k_1}\frac{1}{\mu'(x_i)}\cdot\frac{1}{1-x_it}W(x_i,\ s^{-1})$$
$$=s^{-1}t^{-1}\frac{W(t^{-1},s^{-1})}{\mu(t^{-1})\nu(s^{-1})}=\frac{\widetilde{W}(t,s)}{\widetilde{V}(t,s)}.$$
$$\equiv(k_1-1,k_2-1/k_1,k_2)_f(t,s).$$ □

在文献[28]中给出了二元 Padé 型逼近式的一个算法:设

$$\widetilde{W}(t,s)/\widetilde{V}(t,s)=(k_1-1,k_2-1/k_1,k_2)_f(t,s),$$

其中

$$\widetilde{V}(t,s)=\tilde{\mu}(t)\widetilde{V}(s),\quad \widetilde{W}(t,s)=\sum_{i=0}^{k_1-1}\sum_{j=0}^{k_2-1}a_{ij}(k_1,k_2)t^is^j,$$

而

$$\tilde{\mu}(t)=\prod_{i=1}^{k_1}(1-x_it)=\sum_{i=0}^{k_1}(-1)^i\alpha_i(k_1)t^i,$$
$$\tilde{\nu}(s)=\prod_{j=1}^{k_2}(1-y_js)=\sum_{j=0}^{k_2}(-1)^j\beta_j(k_2)s^j,$$

上式中 $\alpha_i(k_1)=\sum x_{m_1}\cdots x_{m_i}$(所有可能的 i 个不同的x_{m_i} 的乘积之和),$\beta_j(k_2)=\sum y_{n_1}\cdots y_{n_j}$(所有可能的 j 个不同的 y_{n_j} 的乘积之和). 所以

$$\widetilde{V}(t,s)=\sum_{i=0}^{k_1}\sum_{j=0}^{k_2}b_{ij}(k_1,k_2)t^is^j,$$

其中

$$b_{ij}(k_1,k_2)=(-1)^{i+j}\alpha_i(k_1)\beta_j(k_2).$$

容易推得

$$\begin{cases}b_{ij}(k_1,k_2)=b_{ij}(k_1-1,k_2-1)-x_{k_1}b_{i-1,j}(k_1-1,k_2-1)\\ \qquad -y_{k_2}b_{i,j-1}(k_1-1,k_2-1)+x_{k_1}y_{k_2}b_{i-1,j-1}(k_1-1,k_2-1),\\ b_{00}(k_1,\ k_2)=1,\\ b_{ij}(k_1,\ k_2)=0,\ i<0\text{ 或 }j<0.\end{cases}\tag{6.28}$$

由定理 4.26 知 $\widetilde{W}(t,s)$与乘积 $\widetilde{V}(t,s)f(t,s)$的 t 的次数不超过k_1, s 的次数不超过k_2 的项相等，于是

$$a_{ij}(k_1,k_2)\sum_{N=0}^{i}\sum_{M=0}^{j}b_{NM}(k_1,k_2)\cdot C_{i-N,j-M}.$$

由式(6.28)得

$$\begin{cases}a_{ij}(k_1,k_2)=a_{ij}(k_1-1,k_2-1)-x_{k_1}a_{i-1,j}(k_1-1,k_2-1)\\ \qquad -y_{k_2}a_{i,j-1}(k_1-1,k_2-1)+x_{k_1}y_{k_2}a_{i-1,j-1}(k_1-1,k_2-1),\\ a_{ij}(0,\ 0)=C_{ij}-x_1C_{i-1,j}-y_1C_{i,j-1}+x_1y_1C_{i-1,y-1},\\ a_{ij}(k_1,\ k_2)=0,\quad i<0\text{ 或 }j<0.\end{cases}\tag{6.29}$$

由式(6.29)便可算出 $\widetilde{W}(t,s)/\widetilde{V}(t,s)$的分子的系数，即求出 $\widetilde{W}(t,s)$，又 $\widetilde{V}(t,s)$为选定的. 于是便得到 Padé 型逼近式. 此外，由式(6.29)还可以推得一系列二元 Padé 型逼近的恒等式，限于篇幅，在此就不列举了(可参看文献[39]).

例 13 设

$$f(t,s)=\int_0^1\int_0^1\frac{\mathrm{d}x\mathrm{d}y}{(1-xt)(1-ys)}=1+\frac{1}{2}t+\frac{1}{2}s+\frac{1}{3}t^2+\frac{1}{3}s^2+\frac{1}{4}ts$$
$$+\frac{1}{6}t^2s+\frac{1}{6}ts^2+\frac{1}{9}t^2s^2+\cdots$$

计算$(2,2/3,3)_f(t,s)\big|_{\substack{t=0.2\\ s=0.3}}$的值.

解 Tchebyshev 多项式 $T_3(x)$在$[0,1]$上的三个零点为$(2+\sqrt{3})/4$, $\frac{1}{2}$, $(2-\sqrt{3})/4$. 令 $x_1=y_1=(2+\sqrt{3})/4$, $x_2=y_2=\frac{1}{2}$, $x_3=y_3=(2-\sqrt{3})/4$. 于是

$$V(x,y)=\prod_{i=1}^{3}(x-x_i)\prod_{j=1}^{3}(y-y_j),$$

由式(6.29)得

$\widetilde{W}(t,s)/\widetilde{V}(t,s)\big|_{\substack{t=0.2\\s=0.3}}=(2,2/3,3)_f(t,s)\big|_{\substack{t=0.2\\s=0.3}}=1.32657$,而精确值为1.32670,误差为0.00013.

对于由 Stieltjes 积分定义的函数的二元 Padé 型逼近式,可以证明它的收敛性.

设

$$f(t,s)=\int_a^b\int_c^d\frac{\mathrm{d}\alpha(x,y)}{(1-xt)(1-ys)},\ C(x^iy^j)=\int_a^b\int_c^d x^iy^j\,\mathrm{d}\alpha(x,y),$$

$i,j=0,1,2,\cdots$,这里 $\alpha(x,y)$是 $\Delta=[a,b]\times[c,d]$上的有界变差函数,$V_\Delta(\alpha)$是 Δ 上的全变差.

定理 4.28[199] 设 $R>0$,

$$D=\{(t,s):|t|\leqslant R,|s|\leqslant R,$$
$$|1-xt|\geqslant R,|1-ys|\geqslant R,(x,y)\in\Delta\}.$$

$x_0,x_1,\cdots,x_{k_1}$及 $y_0,y_1,\cdots,y_{k_2}$分别是 $g(x),h(y)$在$[a,b]$及$[c,d]$上的等距节点,$P_1(x),P_2(y)$分别是 $g(x),h(y)$关于上述节点的 Lagrange 插值多项式,记 $P(x,y)=P_1(x)P_2(y)$,于是 $C(P(x,y))=(k_1,k_2/k_1+1,k_2+1)_f(t,s)$,则当$\begin{matrix}k_1\to\infty\\k_2\to\infty\end{matrix}$时$(k_1,k_2/k_1+1,k_2+1)_f(t,s)$在 D 上一致收敛于 $f(t,s)$,且$|(k_1,k_2/k_1+1,k_2+1)_f(t,s)-f(t,s)|\leqslant\frac{1}{4}\left[2(b-a)\frac{(k_1-1)!}{k_1^{k_1}}+(d-c)\frac{(k_2-1)!}{k_2^{k_2}}\right]V_k(\alpha)$.

定理 4.29[199] 设 $R>0$,

$D=\{(t,s):|t|\leqslant R,|s|\leqslant R,|1-xt|\geqslant R,|1-ys|\geqslant R,(x,y)\in[-1,1]\times[-1,1]\}$,$x_1,x_2,\cdots,x_{k_1}$及 $y_1,y_2,\cdots,y_{k_2}$分别是 Tchebyshev 多项式 $T_{k_1}(x)$及$T_{k_2}(y)$在$[-1,1]$上的零点,$P_1(x)$及 $P_2(y)$分别是 $g(x)$及 $h(y)$关于上述节点的 Lagrange 插值多项式,记 $P(x,y)=P_1(x)P_2(y)$,于是 $C(P(x,y))=(k_1-1,k_2-1/k_1,k_2)_f(t,s)$,则当 $k_1\to\infty,k_2\to\infty$时,$(k_1-1,k_2-1/k_1,k_2)_f(t,s)$在 D 上一致地以几何速度收敛于$f(t,s)$,且有如下估计式:

$$|(k_1-1,k_2-1/k_1,k_2)_f(t,s)-f(t,s)|\leqslant\left(\frac{1}{2^{k_1-1}}+\frac{1}{2^{k_2-1}}\right)V_k(\alpha).$$

这两个定理的证明方法类似,下面仅给出定理 4.28 的证明.

定理 4.28 的证明.

由假设知 $|P_1(x)-g(x)|\leqslant \| g^{(k_1+1)} \| h_1^{k_1+1}/4(k_1+1)$,其中

$$h_1=\max_{0\leqslant i\leqslant k_1-1}(x_{i+1}-x_i)=\frac{b-a}{k_1},$$

而

$$|g^{(k_1+1)}(x)|=\left|\frac{(-1)^{k_1+1}(k_1+1)!t^{k_1+1}}{(1-xt)^{k_1+2}}\right|\leqslant\frac{(k_1+1)!}{R},$$

于是 $\| g^{(k_1+1)} \|\leqslant\frac{(k_1+1)!}{R}$. 所以

$$|P_1(x)-g(x)|\leqslant\frac{b-a}{4R}\cdot\frac{(k_1-1)!}{k_1^{k_1}}\to 0\ (k_1\to\infty).$$

同理可得

$$|P_2(y)-h(y)|\leqslant\frac{d-c}{4R}\cdot\frac{(k_2-1)!}{k_2^{k_2}}\to 0\ (k_2\to\infty).$$

这表明 $P_1(x)$在$[a,b]$上当$k_1\to\infty$时一致收敛于 $g(x)$,$P_2(x)$在$[c,d]$上当 $k_2\to\infty$时,一致收敛于 $h(y)$.

由假设$|1-xt|\geqslant R$ 可推知$|g(x)|\leqslant R$,由$|1-ys|\geqslant R$,可推知$|h(y)|\leqslant R$. 对 $R>0$,存在 N,当 $k_2>N$ 时,有

$$|P_2(y)-h(y)|<R\Rightarrow\begin{cases}P_2(y)<R+h(y)\leqslant R,\\ P_2(y)>R-h(y)\geqslant R-R=0.\end{cases}$$

所以有$|P_2(y)|\leqslant 2R$. 又

$$\begin{aligned}|P(x,y)-g(x)h(y)|&=|P_1(x)P_2(y)-g(x)h(y)|\\&=|P_2(y)P_1(x)-P_2(y)g(x)+P_2(y)g(x)-g(x)h(y)|\\&\leqslant|P_2(y)||P_1(x)-g(x)|+|g(x)||P_2(y)-h(y)|\\&\leqslant\frac{1}{4}\left[2(b-a)\frac{(k_1-1)!}{k_1^{k_1}}+(d-c)\frac{(k_2-1)!}{k_2^{k_2}}\right].\end{aligned}$$

所以

$$|C(P(x,y))-g(x)h(y)|=\left|\int_a^b\int_c^d[P(x,y)-g(x)h(y)]d\alpha(x,y)\right|$$

$$\leqslant \frac{1}{4}\left[2(b-a)\frac{(k_1-1)!}{k_1^{k_1}}+(d-c)\frac{(k_2-1)!}{k_2^{k_2}}\right]V_{\Delta}(\alpha). \qquad \square$$

在文献[199]中还给出了一般二元 Padé 型逼近的积分形式的误差公式,并由此得到两个收敛定理. 这里略去.

§7　一种向量值函数有理逼近

在§4 我们介绍了向量值 Padé 逼近,这一节我们介绍基于向量值亚纯函数的幂级数的有理逼近方法. 沿用文献[176]中的记号. 设 $F(z)$是一个向量值函数,在 $z=0$ 处解析,在 $z=0$ 的一个邻域内亚纯,并设它的 Maclaurin 级数为

$$\boldsymbol{F}(z)=\sum_{m=0}^{\infty}\boldsymbol{u}_m z^m,\qquad \text{向量 } \boldsymbol{u}_m\in C^N \tag{7.1}$$

如同 Padé 逼近一样,用整数对(n,k)表示 Padé 表中元素的位置. 由式(7.1)导出向量值有理逼近算法. 若 $F_{n,k}(z)$存在,则有

$$F_{n,k}(z)=\frac{\sum_{j=0}^{k}C_j^{(n,k)}z^{k-j}F_{n+v+j}(z)}{\sum_{j=0}^{k}C_j^{(n,k)}z^{k-j}}=\frac{P_{n,k}(z)}{Q_{n,k}(z)}, \tag{7.2}$$

其中 $C_k^{(n,k)}=Q_{n,k}(0)=1$, v 是任意的大于 -1 的整数, $C_j^{(n,k)}$ 是依逼近算法而定的数量.

$$F_m(z)=\sum_{i=0}^{m}u_i z^i,\ m=0,1,\cdots,\ F_m(z)=0,\quad m<0. \tag{7.3}$$

对给定的向量值函数(7.1)求它的有理逼近式(7.2),关键求系数 $C_j^{(n,k)}$. 为此在文献[176]中引入三种算法,即 SMPE,SMMPE 和 STEA 算法,并将 $C_j^{(n,k)}$ 记成 C_j,对每种算法均要求满足下列线性方程组

$$\sum_{j=0}^{k-1}u_{ij}c_j=-u_{ik},\quad 0\leqslant i\leqslant k-1,\quad c_k=1. \tag{7.4}$$

其中 u_{ij}是向量内积. 根据不同算法其定义为

$$u_{ij}=\begin{cases}(\boldsymbol{u}_{n+i},\ \boldsymbol{u}_{n+j}), & \text{SMPE},\\ (\boldsymbol{q}_{i+1},\ \boldsymbol{u}_{n+j}), & \text{SMMPE},\\ (\boldsymbol{q},\ \boldsymbol{u}_{n+i+j}), & \text{STEA}.\end{cases} \tag{7.5}$$

向量 $\boldsymbol{q}_1,\boldsymbol{q}_2,\cdots$是线性无关集, $\boldsymbol{q}$ 是非零向量. 这样定义的内积满足

$$(\alpha x, \beta y) = \bar{\alpha}\beta(x, y), \qquad x, y \in C^N, \quad \alpha, \beta \in C.$$

显然,若式(7.4)有关于 $c_0, c_1, \cdots, c_{k-1}$ 的解,则式(7.2)定义的 $F_{n,k}(z)$ 一定存在.

由上面定义可以看出对任意在 $z=0$ 的解析函数,只要知道它的 Maclaurin 级数,便可构造出它的有理逼近式,可以不管它是否是亚纯的.

容易验证在 SMPE 算法中,含有 $c_0, c_1, \cdots, c_{k-1}$ 的式(7.4)是关于最小二乘法问题

$$\min_{c_0, c_1, \cdots, c_{k-1}} \left\| \sum_{j=0}^{k-1} C_j u_{n+j} + u_{n+k} \right\| \tag{7.6}$$

的正规方程.

从式(7.4),(7.5)可以看出,在 SMPE 和 SMMPE 算法中 $Q_{n,k}(z)$ 是由 u_n, $u_{n+1}, \cdots, u_{n+k}$ 构成的,而在算法 STEA 中,$Q_{n,k}(z)$ 则是由 u_n, $u_{n+1}, \cdots, u_{n+2k-1}$ 构成的. 一旦分母 $Q_{n,k}(z)$ 被确定,含有 u_0, $u_1, \cdots, u_{n+v+k}$ 的分子适合于这三种算法,这说明逼近式 $F_{n,k}(z)$ 是由 $F(z)$ 的 Maclaurin 级数的有限项组成的.

由式(7.2)和(7.3)可以看出 $F_{n,k}(z)$ 的分子 $P_{n,k}(z)$ 是一个次数 $\leqslant n+v+k$ 的向量多项式,而分母 $Q_{n,k}(z)$ 是一个最高次数为 k 的代数多项式. 由向量 Padé 逼近定义知

定理 4.30[176] 若 $F_{n,k}(z)$ 存在,则当 $z \to 0$ 时,有

$$F(z) - F_{n,k}(z) = O(z^{n+v+k+1}). \tag{7.7}$$

对于 SMPE 和 SMMPE 两种算法,在式(7.7)中,$v=0$,$F_{n,k}(z)$ 由 $u_0, u_1, \cdots, u_{n+k}$ 来表示,且当 $z \to 0$ 时有 $F(z) - F_{n,k}(z) = O(z^{n+k+1})$.

对 STEA 算法,在式(7.7)中,$V = k-1$,$F_{n,k}(z)$ 由 $u_0, u_1, \cdots, u_{n+2k-1}$ 来表示,当 $z \to 0$ 时,有 $F(z) - F_{n,k}(z) = O(z^{n+2k})$.

类似于向量 Padé 逼近的行列式表示,这里也有 $F_{n,k}(z)$ 的行列式表示,即

定理 4.31[176] $F_{n,k}(z)$ 的行列式表示为

$$F_{n,k}(z) = \frac{D(z^k F_{n+v}(z),\ z^{k-1} F_{n+v+1}(z), \cdots, z^0 F_{n+v+k}(z))}{D(z^k,\ z^{k-1}, \cdots, z^0)}, \tag{7.8}$$

其中

$$D(\sigma_0,\sigma_1,\cdots,\sigma_k)=\begin{vmatrix}\sigma_0 & \sigma_1 & \cdots & \sigma_k\\ u_{00} & u_{01} & \cdots & u_{0k}\\ u_{10} & u_{11} & \cdots & u_{1k}\\ \vdots & \vdots & & \vdots\\ u_{k-1,0} & u_{k-1,1} & \cdots & u_{k-1,k}\end{vmatrix},\tag{7.9}$$

如果 σ_i 是向量,则有

$$D(\sigma_0,\sigma_1,\cdots,\sigma_k)=\sum_{i=0}^{k}\sigma_i N_i.\tag{7.10}$$

其中 N_i 是式(7.9)中 σ_i 的余子式.

假设向量值函数 $\boldsymbol{F}(z)$在 $z=0$ 处解析,在开圆 $k=\{z\mid |z|<R\}$上亚纯. 令 $z_j=\lambda_j^{-1}$, $j=1,2,\cdots,t$,这里 z_j 是k 中$F(z)$的互异极点,其各自重数为 $p_{j+1}=w_j$, $j=1,\cdots,t$. 设 z_j 的排列顺序为

$$0<|z_1|\leqslant|z_2|\leqslant\cdots\leqslant|z_t|<R,\tag{7.11}$$

即

$$|\lambda_1|\geqslant|\lambda_2|\geqslant\cdots\geqslant|\lambda_t|>R^{-1},\tag{7.12}$$

则有

$$F(z)=\sum\nolimits_{j=1}^{t}\sum\nolimits_{i=0}^{P_j}\frac{a_{ji}}{(1-\lambda_j z)^{i+1}}+G(z),\tag{7.13}$$

其中 $a_{ji}\in C^N$ 是常向量,$a_{jP_j}\neq 0,1\leqslant j\leqslant t$,而 $G(z)$在 k 中解析,且可表示为

$$G(z)=\sum\nolimits_{j=0}^{\infty}g_j z^j,\quad z\in k.\tag{7.14}$$

为了建立 $F_{n,k}(z),Q_{n,k}(z)$的收敛性定理,先证明如下几个引理:

引理 4.32 式(7.1)中的幂级数系数 u_m 可以表示为

$$u_m=\sum_{j=1}^{t}\Big[\sum_{l=0}^{P_j}\tilde{a}_{jl}\binom{m}{l}\Big]\lambda_j^m+\tilde{a}(m,\xi)\xi^m.\tag{7.15}$$

其中 $\tilde{a}_{jl}\in C^N$ 是常向量,即

$$\tilde{a}_{jl}=\sum_{i=0}^{P_j}a_{ji}\binom{i}{i-1},\tag{7.16}$$

而向量 $\tilde{a}(m,\xi)=(a_1(m,\xi),\cdots,a_N(m,\xi))^T$ 满足 $\tilde{a}(m,\xi)\xi^m=g_m$，对每个 i 有

$$|a_i(m,\xi)|\leqslant M_i(\xi)=\max_{|z|=\xi^{-1}}|G_i(z)|,\quad \xi^{-1}\in(|z_t|,R),\tag{7.17}$$

其中 $G_i(z)$ 表示 $G(z)$ 的第 i 个分量.

引理 4.33　式(7.3)中的部分和 $F_m(z)$ 满足

$$F(z)-F_m(z)=\sum_{j=1}^{t}\Big[\sum_{l=0}^{P_j}b_{jl}(z)\binom{m}{l}\Big](\lambda_j z)^m+b(m,\xi,z)(\xi z)^m,\tag{7.18}$$

其中 $b_{jl}(z)$ 是 z 的向量值有理函数，即

$$b_{jl}(z)=\sum_{i=l}^{P_j}a_{ji}\sum_{h=l}^{i}\binom{i+l}{h-l}\Big(\frac{\lambda_j z}{1-\lambda_j z}\Big)^{i-h+1}.\tag{7.19}$$

而向量 $b(m,\xi,z)=(b_1(m,\xi,z),\cdots,b_N(m,\xi,z))^T$，对每个 i，有

$$|b_i(m,\xi,z)|\leqslant M_i(\xi)\frac{|\xi z|}{1-|\xi z|},\quad |z|<\xi^{-1}.\tag{7.20}$$

对于 SMPE 和 SMMPE 两种算法为了保证收敛性，需作如下假设：

$$\sum_{j=1}^{t}(p_j+1)=\sum_{j=1}^{t}w_j\leqslant N,\tag{7.21}$$

及

$$a_{ji},\quad 0\leqslant i\leqslant p_j,\quad 1\leqslant j\leqslant t\ \text{线性无关}.\tag{7.22}$$

由式(7.21)可见式(7.22)中向量 a_{ji} 的个数最多是 N 个，因此由式(7.22)及式(7.16)可知向量 $\tilde{a}_{ji}$，$0\leqslant l\leqslant P_j$，$1\leqslant j\leqslant t$ 也是线性无关的.

对于 STEA 算法，式(7.21)，(7.22)是不适用的. 为了使对 $F(z)$ 作用与算法的选取更加相关，对 SMMPE 算法总假设

$$\begin{vmatrix}(q_1,a_{1,0}) & \cdots & (q_1,a_{1,P_1}) & \cdots & (q_1,a_{t,0}) & \cdots & (q_1,a_{t,P_t})\\ \vdots & & \vdots & & \vdots & & \vdots\\ (q_k,a_{1,0}) & \cdots & (q_k,a_{1,P_1}) & \cdots & (q_k,a_{t,0}) & \cdots & (q_k,a_{t,P_t})\end{vmatrix}\neq 0,\tag{7.23}$$

其中 $k=\sum_{j=1}^{l}w_j$，对于 STEA 算假设

$$\prod_{j=1}^{t}(q, a_{jP_j}) \neq 0, \tag{7.24}$$

而对 SMPE 算法不需要额外的假设.

值得指出的是:式(7.23)成立的必要(非充分)条件是两个向量组$\{a_{ji} \mid 0 \leqslant i \leqslant p_j, 1 \leqslant j \leqslant l\}$和$\{q_1, \cdots, q_k\}$每一个都是线性无关的.

利用上面的引理可以证明.

定理 4.34[176] 设 $F(z)$如前述假设,逼近算法 SMPE, SMMPE 满足式(7.21),(7.22),同时算法 SMMPE 和 STEA 还分别满足(7.23)和(7.24),则

(i) 多项式 $Q_{nk}(z)$存在,且当 n 充分大时满足

$$Q_{n,k}(z) = \prod_{j=1}^{t}(1-\lambda_j z)^{w_j} + O\left(\left|\frac{z_t}{R_1}\right|^n\right), \quad n \to \infty, \tag{7.25}$$

其中 $R_1 \in (|z_t|, R)$是任意的.

(ii) 设当 $n \to \infty$时 $Q_{n,k}(z)$有 w_j 个趋于z_j 的零点$z_{jl}(n)$, $1 \leqslant l \leqslant w_j$, $j=1,2,\cdots,t$,则对每个 j 和l,有

$$\limsup_{n\to\infty} |z_{jl}(n) - z_j|^{1/n} \leqslant \left|\frac{z_j}{R}\right|^{1/w_j}, \tag{7.26}$$

$$\limsup_{n\to\infty} |\hat{z}_j(n) - z_j|^{1/n} \leqslant \left|\frac{z_j}{R}\right|, \tag{7.27}$$

其中 $\hat{z}_j(n) = \dfrac{1}{w_j}\sum_{l=1}^{w_j} z_{jl}(n)$.

(iii) $Q_{n,k}(z)$的 P_j 导数恰有一个零点$\bar{Z}_j(n) \to z_j$,且满足

$$\limsup_{n\to\infty} |\bar{z}_j(n) - z_j|^{1/n} \leqslant \left|\frac{z_j}{R}\right|. \tag{7.28}$$

如果 $F(z)$在圆$\partial k = \{z \mid |z| = R\}$上只有惟一的极奇点,可得到更精确的结论:

$$Q_{n,k}(z) = \prod_{j=1}^{t}(1-\lambda_j z)^{w_j} + O(\varepsilon(n)), \quad n \to \infty;$$

$$z_{jl}(n) - z_j = O(\delta_j(n)^{1/w_j}), \quad n \to \infty;$$

$$\hat{z}_j(n) - z_j = O(\delta_j(n)), \quad n \to \infty;$$

$$\bar{z}_j(n) - z_j = O(\delta_j(n)), \quad n \to \infty,$$

其中 $\varepsilon(n)=n^{\alpha}\left|\frac{z_t}{R}\right|^n$，$\delta_j(n)=n^{\bar{P}}\left|\frac{z_j}{R}\right|^n$，这里 α 是某一非负整数，$\bar{P}+1$ 是关于 ∂k 的极点重数的最大值.

关于 $F_{n,k}(z)$ 的收敛性有如下结论.

定理 4.35[176]　设 $F(z)$，$F_{n,k}(z)$ 如前所述，则当 $n\to\infty$ 时，在 $K\setminus\{z_1,\cdots,z_t\}$ 任一紧子集中，$F_{n,k}(z)$ 都一致收敛于 $F(z)$，且有如下估计式

$$F_{n,k}^{(r)}(z)-F^{(r)}(z)=O\left(\left|\frac{z}{R_1}\right|^n\right),\quad n\to\infty,\quad r=0,1,\cdots.$$

如果 $F(z)$ 在 ∂K 上只有一个极奇点，当 $r=0$ 时，有

$$F_{n,k}(z)-F(z)=O\left(n^{\bar{P}}\left|\frac{z}{R}\right|^n\right),\ n\to\infty.$$

这说明在 $K\setminus\{z_1,\cdots,z_t\}$ 任一紧子集中，$F_{n,k}(z)$ 一致收敛于 $F(z)$.

第五章　有理样条函数方法

有理样条函数是多项式样条函数的一种自然推广.如同有理插值一样,用有理样条函数逼近有极点的函数较好.例如人造地球卫星的轨道计算中常用到的一种高空大气模型

$$R_j(x) = a_j + \frac{b_j}{x - c_j}, \quad x_j \leqslant x \leqslant x_{j+1},$$

采用有理样条函数逼近是合适的;再如为了精确表示CAGD中常用的二次曲线,Versprille、Piegl等研究了有理 B 样条方法(见文献[165]),为建立NURBS方法提供了理论依据.由此可见将多项式样条推广到有理样条是十分有意义的,但由于有理样条空间的复杂性,所以有关它的研究成果不像多项式样条那样完美,有些问题还值得进一步研究.

本章主要介绍自1980年以来有理样条的一些结果,重点介绍有理样条插值方法.

§1　有理样条函数定义及表现形式

设有理分式函数 $R(x)=P(x)/Q(x)$,其中 $P(x)\in P_r, Q(x)\in P_l$ 分别为 x 的次数不超过 r 和 l 的多项式,所有 $R(x)$ 的集合记为 $R_{r,l}$.

定义 5.1　设 Δ 为区间 $[a,b]$ 的一个剖分

$$\Delta: a = x_0 < x_1 < \cdots < x_{n-1} < x_n = b, \tag{1.1}$$

(并不排除 $a=-\infty, b=+\infty$)如果定义在区间 $[a,b]$ 上的实函数 $R(x)$ 满足如下条件:

(i) 在每个子区间 $[x_j, x_{j+1}]$ $(j=0,1,\cdots,n-1)$ 上,$R(x)\in R_{r,l}$;

(ii) 在整个区间 $[a,b]$ 上,$R(x)\in C^k[a,b]$,则称 $R(x)$ 为区间 $[a,b]$ 上关于剖分 Δ 的 $(r,l)^k$ 阶(或 (r/l) 型 k 阶)有理样条函数,所有 (r/l) 型 k 阶有理样条函数的集合记为 $R_{r,l}^{(k)}(\Delta)$,简记为 $R_{r,l}^{(k)}$. $x_0, x_1, \cdots, x_n$ 称为有理样条节点.

由定义知有理样条在每个子区间 $[x_j, x_{j+1}]$ $(j=0,1,\cdots,n-1)$ 上都是一个有理分式函数,因此,它不能像多项式样条那样直接用递推方法给出它的表达式.为此我们先给出有理分式函数 $R(x)$ 的一种表示形式,然后利用它来导出一般有理

样条的表示.

引理 5.1[1] 设 $x_0\in[a,b]$,且 $Q(x_0)\neq 0$,则 $R_{r,l}$ 中任一函数 $R(x)=P(x)/Q(x)$ 均可表示为($k\leqslant r-1$)

$$R(x)=\sum_{i=0}^{k}\frac{R^{(i)}(x_0)}{i!}(x-x_0)^i+(x-x_0)^{k+1}\frac{F(x)}{Q(x)},\tag{1.2}$$

其中 $F(x)$ 为次数 $\leqslant\max(r,k+l)-(k+1)$ 的多项式.

定理 5.2[1] $R_{r,l}^{(k)}$ 中的任意有理样条函数均可表示为

$$R(x)=\frac{P_1(x)}{Q_1(x)}+\sum_{j=1}^{n-1}\frac{M_j(x)}{Q_j(x)Q_{j+1}(x)}(x-x_j)_+^{k+1}\tag{1.3}$$

其中 $M_j(x)\in H_{r+l-k-1}$ 完全由 $P_j(x),Q_j(x)$ 和 $R(x)$ 在 x_j 处的前 k 阶导数值所完全决定.

证明 由有理样条函数定义不妨设 $R(x)$ 在子区间 $[x_{j-1},x_j]$,$[x_j,x_{j+1}]$ 上的表达式分别为 $P_j(x)/Q_j(x)$ 和 $P_{j+1}(x)/Q_{j+1}(x)$,并假定它们均已经过约分化简.显然有 $Q_j(x_j)Q_{j+1}(x_j)\neq 0$.由引理 5.1 知

$$\frac{P_j(x)}{Q_j(x)}=\sum_{i=0}^{k}\frac{R^{(i)}(x_j)}{i!}(x-x_j)^i+(x-x_j)^{k+1}\frac{F_j(x)}{Q_j(x)},\tag{1.4}$$

$$\frac{P_{j+1}(x)}{Q_{j+1}(x)}=\sum_{i=0}^{k}\frac{R^{(i)}(x_j)}{i!}(x-x_j)^i+(x-x_j)^{k+1}\frac{H_j(x)}{Q_{j+1}(x)}.\tag{1.5}$$

由式(1.5)减式(1.4)得

$$\begin{aligned}\frac{P_{j+1}(x)}{Q_{j+1}(x)}-\frac{P_j(x)}{Q_j(x)}&=\left(\frac{H_j(x)}{Q_{j+1}(x)}-\frac{F_j(x)}{Q_j(x)}\right)(x-x_j)^{k+1}\\&=\frac{Q_j(x)H_j(x)-F_j(x)Q_{j+1}(x)}{Q_j(x)Q_{j+1}(x)}(x-x_j)^{k+1}\\&=\frac{M_j(x)}{Q_j(x)Q_{j+1}(x)}(x-x_j)^{k+1}.\end{aligned}$$

于是当 $x\in[x_m,x_{m+1}]$ 时,有

$$\begin{aligned}\frac{P_{m+1}(x)}{Q_{m+1}(x)}-\frac{P_1(x)}{Q_1(x)}&=\sum_{j=1}^{m}\left(\frac{P_{j+1}(x)}{Q_{j+1}(x)}-\frac{P_j(x)}{Q_j(x)}\right)\\&=\sum_{j=1}^{m}\frac{M_j(x)}{Q_j(x)Q_{j+1}(x)}(x-x_j)_+^{k+1}.\end{aligned}$$

□

定理 5.2 给出有理样条函数的一般表达式.事实上我们可以证明能表示成式(1.3)的函数 $R(x)$,一定是有理样条函数,即

定理 5.3[16] 若定义在区间$[a,b]$上的实函数 $R(x)$可表示为(1.3)的形式,当 $M_j(x)\in P_{r+l-k-1}$时,则 $R(x)\in R_{r,l}^{(k)}$.

证明 首先把$(x-x_1)^{k+1}M_1(x)$分解成

$$(x-x_1)^{k+1}M_1(x)=P_2(x)Q_1(x)-P_1(x)Q_2(x),$$

这里 $P_1(x),Q_1(x)$及 $Q_2(x)$为已知.再注意 $M_1(x)\in P_{r+l-k-1}$是已知的,所以可用待定系数法确定 $P_2(x)$.再把$(x-x_2)^{k+1}M_2(x)$进行分解

$$(x-x_2)^{k+1}M_2(x)=P_3(x)Q_2(x)-P_2(x)Q_3(x),$$

在假定 $Q_3(x)$为已知的条件下,并注意 $P_2(x)$已求出,便可用待定系数法确定 $P_3(x)$.以此类推,最后将$(x-x_{n-1})^{k+1}M_{n-1}(x)$分解成

$$(x-x_{n-1})^{k+1}M_{n-1}(x)=P_n(x)Q_{n-1}(x)-P_{n-1}(x)Q_n(x),$$

用待定系数法可定出 $P_n(x)$.注意到 $Q_i(x)\in P_l(i=1,2,\cdots,n)$,便知 $P_i(x)\in P_r(i=1,2,\cdots,n)$.

当 $x\in[x_j,x_{j+1}]$, $j=0,1,\cdots,n-1$ 时,

$$R(x)=\frac{P_1(x)}{Q_1(x)}+\sum_{i=1}^{j}\left(\frac{P_{i+1}(x)}{Q_{i+1}(x)}-\frac{P_i(x)}{Q_{i+1}(x)}\right)=\frac{P_{j+1}(x)}{Q_{j+1}(x)},$$

于是 $R(x)\in R_{r,l}$.另外,当 $i=1,2,\cdots,n-1,m=0,1,\cdots,k$ 时,有

$$\left[\frac{M_i(x)(x-x_i)^{k+1}}{Q_i(x)Q_{i+1}(x)}\right]^{(m)}\Bigg|_{x=x_i}=0,$$

所以

$$\left[\frac{P_{i+1}(x)}{Q_{i+1}(x)}\right]^{(m)}\Bigg|_{x=x_i}=\left[\frac{P_i(x)}{Q_i(x)}\right]^{(m)}\Bigg|_{x=x_i},$$

故 $R(x)\in R_{r,l}^{(k)}$. □

在定理 5.3 的证明过程中,我们假定 $Q_j(x)$是已知的,似乎有点特殊,下面我们用代数方法可同时确定 $P_i(x)$和 $Q_i(x)(i=2,3,\cdots,n)$.

定理 5.4[16] 给定$[a,b]$上的剖分 Δ 及样条函数

$$\frac{P_1(x)}{Q_1(x)}+\sum_{i=1}^{n}M_i(x)(x-x_i)_+^{k+1},$$

其中 $P_1(x)\in P_r, Q_1(x)\in P_l, P_1(x)/Q_1(x)$是既约的. $M_i(x)\in P_{r+l-k-1}$,则可以构造形如(1.3)的实函数 $R(x)$,使 $R(x)\in R_{r,l}^{(k)}(\Delta)$.

证明 首先利用带余除法把$(x-x_1)^{k+1}M_1(x)$分解成

$$(x-x_1)^{k+1}M_1(x)=P_2(x)Q_1(x)-P_1(x)Q_2(x).$$

由于 $P_1(x)$和 $Q_1(x)$不可约,故存在 $P(x)\in P_r, q(x)\in P_l$,使

$$P(x)Q_1(x)+P_1(x)q(x)\equiv 1.$$

上式两边同乘 $\phi(x)=(x-x_1)^{k+1}M_1(x)$得

$$P(x)\phi(x)Q_1(x)+P_1(x)q(x)\phi(x)=\phi(x). \tag{1.6}$$

作带余除法有

$$P(x)\phi(x)=P_1(x)r_1(x)+s_1(x),$$

$$q(x)\phi(x)=Q_1(x)r_2(x)+s_2(x).$$

代入(1.6)式,可得

$$[P_1(x)r_1(x)+s_1(x)]Q_1(x)+P_1(x)[Q_1(x)r_2(x)+s_2(x)]=\phi(x),$$

若$(x-x_1)\nmid s_2(x)$,(“$\nmid$”不能整除记号)则令

$$Q_2(x)=-s_2(x), P_2(x)=P_1(x)[r_1(x)+r_2(x)]+s_1(x).$$

若$(x-x_1)\mid s_2(x)$(“$\mid$”整除记号),由 $P_1(x)/Q_1(x)$的既约性知$(x-x_1)\nmid Q_1(x)$,此时令

$$Q_2(x)=-s_2(x)-Q_1(x), P_2(x)=P_1(x)[r_1(x)+r_2(x)-1]+s_1(x),$$

无论哪一种情形,总有

$$P_2(x)Q_1(x)-P_1(x)Q_2(x)=(x-x_1)^{k+1}M_1(x),$$

且$(x-x_1)\nmid Q_2(x)$.类似地,用带余除法可将$(x-x_i)^{k+1}M_i(x)$分解成

$$(x-x_i)^{k+1}M_i(x)=P_{i+1}(x)Q_i(x)-P_i(x)Q_{i+1}(x),$$

其中 $Q_i(x_i)\neq 0, Q_{i+1}(x_i)\neq 0$.这样就可以构造出一个定义在$[a,b]$上的实函数

$$R(x)=\frac{P_1(x)}{Q_1(x)}+\sum_{i=1}^{n-1}\frac{M_i(x)}{Q_i(x)Q_{i+1}(x)}(x-x_i)_+^{k+1},$$

其中 $P_i(x)\in P_r, Q_i(x)\in P_l, M_i(x)\in P_{r+l-k-1}$,且 $Q_i(x)$在$[x_{i-1},x_i]$上不等于

零,由定理 5.3 知 $R(x)\in R_{r,l}^{(k)}(\Delta)$. □

在[1]中还给出了有理样条函数的另一种表达形式:

$$R(x)=\sum_{i=0}^{n-1}\nabla T_k(x,x_i)G_i(x)+\sum_{i=0}^{n-1}(x-x_i)^{k+1}\nabla T_k(x,x_i)\frac{H_{i-1}(x)}{Q_{i+1}(x)},\tag{1.7}$$

其中各 $H_{i-1}(x)$ 由 $Q_{i+1}(x)$ 所决定,而

$$G_i(x)=\sum_{j=0}^{k}\frac{R^{(j)}(x_i)}{j!}(x-x_i)^j,$$

$$\nabla T_k(x,x_i)=\frac{(x-x_i)_+^{k+1}}{(x-x_i)^{k+1}}-\frac{(x-x_{i+1})_+^{k+1}}{(x-x_{i+1})^{k+1}}.\tag{1.8}$$

上面介绍了有理样条函数的一般定义及表现定理,下面再来介绍一种新的有理样条,即所谓 Padé 样条.

在第四章§1 中给出了 Padé 逼近的定义:设 $f(x)$ 可用形式幂级数表示,即 $f(x)=\sum_{j=0}^{\infty}a_jx^j$,如果有多项式 $P(x)\in P_L$, $Q(x)\in P_M$,使

$$f(x)-\frac{P(x)}{Q(x)}=O(x^{L+M+1})$$

成立,则称 $P(x)/Q(x)$ 为 $f(x)$ 的 Padé 逼近.

在文献[15]中我们讨论了具有重节点 Padé 逼近的一个算法,在文献[21]中提出了 Padé 样条概念,并给出了其表示形式.

设区间$[a,b]$的剖分为 Δ(见式(1.1)),在节点上给定插值条件

$$y_i^{(m)}=f^{(m)}(x_i),\ m=0,1,\cdots,k;i=0,1,\cdots,n.$$

定义 5.2 设 Δ 为区间$[a,b]$上的一个剖分,如果定义在$[a,b]$上的实函数 $R(x)$,当 $x\in[x_i,x_{i+1}]$($i=0,1,\cdots,n-1$)时满足下述条件:

(i) $R(x)=P_i(x)/Q_i(x)$, $P_i(x)\in P_r$, $Q_i(x)\in P_l$;

(ii) $$\sum_{m=0}^{k-1}y_i^{(m)}\frac{(x-x_i)^m}{m!}-\frac{P_i(x)}{Q_i(x)}=O((x-x_i)^k);\tag{1.9}$$

(iii) $$\sum_{m=0}^{k-1}y_{i+1}^{(m)}\frac{(x-x_{i+1})^m}{m!}-\frac{P_i(x)}{Q_i(x)}=O((x-x_{i+1})^k);\tag{1.10}$$

(iv) $r+l=2k-1$,

则称 $R(x)$ 为 Padé 样条函数,仍记为 $R_{r,l}^{(k)}(\Delta)$ 或简记为 $R_{r,l}^{(k)}$.

为了给出 $R_{r,l}^{(k)}$ 中函数的表现形式,先给出一个引理.

引理 5.5 若 $x_0\in[a,b]$，$r+l$ 为奇数，则 $f(x)$在 x_0 点的 $2k=r+l+1$ 阶 Padé 逼近式 $R(x)=P(x)/Q(x)$，$P(x)\in P_r$，$Q(x)\in P_l(r\geqslant k)$可表示为

$$R(x)=\sum_{i=0}^{k-1}\frac{y^{(i)}(x_0)}{i!}(x-x_0)^i+(x-x_0)^k\frac{F(x)}{Q(x)}, \tag{1.11}$$

其中 $F(x)$为次数$\leqslant\max(r-k,l-1)$的多项式，$y^{(i)}(x_0)=f^{(i)}(x_0)\, i=0,1,\cdots,k-1$.

证明 设 $G(x)=\sum_{i=0}^{k-1}\frac{y^{(i)}(x_0)}{i!}(x-x_0)^i$，不难看出 $R(x)-G(x)$的前 $k-1$ 阶导数在 $x=x_0$ 时均等于零，又因 $Q(x_0)\neq 0$，所以 $x=x_0$ 必为

$$R(x)-G(x)=(P(x)-G(x)Q(x))/Q(x)$$

的分子 $P(x)-G(x)Q(x)$的 k 重根，从而有多项式 $F(x)$使

$$P(x)-G(x)Q(x)=(x-x_0)^kF(x),$$

其中 $F(x)$的次数$\leqslant\max(r,k+l-1)-k=\max(r-k,l-1)$. 上式两边除以 $Q(x)$便得到式(1.11) □

定理 5.6 设有定义在区间$[a,b]$上，且可表示为如下形式的实函数 $R(x)$：

$$R(x)=\frac{P_1(x)}{Q_1(x)}+\sum_{i=1}^{n-1}\frac{M_j(x)}{Q_i(x)Q_{i+1}(x)}(x-x_i)_+^k, \tag{1.12}$$

其中 $P_1(x)\in P_r$，$Q_j(x)\in P_l$，$Q_j(x_j)\neq 0$，$Q_{j+1}(x_j)\neq 0$，$j=1,2,\cdots,n-1$，则 $R(x)\in R_{r,l}^{(k)}(k=(r+l+1)/2)$的充要条件是

(i) $M_j(x)\in P_{r+l-k}$;

(ii) 对节点 $x_i(i=1,\cdots,n)$有

$$\sum_{j=1}^{i-1}\sum_{t=0}^{m}\binom{m}{t}M_j^{(t)}(x_i)\left[\frac{(x-x_j)^k}{Q_j(x)Q_{j+1}(x)}\right]_{x=x_i}^{(m-t)}$$
$$=y_i^{(m)}-\frac{d^m}{dx^m}\left(\frac{P_1(x_i)}{Q_1(x_i)}\right),\ m=0,1,\cdots,k-1.$$

用证明定理 5.2 的类似方法可证明必要性，而用证明定理 5.3 的类似方法可证明充分性. 这里略去.

下面给出 Padé 样条的另一种表示.

定理 5.7 $R_{r,l}^{(k)}$中任一函数$R(x)$均可表示为

$$R(x)=\sum_{j=0}^{n-1}\nabla T_k(x,x_j)G_j(x)+\sum_{i=0}^{n-1}(x-x_j)^k\nabla T_k(x,x_j)\frac{H_{j-1}(x)}{Q_j(x)}, \tag{1.13}$$

其中各 $H_{j-1}(x)$ 由 $Q_j(x)$ 所决定,而

$$G_j(x) = \sum_{i=0}^{k-1} \frac{y^{(i)}(x_j)}{i!}(x - x_j)^i, \tag{1.14}$$

∇ $T_k(x,x_i)$ 由式(1.8)所确定.

证明　设 $R(x)$ 在 $[x_{j-1},x_j]$, $[x_j,x_{j+1}]$ 上的表达式分别为 $P_j(x)/Q_j(x)$ 和 $P_{j+1}(x)/Q_{j+1}(x)$(假定它们均已经约分化简),显然, $Q_j(x_j)\neq 0$, $Q_{j+1}(x_j)\neq 0$. 由引理 5.5 知它们可分别表示为

$$\frac{P_j(x)}{Q_j(x)} = \sum_{i=0}^{k-1} \frac{y^{(i)}(x_j)}{i!}(x - x_j)^i + (x - x_j)^k \frac{F_j(x)}{Q_j(x)}, \tag{1.15}$$

$$\frac{P_{j+1}(x)}{Q_{j+1}(x)} = \sum_{i=0}^{k-1} \frac{y^{(i)}(x_j)}{i!}(x - x_j)^i + (x - x_j)^k \frac{H_j(x)}{Q_{j+1}(x)}. \tag{1.16}$$

根据有理样条在一个子区间上表示式只有一个形式,在式(1.16)中将 $j+1$ 换成 j,便得到等式

$$\sum_{i=0}^{k-1} \frac{y^{(i)}(x_j)}{i!}(x - x_j)^i + (x - x_j)^k \frac{H_j(x)}{Q_{j+1}(x)}$$
$$= \sum_{i=0}^{k-1} \frac{y^{(i)}(x_{j-1})}{i!}(x - x_{j-1})^k + (x - x_{j-1})^k \frac{H_{j-1}(x)}{Q_j(x)},$$

由式(1.14)上式又可写成

$$\frac{H_j(x)}{Q_j(x)} = \frac{H_{j-1}(x)}{Q_j(x)} \cdot \frac{(x - x_{j-1})^k}{(x - x_j)^k} - \frac{G_j(x) - G_{j-1}(x)}{(x - x_j)^k}. \tag{1.17}$$

由式(1.15),(1.16)得

$$R(x) = \frac{P_1(x)}{Q_1(x)} + \sum_{j=0}^{n-1}\left[\frac{H_j(x)}{Q_{j+1}(x)} - \frac{F_j(x)}{Q_j(x)}\right](x - x_j)_+^k, \tag{1.18}$$

将式(1.16),(1.17)代入式(1.18),经简单整理得

$$R(x) = G_0(x) + \frac{H_0(x)}{Q_1(x)}(x - x_0)^k$$
$$+ \sum_{j=1}^{n-1}\left[\frac{H_j(x)}{Q_{j+1}(x)} - \frac{H_{j-1}(x)}{Q_j(x)} \cdot \frac{(x - x_{j-1})^k}{(x - x_j)^k}\right](x - x_j)_+^k$$
$$+ \sum_{j=1}^{n-1}[G_j(x) - G_{j-1}(x)]\frac{(x - x_j)_+^k}{(x - x_j)^k}$$

$$
\begin{aligned}
&= \left\{ \sum_{j=1}^{n-1} \left[\frac{H_j(x)}{Q_{j+1}(x)}(x-x_j)^k - \frac{H_{j-1}(x)}{Q_j(x)}(x-x_{j-1})^k \right] \frac{(x-x_j)_+^k}{(x-x_j)^k} \right. \\
&\quad \left. + \frac{H_0(x)}{Q_1(x)}(x-x_0)^k \right\} + \left\{ G_0(x) + \sum_{j=1}^{n-1} [G_j(x) - G_{j-1}(x)] \frac{(x-x_j)_+^k}{(x-x_j)^k} \right\} \\
&\equiv \{\sigma_1\} + \{\sigma_2\}.
\end{aligned} \tag{1.19}
$$

引入记号

$$
T_k(x,a) = \frac{(x-a)_+^k}{(x-a)^k} = \begin{cases} 1, & x \geqslant a, \\ 0, & x < a. \end{cases}
$$

$$
\Delta T_k(x,x_j) = T_k(x,x_j) - T_k(x,x_{j+1}).
$$

由式(1.8)可看出

$$
\Delta T_k(x,x_j) \begin{cases} 1, & x_j \leqslant x \leqslant x_{j+1}, \\ 0, & \text{其他}. \end{cases}
$$

再注意到 $T_k(x,x_n) \equiv 0, T_k(x,x_0) \equiv 1$,于是有

$$
\begin{aligned}
\sigma_1 &= \frac{H_0(x)}{Q_1(x)}(x-x_0)^k + \sum_{j=1}^{n-1}(x-x_j)^k \frac{H_j(x)}{Q_{j+1}(x)} T_k(x,x_j) \\
&\quad - \sum_{j=0}^{n-2}(x-x_j)^k \frac{H_j(x)}{Q_{j+1}(x)} T_k(x,x_{j+1}) \\
&= \frac{H_0(x)}{Q_1(x)}(x-x_0)^k + \sum_{j=1}^{n-2}(x-x_j)^k \frac{H_j(x)}{Q_{j+1}(x)} \Delta T_k(x,x_j) \\
&\quad + (x-x_{n-1})^k \frac{H_{n-1}(x)}{Q_n(x)} T_k(x,x_{n-1}) - (x-x_0)^k \frac{H_0(x)}{Q_1(x)} T_k(x,x_1) \\
&= \sum_{j=0}^{n-1}(x-x_j)^k \frac{H_{j-1}(x)}{Q_j(x)} \Delta T_k(x,x_j).
\end{aligned} \tag{1.20}
$$

完全类似地可证

$$
\sigma_2 = \sum_{j=0}^{n-1} G_j(x) \Delta T_k(x,x_j). \tag{1.21}
$$

由式(1.19)～(1.21)便得式(1.13). □

§2　Padé 样条的余项表示及惟一性

从上一节我们可以看出 Padé 样条是一种特殊形式的有理样条. 利用 Padé 逼近的有关知识, 可以得到 Padé 样条的余项表示及惟一性定理.

令

$$Q_m^{(i)} = y_i^{(m)}/m!,\ l_i = (x - x_i).$$

本节仅就 $r = k-1, l = k$ 立论. 设

$$\begin{aligned} P_i(x) &= p_0^{(i)} + p_1^{(i)} l_i + \cdots + p_{k-1}^{(i)} l_i^{k-1} \\ &= \bar{p}_0^{(i)} + \bar{p}_1^{(i)} l_{i+1} + \cdots + \bar{p}_{k-1}^{(i)} l_{i+1}^{k-1}, \end{aligned} \tag{2.1}$$

$$\begin{aligned} Q_i(x) &= q_0^{(i)} + q_1^{(i)} l_i + \cdots + q_k^{(i)} l_i^k \\ &= \bar{q}_0^{(i)} + \bar{q}_1^{(i)} l_{i+1} + \cdots + \bar{q}_k^{(i)} l_{i+1}^k. \end{aligned} \tag{2.2}$$

由式(1.9),(1.10),(2.1),(2.2)得

$$\sum_{m=0}^{k-1}\sum_{n=0}^{k} a_m^{(i)} q_n^{(i)} l_i^{(n+m)} - \sum_{t=0}^{k-1} p_t^{(i)} l_i^t = \sum_{t=k}^{2k-1} r_t^{(i)} l_i^t, \tag{2.3}$$

$$\sum_{m=0}^{k-1}\sum_{n=0}^{k} a_m^{(i+1)} \bar{q}_n^{(i)} l_{i+1}^{(n+m)} - \sum_{t=0}^{k-1} \bar{p}_t^{(i)} l_{i+1}^t = \sum_{t=k}^{2k-1} \bar{r}_t^{(i)} l_{i+1}^t. \tag{2.4}$$

记 $x_{i+1} - x_i = h_i$, 由式(2.1),(2.2)可知

$$\bar{p}_j^{(i)} = \sum_{l=0}^{k-j-1} \binom{j+l}{l} p_{j+l}^{(i)} h_i^l, \quad j = 0,1,\cdots,k-1 \tag{2.5}$$

$$\bar{q}_j^{(i)} = \sum_{l=0}^{k-j} \binom{j+l}{l} q_{j+l}^{(i)} h_i^l, \quad j = 0,1,\cdots,k. \tag{2.6}$$

由式(2.3)～(2.6)可得

$$\begin{aligned} &\sum_{l=0}^{k-j-1} \binom{j+l}{l} \sum_{t=0}^{j+l} a_{j+l-t}^{(i)} q_t^{(i)} h_i^l \\ &= \sum_{t=0}^{j} a_{j-t}^{(i+1)} \sum_{l=0}^{k-t} \binom{t+l}{l} q_{t+l}^{(i)} h_i^l, \quad j = 0,1,\cdots,k-1. \end{aligned} \tag{2.7}$$

亦即

$$\sum_{t=0}^{j} q_t^{(i)}\left\{\left[\sum_{m=0}^{k-j-1}\binom{j+m}{m}a_{j+m-t}^{(i+1)}h_i^m\right]-\left[\sum_{m=0}^{t}\binom{t}{t-m}a_{j-m}^{(i+1)}h_i^{(t-m)}\right]\right\}$$

$$+\sum_{t=j+1}^{k-1} q_t^{(i)}\left\{\sum_{m=t-j}^{k-j-1}\left[\binom{j+m}{m}a_{j+m-t}^{(i)}h_i^m\right]-\left[\sum_{m=0}^{j}\binom{t}{t-m}a_{j-m}^{(i+1)}h_i^{(t-m)}\right]\right\}$$

$$-q_k^{(i)}\left[\sum_{m=0}^{j}\binom{k}{k-m}a_{j-m}^{(i+1)}h_i^{(k-m)}\right]=0,\quad j=0,1,\cdots,k-1. \tag{2.8}$$

式(2.8)是关于未知数 $q_0^{(i)},q_1^{(i)},\cdots,q_k^{(i)}$ 的 k 个方程,故总有非零解.为方便起见,记

$$u_{j,t}^{(i)}=\begin{cases}\displaystyle\sum_{m=0}^{k-j-1}\binom{j+m}{m}a_{j+m-1}^{(i)}h_i^m-\sum_{m=0}^{t}\binom{t}{t-m}a_{j-m}^{(i+1)}h_i^{(t-m)}, & 0\leqslant t\leqslant j\\ \displaystyle\sum_{m=t-j}^{k-j-1}\binom{j+m}{m}a_{j+m-t}^{(i)}h_j^m-\sum_{m=0}^{j}\binom{t}{t-m}a_{j-m}^{(i+1)}h_i^{(t-m)}, & j+1\leqslant t\leqslant k-1\\ \displaystyle-\sum_{m=0}^{j}\binom{k}{k-m}a_{j-m}^{(i+1)}h_i^{(k-m)}, & t=k\end{cases} \tag{2.9}$$

于是式(2.8)可简写为

$$\sum_{t=0}^{k} u_{j,t}^{(i)}q_t^{(i)}=0,\ j=0,1,\cdots,k-1. \tag{2.10}$$

解方程组(2.10)求出 $q_t^{(i)}(t=0,1,\cdots,k)$,从而求得

$$Q_i(x)=\sum_{j=0}^{k} q_j^{(i)}(x-x_i)^j$$

$$=\begin{vmatrix}1 & x-x_i & \cdots & (x-x_i)^k\\ u_{0,0}^{(i)} & u_{0,1}^{(i)} & \cdots & u_{0,k}^{(i)}\\ \vdots & \vdots & & \vdots\\ u_{k-1,0}^{(i)} & u_{k-1,1}^{(i)} & \cdots & u_{k-1,k}^{(i)}\end{vmatrix}. \tag{2.11}$$

于是

$$
\begin{aligned}
P_i(x) &= \sum_{t=0}^{k-1} q_t^{(i)} \Big(\sum_{j=t}^{k-1} a_{j-t}^{(i)} (x - x_i)^j \Big) \\
&= \begin{vmatrix} \sum_{j=0}^{k-1} a_j^{(i)} (x - x_i)^j & \cdots & \sum_{j=k-1}^{k-1} a_{j-k+1}^{(i)} (x - x_i)^j & 0 \\ u_{0,0}^{(i)} & \cdots & u_{0,k-1}^{(i)} & u_{0,k}^{(i)} \\ \vdots & & \vdots & \vdots \\ u_{k-1,0}^{(i)} & \cdots & u_{k-1,k-1}^{(i)} & u_{k-1,k}^{(i)} \end{vmatrix}. \qquad (2.12)
\end{aligned}
$$

由式(2.3),(2.4)可推出

$$
\begin{aligned}
r_t^{(i)} &= \sum_{j=0}^{k} q_j a_{t-j}^{(i)} \\
&= \begin{vmatrix} a_t^{(i)} & a_{t-1}^{(i)} & \cdots & a_{t-k}^{(i)} \\ u_{0,0}^{(i)} & u_{0,1}^{(i)} & \cdots & u_{0,k}^{(i)} \\ \vdots & \vdots & & \vdots \\ u_{k-1,0}^{(i)} & u_{k-1,1}^{(i)} & \cdots & u_{k-1,k}^{(i)} \end{vmatrix}, \qquad (2.13)
\end{aligned}
$$

$$
\bar{r}_t^{(i)} = \begin{vmatrix} H_{0,t}^{(i+1)} & H_{1,t}^{(i+1)} & \cdots & H_{k,t}^{(i+1)} \\ u_{0,0}^{(i)} & u_{0,1}^{(i)} & \cdots & u_{0,k}^{(i)} \\ \vdots & \vdots & & \vdots \\ u_{k-1,0}^{(i)} & u_{k-1,1}^{(i)} & \cdots & u_{k-1,k}^{(i)} \end{vmatrix}, \qquad (2.14)
$$

其中

$$
H_{m,t}^{(i+1)} = \sum_{j=0}^{m} \begin{pmatrix} m \\ m - j \end{pmatrix} a_{t-j}^{(i+1)} h_i^{m-j},
$$

再由式(1.9),(1.10)便得

$$
\begin{aligned}
&\frac{P_{i+1}(x)}{Q_{i+1}(x)} - \frac{P_i(x)}{Q_i(x)} \\
&= \sum_{t=k}^{2k-1} \left[\frac{\bar{r}_t^{(i)}}{Q_i(x)} - \frac{r_t^{(i+1)}}{Q_{i+1}(x)} \right] (x - x_{i+1})^t, \qquad (2.15)
\end{aligned}
$$

$$i = 0, 1, \cdots, n-1.$$

定理 5.8[29] Padé 样条 $R(x) \in R_{k-1,k}$ 若存在,则必惟一.

证明 若 $R(x)|_{x\in\Delta_i} = P_i(x)/Q_i(x)$, $\overline{R}(x)|_{\Delta_i} = \dfrac{\overline{P}_i(x)}{\overline{Q}_i(x)}$, $P_i, \overline{P}_i \in P_{k-1}$, $Q_i, \overline{Q}_i \in P_k$, $P_i, \overline{P}_i, Q_i, \overline{Q}_i$ 满足式(1.9),(1.10),则有

$$\frac{\overline{P}_i(x)}{\overline{Q}_i(x)} - \frac{P_i(x)}{Q_i(x)} = O((x-x_i)^k),$$

$$\frac{\overline{P}_i(x)}{\overline{Q}_i(x)} - \frac{P_i(x)}{Q_i(x)} = O((x-x_{i+1})^k).$$

于是

$$(\overline{P}_iQ_i - P_i\overline{Q}_i)^{(s)}(x_i) = (\overline{P}_iQ_i - P_i\overline{Q}_i)^{(s)}(x_{i+1}) = 0,$$

$$s = 0, 1, \cdots,$$

设

$$V(x) = (\overline{P}_iQ_i - P_i\overline{Q}_i)(x) = V_0 + V_1(x-x_i) + \cdots + V_{2k-1}(x-x_i)^{2k-1} \tag{2.16}$$

由 $V^{(s)}(x_i)=0$ 推得 $V_s=0, s=0,1,\cdots,k-1$. 这时式(2.16)变成

$$V(x) = V_k(x-x_i)^k + V_{k+1}(x-x_i)^{k+1} + \cdots + V_{2k-1}(x-x_i)^{2k-1}.$$

将上式改写为

$$W(x) = \frac{V(x)}{(x-x_i)^k} = V_h + V_{k+1}(x-x_i) + \cdots + V_{2k-1}(x-x_i)^{k-1}.$$

又

$$W^{(r)}(x) = \sum_{j=0}^{r} \binom{r}{j} V_{(x)}^{(j)} \left(\frac{1}{(x-x_i)^k}\right)^{(r-j)}.$$

由于 $V^{(j)}(x_{i+1})=0, j=0,1,\cdots,r, r=0,1,\cdots,k-1$,推得 $W^{(r)}(x_{i+1})=0, r=0, 1,\cdots,k-1$. 由 $W^{(k-1)}(x_{i+1})=0$ 可知 $V_{2k-1}=0$,由 $W^{(k-2)}(x_{i+1})=0$ 可知 $V_{2k-2}=0$,一直下去,最后由 $W(x_{i+1})=0$ 可推知 $V_k=0$. 故 $V(x)\equiv 0$. 所以 $\overline{R}(x)|_{x\in\Delta_i} = R(x)|_{x\in\Delta_i}$. 由 i 的任意性便得

$$\overline{R}(x) = R(x).$$

□

§3　构造一类有理样条函数的递推方法

前面我们介绍了 Padé 样条,受其思想影响,在文献[164]中给出了一类有理样条的构造方法.这里作简要介绍.

设函数 $y=y(x)$在区间$[a,b]$上有定义,将$[a,b]$进行剖分:

$$a = x_0 < x_1 < \cdots < x_{n-1} < x_n = b.$$

设 $y_i=y(x_i)(i=0,1,\cdots,n)$及 $y_0^{(j)}=y^{(j)}(x_0)$, $j=0,1,\cdots,L+M-1$ 为已知.如果有理分式函数

$$S[L,M](x) = \frac{P[L,M](x)}{Q[L,M](x)},$$

其中 $P[L,M](x)\in P_L$,$Q[L,M](x)\in P_M$,满足下述条件:

(i) $S[L,M](x_i)=y_i, i=0,1,\cdots,n$;　(3.1)

(ii) $S^{(j)}[L,M](x_0)=y_0^{(j)}, j=1,2,\cdots,L+M-1$;　(3.2)

(iii) $S[L,M]\in C^{L+M-1}[a,b]$.　(3.3)

则称 $P[L,M](x)/Q[L,M](x)$为逼近 $y(x)$的有理样条函数.

可以证明

定理 5.9　如果满足式(3.1)～(3.3)的解 $S[L,M](x)$存在,则必惟一.

证明　我们仅在子区间$[x_0,x_1]$上来证明,(对其他子区间由后面给出的递推算法,可类似证明)令 $S=P/Q$, $S^*=P^*/Q^*$是式(3.1)～(3.3)的解,于是在$[x_0,x_1]$上 $Q\neq0$, $Q^*\neq0$. 由式(3.1),(3.2)可知

$$(S-S^*)^{(j)}\mid_{x=x_0} = \left(\frac{P}{Q}-\frac{P^*}{Q^*}\right)^{(j)}\Bigg|_{x=x_0} = \left(\frac{PQ^*-P^*Q}{QQ^*}\right)^{(j)}\Bigg|_{x=x_0} = 0,$$

$$j = 0,1,\cdots,l.$$

于是有

$$(PQ^*-P^*Q)^{(j)}\mid_{x=x_0} = 0, \quad j = 0,1,\cdots,L+M-1.$$

由于 P,Q,P^*,Q^*都是多项式,所以在$[x_0,x_1]$上

$$PQ^*-P^*Q = A(x-x_0)^{L+M},$$

式中 A 为常数.而

$$(PQ^*-P^*Q)\mid_{x=x_1} = (S-S^*)QQ^*\mid_{x=x_1} = 0.$$

故 $A=0$,于是 $PQ^*-P^*Q=0$,所以 $S\equiv S^*$. □

在$[x_0,x_1]$上令 $S[L,M](x)=S[L,M]_1(x)$, $P[L,M](x)=P[L,M]_1(x)$, $Q[L,M](x)=Q[L,M]_1(x)$. 考虑如下线性方程组

$$\begin{cases} P[L,M]_1(x_0)-y_0Q[L,M]_1(x_0)=0, & (3.4)\\ P[L,M]_1(x_1)-y_1Q[L,M]_1(x_1)=0, & (3.5)\\ (P[L,M]_1(x)-y(x)Q[L,M]_1(x))^{(j)}\big|_{x=x_0}=0. & (3.6)\end{cases}$$

容易证明

定理 5.10 设 P,Q 是在$[x_0,x_1]$上方程组(3.4)~(3.6)的非平凡解,且 $Q\neq 0$,则 $S=P/Q$ 是满足(3.1)~(3.3)的解.

定理 5.11 在$[x_0,x_1]$上式(3.1)~(3.3)有解的充分必要条件是:$p(x)$, $q(x)(q\neq 0)$是方程组(3.4)~(3.6)的解,其中 $p(x)/q(x)$是 $P(x)/Q(x)$的最简分式,$P(x)$,$Q(x)$是方程组(3.4)~(3.6)的任一非平凡解.

证明 令 $P(x)$,$Q(x)$是方程组(3.4)~(3.6)的任一非平凡解,d 是它们最高公因子次数.令 $t(x)/v(x)$是式(3.1)~(3.3)的解,这里 $t(x)$,$v(x)$是既约的,于是对 $x\in[x_0,x_1]$有 $v(x)\neq 0$,且

$$\left(\frac{t(x)}{v(x)}\right)\bigg|_{x=x_i}=y_i(i=0,1),\left(\frac{t(x)}{v(x)}\right)^{(j)}\bigg|_{x=x_0}=y_0^{(j)},\ j=1,2,\cdots,L+M-1.$$

于是有

$$\left(P(x)-\frac{t(x)}{v(x)}Q(x)\right)\bigg|_{x=x_i}=0,\ i=0,1,$$

$$\left(P(x)-\frac{t(x)}{v(x)}Q(x)\right)^{(j)}\bigg|_{x=x_0}=0,\quad j=1,2,\cdots,L+M-1.$$

故

$$(P(x)v(x)-t(x)Q(x))\big|_{x=x_i}=0,\qquad i=0,1,$$

$$(P(x)v(x)-t(x)Q(x))^{(j)}\big|_{x=x_0}=0,\quad j=1,2,\cdots,L+M-1.$$

所以

$$P(x)v(x)-Q(x)t(x)\equiv 0,$$

即

$$d(p(x)v(x)-q(x)t(x))\equiv 0.$$

由此可知，$p(x)v(x)-q(x)t(x)\equiv 0, x\in[x_0,x_1]$，即 $p(x)=\dfrac{t(x)}{v(x)}q(x)$，容易看出 $p(x),q(x)$满足式(3.4)，(3.5)．此外

$$p_{(x)}^{(j)}\big|_{x=x_0}=\left(\frac{t(x)}{v(x)}q(x)\right)^{(j)}\Bigg|_{x=x_0}=(y(x)q(x))^{(j)}\big|_{x=x_0},$$

$j=1,2,\cdots,L+M-1$．这表明 $p(x),q(x)$也满足式(3.6)这就证明了必要性．充分性由定理 5.10 给出． □

定理 5.11 告诉我们为了求出在$[x_0,x_1]$上的有理样条函数，只需求解方程组(3.4)～(3.6)的非平凡解 $P(x),Q(x)$，然后约去 $P(x)$与 $Q(x)$的公因式(如果有公因式的话)，便可得到满足式(3.1)～(3.3)的有理样条 $S[L,M]_1(x)=p(x)/q(x)$．

如果我们已求出有理样条在$[x_0,x_1]$上的表示式，可用下面给出的递推算法依次求$[x_1,x_2],\cdots,[x_{n-1},x_n]$上有理样条的表达式．

令

$$S[L,M](x)=S[L,M]_i(x)=\frac{P[L,M]_i(x)}{Q[L,M]_i(x)},\ x\in[x_{i-1},x_i],$$

其中 $P[L,M]_i(x)\in P_L, Q[L,M]_i(x)\in P_M, i=1,2,\cdots,n$．

假设已求出 $S[L,M]_{i-1}(x)(i>1)$，令

$$y_{i-1}^{(j)}=S^{(j)}[L,M]_{i-1}(x_{i-1}),\quad j=1,2,\cdots,L+M-1. \tag{3.7}$$

由式(3.1)～(3.3)$S[L,M]_i(x)$必须满足

$$\begin{cases} S[L,M]_i(x_{i-1})=y_{i-1}, & (3.8)\\ S[L,M]_i(x_i)=y_i, & (3.9)\\ S^{(j)}[L,M]_i(x_{i-1})=y_{i-1}^{(j)},\quad j=1,2,\cdots,L+M-1, & (3.10)\\ S[L,M]_i(x)\in C^{L+M-1}[x_{i-1},x_i]. & (3.11)\end{cases}$$

类似前面讨论，由式(3.8)～(3.10)，考虑如下方程组

$$\begin{cases} P[L,M]_i(x_{i-1})-y_{i-1}Q[L,M]_i(x_{i-1})=0, & (3.12)\\ P[L,M]_i(x_i)-y_iQ[L,M]_i(x_i)=0, & (3.13)\\ (P[L,M]_i(x)-y(x)Q[L,M]_i(x))^{(j)}\big|_{x=x_{i-1}}=0, & \\ j=1,2,\cdots,L+M-1. & (3.14)\end{cases}$$

类似定理 5.10,定理 5.11 可给出

定理 5.12 $P_i(x)$、$Q_i(x)$是在$[x_{i-1},x_i]$上方程组(3.12)~(3.14)的非平凡解,且 $Q_i(x)\neq 0$,则 $S_i=P_i/Q_i$ 是满足(3.1)~(3.3)的解.

定理 5.13 在$[x_{i-1},x_i]$上式(3.1)~(3.3)有解的充分必要条件是:$p_i(x)$,$q_i(x)(q_i(x)\neq 0)$是方程组(3.12)~(3.14)的解,其中 $p_i(x)/q_i(x)$是 $P_i(x)/Q_i(x)$的最简分式,$P_i(x)$、$Q_i(x)$是方程(3.12)~(3.14)的任一非平凡解.

这两个定理的证明与定理 5.10,定理 5.11 的证明方法完全类似,这里不再赘述.

由于在假设中只给出 $y_0^{(j)}$,而由$[x_0,x_1]$上的表达式求在$[x_1,x_2]$,$[x_2,x_3]$,$\cdots$,$[x_{n-1},x_n]$上的表达式,还需要知道 $y_i^{(j)}(i=1,2,\cdots,n-1)$.实际上如果 $S[L,M]_{i-1}(x)$存在,则有

$$y_{i-1}^{(j)}=\left[P^{(j)}[L,M]_{i-1}(x_{i-1})-\sum_{k=0}^{j-1}\begin{pmatrix}j\\k\end{pmatrix}y_{i-1}^{(k)}Q^{(j-k)}[L,M]_{i-1}(x_{i-1})\right]$$

$$/Q[L,M]_{i-1}(x_i-1).$$

事实上,由于假定 $S[L,M]_{i-1}(x)$存在,所以 $Q[L,M]_{i-1}(x_i)\neq 0$,$P[L,M]_{i-1}(x)/Q[L,M]_{i-1}(x)$是最简有理分式,而

$$y_{i-1}^{(j)}=S^{(j)}[L,M]_{i-1}(x_{i-1})=(P[L,M]_{i-1}(x)/Q[L,M]_{i-1}(x))^{(j)}\mid_{x=x_{i-1}},$$

$$j=1,2,\cdots,L+M-1.$$

因此

$$\begin{aligned}P^{(j)}[L,M]_{i-1}(x_{i-1})&=(y(x)Q[L,M]_{i-1}(x))^{(j)}\mid_{x=x_{i-1}}\\&=\sum_{k=0}^{j}\begin{pmatrix}j\\k\end{pmatrix}y_{i-1}^{(k)}Q^{(j-k)}[L,M]_{i-1}(x_{i-1})\\&=\sum_{k=0}^{j-1}\begin{pmatrix}j\\k\end{pmatrix}y_{i-1}^{(k)}Q^{(j-k)}[L,M]_{i-1}(x_{i-1})+y_{i-1}^{(j)}Q[L,M]_{i-1}(x_{i-1}).\end{aligned}$$

所以式(3.15)成立.

例 1 已知 $y=y(x)=\sqrt{1+x}$,$x_0=0$,$x_1=3$,$x_2=8$,$y_0=1$,$y_1=y(3)=2$,$y_2=y(8)=3$,$y'_0=y'(0)=\frac{1}{2}$,求$[x_{i-1},x_i](i=1,2)$上的有理样条函数 $S[1,1]_1(x)$及 $S[1,1]_2(x)$.

解　设 $P[1,1](x)=ax+b, Q[1,1](x)=x+d$，由 $x_0=0, x_1=3, y'_0=\frac{1}{2}$. 利用式(3.4)～(3.6)得线性方程组

$$\begin{cases} b-d=0, \\ 3a+b-2d=6, \\ 2a-d=2. \end{cases}$$

解此方程组得 $a=4, b=d=6$. 故 $S[1,1]_1(x)=\frac{4x+6}{x+6}$. 这就是子区间[0,3]上的有理样条函数. 这里 $P[1,1]_1(x)=4x+6, Q[1,1]_1(x)=x+6$，由式(3.15)求出 $y'_1=\frac{2}{9}$. 再由 $x_1=3, x_2=8$ 及 $y'_1=\frac{2}{9}$，利用式(3.12)～(3.14)得方程组，便得在[3,8]上的有理样条

$$S[1,1]_2(x)=\frac{12x+414}{-19x+282}. \tag{3.15}$$

可以直接验证

$$(S[1,1]_1(x))^{(j)}\big|_{x=x_1}=(S[1,1]_2(x))^{(j)}\big|_{x=x_1}.$$

从解题过程可以看出这里得到的有理样条在每个子区间上都是惟一的.

下面我们给出有理样条函数 $S[L,M](x)$ 的行列式表示(参看文献[14]).

由 $S[L,M](x)$ 的依区间递推算法，只需讨论 $[x_0,x_1]$ 上的情形. 当 $x\in[x_0,x_1]$ 时，将 $S[L,M]_1(x), P[L,M]_1(x)$ 及 $Q[L,M]_1(x)$ 分别记为 $S[L,M]$, $P[L,M]$ 及 $Q[L,M]$. 并假定 $M\geqslant 1$. 设

$$P[L,M]=a_Lx^L+a_{L-1}x^{L-1}+\cdots+a_1x+a_0,$$

$$Q[L,M]=b_Mx^M+b_{M-1}x^{M-1}+\cdots+b_1x+b_0.$$

由式(3.1),(3.2)可得

$$\begin{cases} \dfrac{a_Lx_i^L+a_{L-1}x_i^{L-1}+\cdots+a_1x_i+a_0}{b_Mx_i^M+b_{M-1}x_i^{M-1}+\cdots+b_1x_i+b_0}=y_i, \quad i=0,1. & (3.16) \\ \left(\dfrac{P[L,M]}{Q[L,M]}\right)^{(j)}\Bigg|_{x=x_0}=y_0^{(j)}, \quad j=1,2,\cdots,L+M-1. & (3.17) \end{cases}$$

将式(3.17)写成等价形式(因为 $Q[L,M]\neq 0$)

$$(P[L,M])^{(j)}\big|_{x=x_0}=(yQ[L,M])^{(j)}\big|_{x=x_0},$$

即

$$a_L(x^L)_0^{(j)} + a_{L-1}(x^{L-1})_0^{(j)} + \cdots + a_1(x)_0^{(j)} + a_0(1)_0^{(j)}$$
$$= b_M(yx^M)_0^{(j)} + b_{M-1}(yx^{M-1})_0^{(j)} + \cdots + b_1(yx)_0^{(j)} + b_0(y)_0^{(j)},$$
$$j = 1,2,\cdots,L+M-1, \tag{3.18}$$

其中

$$(x^k)_0^{(j)} = (x^k)^{(j)}\mid_{x=x_0},\ (yx^k)_0^{(j)} = (yx^k)^{(j)}\mid_{x=x_0}.$$

特别若 $L<j\leqslant L+M-1$ 时,有

$$b_M(yx^M)_0^{(j)} + b_{M-1}(yx^{M-1})_0^{(j)} + \cdots + b_1(yx)_0^{(j)} + b_0(y)_0^{(j)} = 0. \tag{3.19}$$

由式(3.16)～(3.19)得矩阵方程

$$\begin{bmatrix}
1 & x_0 & \cdots & x_0^{L-1} & x_0^L & y_0 & x_0y_0 & \cdots & x_0^{M-1}y_0 & x_0^My_0 \\
 & 1 & \cdots & (x^{L-1})'_0 & (x^L)'_0 & y'_0 & (xy)'_0 & \cdots & (x^{M-1}y)'_0 & (x^My)'_0 \\
 & & \ddots & \vdots & \vdots & \vdots & \vdots & & \vdots & \vdots \\
 & & & (L-1)! & (x^L)_0^{(L-1)} & y_0^{(L-1)} & (xy)_0^{(L-1)} & \cdots & (x^{M-1}y)_0^{(L-1)} & (x^My)_0^{(L-1)} \\
 & & & & L! & y_0^{(L)} & (xy)_0^{(L)} & \cdots & (x^{M-1}y)_0^{(L)} & (x^My)_0^{(L)} \\
 & & & & & y_0^{(L+1)} & (xy)_0^{(L+1)} & \cdots & (x^{M-1}y)_0^{(L+1)} & (x^My)^{(L+1)} \\
 & & & & & \vdots & \vdots & & \vdots & \vdots \\
 & & & & & y_0^{(L+M-1)} & (xy)_0^{(L+M-1)} & \cdots & (x^{M-1}y)_0^{(L+M-1)} & (x^My)_0^{(L+M-1)} \\
1 & x_1 & \cdots & x_1^{L-1} & x_1^L & y_1 & x_1y_1 & \cdots & x_1^{M-1}y_1 & x_1^My_1
\end{bmatrix} \times$$

$$\begin{bmatrix} a_0 \\ a_1 \\ \vdots \\ a_{L-1} \\ a_L \\ -b_0 \\ -b_1 \\ \vdots \\ -b_{M-1} \\ -b_M \end{bmatrix} = 0. \tag{3.20}$$

对其系数矩阵实施初等行变换,可将方程组(3.20)化为同解方程组

$$\begin{cases} AX - CY = 0, & (3.21) \\ BY = 0, & (3.22) \end{cases}$$

其中

$$A = \begin{bmatrix} 1 & x_0 & \cdots & x_0^{L-1} & x_0^L \\ & 1 & \cdots & (x^{L-1})'_0 & (x^L)'_0 \\ & & \ddots & \vdots & \vdots \\ & & & (L-1)! & (x^L)_0^{(L-1)} \\ & & & & L! \end{bmatrix},$$

$$B = \begin{bmatrix} y_0^{(L+1)} & (xy)_0^{(L+1)} & \cdots & (x^M y)_0^{(L+1)} \\ \vdots & \vdots & & \vdots \\ y_0^{(L+M-1)} & (xy)_0^{(L+M-1)} & \cdots & (x^M y)_0^{(L+M-1)} \\ y_1 - \sum_{j=0}^{L} \frac{(x_1 - x_0)^j}{j!} y_0^{(j)} & x_1 y_1 - \sum_{j=0}^{L} \frac{(x_1 - x_0)^j}{j!} (xy)_0^{(j)} & \cdots & x_1^M y_1 - \sum_{j=0}^{L} \frac{(x_1 - x_0)^j}{j!} (x^M y) \end{bmatrix},$$

$$C = \begin{bmatrix} y_0 & x_0 y_0 & \cdots & x_0^{M-1} y_0 & x_0^M y_0 \\ y'_0 & (xy)'_0 & \cdots & (x^{M-1} y)'_0 & (x^M y)'_0 \\ \vdots & \vdots & & \vdots & \vdots \\ y_0^{(L-1)} & (xy)_0^{(L-1)} & \cdots & (x^{M-1} y)_0^{(L-1)} & (x^M y)_0^{(L-1)} \\ y_0^{(L)} & (xy)_0^{(L)} & \cdots & (x^{M-1} y)_0^{(L)} & (x^M y)_0^{(L)} \end{bmatrix}.$$

$$X = [a_0, a_1, \cdots, a_{L-1}, a_L]^{\mathrm{T}}, \quad Y = [b_0, b_1, \cdots, b_{M-1}, b_M]^{\mathrm{T}}.$$

容易证明

定理 5.14 设当 $M \geqslant 1$ 时问题(3.1)~(3.3)是可解的,则其解 $S = \dfrac{P}{Q}$ 在 $[x_0, x_1]$ 是既约的充分必要条件是秩 $R(B) = M$.

在定理 5.14 的条件下,利用代数知识便可得到 $S[L, M]$ 的分母与分子的行列式表示如下:

$Q[L, M] =$

$$\begin{vmatrix} y_0^{(L+1)} & (xy)_0^{(L+1)} & \cdots & (x^My)_0^{(L+1)} \\ \vdots & \vdots & & \vdots \\ y_0^{(L+M-1)} & (xy)_0^{(L+M-1)} & \cdots & (x^My)_0^{(L+M-1)} \\ y_1-\sum_{j=0}^{L}\frac{(x_1-x_0)^j}{j!}y_0^{(j)} & x_1y_1-\sum_{j=0}^{L}\frac{(x_1-x_0)^j}{j!}(xy)_0^{(j)} & \cdots & x_1^My_1-\sum_{j=0}^{L}\frac{(x_1-x_0)^j}{j!}(x^My)_0^{(j)} \\ 1 & x & \cdots & x^M \end{vmatrix}, \tag{3.23}$$

$P[L,M]=$

$$\begin{vmatrix} y_0^{(L+1)} & (xy)_0^{(L+1)} & \cdots & (x^My)_0^{(L+1)} \\ \vdots & \vdots & & \vdots \\ y_0^{(L+M-1)} & (xy)_0^{(L+M-1)} & \cdots & (x^My)_0^{L+M-1} \\ y_1-\sum_{j=0}^{L}\frac{(x_1-x_0)^j}{j!}y_0^{(j)} & x_1y_1-\sum_{j=0}^{L}\frac{(x_1-x_0)^j}{j!}(xy)_0^{(j)} & \cdots & x_1^My_1-\sum_{j=0}^{L}\frac{(x_1-x_0)^j}{j!}(x^My)_0^{(j)} \\ \sum_{k=0}^{L}\frac{x^k}{k!}\left(\sum_{j=0}^{L-k}(-1)^j\frac{x_0^j}{j!}y_0^{(j+k)}\right) & \sum_{k=0}^{L}\frac{x^k}{k!}\left(\sum_{j=0}^{L-k}(-1)^j\frac{x_0^j}{j!}(xy)_0^{(j+k)}\right) & \cdots & \sum_{k=0}^{L}\frac{x^k}{k!}\left(\sum_{j=0}^{L-k}(-1)^j\frac{x_0^j}{j!}(x^My)_0^{(j+k)}\right) \end{vmatrix}. \tag{3.24}$$

例 2 设 $f(x)=\sqrt{1+x}$,用 $S[2,1](x)$计算函数在 $x=0.1,0.2,0.3,0.5,1$ 和 2 处近似值.

解 令 $x_0=0,x_1=3,y(0)=y_0=1,y_2=y(3)=2,y'_0=\frac{1}{2},y''_0=\frac{-1}{4}$. 由式(3.23)得

$$Q[2,1]=\begin{vmatrix} \frac{5}{8} & -\frac{3}{2} \\ 1 & x \end{vmatrix}=\frac{1}{8}(5x+12).$$

由式(3.24)得

$$P[2,1]=\begin{vmatrix} \frac{5}{8} & -\frac{3}{2} \\ 1+\frac{1}{2}x-\frac{1}{8}x^2 & x+\frac{1}{2}x^2 \end{vmatrix}=\frac{1}{8}(x^2+11x+12).$$

于是

$$S[2,1](x) = \frac{x^2 + 11x + 12}{5x + 12}.$$

为了分析比较，我们给出 Padé 逼近$[2/1]_f = \frac{8+6x-x^2}{8+2x}$及 Taylor 展开的部分和 $S_3(x) = 1 + \frac{1}{2}x - \frac{1}{8}x^2 + \frac{1}{16}x^3$，并将用三种不同方法计算结果列出(见表 5.1)：

表 5.1

x	$\sqrt{1+x}$	$S_3(x)$	$[2/1](x)$	$S[2,1](x)$	$\lvert S_3(x) - f(x)\rvert$	$\lvert[2/1](x) - f(x)\rvert$	$\lvert S(2,1)(x)\rvert$
0.1	1.048809	1.048812	1.047561	1.048800	3.576279E-06	1.247764E-03	8.821488E
0.2	1.094450	1.095500	1.090476	1.095385	5.483628E-05	4.968882E-03	6.055832E
0.3	1.140176	1.140436	1.129070	1.140000	2.62022E-04	1.110578E-02	1.754761E
0.5	1.224745	1.226563	1.194444	1.224138	1.817584E-03	0.0303005	6.070137E
1	1.414214	1.437500	1.300000	1.411765	2.328646E-02	0.1142136	2.448797E
2	1.732051	2	1.333333	1.727273	0.2679492	0.3987174	4.778028E

由表 5.1 可以看出在 $x=0$ 附近用 Taylor 展开式的部分和与有理样条 $S[2,1]$作逼近效果差不多，且都比 Padé 逼近[2/1]效果好．但对远离 $x=0$ 的点，有理样条 $S[2,1]$的逼近效果较为理想．

§4　保形有理样条插值*

前面几节我们介绍了有理样条函数的基本概念及表现形式，没有涉及样条函数的解析性及保形性(保单调、保凸等)．Schaback 在[172]中通过非线性方程组的解构造了(2/2)型有理样条，并讨论了它的存在性、惟一性及收敛性．王仁宏和吴顺唐从某些实际课题出发，构造了几种具有线性结构的有理插值样条格式及几个特殊类型的有理样条插值，还讨论了它的解析性质(参见[8]、[9])．在实际应用中除了要求构造的插值精度较高外，还希望具有某种保形性．例如，在某些 CAD 环境中，面对一组有限数据的用户，可能认为一种保持某些特征的插值格式是理想的．而实际问题中的物理特征常可用数学形式进行描述，例如给定的一组一维数据是单调的(单增或单减)，或者是凸的，就物理方面而言，总希望建立在这组给定数据上的插值格式也是单调的，或者是凸的．这就是所谓保单调或保凸的插值问题．由于保单调性和保凸性是反映物体几何形状的两大基本特征．这一节就来介绍几种

* 参见[130]，[129]，[106]，[117]，[118]．

特殊的有理样条插值格式.

一、保单调的(2/2)型有理样条插值

设 $f(x)$在区间$[a,b]$上有定义,区间$[a,b]$上给定的一个剖分为 $\Delta: a=x_1<x_2<\cdots<x_n=b$. 给定一组实的数据$\{(x_i,f_i)\}_{i=1,2,\cdots,n}$,其中 $f_i=f(x_i)$,并假定 $f_i\leqslant f_{i+1}$或 $f_i\geqslant f_{i+1}$(单增或单减),$i=1,\cdots,n-1$. 令 $h_i=x_{i+1}-x_i$,$\Delta_i=(f_{i+1}-f_i)/h_i$, $i=1,\cdots,n-1$. 用 d_i 表示在给定结点x_i 处的导数值. 现在的问题是:寻求有理分式函数 $R(x)\in C^1[a,b]$,使得 $R(x_i)=f_i$ 且$R'(x_i)=d_i(i=1,2,\cdots,n)$.

设导数值满足保单调的必要条件是

$$d_i = d_{i+1} = 0, \text{当 } \Delta_i = 0 \text{ 时}, \tag{4.1}$$

$$\operatorname{sgn}(d_i) = \operatorname{sgn}(d_{i+1}) = \operatorname{sgn}(\Delta_i), \text{当 } \Delta_i \neq 0 \text{ 时}.$$

条件(4.1)对具有 C^1 光滑的三次多项式样条的保单调性是必要的,但并不充分. 下面考虑一种使(4.1)为充分条件的保单调的(2/2)型有理样条.

记 $I_i=[x_i,x_{i+1}]$, $i=1, \cdots,n-1$,对 $x\in I_i$, 令 $\theta=(x-x_i)/h_i$,显然 $Q\in[0,1]$,在 I_i 上定义有理分式函数

$$R(x) = R_i(x) = \begin{cases} P_i(\theta)/Q_i(x), & \text{当 } \Delta_i \neq 0 \text{ 时}, \\ f_i, & \text{当 } \Delta_i = 0 \text{ 时}, \end{cases} \tag{4.2}$$

其中

$$P_i(\theta) = \Delta_i f_{i+1}\theta^2 + (f_i d_{i+1} + f_{i+1} d_i)\theta(1-\theta) + \Delta_i f_i(1-\theta)^2, \tag{4.3}$$

$$Q_i(\theta) = \Delta_i\theta^2 + (d_{i+1} + d_i)\theta(1-\theta) + \Delta_i(1-\theta)^2. \tag{4.4}$$

式(4.4)也可写成

$$Q_i(\theta) = \Delta_i + (d_{i+1} + d_i - 2\Delta_i)\theta(1-\theta). \tag{4.5}$$

因此分片有理函数为

$$P_i(\theta)/Q_i(\theta) = f_i + \frac{(f_{i+1} - f_i)[\Delta_i\theta^2 + d_i\theta(1-\theta)]}{\Delta_i + [d_{i+1} + d_i - 2\Delta_i]\theta(1-\theta)}. \tag{4.6}$$

容易验证由式(4.2)~(4.4)定义的分片有理函数的分母 $Q_i(\theta)$当 $\Delta_i\neq0$ 时,对 $\theta\in[0,1]$,$Q_i(\theta)\neq0$,$R_i(x_i)=f_i$, $R_i(x_{i+1})=f_{i+1}$,$R'_i(x_i)=d_i$,$R'_i(x_{i+1})=d_{i+1}$,以及 $R(x)\in C^1[a,b]$.

下面验证 $R(x)$在$[a,b]$上也是单调的.

对 $x \in I_i$, $\Delta_i \neq 0$,

$$R'(x) = [P'_i(\theta)Q_i(\theta) - P_i(\theta)Q'_i(\theta)]/h_iQ_i^2(\theta),$$

而

$$P'_i(\theta)Q_i(\theta) - P_i(\theta)Q'_i(\theta) = h_i\Delta_i^2[d_{i+1}\theta^2 + 2\Delta_i\theta(1-\theta) + d_i(1-\theta)^2].$$

利用条件(4.1)及 $Q \in [0,1]$有

$$\operatorname{sgn}(R'(x)) = \operatorname{sgn}(d_{i+1}\theta^2 + 2\Delta_i\theta(1-\theta) + d_i(1-\theta)^2) = \operatorname{sgn}(\Delta_i).$$

因此 $R(x)$在$[a,b]$上单调.

但在实际问题中,通常 $d_i = f'_i$ 是未知的,因此必须给出选取 $d_i(i=1,\cdots,n)$ 的方法,而选取的原则是 d_i 需满足式(4.1).

一个粗略的想法是用差商替代微商,但这种方法产生的 d_i 不能保证单调性. 因此我们将 $f(x)$展成 Newton 级数并取其前三项,令

$$\begin{aligned} N(x) &= f(x_{i-1}) + (x - x_{i-1})f[x_{i-1}, x_i] \\ &\quad + (x - x_{i-1})(x - x_i)f[x_{i-1}, x_i, x_{i+1}] \end{aligned} \tag{4.7}$$

或

$$\begin{aligned} N(x) &= f(x_{i+1}) + (x - x_{i+1})f[x_{i+1}, x_i] \\ &\quad + (x - x_{i+1})(x - x_i)f[x_{i+1}, x_i, x_{i-1}]. \end{aligned} \tag{4.8}$$

将式(4.7),(4.8)两边求导,有

$$N'(x) = f[x_{i-1}, x_i] + [x - x_{i-1} + x - x_i]f[x_{i-1}, x_i, x_{i+1}], \tag{4.9}$$

$$N'(x) = f[x_{i+1}, x_i] + [x - x_{i+1} + x - x_i]f[x_{i+1}, x_i, x_{i-1}]. \tag{4.10}$$

当 $i=2,\cdots,n-1$ 时,由式(4.9),(4.10)均有

$$N'(x_i) = \frac{h_i\Delta_{i-1} + h_{i-1}\Delta_i}{h_{i-1} + h_i}. \tag{4.11}$$

由式(4.9)知

$$N'(x_{i-1}) = \Delta_{i-1} - h_{i-1}\frac{\Delta_i - \Delta_{i-1}}{h_{i-1} + h_i},$$

于是

$$N'(x_1) = \Delta_1 + h_1(\Delta_1 - \Delta_2)/(h_1 + h_2). \tag{4.12}$$

由式(4.10)知

$$N'(x_{i+1}) = \Delta_i + h_i \frac{\Delta_i - \Delta_{i-1}}{h_{i-1} + h_i},$$

于是

$$N'(x_n) = \Delta_{n-1} + h_{n-1}(\Delta_{n-1} - \Delta_{n-2})/(h_{n-2} + h_{n-1}).$$

故当 $\Delta_{i-1}\Delta_i \neq 0$ 时($i=2,\cdots,n-1$),可取 $d_i = N'(x_i)$,而当 $\Delta_1 \neq 0$ 且 $\mathrm{sgn}(\Delta_1) = \mathrm{sgn}[\Delta_1 + h_1(\Delta_1 - \Delta_2)/(h_1 + h_2)]$ 时,可取 $d_1 = N'(x_1)$,当 $\Delta_{n-1} \neq 0$,且 $\mathrm{sgn}(\Delta_{n-1}) = \mathrm{sgn}[\Delta_{n-1} + h_{n-1}(\Delta_{n-1} + \Delta_{n-2})/(h_{n-2} + h_{n-1})]$时,可取 $d_n = N'(x_n)$.这样所取的 $d_i(i=1,\cdots,n)$值满足必要条件(4.1).在[130]中还指出这种方法提供的 d_i 将产生$O(h^3)$逼近精度,其中 $h = \max\limits_i(h_i)$.

将上面的讨论综合在一起,便得到确定 d_i 的算法,即下面方法Ⅰ.

方法Ⅰ 定义

$$d_i = \begin{cases} 0, & \text{如果 } \Delta_{i-1} = 0 \text{ 或 } \Delta_i = 0, \\ (h_i\Delta_{i-1} + h_{i-1}\Delta_i)/(h_{i-1} + h_i), & \text{其他情形}, \end{cases} \quad i = 2,\cdots,n-1. \tag{4.13}$$

端点条件为

$$d_1 = \begin{cases} 0, \text{如果 } \Delta_1 = 0 \text{ 或 } \mathrm{sgn}(d_1^*) \neq \mathrm{sgn}(\Delta_1), \\ d_1^*, \quad \text{其他情形}, \end{cases}$$

$$d_n = \begin{cases} 0, & \text{如果 } \Delta_{n-1} = 0 \text{ 或 } \mathrm{sgn}(d_n^*) \neq \mathrm{sgn}(\Delta_{n-1}), \\ d_n^*, & \text{其他情形}, \end{cases}$$

其中

$$d_1^* = \Delta_1 + (\Delta_1 - \Delta_2)h_1/(h_1 + h_2),$$

$$d_n^* = \Delta_{n-1} + (\Delta_{n-1} - \Delta_{n-2})h_{n-1}/(h_{n-2} + h_{n-1}).$$

在方法Ⅰ中 d_i 不是$C[a,b]$上的连续泛函数.这是因为在式(4.13)中当 $\Delta_{i-1}\to 0$或 $\Delta_i \to 0$ 时,均有 $\lim d_i > 0$.为了克服这一缺点,可以采用 Newton-Padé 逼近的技巧,给出一个确定 d_i 的方法:

方法Ⅱ 定义

$$d_i=\begin{cases}0, & \text{如果 } f_{i+1}-f_{i-1}=0,\\ \Delta_i\Delta_{i-1}(x_{i+1}-x_{i-1})/(f_{i+1}-f_{i-1}), & \text{其他情形},\end{cases}\quad i=2,\cdots,n-1.$$

$$d_1=\begin{cases}0, & \text{如果 } f_3-f_1=0,\\ \Delta_1^2(x_3-x_1)/(f_3-f_1), & \text{其他情形},\end{cases}$$

$$d_n=\begin{cases}0, & \text{如果 } f_n-f_{n-2}=0,\\ \Delta_{n-1}^2(x_n-x_{n-2})/(f_n-f_{n-2}), & \text{其他情形}.\end{cases}$$

其逼近精度为 $f'_i-d_i=0(h^2)$, $d_1-f'_1=0(h)$, $d_n-f'_n=0(h)$，当剖分为等距剖分时，$d_1-f'_1=0(h^2)$, $d_n-f'_n=0(h^2)$. 下面给出数值例子说明用 d_i 的精确值(即 $d_i=f'_i$)及方法Ⅰ和Ⅱ提供的 d_i 对逼近误差带来的影响.

例 3　对函数 $f(x)=e^x$ 分别在 $\theta=\dfrac{1}{2}$, $\theta=\dfrac{1}{3}$ 处用公式(4.2)，分别取 $d_i=f'_i$，方法Ⅰ中 d_i 及方法Ⅱ中 d_i 进行计算，计算结果见表 5.2 及表 5.3.

表 5.2　(2/2)型有理样条在 $\theta=\dfrac{1}{2}$ 时误差

方法	误差 e_1 ($h=0.2$)	误差 e_2 ($h=0.1$)	误差 e_3 ($h=0.05$)	e_1/e_2	e_2/e_3
精确 d_i	-0.75770×10^{-5}	-0.47427×10^{-6}	-0.29653×10^{-7}	15.98	15.99
方法Ⅰ d_i	0.22701×10^{-4}	0.14223×10^{-5}	0.88953×10^{-7}	15.96	15.99
方法Ⅱ d_i	-0.22701×10^{-4}	-0.14223×10^{-5}	-0.88953×10^{-7}	15.96	15.99

表 5.3　(2/2)型有理样条在 $\theta=\dfrac{1}{3}$ 时误差

方法	误差 e_1 ($h=0.2$)	误差 e_2 ($h=0.1$)	误差 e_3 ($h=0.05$)	e_1/e_2	e_2/e_3
精确 d_i	-0.58956×10^{-5}	-0.37185×10^{-6}	-0.23339×10^{-7}	15.85	15.93
方法Ⅰ d_i	-0.15612×10^{-3}	-0.21000×10^{-4}	-0.27183×10^{-5}	7.43	7.73
方法Ⅱ d_i	0.69103×10^{-4}	0.99380×10^{-5}	0.13240×10^{-5}	6.95	7.51

二、保凸的(2/1)型有理样条插值

现在介绍 Delbourgo 在[118]给出的(2/1)型保凸有理样条插值格式. 假定数据集 $\{(x_i,f_i)\}_{i=1,\cdots,n}$ 是严格凸的，即 Δ_i 满足下述不等式

$$\Delta_1 < \Delta_2 < \cdots < \Delta_{n-1}, \tag{4.14}$$

令有理函数 $R(x)\in C^1[a,b]$，且满足插值条件

$$R(x_i)=f_i, R'(x_i)=d_i, \quad i=1,2,\cdots,n.$$

为使 $R(x)$ 具有保凸性质，选取 d_i 满足

$$d_1 < \Delta_1 < \cdots < \Delta_{i-1} < d_i < \Delta_i < \cdots < \Delta_{n-1} < d_n. \tag{4.15}$$

定义两个正数

$$A_i = d_{i+1} - \Delta_i, \quad B_i = \Delta_i - d_i$$

对 $x\in I_i$，考虑分片有理函数

$$R(x) = h_i^{-1}[(x_{i+1}-x)f_i + (x-x_i)f_{i+1}] - \frac{(x_{i+1}-x)(x-x_i)}{k_i(x_{i+1}-x)+L_i(x-x_i)}, \tag{4.16}$$

其中 k_i 和 L_i 是在 I_i 上具有相同符号的两个校正常数，它们保证式(4.16)右端有理分式的分母不为零，从而也就保证了 $R(x)$ 在 I_i 上的非奇异性. 容易验证由式(4.16)定义的 $R(x)$ 满足 $R(x_i)=f_i, R(x_{i+1})=f_{i+1}$，通过求导可得

$$d_i = R'(x_i) = \Delta_i - k_i^{-1},\ d_{i+1} = R'(x_{i+1}) = \Delta_i + L_i^{-1}.$$

于是有 $k_i = B_i^{-1}, L_i = A_i^{-1}$. 利用记号 $\theta=(x-x_i)h_i$，则式(4.16)可以写成

$$R(x) = R_i(\theta) = (1-\theta)f_i + \theta f_{i+1} - h_i\frac{(1-\theta)\theta A_iB_i}{(1-\theta)A_i+\theta B_i}. \tag{4.17}$$

当 $A_i=B_i>0$ 时，$R_i(\theta)$ 将退化为二次多项式. 将式(4.17)两边求导得

$$R'(x) = h_i^{-1}R'_i(\theta) = \frac{(1-\theta)^2A_i^2d_i + 2(1-\theta)\theta A_iB_i\Delta_i + \theta^2B_i^2d_{i+1}}{[(1-\theta)A_i+\theta B_i]^2},$$

$$R''(x) = h_i^{-2}R''_i(\theta) = \frac{2h_i^{-1}A_i^2B_i^2}{[(1-\theta)A_i+\theta B_i]^3}, \tag{4.18}$$

上式表明在 I_i 上恒有 $R''(x)>0$. 因此式(4.17)提供了一种构造 C^1 有理凸样条插值的方法，剩下的问题只是选择导数参数 d_i 使其在满足不等式(4.15)的前提下使逼近度尽量高.

记 $\sigma=\min\limits_{[x_1,x_n]}f''(x)$，$\sigma_i=\min\limits_{I_i}f''(x)$. 如果 $f''(x)>0$，则 $\sigma>0, \sigma_i>0$. 令 $\lambda_i=d_i-f'_i(i=1,\cdots,n)$，$\mu_i=\max\{|\lambda_i|,|\lambda_{i+1}|\}$，$i=1,\cdots,n-1$. $\|f^{(r)}\|_i=\max\limits_{I_i}|f^{(r)}$

$(x)|$.

对于由式(4.16)定义的样条有如下误差估计.

定理 5.15 设 $R(x)$是由式(4.16)定义的(2/1)型有理样条,$f(x)\in C^4[a,b]$是给定的凸函数,则在 I_i 上只要对充分小的h_i

$$|\lambda_i|, |\lambda_{i+1}|=0(h_i^2).$$

则有如下误差估计

$$|R(x)-f(x)|\leqslant\frac{1}{4}h_i\mu_i\frac{\|f''\|_i}{\sigma_i}\cdot\frac{\|f''\|_i+2\mu_ih_i^{-1}}{\sigma_i-2\mu_ih_i^{-1}}+\frac{h_i^4}{384}\left\{\|f^{(4)}\|_i+\frac{4}{3\sigma_i^5}\|f''\|_i^4\|f^{(3)}\|_i^2\right\}. \tag{4.19}$$

推论 5.16 对 $x\in I_i$,

(i) 如果$|\lambda_i|,|\lambda_{i+1}|=0(h_i^2)$,则$|f(x)-R(x)|=0(h_i^3)$.

(ii) 如果$|\lambda_i|,|\lambda_{i+1}|=0(h_i^3)$,则$|f(x)-R(x)|=0(h_i^4)$.

在定理 5.15 中只假定 d_i 的值满足$d_i-f'_i=0(h_i^2)$, $d_{i+1}-f'_{i+1}=0(h_i^2)$,并没有给出 d_i 的具体值.如同上一段情形一样,需要给出 d_i 的定值方法.

与方法Ⅰ类似,可给出

方法Ⅲ 定义

$$d_i=(h_i\Delta_{i-1}+h_{i-1}\Delta_i)/(h_i+h_{i-1}),\ i=2,\cdots,n-1,$$

$$d_1=\Delta_1+(\Delta_1-\Delta_2)h_1/(h_1+h_2),$$

$$d_n=\Delta_{n-1}+(\Delta_{n-1}-\Delta_{n-2})h_{n-1}/(h_{n-2}+h_{n-1}).$$

并称它为算术方法.

方法Ⅳ (调和方法)

如果所有 $\Delta_i(i=1,\cdots,n-1)$同号,则定义

$$d_i=\Delta_{i-1}\Delta_i(h_{i-1}+h_i)/(h_{i-1}\Delta_{i-1}+h_i\Delta_i),\quad i=2,\cdots,n-1,$$

$$d_1=\Delta_1(h_1\Delta_1+h_2\Delta_2)/\Delta_2(h_1+h_2),$$

$$d_n=\Delta_{n-1}(h_{n-2}\Delta_{n-2}+h_{n-1}\Delta_{n-1})/\Delta_{n-2}(h_{n-2}+h_{n-1}).$$

显然方法Ⅳ只对单调的凸数据$\{f_i\}$才可使用.而方法Ⅲ没有此限制.因此采用何种方法,要视所提供的具体数据而定.

例 4 设 $f(x)=e^x$,对区间$[0,1]$四种剖分:5 等分,10 等分、20 等分、40 等分.此时节点间距分别为 $h=0.2,0.1,0.05,0.025$. 在每一种剖分下,考虑利用精

确 d_i,算术法 d_i 和调和法 d_i 分别建立的(2/1)型有理样条 $R(x)$ 与 $f(x)=e^x$ 的最大误差.计算结果见表 5.4.

表 5.4 $E=\|e^x-s(x)\|, 0\leqslant x\leqslant 1$

	精确 d_i	方法Ⅲ d_i	方法Ⅳ d_i
误差 $E_1(h=0.2)$	0.341613×10^{-5}	0.117840×10^{-2}	0.641115×10^{-3}
误差 $E_2(h=0.1)$	0.224454×10^{-6}	0.160173×10^{-3}	0.835852×10^{-4}
误差 $E_3(h=0.05)$	0.143835×10^{-7}	0.208875×10^{-4}	0.106709×10^{-4}
误差 $E_4(h=0.025)$	0.910276×10^{-9}	0.266709×10^{-5}	0.134801×10^{-5}
E_1/E_2	15.220	7.3570	7.6702
E_2/E_3	15.658	7.6684	7.8330
E_3/E_4	15.801	7.8316	7.9160

从表 5.4 可看出,当 d_i 取精确值时,误差比 $E_j/E_{j+1}\approx16$,而产生误差 E_j 的剖分间距是 E_{j+1} 的剖分间距的 2 倍,因此逼近误差为 $O(h^4)$,当 d_i 用方法Ⅲ或方法Ⅳ定值时,$E_j/E_{j+1}\approx8=2^3$,故此时的逼近误差为 $O(h^3)$.这与定理 5.15 的结论是一致的.

由式(4.16)定义的(2/1)型有理样条 $R(x)$ 一般来说只有 C^1 连续.下面讨论一下 C^2 连续的条件.要 $R(x)$ 在 $[a,b]=[x_1,x_n]$ 上 C^2 连续,在所有内点 $x_i(i=2,\cdots,n-1)$ 处应有 $R''(x_{i+})=R''(x_{i-})$,由式(4.18)知

$$\frac{2h_i^{-1}A_i^2B_i^2}{[(1-0)A_i+0B_i]^3}=\frac{2h_{i-1}^{-1}A_{i-1}^2B_{i-1}^2}{[(1-1)A_{i-1}+1B_{i-1}]^3},$$

即

$$h_i^{-1}B_i^2/A_i=h_{i-1}^{-1}A_{i-1}^2/B_{i-1}.$$

注意 A_i,B_i 定义上式又可写成

$$h_i^{-1}(\Delta_i-d_i)^2/(d_{i+1}-\Delta_i)=h_{i-1}^{-1}(d_i-\Delta_{i-1})^2/(\Delta_{i-1}-d_i). \quad (4.20)$$

这就是 C^2 连续的相容方程组,因此 $R(x)\in C^2[a,b]$ 的存在性问题归结为满足式(4.15)和式(4.20)的导数参数 $d_i(i=1,2,\cdots,n)$ 的存在性问题.将上面的结论归纳为如下定理:

定理 5.17 如果给定 $d_1<\Delta_1,d_n>\Delta_{n-1}$,则相容方程组(4.20)有一个满足保凸条件(4.15)的解.且解是惟一的.

定理 5.17 只是在理论上说明了 $C^2[a,b]$上保凸有理插值样条存在性，至于 d_i 如何定值没有给出，类似于定理 5.15 的误差也没有给出. 还须说明的是如果插值数据型值可以不是严格凸的，如果出现等式，例如 $\Delta_{i-1}=\Delta_i$，此时由于三点 $(x_{i-1},f_{i-1}),(x_i,f_i),(x_{i+1},f_{i+1})$三点共线，因此必须选取 $d_{i-1}=d_i=d_{i+1}=\Delta_i=\Delta_{i-1}$，否则如果只取 $d_i=\Delta_i=\Delta_{i-1}\neq d_{i-1}\neq d_i$，将导致$(x_{i-1},f_{i-1})$和$(x_{i+1},f_{i+1})$处 $R(x)$不能 C^1 连续.

三、保形(3/2)型有理插值样条

上面我们介绍了保单调(2/2)型有理样条插值和保凸的(2/1)型有理样条插值. 下面我们来介绍一种样条，即通过引入状态参数 r_i 构造一种(3/2)型的有理样条，它可以视为是前面介绍内容的一种推广.

引入形状参数 r_i 构造(3/2)型有理样条的具体过程是：

设已知一组实的数据$\{(x_i,f_i)\}i=1,2,\cdots,n$. 在子区间$[x_i,x_{i+1}]$上，令

$$\begin{aligned}P_i(\theta)&=f_{i+1}\theta^3+(r_if_{i+1}-h_id_{i+1})\theta^2(1-\theta)\\&\quad+(r_if_i+h_id_i)\theta(1-\theta)^2+f_i(1-\theta)^3,\end{aligned}\tag{4.21}$$

$$Q_i(\theta)=\theta^3+r_i[\theta^2(1-\theta)+\theta(1-\theta)^2]+(1-\theta)^3=1+(r_i-3)\theta(1-\theta).\tag{4.22}$$

定义分片三次有理函数为

$$R(x)=R_i(\theta)=P_i(\theta)/Q_i(\theta),\quad x\in I_i.\tag{4.23}$$

容易验证上述分片有理分式具有如下插值性质：

$$\begin{aligned}&R(x_i)=f_i,\quad R(x_{i+1})=f_{i+1},\\&R'(x_i)=d_i,\quad R'(x_{i+1})=d_{i+1}.\end{aligned}\tag{4.24}$$

为使 $Q_i(\theta)$在$[x_i,x_{i+1}]$上恒正，注意 $\theta\in[0,1]$，所以应取 r_i 使其满足

$$r_i>-1.$$

定理 5.18 设 $f(x)\in C^4[a,b]$，$R(x)$为由式(4.21)～(4.23)定义的分片有理插值函数，则对 $x\in[x_i,x_{i+1}]$，则有

$$\begin{aligned}|f(x)-R(x)|&\leqslant\frac{h_i}{4c_i}\max\{|f'_i-d_i|,|f'_{i+1}-d_{i+1}|\}\\&+\frac{1}{384c_i}\{h_i^4\|f^{(4)}\|(1+|r_i-3|)/4+4|r_i-3|(h_i^3\|f^{(3)}\|+3h_i^2\|f^{(2)}\|)\},\end{aligned}$$

其中

$$c_i = \begin{cases} (1+r_i)/4, & 若 -1 < r_i < 3, & (4.25) \\ 1, & 若 r_i > 3. & (4.26) \end{cases}$$

证明 在$[x_i, x_{i+1}]$令 $x(\theta)=x_i+\theta h_i$, $F_i(\theta)=f(x(\theta))$,则 $f(x)-R(x)=F_i(\theta)-P_i(\theta)/Q_i(\theta)$, $0\leqslant\theta\leqslant 1$.

由于 $Q_i(\theta)\neq 0$,对 $F_i(\theta)Q_i(\theta)$利用三次 Hermite 插值公式得

$$\begin{aligned} H_i(\theta) &= f_{i+1}\theta^3+(r_i f_{i+1}-h_i f'_{i+1})\theta^2(1-\theta) \\ &\quad +(r_i f_i+h_i f'_i)\theta(1-\theta)^2+f_i(1-\theta)^3. \end{aligned} \tag{4.27}$$

因此有

$$\begin{aligned} &|F_i(\theta)Q_i(\theta)-H_i(\theta)| \\ &\leqslant \frac{1}{384}\max_{0\leqslant\theta\leqslant 1}\left|\frac{\mathrm{d}^4}{\mathrm{d}\theta^4}F_i(\theta)Q_i(\theta)\right| \\ &= \frac{1}{384}\max_{0\leqslant\theta\leqslant 1}|F_i^{(4)}(\theta)Q_i(\theta)+4F_i^{(3)}(\theta)Q'_i(\theta)+6F''_i(\theta)Q''_i(\theta)|. \end{aligned}$$

由于

$$|Q_i(\theta)|\leqslant 1+|r_i-3|/4,\ |\theta'_i(\theta)|\leqslant|r_i-3|,\ |\theta''_i(\theta)|\leqslant 2|r_i-3|$$

以及

$$|F_i^{(j)}(\theta)|\leqslant h_i^{(j)}\|f^{(j)}\|,$$

于是有

$$\begin{aligned} &|F_i(\theta)Q_i(\theta)-H_i(\theta)| \\ &\leqslant \frac{1}{384}\{h_i^{(4)}\|f^{(4)}\|(1+|r_i-3|/4) \\ &\quad +4h_i^3\|f^{(3)}\|\,|r_i-3|+12h_i^2\|f''\|\,|r_i-3|\}. \end{aligned} \tag{4.28}$$

而

$$\begin{aligned} &|H_i(\theta)-P_i(\theta)| \\ &=|\theta(1-\theta)h_i[\theta(d_{i+1}-f'_{i+1})+(1-\theta)(f'_i-d_i)]| \end{aligned}$$

$$\leqslant \frac{1}{4} h_i \max_{0\leqslant\theta\leqslant1} \{ | f'_i - d_i |, | f'_{i+1} - d_{i+1} | \}, \tag{4.29}$$

$$| Q_i(\theta) | = Q_i(\theta) \geqslant \begin{cases} 1, & 若\ r_i \geqslant 3, \\ 1 - (3 - r_i)/4, & 若\ -1 < r_i < 3. \end{cases} \tag{4.30}$$

又

$$F_i(\theta) - P_i(\theta)/Q_i(\theta) = [F_i(\theta)Q_i(\theta) - P_i(\theta)]/Q_i(\theta),$$

所以

$$\begin{aligned} | F_i(\theta) - P_i(\theta)/Q_i(\theta) | \leqslant \{ & | F_i(\theta)Q_i(\theta) - H_i(\theta) | \\ & + | H_i(\theta) - P_i(\theta) | \} / | Q_i(\theta) |. \end{aligned} \tag{4.31}$$

综合式(4.28)~(4.31)即证得定理 5.18. □

推论 5.19 设 $x \in [x_i, x_{i+1}]$

(i) 如果 $d_i - f'_i = O(h_i^2)$, $d_{i+1} - f'_{i+1} = O(h_i^2)$,且 $r_i - 3 = O(h_i)$,则 $|f(x) - R(x)| = O(h_i^3)$.

(ii) 如果 $d_i - f'_i = O(h_i^3)$, $d_{i+1} - f'_{i+1} = O(h_i^3)$,且 $r_i - 3 = O(h_i^2)$,则 $|f(x) - R(x)| = O(h_i^4)$.

上面的定理和推论表明选取 r_i 使 $r_i - 3 = O(h_i^2)$ 是比较理想的.下面转而讨论在保证理想逼近阶的情况下,如何选取 r_i 使得有理样条具有保单调性或保凸性是很有意义的.

首先假定所给的数据 $\{(x_i, f_i)\}_1^n$ 是单调增的,亦即 $\Delta_i \geqslant 0$, $i = 1, \cdots, n-1$. 此时,显然应选取导数参数 d_i 使其满足 $d_i \geqslant 0$, $i = 1, \cdots, n$. 令

$$\begin{aligned} \alpha_i &= 2(r_i \Delta_i - d_i), \\ \beta_i &= (r_i^2 + 3)\Delta_i - r_i(d_i + d_{i+1}), \\ \eta_i &= 2(r_i \Delta_i - d_{i+1}), \end{aligned} \tag{4.32}$$

由式(4.21)~(4.23),有

$$R'(x) = \frac{d_{i+1}\theta^4 + \alpha_i\theta^3(1-\theta) + \beta_i\theta^2(1-\theta)^2 + \eta_i\theta(1-\theta)^3 + d_i(1-\theta)^4}{[1 + (r_i - 3)\theta(1-\theta)]^2}. \tag{4.33}$$

在 $d_i \geqslant 0$ 条件下, $R(x)$ 在 $[x_i, x_{i+1}]$ 上单调增的充分条件为

$$\alpha_i \geqslant 0, \quad \beta_i \geqslant 0, \quad \eta_i \geqslant 0. \tag{4.34}$$

若 $\Delta_i > 0$,则式(4.34)成立的一个充分条件为

$$r_i \geqslant (d_i + d_{i+1})/\Delta_i. \tag{4.35}$$

特别,若令

$$r_i = 1 + (d_i + d_{i+1})/\Delta_i, \tag{4.36}$$

则有

$$R(x) = \frac{f_{i+1}\theta^2 + \Delta_i^{-1}(f_{i+1}d_i + f_i d_{i+1})\theta(1-\theta) + f_i(1-\theta)^2}{\theta^2 + \Delta_i^{-1}(d_i + d_{i+1})\theta(1-\theta) + (1-\theta)^2}. \tag{4.37}$$

这就是(2/2)型有理样条.此时,$d_i \geqslant 0, d_{i+1} \geqslant 0$ 成为 $R(x)$在$[x_i, x_{i+1}]$上单调增的充分必要条件.另外,从式(4.36)看出

$$\begin{aligned} r_i - 3 &= (d_i + d_{i+1} - 2\Delta_i)/\Delta_i \\ &= (d_i - f'_i + d_{i+1} - f'_{i+1})/\Delta_i + O(h_i^2) \end{aligned}$$

因此,由定理 5.18 和推论 5.19 知,只要选取具有 $O(h^3)$精度的导数参数 d_i 和 d_{i+1},则式(4.36)提供的 r_i 将使有理样条插值达到最优误差界 $O(h^4)$.

若所给插值数据(x_i, f_i)为严格凸,亦即 $\Delta_1 < \Delta_2 < \cdots < \Delta_{n-1}$,则导数参数须满足必要条件

$$d_1 < \Delta_1 < \cdots < \Delta_{i-1} < d_i < \Delta_i < \cdots < \Delta_{n-1} < d_n. \tag{4.38}$$

将由式(4.33)表示的 $R'(x)$再求一次导数得

$$R''(x) = \frac{(2/h_i)\{\alpha_i\theta^3 + \beta_i\theta^2(1-\theta) + \eta_i\theta(1-\theta)^2 + \delta_i(1-\theta)^3\}}{[1 + (r_i - 3)\theta(1-\theta)]^3}, \tag{4.39}$$

其中

$$\begin{aligned} \alpha_i &= r_i(d_{i+1} - \Delta_i) - d_{i+1} + d_i, \\ \beta_i &= 3(d_{i+1} - \Delta_i), \\ \eta_i &= 3(\Delta_i - d_i), \\ \delta_i &= r_i(\Delta_i - d_i) - d_{i+1} + d_i \end{aligned} \tag{4.40}$$

由式(4.39)便得到 $R(x)$保凸的充分必要条件为

$$r_i \geqslant \max\left\{\frac{d_{i+1} - d_i}{d_{i+1} - \Delta_i}, \frac{d_{i+1} - d_i}{\Delta_i - d_i}\right\} = 1 + M_i/m_i, \tag{4.41}$$

式中

$$M_i = \max\{d_{i+1} - \Delta_i, \Delta_i - d_i\},$$
$$m_i = \min\{d_{i+1} - \Delta_i, \Delta_i - d_i\}. \tag{4.42}$$

满足式(4.41)的 r_i 值可以有很多,其中有两个较为理想的值,其中之一可选取

$$r_i = 2 + M_i/m_i. \tag{4.43}$$

此时,若 $d_i - f'_i = O(h_i^2)$, $d_{i+1} - f'_{i+1} = O(h_i^2)$,则 $M_i/m_i = 1 + O(h_i)$,这样 $r_i - 3 = O(h_i)$,由推论 5.19 知插值误差界为 $O(h^3)$.另一个可以选取

$$\begin{aligned} r_i &= 3 + \left(\frac{M_i}{m_i} - 1\right)^2 \Big/ (M_i/m_i) \\ &= 1 + \frac{M_i}{m_i} + \frac{m_i}{M_i} \\ &= 1 + \frac{(d_{i+1} - \Delta_i)}{(\Delta_i - d_i)} + \frac{(\Delta_i - d_i)}{(d_{i+1} - \Delta_i)}. \end{aligned} \tag{4.44}$$

此时若 $d_i - f'_i = O(h_i^2)$, $d_{i+1} - f_{i+1} = O(h_i^2)$,则有 $r_i - 3 = O(h_i^2)$,根据推论 5.19 如果导数参数值满足 $d_i - f'_i = O(h_i^3)$, $d_{i+1} - f'_{i+1} = O(h_i^3)$,则可达到最优误差界 $O(h^4)$.但是对于 r_i 的取值(4.44),由式(4.21)～(4.23)定义的分片有理函数$R(x)$将退化为(2/1)型了.事实上,因为

$$\begin{aligned} Q_i(\theta) &= 1 + (r_i - 3)\theta(1 - \theta) \\ &= 1 - 2\theta(1 - \theta) + (r_i - 1)\theta(1 - \theta) \\ &= [\theta + (1 - \theta)]^2 - 2\theta(1 - \theta) + (r_i - 1)\theta(1 - \theta) \\ &= \theta^2 + (r_i - 1)\theta(1 - \theta) + (1 - \theta)^2. \end{aligned}$$

所以

$$\begin{aligned} P_i(\theta)/Q_i(\theta) &= (1 - \theta)f_i + \theta f_{i+1} \\ &\quad + (1 - \theta)\theta \frac{h_i[d_i(1 - \theta) - d_{i+1}\theta] - (f_{i+1} - f_i)[(1 - \theta) - \theta]}{(1 - \theta)^2 + (r_i - 1)(1 - \theta)\theta + \theta^2}. \end{aligned} \tag{4.45}$$

注意到 $f_{i+1} - f_i = h_i\Delta_i$,记 $A_i = d_{i+1} - \Delta_i$, $B_i = \Delta_i - d_i$,则 $r_i = 1 + A_i/B_i + B_i/A_i$,这样一来式(4.45)变成为

$$R(x)=P_i(\theta)/Q_i(\theta)$$

$$=(1-\theta)f_i+\theta f_{i+1}-h_i\theta(1-\theta)\frac{B_i(1-\theta)+A_i\theta}{(1-\theta)^2+[A_i/B_i+B_i/A_i](1-\theta)\theta+\theta^2}$$

$$=(1-\theta)f_i+\theta f_{i+1}-h_i\frac{(1-\theta)\theta A_iB_i}{(1-\theta)A_i+\theta B_i}. \tag{4.46}$$

这就是(2/1)型的分段有理函数 $S_i(\theta)$.

如果给定的插值数据(x_i,f_i), $i=1,2,\cdots,n$ 是凸单调增的,由 $d_i\geqslant 0$ 及式(4.38),此时应有

$$0\leqslant d_1<\Delta_1<\cdots<\Delta_{i-1}<d_i<\Delta_i<\cdots<\Delta_{n-1}<d_n. \tag{4.47}$$

因

$$S'(x)\int_{x_1}^{x}S''(x)\mathrm{d}x+S'(x_1)=\int_{x_1}^{x}S''(x)\mathrm{d}x+d_1,$$

从而在式(4.47)满足的前提下,任何凸插值也必定是单调插值。这是因为由式(4.47)成立,则不难验证

$$1+\frac{M_i}{m_i}\geqslant\frac{(d_i+d_{i+1})}{\Delta_i},$$

因此,式(4.41)蕴含了式(4.35).

选择参数 r_i 使其保单调、保凸的条件中都含有导数参数 d_i,而在通常情况下 $f'_i(i=1,\cdots,n)$是未知的,如同前面一样,需给出确定 d_i 值的方法.事实上,在这里我们仍可采用方法Ⅲ及方法Ⅳ来定 d_i 的值.

这种保形的有理样条有一个明显的特点,那就是引入了导数参数 d_i,并给出了 d_i 的定值方法,其优点在于它的灵活性,在实际问题中可利用其他插值工具,例如Padé样条,将一阶导数的高次近似提供给 d_i,而获得理想的逼近效果.然而此时的有理样条曲线一般只有 C^1 光滑,欲达到 C^2 光滑,则需要解一个关于 d_i 的非线性协调方程组,这为设计 C^2 光滑曲线带来了困难.Clements 在文献[106]中研究了带正变参数的(3/1)型插值样条,利用类似于多项式三次插值样条的构造方法,得到了带正变参数复合(3/1)型插值有理样条函数的求法,并讨论了它的保凸性及保单调性.下面介绍这个结果.

四、带变参数的(3/1)型有理样条插值

设$[a,b]$上的给定剖分为 $a=x_1<\cdots<x_n=b$.在每个子区间 $I_j=[x_j,x_{j+1}]$

上定义分片有理函数为

$$S: S_j(x) = C_{1j}u + C_{2j}v + C_{3j}\frac{u^3}{(\tau_j v + 1)} + C_{4j}\frac{v^3}{(\tau_j u + 1)}, \quad (4.48)$$

其中

$$v = (x - x_j)/h_j, u = 1 - v, h_j = x_{j+1} - x_j,$$

τ_j 是非负实参数. $C_{ij}(j=1,2,3,4)$是待定实系数. 为确定(4.48)中系数,类似于三次多项式插值方法,对式(4.48)两边求导得

$$\begin{aligned} h_j S'_j(x) = & -C_{1j} + C_{2j} - C_{3j}[\tau_j u^3 + 3u^2(\tau_j v + 1)]/(\tau_j v + 1)^2 \\ & + C_{4j}[3v^2(\tau_j u + 1) + \tau_j v^3]/(\tau_j u + 1)^2. \end{aligned} \quad (4.49)$$

$$\begin{aligned} h_j^2 S''_j(x) = & C_{3j}[6u(\tau_j v + 1)^2 + 6u^2\tau_j(\tau_j v + 1) + 2u^3\tau_j^2]/(\tau_j v + 1)^3 \\ & + C_{4j}[6v(\tau_j u + 1)^2 + 6v^2\tau_j(\tau_j u + 1) + 2v^3\tau_j^2]/(\tau_j u + 1)^3. \end{aligned} \quad (4.50)$$

将 $x = x_j, x = x_{j+1}$分别代到式(4.48)~(4.50),并记

$$\alpha(\tau_j) = 2 + \tau_j, \ \beta(\tau_j) = 3 + 3\tau_j + \tau_j^2, \quad (4.51)$$

得

$$\begin{aligned} & S_j(x_j) = C_{1j} + C_{3j}, \ S_j(x_{j+1}) = C_{2j} + C_{4j}, \\ & h_j S'_j(x_j) = C_{2j} - C_{1j} - (1 + \alpha(\tau_j))C_{3j}, \\ & h_j S'_j(x_{j+1}) = C_{2j} - C_{1j} + (1 + \alpha(\tau_j))C_{4j}, \\ & h_j^2 S''_j(x_j) = 2\beta(\tau_j)C_{3j}, \ h_j^2 S''_j(x_{j+1}) = 2\beta(\tau_j)C_{4j}. \end{aligned} \quad (4.52)$$

设给定数据为(x_i, y_j), $j=1,2,\cdots,n$ 及插值条件

$$S_j(x_j) = y_j, \ S_j(x_{j+1}) = y_{j+1}, \quad j = 1,\cdots,n-1.$$

由此可得

$$\begin{aligned} & C_{3j} = [h_j^2/2\beta(\tau_j)]S''_j(x_j), \quad C_{4j} = [h_j^2/2\beta(\tau_j)]S''_j(x_{j+1}), \\ & C_{2j} = y_{j+1} - C_{4j}, \ C_{1j} = y_j - C_{3j}. \end{aligned} \quad (4.53)$$

显然,$C_{1j}, C_{2j}, C_{3j}, C_{4j}$只依赖于$S''_j(x_j)$及 $S''_j(x_{j+1})$. 为了使 $S(x) \in C^2[a,b]$,应有

$$S'_{j-1}(x_j) = S'_j(x_j), \quad j = 2,\cdots,n-1, \tag{4.54}$$

$$S''_{j-1}(x_j) = S''_j(x_j), \quad j = 2,\cdots,n-1. \tag{4.55}$$

因此不妨设

$$S''_{j-1}(x_j) = S''_j(x_j) = y''_j,\ j = 2,\cdots,n-1. \tag{4.56}$$

由式(4.53)知求 $S_j(x)$的问题便归结为求 y''_j 的问题. 而求 $S_1(x)$和 $S_{n-1}(x)$时需要知道 $S''_1(x_1)$和 $S''_{n-1}(x_n)$,类似于多项式三次自然样条插值,令

$$S''_1(x_1) = y''_1 = 0, S''_{n-1}(x_n) = y''_n = 0. \tag{4.57}$$

记 $\Delta_j = (y_{j+1} - y_j)/h_j,\ j = 1,\cdots,n-1,$

$$\begin{aligned} b_j &= 2(\Delta_j - \Delta_{j-1}),\ j = 2,\ \cdots,n-1, \\ b_1 &= b_n = 0. \end{aligned} \tag{4.58}$$

由式(4.52)和(4.56)有

$$S'_{j-1}(x_j) = \frac{1}{h_{j-1}}\left\{y_j - y_{j-1} + \frac{h_{j-1}^2}{2\beta(\tau_{j-1})}[S''_{j-1}(x_{j-1}) + \alpha(\tau_{j-1})S''_{j-1}(x_j)]\right\}$$

$$= \Delta_{j-1} + \frac{h_{j-1}}{2\beta(\tau_{j-1})}[y''_{j-1} + \alpha(\tau_{j-1})y''_j], \tag{4.59}$$

$$S'_j(x_j) = \Delta_j - \frac{h_j}{2\beta(\tau_j)}[y''_{j+1} + \alpha(\tau_j)y''_j]. \tag{4.60}$$

由式(4.54)可得如下方程组

$$\frac{h_{j-1}}{\beta(\tau_{j-1})}y''_{j-1} + \left[\frac{\alpha(\tau_{j-1})h_{j-1}}{\beta(\tau_{j-1})} + \frac{\alpha(\tau_j)h_j}{\beta(\tau_j)}\right]y''_j + \frac{h_j}{\beta(\tau_j)}y''_{j+1} = b_j,$$
$$j = 2,\cdots,n-1. \tag{4.61}$$

记

$$a_{ij} = \begin{cases} 1, & j = i = 1,n, \\ h_{j-1}/\beta(\tau_{j-1}), & j = i-1, \\ \alpha(\tau_{j-1})h_{j-1}/\beta(\tau_{j-1}) + \alpha(\tau_j)h_j/\beta(\tau_j), & j = i, \\ h_j/\beta(\tau_j), & j = i+1, \\ 0, & \text{其他 } j, \end{cases} \tag{4.62}$$

$$\tau = \{\tau_j\}_{j=1,\cdots,n-1}, U = \{y''_j\}_{j=1,\cdots,n} = \{y''_j(\tau)\}_{j=1,\cdots,n},$$
$$B = \{b_j\}_{j=1,\cdots,n}, A(\tau) = \{a_{ij}\}_{i,j=1,\cdots,n}. \tag{4.63}$$

式(4.57),(4.61)可写成如下形式方程组

$$A(\tau)U = B. \tag{4.64}$$

由于假定 τ_j 非负,由式(4.51)知 $\alpha(\tau_{j-1})>1,\alpha(\tau_j)>1,\beta(\tau_{j-1})>3,\beta(\tau_j)>3$. 于是由式(4.62)可看出 $a_{ii}>a_{ij-1}+a_{ij+1}$,故矩阵 $A(\tau)$是对角绝对占优矩阵,因此可用线性代数方程组数值解法求出方程组的惟一解 $y''_j(j=1,\cdots,n)$,从而求出满足插值条件及 $S''(x_1)=0,S''(x_n)=0$ 的(3/1)型有理样条函数. 不难看出当 $\tau_j=0$ 时,$S(x)$便退化为自然多项式三次插值样条.

下面讨论上面建立的 C^2 光滑的复合(3/1)型有理样条的保形性. 为方便起见,引入记号

$$\Delta_j^2 = y[x_{j-1}, x_j, x_{j+1}] = (\Delta_j - \Delta_{j-1})/(h_{j-1} + h_j), \tag{4.65}$$

$$l_j = y_{j-1} + (y_{j+1} - y_{j-1})(x_j - x_{j-1})/(x_{j+1} - x_{j-1}), \quad j = 2,\cdots,n-1. \tag{4.66}$$

定义 5.3 点集 $N=\{(x_j,y_j)\mid j=1,\ \cdots,n,\ x_{j+1}>x_j\}$称为严格凸的,如果对所有 $j=2,\cdots,n-1$ 有 $y_j<l_j$;如果对所有 $j=2,\cdots,n-1,y_j>l_j$ 成立,则称点集 N 是严格凹的.

实际上,由式(4.40),(4.58)知

$$h_{j-1}h_j\Delta_j^2 = \frac{h_{j-1}(y_{j+1} - y_j) - h_j(y_j - y_{j-1})}{h_{j-1} + h_j}$$
$$= y_{j-1} + \frac{h_{j-1}(y_{j+1} - y_{j-1})}{h_{j-1} + h_j} - y_j = l_j - y_j,$$

由此不难看出:点集 N 严格凸或凹当且仅当对$j=2,\cdots,n-1$ 成立 $\Delta_{j-1}^2\Delta_j^2>0$.

为了研究插值样条 $S(x)$的保凸性,先证明如下引理.

引理 5.20 设点集 N 是一个严格凸(凹)集,则由式(4.48),(4.53)和式(4.64)定义的有理样条函数 $S(x)$是$[a,b]=[x_1,x_n]$上的凸(凹)函数的充要条件是 $S''(x_j)\Delta_j^2\geqslant 0,\ j=2,\cdots,n-1$.

证明 必要性是显然的,下面就严格凸集证明充分性. 记

$$\lambda(\tau_j, v) = 2\tau_j^2 v^3 - 6\tau_j(\tau_j v + 1)v^2 + 6(\tau_j v + 1)^2 v$$
$$= 2v\{[\tau_j v - \sqrt{3}(\tau_j v + 1)]^2 - (2\sqrt{3} - 3)\tau_j(\tau_j v + 1)v\}.$$

对 $v\in[0,1]$和 $\tau_j\geqslant 0$,有 $\lambda(\tau_j,v)\geqslant 0$.由式(4.50)知

$$S''_j(x)=\left[\frac{S''_j(x_j)\lambda(\tau_j,u)}{(\tau_j v+1)^3}+\frac{S''_j(x_{j+1})\lambda(\tau_j,v)}{(\tau_j u+1)^3}\right]/2\beta(\tau_j).$$

由 $S''(x_j)\Delta_j^2\geqslant 0$, $j=2,\cdots,n-1$ 及点集 N 的严格凸性知 $S''(x_j)\geqslant 0$, $j=2,\cdots,n-1$.从而 $S''_j(x_j)\geqslant 0$, $S''_j(x_{j+1})\geqslant 0$, $j=1,\cdots,n-1$. 又 $\beta(\tau_j)>0$, $j=1,\cdots,n-1$.因此 $S''_j(x)\geqslant 0$, $j=1,2,\cdots,n-1$. 于是 $S(x)$是凸函数. □

引理 5.20 表明如果点集 N 是严格凸集时,当 $S''(x_j)\Delta_j^2>0$,则 $S(x)$在$[a,b]$上是凸函数. 自然要问如果点集 N 是一般点集是否也有类似于引理 5.20 的结论?

定义 5.4 设点集 $N=\{(x_j,y_j)\mid j=1,\cdots,n,\Delta_j^2\neq 0,x_{j+1}>x_j\}$,由式(4.48),(4.53)和(4.64)定义的有理样条 $S(x)$在 N 上说是局部保凸(凹)的,如果对所有 $j=2,\cdots,n-1$ 都有 $S''(x_j)\Delta_j^2\geqslant 0$.

由于定义 5.4 中的点集 N 没有任何三点共线,所以 N 是由严格凸子集、严格凹子集和一些孤立的拐点所组成. 下面的定理将指出对任何这样的点集 N,总存在某个 $\tau=\{\tau_j\}_{j=1,\cdots,n-1}$使得由式(4.48),(4.53)和式(4.64)所确定的有理样条 $S(x)$在 N 上局部保凸(凹).

定理 5.21 设给定点集 N 如定义 5.4 所示,则至少存在一个 $\tau=\{\tau_j\}_{j=1,\cdots,n-1}$使 $S''(x_j)\Delta_j^2\geqslant 0,j=2,\cdots,n-1$.

证明 由于 τ_j 是非负实参数,所以对任何固定的 $\tau=(\tau_1,\cdots,\tau_{n-1})$方程组(4.64)有惟一解,记为$(0,y''_2,\cdots,y''_{n-1},0)^{\mathrm{T}}$. 令 $\tau_j=\rho,j=1,\cdots,n-1$,则 $\alpha(\tau_j)$和 $\beta(\tau_j)$均为 ρ 的函数. 为证明定理 5.21 只要指出存在某个 $\rho_0\geqslant 0$,当 $\rho>\rho_0$ 时有 $y''_i\Delta_j^2\geqslant 0$ 即可. 为此,引入自由参数 y'_j 使

$$S'_{j-1}(x_j)=S'_j(x_j)=y'_j,\quad j=2,\cdots,n-1. \tag{4.67}$$

由式(4.52)可得

$$C_{1j}=y_j-C_{3j},\quad C_{2j}=y_{j+1}-C_{4j}, \tag{4.68}$$

$$h_jy'_j=C_{2j}-C_{1j}-(1+\alpha(\tau_j))C_{3j}=h_j\Delta_j-C_{4j}-\alpha(\tau_j)C_{3j},$$

$$h_jy'_{j+1}=C_{2j}-C_{1j}+(1+\alpha(\tau_j))C_{4j}=h_j\Delta_j+C_{3j}+\alpha(\tau_j)C_{4j}.$$

当 $\tau_j=\rho,j=1,\cdots,n-1$ 时,便得到如下方程组

$$\begin{cases}\alpha(\rho)C_{3j}+C_{4j}=h_j(\Delta_j-y'_j),\\ C_{3j}+\alpha(\rho)C_{4j}=h_j(y'_{j+1}-\Delta_j).\end{cases}$$

解之得

$$\begin{aligned} C_{3j} &= h_j[(1+\alpha(\rho))\Delta_j - \alpha(\rho)y'_j - y'_{j+1}]/(\alpha^2(\rho)-1), \\ C_{4j} &= h_j[-(1+\alpha(\rho))\Delta_j + y'_j + \alpha(\rho)y'_{j+1}]/(\alpha^2(\rho)-1). \end{aligned} \tag{4.69}$$

将 C_{3j}, C_{4j} 代入到式(4.53),并记 $\eta(\rho)=2\beta(\rho)/(\alpha^2(\rho)-1)$,得

$$\begin{cases} h_j S''_j(x_j) = [(1+\alpha(\rho))\Delta_j - \alpha(\rho)y'_j - y'_{j+1}]\eta(\rho), \\ h_{j-1}S''_{j-1}(x_j) = [-(1+\alpha(\rho))\Delta_{j-1} + y'_{j-1} + \alpha(\rho)y'_j]\eta(\rho). \end{cases} \tag{4.70}$$

利用 $S''_1(x_1)=S''_{n-1}(x_n)=0$ 和 $S''_{j-1}(x_j)=S''_j(x_j)$, $j=2,\cdots,n-1$,由式(4.70)可得到关于 $\{y'_j\}_{j=1,\cdots,n}$ 的线性方程组

$$\begin{cases} \alpha(\rho)y'_1 + y'_2 = (1+\alpha(\rho))\Delta_1, \\ h_j y'_{j-1} + [h_j + h_{j-1}]\alpha(\rho)y'_j + h_{j-1}y'_{j+1} = (1+\alpha(\rho))[\Delta_{j-1}h_j + \Delta_j h_{j-1}], \\ \qquad\qquad j = 2,\cdots,n-1, \\ y'_{n-1} + \alpha(\rho)y'_n = (1+\alpha(\rho))\Delta_n. \end{cases} \tag{4.71}$$

注意 $\alpha(\rho)>2$,关于未知量 $y'_j(j=1,\cdots,n)$ 的方程组的系数矩阵是对角占优的三对角矩阵,故方程组(4.71)存在惟一解. 当 $\rho\to\infty$ 时,$\alpha(\rho)=2+\rho\to\infty$,由式(4.71)可推知

$$\lim_{\rho\to\infty} y'_j = (\Delta_{j-1}h_j + \Delta_j h_{j-1})/(h_j + h_{j-1}), \quad j = 2,\cdots,n-1. \tag{4.72}$$

将式(4.70)两式两加,利用 $S''_j(x_j)=S''_{j-1}(x_j)=S''(x_j)$,并注意式(4.65)得

$$S''(x_j) = [(1+\alpha(\rho))\Delta_j^2 - (y'_{j+1} - y'_{j-1})/(h_j + h_{j-1})]\eta(\rho). \tag{4.73}$$

注意到 $\lim\limits_{\rho\to\infty}\eta(\rho)=\lim\limits_{\rho\to\infty}2\beta(\rho)/(\alpha^2(\rho)-1)=2$, $\lim\limits_{\rho\to\infty}\alpha(\rho)=\infty$ 和(4.72)知存在 $\rho_0\geqslant 0$,当 $\rho>\rho_0$ 时 $\mathrm{sgn}S''(x_j)=\mathrm{sgn}(\Delta_j^2)$,故有 $y''_j\Delta_j^2\geqslant 0$. □

进一步可以证明当某种端点条件满足时,局部保凸(凹)的插值有理样条还可以保单调.

定理 5.22　设 N 是严格凸(凹)点集,且由式(4.48),(4.53)及(4.64)确定的有理样条 $S(x)$ 满足 $S''(x_j)\Delta_j^2\geqslant 0$, $j=2,\cdots,n-1$,则 $S(x)$ 是 $[a,b]=[x_1,x_n]$ 上的凸(凹)单调函数:

(i) 如果 N 严格凸且单调增,只要 $2\beta(\tau_1)\Delta_1 - h_1 y''_2\geqslant 0$ 则 $S(x)$ 在 $[x_1,x_n]$ 上凸且单增;

(ii) 如果 N 严格凸且单调减,只要 $-2\beta(\tau_{n-1})\Delta_{n-1}-h_{n-1}y''_{n-1}\geqslant 0$,则 $S(x)$ 在$[x_1,x_n]$上凸且单减;

(iii) 如果 N 严格凹且单调增,只要 $2\beta(\tau_{n-1})\Delta_{n-1}+h_{n-1}y''_{n-1}\geqslant 0$,则 $S(x)$在$[x_1,x_n]$上凹且单增;

(iv) 如果 N 严格凹且单调减,只要 $-2\beta(\tau_1)\Delta_1+h_1y''_2\geqslant 0$,则 $S(x)$在$[x_1,x_n]$上凹且单减.

证明 设 N 严格凸且单调增.由引理 5.20 知 $S''(x)\geqslant 0$, $x\in[x_1,x_n]$,亦即 $S'(x)$单调增,从而 $S'(x)\geqslant S'(x_1)$,对任意 $x\in[x_1,x_n]$,由式(4.52),再注意 $S''_1(x_1)=0$,有

$$
\begin{aligned}
S'(x)=S'_1(x_1)&=\frac{1}{h_1}[C_{21}-C_{11}-(1+\alpha(\tau_1))C_{31}]\\
&=\frac{1}{h_1}[C_{21}-C_{11}]=\frac{1}{h_1}\left(y_2-y_1-\frac{h_1^2}{2\beta(\tau_1)}S''_1(x_2)\right)\\
&=\Delta_1-h_1S''_1(x_2)/(2\beta(\tau_1))=(2\beta(\tau_1)\Delta_1-h_1y''_2)/2\beta(\tau_1),
\end{aligned}
$$

因此只要 $2\beta(\tau_1)\Delta_1-h_1y''_2\geqslant 0$,便有 $S'(x)\geqslant 0$,从而 $S(x)$在$[x_1,x_n]$上单增,结论(i)得证.同理可证(ii)~(iv)成立.

上面我们介绍了带变参数的有理插值样条,为了使建立的有理插值样条具有某种光滑性,通常需要解大型线性方程组,为简化计算我们在下一节将介绍局部插值样条.

§5 局部有理插值样条

文[13]讨论了具有局部插值性质的样条,对有理样条而言,就是样条函数在子区间$[x_i, x_{i+1}]$上的表达式是通过有理基函数的线性组合给出的,而这些有理基函数可通过相邻的几个节点处给定的信息构造出来.

设已知数据$\{(x_i,f_i)\}_{i=0,1,\cdots,n}$,其中 $f_i=f(x_i)i=0,1,\cdots,n$,区间$[a,b]$的一个给定剖分为

$$
\Delta: a=x_0<x_1<\cdots x_n=b.
$$

记子区间为 $I_i=[x_i,x_{i+1}]$,$h_i=x_{i+1}-x_i$,$i=0,1,\cdots,n-1$,针对(4/2)型有理样条在 I_i 上构造有理基函数 $\varphi_{i,j}(x)(j=1,2,3,4)$,使有理样条 $R(x)$在 I_i 的表达式$R_i(x)$具有如下形式

$$R_i(x)=f_{i-1}\varphi_{i,1}(x)+f_i\varphi_{i,2}(x)+f_{i+1}\varphi_{i,3}(x)+f_{i+2}\varphi_{i,4}(x),\qquad(5.1)$$

且满足插值条件 $R_i(x_i)=f_i$，$R_i(x_{i+1})=f_{i+1}$，还要求 $R(x)\in C^2[x_0,x_n]$. 由此可见，获得 $R_i(x)$ 的表达式的关键在于构造局部有理基函数. 为此需知道有理基函数 $\varphi_{i,j}(x)(j=1,2,3,4)$ 在 x_i 和 x_{i+1} 处的函数值以及一、二阶导数. 为清晰起见，将这些值列表：

表 5.5　基函数节点关系($i=1,\cdots,n-2$)

	φ 值		φ' 值		φ'' 值	
	x_i	x_{i+1}	x_i	x_{i+1}	x_i	x_{i+1}
$\varphi_{i,1}$	0	0	$\frac{-h_i}{h_{i-1}(h_{i-1}+h_i)}$	0	$\frac{2}{h_{i-1}(h_{i-1}+h_i)}$	0
$\varphi_{i,2}$	1	0	$\frac{h_i-h_{i-1}}{h_{i-1}h_i}$	$\frac{-h_{i+1}}{h_i(h_i+h_{i+1})}$	$\frac{-2}{h_{i-1}h_i}$	$\frac{2}{h_i(h_i+h_{i+1})}$
$\varphi_{i,3}$	0	1	$\frac{h_{i-1}}{h_i(h_{i-1}+h_i)}$	$\frac{h_{i+1}-h_i}{h_ih_{i+1}}$	$\frac{2}{h_i(h_{i-1}+h_i)}$	$\frac{-2}{h_ih_{i+1}}$
$\varphi_{i,4}$	0	0	0	$\frac{h_i}{h_{i+1}(h_i+h_{i+1})}$	0	$\frac{2}{h_{i+1}(h_i+h_{i+1})}$

由于要求 $\varphi_{i,j}(x)(j=1,2,3,4)$ 是(4/2)型的有理函数，为简便起见，给 $\varphi_{i,j}(x)$ 以约束分母 $(x_{i+1}-x)^2+(x-x_i)^2$，这样用数据表 5.5 及约束分母便可导出 $\varphi_{i,j}(x)$ 的表达式：

$$\varphi_{i,1}(x)=\frac{(x-x_i)(x_{i+1}-x)^3}{h_{i-1}(h_{i-1}+h_i)[(x_{i+1}-x)^2+(x-x_i)^2]};$$

$$\varphi_{i,2}(x)=\frac{(h_i+h_{i+1})(x_{i+1}-x)^3(x-x_{i-1})+h_{i-1}(x-x_i)^2(x_{i+1}-x)(x_{i+2}-x)}{h_{i-1}h_i(h_i+h_{i+1})[(x_{i+1}-x)^2+(x-x_i)^2]};$$

$$\varphi_{i,3}(x)=\frac{h_{i+1}(x-x_{i-1})(x-x_i)(x_{i+1}-x)^2+(h_{i-1}+h_i)(x-x_i)^3(x_{i+2}-x)}{h_ih_{i+1}(h_{i-1}+h_i)[(x_{i+1}-x)^2+(x-x_i)^2]};$$

$$\varphi_{i,4}(x)=-\frac{(x-x_i)^3(x_{i+1}-x)}{h_{i+1}(h_i+h_{i+1})[(x_{i+1}-x)^2+(x-x_i)^2]}.\qquad(5.2)$$

经过简单计算便可以验证如下的结论成立.

定理 5.23　由式(5.2)给出的有理基函数按线性组合(5.1)构成的有理样条

函数 $R(x)$满足插值条件

$$R(x_i) = f_i(i = 1,\cdots,n-1) \text{ 且 } R(x) \in C^2[x_1,x_{n-1}].$$

为了得到 $R(x)$在整个区间$[x_0,x_n]$上的表达式,还需分别构造子区间$[x_0,x_1]$和$[x_{n-1},x_n]$上的有理基函数.一种较简单的方法是通过增补两个节点 $x=x_{-1}$和 $x=x_{n+1}$,并给定 $f_{-1}=f(x_{-1})$和 $f_{n+1}=f(x_{n+1})$,而使表 5.5 对 $i=0$ 和 $i=n-1$仍有效;第二种方法则是利用导数条件 $R'(x_0)=f'(x_0)$及 $R'(x_n)=f'(x_n)$在子区间$[x_0,x_1]$和$[x_{n-1},x_n]$上分别重新构造基函数,而得到 $R_0(x)$和 $R_{n-1}(x)$的表达式.子区间$[x_0,x_1]$上基函数 $\varphi_{0,j}(x)(j=1,2,3,4)$所满足的端点插值关系由表 5.6 给出:

表 5.6 $[x_0,x_1]$上基函数节点关系

	φ 值		φ' 值		φ'' 值	
	x_0	x_1	x_0	x_1	x_0	x_1
$\varphi_{0,1}$	0	0	1	0	$\frac{-2}{h_0}$	0
$\varphi_{0,2}$	1	0	0	$\frac{-h_1}{h_0(h_0+h_1)}$	$\frac{-2}{h_0^2}$	$\frac{2}{h_0(h_0+h_1)}$
$\varphi_{0,3}$	0	1	0	$\frac{h_1-h_0}{h_0h_1}$	$\frac{2}{h_0^2}$	$\frac{-2}{h_0h_1}$
$\varphi_{0,4}$	0	0	0	$\frac{h_0}{h_1(h_0+h_1)}$	0	$\frac{2}{h_1(h_0+h_1)}$

用类似于上面方法可构造出如下四个有理基函数:

$$\begin{aligned}
\varphi_{0,1}(x) &= \frac{(x-x_0)(x-x_1)^3}{h_0[(x-x_0)^2+(x_1-x)^2]};\\
\varphi_{0,2}(x) &= \frac{(h_0+h_1)(x_1-x)^3(x-x_0+h_0)+h_0(x-x_0)^2(x_1-x)(x_2-x)}{h_0^2(h_0+h_1)[(x-x_0)^2+(x_1-x)^2]};\\
\varphi_{0,3}(x) &= \frac{h_1(x-x_0)^2(x_1-x)^2+h_0(x-x_0)^3(x_2-x)}{h_0^2h_1[(x-x_0)^2+(x_1-x)^2]};\\
\varphi_{0,4}(x) &= \frac{(x-x_0)^3(x-x_1)}{h_1(h_0+h_1)[(x-x_0)^2+(x_1-x)^2]}.
\end{aligned} \tag{5.3}$$

由 $\varphi_{0,1}(x),\varphi_{0,2}(x),\varphi_{0,3}(x)$和 $\varphi_{0,4}(x)$线性组合构成的 $R_0(x)$:

$$R_0(x) = f'(x_0)\varphi_{0,1}(x) + f_0\varphi_{0,2}(x) + f_1\varphi_{0,3}(x) + f_2\varphi_{0,4}(x) \quad (5.4)$$

在$[x_0, x_1]$上满足插值条件且$R_0(x) \in C^2[x_0, x_1]$.

对于区间$[x_{n-1}, x_n]$上基函数$\varphi_{n-1,j}(x)(j=1,2,3,4)$,设满足的插值关系由表 5.7 给出:

表 5.7　$[x_{n-1}, x_n]$上基函数节点关系

	φ值		φ'值		φ''值	
	x_{n-1}	x_n	x_{n-1}	x_n	x_{n-1}	x_n
$\varphi_{n-1,1}$	0	0	$\frac{-h_{n-1}}{h_{n-2}(h_{n-2}+h_{n-1})}$	0	$\frac{2}{h_{n-2}(h_{n-2}+h_{n-1})}$	0
$\varphi_{n-1,2}$	1	0	$\frac{h_{n-1}-h_{n-2}}{h_{n-1}h_{n-2}}$	0	$\frac{-2}{h_{n-2}h_{n-1}}$	$\frac{2}{h_{n-1}^2}$
$\varphi_{n-1,3}$	0	1	$\frac{h_{n-2}}{h_{n-1}(h_{n-2}+h_{n-1})}$	0	$\frac{2}{h_{n-1}(h_{n-2}+h_{n-1})}$	$\frac{-2}{h_{n-1}^2}$
$\varphi_{n-1,4}$	0	0	0	1	0	$\frac{2}{h_{n-1}}$

类似前面的方法由数据表 5.7 可算出

$$\varphi_{n-1,1}(x) = \frac{(x-x_{n-1})(x-x_n)^3}{h_{n-2}(h_{n-2}+h_{n-1})[(x_n-x)^2+(x-x_{n-1})^2]};$$

$$\varphi_{n-1,2}(x) = \frac{h_{n-1}(x_n-x)^3(x-x_{n-2})+h_{n-2}(x-x_{n-1})^2(x_n-x)^2}{h_{n-2}h_{n-1}^2[(x_n-x)^2+(x-x_{n-1})^2]};$$

$$\varphi_{n-1,3}(x) = \frac{h_{n-1}(x-x_{n-2})(x-x_{n-1})(x_n-x)^2+(h_{n-2}+h_{n-1})(x-x_{n-1})^3(x_n+h_{n-1}-x)}{h_{n-1}^2(h_{n-2}+h_{n-1})[(x_n-x)^2+(x-x_{n-1})^2]};$$

$$\varphi_{n-1,4}(x) = \frac{(x-x_{n-1})^3(x-x_n)}{h_{n-1}[(x_n-x)^2+(x-x_{n-1})^2]}. \quad (5.5)$$

此时可令$R(x)$在$[x_{n-1}, x_n]$上的表达式为

$$R_{n-1}(x) = f_{n-2}\varphi_{n-1,1}(x) + f_{n-1}\varphi_{n-1,2}(x) + f_n\varphi_{n-1,3}(x) + f'(x_n)\varphi_{n-1,4}(x). \quad (5.6)$$

由数据表 5.5 知

$$R_1(x_1) = f_0\varphi_{1,1}(x_1) + f_1\varphi_{1,2}(x_1) + f_2\varphi_{1,3}(x_1) + f_3\varphi_{1,4}(x_1) = f_1,$$

$$R'_1(x_1) = f_0\frac{-h_1}{h_0(h_0+h_1)} + f_1\frac{h_1-h_0}{h_0h_1} + f_2\frac{h_0}{h_1(h_0+h_1)},$$

$$R''_1(x_1) = f_0\frac{2}{h_0(h_0+h_1)} + f_1\frac{-2}{h_0h_1} + f_2\frac{2}{h_1(h_0+h_1)}.$$

由数据表 5.6 可知

$$R_0(x_1) = f'(x_0)\varphi_{0,1}(x_1) + f_0\varphi_{0,2}(x_1) + f_1\varphi_{0,3}(x_1) + f_2\varphi_{0,4}(x_1) = f_1 = R_1(x_1)$$

$$R'_0(x_1) = R'(x_1),\ R''_0(x_1) = R''_1(x_1).$$

同理由式(5.6)及数据表 5.7 算出的 $R_{n-1}(x_{n-1})$, $R'_{n-1}(x_{n-1})$及 $R''_{n-1}(x_{n-1})$与由式(5.6)及数表 5.7 算出的 $R_{n-2}(x_{n-1})$,$R'_{n-2}(x_{n-1})$及 $R''_{n-2}(x_{n-1})$分别相等,即

$$R_{n-2}(x_{n-1}) = R_{n-1}(x_{n-1}),\ R'_{n-2}(x_{n-1}) = R'_{n-1}(x_{n-1}),\ R''_{n-2}(x_{n-1}) = R''_{n-1}(x_{n-1}).$$

因此由式(5.1)($1\leqslant i\leqslant n-2$)、式(5.4)和(5.6)定义的有理插值样条函数 $R(x)$在整个区间$[x_0,x_n]$上 C^2 连续.

由于有理插值样条函数依赖于被插函数 $f(x)$,所以不妨记 $R(x)=R(x;f)$.

引理 5.24[13] 若 $f(x)$为二次多项式,则有

$$R(x;f) - f(x),\quad x\in[x_0,x_n].$$

证明 分三步进行证明.

(i) 当 $x\in[x_i,\ x_{i+1}]$, $i=1,2,\cdots,n-2$ 时,二次多项式 $f(x)$可表示为

$$\begin{aligned}f(x) &= f(x_{i-1}) + (x-x_{i-1})f[x_{i-1},x_i] + (x-x_{i-1})(x-x_i)f[x_{i-1},x_i,x_{i+1}]\\ &= f(x_i) + (x-x_i)f[x_i,x_{i+1}] + (x-x_i)(x-x_{i+1})f[x_i,x_{i+1},x_{i+2}],\end{aligned}\tag{5.7}$$

由数据表 5.6 及式(5.1)有

$$f^{(k)}(x_i) = R_i^{(k)}(x_i),\ f^{(k)}(x_{i+1}) = R_i^{(k)}(x_{i+1}),\quad k=0,1,2.$$

从而 $f(x)-R_i(x)$表示式中含有$(x-x_i)^3(x-x_{i+1})^3$ 因子,这是不可能的,故只有 $f(x)\equiv R_i(x)$, $i=1,\cdots,n-2$.

(ii) 当 $x\in[x_0,x_1]$时,$f(x)$可表示为

$$f(x)= f(x_0) + (x-x_0)f'(x_0) + (x-x_0)^2 f[x_0,x_0,x_1]$$

$$= f(x_0) + (x - x_0)f'[x_0,x_1] + (x - x_0)(x - x_1)f[x_0,x_1,x_2]. \tag{5.8}$$

由式(5.4)及数据表 5.5 可知

$$R_0^{(k)}(x_0) = f^{(k)}(x_0), \quad R_0^{(k)}(x_1) = f^{(k)}(x_1), \quad k = 0,1,2.$$

于是由(i)中说明知,必有 $R_0(x) \equiv f(x)$.

(iii) 当 $x \in [x_{n-1}, x_n]$时.完全类似地可推知 $R_{n-1}(x) \equiv f(x)$.

综合(i),(ii),(iii)即证得引理 5.24. □

引理 5.24 表明(4/2)型有理插值样条 $R(x) = R(x;f)$对二次多项式是精确成立的,即具有二次“有理”精确度.另一方面,从证明过程可看出,表 5.5,表 5.6 及表 5.7 中有理基函数的节点值关系正是分别基于式(5.7),(5.8)及

$$\begin{aligned} f(x) &= f(x_{n-2}) + (x - x_{n-2})f[x_{n-2},x_{n-1}] + (x - x_{n-2})(x - x_{n-1})f[x_{n-2},x_{n-1},x_n] \\ &= f(x_{n-1}) + (x - x_{n-1})f[x_{n-1},x_n] + (x - x_{n-1})(x - x_n)f[x_{n-1},x_n,x_{n+1}] \end{aligned} \tag{5.9}$$

而构造的.

下面给出 $R(x)$的误差估计.

定理 5.25[13]　设 $f(x) \in C^3[x_0,x_n]$, $R(x)$为由式(5.1)、(5.4)和式(5.6)定义的有理样条,则有

$$\| f - R \| \leqslant \frac{5 + 2\beta}{8} \| f^{(3)} \| h^3, \tag{5.10}$$

其中 $h = \max\limits_{0 \leqslant i \leqslant n-1} h_i$, $\beta = \max\limits_{|i-j|=1}(h_i/h_j)$, $\| f - R \| = \max\limits_{0 \leqslant x \leqslant x_n} |f(x) - R(x)|$.

证明　由带 peano 余项的 Taylor 公式得

$$\begin{aligned} f(x) &= f(x_i) + (x - x_i)f'(x_i) + \frac{1}{2}(x - x_i)^2 f''(x_i) + \frac{1}{2}\int_{x_i}^{x} f^{(3)}(t)(x - t)^2 \mathrm{d}t \\ &\overset{\text{def}}{=\!=} g(x) + \frac{1}{2}\int_{x_i}^{x} f^{(3)}(t)(x - t)^2 \mathrm{d}t \\ &\overset{\text{def}}{=\!=} g(x) + e(x). \end{aligned}$$

由引理 5.24 有

$$R(x) = R(x;f) = R(x;g + e) = R(x;g) + R(x;e)$$

$$= g(x) + R(x;e).$$

从而

$$|f(x) - R(x)| = |e(x) - R(x;e)| \leqslant |e(x)| + |R(x;e)|.$$

当 $x_i \leqslant x \leqslant x_{i+1}$ 时$(i=1,\cdots,n-2)$,

$$|e(x)| = \frac{1}{2}\left|\int_{x_i}^{x} f^{(3)}(t)(x-t)^2 \mathrm{d}t\right| \leqslant \frac{1}{6}h_i^3 \| f^{(3)} \|,$$

$$\begin{aligned} &|R(x;e)| \\ &= |e(x_{i-1})\varphi_{i,1}(x) + e(x_i)\varphi_{i,2}(x) + e(x_{i+1})\varphi_{i,3}(x) + e(x_{i+2})\varphi_{i,4}(x)|. \end{aligned}$$

由于

$$|e(x_{i-1})| = \left|\frac{1}{2}\int_{x_i}^{x_{i-1}} f^{(3)}(t)(x_{i-1}-t)^2 \mathrm{d}t\right| \leqslant \frac{1}{6}h_{i-1}^3 \| f^{(3)} \|,$$

$$e(x_i) = 0,$$

$$|e(x_{i+1})| = \left|\frac{1}{2}\int_{x_i}^{x_{i+1}} f^{(3)}(t)(x_{i+1}-t)^2 dt\right| \leqslant \frac{1}{6}h_i^3 \| f^{(3)} \|,$$

$$|e(x_{i+2})| = \left|\frac{1}{2}\int_{x_i}^{x_{i+2}} f^{(3)}(t)(x_{i+2}-t)^2 dt\right| \leqslant \frac{1}{6}(h_i + h_{i+1})^3 \| f^{(3)} \|,$$

且当 $x \in [x_i, x_{i+1}]$ 时,由式(5.2)知

$$|\varphi_{i,1}(x)| \leqslant \frac{h_i^2}{2h_{i-1}(h_{i-1}+h_i)},$$

$$\begin{aligned} |\varphi_{i,3}(x)| &\leqslant \frac{h_{i+1}(h_{i-1}+h_i)h_i}{2h_i h_{i+1}(h_{i-1}+h_i)} + \frac{(x-x_i)^3 h_{i+1} + (x_{i+1}-x)(x-x_i)^3}{h_i h_{i+1}[(x_{i+1}-x)^2 + (x-x_i)^2]} \\ &\leqslant \frac{1}{2} + \frac{(x-x_i)^3 h_{i+1}}{h_i h_{i+1}(x-x_i)^2} + \frac{(x_{i+1}-x)(x-x_i)^3}{2h_i h_{i+1}(x_{i+1}-x)(x-x_i)} \\ &\leqslant \frac{1}{2} + 1 + \frac{1}{2}\beta = \frac{3+\beta}{2}, \end{aligned}$$

$$|\varphi_{i,4}(x)| \leqslant \frac{h_i^2}{2h_{i+1}(h_i+h_{i+1})}.$$

从而

$$|e(x_{i-1})\varphi_{i,1}(x)|\leqslant\frac{1}{6}\|f^{(3)}\|\frac{h_{i-1}^2h_i^2}{2(h_{i-1}+h_i)}\leqslant\frac{1}{24}\|f^{(3)}\|(h_{i-1}h_i)^{3/2}$$

$$\leqslant\frac{1}{24}\|f^{(3)}\|h^3,$$

$$|e(x_{i+1})\varphi_{i,3}(x)|\leqslant\frac{1}{6}\|f^{(3)}\|h_i^3\left(\frac{3+\beta}{2}\right)\leqslant\frac{1}{12}\|f^{(3)}\|(3+\beta)h^3,$$

$$|e(x_{i+2})\varphi_{i,4}(x)|\leqslant\frac{1}{6}\|f^{(3)}\|\frac{h_i^2(h_i+h_{i+1})^2}{2h_{i+1}}$$

$$=\frac{1}{6}\|f^{(3)}\|h_i^3\left(\frac{h_i^2+2h_i+h_{i+1}^2}{2h_ih_{i+1}}\right)$$

$$\leqslant\frac{1}{6}\|f^{(3)}\|(1+\beta)h^3.$$

于是当 $x\in[x_i,x_{i+1}]$时,有

$$|f(x)-R(x)|\leqslant\frac{1}{6}\|f^{(3)}\|h^3\left(1+\frac{1}{4}+\frac{3+\beta}{2}+1+\beta\right)$$

$$=\frac{1}{24}(15+6\beta)\|f^{(3)}\|h^3=\frac{5+2\beta}{8}\|f^{(3)}\|h^3.\tag{5.11}$$

同理可证当 $x\in[x_0,x_1]$及 $x\in[x_{n-1},x_n]$时,式(5.11)仍成立.故式(5.10)成立.

□

在结束本节之前,我们需要指出一点,即利用构造有理基函数方法构造的(3/2)型有理插值样条具有保正、保单调和保凸的性质.下面来介绍这方面的结果.

引入参数 r_i,并令 $\theta=(x-x_i)/h_i$,对 $x\in[x_i,x_{i+1}]$构造类似于式(5.2)的(3/2)型有理基函数:

$$\varphi_1(\theta)=-\frac{h_i^2\theta(1-\theta)^2}{h_{i-1}(h_{i-1}+h_i)}/M(r_i,\theta),$$

$$\varphi_2(\theta)=\left[\frac{h_{i+1}}{h_i+h_{i+1}}\theta^2(1-\theta)+\left(\frac{h_i}{h_{i-1}}-1+r_i\right)\theta(1-\theta)^2+(1-\theta)^3\right]/M(r_i,\theta),$$

$$\varphi_3(\theta)=\left[\frac{h_{i-1}}{h_{i-1}+h_i}\theta(1-\theta)^2+\left(\frac{h_i}{h_{i+1}}-1+r_i\right)\theta^2(1-\theta)+\theta^3\right]/M(r_i,\theta),$$

$$\varphi_4(\theta)=-\frac{h_i^2\theta^2(1-\theta)}{h_{i+1}(h_i+h_{i+1})}/M(r_i,\theta),\tag{5.12}$$

其中 $M(r_i,\theta)=1+(r_i-3)\theta(1-\theta)$, $r_i\geqslant3$.

由 $\varphi_i(\theta)$, $i=1,2,3,4$ 的线性组合构成的有理样条函数 $R(x), x\in[x_i, x_{i+1}]$为

$$R(x)=R_i(x)=f_{i-1}\varphi_1(\theta)+f_i\varphi_2(\theta)+f_{i+1}\varphi_3(\theta)+f_{i+2}\varphi_4(\theta). \tag{5.13}$$

这里有理基函数满足如下端点关系式(表 5.8)可以直接验证 $R(x_i)=f_i$,且为 C^1 连续.类似于引理 5.24 可以证明,如果 $f(x)$是一次多项式,则 $R(x;f)=f(x)$, $x\in[x_0, x_n]$.

表 5.8 基函数节点关系

	φ 值		φ' 值	
	x_i	x_{i+1}	x_i	x_{i+1}
$\varphi_1(x)$	0	0	$-h_i/h_{i-1}(h_{i-1}+h_i)$	0
$\varphi_2(x)$	1	0	$(h_i-h_{i-1})/h_{i-1}h_i$	$-h_{i+1}/h_i(h_i+h_{i+1})$
$\varphi_3(x)$	0	1	$h_{i-1}/h_i(h_{i-1}+h_i)$	$(h_{i+1}-h_i)/h_ih_{i+1}$
$\varphi_4(x)$	0	0		$h_i/h_{i+1}(h_i+h_{i+1})$

为简单起见,设剖分节点是等距的,即 $h_i=h$, $i=0,1,\cdots,n-1$.则相应的有理基函数为

$$\varphi_1(\theta)=-\theta(1-\theta)^2/2M(r_i,\theta),$$

$$\varphi_2(\theta)=\left[\frac{1}{2}\theta^2+r_i\theta(1-\theta)+(1-\theta)^2\right](1-\theta)/M(r_i,\theta),$$

$$\varphi_3(\theta)=\left[\frac{1}{2}(1-\theta)^2+r_i\theta(1-\theta)+\theta^2\right]\theta/M(r_i,\theta),$$

$$\varphi_4(\theta)=-\theta^2(1-\theta)/2M(r_i,\theta). \tag{5.14}$$

用证明定理 5.25 的类似方法可以证明

定理 5.26 对等距型值点(x_i, f_i), $i=0,1,\cdots,n-1$; $f(x)\in C^2[x_0, x_n]$, $r_i\geqslant 3$,则对 $x\in[x_1, x_n]$有

$$\| f(x)-R(x)\|_\infty\leqslant\frac{D}{2}h^2\| f''(x)\|_\infty, \tag{5.15}$$

$$\|f'(x)-R'(x)\|_\infty\leqslant 9h\|f''(x)\|_\infty,\tag{5.16}$$

其中 $D=3+\dfrac{3}{2(r+1)}$，　$r=\min\{r_i\}$.

下面给出(3/2)型有理插值样条的保正性、保单调性及保凸性.除特殊说明外，总假定在等距剖分情形进行讨论.

定理 5.27　设对给定的剖分上有 $f_i>0$,则由式(5.14),(5.13)决定的有理插值式 $R(x)\geqslant 0$, $x\in[x_1,x_{n-1}]$的充分条件是

$$r_i\geqslant\max\left\{\frac{f_{i-1}-f_{i+1}}{2f_i},\frac{f_{i+2}-f_i}{2f_{i+1}}\right\}.\tag{5.17}$$

证明　由式(5.14),(5.13)要使 $R(x)\geqslant 0$, $x\in[x_i,x_{i+1}]$,只需分子

$$\left[\frac{1}{2}\theta^2+r_i\theta(1-\theta)+(1-\theta)^2\right](1-\theta)f_i+\left[\frac{1}{2}(1-\theta)^2+r_i\theta(1-\theta)+\theta^2\right]\theta f_{i+1}$$
$$-\frac{1}{2}\theta(1-\theta)^2f_{i-1}-\frac{1}{2}\theta^2(1-\theta)f_{i+2}\geqslant 0,$$

即

$$\left[r_if_i+\frac{1}{2}f_{i+1}-\frac{1}{2}f_{i-1}\right]\theta(1-\theta)^2+\left[\frac{1}{2}f_i+r_if_{i+1}-\frac{1}{2}f_{i+2}\right]\theta^2(1-\theta)$$
$$+(1-\theta)^3f_i+\theta^3f_{i+1}\geqslant 0.$$

由于 $\theta\in[0,1]$, $f_i>0$, $f_{i+1}>0$,所以要上式成立,只需

$$\left[r_if_i+\frac{1}{2}f_{i+1}-\frac{1}{2}f_{i-1}\right](1-\theta)+\left[\frac{1}{2}f_i+r_if_{i+1}-\frac{1}{2}f_{i+2}\right]\theta\geqslant 0,$$

于是只需 $r_if_i+\frac{1}{2}f_{i+1}-\frac{1}{2}f_{i-1}\geqslant 0$ 及 $\frac{1}{2}f_i+r_if_{i+1}-\frac{1}{2}f_{i+2}\geqslant 0$ 即可.由上面两个不等式可得

$$r_i\geqslant\max\left\{\frac{f_{i-1}-f_{i+1}}{2f_i},\quad\frac{f_{i+2}-f_i}{2f_{i+1}}\right\}.\qquad\square$$

由定理 5.27 可知,对四点局部有理插值格式(5.14),(5.13),若不考虑其他因素,只需将诸参数取成满足定理条件的诸 r_i 的下界.

例 5　已知数据如下:

x_i	0	1	2	3	4	5	6
f_i	0.25	1.375	0.075	0.125	1.25	1.075	2.25

$$r_1 \geqslant \max\left\{\frac{0.25-0.075}{2\times 1.375},\quad \frac{0.125-1.375}{2\times 0.075}\right\} = \max\{0.052,\ -0.833\},$$

$$r_2 \geqslant \max \geqslant \left\{\frac{1.735-0.125}{2\times 0.075},\frac{1.25-0.075}{2\times 0.125}\right\} = \max\{8.333,4.58\},$$

所以应取 $r_1=3, r_2=8.3333$. 同理取 $r_3=r_4=r_5=r_6=3$,用上面结果作出图形如图 5.1.

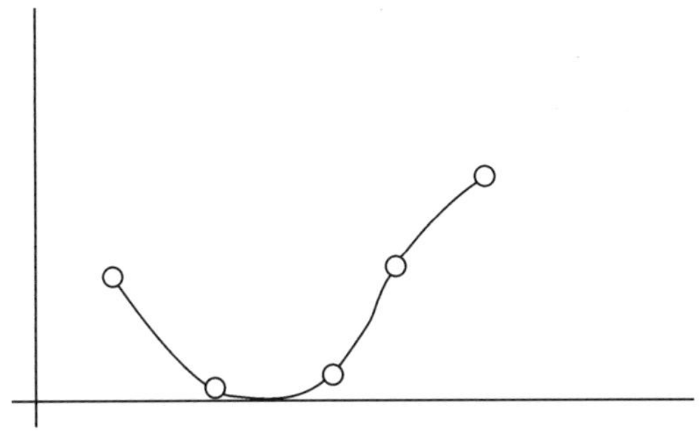

图 5.1

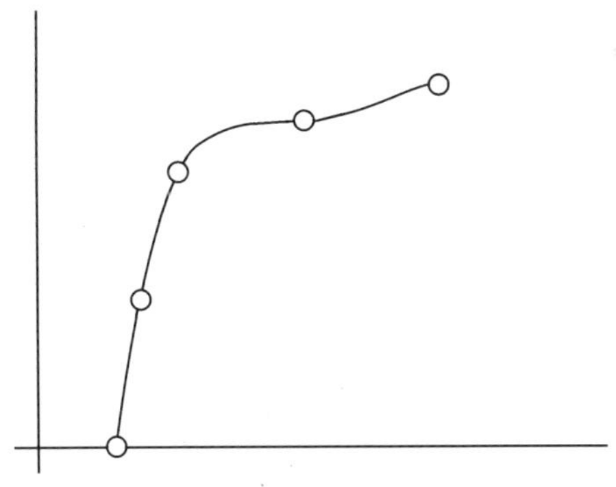

图 5.2

不难直接验证:如果 $\Delta_i=(f_{i+1}-f_i)/h>0,\ i=0,1,\cdots,n-1$,即 $\{f_i\}$ 单增,则由式(5.14),(5.13)构造的有理插值样条单增的充分条件是

$$r_i \geqslant \frac{\Delta_{i-1} + 2\Delta_i + \Delta_{i+1}}{2\Delta_i}. \tag{5.18}$$

例 6　已知数据

x_i	0	1	2	3	4	5	6
f_i	-0.025	0.075	4.125	4.625	4.675	4.7	4.725

由式(5.18)可算出 $r_1 \geqslant 1.074, r_2 \geqslant 5.2, r_3 \geqslant 6.25$,因此取 $r_1 = 3, r_2 = 5.1, r_3 = 6.25, r_4 = 3$.用上面数据作出图形如图 5.2 所示.

如果所给型值严格凸,即 $\Delta_0 < \Delta_1 < \cdots < \Delta_{n-1}$,所谓保凸插值是指:给定剖分上的型值是凸的,则由式(5.14),(5.13)定义的有理样条满足 $R''(x) \geqslant 0, x \in [x_1, x_{n-1}]$.经过求导计算便可证明

定理 5.28　设给定剖分上的型值是凸的,由式(5.14),(5.13)定义的有理样条为 $R(x)$,则 $R''(x) \geqslant 0$ 的充分条件是

$$r_i \geqslant 1 + \max\left\{\frac{\Delta_i - \Delta_{i-1}}{\Delta_{i+1} - \Delta_i}, \frac{\Delta_{i+1} - \Delta_i}{\Delta_i - \Delta_{i-1}}\right\}. \tag{5.19}$$

由于这里采用的方法不同于§4 中的方法,所以得到的保形充分条件只与型值有关,而与导数参数无关.

若不对型值加以约束,也可得 C^2 插值算法.构造有理基函数

$$\varphi_1(\theta) = \theta(1-\theta)^2\left[\alpha_i + \frac{1}{2}\beta_i\right]/M(r_i,\theta),$$

$$\varphi_2(\theta) = \left\{\theta^2(1-\theta)\left[\alpha_i + \frac{1}{2}\beta_i\right] + (r_i + \alpha_i)\theta(1-\theta) + (1-\theta)^3\right\}/M(r_i,\theta),$$

$$\varphi_3(\theta) = \left[\theta^2 + (r_i - \alpha_i)\theta^2(1-\theta) + \frac{1}{2}\beta_i\theta(1-\theta)^2\right]/M(r_i,\theta),$$

$$\varphi_4(\theta) = -\frac{\beta_i}{2}\theta^2(1-\theta)/M(r_i,\theta), \tag{5.20}$$

其中 $\alpha_i + \beta_i = 1$.易验证由式(5.20),(5.13)构成的有理样条 $R_i(x)$满足插值条件,且为 C^1 连续,并有

$$R''_i(x_{i+1}) = \frac{1}{h}[2\alpha_i(\Delta_{i-1} - \Delta_i) + \beta_i r_i(\Delta_{i+1} - \Delta_i) - \beta_i(\Delta_{i+1} - \Delta_{i-1})],$$

$$R''_{i+1}(x_{i+1}) = \frac{1}{h}\{2\alpha_i[r_{i+1}(\Delta_{i+1} - \Delta_i) - \Delta_{i+1} + \Delta_i]$$

$$+[\beta_{i+1}(r_{i+1}(\Delta_{i+2}-\Delta_{i+1})-(\Delta_{i+2}-\Delta_i))]\},\qquad(5.21)$$

即

$$R''_i(x_{i+1})=\frac{1}{h}\{\alpha_i[(\Delta_{i-1}+\Delta_{i+1}-2\Delta_i)-r_i(\Delta_{i+1}-\Delta_i)]$$

$$+r_i(\Delta_{i+1}-\Delta_i)-(\Delta_{i+1}-\Delta_{i-1})\},$$

$$R''_{i+1}(x_{i+1})=\frac{1}{h}\{\alpha_{i+1}[r_{i+1}(3\Delta_{i+1}-2\Delta_i-\Delta_{i+2})+(\Delta_i+\Delta_{i+2}-2\Delta_{i+1})]$$

$$+r_{i+1}(\Delta_{i+2}-\Delta_{i+1})+(\Delta_i-\Delta_{i+2})\}.\qquad(5.22)$$

令 $R''_i(x_{i+1})=R''_{i+1}(x_{i+1})$,可推出如下递推关系:

$$\alpha_{i+1}=A_i\alpha_i+B_i,\qquad(5.23)$$

其中

$$A_i=\frac{(\Delta_{i-1}+\Delta_{i+1}-2\Delta_i)-r_i(\Delta_{i+1}-\Delta_i)}{r_{i+1}(3\Delta_{i+1}-2\Delta_i-\Delta_{i+2})+(\Delta_i+\Delta_{i+2}-2\Delta_{i+1})},$$

$$B_i=\frac{r_i(\Delta_{i+1}-\Delta_i)-r_{i+1}(\Delta_{i+2}-\Delta_{i+1})-(\Delta_i+\Delta_{i+1}-\Delta_{i-1}-\Delta_{i+2})}{r_{i+1}(3\Delta_{i+1}-2\Delta_i-\Delta_{i+2})+(\Delta_i+\Delta_{i+2}-2\Delta_{i+1})}.$$

给定诸 $r_i\geqslant 3$ 及初值 α_0,以式(5.23)求解 α_i,即可得 $-C^2$ 插值样条.

§6 三次有理 B 样条

上一节我们讨论了局部有理插值样条问题,并在末尾介绍了(3/2)型有理插值样条的几个格式,其构造的关键是在子区间 I_i 上定义有理基函数. 如同多项式插值样条一样,基函数可以是多样的,从这些基函数出发,可构造出 B 样条函数. 本节就来介绍构造三次有理 B 样条方法,这种构造方法是由 J.Gregory 等在文献[129]中提出的.

设区间$[a,b]$上一个给定的剖分为

$$\Delta: a=x_0<x_1<\cdots<x_{n-1}<x_n=b.\qquad(6.1)$$

已知数据$\{(x_i,f_i)\}$及$\{(x_i,d_i)\}$$(i=0,1,\cdots,n)$,其中 $f_i=f(x_i)$,$d_i=f'_i$. 并记 $\boldsymbol{F}_i=(x_i,\ f_i)$及 $\boldsymbol{D}_i=(x_i,d_i)$,类似于式(4.23)在子区间 $I_i=[x_i,x_{i+1}]$上构造(3/2)型向量有理函数,或称为向量三次有理函数:

$$\boldsymbol{R}(x)=\boldsymbol{R}_i(x)=\frac{(1-\theta)^3\boldsymbol{F}_i+\theta(1-\theta)^2(r_i\boldsymbol{F}_i+h_i\boldsymbol{D}_i)}{M(r_i;\theta)}$$

$$+\frac{\theta^2(1-\theta)(r_i\boldsymbol{F}_{i+1}-h_i\boldsymbol{D}_{i+1})+\theta^3\boldsymbol{F}_{i+1}}{M(r_i;\theta)},\tag{6.2}$$

其中 $M(r_i;\theta)=1+(r_i-3)\theta(1-\theta),\theta=(x-x_i)/h_i,\ h_i=x_{i+1}-x_i,r_i$ 仍为形状参数.

为保证式(6.3)的分母 $M(r_i;\theta)>0$,则 r_i 应满足 $r_i>-1$. 显然当 $r_i=3$ 时,式(6.2)就退化为一个 Hermite 型的向量值三次多项式. 容易验证

$$\boldsymbol{R}(x_i)=\boldsymbol{F}_i,\quad \boldsymbol{R}'(x_i)=\boldsymbol{D}_i,$$

记

$$\mathbf{V}_i=\boldsymbol{F}_i+h_i\boldsymbol{D}_i/r_i,\ \boldsymbol{W}_i=\boldsymbol{F}_{i+1}-h_i\boldsymbol{D}_{i+1}/r_i(r_i\neq 0),\tag{6.3}$$

则式(6.2)可以写成

$$\boldsymbol{R}_i(x;r_i)=g_0(\theta;r_i)\boldsymbol{F}_i+g_1(\theta;r_i)\mathbf{V}_i+g_2(\theta;r_i)\boldsymbol{W}_i+g_3(\theta;r_i)\boldsymbol{F}_{i+1},\tag{6.4}$$

其中

$$g_0(\theta;r_i)=\frac{(1-\theta)^3}{M(r_i;\theta)},\ g_1(\theta;r_i)=\frac{r_i\theta(1-\theta)^2}{M(r_i;\theta)},$$

$$g_2(\theta;r_i)=\frac{r_i\theta^2(1-\theta)}{M(r_i;\theta)},\ g_3(\theta;r_i)=\frac{\theta^3}{M(r_i;\theta)}.$$

当 $r_i>0$ 时,注意 $\theta\in[0,1]$,便知 $g_j(\theta;r_i)>0,j=0,1,2,3$,即 $g_j(\theta;r_i)$为非负,且有 $\sum\limits_{j=0}^{3}g_j(\theta;r_i)=1$. 这样便可以将 $g_j(\theta;r_i)$视为权函数,因此由式(6.4)确定的向量值有理样条函数所表示的有理曲线 $R_i(x;r_i)$位于由控制点 $\boldsymbol{F}_i,\mathbf{V}_i,\boldsymbol{W}_i,\boldsymbol{F}_{i+1}$构成的凸包之中. 记

$$v_i=f_i+h_id_i/r_i,\ w_i=f_{i+1}-h_id_{i+1}/r_i,$$

则控制点为$\{(x_i,f_i),(x_i+h_i/r_i,v_i),(x_{i+1}-h_i/r_i,w_i),(x_{i+1},f_{i+1})\}$. 这时由式(6.4)确定的样条就是数量型的有理样条. 令

$$\boldsymbol{l}_i(x)=(1-\theta)\boldsymbol{F}_i+\theta\boldsymbol{F}_{i+1},\tag{6.5}$$

$$\boldsymbol{\Delta}_i=(\boldsymbol{F}_{i+1}-\boldsymbol{F}_i)/h_i,\tag{6.6}$$

$$\boldsymbol{e}_i(x;r_i)=\frac{h_i\theta(1-\theta)\{(\boldsymbol{\Delta}_i-\boldsymbol{D}_i)(\theta-1)+(\boldsymbol{\Delta}_i-\boldsymbol{D}_{i+1})\theta\}}{M(r_i;\theta)},$$

则式(6.2)可以写成

$$\boldsymbol{R}_i(x;r_i) = \boldsymbol{l}_i(x) + \boldsymbol{e}_i(x;r_i).$$

在[129]中证明了当 $r_i \to \infty$时,分片向量值三次有理函数(6.2)在 I_i 上一致收敛于线性函数(6.5),即

$$\lim_{r_i \to \infty} \| e_i \| = \lim_{r_i \to \infty} \| \boldsymbol{R}_i - \boldsymbol{l}_i \| = 0, \tag{6.7}$$

其中 $\| \cdot \| = \| \cdot \|_\infty$是各分量一致范数的最大值.

上述结论的意义非常明显,由式(6.3)知当 $r_i \to \infty$时,有 $\boldsymbol{V}_i \to \boldsymbol{F}_i$, $\boldsymbol{W}_i \to \boldsymbol{F}_{i+1}$,控制多边形退化为一条连接 $\boldsymbol{F}_i$和$\boldsymbol{F}_{i+1}$的控制直接段.

类似于式(4.39),对式(6.4)两边求二阶导数得

$$\boldsymbol{R}''(x,r_i) = \frac{2[\boldsymbol{\alpha}_i\theta^3 + \boldsymbol{\beta}_i\theta^2(1-\theta) + \boldsymbol{\eta}_i\theta(1-\theta)^2 + \boldsymbol{\delta}_i(1-\theta)^3]}{h_i[M(r_i;\theta)]^3},$$

其中

$$\boldsymbol{\alpha}_i = r_i(\boldsymbol{D}_{i+1} - \boldsymbol{\Delta}_i) - \boldsymbol{D}_{i+1} + \boldsymbol{D}_i,$$

$$\boldsymbol{\beta}_i = 3(\boldsymbol{D}_{i+1} - \boldsymbol{\Delta}_i), \ \boldsymbol{\eta}_i = 3(\boldsymbol{\Delta}_i - \boldsymbol{D}_i),$$

$$\boldsymbol{\delta}_i = r_i(\boldsymbol{\Delta}_i - \boldsymbol{D}_i) - \boldsymbol{D}_{i+1} + \boldsymbol{D}_i.$$

欲使 $\boldsymbol{R}(x) \in C^2[x_0,x_n]$,必须

$$\boldsymbol{R}''(x_i+0) = \boldsymbol{R}''(x_i-0), \quad i = 1,2,\cdots,n-1.$$

于是得到含导数向量 $\boldsymbol{D}_i$的一个线性方程组

$$\begin{aligned} & h_i\boldsymbol{D}_{i-1} + [h_i(r_{i-1}-1) + h_{i-1}(r_i-1)]\boldsymbol{D}_i + h_{i-1}\boldsymbol{D}_{i+1} \\ & = h_ir_{i-1}\boldsymbol{\Delta}_{i-1} + h_{i-1}r_i\boldsymbol{\Delta}_i, \quad i = 1,\cdots,n-1. \end{aligned} \tag{6.8}$$

若给定端点处的参数值 $\boldsymbol{D}_0$和 $\boldsymbol{D}_n$,并假定

$$r_i \geqslant r > 2, \quad i = 1,\cdots,n-1.$$

则式(6.8)成为一个关于未知向量 $\boldsymbol{D}_1,\cdots,\boldsymbol{D}_{n-1}$的对角占优的三对角线性方程组.因此方程组(6.8)解存在且惟一,可用 LU 分解法或追赶法求出它的解.

容易证明

定理 5.29[129] 令 $\boldsymbol{l}(x) = \boldsymbol{l}_i(x)$, $x \in I_i$, 设 $r_i \geqslant r > 2, i = 0,1,\cdots,n-1$,则当 $r \to \infty$时有理插值样条 $\boldsymbol{R}(x)$在$[x_0,x_n]$上一致收敛于 $\boldsymbol{l}(x)$,即

$$\lim_{r\to\infty} \| \boldsymbol{R}(x) - \boldsymbol{l}(x) \| = 0.$$

定理 5.30[129] 设对任意的 i 均有 $r_i \geqslant r > 2$,则对固定的 $k \in \{0,1,\cdots,n-1\}$,有理插值样条 $\boldsymbol{R}(x)$在 I_k 上,当 $r_k \to \infty$时一致收敛于 $\boldsymbol{l}_k(x)$,即

$$\lim_{r_k\to\infty} \| \boldsymbol{R}_k - \boldsymbol{l}_k \| = 0.$$

上述定理是对向量情形建立的,显然对数量情形也成立.下面讨论(3/1)型有理三次 B 样条的构造问题.为此先讨论有理样条基底的构造问题.为此把剖分 Δ 加入新节点扩展为

$$x_{-3} < x_{-2} < x_{-1} < x_0 = a < x_1 < \cdots < x_n = b < x_{n+1} < x_{n+2} < x_{n+3},$$

仍设参数 $r_i \geqslant r > 2$.

考虑函数

$$\varphi_j(x) = \begin{cases} 0, x < x_{j-2}, \\ \varphi_j(x_j) + (x - x_j), x \geqslant x_j. \end{cases} \quad j = -1,\cdots,n+3, \tag{6.9}$$

它在区间$[x_{j-2}, x_{j-1}]$及$[x_{j-1}, x_j]$上的表达式为

$$\begin{aligned} \varphi_j(x) = {} & g_0(\theta;r_i)\varphi_j(x_i) + g_1(\theta;r_i)[\varphi_j(x_i) + h_i\varphi'_j(x_i)/r_i] \\ & + g_2(\theta;r_i)[\varphi_j(x_{i+1}) - h_i\varphi'_j(x_{i+1})/r_i] + g_3(\theta;r_i)\varphi_j(x_{i+1}), \\ & i = j-2,\ j-1, \end{aligned} \tag{6.10}$$

由式(6.4)知 $\varphi_j(x)$是有理三次样条函数.为了使 $\varphi_j(x)$在 $x = x_{j-2}$和 $x = x_j$ 处C^1连续,由式(6.9)知

$$\varphi_j(x_{j-2}) = 0,\ \varphi'_j(x_{j-2}) = 0,\ \varphi'_j(x_j) = 1. \tag{6.11}$$

为了得到 $\varphi_j(x)$的具体表达式,只需求出 $\varphi_j(x_{j-1})$, $\varphi'_j(x_{j-1})$和 $\varphi_j(x_j)$的值.为此在式(6.10)两边求二阶导数,经简单计算得

$$\varphi''_j(x) = \frac{2[\alpha_i\theta^3 + \beta_i\theta^2(1-\theta) + \eta_i\theta(1-\theta)^2 + \delta_i(1-\theta)^3]}{h_i(M(r_i;\theta))^3}. \tag{6.12}$$

其中 $x \in I_i$, $i = j-2, j-1$,而

$$\begin{aligned} \alpha_i &= r_i(d_{i+1} - \Delta_i) - d_{i+1} + d_i, \\ \beta_i &= 3(d_{i+1} - \Delta_i), \\ \eta_i &= 3(\Delta_i - d_i), \\ \delta_i &= r_i(\Delta_i - d_i) - d_{i+1} + d_i, \end{aligned} \tag{6.13}$$

式中

$$d_i = \varphi'_j(x_i), \Delta_i = (\varphi_j(x_{i+1}) - \varphi_j(x_i))/h_i. \tag{6.14}$$

由式(6.9)和式(6.12)~(6.14)知

$$\begin{aligned} &\varphi''_j(x_{j-2}-0)=0, &&\varphi''_j(x_{j-2}+0)=2\delta_{j-2}/h_{j-2},\\ &\varphi''_j(x_{j-1}-0)=2\alpha_{j-2}/h_{j-2}, &&\varphi''_j(x_{j-1}+0)=2\delta_{j-1}/h_{j-1},\\ &\varphi''_j(x_j-0)=2\alpha_{j-1}/h_{j-1}, \varphi''_j(x_j+0)=0. \end{aligned} \tag{6.15}$$

因此可得 $\varphi_j(x)\in C^2$ 的充分必要条件为式(6.11)及

$$\delta_{j-2}=0,\ \alpha_{j-2}/h_{j-2}=\delta_{j-1}/h_{j-1},\ \alpha_{j-1}=0 \tag{6.16}$$

皆成立.

利用上面充要条件(6.11)及(6.16)和式(6.13),(6.14)经简单计算可得

$$\varphi_j(x_{j-1}) = h_{j-2}d_{j-1}/r_{j-2}, \tag{6.17}$$

$$\varphi_j(x_j) = \left[\frac{h_{j-2}}{r_{j-2}} + \frac{h_{j-1}}{r_{j-1}}\right]d_{j-1} + h_{j-1}\left(1 - \frac{1}{r_{j-1}}\right), \tag{6.18}$$

$$d_{j-1} = (r_{j-1}-2)h_{j-2}/[h_{j-1}(r_{j-2}-2) + h_{j-2}(r_{j-1}-2)]. \tag{6.19}$$

注意 $\varphi_j(x_{j-2})=0$,由式(6.17)~(6.19)作出有理样条 $\varphi_j(x)$的图形(如图 5.3 所示).

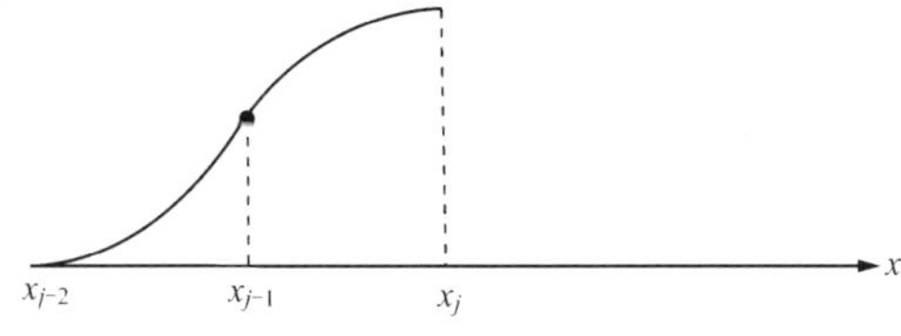

图 5.3

令

$$\Phi_j(x) = (\varphi_j(x) - \varphi_{j+1}(x))/c_j,\ j=-1,0,\cdots,n+2, \tag{6.20}$$

其中

$$c_j = \varphi_j(x_{j+1}) - \varphi_{j+1}(x_{j+1})$$

$$= d_{j-1}\left[\frac{h_{j-1}}{r_{j-1}} + \frac{h_{j-2}}{r_{j-2}}\right] + (1 - d_j)\left[\frac{h_j}{r_j} + \frac{h_{j-1}}{r_{j-1}}\right] + h_{j-1}\left(1 - \frac{2}{r_{j-1}}\right). \quad (6.21)$$

可以验证 $\Phi_j(x)$ 具有如下性质:

$$\Phi_j(x) = \begin{cases} 0, & \text{当 } x < x_{j-2}, \\ 1, & \text{当 } x \geqslant x_{j+1}. \end{cases} \quad (6.22)$$

下面利用有理样条 $\Phi_j(x)$ 来构造具有局部支集的有理 3 次 B 样条:

$$B_j(x) = \Phi_j(x) - \Phi_{j+1}(x), \quad j = -1, 0, \cdots, n+1. \quad (6.23)$$

定理 5.31[129]　有理三次 B 样条函数 $B_j(x), j = -1, 0, \cdots, n+1$ 具有如下性质:

(i) 局部支集性质,即对所有 $x \notin (x_{j-2}, x_{j+2})$ 有 $B_j(x) = 0$;

(ii) 单位分解性质,即对任意 $x \in (x_0, x_n)$ 都有 $\sum_{j=-1}^{n+1} B_j(x) = 1$;

(iii) 非负性质,即 $B_j(x) > 0$.

证明　由定义出发不难验证(i),(ii)成立.现证明(iii)成立.由于 $B_j(x)$ 是有理三次样条,所以 $B_j(x)$ 在 I_i 上的表达式可表示为

$$\begin{aligned} B_j(x) = {} & g_0(\theta; r_i)B_j(x_i) + g_1(\theta; r_i)[B_j(x_i) + h_i B'_j(x_i)/r_i] \\ & + g_2(\theta; r_i)[B_j(x_{i+1}) - h_i B'_j(x_{i+1})/r_i] + g_3(\theta; r_i)B_j(x_{i+1}). \end{aligned} \quad (6.24)$$

由性质(i),为了证明 $B_j(x) > 0$,只须证明当 $x \in [x_{j-2}, x_{j+2}]$ 时 $B_j(x) > 0$ 即可.又 $g_k(\theta; r_i) > 0 (k = 0, 1, 2, 3)$,所以为证明 $B_j(x) > 0$,需计算 $B_j(x_i)$, $B'_j(x_i)$, $B_j(x_{i+1})$ 及 $B'_j(x_{i+1})$ 的值.

由 $B_j(x)$ 的定义(式(6.23))及式(6.22)和式(6.20)不难算出

$$\begin{aligned} B_j(x_{j-1}) &= \Phi_j(x_{j-1}) - \Phi_{j+1}(x_{j-1}) \\ &= [\varphi_j(x_{j-1}) - \varphi_{j+1}(x_{j-1})]/c_j = \varphi_j(x_{j-1})/c_j = \frac{h_{j-2}d_{j-1}}{r_{j-2}}/c_j, \end{aligned}$$

$$B'_j(x_{j-1}) = \varphi'_j(x_{j-1})/c_j = d_{j-1}/c_j,$$

$$B_j(x_j) = 1 - \frac{h_j(1 - d_j)}{r_j c_j} - \frac{d_j h_{j-1}}{r_{j-1} c_{j+1}},$$

$$B'_j(x_j) = \frac{1 - d_j}{c_j} - \frac{d_j}{c_{j+1}},$$

$$B_j(x_{j+1}) = \frac{h_{j+1}(1-d_{j+1})}{r_{j+1}c_{j+1}},$$

$$B'_j(x_{j+1}) = \frac{d_{j+1}-1}{c_{j+1}}.$$

当 $r_j \geqslant r > 2$ 时,由式(6.19)知 $0 < d_{j-1} < 1$,由式(6.21)知 $c_j > 0(j = -1,0,\cdots,n+1)$.故

$$B_j(x_{j-1}) > 0,\ B'_j(x_{j-1}) > 0,\ B_j(x_{j+1}) > 0,\ -B'_j(x_{j+1}) > 0. \quad (6.25)$$

且容易看出 $B_j(x_j) > 1$.而

$$-\frac{h_j(1-d_j)}{r_j(1-d_j)[h_j/r_j + h_{j-1}/r_{j-1}]} - \frac{d_jh_{j-1}}{r_{j-1}d_j[h_j/r_j + h_{j-1}/r_{j-1}]} = 0, \quad (6.26)$$

$$B_j(x_{j-1}) - h_{j-2}B'_j(x_{j-1})/r_{j-2} = \frac{d_{j-1}h_{j-2}}{r_{j-2}c_j} - \frac{h_{j-2}d_{j-1}}{r_{j-2}c_j} = 0, \quad (6.27)$$

$$B_j(x_j) - h_{j-1}B'_j(x_j)/r_{j-1} = [c_j - (1-d_j)(h_j/r_j + h_{j-1}/r_{j-1})]/c_j > 0,$$

$$B_j(x_j) + h_jB'_j(x_j)/r_j = [c_{j+1} - d_j(h_j/r_j + h_{j-1}/r_{j-1})]/c_{j+1} > 0,$$

$$B_j(x_{j+1}) + h_{j+1}B'_j(x_{j+1})/r_{j+1} = \frac{(1-d_{j+1})h_{j+1}}{r_{j+1}c_{j+1}} - \frac{(1-d_{j+1})h_{j+1}}{r_{j+1}c_{j+1}} = 0. \quad (6.28)$$

因此由(6.25)~(6.28)知当 $x \in (x_{j-2}, x_{j-1})$ 时

$$\begin{aligned} B_j(x) &= g_2(\theta, r_{j-2})[B_j(x_{j-1}) - h_{j-2}B'_j(x_{j-1})/r_{j-2}] + g_3(\theta, r_{j-2})B_j(x_{j-1}) \\ &= g_3(\theta, r_{j-2})B_j(x_{j-1}) > 0. \end{aligned}$$

类似地,当 $x \in (x_{j-1}, x_j)$,$x \in (x_j, x_{j+1})$ 及 $x \in (x_{j+1}, x_{j+2})$ 也可验证 $B_j(x) > 0$. □

图 5.4 及图 5.5 分别画出等距节点情形的有理样条 $\Phi_j(x)$ 及 $B_j(x)$ 的图形.

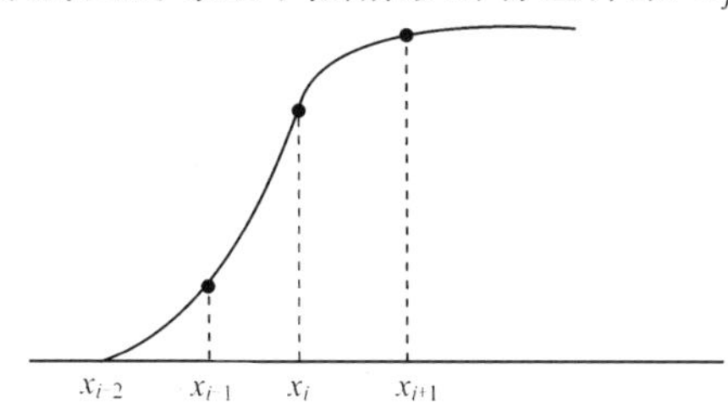

图 5.4

利用上面给出的有理三次 B 样条,便可讨论有理 B 样曲线了.

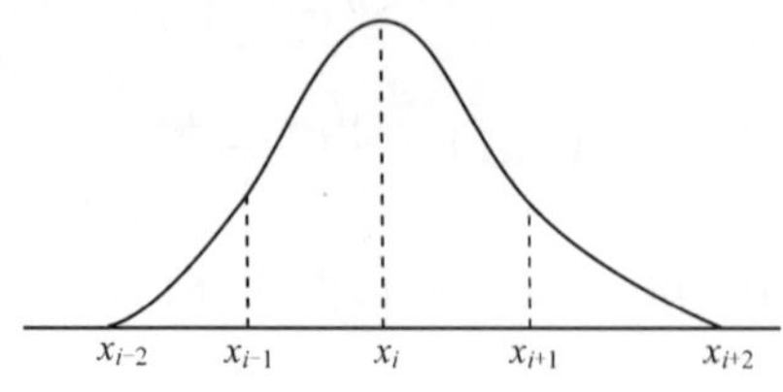

图 5.5

给定空间向量 $\boldsymbol{P}_j(j=-1,0,\cdots,n+1)$,称有理三次参数曲线

$$\boldsymbol{R}(x)=\sum_{j=-1}^{n+1}B_j(x)\boldsymbol{P}_j,\quad x\in[x_0,x_n] \tag{6.29}$$

为有理三次 B 样条曲线,并称 $\boldsymbol{P}_j\in R^N$ 为控制顶点.由局部支集性质知

$$\boldsymbol{R}(x)=\sum_{j=i-1}^{i+2}B_j(x)\boldsymbol{P}_j,\ x\in[x_i,x_{i+1}],\quad i=0,1,\cdots,n-1.$$

将式(6.24)代入上式便得分片有理三次 Bernstein-Bézier 表示如下:

$$\boldsymbol{R}(x)=g_0(\theta;r_i)\boldsymbol{F}_i+g_1(\theta;r_i)\boldsymbol{V}_i+g_2(\theta;r_i)\boldsymbol{W}_i+g_3(\theta;r_i)\boldsymbol{F}_{i+1},$$
$$x\in I_i, \tag{6.30}$$

其中

$$\boldsymbol{F}_i=\lambda_i\boldsymbol{P}_{i-1}+(1-\lambda_i-u_i)\boldsymbol{P}_i+u_i\boldsymbol{P}_{i+1},$$
$$\boldsymbol{V}_i=(1+\alpha_i)\boldsymbol{P}_i+\alpha_i\boldsymbol{P}_{i+1},$$
$$\boldsymbol{W}_i=\beta_i\boldsymbol{P}_i+(1-\beta_i)\boldsymbol{P}_{i+1},$$

而

$$\alpha_i=u_i+h_i\hat{u}_i/r_i=\hat{u}_i(h_{i-1}/r_{i-1}+h_i/r_i),$$
$$\beta_i=\lambda_{i+1}+h_i\hat{\lambda}_{i+1}/r_i=\hat{\lambda}_{i+1}(h_i/r_i+h_{i+1}/r_{i+1}),$$

这里 $\hat{u}_j=d_j/c_{j+1}, u_j=h_{j-1}\hat{u}_j/r_{j-1}, \hat{\lambda}_j=(1-d)/c_j, \lambda_j=\hat{\lambda}_jh_j/r_j$.

上述变换给有理三次 Bernstein-Bézier 的表示带来了方便.

在文[129]中还证明了如下一些结论.限于篇幅只列出结果,略去证明.

命题 5.32(变差缩减性质)　由式(6.29)定义的有理三次 B 样条曲线 $\boldsymbol{R}(x)$ 穿过任何 $N-1$ 维(超)平面的次数不多于它穿过控制顶点 $\{\boldsymbol{P}_j\}_{-1}^{n+1}$ 组成的控制多边

形 $\boldsymbol{R}(x)$的次数.

命题 5.33 令 $r_i \geqslant r > 2, j = j-2, \cdots, j+1$,则

$$\lim_{r \to \infty} \| B_j - \psi_j \| = 0,$$

其中

$$\psi_j = \begin{cases} (x - x_{j-1})/h_{j-1}, & x_{j-1} \leqslant x < x_j, \\ (x_{j-1} - x)/h_j, & x_j \leqslant x < x_{j+1}, \\ 0, & \text{其他} \end{cases}$$

是多项式 B 样条.

§7 向量有理样条

在第二章曾介绍了向量值有理插值方法,在那里对插值模型作了基本假设.在基本假设的前提下,也可以提向量有理样条问题(见[12]).

以 $\boldsymbol{R}_{M,m}$ 记如下形式的向量有理函数

$$\boldsymbol{R}(x) = \boldsymbol{N}(x)/D(x) \tag{7.1}$$

的全体组成的集合,其中 $\boldsymbol{N}(x) = (N_1(x), \cdots, N_d(x))$, $N_i(x)(i = 1,2,\cdots,d)$是实多项式,$\deg \boldsymbol{N}(x) = \max(\deg N_1(x), \cdots, \deg N_d(x))$,次数不超过 M,$D(x)$是实多项式,$\deg D(x) = m$.

给定区间$[a,b]$的一个剖分为

$$\Delta: \quad a = x_1 < x_2 < \cdots < x_n = b. \tag{7.2}$$

定义 5.5 设 $\boldsymbol{R}(x)$为由式(7.1)定义的区间$[a,b]$上的向量有理函数,如果满足如下条件:

(i) 于每个子区间 $I_j = [x_j, x_{j+1}]$, $j = 1, \cdots, n-1$, $\boldsymbol{R}(x) \in \boldsymbol{R}_{M,m}$,

(ii) $\boldsymbol{R}(x) \in C^k[a,b]$,

则称$\boldsymbol{R}(x)$为区间$[a,b]$上关于剖分 Δ 的$(M,m)^k$ 阶向量有理样条函数,简记为$\boldsymbol{R}_{M,m}^{(k)}$.

显然这里定义的向量有理样条与一般数量有理样条在形式上是一致的.下面给出另一种向量有理样条的定义.

设 $\boldsymbol{W} = \{\boldsymbol{w} = (w_1, \cdots, w_d) \in R^d, \sum_{i=1}^{d} w_i = 1, w_i \geqslant 0\}$为参数向量.

定义 5.6 设给定 $\boldsymbol{w} \in \boldsymbol{W}$,若 $\boldsymbol{R}(x) \in \boldsymbol{R}_{M,m}^{(k-1)}$,同时 $\boldsymbol{R}(x) \cdot \boldsymbol{w} \in R_{M,m}^{(k)}$,则称

$\boldsymbol{R}(x)$为区间$[a,b]$上关于剖分Δ和向量$\boldsymbol{w}$的$(M,m)^k$阶向量有理样条,简记为$\boldsymbol{w}R_{M,m}^{(k)}$.

这种定义的有理样条的优点在于$\boldsymbol{w}$可以根据需要选定.

由于这里定义的向量有理样条在形式上与数量情形下的一致性,类似于定理5.2有

定理 5.34 $\boldsymbol{w}R_{M,m}^{(k)}$中的任意向量有理样条函数均可表示为

$$\boldsymbol{w}R(x)=\frac{\boldsymbol{P}_1(x)}{D_1(x)}+\sum_{j=1}^{n-1}\frac{\boldsymbol{M}_j(x)}{D_j(x)D_{j+1}(x)}(x-x_j)^{k+1}, \tag{7.3}$$

其中$\boldsymbol{M}_j(x)\in P_{M+m-k-1}$完全由$\boldsymbol{N}_j(x)$, $D_j(x)$和$\boldsymbol{w}R(x)$在x_j处的前k阶导数值及$\boldsymbol{w}R(x)\cdot\boldsymbol{w}$的前$k+1$阶导数值完全决定,且有$(x-x_j)\mid\boldsymbol{w}\cdot\boldsymbol{M}_j(x)$.

这里$\boldsymbol{a}\cdot\boldsymbol{b}$表示向量$\boldsymbol{a}$与$\boldsymbol{b}$的数量积.

类似于文献[1]中给出的几种特殊类型的有理样条插值格式,我们也可以建立相应的向量有理样条插值格式。以(Ⅰ)型有理样条插值为例进行讨论.令

$$P_i(k,t)=\frac{1}{i!}\sum_{j=0}^{k-i}(-1)^{i+j-1}\binom{2k+1-j}{j}t^{i+j}(t-1)^{2k+1-i-j},$$

$$Q_i(k,t)=\frac{1}{i!}\sum_{j=0}^{k-i}(-1)^{j}\binom{2k+1-j}{j}t^{2k+1-i-j}(t-1)^{i+j}. \tag{7.4}$$

容易验证

$$P_i^{(j)}(k,0)=Q_i^{(j)}(k,1)=\delta_{ij},P_i^{(j)}(k,1)=Q_i^{(j)}(k,0)=0, \tag{7.5}$$

$$Q_i^{(k+1)}(k,0)=(-1)^{k+i-1}P_i^{(k+1)}(k,1)=\frac{(-1)^i(2k+1-i)!}{i!(k-i)!}, \tag{7.6}$$

$$Q_i^{(k+1)}(k,1)=(-1)^{k+i-1}P_i^{(k+1)}(k,0)=\frac{(-1)^i(2k+1+i)!}{i!(k+1-i)!}. \tag{7.7}$$

考虑在$I_j(j=1,\cdots,n-1)$上表示形式为如下形式的向量有理样条

$$\boldsymbol{R}(x)=\boldsymbol{R}_j(x)=\sum_{i=0}^{k}\left[\boldsymbol{m}_j^{(i)}P_i\left(k,\frac{x-x_j}{h_j}\right)+\boldsymbol{m}_{j+1}^{(i)}Q_i\left(k,\frac{x-x_j}{h_j}\right)\right]$$
$$+\frac{d_j\boldsymbol{\varepsilon}}{x-c_j}(x-x_j)^{k+1}(x-x_{j+1})^{k+1}, \tag{7.8}$$

其中$\boldsymbol{\varepsilon}=(1,\cdots,1)$为$d$维向量,插值条件为

$$\boldsymbol{R}^{(i)}(x_j)=\boldsymbol{y}_j^{(i)},\ \boldsymbol{R}^{(i)}(x_{j+1})=\boldsymbol{y}_{j+1}^{(i)},\ i=0,1,\cdots,k. \tag{7.9}$$

$$\boldsymbol{R}^{(k+1)}(x_j)\cdot\boldsymbol{w}=\boldsymbol{y}_j^{(k+1)},\ \boldsymbol{R}^{(k+1)}(x_{j+1})\cdot\boldsymbol{w}=\boldsymbol{y}_{j+1}^{(k+1)}. \tag{7.10}$$

由式(7.6)和(7.9)可得

$$\boldsymbol{m}_j^{(i)}=\boldsymbol{y}_j^{(i)},\quad i=0,1,\cdots,k. \tag{7.11}$$

将式(7.8)右端多项式部分与有理分式部分,分别记为 $\boldsymbol{N}_j(x)$ 与 $\boldsymbol{M}_j(x)$,则由式(7.7)可得

$$\boldsymbol{N}_j^{(k+1)}(x_j)\cdot\boldsymbol{w}=\sum_{i=0}^{k}\frac{1}{h_j^{k+1}}\Big[\frac{(2k+1-i)!}{i!(k+1-i)!}(-1)^{k+1}\boldsymbol{y}_j^{(i)}\cdot\boldsymbol{w}+(-1)^i\frac{(2k+1-i)!}{i!(k-i)!}\boldsymbol{y}_{j+1}^{(i)}\cdot\boldsymbol{w}\Big], \tag{7.12}$$

$$\boldsymbol{N}_j^{(k+1)}(x_{j+1})\cdot\boldsymbol{w}=\sum_{i=0}^{k}\frac{1}{h_j^{k+1}}\Big[(-1)^{k+1}\frac{(2k+1-i)!}{i!(k-i)!}\boldsymbol{y}_j^{(i)}\cdot\boldsymbol{w}+(-1)^i\frac{(2k+1-i)!}{i!(k+1-i)!}\boldsymbol{y}_{j+1}^{(i)}\cdot\boldsymbol{w}\Big]. \tag{7.13}$$

及

$$\boldsymbol{M}^{(k+1)}(x_j)\cdot\boldsymbol{w}=\frac{(k+1)!(-h_j)^{k+1}d_j}{x_j-c_j},$$

$$\boldsymbol{M}_j^{(k+1)}(x_{j+1})\cdot\boldsymbol{w}=\frac{(k+1)!h_j^{k+1}d_j}{x_{j+1}-c_j}. \tag{7.14}$$

若

$$(-1)^{k+1}(\boldsymbol{y}_j^{(k+1)}-\boldsymbol{N}_j^{(k+1)}(x_j))\boldsymbol{w}+(\boldsymbol{y}_{j+1}^{(k+1)}-\boldsymbol{N}_{j+1}^{(k+1)}(x_j))\boldsymbol{w}\neq 0,$$

$$(\boldsymbol{y}_j^{(k+1)}-\boldsymbol{N}_j^{(k+1)}(x_j)\boldsymbol{w})(\boldsymbol{y}_{j+1}^{(k+1)}-\boldsymbol{N}_{j+1}^{(k+1)}(x_{j+1}))\boldsymbol{w}\neq 0, \tag{7.15}$$

则由插值条件(7.10)及(7.13)可得

$$\frac{x_{j+1}-c_j}{x_j-c_j}=\frac{(-1)^{k+1}\boldsymbol{M}_j^{(k+1)}(x_j)\boldsymbol{w}}{\boldsymbol{M}_j^{(k+1)}(x_{j+1})\boldsymbol{w}}=\frac{(-1)^{k+1}[(\boldsymbol{y}_j^{(k+1)}-\boldsymbol{N}_j^{(k+1)}(x_j))\boldsymbol{w}]}{[\boldsymbol{y}_{j+1}^{(k+1)}-\boldsymbol{N}_j^{(k+1)}(x_{j+1})]\boldsymbol{w}}.$$

所以

$$c_j=\frac{(-1)^{k+1}h_j[(\boldsymbol{y}_j^{(k+1)}-\boldsymbol{N}_j^{(k+1)}(x_j))\boldsymbol{w}]}{[((-1)^{k+1}\boldsymbol{y}_j^{(k+1)}-\boldsymbol{y}_{j+1}^{(k+1)})+((-1)^{k+1}\boldsymbol{N}_j^{(k+1)}(x_j)-\boldsymbol{N}_j^{(k+1)}(x_{j+1}))]\boldsymbol{w}}, \tag{7.16}$$

$$d_j=\frac{(-1)^{k+1}[(\boldsymbol{y}_{j+1}^{(k+1)}-\boldsymbol{N}_j^{(k+1)}(x_{j+1}))\boldsymbol{w}][(\boldsymbol{y}_j^{(k+1)}-\boldsymbol{N}_j^{(k+1)}(x_j))\boldsymbol{w}]}{(k+1)!h_j^k[((-1)^{k+1}\boldsymbol{y}_j^{(k+1)}-\boldsymbol{y}_{j+1}^{(k+1)})+((-1)^{k+1}\boldsymbol{N}_j^{(k+1)}(x_j)-\boldsymbol{N}_j^{(k+1)}(x_{j+1}))]\boldsymbol{w}}. \tag{7.17}$$

例 7　设 $\boldsymbol{y}=\boldsymbol{f}(x)=(x,\frac{1}{x})^{\mathrm{T}}$，$\boldsymbol{w}=(\frac{1}{2},\frac{1}{2})^{\mathrm{T}}$，$x_1=1,x_2=2,x_3=3.k=0$，其数据表如下：

	$x_1=1$	$x_2=2$	$x_3=3$
$\boldsymbol{y}_j$	$(1,1)$	$(2,\frac{1}{2})$	$(3,\frac{1}{3})$
$\boldsymbol{y}'_j$	$(1,-1)$	$(1,-\frac{1}{4})$	$(1,-\frac{1}{9})$
$\bar{y}_j=\bar{y}'_j\boldsymbol{w}$	0	$\frac{3}{8}$	$\frac{4}{9}$

$$P_0(0,t)=1-t,\quad Q_0(0,t)=t.$$

此时有

$$\boldsymbol{N}'_j(x_j)\boldsymbol{w}=\boldsymbol{N}'_j(x_{j+1})\boldsymbol{w}=\frac{\boldsymbol{y}_{j+1}-\boldsymbol{y}_j}{x_{j+1}-x_j}\boldsymbol{w}=\boldsymbol{f}[x_j,x_{j+1}]\boldsymbol{w},$$

而 $\boldsymbol{f}[x_j,x_{j+1}]=(1,-\frac{1}{2})$，$\boldsymbol{f}[x_j,x_{j+1}]\cdot\boldsymbol{w}=\frac{1}{4}$. 同理可算出 $\boldsymbol{f}[x_{j+1},x_{j+2}]=(1,-\frac{1}{6})$，$\boldsymbol{f}[x_{j+1},x_{j+2}]\cdot\boldsymbol{w}=\frac{5}{12}$.

由式(7.16)、(7.17)可得

$$\begin{aligned}\boldsymbol{R}_j(x)&=\boldsymbol{y}_j+\boldsymbol{f}[x_j,x_{j+1}](x-x_j)\\&+\frac{(x-x_j)(x-x_{j+1})[\boldsymbol{y}'_j\boldsymbol{w}-\boldsymbol{f}[x_j,x_{j+1}]\boldsymbol{w}][\boldsymbol{y}'_{j+1}\boldsymbol{w}-f[x_j,x_{j+1}]\boldsymbol{w}]\boldsymbol{\varepsilon}}{[\boldsymbol{y}'_j\boldsymbol{w}+\boldsymbol{y}'_{j+1}\boldsymbol{w}-2\boldsymbol{f}[x_j,x_{j+1}]\boldsymbol{w}]x-[(x_j\boldsymbol{y}'_j\boldsymbol{w}+x_{j+1}\boldsymbol{y}'_{j+1}\boldsymbol{w})-(x_j+x_{j+1})\boldsymbol{f}(x_j,x_{j+1})\boldsymbol{w}]}.\end{aligned}\tag{7.18}$$

利用所给数据及式(7.18)经简单计算可得

$$\text{在}[x_1,x_2]\text{上},\boldsymbol{R}_1(x)=\frac{1}{4x}[5x^2-3x+2,\ -x^2+3x+2]^{\mathrm{T}},$$

$$\text{在}[x_2,x_3]\text{上},\boldsymbol{R}_2(x)=\frac{1}{12x}[13x^2-5x+6,\ -x^2+5x+6]^{\mathrm{T}}.$$

容易验证

$\boldsymbol{R}(x_i)=\boldsymbol{y}_i$，$i=1,2,3$，及

$$\boldsymbol{R}(x_1)\boldsymbol{w}=\boldsymbol{y}'_1\boldsymbol{w},\ \boldsymbol{R}(x_2)\boldsymbol{w}=\boldsymbol{y}'_2\boldsymbol{w},\ \boldsymbol{R}(x_3)\boldsymbol{w}=\boldsymbol{y}'_3\boldsymbol{w},$$

其中

$$\boldsymbol{R}(x)=\begin{cases}\boldsymbol{R}_1(x), & x\in I_1,\\ \boldsymbol{R}_2(x), & x\in I_2.\end{cases}$$

对文献[1]中Ⅱ,Ⅲ型有理插值样条也可写出它的向量形式,这里就不一一列出了.

对于由定义 5.5 给出的向量有理样条,我们可以讨论向量有理样条插值问题.

对于剖分(7.2)已知在节点 $x=x_j$ 处的数据为

$$\boldsymbol{V}_j,\boldsymbol{V}'_j,\cdots,\boldsymbol{V}_j^{(i)},\quad i=0,1,\cdots,k,\quad j=1,2,\cdots,n.$$

其中 $\boldsymbol{V}_j^{(i)}=\boldsymbol{V}^{(i)}(x_j)\in C^d$. 在 I_j 上构造形如(7.1)的满足 $D(x)\,|\,|\boldsymbol{N}(x)|^2$ 的向量有理函数 $\boldsymbol{R}_j(x)$,使之满足

$$\boldsymbol{R}_j^{(i)}(x_j)=\boldsymbol{V}_j^{(i)},\ \boldsymbol{R}_j^{(i)}(x_{j+1})=\boldsymbol{V}_{j+1}^{(i)},\quad i=0,1,\cdots,k,\quad j=1,\cdots,n.\tag{7.19}$$

由第二章切触有理插值连分式表示,可设

$$\boldsymbol{R}_j=\boldsymbol{b}_{j,0}+\frac{x-x_j}{\boldsymbol{b}_{j,1}}+\cdots+\frac{x-x_j}{\boldsymbol{b}_{j,k}}+\frac{x-x_j}{\boldsymbol{b}_{j+1,0}}+\frac{x-x_{j+1}}{\boldsymbol{b}_{j+1,1}}+\cdots+\frac{x-x_{j+1}}{\boldsymbol{b}_{j+1,k}}.\tag{7.20}$$

为了得到 $\boldsymbol{R}_j(x)$的具体表示式,关键求出系数 $\boldsymbol{b}_{j,i}$及$\boldsymbol{b}_{j+1,i}$($i=0,1,\cdots,k$).下面给出算法:

算法Ⅰ:对 $i=0,1,\cdots,k$,$\boldsymbol{b}_{j,i}$的算法

在计算过程中需要用到向量 $\boldsymbol{V}$ 的 Samelson 逆 $\boldsymbol{V}^{-1}=\boldsymbol{V}^*/|\boldsymbol{V}|^2$($\boldsymbol{V}^*$ 为 $\boldsymbol{V}$ 的共轭向量).

初始化:定义 $\boldsymbol{g}_{j,0}(x)=\boldsymbol{V}(x)$,由式(7.19)知 $\boldsymbol{b}_{j,0}=\boldsymbol{g}_{j,0}(x_j)$.

计算:$\boldsymbol{g}_{j,1}(x)=\left(\dfrac{d}{dx}\boldsymbol{g}_{j,0}(x)\right)^{-1}$, $\quad\boldsymbol{b}_{j,1}=\boldsymbol{g}_{j,1}(x_j)$.

递推:$\boldsymbol{h}_{j,i}(x)=i\left(\dfrac{d}{dx}\boldsymbol{g}_{j,i-1}(x)\right)^{-1}$, $\quad\boldsymbol{b}_{j,i}=\boldsymbol{h}_{j,i}(x_j)$, $\quad i\geqslant 2$,

$$\boldsymbol{g}_{j,i}(x)=\boldsymbol{h}_{j,i}(x)+\boldsymbol{g}_{j,i-2}(x).$$

算法Ⅱ:对 $i=0,1,\cdots,k$,$\boldsymbol{b}_{j+1,i}$的算法

定义:$\boldsymbol{r}_{j,i}(x)=\dfrac{1}{(-\boldsymbol{b}_{j,i})}+\dfrac{x-x_j}{(-\boldsymbol{b}_{j,i-1})}+\cdots+\dfrac{x-x_j}{(-\boldsymbol{b}_{j,1})}+\dfrac{x-x_j}{(\boldsymbol{V}(x)-\boldsymbol{b}_{j,0})}$,

$$i=1,\cdots,k.$$

计算：$\boldsymbol{r}_{j,i+1}(x)=(-\boldsymbol{b}_{j,i+1}+(x-x_j)\mathbf{V}_{j,i}(x))^{-1}$，　$i=1,\cdots,k-1$，

$$\boldsymbol{g}_{i+1,0}(x)=(x-x_j)\boldsymbol{r}_{j,i}(x),\boldsymbol{b}_{j+1,0}=\boldsymbol{g}_{j+1,0}(x_{j+1}),$$

$$\boldsymbol{g}_{j+1,1}(x)=\left(\frac{d}{dx}\boldsymbol{g}_{j+1,0}(x)\right)^{-1},\quad \boldsymbol{b}_{j+1,1}=\boldsymbol{g}_{j+1,1}(x_{j+1}).$$

递推：$\boldsymbol{h}_{j+1,i}(x)=i\left(\frac{d}{dx}\boldsymbol{g}_{j+1,i}(x)\right)^{-1}$，　$\boldsymbol{b}_{j+1,i}=\boldsymbol{h}_{j+1,i}(x_{j+1})$，　$i\geqslant 2$，

$$\boldsymbol{g}_{j+1,i}(x)=\boldsymbol{h}_{j+1,i}(x)+\boldsymbol{g}_{j+1,i-2}(x).$$

令

$$\boldsymbol{G}_{s,t}(x)=\boldsymbol{b}_{j,0}+\frac{x-x_j}{\boldsymbol{b}_{j,1}}+\cdots+\frac{x-x_s}{\boldsymbol{b}_{s,t}},\tag{7.21}$$

$$\boldsymbol{H}_{s,t}(x)=\boldsymbol{b}_{s,t+1}+\frac{x-x_s}{\boldsymbol{b}_{s,t+2}}+\cdots+\frac{x-x_{j+1}}{\boldsymbol{b}_{j+1,k}},\quad s=j,\quad t=0,1,\cdots,k-1.\tag{7.22}$$

$$\boldsymbol{H}_{j,k}(x)=\boldsymbol{b}_{j+1,0}+\frac{x-x_{j+1}}{\boldsymbol{b}_{j+1,1}}+\cdots+\frac{x-x_{j+1}}{\boldsymbol{b}_{j+1,k}}.\tag{7.23}$$

定理 5.35　设由式(7.20)给出的 $\boldsymbol{R}_j(x)$表示式中的 $\boldsymbol{b}_{l,i}$存在($l=j,j+1,i=1,\cdots,k$)，且满足如下条件：

(i) $\boldsymbol{b}_{j,i}\neq 0\ (i=1,2,\cdots,k)$，　$\boldsymbol{b}_{j+1,i}\neq 0\quad(i=0,1,\cdots,k)$；

(ii) $\boldsymbol{H}_{j,k}(x_j)\neq 0$.

则 $\boldsymbol{R}_j(x)$满足插值条件(7.19).

证明　由式(7.22)及条件(i)、(ii)知

$$\boldsymbol{H}_{j,0}(x_j)=\boldsymbol{b}_{j,1}\neq\mathbf{0},\ \boldsymbol{H}_{j,1}(x_j)=\boldsymbol{b}_{j,2}\neq 0.$$

则当 $k=1$ 时，由式(7.20)知

$$\boldsymbol{R}_j(x)=\boldsymbol{b}_{j,0}+\frac{x-x_j}{\boldsymbol{b}_{j,1}}+\frac{x-x_j}{\boldsymbol{H}_{j,1}},$$

$$\boldsymbol{G}_{j,1}(x)=\boldsymbol{b}_{j,0}+\frac{x-x_j}{\boldsymbol{b}_{j,1}}$$

存在，且

$$\boldsymbol{R}_j(x_j)=\boldsymbol{G}_{j,1}(x_j)=\boldsymbol{b}_{j,0}=\mathbf{V}_j,$$

$$\boldsymbol{R}'_j(x_j) = \boldsymbol{G}'_{j,1}(x_j) = \frac{1}{\boldsymbol{b}_{j,1}} = \boldsymbol{V}'_j.$$

当 $\boldsymbol{H}_{j,0}(x_j)=\boldsymbol{b}_{j,1}\neq\boldsymbol{0},\cdots,\boldsymbol{H}_{j,k-1}(x_j)=\boldsymbol{b}_{j,k}\neq\boldsymbol{0}$ 及 $\boldsymbol{H}_{j,k}(x_j)\neq\boldsymbol{0}$,则有

$$\boldsymbol{R}_j x = \boldsymbol{b}_{j,0} + \frac{x-x_j}{\boldsymbol{b}_{j,1}} + \cdots + \frac{x-x_j}{\boldsymbol{b}_{j,k}} + \frac{x-x_j}{\boldsymbol{H}_{j,k}},$$

$$\boldsymbol{G}_{j,k}(x) = \boldsymbol{b}_{j,0} + \frac{x-x_j}{\boldsymbol{b}_{j,1}} + \cdots + \frac{x-x_j}{\boldsymbol{b}_{j,k}}.$$

由第二章切触 Thile 型连分式插值知

$$\boldsymbol{R}_j^{(i)}(x_j) = G_{j,k}^{(i)}(x_j) = \boldsymbol{V}_j^{(i)},\ i = 0,1,\cdots,k.$$

注意在 $\boldsymbol{G}_{j+1,0}$ 中的 $\boldsymbol{b}_{j+1,0}=(x_{j+1}-x_j)\boldsymbol{r}_{j,k}(x_{j+1})$ 及假设 $\boldsymbol{H}_{j+1,0}(x_{j+1})=\boldsymbol{b}_{j+1,1}\neq 0$,容易得到

$$\begin{aligned}\boldsymbol{R}_j(x_{j+1}) &= \boldsymbol{G}_{j+1,0}(x_{j+1})\\ &= \boldsymbol{b}_{j,0} + \frac{x_{j+1}-x_j}{\boldsymbol{b}_{j,1}} + \cdots + \frac{x_{j+1}-x_j}{\boldsymbol{b}_{j,k}} + \frac{x_{j+1}-x_j}{(x_{j+1}-x_j)\boldsymbol{r}_{j,k}(x_{j+1})}\\ &= \boldsymbol{b}_{j,0} + \frac{x_{j+1}-x_j}{(x_{j+1}-x_j)(\boldsymbol{V}(x_{j+1})-\boldsymbol{b}_{j,0})^{-1}} = \boldsymbol{V}_{j+1}.\end{aligned} \tag{7.24}$$

借助式(7.24)利用切触有理插值的 Thiele 公式可得

$$\boldsymbol{G}_{j+1,k}(x) = \boldsymbol{b}_{j,0} + \frac{x-x_j}{\boldsymbol{b}_{j,1}} + \cdots + \frac{x-x_{j+1}}{\boldsymbol{b}_{j+1,k}}.$$

于是有

$$\boldsymbol{R}_j^{(i)}(x_{j+1}) = \boldsymbol{G}_{j+1,k}^{(i)}(x_{j+1}) = \boldsymbol{V}_{j+1}^{(i)},\quad i = 0,1,\cdots,k.$$

这就完成了定理的证明. □

例 8 设 $\boldsymbol{V}(x)=(x,x^2,x^3)$, $x_1=0$, $x_2=1$, $x_3=2$, $k=1$. 求在 $[x_1,x_3]$ 上的样条插值函数.

$$\boldsymbol{V}_1 = (0,0,0), \boldsymbol{V}'_1 = (1,0,0), \boldsymbol{V}_2 = (1,1,1), \boldsymbol{V}'_2 = (1,2,3)$$

$$\boldsymbol{V}_3 = (2,4,8), \boldsymbol{V}'_3 = (1,4,12).$$

在 $[x_1,x_2]=[0,1]$ 上, $\boldsymbol{g}_{1,0}(x)=\boldsymbol{V}(x)$, $\boldsymbol{b}_{1,0}=(0,0,0)$, $\boldsymbol{g}_{1,1}(x)=\left(\frac{d}{dx}\boldsymbol{V}(x)\right)^{-1}=(1,2x,3x^2)/(1+4x^2+9x^4)$, 所以 $\boldsymbol{b}_{1,1}=(1,0,0)$,

$$\boldsymbol{r}_{1,1}(x)=\frac{x}{(-\boldsymbol{b}_{1,1})}+\frac{x}{(\boldsymbol{V}(x)-\boldsymbol{b}_{1,0})}=(-x(1+x^2),1,x)/x(1+x^2),$$

$$\boldsymbol{g}_{2,0}(x)=x\boldsymbol{r}_{1,1}(x),\ \boldsymbol{b}_{2,0}=(-1,\frac{1}{2},\frac{1}{2}),$$

$$\boldsymbol{g}_{2,1}(x)=(-(1+x^2)^2,-2x,1-x^2)/(2+2x^2+x^4),$$

$$\boldsymbol{b}_{2,1}=(-4/5,-2/5,0),$$

$$\boldsymbol{R}_1(x)=(0,0,0)+\frac{x}{(1,0,0)}+\frac{x}{(-1,\frac{1}{2},\frac{1}{2})}+\frac{x-1}{(-\frac{5}{4},-\frac{2}{5},0)}.$$

完全类似地可以求出在$[x_2,x_3]=[1,2]$上的插值样条函数

$$\boldsymbol{R}_2(x)=(1,1,1)+\frac{x-1}{\frac{1}{14}(1,2,3)}+\frac{x-1}{(-2,\frac{1}{5},\frac{2}{5})}-\frac{x-2}{\frac{1}{26}(25,4,3)}.$$

对于这种基于广义逆的向量有理样条,利用第二章中类似方法可以证明$\boldsymbol{R}_j(x)$的惟一性,且有精确的误差公式.

定理 5.36　设 $\boldsymbol{R}_j(x)=\dfrac{\boldsymbol{N}(x)}{D(x)}$, $x\in I_j$, $D(x)\neq 0$,如果 $\boldsymbol{V}(x)$在 I_j 上是 $M+1$次连续可微,则对任何 $x\in I_j$ 都有

$$\boldsymbol{V}(x)-\boldsymbol{R}_j(x)=\frac{W(x)}{(M+1)!}\frac{d^{M+1}}{dx^{M+1}}(D(x)\boldsymbol{V}(x))\mid_{x=\xi},$$

其中 $W(x)=(x-x_j)^{k+1}(x-x_{j+1})^{k+1}$, $M=2k+1,\xi\in(x_j,x_{j+1})$.

§8　多元有理样条函数

前面几节我们介绍了一元有理样条函数,由于客观事物的多样性与复杂性,开展多元有理样条函数方面的研究是很有价值的,在著作[3]中较详细地介绍了借助于楔函数与广义楔函数方法建立了任意凸多边形上 C^0 及三角剖分上的 $C^u(u\geqslant 1)$二元有理样条函数类的理论及方法.本节将介绍基于王仁宏提出的光滑余因子协调方法建立的二元有理样条函数的一些结果.

设 D 为平面上的有界区域,用一些直线段将区域 D 剖分为有限个子区域D_1, $D_2,\cdots,D_N$,并称它们为胞腔.形成每个胞腔的直线段称为网线,网线的交点称为网点,若一网点是区域 D 内的点,则称为内网点,若两个网点为同一网线的两端点,则该两点称为是相邻网点.若一网线全部含于 D 内部,则称为内网线(见图5.6).

对区域 D 施行剖分 Δ 后，所有以某一网点 A 为顶点的胞腔的并集称为网点 A 的关联域，记为 $\mathrm{st}(A)$. 两胞腔 D_i 和 D_j 的交线记为 Γ_{ij}，其直线方程为 $l_{ij}(x,y)=a_{ij}x+b_{ij}y+c_{ij}=0$.

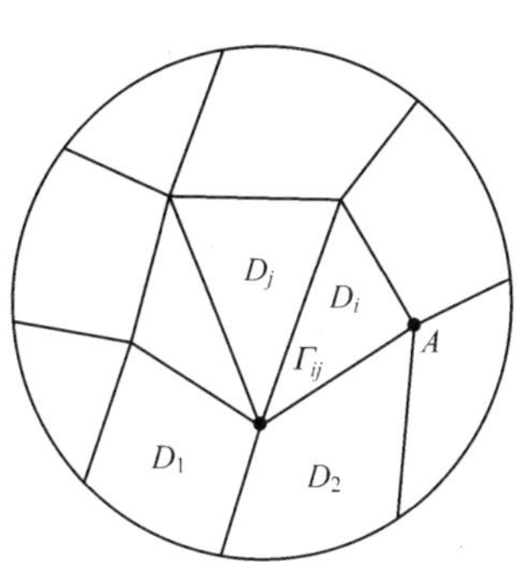

图 5.6

以 P_k 记二元 k 次实系数代数多项式集合：

$$P_k := \left\{P=\sum_{0\leqslant i+j\leqslant k}P_{ij}x^iy^j,\ P_{ij}\in R\right\}.$$

以 $R_{n,m}$ 记有理分式函数

$$R(x,y)=P(x,y)/Q(x,y)$$

的集合，其中 $P(x,y)\in P_n$，$Q(x,y)\in P_m$.

定义 5.7　设定义在 D 上的实有理分数函数 $R(x,y)$ 满足如下条件：

(i) 于 D 的每个胞腔 $D_i(i=1,\cdots,N)$ 上 $R(x,y)\in R_{n,m}$；

(ii) 于 D 中相邻胞腔 D_i 和 D_j 的边界 Γ_{ij} 上 $R(x,y)\in C^{\mu}(\overline{D_i\cup D_j})$，

则称 $R(x,y)$ 是 (n/m) 型的 μ 阶有理样条函数，记为 $SR^{\mu}_{n,m}(\Delta,D)$.

定义 5.7 中并没有要求 $R(x,y)\in C^{\mu}(D)$，因此 $R(x,y)$ 允许有奇异曲线. 如果在 5.7 中(ii)换成 $R(x,y)\in C^{\mu}(D)$，则称 $R(x,y)$ 是 D 上的 (n/m) 型 μ 阶非奇异有理样条. 在[3]中证明了

定理 5.37　设 $R(x,y)$ 于两相邻胞腔 D_i 和 D_j 上的表达式分别为

$$P_i(x,y)/Q_i(x,y) \text{ 和 } P_j(x,y)/Q_j(x,y).$$

为使 $R(x,y)\in C^{\mu}(\overline{D_i\cup D_j})$，必须且只须存在

$$M_{ij}(x,y)\in P_{n+m-\mu-1},$$

使得

$$\frac{P_i(x,y)}{Q_i(x,y)}-\frac{P_j(x,y)}{Q_j(x,y)}=\frac{[l_{ij}(x,y)]^{\mu+1}M_{ij}(x,y)}{Q_i(x,y)Q_j(x,y)}. \tag{8.1}$$

称式(8.1)中的 $M_{ij}(x,y)$ 为内网线 Γ_{ij} 上的光滑余因子. 内网点 A 的协调条件为

$$\sum\nolimits_A[l_{ij}(x,y)]^{\mu+1}\frac{M_{ij}(x,y)}{Q_i(x,y)Q_j(x,y)}\equiv 0. \tag{8.2}$$

其中 $\sum_A$ 表示对一切以内网点 A 为端点的内网线求和. 整体协调条件为

$$\sum\nolimits_{A_\nu}[l_{ij}(x,y)]^{\mu+1}\frac{M_{ij}(x,y)}{Q_i(x,y)Q_j(x,y)}=0,\ \nu=1,2,\cdots,\overline{M}. \tag{8.3}$$

其中 $\overline{M}$ 为剖分 Δ 的内网点数. $\sum_{A\nu}$ 表示对一切内网线求和.

一、多元有理样条函数的表现形式

为了得到类似于一元有理样条函数的表现定理形式(见定理 5.2),需要介绍多元截断多项式概念.

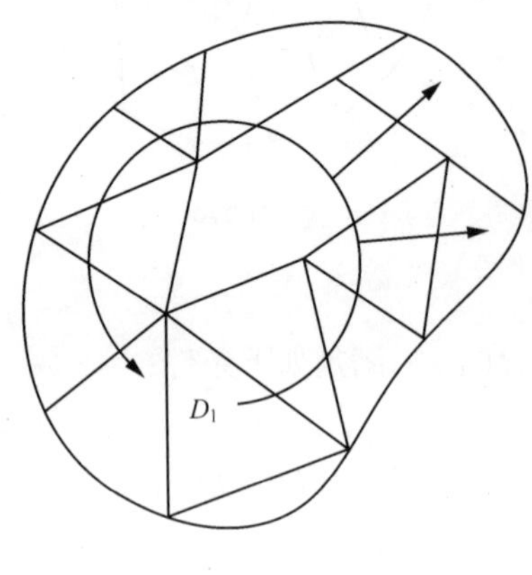

图 5.7

在剖分 Δ 下在有限个胞腔 $D_1,\cdots,D_N$ 中任意选定一个胞腔,不妨设为 D_1 作为源胞腔,从 D_1 出发画一流向图(如图 5.7 所示),使得所有流线 $\boldsymbol{C}$ 满足下列条件:

(i) $\boldsymbol{C}$ 流进、流出所有胞腔各一次;

(ii) $\boldsymbol{C}$ 穿过每条内网线的次数不多于 1(不允许穿过网点);

(iii) $\boldsymbol{C}$ 允许有分支出现,即不要求一笔画。流线经过的内网线称为相应于流线 $\boldsymbol{C}$ 的本性内网线,其他内网线称为相应于 $\boldsymbol{C}$ 的可去内网线. 显然流线 $\boldsymbol{C}$ 的选取不是惟一的,因此本性内网线与可去内网线是一个相对的概念.

设 $\Gamma_{ij}:l_{ij}(x,y)=0$ 为 $\boldsymbol{C}$ 的任一条内网线,从原胞腔出发,沿流向图前进时,将那些只有越过 Γ_{ij} 以后才能到达的一切闭胞腔的并集记为$\bigcup(\Gamma_{ij}^{+})$;将 $\boldsymbol{C}$ 越过Γ_{ij} 之前所经过的各闭胞腔的并集记为$\bigcup(\Gamma_{ij}^{-})$,并称

$$f_r(\Gamma_{ij}) = \bigcup(\Gamma_{ij}^{+}) \setminus \bigcup(\Gamma_{ij}^{-})$$

为 Γ_{ij} 的前方.

定义 5.8　设 $\Gamma_{ij}:l_{ij}(x,y)=0$ 为相应于流线 $\boldsymbol{C}$ 的任一条本性内网线,多元广义截断多项式为

$$[l_{ij}(x,y)]_{+}^{m} = \begin{cases} [l_{ij}(x,y)]^{m}, & (x,y) \in f_r(\Gamma_{ij}), \\ 0, & (x,y) \in D \setminus f_r(\Gamma_{ij}). \end{cases}$$

由定理 5.37 容易推出

定理 5.38　$SR_{n,m}^{\mu}(\Delta,D)$中的任一在内网线附近非奇异的有理样条函数 $R(x,y)$均可表示为

$$R(x,y) = R_1(x,y) + \sum_{\boldsymbol{C}}[l_{ij}(x,y)]_{+}^{m}\frac{M_{ij}(x,y)}{Q_i(x,y)Q_j(x,y)}, \tag{8.4}$$

其中 $R_1(x,y)\in R_{n,m}$ 为 $R(x,y)$ 在源胞腔上的表达式，$\sum_C$ 表示对所有本性内网线求和.

在文献[66]中证明了

定理 5.39 设 Δ 是 D 的任意剖分，$R(x,y)\in R_{n,m}^{\mu}(\Delta,D)$ 当且仅当对任何内网线 Γ_{ij} 上均有光滑余因子存在，并且整体协调条件(8.3)被满足.

有了表达式便可进一步讨论有理样条插值问题.

二、多元有理样条插值

针对三角剖分来讨论一类特殊的插值格式. 图 5.8 所示的是对多边形区域 D 的一个三角剖分 Δ，其胞腔记为 $\Delta_i,\Delta_j,\cdots$，设 Δ_i 与 Δ_j 的公共边位于直线 Γ_{ij} 上，并设 $\Gamma_{ij}: l_{ij}(x,y)=a_{ij}x+b_{ij}y+c_{ij}=0$.

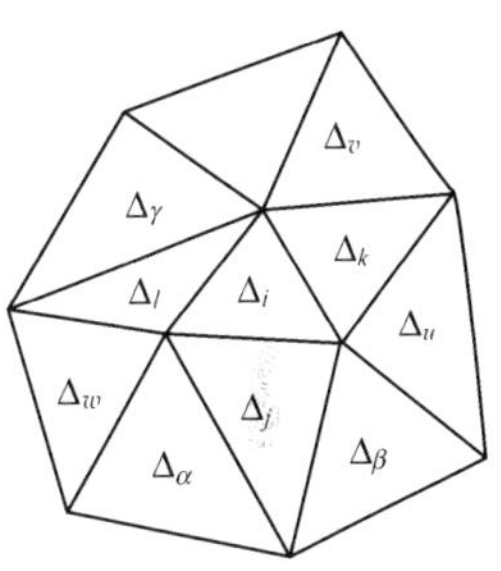

图 5.8

由于剖分的网线数是有限的，因此对给定的剖分 Δ，总可以通过适当选取坐标系使网线不平行于 y 轴(称为 Ω_y 剖分)或使所有内网线不平行于 x 轴(称为 Ω_x 剖分). 令 $\overline{\Gamma}_{ij}=\overline{\Delta}_i\cap\overline{\Delta}_j$. 在 $\overline{\Gamma}_{ij},\overline{\Gamma}_{ik}$ 和 $\overline{\Gamma}_{il}$ 上分别取 μ 个互异的点(均不含端点)为 $\{t_m^{(ij)}\}_{m=0}^{\mu-1}$，$\{t_m^{(ik)}\}_{m=0}^{\mu-1}$，$\{t_m^{(il)}\}_{m=0}^{\mu-1}$，且设 $t_m^{(i,j)}=(x_m^{(ij)},y_m^{(ij)})$，$t_m^{(ik)}=\{x_m^{(ik)},\ y_m^{(ik)}\}$，$t_m^{(il)}=(x_m^{(il)},y_m^{(il)})$，$m=0,1,\cdots,\mu-1$.

考虑下列形式的有理样条函数 $R(x,y)$，其在胞腔 Δ_i 上的表达式为

$$
\begin{aligned}
R(x,y) &= P_i(x,y)/Q_i(x,y)\\
&= [l_{il}(x,y)l_{ih}(x,y)l_{ju}(x,y)l_{j\beta}(x,y)]^{\mu}\sum_{0\leqslant s+t\leqslant\mu-1}C_{st}^{(ij)}x^s y^t\\
&\quad+[l_{il}(x,y)l_{ij}(x,y)l_{ku}(x,y)l_{kv}(x,y)]^{\mu}\sum_{0\leqslant s+t\leqslant\mu-1}C_{st}^{(ik)}x^s y^t\\
&\quad+[l_{ij}(x,y)l_{ik}(x,y)l_{lw}(x,y)l_{lr}(x,y)]^{\mu}\sum_{0\leqslant s+t\leqslant\mu-1}C_{st}^{(il)}x^s y^t\\
&\quad+\frac{[l_{ij}(x,y)l_{ik}(x,y)l_{il}(x,y)]^{\mu}}{(t_0^{(i)}+t_1^{(i)}x+t_2^{(i)}y)^P},
\end{aligned}\tag{8.5}
$$

其中 P 为不小于 1 的任一正整数，$C_{st}^{(ij)},C_{st}^{(ik)},C_{st}^{(il)}$，$0\leqslant s+t\leqslant\mu-1$ 及 $t_0^{(i)},t_1^{(i)},t_2^{(i)}$ 为待定系数.

不难看出式(8.5)第一项求和号前面的因子分别是四边形 $\overline{\Delta}_i\cup\overline{\Delta}_j$ 的四条边的线性式，第二项求和号前面的因子分别是四边形 $\overline{\Delta}_i\cup\overline{\Delta}_k$ 的四条边的线性式，而第

三项求和号前面的因子分别是四边形 $\bar{\Delta}_i \cup \bar{\Delta}_l$ 的四条边的线性式.因此自然约定当 $\bar{\Gamma}_{ij}$ 为边界网线时式(8.5)第一项消失;当 $\bar{\Gamma}_{ik}$ 为边界网线时,式(8.5)第二项消失;当 $\bar{\Gamma}_{il}$ 为边界网线时式(8.5)的第三项式消失.

对 D 的 Ω_y 剖分,式(8.5)满足如下插值条件:

$$R_y^{(n)}(t_m^{(ij)}) = f_{m,n}^{(ij)},\ m = 0,1,\cdots,\mu - 1 - n;\ n = 0,1,\cdots,\mu - 1, \tag{8.6}$$

$$R_y^{(n)}(t_m^{(ik)}) = f_{m,n}^{(ik)},\ m = 0,1,\cdots,\mu - 1 - n;\ n = 0,1,\cdots,\mu - 1, \tag{8.7}$$

$$R_y^{(n)}(t_m^{(il)}) = f_{m,n}^{(il)},\ m = 0,1,\cdots,\mu - 1 - n;\ n = 0,1,\cdots,\mu - 1. \tag{8.8}$$

$$R_y^{(\mu)}(t_0^{(ij)}) = f_{0,\mu}^{(ij)}, \tag{8.9}$$

$$R_y^{(\mu)}(t_0^{(ik)}) = f_{0,\mu}^{(ik)}, \tag{8.10}$$

$$R_y^{(\mu)}(t_0^{(il)}) = f_{0,\mu}^{(il)}, \tag{8.11}$$

其中 $R_y^{(n)}(t_m^{(ij)}) = \left.\dfrac{\partial^n R(x,y)}{\partial y^n}\right|_{(x,y)=t_m^{(ij)}}$,而 $f_{m,n}^{(is)},(s=j,k,l)$, $f_{0,\mu}^{(i,s)}(s=j,k,l)$是预先给定的实数.

关于有理样条插值问题的惟一可解性,有

定理 5.40[39]　在 Ω_y 剖分下,具有 $\mu-1$ 阶连续的有理样条插值问题(8.5)~(8.11)是惟一可解的.

对于 Ω_x 剖分也有类似的结果.文献[39]还讨论了矩形剖分有理样条插值问题,并得到了类似于定理 5.40 的结果.这里就不一一介绍了.

三、$SR_{1,1}^0(\Delta,D)$中的非奇异多元有理样条

前面讨论了三角剖分下的多元有理插值样条,其有理样条的形式是预先设计的,插值数据只是影响待定系数,对样条在相邻胞腔共享网线上的光滑连接性则无所贡献,且没有涉及到有理样条的奇异性问题.

在实际问题中,已知信息往往只是一些离散数据,如何通过这些数据构造具有一定光滑连接的分片插值曲线、曲面,便是一个十分有意义的问题.但由于多元有理样条比多元多项式样条更复杂,这里仅就三角剖分引进有理基函数讨论低阶多元有理样条所应满足的插值条件,并通过插值数据和基函数给出相应的多元有理样条的显式表示.

对多边形区域 D 作三角剖分 Δ,D 内含有 N 个内网点 $A_1,\cdots,A_N$.用 $B(A_i,\Delta)$表示内网点 A_i 的关联域,并假定关联域含有 M_i 个胞腔,按逆时针方向分别记作 $\Delta_1^i,\Delta_2^i,\cdots,\Delta_{M_i}^i$.对三角形胞腔 Δ_k^i, $k=1,\cdots,M_i$, $i=1,\cdots,N$,将其顶点和各边

上的某点进行编号,如图 5.9 所示.即

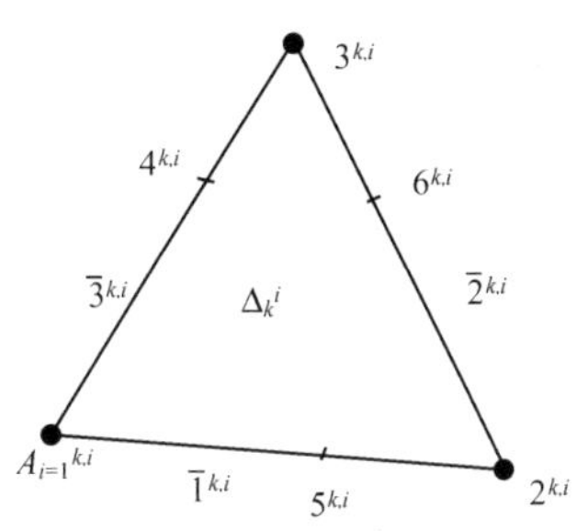

图 5.9

$$P^{k,i} = \{x_{kp}^i, y_{kp}^i\},$$

$$\overline{S}^{k,i} = \{(x,y) \mid A_{ks}^i x + B_{ks}^i y + C_{ks}^i = 0,\ A_{ks}^i B_{ks}^i = 0\},$$

$$\underline{S}^{k,i} = A_{ks}^i x + B_{ks}^i y + C_{ks}^i,$$

$$\underline{S}_p^{k,i} = A_{ks}^i x_{kp}^i + B_{ks}^i y_{kp}^i + C_{ks}^i.$$

根据图 5.9 的编号,自然有 $A_i = 1^{1,i} = 1^{2,i} = \cdots = 1^{M_i,i}(i=1,\cdots,N)$, $1^{ki} = 1^{k+1,i}$, $4^{k,i} = 5^{k+1,i}$, $3^{k,i} = 2^{k+1,i}$, $(k=1,\cdots,M_i, i=1,2,\cdots,N)$,并规定 $P^{M_{i+1},i} = P^{1,i}$, $\Delta_{M_{i+1}}^i = \Delta_1^i$.

对于 $SR_{1,1}^0(\Delta,D)$引进有理基函数(参见[39]):

$$w_{k1}^i = w_{k1}^i(x,y) = \underline{2}^{k,i} / \underline{2}_1^{k,i},$$

$$w_{k2}^i = w_{k2}^i(x,y) = \underline{3}^{k,i} / \underline{3}_2^{k,i},$$

$$w_{k3}^i = w_{k3}^i(x,y) = \underline{1}^{k,i} / \underline{1}_3^{k,i}.$$

它们分别是内网线(直线)一次多项式除以相应多项式的值.故 $w_{kp}^i(p=1,2,3)$满足

$$w_{kp}^i(x_{kq}^i, y_{kq}^i) = \delta_{pq}.$$

若 $R(x,y) \in SR_{1,1}^0(\Delta,D)$在 Δ_k^i 上的表达式$R^{k,i}(x,y)$满足插值条件:

$$R^{k,i}(P^{k,i}) = u_{kp}^i / v_{kp}^i = \alpha_{kp}^i,\ p = 1,\cdots,6;k = 1,\cdots,M_i, \tag{8.12}$$

其中 u_{kp}^i / v_{kp}^i 为既约分数,且当 $u_{kp}^i / v_{kp}^i = 0$ 时,约定 $u_{kp}^i = 0$, $v_{kp}^i = 1$. 因为 $R^{k,i}(x,y)$与 $R^{k+1,i}(x,y)$在 $\overline{\Delta}_k^i \cap \overline{\Delta}_{k+1}^i$ 上 C^0 光滑连接,故必有

$$\frac{u_{k1}^i}{v_{k1}^i} = \frac{u_{k+1,1}^i}{v_{k+1,1}^i}, \frac{u_{k3}^i}{v_{k3}^i} = \frac{u_{k+1,2}^i}{v_{k+1,2}^i}, \frac{u_{k4}^i}{v_{k4}^i} = \frac{u_{k+1,5}^i}{v_{k+1,5}^i}. \tag{8.13}$$

事实上,上述条件对 $R^{k,i}(x,y)$与 $R^{k+1,i}(x,y)$在 $\Delta_k^i \cap \Delta_{k+1}^i$ 上 C^0 连续也是充分的.

值得注意的是上述结论利用了 $R^{k,i}(x,y)$在 Δ_k^i 内, $R^{k+1,i}(x,y)$在 Δ_{k+1}^i 内的非奇异性,否则单凭条件(8.13),并不能保证 $R^{k,i}(x,y)$与 $R^{k+1,i}(x,y)$在 $\overline{\Delta}_k^i \cap \overline{\Delta}_{k+1}^i$ 上的恒等性.为了通过(8.12)构造 C^0 连续的(1/1)型分片有理函数,使它们在各自对应的胞腔上是非奇的,插值数据除满足(8.13)外,还须有约束条件.

利用前面定义的基函数 w_{k1}^i, w_{k2}^i, w_{k3}^i, 可将满足(8.12)的有理函数

$R^{k,i}(x,y)$表示为

$$R^{k,i}(x,y)=\frac{\sum_{p=1}^{3}d_{kp}^{i}u_{kp}^{i}w_{kp}^{i}(x,y)}{\sum_{p=1}^{3}d_{kp}^{i}v_{kp}^{i}w_{kp}^{i}(x,y)},\tag{8.14}$$

其中 $d_{kp}^{i}, p=1,2,3$ 为待定系数.

利用插值条件(8.12)可得方程组

$$\begin{cases}(u_{k4}^{i}v_{k1}^{i}-u_{k1}^{i}v_{k4}^{i})w_{k1}^{i}(4^{k,i})d_{k1}^{i}=(u_{k3}^{i}v_{k4}^{i}-u_{k4}^{i}v_{k3}^{i})w_{k3}^{i}(4^{k,i})d_{k3}^{i},\\(u_{k5}^{i}v_{k1}^{i}-u_{k1}^{i}v_{k5}^{i})w_{k1}^{i}(5^{k,i})d_{k1}^{i}=(u_{k2}^{i}v_{k5}^{i}-u_{k5}^{i}v_{k2}^{i})w_{k2}^{i}(5^{k,i})d_{k2}^{i},\\(u_{k6}^{i}v_{k2}^{i}-u_{k2}^{i}v_{k6}^{i})w_{k2}^{i}(6^{k,i})d_{k2}^{i}=(u_{k3}^{i}v_{k6}^{i}-u_{k6}^{i}v_{k3}^{i})w_{k3}^{i}(6^{k,i})d_{k3}^{i}.\end{cases}\tag{8.15}$$

方程组关于 $d_{k1}^{i},d_{k2}^{i},d_{k3}^{i}$存在非平凡解的充分必要条件是

$$\begin{aligned}&\left(\frac{u_{k4}^{i}}{v_{k4}^{i}}-\frac{u_{k1}^{i}}{v_{k1}^{i}}\right)\left(\frac{u_{k2}^{i}}{v_{k2}^{i}}-\frac{u_{k5}^{i}}{v_{k5}^{i}}\right)\left(\frac{u_{k3}^{i}}{v_{k3}^{i}}-\frac{u_{k6}^{i}}{v_{k6}^{i}}\right)\overline{43}^{k,i}\ \overline{51}^{k,i}\ \overline{62}^{k,i}\\&=\left(\frac{u_{k3}^{i}}{v_{k3}^{i}}-\frac{u_{k4}^{i}}{v_{k4}^{i}}\right)\left(\frac{u_{k5}^{i}}{v_{k5}^{i}}-\frac{u_{k1}^{i}}{v_{k1}^{i}}\right)\left(\frac{u_{k6}^{i}}{v_{k6}^{i}}-\frac{u_{k2}^{i}}{v_{k2}^{i}}\right)\overline{41}^{k,i}\ \overline{52}^{k,i}\ \overline{63}^{k,i}.\end{aligned}\tag{8.16}$$

其中$\overline{pq}^{k,i}$表示点 $p^{k,i}$ 与点 $q^{k,i}$ 之间的距离. 记方程组(8.15)的系数矩阵为 $D^{k,i}$,则当 $\mathrm{rank}(D^{k,i})=2$ 时,便可求出一组非平凡解. 如果这组非平凡解满足(始终约定 $v_{kp}^{i}>0$)条件:

$$\begin{cases}\min(d_{k1}^{i},d_{k2}^{i})<d_{k5}^{i}<\max(d_{k1}^{i},d_{k2}^{i}),\\\min(d_{k1}^{i},d_{k3}^{i})<d_{k4}^{i}<\max(d_{k1}^{i},d_{k3}^{i}),\\\min(d_{k2}^{i},d_{k3}^{i})<d_{k6}^{i}<\max(d_{k2}^{i},d_{k3}^{i}),\end{cases}\tag{8.17}$$

则 $R^{k,i}(x,y)$在 Δ_k^i 内非奇异.

式(8.12),(8.16)及(8.17)实质上给出了一种由插值条件确定关联域 $B(A_i,\Delta)$内 C^0 连续非奇异有理样条的方法.

例 9　图 5.10 所示的区域 D 是正方形.

$B(A_i,\Delta)=\bigcup_{k=1}^{8}\Delta_k^i$. 取 $4^{k,i},5^{k,i},6^{k,i},k=1,2,\cdots,8$,为各网线的中点. 在 Δ_1^i 中令 $\alpha_{1,1}^{i}=\frac{0}{1},\alpha_{12}^{i}=\frac{1}{1},\ \alpha_{13}^{i}=\frac{1}{2},\ \alpha_{14}^{i}=\frac{1}{3},\ \alpha_{15}^{i}=\frac{1}{2},\alpha_{16}^{i}=\frac{2}{3}$. 它们满足式(8.16)及(8.17),由式(8.14)求得 $R^{1,i}(x,y)=x/(x+y+1)$. 在 Δ_2^i 中根据式(8.13)式(8.16)和式(8.17)取

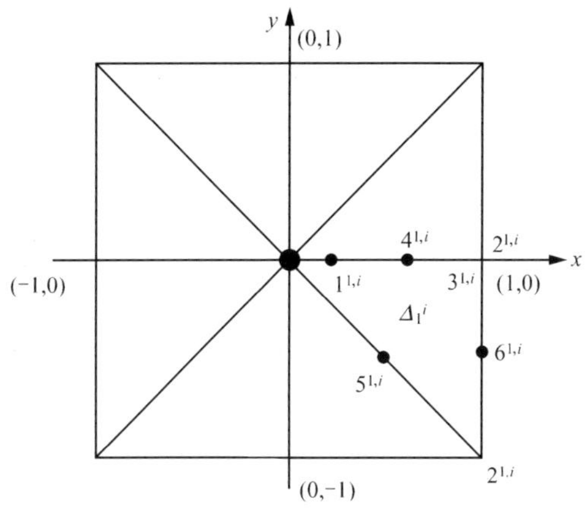

图 5.10

$$\alpha_{21}^i = \frac{0}{1}, \alpha_{22}^i = \frac{1}{2}, \alpha_{23}^i = \frac{1}{4}, \alpha_{24}^i = \frac{1}{5}, \alpha_{25}^i = \frac{1}{3}, \alpha_{26}^i = \frac{1}{3},$$

再由式(8.14)求得 $R^{2,i}(x,y)=\dfrac{x}{x+2y+1}$.用完全类似的方法可求出 $R^{3,i}(x,y)=(6y-5x)/(1+2x+y)$, $R^{4,i}(x,y)=(4x+6y)/(1+x+y)$, $R^{5,i}(x,y)=y-x$, $R^{6,i}(x,y)=-x-y$, $R^{7,i}(x,y)=-(4x+2y)/3$, $R^{8,i}(x,y)=(x-2y)/3$ 容易看出在网线上插值样条具有连续性,例如在网线 $y=x$ 上, $R^{2,i}(x,y)=R^{3,i}(x,y)=x/(1+3x)$.

在[39]中还证明了有理插值样条的单值性.将上面的讨论结果归纳为如下定理.

定理 5.41 满足插值条件(8.12)的非奇异多元有理样条 $R(x,y)\in SR_{1,1}^0(\Delta,D)$存在的充分必要条件是对 $k=1,\cdots,M_i$, $i=1,2,\cdots,N$,关系式(8.13),(8.16),(8.17)同时成立,此时 $R(x,y)$在胞腔 Δ_k^i 上的表达式由式(8.14)给出.

在文献[39]中还介绍了 $SR_{1,1}^1(\Delta,D)$中的非奇异多元有理样条,并指出它更依赖于剖分的几何形状以及各胞腔上插值既约分数的选取.

四、三角剖分下(2/2)型非奇异有理样条

对腔胞 Δ_k^i,在三边上各取异于顶点的三个点,并依次按逆时方向顺序编号(见图 5.11).为方便起见,假定这些点都是均匀分布的,标号为 $1^{k,i}$ 的顶点是关联域 $B(A_i,\Delta)$的公共顶点.

设定义在 Δ_k^i 上的有理函数 $R^{k,i}(x,y)\in R_{2,2}$满足插值条件:

$$R^{k,i}(p^{k,i}) = \alpha_{kp}^{i} = u_{kp}^{i}/v_{kp}^{i},\ p = 1,2,\cdots,12. \tag{8.18}$$

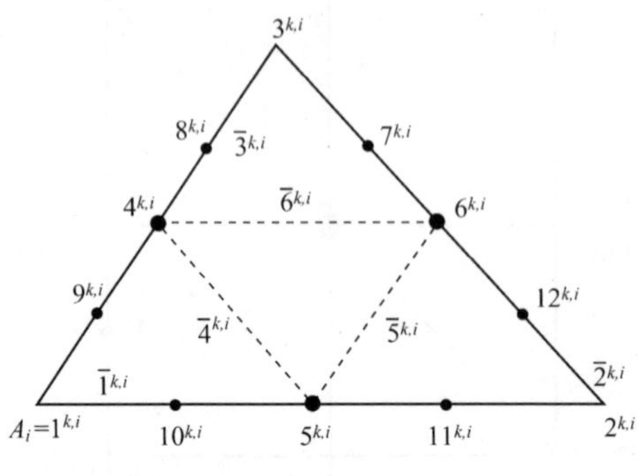

图 5.11

其中 u_{kp}^{i}/v_{kp}^{i} 是在点 $p^{k,i}=(x_{kp}^{i},y_{kp}^{i})$ 处给定的既约分数,并约定 $v_{kp}^{i}>0$;如果 $d_{kp}^{i}=0$,则 $v_{kp}^{i}=1$.

在实际应用中一个自然的问题是,插值数据应具体什么属性才能使得

(i) $R^{k,i}(x,y)$ 惟一存在;

(ii) $R^{k,i}(x,y)$ 在 Δ_k^i 上非奇异;

(iii) $R^{k,i}(x,y)$ 与 $R^{k+1,i}(x,y)$ 在 Δ_k^i 和 Δ_{k+1}^i 的公共边界上 C^0 光滑连接.

记

$$\underline{S}^{k,i} = A_{ks}^{i}x + B_{ks}^{i}y + C_{ks}^{i} = \begin{vmatrix} 1 & x & y \\ 1 & x_{ks}^{i} & y_{ks}^{i} \\ 1 & x_{k,s+1}^{i} & y_{k,s+1}^{i} \end{vmatrix},\ s = 1,\cdots,6, \tag{8.19}$$

其中约定如果 $s=3$,则 $s+1=1$,如果 $s=6$,则 $s+1=4$.引进基函数:

$$w_{k1}^{i} = \frac{2^{k,i}\cdot 4^{k,i}}{2_1^{k,i}\cdot 4_1^{k,i}},\quad w_{k2}^{i} = \frac{3^{k,i}\cdot 5^{k,i}}{3_2^{k,i}\cdot 5_2^{k,i}},\quad w_{k3}^{i} = \frac{1^{k,i}\cdot 6^{k,i}}{1_3^{k,i}\cdot 6_3^{k,i}},$$

$$w_{k4}^{i} = \frac{1^{k,i}\cdot 2^{k,i}}{1_4^{k,i}\cdot 2_4^{k,i}},\quad w_{k5}^{i} = \frac{2^{k,i}\cdot 3^{k,i}}{2_5^{k,i}\cdot 3_5^{k,i}},\quad w_{k6}^{i} = \frac{3^{k,i}\cdot 1^{k,i}}{3_6^{k,i}\cdot 1_6^{k,i}}. \tag{8.20}$$

容易验证

$$w_{kp}^{i}(q^{k,i}) = \delta_{p,q},\quad p,q = 1,2,\cdots,6. \tag{8.21}$$

因此满足插值条件(8.18)的有理函数 $R^{k,i}(x,y)$ 可表示为

$$R^{k,i}(x,y)=\frac{\sum_{p=1}^{6}f_{kp}^{i}u_{kp}^{i}w_{kp}^{i}}{\sum_{p=1}^{6}f_{kp}^{i}v_{kp}^{i}w_{kp}^{i}},\tag{8.22}$$

其中 f_{kp}^{i} 为待定系数. 由式(8.21)显然有 $R^{k,i}(p^{k,i})=u_{kp}^{i}/v_{kp}^{i}$, $p=1,2,\cdots,6$.

利用式(8.22)知 $R^{k,i}(p^{k,i})=u_{kp}^{i}/v_{kp}^{i}$, $p=7,\cdots,12$ 等价于

$$(u_{k2}^{i}v_{k7}^{i}-u_{k7}^{i}v_{k2}^{i})w_{k2}^{i}(7^{k,i})f_{k2}^{i}+(u_{k3}^{i}v_{k7}^{i}-u_{k7}^{i}v_{k3}^{i})w_{k3}^{i}(7^{k,i})f_{k3}^{i}$$
$$+(u_{k6}^{i}v_{k7}^{i}-u_{k7}^{i}v_{k6}^{i})w_{k6}^{i}(7^{k,i})f_{k6}^{i}=0,$$
$$(u_{k1}^{i}v_{k8}^{i}-u_{k8}^{i}v_{k1}^{i})w_{k1}^{i}(8^{k,i})f_{k1}^{i}+(u_{k3}^{i}v_{k8}^{i}-u_{k8}^{i}v_{k3}^{i})w_{k3}^{i}(8^{k,i})f_{k3}^{i}$$
$$+(u_{k4}^{i}v_{k8}^{i}-u_{k8}^{i}v_{k4}^{i})w_{k4}^{i}(8^{k,i})f_{k4}^{i}=0,$$
$$(u_{k1}^{i}v_{k9}^{i}-u_{k9}^{i}v_{k1}^{i})w_{k1}^{i}(9^{k,i})f_{k1}^{i}+(u_{k3}^{i}v_{k9}^{i}-u_{k9}^{i}v_{k3}^{i})w_{k3}^{i}(9^{k,i})f_{k3}^{i}$$
$$+(u_{k4}^{i}v_{k9}^{i}-u_{k9}^{i}v_{k4}^{i})w_{k4}^{i}(9^{k,i})f_{k4}^{i}=0,$$
$$(u_{k1}^{i}v_{k10}^{i}-u_{k10}^{i}v_{k1}^{i})w_{k1}^{i}(10^{k,i})f_{k1}^{i}+(u_{k2}^{i}v_{k10}^{i}-u_{k10}^{i}v_{k2}^{i})w_{k2}^{i}(10^{k,i})f_{k2}^{i}$$
$$+(u_{k5}^{i}v_{k10}^{i}-u_{k10}^{i}v_{k5}^{i})w_{k5}^{i}(10^{k,i})f_{k5}^{i}=0,$$
$$(u_{k1}^{i}v_{k11}^{i}-u_{k11}^{i}v_{k1}^{i})w_{k1}^{i}(11^{k,i})f_{k1}^{i}+(u_{k2}^{i}v_{k11}^{i}-u_{k11}^{i}v_{k2}^{i})w_{k2}^{i}(11^{k,i})f_{k2}^{i}$$
$$+(u_{k5}^{i}v_{k11}^{i}-u_{k11}^{i}v_{k5}^{i})w_{k5}^{i}(11^{k,i})f_{k5}^{i}=0,$$
$$(u_{k2}^{i}v_{k12}^{i}-u_{k12}^{i}v_{k2}^{i})w_{k2}^{i}(12^{k,i})f_{k2}^{i}+(u_{k3}^{i}v_{k12}^{i}-u_{k12}^{i}v_{k3}^{i})w_{k3}^{i}(12^{k,i})f_{k3}^{i}$$
$$+(u_{k6}^{i}v_{k12}^{i}-u_{k12}^{i}v_{k6}^{i})w_{k6}^{i}(12^{k,i})f_{k6}^{i}=0.$$

因为

$$w_{k2}^{i}(7^{k,i}):w_{k3}^{i}(7^{k,i}):w_{k6}^{2}(7^{k,i})$$
$$=w_{k1}^{i}(8^{k,i}):w_{k3}^{i}(8^{k,i}):w_{k4}^{i}(8^{k,i})$$
$$=w_{k1}^{i}(11^{k,i}):w_{k2}^{i}(11^{k,i}):w_{k5}^{i}(11^{k,i})$$
$$=-1:3:6,$$
$$w_{k1}^{i}(9^{k,i}):w_{k3}^{2}(9^{k,i}):w_{k4}^{i}(9^{k,i})$$
$$=w_{k1}^{i}(10^{k,i}):w_{k2}^{i}(10^{k,i}):w_{k5}^{i}(10^{k,i})$$
$$=w_{k2}^{i}(12^{k,i}):w_{k3}^{i}(12^{k,i}):w_{k6}^{i}(12^{k,i})$$
$$=3:(-1):6,$$

由此可得

$$
\begin{aligned}
a_{k1}^i f_{k2}^i + b_{k1}^i f_{k3}^i + c_{k1}^i f_{k6}^i &= 0,\\
a_{k2}^i f_{k2}^i + b_{k2}^i f_{k3}^i + c_{k2}^i f_{k6}^i &= 0,\\
a_{k3}^i f_{k1}^i + b_{k3}^i f_{k3}^i + c_{k3}^i f_{k4}^i &= 0,\\
a_{k4}^i f_{k1}^i + b_{k4}^i f_{k3}^i + c_{k4}^i f_{k4}^i &= 0,\\
a_{k5}^i f_{k1}^i + b_{k5}^i f_{k2}^i + c_{k5}^i f_{k5}^i &= 0,\\
a_{k6}^i f_{k1}^i + b_{k6}^i f_{k2}^i + c_{k6}^i f_{k5}^i &= 0.
\end{aligned}
$$

将上述方程组写成矩阵形式

$$
\begin{bmatrix}
0 & a_{k1}^i & b_{k1}^i & 0 & 0 & c_{k1}^i \\
0 & a_{k2}^i & b_{k2}^i & 0 & 0 & c_{k2}^i \\
a_{k3}^i & 0 & b_{k3}^i & c_{k3}^i & 0 & 0 \\
a_{k4}^i & 0 & b_{k4}^i & c_{k4}^i & 0 & 0 \\
a_{k5}^i & b_{k5}^i & 0 & 0 & c_{k5}^i & 0 \\
a_{k6}^i & b_{k6}^i & 0 & 0 & c_{k6}^i & 0
\end{bmatrix}
\begin{bmatrix}
f_{k1}^i \\ f_{k2}^i \\ f_{k3}^i \\ f_{k4}^i \\ f_{k5}^i \\ f_{k6}^i
\end{bmatrix} = 0. \tag{8.23}
$$

它又等价于

$$
\begin{bmatrix}
0 & z_{k1}^i & 0 & 0 & 0 & z_{k2}^i \\
0 & 0 & z_{k1}^i & 0 & 0 & z_{k3}^i \\
z_{k4}^i & 0 & 0 & z_{k5}^i & 0 & 0 \\
0 & 0 & z_{k4}^i & z_{k6}^i & 0 & 0 \\
z_{k7}^i & 0 & 0 & 0 & z_{k8}^i & 0 \\
0 & z_{k7}^i & 0 & 0 & z_{k9}^i & 0
\end{bmatrix}
\begin{bmatrix}
f_{k1}^i \\ f_{k2}^i \\ f_{k3}^i \\ f_{k4}^i \\ f_{k5}^i \\ f_{k6}^i
\end{bmatrix} = 0. \tag{8.24}
$$

其中

$$
\begin{aligned}
&z_{k1}^i = a_{k1}^i b_{k2}^i - a_{k2}^i b_{k1}^i,\ z_{k2}^i = c_{k1}^i b_{k2}^i - c_{k2}^i b_{k1}^i,\ z_{k3}^i = a_{k1}^i c_{k2}^i - a_{k2}^i c_{k1}^i,\\
&z_{k4}^i = a_{k3}^i b_{k4}^i - a_{k4}^i b_{k3}^i,\ z_{k5}^i = c_{k3}^i b_{k4}^i - c_{k4}^i b_{k3}^i,\ z_{k6}^i = a_{k3}^i c_{k4}^i - a_{k4}^i c_{k3}^i,\\
&z_{k7}^i = a_{k5}^i b_{k6}^i - a_{k6}^i b_{k5}^i,\ z_{k8}^i = c_{k5}^i b_{k6}^i - c_{k6}^i b_{k5}^i,\ z_{k9}^i = a_{k5}^i c_{k6}^i - a_{k6}^i c_{k5}^i.
\end{aligned}
$$

而

$$a_{k1}^{i}=u_{k2}^{i}v_{k7}^{i}-u_{k7}^{i}v_{k2}^{i},b_{k1}^{i}=3(u_{k7}^{i}v_{k3}^{i}-u_{k3}^{i}v_{k7}^{i}),c_{k1}^{i}=6(u_{k7}^{i}v_{k6}^{i}-u_{k6}^{i}v_{k7}^{i}),$$

$$a_{k2}^{i}=3(u_{k12}^{i}v_{k2}^{i}-u_{k2}^{i}v_{k12}^{i}),b_{k2}^{i}=u_{k3}^{i}v_{k12}^{i}-u_{k12}^{i}v_{k3}^{i},c_{k2}^{i}=6(u_{k12}^{i}v_{k6}^{i}-u_{k6}^{i}v_{k12}^{i}),$$

$$a_{k3}^{i}=u_{k1}^{i}v_{k8}^{i}-u_{k8}^{i}v_{k1}^{i},b_{k3}^{i}=3(u_{k8}^{i}v_{k3}^{i}-u_{k3}^{i}v_{k8}^{i}),c_{k3}^{i}=6(u_{k8}^{i}v_{k4}^{i}-u_{k4}^{i}v_{k8}^{i}),$$

$$a_{k4}^{i}=3(u_{k9}^{i}v_{k1}^{i}-u_{k1}^{i}v_{k9}^{i}),b_{k4}^{i}=u_{k3}^{i}v_{k9}^{i}-u_{k9}^{i}v_{k3}^{i},c_{k4}^{i}=6(u_{k9}^{i}v_{k4}^{i}-u_{k4}^{i}v_{k9}^{i}),$$

$$a_{k5}^{i}=3(u_{k10}^{i}v_{k1}^{i}-u_{k1}^{i}v_{k10}^{i}),b_{k5}^{i}=u_{k2}^{i}v_{k10}^{i}-u_{k10}^{i}v_{k2}^{i},c_{k5}^{i}=6(u_{k10}^{i}v_{k5}^{i}-u_{k5}^{i}v_{k10}^{i}),$$

$$a_{k6}^{i}=u_{k1}^{i}v_{k11}^{i}-u_{k11}^{i}v_{k1}^{i},b_{k6}^{i}=3(u_{k11}^{i}v_{k2}^{i}-u_{k2}^{i}v_{k11}^{i}),c_{k6}^{i}=6(u_{k11}^{i}v_{k5}^{i}-u_{k5}^{i}v_{k11}^{i}).$$

由式(8.24)得

$$\begin{aligned}
f_{k2}^{i}&=-(z_{k2}^{i}/z_{k1}^{i})f_{k6}^{i},f_{k3}^{i}=-(z_{k3}^{i}/z_{k1}^{i})f_{k6}^{i},\\
f_{k4}^{i}&=-(z_{k4}^{i}/z_{k6}^{i})f_{k3}^{i}=(z_{k3}^{i}z_{k4}^{i}/z_{k}^{i}z_{k6}^{i})f_{k6}^{i},\\
f_{k5}^{i}&=(z_{k2}^{i}z_{k7}^{i}/z_{k1}^{i}z_{k9}^{i})f_{k6}^{i},\\
f_{k3}^{i}&=-(z_{k3}^{i}z_{k5}^{i}/z_{k1}^{i}z_{k6}^{i})f_{k6}^{i},\\
f_{k1}^{i}&=-(z_{k2}^{i}z_{k8}^{i}/z_{k1}^{i}z_{k9}^{i})f_{k6}^{i}.
\end{aligned}\tag{8.25}$$

式(8.25)的最后两式蕴含

$$z_{k2}^{i}z_{k6}^{i}z_{k8}^{i}=z_{k3}^{i}z_{k5}^{i}z_{k9}^{i}.\tag{8.26}$$

如果令

$$f_{k6}^{i}=cz_{k1}^{i}z_{k6}^{i}z_{k9}^{i},\tag{8.27}$$

则有

$$\begin{aligned}
&f_{k1}^{i}=-cz_{k2}^{i}z_{k6}^{i}z_{k8}^{i},\quad f_{k2}^{i}=-cz_{k2}^{i}z_{k6}^{i}z_{k9}^{i},\\
&f_{k3}^{i}=-cz_{k3}^{i}z_{k6}^{i}z_{k9}^{i},\quad f_{k4}^{i}=-cz_{k3}^{i}z_{k4}^{i}z_{k9}^{i},\\
&f_{k5}^{i}=-cz_{k2}^{i}z_{k6}^{i}z_{k7}^{i}.
\end{aligned}\tag{8.28}$$

此时式(8.24)矩阵秩为5,因此有

定理 5.42　式(8.26)是满足(8.18)的 $R^{k,i}(x,y)$存在且惟一的充要条件,此时 $R^{k,i}(x,y)$由式(8.22)表示,而 f_{kp}^{i} 由式(8.27)和式(8.28)给出.

下面讨论满足插值条件(8.18)的有理样条函数非奇异性.即要证明式(8.22)的分母大于零(严格讲不等于零即可).由式(8.19)和(8.20)可推知

$$w_{k1}^i = (A_{k2}^i x + B_{k2}^i y + C_{k2}^i)(A_{k4}^i x + B_{k4}^i y + C_{k4}^i)/-(S(\Delta_k^i))^2,$$

$$w_{k2}^i = (A_{k3}^i x + B_{k3}^i y + C_{k3}^i)(A_{k5}^i x + B_{k5}^i y + C_{k5}^i)/-(S(\Delta_k^i))^2,$$

$$w_{k3}^i = (A_{k1}^i x + B_{k1}^i y + C_{k1}^i)(A_{k6}^i x + B_{k6}^i y + C_{k6}^i)/-(S(\Delta_k^i))^2,$$

$$w_{k4}^i = (A_{k4}^i x + B_{k4}^i y + C_{k4}^i)(A_{k2}^i x + B_{k2}^i y + C_{k2}^i)/(S(\Delta_k^i))^2,$$

$$w_{k5}^i = (A_{k2}^i x + B_{k2}^i y + C_{k2}^i)(A_{k3}^i x + B_{k3}^i y + C_{k3}^i)/(S(\Delta_k^i))^2,$$

$$w_{k6}^i = (A_{k3}^i x + B_{k3}^i y + C_{k3}^i)(A_{k1}^i x + B_{k1}^i y + C_{k1}^i)/(S(\Delta_k^i))^2,$$

其中 $S(\Delta_k^i)$表示胞腔 Δ_k^i的面积.

引入记号

$$G_k^i(x,y) = -[f_{k1}^i v_{k1}^i x_{k2}^i y_{k4}^i + f_{k2}^i v_{k2}^i x_{k3}^i y_{k5}^i + f_{k3}^i v_{k3}^i x_{k1}^i y_{k6}^i - f_{k4}^i v_{k4}^i x_{k1}^i y_{k2}^i - f_{k5}^i v_{k5}^i x_{k2}^i y_{k3}^i - f_{k6}^i v_{k6}^i x_{k3}^i y_{k1}^i]/(S(\Delta_k^i))^2,$$

$$a_{11}^{k,i} = G_k^i(A,A),\ a_{12}^{k,i} = a_{21}^{k,i} = \frac{1}{2}[G_k^i(A,B) + G_k^i(B,A)],$$

$$a_{22}^{k,i} = G_k^i(B,B),\ a_{13}^{k,i} = a_{31}^{k,i} = \frac{1}{2}[G_k^i(A,C) + G_k^i(C,A)],$$

$$a_{33}^{k,i} = G_k^i(C,C),\ a_{23}^{k,i} = a_{32}^{k,i} = \frac{1}{2}[G_k^i(B,C) + G_k^i(C,B)],$$

经过简单计算可知

$$\sum_{p=1}^{6} f_{kp}^i v_{kp}^i w_{kp}^i = a_{11}^{k,i} x^2 + 2a_{12}^{k,i} xy + a_{22}^{k,i} y^2 + 2a_{13}^{k,i} x + 2a_{23}^{k,i} y + a_{33}^{k,i}. \tag{8.29}$$

令

$$I_1^{k,i} = a_{11}^{k,i} + a_{22}^{k,i},\quad I_2^{k,i} = \begin{vmatrix} a_{11}^{k,i} & a_{12}^{k,i} \\ a_{21}^{k,i} & a_{22}^{k,i} \end{vmatrix},\quad I_3^{k,i} = \begin{vmatrix} a_{11}^{k,i} & a_{12}^{k,i} & a_{13}^{k,i} \\ a_{21}^{k,i} & a_{22}^{k,i} & a_{23}^{k,i} \\ a_{31}^{k,i} & a_{32}^{k,i} & a_{33}^{k,i} \end{vmatrix}.$$

如果

$$\frac{1}{4}(I_1^{k,i})^2 > I_2^{k,i} > 0,\ I_1^{k,i} I_3^{k,i} > 0, \tag{8.30}$$

由于式(8.29)右端是一个二次多项式,在条件(8.30)下可通过仿射变换得

$$\sum_{p=1}^{6} f_{kp}^{i} v_{kp}^{i} w_{kp}^{i} = \frac{I_2^{k,i}(I_1^{k,i}+\sqrt{(I_1^{k,i})^2-4I_2^{k,i}})}{2I_3^{k,i}}(x'^2+y'^2)+1>0.$$

其中(x',y')是对应于(x,y)的仿射坐标.

将上面的讨论结果归纳为

定理 5.43[191] 式(8.30)是保证满足插值条件(8.18)和式(8.26)的$R^{k,i}(x,y)$在Δ_k^i内非奇异的充分条件.

最后我们来证明分片连接的光滑性.

定理 5.44[191] 设$R^{k,i}(x,y)$与$R^{k+1,i}(x,y)$在Δ_k^i和Δ_{k+1}^i上分别满足式(8.18),(8.26)和(8.30),则$R^{k,i}(x,y)$与$R^{k+1,i}(x,y)$在Δ_k^i和Δ_{k+1}^i的公共边界$\Gamma_{k,k+1}^i=\overline{\Delta}_k^i\cap\overline{\Delta}_{k+1}^i$上$C^0$光滑连接的充分必要条件为

$$d_{k1}^i=d_{k+1,1}^i,\ d_{k9}^i=d_{k+1,10}^i,\ d_{k4}^i=d_{k+1,5}^i,\ d_{k8}^i=d_{k+1,11}^i,\ d_{k3}^i=d_{k+1,2}^i.$$

证明 由d_k^i定义知必要性是显然的.下面证明充分性.设

$$R^{k,i}(x,y)-R^{k+1,i}(x,y)=\frac{\overline{N}_{k,k+1}^i(x,y)}{\overline{D}_{k,k+1}^i(x,y)}.$$

由于$R^{k,i},R^{k+1,i}\in R_{2,2}$,所以$\overline{N}_{k,k+1}^i(x,y)$与$\overline{D}_{k,k+1}^i$是一个(4/4)型的有理函数,由定理条件知

$$R^{k,i}(1^{k,i})=R^{k+1,i}(1^{k+1,i}),R^{k,i}(9^{k,i})=R^{k+1,i}(10^{k+1,i}),$$
$$R^{k,i}(4^{k,i})=R^{k+1,i}(5^{k+1,i}),R^{k,i}(8^{k,i})=R^{k+1,i}(11^{k+1,i}),$$
$$R^{k,i}(3^{k,i})=R^{k+1,i}(2^{k+1,i}).$$

因此

$$\begin{aligned}\overline{N}_{k,k+1}^i(1^{k,i})&=\overline{N}_{k,k+1}^i(9^{k,i})=\overline{N}_{k,k+1}^i(4^{k,i})=\overline{N}_{k,h+1}^i(8^{k,i})\\&=\overline{N}_{k,k+1}^i(3^{k,i})=0.\end{aligned}$$

又因为$1^{k,i},9^{k,i},4^{k,i},8^{k,i}$和$3^{k,i}$均在$\Gamma_{k,k+1}^i$上(参看图 5.11),于是由 Bézout 定理(见[2])推知$\overline{N}_{k,k+1}^i(x,y)$在$\Gamma_{k,k+1}^i$上恒为零.又$R^{k,i}(x,y)$和$R^{k+1,i}(x,y)$均满足式(8.30),故$\overline{D}_{k,k+1}^i(x,y)$在$\Gamma_{k,k+1}^i$上无零点.充分性获证. □

最后指出关于四边形剖分下的有理样条也有类似的结果,以及三维空间中的非奇异样条有关结果这里就不作介绍了,有兴趣的读者可参看文献[39].

第六章 最佳有理逼近

在第二章我们曾指出用有理插值函数逼近某些函数,比用多项式插值函数逼近的效果好.同样地,用有理分式函数去逼近某些连续函数也有类似的情形.例如,D.J.Newman在[163]中对 $f(x)=|x|, -1\leqslant x\leqslant 1$,证明了用分子、分母都是 n 次的有理分式函数 $R_n(x)$ 逼近 $f(x)$,有

$$\left||x|-R_n(x)\right|\leqslant 3e^{-\sqrt{n}} \quad (n\geqslant 5),$$

而用 n 次多项式 $P_n(x)$ 逼近 $f(x)$ 的误差阶为 $O(\frac{1}{n})$.由此可见,用有理函数逼近某些函数的效果确实比多项式逼近的效果好.

最佳逼近问题是由 Tchebyshev 在 1876 年首先提出来的,但由于求解最佳逼近问题非常困难,所以直到上个世纪初,最佳逼近理论才有了较大发展.特别是电子计算机的出现,使最佳逼近的实现有了解决的可能,促进了最佳逼近理论与方法的发展.随着计算机的飞速发展及科学技术发展的需要,有关最佳有理逼近的理论与数值方法的研究工作逐渐增多起来.但由于有理最佳逼近比多项式最佳逼近复杂得多,所以其研究成果也没有多项式最佳逼近丰硕.

本章主要介绍通常的有理分式形式的 Tchebyshev 逼近的基本问题,重点介绍权函数具有零点和插值约束的有理逼近,以及 Newton-Padé 逼近、Padé 型逼近与最佳有理逼近之间关系等.

§1 有理 Tchebyshev 逼近

在介绍有理 Tchebyshev 逼近之前,首先介绍 G.Meinardus 和 D.Schwedt 给出的一般非线性 Tchebyshev 逼近的几个结果(见[158]):

设 B 为 Hausdorff 紧致空间,$C(B)$ 是定义在 B 上的实值或复值函数构成的线性空间,其范数定义为

$$\|f\| = \sup_{x\in B}|f(x)|.$$

设 A 是一个参数集合,V 为 $C(B)$ 的依赖于参数 $\alpha\in A$ 的函数 $F(\alpha,x)$ 的集合,对于给定的函数 $f(x)\in C(B)$,欲求 $F(\alpha,x)\in V$ 使

$$\|f(x)-F(\alpha,x)\| = \min,$$

亦即使 f 与 V 的距离尽可能小.定义最小偏差为

$$\rho_V(f) = \inf_{\alpha \in A} \| f(x) - F(\alpha, x) \| .$$

并称满足

$$\| F^* - f \| = \rho_V(f)$$

的 $F^* = F(\alpha^*, x) \in V$ 为 f 于 V 中的最佳逼近或最小解.

用非线性地依赖于参数的函数来逼近函数 $f(x) \in C(B)$ 是很有用的,例如,当要计算紧致区间上的实函数的近似表示,或编制计算机的子程序时,用有理分式函数往往比用参数个数相同的多项式要方便.

为书写方便,对于给定的函数 $f(x) \in C(B)$,记

$$S(\alpha, \beta; x) = \mathrm{Re}\{(\overline{F(\alpha, x) - f(x)})(F(\alpha, x) - F(\beta, x))\}.$$

对非线性 Tchebyshev 逼近给出了下述结果:

定理 6.1 如果对一切 $\beta \in A$ 均有

$$\min_{x \in M_\alpha} S(\alpha, \beta; x) \leqslant 0,$$

这里 M_α 表示对固定的 $f(x)$, $F(\alpha, x) - f(x)$ 的极值点的集合,则 $F(\alpha, x)$ 是 $f(x)$ 在 V 中的最佳逼近.

定义 6.1 如果对每一参数偶 $\alpha, \beta \in A$ 以及任意 $t \in [0,1]$,均存在 $\alpha(t) \in A$ 和一个在 $B \times [0,1]$ 上的连续的实值函数 $g(x, t)$,使得

(i) 当 $x \in B$ 时, $g(x, 0) > 0$;

(ii) 当 $t \to 0$ 时

$$\| (1 - tg(x, t)) F(\alpha, x) + tg(x, t) F(\beta, x) - F(\alpha(t), x) \| = O(t),$$

则称 $C(B)$ 中的函数 $F(\alpha, x)$ 的集合 V 是渐近凸的.

定理 6.2 设函数 $F(\alpha, x)$ 的集 V 是渐近凸的,则 $F(\alpha, x)$ 是 $f(x) \in C(B)$ 的最佳逼近的充分必要条件是:对一切 $\beta \in A$,有

$$\min_{x \in M_\alpha} S(\alpha, \beta; x) \leqslant 0.$$

还给出了局部 Haar 条件,并证明了非线性 Tchebyshev 逼近的惟一性.

以上我们介绍了非线性 Tchebyshev 逼近的有关结果,下面介绍应用最广泛的有理 Tchebyshev 逼近.

设 $f(x)$ 是区间 $[a, b]$ 上的实值连续函数, $F(\alpha, x)$ 是 $f(x)$ 的近似函数,其中

$$\alpha = (\alpha_1, \alpha_2, \cdots, \alpha_n)$$

是 n 个参数组成的 n 维欧氏空间的点，点 α 可以取遍 n 维欧氏空间 R^n 的一部分或一个子空间 W，也可以取 $W=R^n$.

为了叙述方便，首先引入几个概念(参见[1]).

近似函数 $F(\alpha,x)$，$W\in R^n$ 说是对模 $\|\cdot\|$ 满足条件 E，如果对给定的 $M<\infty$，存在 $N<\infty$，使由

$$\|F(\alpha,x)\|\leqslant M,$$

可以推出

$$\max_i|\alpha_i|\leqslant N.$$

定义 6.2　一个近似函数 $F(\alpha,x)$说是 n 阶可解性的，如果对$[a,b]$中 n 个不同点 $x_1<x_2<\cdots<x_n$ 和 n 个任意数 $y_1,y_2,\cdots,y_n$ 恒存在 $\alpha\in W$，使得

$$F(\alpha,x_i)=y_i,\ i=1,2,\cdots,n.$$

定义 6.3　近似函数 $F(\alpha,x)$说是在$[a,b]$内具有 n 阶性质 Z，如果 $\alpha,\beta\in W$，且 $\alpha\neq\beta$ 时，$F(\alpha,x)-F(\beta,x)$于$[a,b]$内最多有 $n-1$ 个零点.

定义 6.4　如果 $F(\alpha,x)$满足

(i) 它有 n 阶可解性；

(ii) 具有 n 阶性质 Z，

则称 $F(\alpha,x)$是惟一可解性的.

下面讨论有理分式函数

$$R(\alpha,x)=\frac{P_m(x)}{Q_n(x)}=R_{m,n}(x),\quad Q_n(x)\neq 0, \tag{1.1}$$

其中 $P_m(x)=a_0+a_1x+\cdots+a_mx^m$，$Q_n(x)=b_0+b_1x+\cdots+b_nx^n\neq 0$，$0\leqslant x\leqslant 1$，且 $P_m(x)$与 $Q_n(x)$互质.这样有理分式函数的集合记为 $R(m,n)$. 为了使表达式惟一，我们假设

$$W=\left\{(a_0,a_1,\cdots,a_m;\ b_0,b_1,\cdots,b_n)\,\middle|\,\sum_{i=0}^{n}b_i^2=1,Q_n(x)\neq 0,\ x\in[0,1]\right\}. \tag{1.2}$$

设 $f(x)$是有界闭区间$[a,b]$上的连续函数，定义有理分式逼近 $R(\alpha,x)$与 $f(x)$的偏差为

$$\begin{aligned}E_\alpha&=\max_{0\leqslant x\leqslant 1}\left|f(x)-R(\alpha,x)\right|\\&=\|f(x)-R(\alpha,x)\|.\end{aligned} \tag{1.3}$$

所谓最佳有理 Tchebyshev 逼近问题,就是寻求 $\alpha^0 \in W$ 使得

$$E_{\alpha^0} = \| f(x) - R(\alpha^0, x) \| = \inf_{\alpha \in W} \| f(x) - R(\alpha, x) \| . \tag{1.4}$$

$R(\alpha^0, x)$称为 $f(x)$的最佳 Tchebyshev 逼近有理分式,简称最佳逼近有理分式.

对于给定的函数 $f(x) \in C[0,1]$,主要解决最佳逼近有理分式的存在性、惟一性及特征问题.

我们不加证明地给出以下引理(参见[1]).

引理 6.3 由式(1.1)定义的有理分式 $R(\alpha, x)$满足条件 E.

在著作[1]中指出任一逐点收敛的有理函数序列$\{R(\alpha^k, x)\}$除可能去掉一个有限点集外,收敛于一个有理函数 $R(\alpha^0, x)$,即可能有有限个点(少于 n)x_i,使

$$\lim_{k \to \infty} R(\alpha^k, x) = \begin{cases} R(\alpha^0, x), & \text{当 } x \neq x_i, \\ \text{任意值}, & \text{当 } x = x_i. \end{cases} \tag{1.5}$$

引理 6.4 设$\{R(\alpha^k, x)\}$是一个于$[0,1]$上一致有界的有理函数列,则存在一个有理函数 $R(\alpha^0, x)$,$\{R(\alpha^k, x)\}$的一个子序列$\{R(\tilde{\alpha}^k, x)\}$以及$[0,1]$中的一个点集$\{x_i \mid i = 1, 2, \cdots, p; p \leqslant n\}$,使得

$$\lim_{k \to \infty} R(\tilde{\alpha}^k, x) = \begin{cases} R(\alpha^0, x), & \text{当 } x \neq x_i, \\ f_i, & \text{当 } x = x_i. \end{cases}$$

式(1.5)在后面的讨论中是有用的. 如果由式(1.5)定义的函数是 $f(x) \in [0,1]$的最佳 Tchebyshev 有理逼近,那么 $R(\alpha^0, x)$亦是. 事实上,设由式(1.5)表示的函数为 $H(x)$,则有

$$\begin{aligned} & \sup_{0 \leqslant x \leqslant 1} | f(x) - H(x) | \\ & = \max_{0 \leqslant x \leqslant 1} \Big[\sup_{\substack{0 \leqslant x \leqslant 1 \\ x \neq x_i}} | f(x) - H(x) |, \; | f(x_i) - H(x_i) |, \; i = 1, \cdots, p \Big] \\ & \geqslant \sup_{\substack{0 \leqslant x \leqslant 1 \\ x \neq x_i}} | f(x) - R(\alpha^0, x) | = \max_{0 \leqslant x \leqslant 1} | f(x) - R(\alpha^0, x) | . \end{aligned}$$

这说明 $S(x)$与 $f(x)$的偏差大于等于 $R(\alpha^0, x)$与 $f(x)$的偏差.

定义 6.5 形如(1.1)的有理函数 $R(\alpha, x)$于 $\alpha \in w$ 是 $m(\alpha) = m + n - d + 1$ 阶的,如果

$$R(\alpha, x) = \frac{a_0 + a_1 x + \cdots + a_{m-p} x^{m-p}}{b_0 + b_1 x + \cdots + b_{n-q} x^{n-q}}$$

是一个最简有理分式,而 $d = \min(p, q)$, $a_{m-p} \neq 0, b_{n-q} \neq 0$. 若 $R(\alpha, x) \equiv 0$,则

$m(\alpha)=m+1$.

引理 6.5 有理函数 $R(\alpha^0,x)$于 α^0 具有 $m(\alpha^0)$阶性质 Z.

引理 6.6 对于给定的 $R(\alpha^0,x)$和$[0,1]$中的点集

$$\{x_i \mid i=1,2,\cdots,l;l=m(\alpha^0),x_i<x_{i+1}\},$$

存在充分接近 $R(\alpha^0,x)$的有理函数 $R(\alpha,x)$使得

$$\operatorname{sign}[R(\alpha^0,x)-R(\alpha,x)]=(-1)^{i+1},\ x\in[x_i,\ x_{i+1}],\ i=0,1,\cdots,l,$$

其中若 $x_i\neq 0$,则取 $x_0=0$,若 $x_l\neq 1$,则取 $x_{l+1}=1$.

证明 设 $N(\alpha^0,x)$与 $D(\alpha^0,x)$分别表示 $R(\alpha^0,x)$的分子和分母.由于假定 $R(\alpha^0,x)$是最简有理分式,所以 $N(\alpha^0,x)$与 $D(\alpha^0,x)$互质.取

$$\psi(x)=\prod_{i=1}^{l}(x_i-x),$$

由多项式的可除性定理,存在多项式 $u(x)$和 $v(x)$,使得

$$N(\alpha^0,x)u(x)+D(\alpha^0,x)v(x)\equiv 1.$$

在上式两边同乘 $\psi(x)$,得

$$N(\alpha^0,x)u(x)\psi(x)+D(\alpha^0,x)v(x)\psi(x)\equiv\psi(x). \tag{1.6}$$

作带余除法得

$$u(x)\psi(x)\equiv D(\alpha^0,x)q_1(x)+r_1(x),$$

$$v(x)\psi(x)\equiv N(\alpha^0,x)q_2(x)+r_2(x),$$

其中 $r_1(x)$与 $r_2(x)$的次数分别不超过 $m-p$ 与 $n-q$,将上式代入到式(1.6)得

$$\begin{aligned}N(\alpha^0,x)D(\alpha^0,x)[q_1(x)+q_2(x)]+N(\alpha^0,x)r_1(x)&\\+D(\alpha^0,x)r_2(x)\equiv\psi(x).&\end{aligned} \tag{1.7}$$

比较式(1.7)两边次数知$\partial[q_1(x)+q_2(x)]\leqslant p+q-d$,于是式(1.7)表明有次数分别不超过 m 和 n 的多项式$N(\alpha,x)$和 $D(\alpha,x)$,使

$$\psi(x)=N(\alpha^0,x)D(\alpha,x)-N(\alpha,x)D(\alpha^0,x).$$

考虑有理函数

$$R(\alpha,x)=\frac{N(\alpha^0,x)-\varepsilon N(\alpha,x)}{D(\alpha^0,x)-\varepsilon D(\alpha,x)},$$

其中 ε 为待定参数.经简单计算知

$$R(\alpha^0,x)-R(\alpha,x)=\frac{-\varepsilon\psi(x)}{D(\alpha^0,x)[D(\alpha^0,x)-\varepsilon D(\alpha,x)]}. \qquad (1.8)$$

注意到 $D(\alpha^0,x)$于$[0,1]$中没有零点,所以只要 ε 充分小就可以使式(1.8)右端分母在$[0,1]$上不为零,并且可以选择充分小的 ε,使得 $R(\alpha,x)$充分靠近$R(\alpha^0,x)$. 因而 $R(\alpha,x)$即为所要求的有理函数.

现在我们可给出最佳 Tchebyshev 逼近有理分式的存在性、惟一性及特征性质.

首先给出存在性定理.

定理 6.7 [1]设 $f(x)\in C[0,1]$,则 $f(x)$在形如(1.1)的有理分式函数类上的最佳 Tchebyshev 有理逼近分式是存在的.

证明 因为 $f(x)\in C[0,1]$,所以设 $M=\max\limits_{0\leqslant x\leqslant 1}|f(x)|$. 定义

$$W_M=\{\alpha\mid\max_{0\leqslant x\leqslant 1}|R(\alpha,x)|\leqslant 2M\}.$$

显然,如果最佳逼近存在的话,其参数一定位于 W_M 中. 因此有序列$\{R(\alpha^k,x)\}$, $\alpha^k\in W_M$,使得

$$\begin{aligned}&\lim_{k\to\infty}\max_{0\leqslant x\leqslant 1}|f(x)-R(\alpha^k,x)|\\ =&\inf_{\alpha}\max_{0\leqslant x\leqslant 1}|f(x)-R(\alpha,x)|=\rho.\end{aligned}$$

由引理 6.4,存在$\{R(\alpha^k,x)\}$的一个子序列逐点收敛于形如(1.5)的函数 $H(x)$,且

$$\max_{0\leqslant x\leqslant 1}|f(x)-H(x)|=\rho.$$

设 $R(\alpha^0,x)$是 $H(x)$构造中的函数,上式表明由式(1.5)构造的函数 $H(x)$是 $f(x)\in C[0,1]$的最佳逼近,所以 $R(\alpha^0,x)$也是 $f(x)$的最佳逼近,即

$$\max_{0\leqslant x\leqslant 1}|f(x)-R(\alpha^0,x)|=\rho. \qquad \square$$

定理 6.7 表明对 $f(x)\in C[0,1]$在无穷点集上的最佳逼近总是存在的,且无需附加什么条件. 然而对有限点集上的最佳逼近却不一定总存在. 在[1]中曾用例子说明这一点.

为了证明特征性定理,首先引入

定义 6.6 误差曲线 $f(x)-R(\alpha,x)$说是在点集 S 上交错n 次,如果在 S 中有 $n+1$ 个点

$$x_1<x_2<\cdots<x_{n+1}$$

存在,使得

$$f(x_i) - R(\alpha, x_i) = \sigma(-1)^j \| f(x) - R(\alpha, x) \|, \quad i = 1,2,\cdots,n,$$

其中

$$\sigma = -\operatorname{sign}\{f(x_i) - R(\alpha, x_i)\},$$

并称 $x_1, x_2, \cdots, x_{n+1}$ 为 $R(\alpha, x)$ 的一个交错点组，而 $x_i (i=1,2,\cdots,n)$ 均称为极值点，或偏离点.

下面给出最佳有理逼近分式的特征性质及惟一性定理(参见[1]).

定理 6.8　设 $f(x) \in C[0,1]$，则 $R(\alpha^0, x)$ 是 $f(x)$ 的最佳有理逼近分式的充分必要条件是：$R(\alpha^0, x)$ 有一个点数不少于 $m(\alpha^0)+1$ 的交错点组，即误差曲线 $f(x) - R(\alpha^0, x)$ 在 $[0,1]$ 上至少交错 $m(\alpha^0)$ 次.

证明　先证充分性.

设误差函数 $f(x) - R(\alpha^0, x)$ 在 $[0,1]$ 上交错 N 次，其中 $N \geqslant m(\alpha^0)$，即有点列

$$0 \leqslant x_1 < x_2 < \cdots < x_N < x_{N+1} = 1 \tag{1.9}$$

存在，使得

$$| f(x_i) - R(\alpha^0, x_i) | = \sigma(-1)^i \| f(x) - R(\alpha^0, x) \|, \ i = 1,\cdots,N+1,$$

其中

$$\sigma = -\operatorname{sign}\{f(x_1) - R(\alpha^0, x_1)\}.$$

设还有 $R(\tilde{\alpha}, x)$ 存在，使得

$$\| f(x) - R(\tilde{\alpha}, x) \| < \| f(x) - R(\alpha^0, x) \|. \tag{1.10}$$

由于点列(1.9)是 $|f(x) - R(\alpha^0, x)|$ 的极值点，即

$$| f(x_i) - R(\alpha^0, x_i) | = \| f(x) - R(\alpha^0, x) \|,$$

于是由假设(1.10)可知

$$R(\tilde{\alpha}, x) - R(\alpha^0, x) = [f(x) - R(\alpha^0, x)] - [f(x) - R(\tilde{\alpha}, x)]. \tag{1.11}$$

在点列(2.9)上与 $f(x) - R(\alpha^0, x)$ 同号，即

$$\begin{aligned} &\operatorname{sign}\{R(\tilde{\alpha}, x_i) - R(\alpha^0, x_i)\} \\ &\quad = -\operatorname{sign}\{R(\tilde{\alpha}, x_{i+1}) - R(\alpha^0, x_{i+1})\}, \quad i = 1,\cdots,N. \end{aligned} \tag{1.12}$$

由式(1.11)知 $R(\tilde{\alpha},x)-R(\alpha^0,x)$在$[0,1]$上至少有 N 个零点,即 $R(\alpha^0,x)$不低于 $m(\alpha^0)+1$ 阶性质 Z.由引理 6.5 知这是不可能的,因而式(1.10)不可能成立,即 $R(\alpha^0,x)$确实为 $f(x)$的最佳逼近有理分式.

再证必要性.用反证法.

设 $R(\alpha^0,x)$是 $f(x)$的最佳逼近有理分式.其误差函数 $f(x)-R(\alpha^0,x)$在$[0,1]$上有 k 次交错,这里 $k<m(\alpha^0)$.

把区间$[0,1]$用 $k+2$ 个分点

$$0=\xi_0<\xi_1<\xi_2<\cdots<\xi_k<\xi_{k+1}=1$$

分成 $k+1$ 个子区间

$$[\xi_i,\xi_{i+1}],\quad i=0,1,\cdots,k,$$

使得一方面

$$f(\xi_i)-R(\alpha^0,\xi_i)=0,\quad i=0,1,\cdots,k,$$

另一方面 $f(x)-R(\alpha^0,x)$在任意相邻子区间上反号,并且各子区间(ξ_i,ξ_{i+1})内恰含 $R(\alpha^0,x)$的一个偏离点 x_{i+1}.

显然存在某个 ε_0,使得在子区间列

$$[0,\xi_1],[\xi_1,\xi_2],\cdots,[\xi_i,\xi_{i+1}],\cdots,[\xi_k,1]$$

上轮流满足下述两式之一:

$$\begin{aligned}-\|f(x)-R(\alpha^0,x)\|\leqslant f(x)-R(\alpha^0,x)&\\<\|f(x)-R(\alpha^0,x)\|-\varepsilon_0&,\\-\|f(x)-R(\alpha^0,x)\|+\varepsilon_0<f(x)-R(\alpha^0,x)&\\\leqslant\|f(x)-R(\alpha^0,x)\|&.\end{aligned}$$

对任何 $R(\alpha,x)=N(\alpha,x)/D(\alpha,x)$,有

$$f(x)-R(\alpha,x)=[f(x)-R(\alpha^0,x)]+[R(\alpha^0,x)-R(\alpha,x)],$$

为了计算 $R(\alpha^0,x)-R(\alpha,x)$,作多项式

$$\psi(x)=(x-\xi_1)\cdots(x-\xi_k).$$

注意到 $N(\alpha,x)$与 $D(\alpha,x)$互质,与引理 6.6 证明中一样,可求得有理分式 $N(\alpha,x)/D(\alpha,x)$使得

$$R(\alpha^0,x)-R(\alpha,x)=\frac{-\varepsilon\psi(x)}{D(\alpha^0,x)[D(\alpha^0,x)-\varepsilon D(\alpha,x)]}.\tag{1.13}$$

显然只要把$|\varepsilon|$取得充分小,并调节 ε 的正负号,就可以使

$$-\operatorname{sign}\{R(\alpha^0,x_j)-R(\alpha,x)\}=\operatorname{sign}\{f(x_j)-R(\alpha^0,x_j)\},$$

从而使

$$\|f(x)-R(\alpha,x)\|<\|f(x)-R(\alpha^0,x)\|.$$

这与 $R(\alpha^0,x)$是 $f(x)$的最佳 Tchebyshev 逼近有理分式的假设前提矛盾.必要性得证. □

利用定理 6.8 所指出的最佳有理逼近分式的特征性质,容易解决最佳有理逼近式的惟一性问题.下面即来证明最佳有理逼近分式一定是惟一存在的.事实上,设有两个最佳有理逼近分式 $R(\alpha^0,x)$及 $R(\tilde{\alpha},x)$,由定理 6.8,应有

$$N\geqslant m(\alpha^0)+1,\quad N'\geqslant m(\tilde{\alpha})+1. \tag{1.14}$$

为确定起见,不妨假定 $N'\geqslant N$.设 $R(\alpha^0,x),R(\tilde{\alpha},x)$的偏离点分别为

$$0\leqslant x_1^0<x_2^0<\cdots<x_N^0\leqslant 1,$$

$$0\leqslant \tilde{x}_1<\tilde{x}_2<\cdots<\tilde{x}_{N'}\leqslant 1.$$

考虑差函数

$$\begin{aligned}\eta(x)&=R(\alpha^0,x)-R(\tilde{\alpha},x)\\&=[f(x)-R(\tilde{\alpha},x)]-[f(x)-R(\alpha^0,x)].\end{aligned}$$

若 $\tilde{x}_j$ 点同样也是 $R(\alpha^0,x)$的同类偏离点(即同正或同负偏离点),则应有 $\eta(\tilde{x}_j)=0$,否则 $\eta(\tilde{x}_j)\neq 0$,但此时必然有

$$\operatorname{sign}\eta(\tilde{x}_j)=\operatorname{sign}[f(\tilde{x}_j)-R(\tilde{\alpha},x_j)]. \tag{1.15}$$

例如假设

$$\eta(\tilde{x}_{j-1})\neq 0,\quad \eta(\tilde{x}_j)=\cdots\eta(\tilde{x}_{j+k})=0,\quad \eta(\tilde{x}_{j+k+1})\neq 0.$$

由于

$$(-1)^{j-1}[f(\tilde{x}_{j-1})-R(\tilde{\alpha},\tilde{x}_{j-1})]\text{ 与}(-1)^{j+k+1}[\tilde{f}(x_{j+k+1})-R(\tilde{\alpha},x_{j+k+1})]$$

同号,从而由式(1.15)知

$$\operatorname{sign}\eta(\tilde{x}_{j-1})=\operatorname{sign}(-1)^k\eta(\tilde{x}_{j+k+1}). \tag{1.16}$$

由式(1.16)看出,当 k 为偶数时,$\eta(x)$在区间$[\tilde{x}_{j-1},\tilde{x}_{j+k+1}]$两端点上同号.于是 $\eta(x)$在该区间上有偶数个根.当 k 为奇数时,由式(1.15)知 $\eta(x)$在区间

$[\tilde{x}_{j-1},\tilde{x}_{j+k+1}]$两端点上异号，于是 $\eta(x)$在该区间上有奇数个根. 总之，$\eta(x)$在$[\tilde{x}_{j-1},\tilde{x}_{j+k+1}]$上根的个数与 k 同奇偶，但由假定已知 $\tilde{x}_j,\cdots,\tilde{x}_{j+k}$是$\eta(x)$的 $k+1$ 个根. 于是，为保证同奇偶，必有 $k+2$ 个根存在. 依此推导可知，$\eta(x)$在区间$[0,1]$内至少应有 $N'-1$ 个根.

由引理 6.5, $R(\alpha^0,x)-R(\tilde{\alpha},x)$, 当 $\alpha^0\neq\tilde{\alpha}$ 时在$[0,1]$上最多只能有 $m(\alpha^0)-1$个零点，而由式(2.14)和上面的讨论，$R(\alpha^0,x)-R(\tilde{\alpha},x)$已有 $N'-1\geqslant m(\alpha^0)$个零点，于是产生矛盾. 所以必有 $\alpha^0=\tilde{\alpha}$, 即惟一性成立.

定理 6.8 就是通常所说的有理最佳逼近的 Tchebyshev 定理. 我们可以将上面关于最佳 Tchebyshev 有理逼近分式的存在性、惟一性及特征性质，综合地写成下面的定理.

定理 6.9 给定在区间$[0,1]$上的连续函数 $f(x)$，在形如(1.1)的有理分式函数类中的最佳有理逼近分式 $R(\alpha,x)$是存在而且惟一的，且它完全被这样的特征性质所决定，即误差函数 $f(x)-R(\alpha,x)$在$[0,1]$上以正负相间的符号依次取到值 $\inf\limits_{\alpha\in w}\|f(x)-R(\alpha,x)\|=\|f(x)-R(\alpha^0,x)\|$ 的次数不小于 $m(\alpha^0)$.

通常有理 Tchebyshev 逼近的一个自然扩充是如下的广义有理 Tchebyshev 逼近.

设 $\varphi_i(x)(i=1,2,\cdots,m)$, $\psi_j(x)(j=1,2,\cdots,n)$是区间$[0,1]$上的连续函数，且$\{\varphi_i(x)\}$, $\{\psi_j(x)\}$分别是两个线性无关的函数系. 类似于(1.1)，考虑广义有理函数类

$$R(c,x)=\frac{N(\alpha,x)}{D(\beta,x)}=\sum_{i=1}^{m}a_i\varphi_i(x)/\sum_{j=1}^{n}b_j\psi_j(x), \tag{1.17}$$

其中参数 W 取遍 $m+n$ 维欧氏空间R^{m+n}的下述子集：

$$W=\left\{c\in R^{m+n}\,\middle|\,\sum_{j=1}^{n}|b_j|=1\right\}. \tag{1.18}$$

由于在条件(1.18)下，仍然可能对某些点 x_0 而有 $D(\beta,x_0)=0$，所以为了此时能惟一确定有理函数 $R(c,x)$，如同前面讨论一样需要在(1.17)，(1.18)之外，还要求(1.17)处处有界或 $R(c,x)$为最简有理分式.

为了研究广义有理 Tchebyshev 逼近的存在性，B.Boehm 在[88]中引入所谓非零稠密概念，即

定义 6.7 如果对任给 $c\in W$，函数

$$b_1\psi_1(x)+b_2\psi_2(x)+\cdots+b_n\psi_n(x)$$

于$[0,1]$中的一个稠密集 X_c 上不等于零，则称函数组 $\psi_1(x),\psi_2(x),\cdots,\psi_n(x)$具有在$[0,1]$上非零稠密的性质，简称 $\psi_1(x),\cdots,\psi_n(x)$非零稠密.

$\psi_1(x),\psi_2(x),\cdots,\psi_n(x)$非零稠密，相当于在$[0,1]$的一切开集上，$\psi_1(x),\cdots,\psi_n(x)$都是线性无关的.在这种情况下，$R(c,x)$在$x_c$上的定义是确定的.为了在点$x_0\in[0,1]-x_c$处惟一确定$R(c,x)$，取

$$R(c,x_0)=\lim_{x\in X_c}\sup_{x\to x_0}R(c,x). \tag{1.19}$$

如果$\lim\limits_{x\in X_c,x\to x_0}R(c,x)$存在，自然它应该等于$R(c,x_0)$.因此，如果函数$\psi_1(x)$，$\psi_2(x),\cdots,\psi_n(x)$在$[0,1]$上非零稠密，则对一切$c\in W$而言，广义有理分式函数$R(C,x)$在$[0,1]$上惟一确定.

Boehm 在[88]中解决了最佳逼近有理分式的存在性问题，即

定理 6.10　设$f(x),\varphi_1(x),\cdots,\varphi_m(x),\psi_1(x),\cdots,\psi_n(x)$都是$[0,1]$上的连续函数，又设$\psi_1(x),\cdots,\psi_n(x)$在$[0,1]$上非零稠密，则$f(x)$在$[0,1]$上的最佳 Tchebyshev 逼近有理分式$R(c^*,x)$存在.

显然，定理 6.7 是定理 6.10 的直接推论.事实上，就$\psi_j(x)\equiv x^{j-1}(j=1,\cdots,n)$来说，它的任意线性组合都是$x$的$n-1$次多项式，因此它的根只能有有限个，当然满足非零稠密性了.

有关定理 6.10 的证明请参看[1]，在著作[1]中还介绍了广义最佳 Tchebyshev 逼近的特征性和惟一性定理，这里就不一一列出了，有兴趣的读者可参看书末有关文献.

§2　权函数具有零点的和插值约束的有理逼近

在§1 节我们介绍了最佳有理 Tchebyshev 逼近，无疑它是最重要，也是最基本的.但在科学技术中(如物理学)还会遇到权函数具有零点的和 Hermite 插值约束的最佳有理逼近问题，它可以看作是通常最佳有理 Tchebyshev 逼近的一种推广.本节对这方面结果作一简要的介绍.

设$[a,b]$是有界闭区间，$f(x)$是$[a,b]$上的连续函数，权函数$S(x)$在$[a,b]$中可以具有零点，这些零点的集合$Z[S(x)]$的测度为零，$S(x)\in C^s[a,b]$.考虑有理分式函数

$$R(x)=\frac{P(x)}{Q(x)}=\frac{a_0+a_1x+\cdots+a_mx^m}{b_0+b_1x+\cdots+b_nx^n}, \tag{2.1}$$

在$[a,b]-Z[S(x)]$中给定的l点

$$a\leqslant t_1<t_2<\cdots<t_l\leqslant b \tag{2.2}$$

上满足约束条件

$$[S(x)R(x)]_{x=t_j}^{(i_j)} = \beta_j^{(i_j)}, \quad j = 1,\cdots,l; \quad i_j = 0,1,\cdots,k_{j-1}, \tag{2.3}$$

其中 $\beta_j^{(i_j)}$ 是相应于式(2.2)中点的一组实数,而整数 k_j 满足 $k_j \leqslant s+1, k = \sum_{i=1}^{l} k_i \leqslant m+n$.

将具有形式(2.1)且满足式(2.3)的有理分式 $R(x) \in C[a,b]$ 所组成的类记为 $R_n^m(s)$. 引入记号

$$I = \{t_1, t_2, \cdots, t_l\},$$

$$\sigma = Z[S(x)] \cup I,$$

$$\omega(x) = (x-t_1)^{k_1}\cdots(x-x_l)^{k_l}, \text{若 } I = \varnothing \text{(空集)},\text{则规定 } \omega(x) = 1,$$

$$\Omega(x) = S(x)\omega(x).$$

对于给定的函数 $f(x) \in C[a,b]$,具有有零点的权函数和 Hermite 插值约束的有理一致逼近问题,就是研究如下极值问题的解的存在性及特征属性问题:

$$r^* = \max_{a\leqslant x\leqslant b} |f(x) - S(x)R^*(x)| = \inf_{R\in R_n^m(s)} \max_{a\leqslant x\leqslant b} |f(x) - S(x)R(x)|. \tag{2.4}$$

如果(2.4)有解,便称 $R^*(x)$ 是 $f(x)$ 在 $R_n^m(s)$ 中的最佳逼近有理分式.

如果 $Z[S(x)] = \varnothing$(空集),则这里讨论的问题就是文献[1]中第二章 §3 讨论的问题. 在[1]中给出了最佳逼近有理分式的存在性、特征性及惟一性. 文[5]中给出了如下结果:

引理 6.11 对 $R_n^m(s)$ 中的任意两个有理分式

$$R_1(x) = A_1(x)/B_1(x),\ R_2(x) = A_2(x)/B_2(x),$$

必存在多项式 $K(x) \in P_{m+n-k}$,使得

$$R_2(x) - R_1(x) = \omega(x)\frac{K(x)}{B_1(x)B_2(x)}. \tag{2.5}$$

定理 6.12 设

$$A(x) = a_0 + a_1x + \cdots + a_{m-\mu}x^{m-\mu},\ B(x) = b_0 + b_1x + \cdots + b_{n-\nu}x^{n-\nu}$$

是两个互质多项式,其中 $0\leqslant\mu\leqslant m, 0\leqslant\nu\leqslant n, \mu+\nu\leqslant m+n-k+2, b_{n-\nu}\neq 0$.

又设

$$R(x) = \frac{A(x)}{B(x)}(S(x)R(x) \text{ 于}[a,b] \text{ 上有穷}) \tag{2.6}$$

且 $f(x)-S(x)R(x)$在$[a,b]-\sigma$ 中的点列

$$x_1 < x_2 < \cdots < x_{N+2}$$

上以按 $\Omega(x)$正负交错的符号取异于零的值

$$\lambda_1 - \lambda_2, \cdots, (-1)^{N+1}\lambda_{N+2},$$

其中 $N=m+n-k-d,\ d=\min(\mu,\nu)$,$\lambda_i$ 同号,此即意味着

$$\begin{gathered} |f(x_j)-S(x_j)R(x_j)| = |\lambda_j|, \quad j=1,\cdots,N+2 \\ \operatorname{sign}\{\Omega(x_j)[f(x_j)-S(x_j)R(x_j)]\} = (-1)^{j-1}\operatorname{sign}(\lambda_j) \end{gathered} \tag{2.7}$$

则对一切 $T(x)\in R_n^m(s)$,有

$$H_T = \max_{a\leqslant x\leqslant b} |f(x)-S(x)T(x)| \geqslant \min\{|\lambda_1|,\cdots,|\lambda_{N+2}|\}. \tag{2.8}$$

当 $R(x)\equiv 0$,且 $N=m-k(d=n)$,式(2.8)仍成立.

有关引理 6.11 及定理 6.12 的证明,其证明方法与[1]中第二章引理 9 及定理 8 的证明方法类似,这里略去.

在著作[1]中对 $Z[S(x)]=\varnothing$的情况,证明了最佳逼近有理分式的存在性定理:

定理 6.13 如果 $S(x)$在$[a,b]$上恒不为零,则对任意给定的 $f(x)\in C[a,b]$,存在 $R(x)\in R_n^m(S)$使得

$$H_R = \inf_{T\in R_n^m(s)} H_T.$$

下面讨论 $S(x)$在$[a,b]$上有零点情况的存在性.

如果 $R^*(x)$满足式(2.4),则 $S(x)R^*(x)$必是$[a,b]$上的有界函数.这说明 $R^*(x)$的极点必是 $S(x)$的零点,并且极点的阶数不超过 $S(x)$在该点的零点的阶数.式(2.4)包含的条件是:若 $R(x)\in R_n^m(s)$,则 $S(x)R(x)\subset C[a,b]$.再假定 $S(x)$在$[a,b]$上只有有限个零点且 $S(x)/E(x)\in C^S[a,b]$,其中 $E(x)$是次数不超过 n 的,其所有的根都是 $Z[S(x)]$的元素(可以有重根)的任一多项式.

在上述假设下,有

定理 6.14 对任意给定的 $f(x)\in C[a,b]$,存在 $R^*(x)\in R_n^m(s)$使

$$H_{R^*} = \inf_{R\in R_n^m(s)} H_R.$$

证明 设 $H\geqslant 0$ 是所有 H_R 的下确界.根据下确界的定义,有

$$T_j = \frac{P(x)}{Q(x)} = \frac{p_{j_0}+p_{j_1}x+\cdots+p_{j_m}x^m}{q_{j_0}+q_{j_1}x+\cdots+q_{j_n}x^n} \in R_n^m(s), \quad j=1,2,\cdots$$

使 $H_{T_j} \to H(j \to \infty)$. 将 $T_j(x)$ 标准化,即使

$$q_{j_0}^2 + q_{j_1}^2 + \cdots + q_{j_n}^2 = 1, \quad j = 1,2,\cdots.$$

设 $\xi_1, \xi_2, \cdots, \xi_{m+1}$ 是 $(a,b) - \sigma$ 中固定的互不相同的点,则对其中任一点 ξ,必有

$$\left| S(\xi) \frac{p_{j_0} + p_{j_1}\xi + \cdots + p_{j_m}\xi^m}{q_{j_0} + q_{j_1}\xi + \cdots + q_{j_n}\xi^n} \right| \leqslant \left| S(\xi) \frac{p_{j_0} + p_{j_1}\xi + \cdots + p_{j_m}\xi^m}{q_{j_0} + q_{j_1}\xi + \cdots + q_{j_n}\xi^n} - f(\xi) \right| + | f(\xi) |$$

$$\leqslant G + \max_{a \leqslant x \leqslant b} | f(x) |, \quad j = 1,2,\cdots, \tag{2.9}$$

其中 G 是 H_{T_j} 的一个上界. 因此有正数 M,使

$$| p_{j_0} + p_{j_1}\xi_i + \cdots + p_{j_m}\xi_i^m | < M, \quad i = 1,2,\cdots,m+1, \quad j = 1,2,\cdots. \tag{2.10}$$

由于多项式 $p_{j_0} + p_{j_1}x + \cdots + p_{j_m}x^m$ 在 $m+1$ 个固定点上有界,则其系数皆有界. 固定 i,k,由数列 $\{p_{j_i}\}$ 和 $\{q_{j_k}\}$ 的有界性,根据 Bolzano -Weierstrass 定理可知在 $\{T_j(x)\}$ 中存在子序列,不妨仍用 $\{T_j(x)\}$ 表示,使得

$$\lim_{j\to\infty} p_{j_i} = a_i, \quad i = 0,1,\cdots,m;$$

$$\lim_{j\to\infty} q_{j_k} = b_k, \quad k = 0,1,\cdots,n.$$

利用 a_i, b_k 作形如(2.1)的有理分式

$$R^*(x) = \frac{a_0 + a_1x + \cdots + a_mx^m}{b_0 + b_1x + \cdots + b_nx^n} = \frac{A(x)}{B(x)}. \tag{2.11}$$

在[5]中指出,除了 $B(x)$ 的有限个零点,在 $[a,b]$ 的其他点 x 处,有

$$\lim_{j\to\infty} T_j(x) = R^*(x). \tag{2.12}$$

设 $B(x)$ 的零点集合为 Z^*,于是

$$\max_{a\leqslant x\leqslant b} | f(x) - S(x)R^*(x) | = \sup_{x\in[a,b]-Z^*} | f(x) - S(x)R^*(x) |$$

$$= \lim_{j\to\infty} \sup_{x\in[a,b]-Z^*} | f(x) - S(x)T_j(x) | = H. \tag{2.13}$$

下面证明 $R^* \in R_n^m(s)$. 事实上,由于 $S(x)$ 在式(2.3)中的 t_i 的一个邻域 I_i 内没有零点,因此 $B(x)$ 在 I_i 内也没有零点. 设 $\bar{I}_i$ 是 I_i 中以 t_i 为内点的闭区间,显然在 $\bar{I}_i$ 上式(2.13)成立. 由一致收敛的函数序列的微分性质和 $T_j(x)$ 满足

式(2.3),从而 $R^*(x)$满足式(2.3),结合(2.13)便完成了定理的证明. □

在定理证明的过程中,除了在 t_i 附近用到了$S(x)\in C^s[a,b]$的性质,其他地方只用到了 $S(x)$的有界性.因此,如果仅保证存在性,则 $S(x)$也放宽为在$[a,b]$上有界,分段属于 $C^s[a,b]$.

定义 6.8[5] 设 $R(x)\in R_n^m(s)$,凡满足关系式

$$|f(x')-S(x')R(x')|=\max_{0\leqslant x\leqslant b}|f(x)-S(x)R(x)|$$

的点 $x'(a\leqslant x'\leqslant b)$,均称为 $R(x)$的偏差点,全部偏差点的集合记为 $D(R)$;若 $D(R)\cap\sigma=M(R)\neq\varnothing$,则称所有 $x_0\in M(R)$的点为 $R(x)$的中性偏差点.

由定义6.7不难验证:若 $R(x)\in R_n^m(s)$中有中性偏差点,则 $R(x)$为 $f(x)$在 $R_n^m(s)$类中的最佳逼近有理分式.

定理 6.15 $R(x)\in R_n^m(s)$是 $f(x)$在 $R_n^m(s)$中的最佳逼近有理分式,必须且只须满足下列两个条件之一:

(i) $R(x)$中有中性偏差点存在;

(ii) $R(x)$有一个点数不少于 $m+n-k-d+2$ 的按 $\Omega(x)$交错的偏差点组.

并且在(ii)成立的前提下,$R(x)$是惟一的最佳逼近有理分式.

证明 为叙述方便仅就 $Z[S(x)]=\varnothing$情形进行证明.一般情形证明方法类似.

条件(i)的充分性,由中性偏离点的定义即可验证.下面主要证明(ii)的充分性.设 $N\geqslant m+n-k-d$,在定理6.12中取$|\lambda_j|=H_R$,则可知对任何 $T(x)\in R_n^m(s)$,均有 $H_T\geqslant H_R$,从而(ii)充分性得证.

再证必要性.设 $R(x)$是 $R_n^m(s)$中的最佳逼近有理分式.显然为证必要性,只须在 $R(x)$无中性偏差点的前提下来证明(ii)成立即可.

用反证法.设 $R(x)$任一个按 $z(x)$交错的偏离点组为

$$a\leqslant x_1<x_2<\cdots<x_{N'}\leqslant b,\tag{2.14}$$

其中 $N'\leqslant m+n-k-d+1$.将区间$[a,b]$划分为

$$[a,\xi_1],[\xi_1,\xi_2],\cdots,[\xi_{N'-1},b],\tag{2.15}$$

使得它们中的每一个含且仅含偏离点组(2.14)中的某一个,即

$$a\leqslant x_1\leqslant\xi_1,\cdots,\xi_{j-1}<x_j<\xi_j,\cdots,\xi_{N'-1}<x_{N'}\leqslant b.$$

显然,存在 $\varepsilon_0>0$,使得在子区间(参见(2.15))上轮流满足下述两式之一:

$$\begin{aligned}&-H_R\leqslant f(x)-R(x)<H_R-\varepsilon_0,\\&-H_R+\varepsilon_0<f(x)-R(x)\leqslant H_R.\end{aligned}\tag{2.16}$$

往下,我们将具体作出 $T(x)\in R_n^m(s)$,使得

$$H_T < H_R. \tag{2.17}$$

因为对任何 $T(x)\in R_n^m(s)$,均有

$$f(x) - T(x) = [f(x) - R(x)] + [R(x) - T(x)], \tag{2.18}$$

所以只要能够选取 $T(x)\in R_n^m(s)$,一方面使得 $\| R(x) - T(x) \|$ 充分小,另一方面

$$\begin{aligned} &-\operatorname{sign}\{w(x_j)[R(x_j) - T(x_j)]\} \\ &\quad = \operatorname{sign}\{w(x_j)[f(x_j) - R(x_j)]\}, \quad j = 1,\cdots,N' \end{aligned} \tag{2.19}$$

就可以保证(2.17)成立.下面来实际构造 $T(x)$.为此,记

$$\Phi(x) = (x - \xi_1)(x - \xi_2)\cdots(x - \xi_{N'-1})w(x),$$

由于 $A(x)$,$B(x)$互质(见[2.6]),从而有多项式 $u(x)$,$v(x)$存在,使得

$$A(x)u(x) + B(x)v(x) \equiv 1.$$

以 $\Phi(x)$乘上式两边,得

$$A(x)u(x)\Phi(x) + B(x)v(x)\Phi(x) \equiv \Phi(x). \tag{2.20}$$

对 $u(x)\Phi(x)$及 $v(x)\Phi(x)$作带余除法

$$u(x)\Phi(x) = B(x)Q_1(x) + r_1(x),$$

$$v(x)\Phi(x) = A(x)Q_2(x) + r_2(x),$$

其中 $r_1(x)$与 $r_2(x)$的次数分别不超过 $m-\mu$ 与 $n-\nu$,以此代入式(2.20),经整理得

$$A(x)B(x)[Q_1(x) + Q_2(x)] + A(x)r_1(x) + B(x)r_2(x) \equiv \Phi(x). \tag{2.21}$$

设 $Q_1(x) + Q_2(x)$ 的次数为 l,比较上式系数可知 $m + n - \mu - \nu + l \leqslant m + n - d$,即 $l \leqslant \mu - \nu - d$.因此,式(2.21)说明确有次数分别不超过 m 和 n 的多项式$\varphi(x)$和 $\psi(x)$,使

$$B(x)\varphi(x) - A(x)\psi(x) \equiv \Phi(x).$$

现取

$$T(x) = S(x)\frac{A(x) - \varepsilon\varphi(x)}{B(x) - \varepsilon\psi(x)},$$

则

$$R(x) - T(x) = S(x)\frac{\varepsilon\Phi(x)}{B(x)[B(x) - \varepsilon\psi(x)]},$$

所以,只要把 ε 取得充分小,并调节其正、负号,则可使式(2.19)成立. 又 $w(x_j)\neq 0$,进而有

$$-\operatorname{sign}[R(x_j) - T(x_j)] = \operatorname{sign}[f(x_j) - R(x_j)],\quad j = 1,2,\cdots,N'.$$

于是由式(2.18)并注意 ε 充分小,即知式(2.17)成立. 这与 $R(x)$ 是最佳逼近假设矛盾. □

上面我们讨论了当权函数具有零点的最佳有理逼近问题. 下面介绍一下具有 Hermite 插值约束的有理逼近中一个有实际意义问题,其提法如下:记形如

$$R(x) = \frac{P(x)}{Q(x)} = \frac{a_0 + a_1 + \cdots + a_m x^m}{b_0 + b_1 x + \cdots + b_n x^n},\quad Q(x) > 0,\quad x\in[a,b] \tag{2.22}$$

的有理函数集合为 $R(m,n)$,若权函 $S(x)\in C^s[a,b]$,$S(x)>0$,当 $x\in[a,b]$,记满足

$$[S(x)R(x)]_{x=t_j}^{(i_j)} = \beta_j^{(i_j)},\quad i_j = 0,1,\cdots,k_{j-1},\quad j = 1,\cdots,l, \tag{2.23}$$

的 $R(x)\in R(m,n)$ 的全体为 $R_n^m(s)$,其中 $\beta_j^{(i_j)}$ 是一组实数,$t_j\in[a,b]$ 是插值点,正整数 k 满足 $k\leqslant s+1$ 和 $k = \sum_{j=1}^{l} k_i \leqslant m + n$. 对给定的函数 $f(x)\in C[a,b]$,寻求 $R^*(x)\in R_n^m(s)$,使得

$$\| f - SR^* \| = \max_{a\leqslant x\leqslant b} | f(s) - S(s)R^*(x) | = \inf_{R\in R_n^m(s)} \| f - SR \|. \tag{2.24}$$

容易看出,尽管约束条件(2.23)使问题(2.24)比普通的(m,n)阶有理一致逼近问题少了 k 个自由度,但在(2.24)中出现的参数个数却没有减少. 无疑对实际计算很不经济. 当然可用代数法用式(2.23)可消去式(2.24)中 k 个参数,但显然十分不便. 下面从逼近论角度给出两种简化的方法.

引理 6.16 若 $R(x)=\dfrac{P(x)}{Q(x)}\in R_n^m(s)$,则 $R(x)$可写成

$$R(x) = \pi(x) + w(x)\frac{P_1(x)}{Q(x)}, \tag{2.25}$$

其中 $\pi(x)$是满足插值条件(2.23)的 $k-1$ 次多项式,$w(x)=\prod_{j=1}^{l}(x-t_j)^{k_j}$,$\partial\{P_1(x)\}\leqslant\max(m-k,n-1)$.

证明 由于

$$[S(x)(R(x)-\pi(x))]_{x=t_j}^{(i_j)} = [S(x)R(x)]_{x=t_j}^{(i_j)} - [S(x)\pi(x)]_{x=t_j}^{(i_j)} = 0,$$

用[1]中第二章引理 9 的证明可知

$$R(x)-\pi(x) = \frac{P(x)-\pi(x)Q(x)}{Q(x)} = \frac{w(x)P_1(x)}{Q(x)}.$$

因为$\partial(P-\pi Q)\leqslant\max(m,n+k-1)$,$\partial\{w\}=k$,于是

$$\partial\{P_1\}\leqslant\max\{m-k,n-1\}. \qquad \square$$

定理 6.17[19] 如果 $n-1\leqslant m-k$,则求 $f(x)$在 $R_n^m(s)$中的最逼近有理分式问题,等价于求 $f(x)-S(x)\pi(x)$在 $R(m-k,n)$中以 $S(x)w(x)$为权的最佳逼近有理分式问题.

证明 对任意 $R(x)=P(x)/Q(x)\in R_n^m(s)$,由引理 6.16 必有惟一的对应元素 $R_1(x)=P_1(x)/Q(x)\in R(m-k,n)$. 对于

$$R_1(x) = \frac{P_1(x)}{Q(x)} \in R(m-k,n),$$

令

$$\frac{P(x)}{Q(x)} = R(x) = \pi(x) + w(x)R_1(x) = \pi(x) + w(x)\frac{P_1(x)}{Q(x)}. \tag{2.26}$$

由假设 $n-1\leqslant m-k$,可以验证

$$\begin{aligned}\partial\{P(x)\} &= \partial\{\pi(x)Q(x)+w(x)P_1(x)\}\\ &\leqslant \max\{k-1+n,\ k+m-k\}\\ &= \max(k-1+n,m) = m,\end{aligned} \tag{2.27}$$

$$
\begin{aligned}
[S(x)R(x)]_{x=t_j}^{(i_j)} &= [S(x)\pi(x) + S(x)w(x)R_1(x)]_{x=t_j}^{(i_j)} \\
&= [S(x)R(x)]_{x=t_j}^{(i_j)} + [S(x)w(x)R_1(x)]_{x=t_j}^{(i_j)} \\
&= \beta_j^{(i_j)} + [S(x)w(x)R_1(x)]_{x=t_j}^{(i_j)} \\
&= \beta_j^{(i_j)}, \quad j = 1,\cdots,l; \quad i_j = 0,1,\cdots,k_{j-1}.
\end{aligned}
$$

于是 $R_n^m(s)$和 $R(m-k,n)$的元素间存在一一对应关系.因为

$$
\begin{aligned}
f(x) - S(x)R(x) &= f(x) - S(x)[\pi(x) + w(x)R_1(x)] \\
&= [f(x) - S(x)\pi(x)] - [S(x)w(x)]R_1(x),
\end{aligned}
$$

定理得证. □

值得注意的是,定理 6.17 转化后的逼近问题的权函数 $S(x)w(x)$在$[a,b]$已有零点.关于最佳逼近有理分式的存在性、特征性及惟一性前面已解决.定理 6.17 的意义在于减少问题(2.24)参数个数.

当 $n-1>m-k$ 时,由于(2.27)不成立,因此由式(2.26)定义的有理分式不属于 $R_n^m(s)$.但这时仍有减少问题(2.24)的参数的可能性,只要满足下面的命题条件.

命题　如果 $n-1>m-k$ 时,且能从(2.23)中选出关于某些 t 点的全部约束条件,这些约束条件的个数是 $k_0<k$,满足 $n-1\leqslant m-k_0$,则 $f(x)$在 $R_n^m(s)$中的最佳有理逼近问题等价于求 $f(x)-S(x)\pi_0(x)$的关于剩下的 $k-k_0$ 个约束条件的 $R_0^{m-k}(sw_0)$中的最佳逼近有理分式问题.这里 w_0,π_0 只和 k_0 个约束有关.

如果 $n-1>m-k$,而约束(2.23)大部分集中在一点 t'上,以至于在 t'上的约束数$k'>n$.我们可采用如下方法.

为叙述方便,将(2.23)中关于 t'的k'个约束改写成

$$
R^{(i)}(t') = (i!)C_i,\ i = 0,1,\cdots,k'-1. \tag{2.28}
$$

如果添加 $m+n+1-k'$个适当常数,使得$\{C_i\}$, $i=0,1,\cdots,m+n$,对任意 $0\leqslant\eta\leqslant m+1$,$0\leqslant\nu\leqslant n+1$ 满足:Hankel 行列式

$$
H_\nu^\eta = \begin{vmatrix} C_\eta & C_{\eta-1} & \cdots & C_{\eta-\nu+1} \\ C_{\eta+1} & C_\eta & \cdots & C_{\eta-\nu+2} \\ \vdots & \vdots & & \vdots \\ C_{\eta+\nu+1} & C_{\eta+\nu} & \cdots & C_\eta \end{vmatrix} \neq 0. \tag{2.29}
$$

则称常数组$\{C_i\}$, $i=0,1,\cdots,m+n$,是 $m+n$ 次正规的.

用记号 $R(m,n,k')$表示分子、分母次数分别不超过 m,n 且满足式(2.28)的有理分式的集合. 记以$\{C_i\}$, $i=0,1,\cdots,m+n$ 为前 $m+n+1$ 项系数的关于$(x-t')$的幂级数为 P,而 P 的$(m-i,n)$阶 Padé 逼近式是

$$R_{m-i,n}(x)=\frac{P_{m-i,n}(x)}{Q_{m-i,n}(x)},\ i=0,1,\cdots,m. \tag{2.30}$$

由式(2.29)及 Padé 逼近的理论(参见[58])可知 $R_{m-i,n}(x)$是存在的.

对 $j=m+n-k'+1\leqslant m$,定义有 j 个参数的,用式(2.30)中的分子、分母多项式表示的有理函数

$$T_{m,n,j}(x;\mu_1,\cdots,\mu_j)=\frac{A_{m,n,j}(x;\mu_1,\cdots,\mu_j)}{B_{m,n,j}(x;\mu_1,\cdots,\mu_j)}$$

$$=\frac{(1-\mu_1-\mu_2-\cdots-\mu_j)P_{m-j,n}(x)+\sum_{i=1}^{j}P_{m-i+1,n}(x)}{(1-\mu_1-\mu_2-\cdots-\mu_j)P_{m-j,n}(x)+\sum_{i=1}^{j}Q_{m-i+1,n}(x)}. \tag{2.31}$$

如果 $T_{m,n,j}(x;\mu_1,\mu_2,\cdots,\mu_j)$在 $x=t'$处分母不为零,对这样的参数 $\mu_1,\mu_2,\cdots,\mu_j$,从式(2.31)及 Padé 逼近理论可以推知

$$T^{(i)}_{m,n,j}(t';\mu_1,\mu_2,\cdots,\mu_j)=(i!)C_i,\ i=0,1,\cdots,k'-1, \tag{2.32}$$

即 $T_{m,n,j}(x;\mu_1,\cdots,\mu_j)\in R(m,n,k')$.

反之,如果 $r_{m,n,k'}\in R(m,n,k')$,B.L.Ehle 证明了如下定理.

定理 6.18[121] 设$\{C_j^i\}$, $i=0,1,\cdots,m+n$,是 $m+n$ 次正规的,$k'>n$, $r_{m,n,k'}(x)\in R(m,n,k')$. 则存在惟一的常数集$(\mu_1^*,\mu_2^*,\cdots,\mu^*)$使

$$r_{m,n,j}(x)=T_{m,n,j}(x;\mu_1^*,\mu_2^*,\cdots,\mu_j^*). \tag{2.33}$$

因此,只要在 t'点的 k'个 Hermite 插值约束能发展成 $m+n$ 次正规的,那么式(2.32)和(2.33)说明集合 $R(m,n,k')$和分母在 t'点不为零的有理分式的集合$\{T_{m,n,j}(x;\mu_1,\cdots,\mu_j)\}$的元素间存在一一对应关系. 用 $T_{m,n,j}(x_j;\mu_1,\cdots,\mu_j)$代替式(2.24)的 $R(x)$,即减少了式(2.23)的 k'个约束和(2.24)的 k'个参数.

§3 Newton-Padé 逼近与最佳有理逼近

J.L.Walsh 在[192]中研究了 Tchebyshev 意义下最佳有理逼近与经典 Padé 逼近之间的关系. 本节介绍[22]中给出的实域内 Newton-Padé 逼近及 Padé 型逼近与

最佳有理逼近之间的一些结果.

设$\{x_i\}$是实轴上有限区间$[a,b]$内的互异点列.若$f(x)\in C[a,b]$,且存在互质多项式$P_L(x)\in P_L$,$Q_M\in P_M$使得

$$(Q_M f - P_L)(x) = C_1\omega_{L+M+1} + C_2\omega_{L+M+2} + \cdots, \tag{3.1}$$

其中

$$\omega_i = \omega_i(x) = \prod_{k=0}^{i-1}(x - x_k), \quad \omega_0 = 1,$$

则称$\bar{R}_{L,M} = P_L/Q_M$为$f(x)$的(L,M)型Newton-Padé逼近.令

$$Q_M(x) = q_0 + q_1\omega_1(x) + q_2\omega_2(x) + \cdots + q_M\omega_M(x),$$

$$P_L(x) = p_0 + p_1\omega_1(x) + p_2\omega_2(x) + \cdots + p_L\omega_L(x),$$

则式(3.1)可写成

$$(q_0 f + q_1\omega_1 f + \cdots + q_M\omega_M f) - (p_0 + p_1\omega_1 + \cdots + q_L\omega_L)$$
$$= c_1\omega_{L+M+1} + c_2\omega_{L+M+2} + \cdots. \tag{3.2}$$

对$q_i\omega_i f(0\leqslant i\leqslant M)$,将$f$展成如下Newton级数

$$\begin{aligned}f(x) = {} & f(x_i) + f[x_i, x_{i+1}](x - x_i) + \cdots + f[x_i, \cdots, x_{L+1}](x - x_i)\cdots(x - x_L)\\ & + \cdots + f[x_i, \cdots, x_{L+M}](x - x_i)\cdots(x - x_{L+M-1})\\ & + f[x_i, \cdots, x_{L+M}, x](x - x_i)\cdots(x - x_{L+M}),\end{aligned}$$

令$\omega_{ii} = (x - x_i)$,$f_{ii} = f(x_i)$,当$j\geqslant i$时,$\omega_{ij} = (x - x_i)\cdots(x - x_j)$, $f_{i,j} = f[x_i, \cdots, x_j]$,当$j<i$时,规定$f_{i,j} = 0$,于是对$0\leqslant i\leqslant M$,有

$$\begin{aligned}q_i\omega_i f = q_i\omega_i(& f_{i,i} + f_{i,i+1}, \omega_{i,i} + \cdots + f_{i,L+1}\omega_{i,L} + \cdots\\ & + f_{i,L+M}\omega_{i,L+M-1} + \omega_{i,L+M}f[x_i, \cdots, x_{L+M}, x]).\end{aligned}$$

注意到

$$\omega_i\omega_{i,j} = \prod_{r=0}^{i-1}(x - x_r)\prod_{t=i}^{j}(x - x_t) = \prod_{k=0}^{j}(x - x_k) = \omega_{j+1},$$

于是

$$\begin{aligned}q_i\omega_i f = q_i\{& f_{i,i}\omega_i + f_{i,i+1}\omega_{i+1} + \cdots + f_{i,L+1}\omega_{L+1} + \cdots\\ & + f_{i,L+M}\omega_{L+M} + \omega_{L+M+1}f[x_i, \cdots, x_{L+M}, x]\}.\end{aligned}$$

对 $i=0,1,\cdots,M$,将上式代入(3.2),再比较两边 $\omega_i(0\leqslant i\leqslant L+M)$的系数即得下述方程组

$$\begin{cases} q_0 f_{0,0} = p_0, \\ q_0 f_{0,1} + q_1 f_{1,1} = p_1, \\ \cdots\cdots \\ q_0 f_{0,L} + q_1 f_{1,L} + \cdots + q_M f_{M,L} = p_L, \end{cases} \tag{3.3}$$

$$\begin{cases} q_0 f_{0,L+1} + q_1 f_{1,L+1} + \cdots + q_M f_{M,L+1} = 0, \\ q_0 f_{0,L+2} + q_1 f_{1,L+2} + \cdots + q_M f_{M,L+2} = 0, \\ \cdots\cdots \\ q_0 f_{0,L+M} + q_1 f_{1,L+M} + \cdots + q_M f_{M,L+M} = 0. \end{cases} \tag{3.4}$$

由上面方程组可解出 P_L 及 Q_M:

$$P_L = \begin{vmatrix} f_{M,L+1} & f_{M,L+2} & \cdots & f_{M,L+M} & \sum_{j=M}^{L} f_{M,j}\omega_j \\ f_{M-1,L+1} & f_{M-1,L+2} & \cdots & f_{M-1,L+M} & \sum_{j=M-1}^{L} f_{M-1,j}\omega_j \\ \vdots & \vdots & & \vdots & \vdots \\ f_{0,L+1} & f_{0,L+2} & \cdots & f_{0,L+M} & \sum_{j=0}^{L} f_{0,j}\omega_j \end{vmatrix}, \tag{3.5}$$

$$Q_M = \begin{vmatrix} f_{M,L+1} & f_{M,L+2} & \cdots & f_{M,L+M} & \omega_M \\ f_{M-1,L+1} & f_{M-1,L+2} & \cdots & f_{M-1,L+M} & \omega_{M-1} \\ \vdots & \vdots & & \vdots & \vdots \\ f_{0,L+1} & f_{0,L+2} & \cdots & f_{0,L+M} & \omega_0 \end{vmatrix}, \tag{3.6}$$

且有余项表示

$$(Q_M f - P_L)(x) = \omega_{L+M+1}(x) \begin{vmatrix} f_{M,L+1} & \cdots & f_{M,L+M} & f[x_M,\cdots,x_{L+M},x] \\ f_{M-1,L+1} & \cdots & f_{M-1,L+M} & f[x_{M-1},\cdots,x_{L+M},x] \\ \vdots & & \vdots & \vdots \\ f_{0,L+1} & \cdots & f_{0,L+M} & f[x_0,\cdots,x_{L+M},x] \end{vmatrix}. \tag{3.7}$$

定理 6.19[22] 设$[a,b]$为有限区间,$f(x)\in C[a,b]$,$\{x_i\}\subset[a,b]$,$X_i(\varepsilon)=\{x\,|\,|x-x_i|<\varepsilon\}$,$X=\bigcup_{i=0}^{L+M}X_i(\varepsilon)$,$K$ 为$[a,b]$中不含 Q_M 零点的闭区间,$X_0=X\cap K$,对固定的 L,M 用$R_{L,M}(X_0,x)$表示在 Tchebyshev 意义下集 X_0 上对 f 的(L,M)型最佳有理逼近.若

$$\Delta_{L,M}=\begin{vmatrix}f_{0,L+1} & f_{1,L+1} & \cdots & f_{M-1,L+1}\\ f_{0,L+2} & f_{1,L+2} & \cdots & f_{M-1,L+2}\\ \vdots & \vdots & & \vdots\\ f_{0,L+M} & f_{1,L+M} & \cdots & f_{M-1,L+M}\end{vmatrix}\neq 0, \tag{3.8}$$

则当 $\varepsilon\to 0$ 时,$R_{L,M}(X_0,x)$在$[a,b]$内不含 Q_M 零点的任何闭子区间上一致地收敛于$\overline{R}_{L,M}(x)$.

为证上述定理,先证一个引理.

引理 6.20 设 $P(x)=\sum_{j=0}^{N}A_j\omega_j(x)(N\leqslant L+M)$,$X_0$ 是包含$\{x_i\}_{i=0}^{L+M}$且位于$[a,b]$内的任一集合,若对 $x\in X_0$ 恒有$|P(x)|\leqslant d$(d 为常数),则存在不依赖于 d 的常数c 使$|A_i|\leqslant cd$.

证明 设 $t_0,t_1,\cdots,t_N$ 是X_0 中 $N+1$ 个不同的点,则有

$$\begin{cases}A_0\omega_0(t_0)+A_1\omega_1(t_0)+\cdots+A_N\omega_N(t_0)=P(t_0),\\ A_0\omega_0(t_1)+A_1\omega_1(t_1)+\cdots+A_N\omega_N(t_1)=P(t_1),\\ \cdots\cdots\\ A_0\omega_0(t_N)+A_1\omega_1(t_N)+\cdots+A_N\omega_N(t_N)=P(t_N).\end{cases}$$

因 $\omega_0=1,\omega_1(x)=(x-x_0),\cdots,\omega_N(x)=(x-x_0)\cdots(x-x_{N-1})$,又 $x_0,x_1,\cdots,x_N$ 属于X_0 且互不相同,故当取 $t_i=x_i(i=0,1,\cdots,N)$时,得到关于 $A_0,A_1,\cdots,A_N$ 的线性方程组

$$\begin{cases}A_0=P(x_0),\\ A_0+(x_1-x_0)A_1=P(x_1),\\ \cdots\cdots\\ A_0+(x_N-x_0)A_1+\cdots+(x_N-x_0)\cdots(x_N-x_{N-1})A_N=P(x_N).\end{cases}$$

由此可得 $A_i=T_i/T$,其中系数行列式 $T=\prod_{i=1}^{N}\omega_i(x_i)\neq 0$,而 $T_i=P(x_0)T_{0,i}+$

$P(x_1)T_{1,i}+\cdots+P(x_N)T_{N,i}$,这里 $T_{j,i}$ 表示行列式 T 的第 $j+1$ 行,第 $i+1$ 列的代数余子式.不难看出 T_{ji} 或为零,或是一些形如 $\sum\prod\limits_{i\neq j}(x_i-x_j)$ 的有界数.

令 $C_i=\sum\limits_{j=0}^{N}|T_{ji}|/|T|$. 则有 $|A_i|\leqslant C_i d$,且 C_i 与 d 无关,取 $C=\max\limits_{0\leqslant i\leqslant N}C_i$,则对任何 $0\leqslant l\leqslant N$,均有 $|A_l|\leqslant Cd$. □

下面证明定理 6.19. 设

$$R=R_{L,M}(X_0,x)=\frac{u_0+u_1\omega_1+\cdots+u_L\omega_L}{V_0-V_1\omega_1+\cdots+V_M\omega_M},$$

则

$$V_0R+V_1\omega_1R+V_2\omega_2R+\cdots+V_M\omega_MR=u_0+u_1\omega_1+\cdots+u_L\omega_L.$$

将 R 展成 Newton 级数并比较两边系数得

$$\begin{cases}V_0R_{0,0}=u_0,\\ V_0R_{0,1}+V_1R_{1,1}=u_1,\\ \cdots\cdots\\ V_0R_{0,L}+V_1R_{1,L}+\cdots+V_MR_{M,L}=u_L,\end{cases}\tag{3.9}$$

$$\begin{cases}V_0R_{0,L+1}+V_1R_{1,L+1}+\cdots+V_MR_{M,L+1}=0,\\ V_0R_{0,L+2}+V_1R_{1,L+2}+\cdots+V_MR_{M,L+2}=0,\\ \cdots\cdots\\ V_0R_{0,L+M}+V_1R_{1,L+M}+\cdots+V_MR_{M,L+M}=0.\end{cases}\tag{3.10}$$

因为 $R=R_{L,M}(X_0,x)$ 是 f 在 X_0 上的最佳有理逼近,所以 R 在 Z_0 上有定义,且 $\|f-R\|_{X_0}\leqslant\|f-\bar{R}_{L,M}\|_{X_0}$. 而 $X_0=X\cap K\supset\{x_i\}_{i=0}^{L+M}$ 成立. 若不然,有某个 $x_{i_0}(0\leqslant i_0\leqslant L+M)$ 使 $x_{i_0}\notin K$. 由集合 K 的定义知 x_{i_0} 必是 $Q_M(x)$ 的零点,由式(3.1)知 x_{i_0} 也是 P_L 的零点,这与 $\bar{R}_{L,M}$ 既约相矛盾.

由式(3.7)知

$$(Q_Mf-P_L)(x)=h(x)\omega_{L+M+1}(x),$$

其中 $h(x)\in C[a,b]$. 对 $x\in K$ 有

$$(f-P_L/Q_M)(x)=\frac{h(x)}{Q_M(x)}\omega_{L+M+1}(x).$$

显然 $h(x)/Q_M(x)$在 K 上有界. 于是可知 $\| f-\overline{R}_{L,M} \|_{X_0} \leqslant M_1 \varepsilon$. 对 $i=0,1,\cdots,M$, f 和 R 可分别展成

$$f(x) = f_{i,i} + f_{i,i+1}\omega_{i,i} + \cdots + f_{i,L+M}\omega_{i,L+M} + \omega_{i,L+M}f[x_i,\cdots,x_{L+M},x],$$

$$R(x) = R_{i,i} + R_{i,i+1} + \omega_{i,i} + \cdots + R_{i,L+M}\omega_{i,L+M} + \omega_{i,L+M}R[x_i,\cdots,x_{L+M},x].$$

因 $\| \omega_i(f-\overline{R}_{L,M}) \|_{X_0} \leqslant \| \omega_i \|_{X_0} N_1\varepsilon \leqslant M_2\varepsilon$,故

$$\left\| \sum_{j=i}^{L+M}(f_{i,j} - R_{i,j})\omega_j + \omega_{L+M+1}(f[x_i,\cdots,x_{L+M},\cdot] - R[x_i,\cdots,x_{L+M},\cdot]) \right\|_{X_0} \leqslant M_2\varepsilon.$$

显然,存在 M_3 使

$$\| (f[x_i,\cdots,x_{i+M}] - R[x_i,\cdots,x_{L+M}])\omega_{L+M+1} \|_{X_0} \leqslant M_3\varepsilon.$$

于是有 M_4 使

$$\left\| \sum_{j=i}^{L+M}(f_{ij} - R_{ij})\omega_j \right\|_{X_0} \leqslant M_4\varepsilon, \quad i=0, \quad 1,\cdots,M.$$

据引理 6.20,有

$$\| f_{ij} - R_{ij} \| \leqslant M_5\varepsilon,\ j = i,i+1,\cdots,L+M,i=0,1,\cdots,M, \tag{3.11}$$

其中 M_5 是与 ε 无关的正常数.

式(3.11)表明,当 ε 充分小时,方程组(3.3),(3.4)的解近似于方程组(3.9),(3.10)的解. 若在式(3.4)中令 $q_N = r$,则由定理条件(3.8)知,$q_0,q_1,\cdots,q_{M-1}$可惟一地由参数 r 表出. 从而当 ε 充分小时,令 $V_M=r$ 也可从方程组(3.10)中惟一地解出 $V_0,V_1,\cdots,V_{M-1}$. 由式(3.11)知,当 $\varepsilon\to 0$ 时,$V_i\to q_i$, $i=0,1,\cdots,M-1$,由式(3.3)和(3.9)知 $u_i\to p_i(i=0,1,\cdots,L)$. □

下面来看 Padé 型逼近与最佳有理逼近的关系. 设 $f^{\circ}(x)=a_0+a_1x+\cdots+a_nx^n+\cdots(a_0\neq 0)$为在原点解析函数,对 $i=0,1,\cdots$定义线性泛函 $C(t^i)=C_i$. 设 $R_{k-1,k}(\varepsilon,x)=U_{k-1}(x)/V_k(x)=\sum_{i=0}^{k-1} b_ix^i+0(x^k)$为在区间 $\delta=[0,\varepsilon]$内对 $f(x)$的$(k-1,k)$型最佳 Tchebyshev 有理逼近,而

$$T_{k-1,k}(x) = W_{k-1}(x)/V_k(x)$$

为 f 的 Padé 型逼近,其中

$$W_{k-1}(x) = x^{k-1}C[(V_k(x^{-1}) - V_k(t)(1-tx)^{-1})].$$

由[90]知

$$T_{k-1,k}(x) - f(x) = 0(x^k). \tag{3.12}$$

设

$$W_{k-1}(X) = W_0 + W_1 x + \cdots + W_{k-1} x^{k-1},$$

$$V_k(X) = V_0 + V_1 x + \cdots + V_k x^k,$$

$$U_{k-1}(X) = U_0 + U_1 x + \cdots + U_{k-1} x^{k-1}.$$

由式(3.12)可得

$$\begin{cases} a_0 V_0 = W_0, \\ a_0 V_1 + a_1 V_0 = W_1, \\ \cdots\cdots \\ a_0 V_{k-1} + a_1 V_{k-2} + \cdots + a_{k-1} V_0 = W_{k-1}. \end{cases} \tag{3.13}$$

而由 $R_{k-1,k}(\varepsilon, x) = \sum_{i=0}^{k-1} b_i x^i + O(x^k)$ 可得

$$\begin{cases} b_0 V_0 = U_0 \\ b_0 V_1 + b_1 V_0 = U_1 \\ \cdots\cdots \\ b_0 V_{k-1} + b_1 V_{k-2} + \cdots + b_{k-1} V_0 = U_{k-1} \end{cases} \tag{3.14}$$

利用类似于证明 Newton-Padé 逼近与最佳有理逼近之间关系的方法,可以证明

引理 6.21 设 $P(x) = \sum_{h=0}^{N} A_k x^k$,对 $x \in \delta = [0, \varepsilon]$ 恒有 $|P(x)| \leqslant d$,则存在与 d 无关的正常数 c,使

$$|A_j| \leqslant cd\varepsilon^{-N}, \ j = 0, 1, \cdots, N.$$

定理 6.22 设 $f(x)$ 在 $x = 0$ 解析,对充分小的正数 ε,固定 $k > 1$,令 $R_{k-1,k}(\varepsilon, x)$ 为在 δ 上对 $f(x)$ 的 $(k-1, k)$ 型 Tchebyshev 最佳有理逼近,取 $f(x)$ 的 $(k-1, k)$ 型 Padé 型逼近 $T_{k-1,k}(x)$ 的分母(即生成多项式)与 $R_{k-1,k}(\varepsilon, x)$ 的分母一致,则当 $\varepsilon \to 0$ 时,$T_{k-1,k}(x)$ 可视为 $R_{k-1,k}(\varepsilon, x)$ 的极限.

利用 Newton-Padé 逼近及 Padé 型逼近可以求给定函数 $f(x)$ 的最佳有理逼近的近似表示.至于求有理 Tchebyshev 逼近的数值方法,在著作[1]及[158]中都有论述.这里就不再一一叙述了.

第七章　有理逼近的应用

在科学研究与工程设计中，有理逼近方法有许多应用．例如，有理 Bézier 曲线和曲面，NURBS 方法在曲线、曲面造型中的应用，以及 Padé 逼近在量子力学、量子场论、原子和分子物理、控制论以及数值分析等领域的一些应用，且有专门著作（见[86][193][58]）进行介绍．随着计算机的迅速发展，有理逼近方法应用领域不断扩大．本章仅就有理逼近方法在图象压缩与重建，偏微分方程与积分方程数值解以及快速生成曲线、曲面等方面应用作一简要介绍．

§1　有理逼近在图象重建中的应用

有许多科学实验中获得的空间数据不是纯随机变量，它具有明显的结构性，空间中相近样本点具有某种相似性或连续性．图象数据是二维平面上的灰度值，这种数据既不是纯随机的，也不是完全结构性的．图象数据是一种区域化变量．一幅图象是由图象矩阵中的象素组成的，每一象素点的灰度值可表示为 $f(x_i, y_j)$．

首先，介绍连分式插值在图象压缩与重建中的应用．设

$$X_m = \{x_0, x_1, \cdots, x_m\} \subset [a, b],$$

$$Y_n = \{y_0, y_1, \cdots, y_n\} \subset [c, d],$$

$$\prod_{m,n} = X_m \times Y_n.$$

若 $f(x, y)$在$[a, b]\times[c, d]$上有定义，其混合差商定义为

$$\varphi[x_p; y_q] = f(x_p; y_q), \quad \forall\, x_p \in X_m, y_q \in Y_n,$$

$$\varphi[x_p, y_0, y_1, \cdots, y_j] = \frac{y_j - y_{j-1}}{\varphi[x_p, y_0, \cdots, y_{j-2}, y_j] - \varphi[x_p, y_0, \cdots, y_{j-1}]},$$

$$\varphi[x_0, x_1, \cdots, x_i, y_q] = \frac{\varphi[x_0, \cdots, x_{i-2}, x_i, y_q] - \varphi[x_0, \cdots, x_{i-1}, y_q]}{x_i - x_{i-1}},$$

$$\varphi[x_0, \cdots, x_i, y_0, \cdots, y_j] = \frac{y_j - y_{j-1}}{\varphi[x_0, \cdots, x_i, y_0, \cdots, y_{j-2}, y_j] - \varphi[x_0, \cdots, x_i, y_0, \cdots, y_{j-1}]}.$$

在文献[189]中定义了如下形式的二元 Newton-Thiele 型有理插值函数

$$R_{m,n}(x,y) = T_0(y) + T_1(y)(x - x_0) + T_2(y)(x - x_0)(x - x_1) + \cdots + T_m(y)(x - x_0)\cdots(x - x_{m-1}),$$

其中

$$T_i(y) = \varphi[x_0,\cdots,x_i;y_0] + \frac{y - y_0|}{|\varphi[x_0,\cdots,x_i;y_0,y_1]} + \frac{y - y_1|}{|\varphi[x_0,\cdots,x_i;y_0,y_1,y_2]} + \cdots + \frac{y - y_{n-1}|}{|\varphi[x_0,\cdots,x_i;y_0,\cdots,y_n]},\quad i = 0,1,\cdots,m.$$

容易验证

$$R_{m,n}(x_i,y_j) = f(x_i,y_j),\quad \forall (x_i,y_j) \in \prod{}_{m,n}.$$

为了便于编程,下面给出二元 Newton-Thiele 型有理插值的算法:

第 1 步 初始化

对 $i=0,1,\cdots,m;j=0,1,\cdots,n$,令 $f_{i,j}^{(0,0)} = f(x_i,y_j)$;

第 2 步 x 方向由递推关系

$$f_{i,j}^{(p,0)} = \frac{f_{i,j}^{(p-1,0)} - f_{p-1,j}^{(p-1,0)}}{x_i - x_{p-1}},$$

$$j = 0,1,\cdots,n,\quad p = 0,1,\cdots,m,\quad i = p,p+1,\cdots,m;$$

计算;

第 3 步 y 方向由递推关系

$$f_{i,j}^{(i,q)} = \frac{y_j - y_{q-1}}{f_{i,j}^{(i,q-1)} - f_{i,q-1}^{(i,q-1)}},$$

$$i = 0,1,\cdots,m;q = 0,1,\cdots,n;j = q,q+1,\cdots,n,$$

计算;

第 4 步 利用前两步计算得到的 $f_{i,j}^{(i,j)}$, $j=0,1,\cdots,n$ 构造

$$T_i(y) = f_{i,0}^{(i,0)} + \frac{y - y_0|}{|f_{i,1}^{(i,1)}} + \frac{y - y_1|}{|f_{i,2}^{(i,2)}} + \cdots + \frac{y - y_{n-1}|}{|f_{i,n}^{(i,n)}};$$

第 5 步 令

$$R_{m,n}(x,y) = T_0(y) + T_1(y)(x - x_0) + \cdots + T_m(y)(x - x_0)\cdots(x - x_{m-1}),$$

则 $R_{m,n}(x,y)$即为所求的有理插值函数.

利用 Newton-Thiele 型有理插值对图象进行压缩和重建的基本步骤为:

第 1 步　从原始图象数据网格中进行等距采样,采样的数据便成为压缩图象的数据.考虑到图象数据是区域化变量,因此为使重建后的图象不产生变形,采样间隔不宜取得过大.

第 2 步　将压缩图象分割成 $m \times n$ 子块.考虑到象素点的结构性质与突变特性,m 和 n 不能选得太大,这里取 $m = n = 3$(或 4).此外,为保证连续性,各相邻的子块应允许边缘重叠.

第 3 步　在每一子块上构造二元 Newton-Thiele 型有理插值函数 $R_{m,n}(x,y)$.

第 4 步　如果重构图象有明显的锯齿现象,还应对图象进行平滑外理.

图 7.1 为原始 Lena 图象(256×256×8),图 7.2 和图 7.3 分别是三抽取和二抽取以后重建的图象.图 7.4 和图 7.5 为利用双正交小波($N = 13$)分别进行二层、三层压缩和重建的图象.利用 Newton-Thiele 型有理插值和小波方法的各项数据对照表如下:

	图 7.2	图 7.3	图 7.4	图 7.5
压缩比	1:8.77	1:3.94	1:3.61	1:13.78
能量比	1:1.031	1:1.029	1:1.349	1:1.349
运行时间	168ms	154ms	554ms	577ms

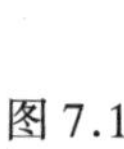

图 7.1

图 7.2

图 7.3

图 7.4

有关利用 Newton-Thiele 型有理插值方法进行图象压缩与重建的详细讨论，可参看文献[159]，[189].

下面介绍向量值函数有理逼近在图象重建中的应用.

设 $\boldsymbol{F}(z)$ 是一个向量值函数，它的向量幂级数为

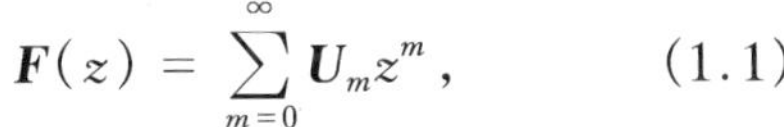

$$\boldsymbol{F}(z) = \sum_{m=0}^{\infty} \boldsymbol{U}_m z^m, \tag{1.1}$$

其中 $\boldsymbol{U}_m$ 是 N 维向量，即 $\boldsymbol{U}_m \in C^N$.

图 7.5

考虑有理分式

$$\boldsymbol{F}_{n,k}(z) = \frac{\sum_{j=0}^{k} C_j^{(n,k)} z^{k-j} \boldsymbol{F}_{n+v+j}(z)}{\sum_{j=0}^{k} C_j^{(n,k)} z^{k-j}} \equiv \frac{\boldsymbol{P}_{n,k}(z)}{\boldsymbol{Q}_{n,k}(z)}, \tag{1.2}$$

其中 $C_k^{(n,k)} = Q_{n,k}(0) = 1$，$v$ 是任意大于等于 -1 的正整数，

$$\boldsymbol{F}_m(z) = \sum_{i=0}^{m} \boldsymbol{U}_i z^i, \quad m = 0,1,\cdots, \boldsymbol{F}_m(z) \equiv 0, \quad m < 0, \tag{1.3}$$

而 $C_j^{(n,k)}$ 是数量，文献[176]中介绍了三种算法，即 SMPE，SMMPE 及 STEA 算法，记 $C_j^{(n,k)} \equiv C_j$，且对每种算法均满足方程组

$$\sum_{j=0}^{k-1} U_{(i,j)} C_j = - u_{(i,k)}, 0 \leqslant i \leqslant k-1, \quad C_k = 1, \tag{1.4}$$

其中 $u_{(i,j)}$ 是数量,其定义为

$$u_{(i,j)} = \begin{cases} (u_{n+i}, u_{n+j}), & \text{SMPE}, \\ (q_{i+1}, u_{n+j}), & \text{SMMPE}, \\ (q, u_{n+i+j}), & \text{STEA}. \end{cases} \tag{1.5}$$

这里$(\cdot,\cdot)$表示内积,向量 $q_1, q_2, \cdots$组成一个线性无关集,q 是非零向量.显然,若方程组(1.4)有关于 $C_0, C_1, \cdots, C_{k-1}$的解,则 $F_{n,k}(z)$一定存在.

上面定义的有理逼近适合于任一在 $z=0$ 处的解析函数,而构造逼近式只要知道所考察的函数的幂级数即可.易验证,在 SMPE 算法中,含有 $C_0, C_1, \cdots, C_{k-1}$ 的方程组(1.4)是关于最小二乘法问题 $\min\limits_{C_0\cdots C_{k-1}} \| \sum\limits_{j=0}^{k-1} C_j u_{n+j} + u_{n+k} \|$ 的正规方程组,这里 $\| x \| = \sqrt{(x,x)}$.而有理逼近式 $F_{n,k}(z)$可由 $F(z)$的级数有限项确定.

在[49]中讨论了不完全投影数据的图象重建问题.设观测模型是线性的,其观测过程可用方程

$$A\boldsymbol{F} = \boldsymbol{G} \tag{1.6}$$

来描述,这里 $\boldsymbol{F} = (f_1, f_2, \cdots, f_N)^{\mathrm{T}}$,$\boldsymbol{G} = (g_1, g_2, \cdots, g_M)^{\mathrm{T}}$,$A$ 是一个 $M \times N$ 矩阵,$f_i (i=1,\cdots,N)$为图象象素,$g_j (j=1,2,\cdots M)$是沿第 j 条射线的投影数据.图象的重建问题就是由观测系统所决定的线性算子 A 的情况下,由 M 维空间观测向量$\boldsymbol{G}$ 来求出 N 维空间的原象 $\boldsymbol{F}$.由线性代数基本理论知,当 $M \geqslant N$ 时,方程组(1.6)可能有解,也可能无解,而当 $N > M$ 时,方程组(1.6)一定有解,但不一定惟一.

在[49]中,基于对图象的先验了解,并假设重建图象的相邻象素之间有一定的连续性,可将图象重建问题转化为求如下能量函数的最小值问题:

$$E(\boldsymbol{F}) = \sum_{i=1}^{N} (f_i - \bar{f}_i)^2 + \sum_{j=1}^{M} (\sum_{i=1}^{N} a_{ij} f_i - g_i)^2, \tag{1.7}$$

其中 $\bar{f}_i = \frac{1}{m} \sum\limits_{k \in s_i} f_k$,而 s_i 是第 i 个象素的二维 m 个邻域点,$\bar{f}_i$ 是 s_i 上所有象素的平均值([49]中 $m=8$).若记 $N \times N$ 矩阵 Q 的第 i 行为 Q_i^{T},$Q_i^{\mathrm{T}} \boldsymbol{F} = f_i - \bar{f}_i$,则式(1.7)可以写成

$$\begin{aligned} E(\boldsymbol{F}) &= \boldsymbol{F}^{\mathrm{T}} \boldsymbol{Q}^{\mathrm{T}} \boldsymbol{Q} \boldsymbol{F} + (A\boldsymbol{F} - \boldsymbol{G})^{\mathrm{T}} (A\boldsymbol{F} - \boldsymbol{G}) \\ &= \boldsymbol{F} \boldsymbol{Q}^{\mathrm{T}} \boldsymbol{Q} \boldsymbol{F} + \boldsymbol{F}^{\mathrm{T}} A^{\mathrm{T}} A F - 2(A^{\mathrm{T}} G)^{\mathrm{T}} \boldsymbol{F} + \boldsymbol{G} G. \end{aligned} \tag{1.8}$$

为了求 $E(\boldsymbol{F})$的最小值,视 $\boldsymbol{F}$ 为未知量上式两边对 $\boldsymbol{F}$ 求导,并令其为零,得如下方

程组

$$(Q^{\mathrm{T}}Q + A^{\mathrm{T}}A)\boldsymbol{F} = A^{\mathrm{T}}\boldsymbol{G}, \tag{1.9}$$

其中 $Q^{\mathrm{T}}Q+A^{\mathrm{T}}A$ 为 $N\times N$ 阶矩阵.容易证明,$\boldsymbol{F}$ 为 $E(\boldsymbol{F})$ 最小解的充要条件是 $\boldsymbol{F}$ 满足式(1.9).

由于象素个数 N 一般来说比较大,直接求解方程组(1.9)计算量非常大,为了减少计算量,引入常数 $r>0$ 和参数 t,考虑方程组

$$[rI + t(Q^{\mathrm{T}}Q + A^{\mathrm{T}}A - rI)]\boldsymbol{F} = A^{\mathrm{T}}\boldsymbol{G}, \tag{1.10}$$

其中 I 为 $N\times N$ 单位矩阵,$t\in[0,1]$.

显然,当 $t=1$ 时方程组(1.10)就是(1.9).因此求解方程组(1.9)的问题就转化为求解方程组(1.10)的解,再令 $t=1$ 即可.

在文献[49]中首先用摄动展开法基于 $t=0$ 来求方程组(1.10)的解 $\boldsymbol{F}_p(t)$.然后将 $\boldsymbol{F}_p(t)$ 写成幂级数

$$\boldsymbol{F}_p(t) = \boldsymbol{f}_0 + t\boldsymbol{f}_1 + t^2\boldsymbol{f}_2 + \cdots, \quad \boldsymbol{f}_i \in C^N, \tag{1.11}$$

并用 $\boldsymbol{F}_p(t)$ 替代(1.10)中的 $\boldsymbol{F}(t)$,再令 t 的各次幂的系数为零,得

$$\begin{cases}\boldsymbol{f}_0 = A^{\mathrm{T}}\boldsymbol{G}/r, & (1.12)\\ \boldsymbol{f}_1 = \boldsymbol{f}_0 - (Q^{\mathrm{T}}Q + A^{\mathrm{T}}A)\boldsymbol{f}_0/r, & (1.13)\\ \boldsymbol{f}_2 = \boldsymbol{f}_1 - (Q^{\mathrm{T}}Q + A^{\mathrm{T}}A)\boldsymbol{f}_1/r, & (1.14)\\ \cdots\cdots\end{cases}$$

这样一来,我们便可由式(1.11)给出的幂级数来构造式(1.10)的有理逼近了.

由式(1.2)看出,为了求(1.11)的有理逼近,主要求由式(1.4)决定的 C_j.为此先计算

$$u_{ij} = (\boldsymbol{f}_i, \boldsymbol{f}_j), \quad i = 0, \quad j = 0,1,2.$$

如果

$$u_{00}u_{11} - u_{10}^2 = 0, \tag{1.15}$$

则 $\boldsymbol{f}_0$ 与 $\boldsymbol{f}_1$ 线性相关,用向量有理分式

$$\boldsymbol{f}(t) = \boldsymbol{f}_0 + \frac{t}{C_{0,0}t + 1}\boldsymbol{f}_1, \quad C_{00} = -\frac{u_{01}}{u_{00}} \tag{1.16}$$

来逼近(1.10)的解.如果

$$u_{00}u_{11}-u_{10}^2\neq 0, \tag{1.17}$$

则 $\boldsymbol{f}_0$ 与 $\boldsymbol{f}_1$ 线性无关,此时可用向量有理分式

$$\boldsymbol{f}(t)=\boldsymbol{f}_0+\frac{C_1t^2+t}{C_0t^2+C_1t+1}\boldsymbol{f}_1+\frac{t^2}{C_0t^2+C_1t+1}\boldsymbol{f}_2 \tag{1.18}$$

来逼近(1.10)的解,其中 C_1 和 C_2 可由线性方程组(由式(1.14)知)

$$\begin{cases}u_{00}C_0+u_{01}C_1=-u_{02},\\ u_{01}C_0+u_{11}C_1=-u_{12}\end{cases}$$

确定.

依据式(1.15),(1.17),选取有理逼近式(1.16)或式(1.18),并令 $t=1$ 便可求得方程组(1.9)的逼近解.可以证明(见[176]),这种方法构造的有理分式一致收敛于 $\boldsymbol{F}(t)$.至于上述算法中的常数 r 运算时,可根据需要进行调整,直到满意为止.在[49]中取 $r=l\sqrt{N}$,其中 l 为投影次数(例如投影方向取 0°和 90°两个方向,则 $l=2$).

具体算法可归纳为

第 1 步　根据投影情况确定矩阵 $A\in R^{M\times N}$ 及 $Q\in R^{N\times N}$, $r=l\sqrt{N}$;

第 2 步　由式(1.12)~(1.14)计算 $\boldsymbol{f}_0,\boldsymbol{f}_1,\boldsymbol{f}_2$;

第 3 步　计算

$$u_{ij}=(\boldsymbol{f}_i,\boldsymbol{f}_j),i=0,1,\quad j=0,1,2,\quad s=u_{00}u_{11}-u_{10}^2,$$

若 $s=0$,则 $C_{00}=-u_{01}/u_{00}$, $\boldsymbol{f}=\boldsymbol{f}_0+1/C_{00}\boldsymbol{f}_1$.
否则,计算

$$C_0=\frac{u_{01}u_{12}-u_{02}u_{11}}{s},\quad C_1=\frac{u_{01}u_{02}-u_{00}u_{12}}{s},$$

$$C=C_0+C_1+1,\quad \boldsymbol{f}=\boldsymbol{f}_0+\frac{C_1+1}{C}\boldsymbol{f}_1+\frac{1}{C}\boldsymbol{f}_2.$$

在[49]中还指出在第 2 步需计算的

$$(Q^{\mathrm{T}}Q+A^{\mathrm{T}}A)\boldsymbol{u},\quad \boldsymbol{u}\in R^N,$$

可转化为

$$(Q^{\mathrm{T}}Q+A^{\mathrm{T}}A)\boldsymbol{u}=\sum_{i=1}^{N}(Q_i^{\mathrm{T}}\boldsymbol{u})Q_i+\sum_{j=1}^{M}(A_j^{\mathrm{T}}\boldsymbol{u})A_j,$$

式中 Q_i^{T} 和 A_j^{T} 分别表示矩阵 Q 和 A 的第 i 行和第 j 行,进行计算可减少计算量.

虽然[49]是对不完全投影数据的图象重建进行讨论的,但当图象具有较好的连续性时,可用有理逼近方法得到满意的结果.在[49]以 4 幅大小是 48×48 的水平方向梯度模型 $M1$,垂直方向梯度模型 $M2$,高斯分布模型 $M3$ 及含有噪声的模型 $M4$(图 7.6)为例,利用上述方法进行重建,并给出重建结果误差率

$$e\% = \left[\frac{1}{N}\sum_{i=1}^{N}\frac{|f_i - \tilde{f}_i|}{\tilde{f}_i}\right]\times 100\%,$$

其中 $\tilde{f}_i$ 是原图象的第 i 个象素,f_i 是重建图象的第 i 个象素,$N = 48\times 48$ 是象素总数.重建图象的误差率(%)如下表:

模型	$M1$	$M2$	$M3$	$M4$
误差	0.09	0.09	5.01	5.90

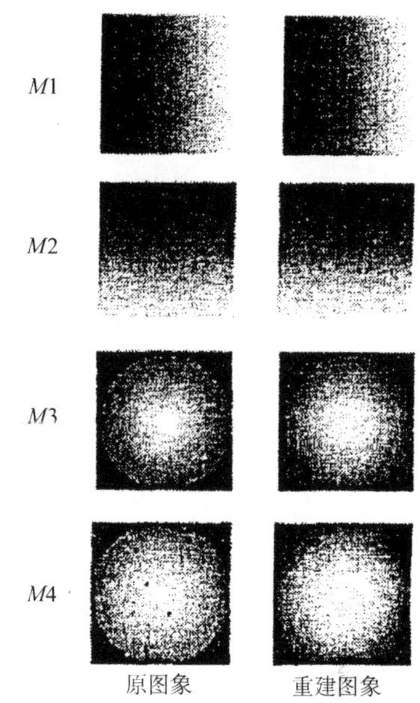

原图象与重建图象的比较

图 7.6

由实例可以看出由[49]给出的用有理逼近方法进行图象重建是成功的.

本节介绍的有理逼近方法应用于图象重建的例子表明,有理逼近方法在图象处理方面有广阔的应用前景.

§2 用 Padé 逼近方法解偏微分方程

Padé 逼近有着广泛的应用.在著作[58]中较全面的介绍了 Padé 逼近在数值分析中的应用.本节仅介绍 Padé 逼近在解偏微分方程中的应用,重点介绍矩阵指数函数的 Padé 逼近算法.

为简便起见,仅以一维热传导方程

$$\begin{cases}\dfrac{\partial u}{\partial t} = \dfrac{\partial^2 u}{\partial x^2}, \quad a < x < b, t > 0, \\ u(x,0) = g(x), \quad u(a,t) = u(b,t) = 0\end{cases} \tag{2.1}$$

为例来介绍用 Padé 逼近方法求偏微分方程数值解的方法.

与用差分方法求方程(2.1)的数值解法类似,首先对式(2.1)进行空间变量 x 的离散化.令

$$h = \frac{b-a}{n+1}, \quad x_i = a + ih, \quad i = 0,1,\cdots,n+1.$$

记

$$u_i(t) = u(x_i, t), \quad i = 1,2,\cdots,n.$$

并用二阶差商替代微商$\partial^2 u/\partial x^2$,即

$$\frac{\partial^2 u}{\partial x^2}\Big|_{x_i} \approx \frac{u_{i+1}(t) - 2u_i(t) + u_{i-1}(t)}{h^2}.$$

则式(2.1)可近似地表示为

$$\begin{cases} \dfrac{\partial u}{\partial t} = - A_n u, \quad t > 0, \\ u(0) = [g(x_1)g(x_2)\cdots g(x_n)]^{\mathrm{T}}, \end{cases} \tag{2.2}$$

其中

$$u(t) = [u_1(t)u_2(t)\cdots u_n(t)].$$

$$A_n = \frac{1}{h^2}\begin{pmatrix} 2 & -1 & & & \\ -1 & 2 & -1 & & \\ & \ddots & \ddots & \ddots & \\ & & -1 & 2 & -1 \end{pmatrix}. \tag{2.3}$$

容易推出 An 的特征值为

$$\lambda_i(An) = \frac{4}{h^2}\sin^2\frac{i\pi}{2(n+1)}, \quad i = 1,2,\cdots,n. \tag{2.4}$$

由于 An 是实对称正定矩阵,所以式(2.2)的解一定存在,且可以证明(2.2)的解当 $h\to 0$ 时,每一个 $u_i(t)$收敛于真解 $u(x_i,t)$,而方程(2.2)的准确解可表示为

$$U(t) = \mathrm{e}^{-tAn}U(0), \quad t \geqslant 0. \tag{2.5}$$

因此,对任何 $t_2 > t_1 > 0$,

$$U(t_2) = \mathrm{e}^{-(t_2-t_1)An}\mathrm{e}^{-t_1An}U(0).$$

以式(2.4)为基础,对时间变量 t 进行离散化,取 $\Delta t_k > 0$ 为步长,令

$$t_0 = 0, \quad t_k = t_{k-1} + \Delta t_k, \quad U_k = U(t_k), \quad k = 1,\cdots,n,$$

则式(2.5)可写成

$$U_k = e^{-\Delta t_k A n} U_{k-1}, \quad k = 1,2,\cdots,n. \tag{2.6}$$

这样一来,求方程(2.1)解的问题转代为求 $e^{-\Delta t_k A n}$ 的逼近问题.

在[58]中给出了几种求 $e^{-\Delta t_k A n}$ 的方法,并推崇 Padé 逼近方法.下面我们介绍[57]中利用广义逆矩阵 Padé 逼近(见第四章§4)给出的矩阵指数函数 Padé 逼近的算法.

设矩阵指数 e^{tA} 的级数展开式为

$$\begin{aligned} e^{tA} &= I + tA + \frac{1}{2!}t^2A^2 + \cdots + \frac{1}{n!}t^nA^n + \cdots \\ &= C_0 + C_1 t + C_2 t^2 + \cdots + C_n t^n + \cdots, \end{aligned} \tag{2.7}$$

其中

$$C_i = \frac{1}{i!}A^i = (C_i^{(u,v)}) \in R^{d\times d}, \quad i = 0,1,\cdots, \quad t \in R.$$

设矩阵有理函数 $r(t)=P(t)/Q(t)$,其中 $P(t)=(P^{(u,v)}(t))\in R^{d\times d}$ 是矩阵多项式,$Q(t)$是实多项式,若它们满足

$$P(t) - Q(t)e^{tA} = O(t^{n+1}), Q(0) \neq 0, \tag{2.8}$$

$$\partial\{P\} = \max\partial\{P^{(uv)}\} \leqslant n, \quad \partial\{Q\} = 2k, \tag{2.9}$$

$$Q(t) \mid \| P(t) \|^2, \tag{2.10}$$

则称 $r(t)=P(t)/Q(t)$是关于 e^{tA} 的$[n/2k]$型基于广义逆的 Padé 逼近,简记为 GMPAe $r_n(t)=P_n(t)/Q_{2k}(t)$.为简明计,设 $N = 2k$,$\sum_d = \sum_{u=1}^{d}\sum_{v=1}^{d}$.

下面分几种不同情形给出 GMRIe$r_n(t)$的算法:

(I) $n=N$ 时

第 1 步 计算 $C_i=\frac{1}{i!}A^i=(C_i^{(uv)}),i=0,1,\cdots,n$,得 e^{tA} 的级数展开式(2.7);

第 2 步 利用$\{C_i,i=0,1,\cdots,n\}$计算行列式

$$Q_N(z) = \begin{vmatrix} 0 & M_{01} & \cdots & M_{0,N-1} & M_{0,N} \\ -M_{01} & 0 & \cdots & M_{1,N-1} & M_{1,N} \\ \vdots & \vdots & & \vdots & \vdots \\ -M_{0,N-1} & -M_{1,N-1} & \cdots & 0 & M_{N-1,N} \\ t^N & t^{N-1} & \cdots & t & 1 \end{vmatrix}, \tag{2.11}$$

其中

$$M_{ij} = \sum_{d}\left(\sum_{l=0}^{j-i-1} C_{l+i+n-N+1}^{(u,v)} C_{j-l+n-N}^{(u,v)}\right), \quad j > i, M_{ij} = -M_{ji}, \quad j < i. \tag{2.12}$$

第 3 步　根据式(2.8)和第 2 步的结果计算

$$P_n(t) = \left[\left(\sum_{i=0}^{\infty} C_i t^i\right) Q_N(t)\right]_0^n, \tag{2.13}$$

式(2.13)表示两边关于 t 从 0 到 n 的次数前的系数对应相等,则得 $r_n(t) = P_n(t)/Q(t)$.

(Ⅱ)　$n<N$ 时

第 1 步　定义 $H_i = 0,\quad i = 0,1,\cdots,N-n+1$;$H_i = C_{i-N+n}, i = N-n, N-n+1,\cdots,N$;

第 2 步　利用 $H_i, i=0,1,\cdots,N$,计算 $Q_N^L(t)$如式(2.11);

第 3 步　计算

$$P_n(t) = t^{n-N}\left[\left(\sum_{i=0}^{\infty} H_i t^i\right) Q_N^L(t)\right]_0^N, \tag{2.14}$$

则 $r_n(t) = P_n(t)/Q_N^L(t)$即为所求.

(Ⅲ)　$n>N$ 时

第 1 步　计算 $C_i = \frac{1}{i!}A^i = (C_i^{(u,v)}), i = n-N, n-N+1,\cdots,N$;

第 2 步　利用已算出 C_i,计算 $Q_N^R(t)$(按式(2.11));

第 3 步　计算

$$P_n(t) = t^{n-N} P_N(t) + Q_N^R(t)\left(\sum_{i=0}^{n-N-1} C_i t^i\right), \tag{2.15}$$

其中

$$P_N(t) = \left[\left(\sum_{i=n-N}^{\infty} C_i t^{i+N-n}\right) Q_N^R(t)\right]_0^N,$$

则 $r_n(t) = P_N(t)/Q_N^R(t)$即为所求.

定理 7.1　设 M_{ij} 由式(2.12)给出,$N=2k$,如果行列式

$$D_N=\begin{vmatrix} 0 & M_{01} & \cdots & M_{0,N-1} \\ -M_{01} & 0 & \cdots & M_{1,N-1} \\ \vdots & \vdots & & \vdots \\ -M_{0,N-1} & -M_{1,N-1} & \cdots & 0 \end{vmatrix}\neq 0,$$

则矩阵指数 e^{tA} 的 $[n/N]$ 型 GMPAe$r_n(t)=P_n(t)/Q_N(t)$ 存在.

证明 设 $Q_N(t)=Q_Nt^N+Q_{N-1}t^{N-1}+\cdots+Q_0$，由式(2.11)不难得到下列齐次方程组

$$\begin{pmatrix} 0 & M_{01} & \cdots & M_{0,N-1} & M_{0,N} \\ -M_{01} & 0 & \cdots & M_{1,N-1} & M_{1,N} \\ \vdots & \vdots & & \vdots & \vdots \\ -M_{0,N-1} & -M_{1,N-1} & \cdots & 0 & M_{N-1,N} \end{pmatrix}\begin{pmatrix} Q_N \\ Q_{N-1} \\ \vdots \\ Q_0 \end{pmatrix}=\begin{pmatrix} 0 \\ 0 \\ \vdots \\ 0 \end{pmatrix}, \tag{2.16}$$

在式(2.16)中取 $Q_0=1$，得非奇次方程组

$$\begin{pmatrix} 0 & M_{01} & \cdots & M_{0,N-1} \\ -M_{01} & 0 & \cdots & M_{1,N-1} \\ \vdots & \vdots & & \vdots \\ -M_{0,N-1} & -M_{1,N-1} & \cdots & 0 \end{pmatrix}\begin{pmatrix} Q_N \\ Q_{N-1} \\ \vdots \\ Q_1 \end{pmatrix}=\begin{pmatrix} -M_{0,N} \\ -M_{1,N} \\ \vdots \\ -M_{N-1,N} \end{pmatrix}, \tag{2.17}$$

由式 $D_N\neq 0$ 知方程组(2.17)有惟一解.

进一步还可以证明

定理 7.2 如果 $[n/N]$ 型 GMPAe$r_n(t)$ 存在，$N=2k$，则 $r_n(t)=P_n(t)/Q_N(t)$ 必惟一.

例 1 设 $A=\begin{pmatrix} 0 & 1 \\ 0 & -2 \end{pmatrix}$.

$$\begin{aligned} e^{tA} &= \begin{pmatrix} 1 & 0 \\ 0 & 1 \end{pmatrix}+t\begin{pmatrix} 0 & 1 \\ 0 & -2 \end{pmatrix}+t^2\begin{pmatrix} 0 & -1 \\ 0 & 2 \end{pmatrix}+\cdots \\ &= C_0+C_1t+C_2t^2+\cdots. \end{aligned}$$

按经典矩阵 Padé 逼近，由于 $A=C_1=\begin{pmatrix} 0 & 1 \\ 0 & -2 \end{pmatrix}$ 不可逆，所以相应的 Padé 逼近式不存在. 由于

$$M_{01} = \| C_1 \|^2 = 5, D_2 = \begin{vmatrix} 0 & M_{01} \\ -M_{01} & 0 \end{vmatrix} = 25 \neq 0,$$

则依定理7.1,$[n/2]$型GMPAe存在.

下面给出$[2/2]$型,$[1/2]$型GMPAe的结果.对$[2/2]$型GMPAe,由(Ⅰ)中算法可得

$$Q_2(t) = \begin{vmatrix} 0 & 5 & -10 \\ -5 & 0 & 5 \\ t^2 & t & 1 \end{vmatrix} = 25(t+1)^2,$$

$$P_2(t) = e^{tA}Q_2(t) + O(t^3) = 25\begin{pmatrix} (t+1)^2 & t(t+1) \\ 0 & 1 - t \backslash + 2 \end{pmatrix},$$

即 $r(t)=P_2(t)/Q_2(t)$是e^{tA}的$[2/2]$型GMPAe逼近.

由(Ⅱ)中算法可求得 $r_1(t)=P_1(t)/Q_2^L(t)$,其中

$$Q_2^L(t) = \begin{vmatrix} 0 & 2 & -4 \\ -2 & 0 & 5 \\ t^2 & t & 1 \end{vmatrix} = 2(5t^2 + 4t + 2),$$

$$P_1(t) = t^{-1}\left[\left(\sum_{i=0}^{\infty} H_i t^i\right) Q_2^L(t)\right]_0^2 = 4\begin{pmatrix} 2t+1 & t \\ 0 & 1 \end{pmatrix}.$$

由(Ⅲ)中算法可求得

$$Q_2^R(t) = \begin{vmatrix} 0 & 5 & -\frac{20}{3} \\ -5 & 0 & \frac{20}{3} \\ t^2 & t & 1 \end{vmatrix} = \frac{25}{9}(2t+3)^2,$$

$$P_2(t) = \frac{25}{9}\begin{pmatrix} 0 & -2t^2 + 3t + 9 \\ 0 & 4t^2 - 6t - 18 \end{pmatrix},$$

$$\begin{aligned} P_3(t) &= tP_2(t) + Q_2^R(t)C_0 \\ &= \frac{25}{9}\begin{pmatrix} (2t+3)^2 & t(2t+3)(3-t) \\ 0 & (2t+3)(2t^2 - 4t + 3) \end{pmatrix}. \end{aligned}$$

故 $r_3(t)=P_3(t)/Q_2^R(t)$是 e^{tA}的[3/2]型 GMPAe.

这里介绍的算法具有较好的逼近性及数值计算的稳定性. 例如在例 1 中的 $r_2(t)=P_2(r)/Q_2(t)$,令 $t=0.1$,其近似值为

$$r_2(0.1)=\begin{pmatrix}1 & 0.0909\\ 0 & 0.8182\end{pmatrix},$$

而精确值为 $e^{tA}|_{0.1}=\begin{pmatrix}1 & 0.0907\\ 0 & 0.8187\end{pmatrix}$. 可见逼近的效果是比较好的,至于数值计算的稳定性正如[58]中指出的矩阵 Padé 逼近的稳定性最好. 事实上,这里给出的算法与经典矩阵 Padé 逼近相比只是在算法上不必求矩阵的逆,其实质与经典矩阵 Padé 逼近是一致的. 另一方面,对高阶矩阵 A 的计算和逼近来说,这里给出的 GMPAe 算法还具有不增加计算的复杂性的优点.

§3 积分方程的数值解法

首先介绍解积分方程的有理基方法.

S. Abelman 在[75]中针对弱奇异的 Volterra 第二类积分方程

$$y(t)=g(t)-\int_0^t(t-s)^{-\alpha}K(t,s,y(s))ds, \tag{3.1}$$

其中 $0<\alpha<1$. 给出一种数值解法. 为了保证方程(3.1)有惟一解,自然假定当 $t\in[0,T]$时 g 连续,核 $K(t,s,y(s))$关于 t,s 连续,关于 y 满足一致 Lipschitz 条件.

数值解积分方程(3.1)就是求出解在一些离散点上的近似值. 为此,首先将求解区间$[0,T]$进行剖分

$$\Delta n:0=t_0<t_1<\cdots<t_n=T.$$

将积分方程离散化主要的是把方程中的积分用积分和近似替代. 对积分而言,如果被积函数没有奇点,可选取高精度求积公式. 但如果被积函数含有奇点,就不能直接利用求积公式(因为逼近效果不好). [75]中采用如下方法来离散化积分方程(3.1).

在剖分 Δ_n 上构造有理基函数$\{\varphi_j\,|\,j=0,1,\cdots,n\}$:

$$\varphi_j(t)=\begin{cases}r_1(t-t_{j-1}), & t_{j-1}\leqslant t<t_j,\\ r_0(t-t_j), & t_j\leqslant t<t_{j+1},\end{cases}\quad j=1,\cdots,n-1. \tag{3.2}$$

$$\varphi_0(t) = r_0(t - t_0),\ \varphi_n(t) = r_1(t - t_{n-1}), \tag{3.3}$$

其中

$$r_0(t) = \frac{h - t}{h + kt}, \quad r_1(t) = 1 - r_0(t) = \frac{(1 + k)t}{h + kt},$$

显然 $k=0$ 时，$r_0(t)$，$r_1(t)$是区间$[0,h]$上的线性插值基函数. 当 $k>0$ 时是偏负方向上的有理函数，$k<0$ 是偏正方向上的有理函数. 即这里参数 k 是用来控制基函数的偏量，可取$(-1,\infty)$中任何值.

在由有理基(3.2)，(3.3)构成的线性空间中，对方程(3.1)中积分核 $K(t_i, s, y(s))$作逼近

$$K(t_i, s, y(s)) = \sum_{j=0}^{i} K(t_i, t_j, y(t_j))\varphi_j(s).$$

用 y_i 近似替代$y(t_i)$，将方程(3.1)离散为

$$y_i = g(t_i) - h^{1-\alpha}\sum_{j=0}^{i} K(t_i, t_j, y_j)\omega_{ij}, \tag{3.4}$$

其中求积权 w_{ij} 由下式确定

$$h^{1-\alpha}w_{ij} = \int_0^{t_i}(t_i - s)^{-\alpha}\varphi_j(s)\mathrm{d}s, \quad j \leqslant i \leqslant n. \tag{3.5}$$

假定剖分 Δ_n 是等距的. 令 $s = t_j + ph$，并注意到式(3.2)，(3.3)，由式(3.5)知权 w_{ij}形成一个下三角矩阵

$$\begin{pmatrix} 0 & & & & \\ a_0(1) & a_1(1) & & & \\ a_0(2) & a_0(1) + a_1(2) & a_1(1) & & \\ a_0(3) & a_0(2) + a_1(3) & a_0(1) + a_1(2) & a_1(1) & \\ \vdots & \vdots & \vdots & \vdots & \ddots \end{pmatrix}, \tag{3.6}$$

特别地，当 $\alpha = \dfrac{1}{2}$，令 $\beta = i - j$ 有

$$a_\tau(\beta) = A_\tau[(\beta - 1)^{1/2} - \beta^{1/2}] + B_\tau\int_0^1 \frac{\mathrm{d}p}{(\beta - p)^{1/2}(1 + kp)}, \tag{3.7}$$

这里 $\tau=0$ 或 $\tau=1$，$A_0 = -1/k$，$B_0 = k/(1+k)$，$A_1 = -B_1 = (1+k)/k$. 利用积分表，上面的积分可算出为

$$\int \frac{\mathrm{d}p}{(\beta-p)^{1/2}(1+kp)} \begin{cases} \dfrac{1}{\sqrt{\sigma}}\ln\left[\dfrac{k(\beta-p)^{1/2}-\sqrt{\sigma}}{k(\beta-p)^{1/2}+\sqrt{\sigma}}\right], & \sigma>0, \\ \dfrac{2(\beta-p)^{1/2}}{1+kp}, & \dfrac{\sigma}{k}=0, \\ \dfrac{2}{\sqrt{-\sigma}}\arctan\left[\dfrac{k(\beta-p)^{1/2}}{\sqrt{-\sigma}}\right], & \sigma<0. \end{cases}$$

其中 $\sigma=k(\beta k+1)$.

当 $k=0$ 时

$$a_\tau^{(0)}(\beta)=A_\tau^{(0)}[(\beta-1)^{1/2}-\beta^{1/2}]+B_\tau^{(0)}[(\beta-1)^{3/2}-\beta^{3/2}], \tag{3.8}$$

其中

$$A_0^{(0)}=2(\beta-1),\ A_1^{(0)}=-2\beta, B_0^{(0)}=B_1^{(0)}=-\frac{2}{3}.$$

由有理插值误差估计定理 2.19 可知

定理 7.3 令 $u(t)\in C^2[a,b]$,假定 u' 与 u'' 存在,则[1,1]型的有理插值 u_n 是一阶收敛的.

容易证明,数值解法的收敛阶是 $1-\alpha$(见[75]中定理 2).

虽然这种解法的收敛速度较慢,但计算量比配置法要小得多,尤为重要的是这种解法能够解决 $K(t,s,y(s))$ 中关于 y 为非线性的问题,这是一般配置方法所不及的.

将积分方程(3.1)离散化以后还需考虑参数 k 的选择问题. 参数 k 的选择取决于基的插值性质. 用 $\mu(t)$ 来模拟方程(3.1)的核 K,由于用函数

$$f_i(t)=\mu(t_{i-1})r_0(t-t_{i-1})+\mu(t_i)r_1(t-t_{i-1}),\ t\in[t_{i-1},t_i], \tag{3.9}$$

来近似替代 $\mu(t)$,所以选择的 k 应使

$$\int_{t_{i-1}}^{t_i}(f_i(t)-\mu(t))^2\mathrm{d}t$$

达到最小,因此 k 满足

$$\int_{t_{i-1}}^{t_i}\frac{(f_i(t)-\mu(t))(h-t)}{(h+kt)^2}\mathrm{d}t=0. \tag{3.10}$$

显然选择 k 依赖于辅助函数 $\mu(t)$ 的选取. 而关于辅助函数 $\mu(t)$ 的选取一般有两种:其一是选 $\mu(t)$ 是积分方程(3.1)中的精确核. 这有益于对于 k 选择最理想的有理基,但这只有知道(3.1)的精确解 $y(t)$ 时才有可能. 将这种选择记为选择(A);

另一种选择(B)是:$\mu(t)$是逼近核 K 且具有核 K 的准确渐近特性的简单函数,自然当 $y(t)$的渐近特性已知时,这种选择才会出现.因此选择(A)或(B)要根据实际问题而定.

方程(3.1)的解在 $\alpha=\dfrac{1}{2}$时,具有如下形式(见[144]):

$$y(t)=X(t)+Y(t)\sqrt{t},\tag{3.11}$$

其中 $X(t),Y(t)$是$[0,T]$上的光滑函数.为简单起见,取

$$y(t)=X+Y\sqrt{t},\quad t\in[t_{i-1},t_i].\tag{3.12}$$

令

$$\mu(t)=K(\cdot,t,X+Y\sqrt{t}).\tag{3.13}$$

第 1 步　已知 $y_0,y_1,\cdots,y_{i-1}$由方程

$$\begin{aligned}y_i^{(0)}+h^{1/2}K(t_i,t_i,y_i^{(0)})a_1^{(0)}(1)&=g(t_i)-h^{1/2}K(t_i,t_{i-1},y_{i-1})a_0^{(1)}(1)\\&\quad-h^{1/2}K(t_i,t_{i-1},y_{i-1})a_1(2)-h^{1/2}\sum_{j=0}^{i-2}K(t_i,t_j,y_j)w_{ij},\end{aligned}$$

计算中间值 $y_i^{(0)}$,其中 $a_0^{(0)}(1)$和 $a_1^{(0)}(1)$由式(3.8)确定;

第 2 步　利用 $y_i^{(0)}$ 和 y_{i-1}由式(3.12)求得 X 和 Y 的值,得到式(3.13)中的$\mu(t)$,进而计算由式(3.7)定义的权 $a_0(1),a_1(1)$;

第 3 步　利用式(3.10)求出参数 k.

在文献[63]中还给出算例,说明选择参数的效果.

如果积分方程(3.1)中当 t 取定时,积分

$$\int_t^0(t-s)^{-\alpha}K(t,s,y(s))\mathrm{d}s$$

仅有一个奇点.设想把奇点附近积分分离出来进行处理,则其余积分可按无奇点情形用数值积分法求出.对分划 Δ_n 将方程(3.1)离散化为

$$\begin{aligned}y(t_i)&=g(t_i)-\int_0^{t_i}(t_i-s)^{-\alpha}K(t_i,s,y(s))\mathrm{d}s\\&=g(t_i)-\int_0^{t_{i-1}}(t_i-s)^{-\alpha}K(t_i,s,y(s))\mathrm{d}s\\&\quad-\int_{t_{i-1}}^{t_i}(t_i-s)^{-\alpha}K(t_i,s,y(s))\mathrm{d}s\end{aligned}$$

$$= g(t_i) - \sum_{j=0}^{i-2}\int_{t_j}^{t_{j+1}}(t_i - s)^{-\alpha}K(t_i, s, y(s))\mathrm{d}s$$

$$- \int_{t_{i-1}}^{t_i}(t_i - s)^{-\alpha}K(t_i, s, y(s))\mathrm{d}s,\ i = 0, \cdots, n. \tag{3.14}$$

利用前面的方法来处理奇点附近积分

$$\int_{t_{i-1}}^{t_i}(t_i - s)^{-\alpha}K(t_i, s, y(s))\mathrm{d}s. \tag{3.15}$$

令

$$K(t_i, s, y(s)) = \sum_{j=i-1}^{i}K(t_i, t_j, y(t_j))\varphi_j(s),\ s \in [t_{j-1}, t_j].$$

由式(3.2)得

$$K(t_i, s, y(s)) = K(t_i, t_{i-1}, y(t_{i-1}))\frac{h + t_{i-1} - s}{h + k(s - t_{i-1})}$$

$$+ k(t_i, t_i, y(t_i))\frac{(k+1)(s - t_{i-1})}{h + k(s - t_{i-1})}, \quad s \in [t_{i-1}, t_i]. \tag{3.16}$$

于是

$$\int_{t_{i-1}}^{t_i}(t_i - s)^{-\alpha}K(t_i, s, y(s))\mathrm{d}s = h^{1-\alpha}\sum_{j=i-1}^{i}K(t_i, t_j, y_j)\omega_{ij}, \quad i = 1, \cdots, n. \tag{3.17}$$

$$h^{1-\alpha}\omega_{ij} = \int_{t_{i-1}}^{t_i}(\iota \quad s)^{-\alpha}\varphi_j(s)ds, \quad j = i-1, \quad i,\ i = 1, \cdots, n. \tag{3.18}$$

当 $\alpha = \dfrac{1}{2}$时,经计算得

$$\int_{t_{i-1}}^{t_i}(t_i - s)^{-\frac{1}{2}}K(t_i, s, y(s))\mathrm{d}s \approx h^{\frac{1}{2}}\Big[K(t_i, t_{i-1}, y_{i-1})$$

$$\left(-\frac{2}{k} + \frac{k+1}{k}\int_0^1\frac{\mathrm{d}p}{(1+hp)(1-p)^{1/2}}\right) + K(t_i, t_i, y_i)$$

$$\left(\frac{2(k+1)}{k} - \frac{k+1}{k}\int_0^1\frac{\mathrm{d}p}{(1+pk)(1-p)^{1/2}}\right)\Big], \tag{3.19}$$

其中

$$\int_0^1 \frac{\mathrm{d}p}{(1-p)^{1/2}(1+kp)}$$

$$=\begin{cases} -\dfrac{1}{\sqrt{\sigma}}\ln\left|\dfrac{k-\sqrt{\sigma}}{k+\sqrt{\sigma}}\right|, & k>0, \\ \dfrac{-2}{\sqrt{-\sigma}}\arctan\left(\dfrac{k}{\sqrt{-\sigma}}\right), & -1<k<0, \end{cases}$$

这里 $\sigma=k(k+1)$.

当 $k=0$ 时,有

$$\int_{t_{i-1}}^{t_i}(t_i-s)^{-\frac{1}{2}}\varphi_j(s)\mathrm{d}s=\begin{cases} -\dfrac{2}{3}h^{1/2}, s=t_{i-1}+ph, j=i-1, \\ \dfrac{4}{3}h^{1/2}, \ s=t_{i-1}+ph, j=i. \end{cases}$$

在积分

$$\int_0^{t_{i-1}}(t_i-s)^{-\alpha}K(t_i,s,y(s))\mathrm{d}s, \ s\in[0,t_{i-1}]$$

中令

$$F(s)=(t_i-s)^{-\alpha}K(t_i,s,y(s)).$$

注意到当 $\alpha=\dfrac{1}{2}$ 时,方程(3.1)的解形式为(3.11),其中 X,Y 都是在$[0,T]$上充分光滑函数,因此 $F(s)$在 $s\in[0,t_{i-1}]$时是连续的,可用通常的数值积分公式求其积分.例如用复化梯形公式,有

$$\int_0^{t_{i-1}}(t_i-s)^{-\alpha}K(t_i,s,y(s))\mathrm{d}s\approx\sum_{j=0}^{i-2}\frac{h}{2}[F(t_j)+F(t_{j+1})]. \tag{3.20}$$

于是由式(3.19),(3.20)得到递推方程组

$$y(t_i)\approx y_i=g(t_i)-\frac{h}{2}\sum_{j=0}^{i-2}[F(t_j)+F(t_{j+1})]-h^{\frac{1}{2}}[K(t_i,t_{i-1},y_i)]$$

$$\left(-\frac{2}{k}+\frac{k+1}{k}\int_0^1\frac{\mathrm{d}p}{(1+kp)(1-p)^{1/2}}\right)+K(t_i,t_i,y_i)$$

$$\left(\frac{(k+1)\cdot 2}{k}-\frac{k+1}{k}\int_0^1\frac{\mathrm{d}p}{(1+kp)(1-p)^{1/2}}\right),$$

$$i=1,2,\cdots,n, \quad y(0)=y_0=g(0). \tag{3.21}$$

我们称上面的方法为分段法,即对奇点附近的积分用有理基方法,对不含奇点的积分用机械求积方法.其计算步骤如下:

第 1 步 设 $k=0$,利用递推公式求出一个中间值 $y_i^{(0)}$;

第 2 步 利用 $y_i^{(0)}$ 和 y_{i-1},由式(3.12)求得 X 和 Y 的值,得到式(3.13)中 $\mu(t)$ 的形式,其中

$$\begin{cases} X = \dfrac{y_{i-1}\sqrt{t_i} - y_i^{(0)}\sqrt{t_{i-1}}}{\sqrt{t_i} - \sqrt{t_{i-1}}}, \\ Y = \dfrac{y_i^{(0)} - y_{i-1}}{\sqrt{t_i} - \sqrt{t_{i-1}}}; \end{cases} \tag{3.22}$$

第 3 步 利用 Simpson 公式求积分

$$\int_{t_{i-1}}^{t_i} \frac{(f_i(t) - \mu(t))(h - (t - t_{i-1}))(t - t_{i-1})}{(h + k(t - t_{i-1}))^2} \mathrm{d}t = 0$$

可得第 i 步的 k 为

$$k \approx \frac{2\mu(t_{i-1} + \frac{h}{2}) - \mu(t_{i-1}) - \mu(t_i)}{\mu(t_i) - \mu(t_{i-1} + \frac{h}{2})}. \tag{3.23}$$

例 2 ([63])求积分方程

$$y(t) = t^{1/2} + \frac{3}{8}\pi t^2 - \int_0^t (t-s)^{-\frac{1}{2}} y^3(s)\mathrm{d}s, \quad t \in [0,2].$$

分别用有理基方法及分段法进行求解,计算结果列于下表中:$e_i = |y_i - y(t_i)|$,$h=0.2$.

表 7.1

i	t_i	$y(t_i)$	$e_i(k=0)$	有理基			分段法
				$e_i(k=1)$	选择$(B)e_i$	k	$(k=1)$
1	0.2	0.447214	$4.6E-003$	$9.4E-003$	$1.4E-004$	−0.40	$9.427E-003$
2	0.4	0.632456	$3.0E-003$	$1.1E-002$	$1.1E-004$	−0.150	$1.073E-002$
3	0.6	0.774597	$-2.0E-003$	$1.1E-002$	$5.4E-004$	−0.094	$1.018E-002$
4	0.8	0.894427	$1.3E-003$	$1.1E-002$	$3.4E-005$	−0.068	$9.338E-003$
5	1.0	1.000000	$9.7E-004$	$1.0E-002$	$2.2E-005$	−0.053	$8.599E-003$
6	1.2	1.09545	$7.3E-004$	$9.4E-003$	$1.5E-005$	−0.044	$8.019E-003$
7	1.4	1.18322	$5.8E-004$	$8.8E-003$	$1.1E-005$	−0.037	$7.561E-003$
8	1.6	1.26491	$4.2E-004$	$8.3E-003$	$7.9E-0.006$	−0.033	$7.196E-003$
9	1.8	1.34164	$3.9E-004$	$7.9E-003$	$6.1E-006$	−0.029	$6.907E-003$
10	2.0	1.41421	$3.3E-004$	$7.6E-003$	$4.8E-006$	−0.026	$6.668E-003$

从计算结果可以看出有理逼近比线性逼近精度高. 在 $k=1$ 情况下分段法也是一种有效的方法.

现在介绍基于广义逆函数值的 Padé 逼近在积分方程数值解法中的应用.

考虑第二类 Fredholm 型积分方程

$$f(x) = g(x) + \lambda\int_a^b K(x,y)f(y)\mathrm{d}y. \tag{3.24}$$

它的级数解(称为 Neumann 级数)为

$$f(x) = g(x) + \lambda\int_a^b K(x,y)g(y)\mathrm{d}y + \lambda^2\int_a^b K(x,y_1)\mathrm{d}y_1\int_a^b K(y_1,y)g(y)\mathrm{d}y + \cdots. \tag{3.25}$$

当 λ 的值很小时(绝对值小于特征值按绝对值最小的特征值),级数(3.25)是收敛的. 所以求积分方程(3.24)的数值解可转化为求级数(3.25)的解. 将式(3.25)形式地写成

$$f(x,\lambda) = C_0(x) + C_1(x)\lambda + \cdots + C_n(x)\lambda^n + \cdots, \tag{3.26}$$

其中 $C_j(x)$是一个定义在区间(a,b)上关于 x 的实函数或复函数,并假定 $f(x,\lambda)$作为 λ 的函数在$\lambda=0$ 是解析的.

P.R.Graves-Morris 在[136]中提出使用广义逆函数值 Padé 逼近解积分方程的问题. 针对线性积分方程

$$\varphi(x) = 1 + \lambda\int_0^1 [1+|x-y|]\varphi(y)\mathrm{d}y, \tag{3.27}$$

讨论了 Neumann 级数的加速收敛和估计积分方程的特征值问题.

文献[56]中给出了用于解积分方程的广义逆函数值 Padé 逼近的计算法.

事实上,如果 $f(x,\lambda)=a(x,\lambda)/b(\lambda)$,这里 $a(x,\lambda)$和 $b(\lambda)$是 λ 的多项式,则 GIPA 的对角线上的序列的极限就是 $f(x,\lambda)$.

定义 7.1　称 $R(x,x)$是 $f(x,\lambda)$的$[n/2k]$型函数值广义逆 Padé 逼近(记成 GIPA),如果

$$R(x,\lambda) = \frac{P(x,\lambda)}{Q(\lambda)}. \tag{3.28}$$

其中 $P(x,\lambda)$是函数值多项式,$Q(\lambda)$是 λ 的多项式,$P(x,\lambda)\in L_2(a,b)$,还满足下列条件:

(i) $\left.\begin{array}{l}\partial\{P\}\leqslant n-\alpha\\ \partial\{Q\}=2k-2\alpha\end{array}\right\}$, $\alpha\geqslant 0$;

(ii) $Q(\lambda) \mid \int_a^b \mid P(\lambda, x) \mid^2 dx (\int_a^b \mid P(x,\lambda) \mid^2 \mathrm{d}x = \| P(x,\lambda) \|^2)$;

(iii) $Q(\lambda) = Q^*(\lambda)$ （$Q^*(x)$表示 $Q(x)$的共轭）;

(iv) $Q(0) \neq 0$;

(v) $P(x,\lambda) - Q(\lambda) f(x,\lambda) = O(\lambda^{n+1})$.

如果 $P(x,\lambda)$,$Q(\lambda)$满足(i)～(v),则由式(3.28)定义的 $R(x,\lambda)$是惟一的.下面给出 $R(x,\lambda)$的显式表示.

用$[n|2k]_f$ 表示关于给定级数(3.26),型为$[n/2k]$的广义逆函数值 Padé 逼近.

定理 7.4[56] 设 $R(x,\lambda) = P(x,\lambda)/Q(\lambda)$是一个$[n/2k]_f$,则

$$Q(\lambda) = \begin{vmatrix} 0 & L_{01} & L_{02} & \cdots & L_{0,2k-1} & L_{0,2k} \\ L_{10} & 0 & L_{12} & \cdots & L_{1,2k-1} & L_{1,2k} \\ L_{20} & L_{21} & 0 & \cdots & L_{2,2k-1} & L_{2,2k} \\ \vdots & \vdots & \vdots & & \vdots & \vdots \\ L_{2k-1,0} & L_{2k-1,1} & L_{2k-1,2} & \cdots & 0 & L_{2k-1,2k} \\ \lambda^{2k} & \lambda^{2k-1} & \lambda^{2k-2} & \cdots & \lambda & 1 \end{vmatrix}, \tag{3.29}$$

$$P(x,\lambda) = \begin{vmatrix} 0 & L_{01} & L_{02} & \cdots & L_{0,n-1} & L_{0,n} \\ L_{10} & 0 & L_{12} & \cdots & L_{1,n-1} & L_{1,n} \\ L_{20} & L_{21} & 0 & \cdots & L_{2,n-1} & L_{2,n} \\ \vdots & \vdots & \vdots & & \vdots & \vdots \\ L_{n-1,0} & L_{n-1,1} & L_{n-1,2} & \cdots & 0 & L_{n-1,n} \\ C_0(x)\lambda^n & \sum_{i=0}^{1} C_i(x)\lambda^{i+n-1} & \sum_{i=0}^{2} C_i(x)\lambda^{i+n-2} & \cdots & \sum_{i=0}^{n-1} C_i(x)\lambda^{i+1} & \sum_{i=0}^{n} C_i(x)\lambda^{i} \end{vmatrix}, \tag{3.30}$$

其中

$$L_{ij} = \sum_{l=0}^{j-i-1} \int_a^b C_{l+i+n-2k+1}(x) C^*_{j-l+n-2k}(x) \mathrm{d}x, \quad L_{ij} = -L ij, \quad j < i. \tag{3.31}$$

证明 首先设 $n = 2k$.将 $P(\lambda,x)$,$Q(\lambda)$分别表示为

$$Q(\lambda) = q_0 + q_1\lambda + \cdots + q_{2k}\lambda^{2k}, \tag{3.32}$$

$$P(\lambda,x)=p_0(x)+p_1(x)\lambda+\cdots+p_n(x)\lambda^n. \tag{3.33}$$

定义 $f(x,\lambda)$的幂级数(3.26)截断部分为

$$G_n(x,\lambda)=[f(x,\lambda)]_0^n,$$

则定义 7.1 的条件(v)意味着

$$P(x,\lambda)=[Q(\lambda)f(x,\lambda)]_0^n=[G_n(x,\lambda)Q(\lambda)]_0^n. \tag{3.34}$$

而定义 7.1 中条件(i),(ii)意味着 $\|P(\lambda,x)\|^2/Q(\lambda)$是一个次数至多为 $2n-2k$ 的多项式,于是有

$$[\|P(x,\lambda)\|^2/Q(\lambda)]_{2n-2k+1}^{2n+1}=0. \tag{3.35}$$

注意到 $\|P(x,\lambda)\|^2=\int_a^b|P(x,\lambda)|^2\mathrm{d}\lambda$,并定义关于 λ 的数量多项式 $F(\lambda)$:

$$\begin{aligned}F(\lambda)&=\int_a^b[(P^*(x,\lambda)-G_n^*(\lambda,x)Q(\lambda))(P(x,\lambda)-G_n(x,\lambda)Q(\lambda))]\mathrm{d}x\\&=\|P(x,\lambda)\|^2+[Q(\lambda)]^2\|G_n(x,\lambda)\|^2.\\&\quad-Q(\lambda)\int_a^b[(P^*(x,\lambda)G_n(x,\lambda)+G_n^*(x,\lambda)P(x,\lambda)]\mathrm{d}x.\end{aligned} \tag{3.36}$$

再由定义 7.1 中的条件(ii),(v)可推知

$$[F(\lambda)/Q(\lambda)]_{2n-2k+1}^{2n+1}=0.$$

由式(3.35)和式(3.36),得

$$\left[-\int_a^b[P^*(x,\lambda)G_n(x,\lambda)+G_n^*(x,\lambda)P(x,\lambda)]\mathrm{d}x+Q(\lambda)\|G_n(x,\lambda)\|^2\right]_{2n-2k+1}^{2n+1}=0. \tag{3.37}$$

根据式(3.34),经过推导不难看出式(3.37)实际上代表关于式(3.32)中的系数 $q_0,q_1,\cdots,q_{2k}$ 的 $2k+1$ 个线性方程,它可以表示为

$$\sum_{j=0}^{2k}L_{ij}q_{2k-j}=0\quad(i=0,1,\cdots,2k-1), \tag{3.38}$$

$$\sum_{j=0}^{2k}L_{2k,j}q_{2k-j}=0, \tag{3.39}$$

其中(3.38)中的 q_{2k-j} 的系数由式(3.31)给出.

由式(3.38)和(3.32)构成了关于 $q_0,q_1,\cdots,q_{2k}$ 的 $2k+1$ 个非齐次线性方程组

$$\begin{bmatrix} 0 & L_{01} & L_{02} & \cdots & L_{0,2k-1} & L_{0,2k} \\ L_{10} & 0 & L_{12} & \cdots & L_{1,2k-1} & L_{1,2k} \\ L_{20} & L_{21} & 0 & \cdots & L_{2,2k-1} & L_{2,2k} \\ \vdots & \vdots & \vdots & & \vdots & \vdots \\ L_{2k-1,0} & L_{2k-1,1} & L_{2k-1,2} & \cdots & 0 & L_{2k-1,2k} \\ \lambda^{2k} & \lambda^{2k-1} & \lambda^{2k-2} & \cdots & \lambda & 1 \end{bmatrix} \begin{bmatrix} q_{2k} \\ q_{2k-1} \\ q_{2k-2} \\ \vdots \\ q_1 \\ q_0 \end{bmatrix} = \begin{bmatrix} 0 \\ 0 \\ 0 \\ \vdots \\ 0 \\ Q(\lambda) \end{bmatrix}. \tag{3.40}$$

求解线性方程组(3.40),便得公式(3.29).

由式(3.33),(3.34)并注意到 $n=2k$,可推出

$$\begin{aligned} P(x,\lambda) &= C_0(x)q_0 + (C_1(x)q_0 + C_0(x)q_1)\lambda + \cdots + (\sum_{j=0}^{n} C_{n-j}(x)q_j)\lambda^n \\ &= (\sum_{i=0}^{n} C_i(x)\lambda^i)q_0 + (\sum_{i=0}^{n} C_i(x)\lambda^{i+1})q_1 + \cdots \\ &\quad + (C_0(x)\lambda^{n-1} + C_1(x)\lambda^n)q_{n-1} + (C_0(x)\lambda^n)q_n. \end{aligned} \tag{3.41}$$

在式(3.41)中利用式(3.40),从而在 $n=2k$ 情形下得到公式(3.30).

再设 $n\leqslant 2k$.定义

$$D_i = 0 \quad (i = 0,1,\cdots,2k-n-1);$$

$$D_i = C_{i-2k+n}(x) \quad (i = 2k-n, 2k-n+1,\cdots,2k).$$

借助于数 $\{D_i \mid i=0,1,\cdots,2k\}$;构造 $Q(\lambda)$ 由式(3.29)表出和 $[2k/2k]$ 型 $P^{[2k/2k]}(x,\lambda)$ 由(3.30)表出,则分子多项式由

$$P(x,\lambda) = \lambda^{n-2k}P^{[2k/2k]}(x,\lambda)$$

所定义,于是 $P(x,\lambda)/Q(\lambda)$ 就是所求的 $[n/2k]_f$.

最后,设 $n>2k$.记

$$\tilde{f}(x,\lambda) = \sum_{i=n-2k}^{\infty} C_i(x)\lambda^{i+2k-n}.$$

借助于系数 $\{C_{n-2k+i}(x) \mid i=0,1,\cdots,2k\}$,构造 $Q(\lambda)$ 由(3.29)表出和 $[2k/2k]$ 型

$\overline{P}^{[2k/2k]}(x,\lambda)$由式(3.30)表出,则分子多项式由

$$P(x,\lambda) = \lambda^{n-2k}\overline{P}^{[2k/2k]}(x,\lambda) + Q(\lambda)\sum_{i=0}^{n-2k-1} C_i(x)\lambda^i$$

所定义,于是 $P(x,\lambda)/Q(\lambda)$就是所求的$[n/2k]_f$. □

在[56]中通过引入辅助矩阵

$$H(0,2k,2k-1) = \begin{bmatrix} 0 & L_{01} & L_{02} & \cdots & L_{0,2k-1} & L_{0,2k} \\ L_{10} & 0 & L_{11} & \cdots & L_{1,2k-1} & L_{1,2k} \\ L_{20} & L_{21} & 0 & \cdots & L_{2,2k-1} & L_{2,2k} \\ \vdots & \vdots & \vdots & & \vdots & \vdots \\ L_{2k-1,0} & L_{2k-1,1} & L_{2k-1,2} & \cdots & 0 & L_{2k-1,2k} \end{bmatrix}$$

证明了如下存在性定理.

定理 7.5　设$[n/2k]_f = P(x,\lambda)/Q(\lambda)$,其中 $P(x,\lambda)$和 $Q(\lambda)$分别由式(3.30)和(3.29)给出,且 $n=2k$,则$[n/2k]_f$ 存在当且仅当

$$Q(0) = \det H(0,2k-1,2k-1) \neq 0.$$

下面介绍 GIPA 方法在积分方程中的应用.

考虑积分方程(3.27),利用 Baker 在[84]中的方法化为二阶常微分方程进行求解,方程(3.27)的准确解为

$$\varphi(x) = \frac{2\cosh\nu(x-1/2)}{2\cosh(1/2)\nu - 3\nu\sinh(1/2)\nu}, \tag{3.42}$$

其中除了奇异值之外 $\nu=\sqrt{2\lambda}$. 容易发现式(3.42)的分母在

$$\nu_c = 1.22290658\cdots$$

只有一个零点,它对应的单个特征值

$$\lambda_c = 0.7477502556\cdots.$$

熟知,式(3.27)的 Neumann 级数在$|\lambda|<\lambda_c$ 收敛. 这个级数的前几项是

$$\begin{aligned} f(x,\lambda) &= \varphi(x) \\ &= 1 + \left[\frac{5}{4} + (x-\frac{1}{2})^2\right]\lambda + \left[\frac{161}{96} + \frac{5}{4}(x-\frac{1}{2})^2 + \frac{1}{6}(x-\frac{1}{2})^4\right]\lambda^2 + \cdots. \end{aligned} \tag{3.43}$$

它可由公式(3.31)的迭代或由解(3.42)的展开得到.

利用行列式公式(3.29)和(3.30)可求出[2/2]型的 GIPA 的分母 $Q(\lambda)$与分子 $P(x,\lambda)$:

$$Q(\lambda)=\begin{vmatrix} 0 & \int_0^1[C_1(x)]^2\mathrm{d}x & 2\int_0^1 C_1(x)C_2(x)\mathrm{d}x \\ -\int_0^1[C_1(x)]^2\mathrm{d}x & 0 & \int_0^1[C_2(x)]^2\mathrm{d}x \\ \lambda^2 & \lambda & 1 \end{vmatrix}$$

$$=\begin{vmatrix} 0 & 1.7833 & 4.76984 \\ -1.78333 & 0 & 3.18946 \\ \lambda^2 & \lambda & 1 \end{vmatrix}$$

$$=3.18027-8.50620\lambda+5.68786\lambda^2,$$

$$P(x,\lambda)=\begin{vmatrix} 0 & \int_0^1[C_1(x)]^2\mathrm{d}x & 2\int_0^1 C_1(x)C_2(x)\mathrm{d}x \\ -\int_0^1[C_1(x)]^2\mathrm{d}x & 0 & \int_0^1[C_2(x)]^2\mathrm{d}x \\ C_0(x)\lambda^2 & C_0(x)\lambda+C_1(x)\lambda^2 & C_0(x)+C_1(x)\lambda+C_2(x)\lambda^2 \end{vmatrix}$$

$$=3.18027+[-4.53086+3.18027(x-0.5)^2]\lambda$$

$$+[0.38868-4.53086(x-0.5)^2]+0.53006(x-0.5)^4]\lambda^2.$$

由此可得

$$R(x,\lambda)=P(x,\lambda)/Q(\lambda)$$

$$=\{1+[-1.425+(x-0.5)^2\lambda]+[0.122-1.425(x-0.5)^2$$

$$+0.167(x-0.5)^4]\lambda^2\}/\{1-2.675\lambda+1.788\lambda^2\}.$$

从上面的算例可以看出,用行列式公式(3.29)及(3.30)求低阶 GIPA 是方便的.但对高阶 GIPA 来说利用行列式公式是困难的,其计算量很大.类似于经典 Padé 逼近,李景春和顾传青最近给出了计算 GIPA 的 ε 算法及 η 算法.

对于 $g(x,\lambda)\in L_2(a,b)$,定义函数值的广义逆如下:

$$[g(x,\lambda)]^{-1}=\frac{1}{g(x,\lambda)}=[g(x,\lambda)]^*/\|g(x,\lambda)\|^2. \tag{3.44}$$

由广义逆(3.44)函数值 Padé 逼近的 ε 算法定义为

$$\varepsilon_{-1}^{(j)} = 0,\ j = 0,1,2,\cdots, \tag{3.45}$$

$$\varepsilon_{0}^{(j)} = \sum\nolimits_{i=0}^{j} C_i(x)\lambda^i,\ j = 0,1,2,\cdots, \tag{3.46}$$

$$\varepsilon_{k+1}^{(j)} = \varepsilon_{k-1}^{(j+1)} + (\varepsilon_{k}^{(j+1)} - \varepsilon_{k}^{(j)})^{-1},\ j,k \geqslant 0. \tag{3.47}$$

利用数学归纳法可以证明

定理 7.6　函数值的 ε 算法(3.45)～(3.47)借助于由广义逆(3.44)构造 GIPA,则有如下等式成立:

$$\varepsilon_{2k}^{(j)} = [j + 2k/2k]_f,\quad j,k \geqslant 0. \tag{3.48}$$

例 3　设 $f(x,\lambda)=\varphi(x)=C_0(x)+C_1(x)\lambda+C_2(x)\lambda^2+\cdots$与式(3.43)相同,用 ε 算法求$[2/2]_f$.

由式(3.45)～(3.47)和式(3.44),得

$$\varepsilon_0^{(0)} = C_0(x),\ \varepsilon_0^{(1)} = C_0(x) + C_1(x)\lambda,\ \varepsilon_0^{(2)} = C_0(x) + C_1(x)\lambda + C_2(x)\lambda^2,$$

$$\varepsilon_1^{(0)} = \frac{1}{C_1(x)\lambda} = \frac{C_1(x)}{\lambda\int_a^b (C_1(x))^2 \mathrm{d}x},$$

$$\varepsilon_1^{(1)} = \frac{1}{C_2(x)\lambda^2} = \frac{C_2(x)}{\lambda^2\int_a^b (C_2(x))^2 \mathrm{d}x},$$

$$\varepsilon_2^{(0)} = C_0(x) + C_1(x)\lambda + \left[\frac{C_2(x)}{\lambda^2\int_a^b (C_2(x))^2 \mathrm{d}x} - \frac{C_1(x)}{\lambda\int_a^b (C_1(x))^2 \mathrm{d}x}\right]^{-1}$$

$$= \frac{\left\{1 + \left[-1.425 + (x - \frac{1}{2})^2\right]\lambda + [0.122 - 1.425(x - \frac{1}{2})^2 + 0.167(x - \frac{1}{2})^4]\lambda^2\right\}}{1 - 2.675\lambda + 1.788\lambda^2},$$

与上面算例结果完全一致.

由广义逆(3.44),函数值的 η 算法定义为

$$\eta_{-1}^{(j)} = \infty,\quad j = 0,1,\cdots; \tag{3.49}$$

$$\eta_{0}^{(j)} = C_j(x)\lambda^j,\quad j = 0,1,\cdots; \tag{3.50}$$

$$\frac{1}{\eta_{2k+1}^{(j)}} = \frac{1}{\eta_{2k-1}^{(j+1)}} + \frac{1}{\eta_{2k}^{(j+1)}} - \frac{1}{\eta_{2k}^{(j)}},\quad k = 0,1,\cdots; \tag{3.51}$$

$$\eta_{2k}^{(j)} = \eta_{2k-2}^{(j+1)} + \eta_{2k-1}^{(j+1)} - \eta_{2k-1}^{(j)}, \quad k = 1,2,\cdots. \tag{3.52}$$

可以验证,若 ε 算法(3.45)~(3.47)及 η 算法(3.49)~(3.52)都有意义,则有如下恒等式

$$\begin{cases} \eta_{2k}^{(j)} = \varepsilon_{2k}^{(j)} - \varepsilon_{2k}^{(j-1)} = (\varepsilon_{2k+1}^{(j-1)} - \varepsilon_{2k-1}^{(j)})^{-1}, & k = 1,2,\cdots; \\ \eta_{2k+1}^{(j)} = \varepsilon_{2k+2}^{(j-1)} - \varepsilon_{2k}^{(j)} = (\varepsilon_{2k+1}^{(j)} - \varepsilon_{2k+1}^{(j-1)})^{-1}, & k = 0,1,\cdots \end{cases} \tag{3.53}$$

及

$$\begin{cases} \varepsilon_{2k}^{(0)} = \sum_{i=0}^{2k} \eta_0^{(0)}, \\ \varepsilon_{2k}^{(j)} = \varepsilon_0^{(j)} + \sum_{i=0}^{2k} \eta_i^{(j)}, \end{cases} \quad k,j \geqslant 0. \tag{3.54}$$

在这里 ε 算法及 η 算法也可排成二维数组表,也称它们为 ε 表及 η 表. 由式(3.54)可看出,可将 η 表变成 ε 表的偶数列,而式(3.53)可将 ε 表的偶数列变成 η 表. 从这个意义上讲,η 算法与 ε 算法是等价的.

上面求出的 $\varepsilon_2^{(0)}$ 或 $R(x,\lambda)$ 就是积分方程(3.27)的近似解(在 λ 已知的情况下). 显然只有知道特征值 λ_i 时,才能用基于广义逆函数值 Padé 逼近方法求积分方程的近似解. 但对于积分方程的级数形式解(3.25),如果级数收敛,则该方法却是加速 Neumann 级数(3.25)收敛和估计 λ 的单值的好方法(见[136]).

假设$[n/2k]$型 GIPA 的根是 $\lambda_j^{(R)} \pm i\lambda_j^{(I)}$, $j=1,\cdots,k$. 取

$$Q^H(\lambda) = \prod_{i=1}^{k} (1 - \lambda\lambda_i^{(R)-1}). \tag{3.55}$$

它对应的分子多项式由定义 7.1 中的条件(Ⅴ)确定(用 $Q^H(\lambda)$ 规代 $Q(\lambda)$). 文[136]中称这样得到的函数值 Padé 逼近为混合方法,并给出了用[1/1]型 Padé 逼近,[2/2]型 GIPA 和[2/2]型混合方法解积分方程(3.27)所产生的误差,将它们的误差分别记为 $e^P(x,\lambda)$,$e^G(x,\lambda)$ 和 $e^H(x,\lambda)$. 列表如下:

表 7.2 取 $\lambda=\frac{2}{3}$, $\lambda=1$

x	$e^P(x,\frac{2}{3})$	$e^G(x,\frac{2}{3})$	$e^H(x,\frac{2}{3})$	$e^P(x,1)$	$e^G(x,1)$	$e^H(x,1)$
0.0	−0.20	−0.21	−0.0011	−0.07	−0.07	0.0008
0.1	−0.14	−0.15	−0.0009	−0.05	−0.05	0.0006
0.2	−0.04	−0.04	−0.0005	−0.01	−0.01	0.0001
0.3	0.07	0.07	0.0000	0.03	0.03	−0.0004
0.4	0.16	0.15	0.0004	0.05	0.05	−0.0008
0.5	0.19	0.18	0.0005	0.06	0.06	−0.0009

§4 构造圆弧曲线及旋转曲面的一种方法

上一节我们介绍了基于广义逆函数值 Padé 逼近在积分方程数值解中的应用. 本节将介绍向量值有理插值在 CAGD 中的一个应用. 众所周知,圆弧曲线及旋转曲面在 CAD/CAM 及 CAGD 中具有重要的作用,这里仅就圆弧曲线及旋转曲面的生成给出一种方法,它具有构造简单、运用方便、灵活的特点.

为应用向量值有理插值,我们作如下约定:平面或空间上的点,我们视为以原点为始点,该点为终点的二维或三维的向量. 例如平面上三点 $M_0(x_0,y_0)$,$M_1(x_1,y_1)$,$M_2(x_2,y_2)$,可以记成 $\boldsymbol{V}_0(x_0,y_0)$,$\boldsymbol{V}_1(x_1,y_1)$,$\boldsymbol{V}_2(x_2,y_2)$.

一、快速生成圆弧的一种方法

我们知道平面上任何不在同一条直线上的三点 $M_0(x_0,y_0)$,$M_1(x_1,y_1)$,$M_2(x_2,y_2)$都可以作出一个圆. 现将这三个点视为三个向量 $\boldsymbol{V}_i=\boldsymbol{V}(x_i,y_i)$, $i=0,1,2$. 利用向量值函数有理插值方法,可以构造向量值有理函数

$$\boldsymbol{R}(t)=\frac{\boldsymbol{N}(t)}{D(t)}=\boldsymbol{b}_0+\frac{t-t_0}{\boldsymbol{b}_1}\,+\,\frac{t-t_1}{b_2},\tag{4.1}$$

使之满足插值条件

$$\boldsymbol{R}(t_i)=\frac{\boldsymbol{N}(t_i)}{D(t_i)}=\boldsymbol{V}(t_i)=\boldsymbol{V}_i,\quad i=0,1,2,\tag{4.2}$$

其中 $\boldsymbol{N}(t)=\{n_1(t),n_2(t)\}$是二维向量,$n_j(t)$是 t 的实多项式,$D(t)$是 t 的实多项式,$\boldsymbol{b}_i(i=0,1,2)$是二维向量,$t,t_0,t_1$ 为实参数.

对于给定的数据点 $M_i(x_i,y_i)$,即向量 $\boldsymbol{V}_i=\boldsymbol{V}(x_i,y_i)$, $i=0,1,2$,利用累加弦参数化法进行参数化:

$$\begin{cases}t_0=0,\\ t_1=t_{i-1}+\|\boldsymbol{V}_i-\boldsymbol{V}_{i-1}\|,\quad i=1,2,\end{cases}\tag{4.3}$$

其中 $\|\boldsymbol{V}\|$ 表示向量 $\boldsymbol{V}$ 的模. 在实际计算向量 $\boldsymbol{V}$ 的逆 $\boldsymbol{V}^{-1}$时用 $\boldsymbol{V}$ 的 Samelson 逆

$$\boldsymbol{V}^{-1}=\boldsymbol{V}^*/\|\boldsymbol{V}\|^2,\quad \boldsymbol{V}^* \text{ 为 } \boldsymbol{V} \text{ 的共轭向量}.$$

由下述算法(见第三章)可求出 $\boldsymbol{b}_i(i=0,1,2)$:

$$\begin{cases} \boldsymbol{b}_0 = \boldsymbol{V}_0, \\ \boldsymbol{R}_1(t_i) = \dfrac{t_i - t_0}{\boldsymbol{V}_i - \boldsymbol{b}_0}, \quad \boldsymbol{b}_1 = \boldsymbol{R}_1(t_1), \\ \boldsymbol{R}_2(t_i) = \dfrac{t_2 - t_1}{\boldsymbol{R}_1(t_2) - \boldsymbol{b}_1}, \quad \boldsymbol{b}_2 = \boldsymbol{R}_2(t_2). \end{cases} \tag{4.4}$$

将求出的 $\boldsymbol{b}_0, \boldsymbol{b}_1, \boldsymbol{b}_2$ 代入到式(4.1)的右端,便得到满足插值条件(5.2)的向量有理函数 $\boldsymbol{R}(t)$.

下面证明 $\boldsymbol{R}(t)$所表示的曲线就是过点 $M_0(x_0, y_0), M_1(x_1, y_1), M_2(x_2, y_2)$的圆弧.

事实上,利用几何作图方法的思想容易证明

定理 7.7[40] 设 $M_0(x_0, y_0), M_1(x_1, y_1), M_2(x_2, y_2)$是平面上不在同一条直线上的三点,若过此三点的圆弧的圆心坐标是 $\overline{M}(\bar{x}, \bar{y})$,以原点为始点,$\overline{M}(\bar{x}, \bar{y})$为终点的向量为 $\boldsymbol{V}_M$,则

$$\boldsymbol{V}_{\overline{M}} = \{\bar{x}, \bar{y}\} = \frac{1}{2}[(\boldsymbol{V}_0 + \boldsymbol{V}_1) + \lambda \boldsymbol{V}_c], \tag{4.5}$$

其中

$$\boldsymbol{V}_c = \{y_0 - y_1, x_1 - x_0\}, \ \lambda = \frac{(\boldsymbol{V}_2 - \boldsymbol{V}_0) \cdot (\boldsymbol{V}_2 - \boldsymbol{V}_1)}{(\boldsymbol{V}_2 - \boldsymbol{V}_0) \cdot \boldsymbol{V}_c}.$$

圆弧的半径

$$r = \| \boldsymbol{V}_0 - \boldsymbol{V}_{\overline{M}} \| = \frac{\sqrt{1 + \lambda^2}}{2} \| \boldsymbol{V}_1 - \boldsymbol{V}_0 \|. \tag{4.6}$$

定理 7.8[40] 由算法(4.4)得到的形如(4.1)的向量值有理函数 $\boldsymbol{R}(t)$所表示的曲线是过平面上不在同一条直线上三点 $M_0(x_0, y_0), M_1(x_1, y_1), M_2(x_2, y_2)$的一段圆弧.

证明 要证明 $\boldsymbol{R}(t)$所表示的曲线是过上述三点的圆弧,只要证明

$$\| \boldsymbol{R}(t) - \boldsymbol{V}_{\overline{M}} \| = \frac{\sqrt{1 + \lambda^2}}{2} \| \boldsymbol{V}_1 - \boldsymbol{V}_0 \| \quad (0 \leqslant t \leqslant 1)$$

即可.

将 $\boldsymbol{R}(t)$由后向前有理化可得

$$\boldsymbol{R}(t) = \boldsymbol{V}_0 - \boldsymbol{\Delta},$$

其中

$$\boldsymbol{\Delta}=\{(t-t_0)(t_2-t_1)[(t_1-t_0)(t_2-t)\|\boldsymbol{V}_2-\boldsymbol{V}_0\|^2(\boldsymbol{V}_1-\boldsymbol{V}_0)$$
$$+(t_2-t_0)(t-t_1)\|\boldsymbol{V}_1-\boldsymbol{V}_0\|^2(\boldsymbol{V}_2-\boldsymbol{V}_0)]\}/\|(t_1-t_0)(t_2-t)(\boldsymbol{V}_2-\boldsymbol{V}_0)$$
$$+(t_2-t_0)(t-t_1)(\boldsymbol{V}_1-\boldsymbol{V}_0)\|^2.$$

考察

$$\|\boldsymbol{R}(t)-\boldsymbol{V}_{\overline{M}}\|^2=\left[\frac{1}{2}(\boldsymbol{V}_0-\boldsymbol{V}_1)-\frac{\lambda}{2}\boldsymbol{V}_c+\boldsymbol{\Delta}\right]^2$$
$$=\left[\frac{1}{2}(\boldsymbol{V}_0-\boldsymbol{V}_1)-\frac{\lambda}{2}\boldsymbol{V}_c\right]^2+[(\boldsymbol{V}_0-\boldsymbol{V}_1)-\lambda\boldsymbol{V}_c]\cdot\boldsymbol{\Delta}+\boldsymbol{\Delta}^2.$$

(注:$\boldsymbol{V}^2=\boldsymbol{V}\cdot\boldsymbol{V}$)

注意到$(\boldsymbol{V}_1-\boldsymbol{V}_0)\cdot\boldsymbol{V}_c=0$,经计算得

$$(\boldsymbol{V}_0-\boldsymbol{V}_1)\cdot\boldsymbol{\Delta}-\lambda\boldsymbol{V}_c\cdot\boldsymbol{\Delta}$$
$$=\frac{(t-t_0)(t_2-t_1)^2\|\boldsymbol{V}_1-\boldsymbol{V}_0\|^2\|\boldsymbol{V}_2-\boldsymbol{V}_0\|^2}{\|(t_1-t_0)(t_2-t)(\boldsymbol{V}_2-\boldsymbol{V}_0)+(t_2-t_0)(t-t_1)(\boldsymbol{V}_1-\boldsymbol{V}_0)\|^2},$$
$$\boldsymbol{\Delta}^2=\frac{(t-t_0)^2(t_2-t_1)^2\|\boldsymbol{V}_1-\boldsymbol{V}_0\|^2\|\boldsymbol{V}_2-\boldsymbol{V}_0\|^2}{\|(t_1-t_0)(t_2-t)(\boldsymbol{V}_2-\boldsymbol{V}_0)+(t_2-t_0)(t-t_1)(\boldsymbol{V}_1-\boldsymbol{V}_0)\|^2}.$$

因此

$$\|\boldsymbol{R}(t)-\boldsymbol{V}_{\overline{M}}\|^2=\left[\frac{1}{2}(\boldsymbol{V}_0-\boldsymbol{V}_1)-\frac{\lambda}{2}\boldsymbol{V}_c\right]^2=\frac{1}{4}(1+\lambda^2)\|\boldsymbol{V}_1-\boldsymbol{V}_0\|^2,$$

即

$$\|\boldsymbol{R}(t)-\boldsymbol{V}_{\overline{M}}\|=\frac{\sqrt{1+\lambda^2}}{2}\|\boldsymbol{V}_1-\boldsymbol{V}_0\|\quad(0\leqslant t\leqslant 1).$$ □

例 4　已知平面三点 $M_0(1.2,0)$,$M_1(0,1.2)$,$M_2(0,-1.2)$,求过此三点的圆弧参数方程.

解　$\boldsymbol{V}_0=(1.2,0)$,$\boldsymbol{V}_1=(0,1.2)$,$\boldsymbol{V}_2=(0,-1.2)$,将其参数化得 $t_0=0$,$t_1=1.2\sqrt{2}$,$t_2=1.2\sqrt{2}+2.4$.利用算法(4.4)得

$$\boldsymbol{R}(t)=\{x(t),y(t)\}=\frac{\{6.9941-5.82843t+1.00592t^2,2.41421t-1.00592t^2\}}{5.82843-4.85702t+1.18549t^2}.$$

圆弧的圆心坐标为$(\bar{x},\bar{y})=(0,0)$,半径为 $r=1.2$,其图象如图 7.7 所示.

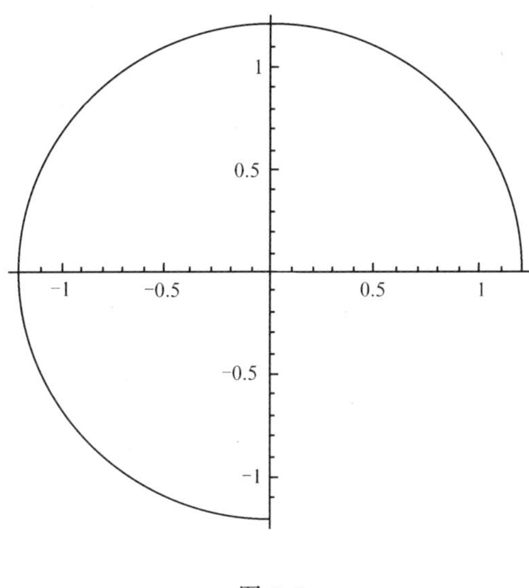

图 7.7

完全类似,对已知空间不在同一条直线上的三点 $M_0(x_0,y_0,z_0)$, $M_1(x_1,y_1,z_1)$, $M_2(x_2,y_2,z_2)$也可产生空间一条圆弧曲线.事实上,只要把三点视为三维向量,便可直接利用算法(4.4).

二、参数有理样条曲线

上一段利用向量值有理插值方法给出了生成平面或空间上圆弧曲线的方法.这一段我们给出构造参数有理圆弧样条曲线的方法.很显然构造圆弧样条曲线的每一段只需要三个条件.先看每一段圆弧样条的构造方法.

设已知平面上两点 $M_0(x_0,y_0)$, $M_1(x_1,y_1)$,而向量 $\boldsymbol{V}'_0=(x'_0,y'_0)$表示过 $M_0(x_0,y_0)$的向量,要求它与向量 $\boldsymbol{M}_0\boldsymbol{M}_1$ 不平行.欲构造过点 $M_0(x_0,y_0)$与 $M_1(x_1,y_1)$,且与 $\boldsymbol{V}'_0$ 相切的一段圆弧.这个问题等价于寻求向量有理函数(4.1),使之满足插值条件

$$\boldsymbol{R}(t_i)=\frac{\boldsymbol{N}(t_i)}{D(t_i)}=\boldsymbol{V}_i,\quad i=0,1\text{ 及 }\boldsymbol{R}'(t_0)=\boldsymbol{V}'_0. \tag{4.7}$$

这就是向量值函数有理切触插值问题.

令 $t_0=0, t_1=1$.

满足插值条件(4.7)的向量有理函数 $\boldsymbol{R}(t)$可用下述算法(见第三章)构造出来:

$$\begin{cases} \boldsymbol{b}_0 = \boldsymbol{V}_0; \\ \boldsymbol{R}_1(t_0) = 1/\boldsymbol{V}'_0, \quad \boldsymbol{R}_1(t_1) = \dfrac{t_1 - t_0}{\boldsymbol{V}_1 - \boldsymbol{V}_0}, \quad \boldsymbol{b}_1 = \boldsymbol{R}_1(t_0); \\ \boldsymbol{R}_2(t_1) = \dfrac{t_1 - t_0}{\boldsymbol{R}_1(t_1) - \boldsymbol{b}_1}, \quad \boldsymbol{b}_2 = \boldsymbol{R}_2(t_1). \end{cases} \tag{4.8}$$

将由算法(4.8)求出的 $\boldsymbol{b}_0,\boldsymbol{b}_1,\boldsymbol{b}_2$ 代入到式(4.1),便得到 $\boldsymbol{R}(t)$.

定理 7.9[41]　设过平面上两点 $M_0(x_0,y_0)$,$M_1(x_1,y_1)$,且以 $\boldsymbol{V}'_0=(x'_0,y'_0)$为点 M_0 处切向量的圆弧的圆心坐标是 $\overline{M}(\bar{x},\bar{y})$,则

$$\boldsymbol{V}_{\overline{M}} = (\bar{x},\bar{y}) = \boldsymbol{V}_0 + \frac{\lambda}{2}\boldsymbol{U}_0, \tag{4.9}$$

其中

$$\boldsymbol{U}_0 = (-y'_0, x'_0),\ \lambda = \|\boldsymbol{V}_1 - \boldsymbol{V}_0\|^2/(\boldsymbol{V}_1 - \boldsymbol{V}_0)\cdot\boldsymbol{U}_0,$$

($\boldsymbol{V}_{\overline{M}}$ 仍为以原点为始点,$\overline{M}(\bar{x},\bar{y})$为终点的向量),圆弧的半径为

$$r = \|\boldsymbol{M}_0\overline{\boldsymbol{M}}\| = \frac{|\lambda|}{2}\|\boldsymbol{U}_0\|. \tag{4.10}$$

证明　经计算,可得到过点 M_0 且垂直于向量 $\boldsymbol{V}'_0$ 的直线的参数方程为

$$L_1:\begin{cases} x = x_0 - y'_0 s, \\ y = y_0 + x' s \end{cases} \quad (s\text{ 为参数}).$$

过两点 M_0,M_1 的弦的中垂线方程为

$$L_2: \frac{x - \dfrac{x_0 + x_1}{2}}{y_0 - y_1} = \frac{y - \dfrac{y_0 + y_1}{2}}{x_1 - x_0}.$$

则 L_1 与 L_2 的交点就是上述圆弧的圆心.联立 L_1 与 L_2 的方程解得

$$s = \frac{1}{2}\,\frac{(x_1 - x_0)^2 + (y_1 - y_0)^2}{(y_1 - y_0)x'_0 + (x_1 - x_0)y'_0} = \frac{\|\boldsymbol{V}_1 - \boldsymbol{V}_0\|^2}{(\boldsymbol{V}_1 - \boldsymbol{V}_0)\cdot\boldsymbol{U}_0},$$

其中 $\boldsymbol{U}_0=(-y'_0,x'_0)$.

于是,所求圆弧的圆心坐标为

$$\begin{cases} \bar{x} = x_0 - \dfrac{y'_0}{2}\lambda, \\ \bar{y} = y_0 + \dfrac{x'_0}{2}\lambda, \end{cases}$$

其中 $\lambda = \| \boldsymbol{V}_1 - \boldsymbol{V}_0 \|^2 / (\boldsymbol{V}_1 - \boldsymbol{V}_0) \cdot \boldsymbol{U}_0$，即

$$\boldsymbol{V}_{\overline{M}} = (\bar{x}, \bar{y}) = \boldsymbol{V}_0 + \frac{\lambda}{2} \boldsymbol{U}_0. \qquad \square$$

需要指出的是上述圆弧的圆心坐标及半径可由切向量 $\boldsymbol{V}'_0$ 进行调节(根据需要).

类似于定理 7.8,可以证明

定理 7.10 由算法(4.8)确定的向量有理函数 $\boldsymbol{R}(t)$所表示的曲线是满足条件(4.7)的一段圆弧.

顺便指出,在算法(4.8)中,只要将所给切向量反向,便可得到所求圆弧的补弧.

下面我们给出一种参数有理圆弧样条的算法.已知平面上 $n+1$ 个点 $M_i(x_i, y_i)$, $i=0,1,\cdots,n$.构造一条 GC^1 连续的圆弧样条曲线经过 $M_i(i=0,1,\cdots,n)$,且以 $\boldsymbol{V}'_0$ 为 M_0 处的切向量.

算法 7.1 取 $t_0=0, t_1=1$.

第 1 步 构造过点 M_0, M_1 且以 $\boldsymbol{V}'_0=(x'_0, y'_0)$为点 M_0 处切向量的圆弧.

step 1 定义一个向量 $\boldsymbol{b}_{1,0} = \boldsymbol{V}_0$;

step 2 定义 $\boldsymbol{r}_1(t_0)=1/\boldsymbol{V}'_0$, $\boldsymbol{r}_1(t_1)=(t_1-t_0)/(\boldsymbol{V}_1-\boldsymbol{b}_{1,0})$,

记 $\boldsymbol{b}_{1,1}=\boldsymbol{r}_1(t_0)$;

step 3 定义 $\boldsymbol{r}_2(t_1)=(t_1-t_0)/(\boldsymbol{r}_1(t_1)-\boldsymbol{b}_{1,1})$,记 $\boldsymbol{b}_{1,2}=\boldsymbol{r}_2(t_1)$;

step 4 计算 $\boldsymbol{R}_1(t)=\boldsymbol{b}_{1,0}+\dfrac{t-t_0}{\boldsymbol{b}_{1,1}+\dfrac{t-t_0}{\boldsymbol{b}_{1,2}}}$;

step 5 记 $\boldsymbol{V}_{\overline{M}}=\boldsymbol{V}_0+\dfrac{\lambda}{2}\boldsymbol{U}_0$,

其中

$$\boldsymbol{U}_0 = (-y'_0, x'_0), \lambda = \frac{\| \boldsymbol{V}_1 - \boldsymbol{V}_0 \|^2}{(\boldsymbol{V}_1 - \boldsymbol{V}_0) \cdot \boldsymbol{U}_0}.$$

定义 $\boldsymbol{V}'_1=(x'_1, y'_1)=\alpha_1(\boldsymbol{V}_1-\boldsymbol{V}_0)$.

第 2 步 对 $i=2,3,\cdots,n$ 构造过点 $M_{i-1}(x_{i-1}, y_{i-1})$, $M_i(x_i, y_i)$且以 $\boldsymbol{V}'_{i-1}=(x'_{i-1}, y'_{i-1})$为点 M_{i-1}处切向量的圆弧.

step 1 定义 $\boldsymbol{b}_{i,0}=\boldsymbol{V}_i$;

step 2 定义 $\boldsymbol{r}_1(t_0)=\dfrac{1}{\boldsymbol{V}'_{i-1}}$, $\boldsymbol{r}_1(t_1)=\dfrac{t_1-t_0}{\boldsymbol{V}_i-\boldsymbol{b}_{i,0}}$,记 $\boldsymbol{b}_{i,1}=\boldsymbol{r}_1(t_0)$;

step 3 定义 $\boldsymbol{r}_2(t_1)=\dfrac{t_1-t_0}{\boldsymbol{r}_1(t_1)-\boldsymbol{b}_{i,1}}$,记 $\boldsymbol{b}_{i,2}=\boldsymbol{r}_2(t_1)$;

step 4　计算

$$\boldsymbol{R}_i(t) = \boldsymbol{b}_{i,0} + \frac{t-t_0}{\boldsymbol{b}_{i,1}} + \frac{t-t_0}{\boldsymbol{b}_{i,2}};$$

step 5　仅对 $i=2,\cdots,n-1$ 记 $\boldsymbol{V}_{\overline{M}} = \boldsymbol{V}_0 + \frac{\lambda}{2}\boldsymbol{U}_0$，

其中 $\boldsymbol{U}_{i-1} = (-y'_{i-1}, x'_{i-1})$，$\lambda = \| \boldsymbol{V}_i - \boldsymbol{V}_{i-1} \|^2 / (\boldsymbol{V}_i - \boldsymbol{V}_{i-1})\boldsymbol{U}_{i-1}$，定义

$$\boldsymbol{V}'_i = (x'_i, y'_i) = \alpha_i(\boldsymbol{V}_i - \boldsymbol{V}).$$

这里 α_i 的取值是根据第 i 段圆弧的增长方向是按逆时针或顺时针来决定，逆时针时取 $\alpha_i = 1$，顺时针时取 $\alpha_i = -1 (i=1,2,\cdots,n-1)$.

通过调整切向量 $\boldsymbol{V}'_0$，由算法 7.1 可以构造保单调及保凸的 GC^r 连续的参数有理圆弧样条曲线.

例 5　已知平面上四点 $M_0(0,0)$，$M_1(2,1)$，$M_2(4,2)$，$M_3(5,3.5)$ 及向量 $\boldsymbol{V}'_0 = (1,3)$. 构造一条 GC^1 连续的圆弧样条曲线通过已知点且在 M_0 点的切向量为 $\boldsymbol{V}'_0$.

利用算法 7.1 可求出三段圆弧的参数方程分别为

$$\boldsymbol{R}_1(t) = \frac{(t(1+3t), t(-3+t))}{1+t^2}, \quad 0 \leqslant t \leqslant 1, \quad \alpha_1 = -1,$$

$$\boldsymbol{R}_2(t) = \frac{(4-t+t^2, 2-3t+3t^2)}{2-t+t^2}, \quad 0 \leqslant t \leqslant 1, \quad \alpha_2 = 1,$$

$$\boldsymbol{R}_3(t) = \frac{(1.6-0.2923t+0.2308t^2, 0.8+0.3538t-0.0769t^2)}{0.4-0.1231t+0.0308t^2}, \ 0 \leqslant t \leqslant 1.$$

所得圆弧样条曲线如图 7.8 所示.

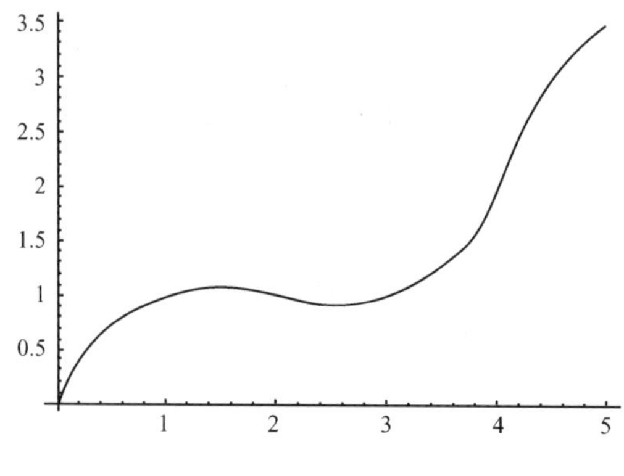

图 7.8

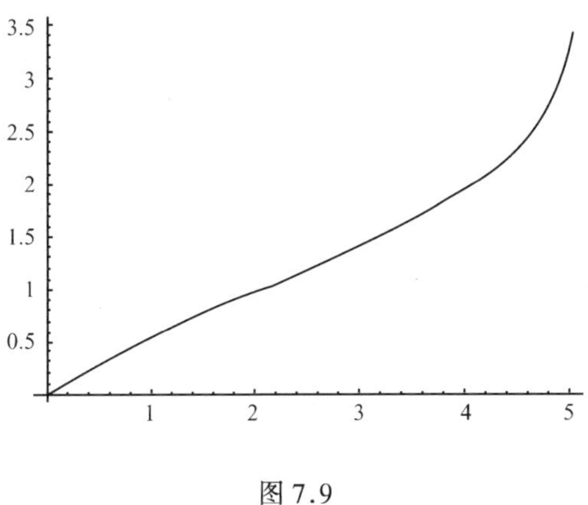

图 7.9

对于给定的四点,显然它们是单调增加的,然而圆弧样条曲线却不是单调的(见图 7.8).如果将切向量 $\boldsymbol{V}'_0$ 调整为 $\boldsymbol{V}'_0=(1,0.625)$,所得到的圆弧样条曲线便成为保单调的曲线(见图 7.9).

例 6 已知平面上四个点 $M_0(0,0)$,$M_2(2,3.5)$,$M_2(4,3)$,$M_3(5,1)$及切向量 $\boldsymbol{V}'_0=(1,2)$,试构造 GC'连续的圆弧样条曲线通过已知点且在M_0 处的切向量为 $\boldsymbol{V}'_0$.

由算法 7.1,可得满足题设条件的参数有理圆弧样条的三段表示式分别为

$$\boldsymbol{R}_1(t)=\frac{(t(0.2-0.0769t),t(0.4-0.1846t))}{0.2-0.1785t+0.04t^2},\quad 0\leqslant t\leqslant 1,\quad \alpha_1=-1,$$

$$\boldsymbol{R}_2(t)=\frac{(0.0015+0.0292t+0.9104t^2,0.0027+0.0481t+0.6552t^2)}{0.0008+0.0071t+0.2274t^2},$$

$$0\leqslant t\leqslant 1,\quad \alpha_2=-1,$$

$$\boldsymbol{R}_3(t)=\frac{(3.3701-3.6117t+1.2415t^2,2.5276-3.6816t+1.3540t^2)}{0.8425-0.9223t+0.2798t^2},\ 0\leqslant t\leqslant 1.$$

其样条曲线如图 7.10 所示.

如果将已知四点按折线连接可看出它们是凸的,而圆弧样条曲线却不是凸的.如果将切向量 $\boldsymbol{V}'_0$ 调整为 $\boldsymbol{V}'_0=(1,12)$,则所得圆弧样条曲线便成为保凸曲线(见图 7.11).

三、构造旋转曲面的一种方法[41]

利用第三章的方法构造二元向量值有理函数

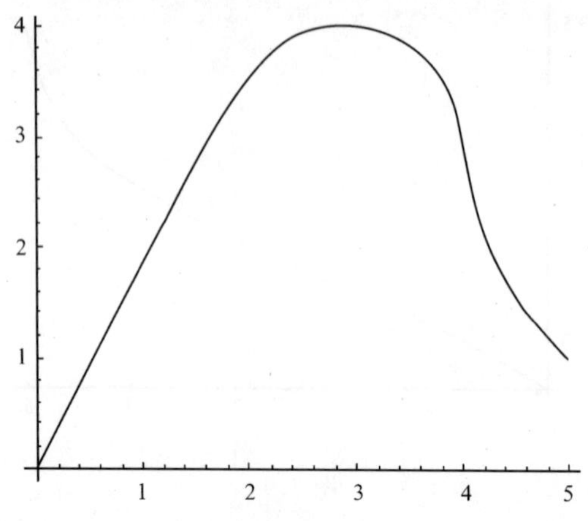

图 7.10

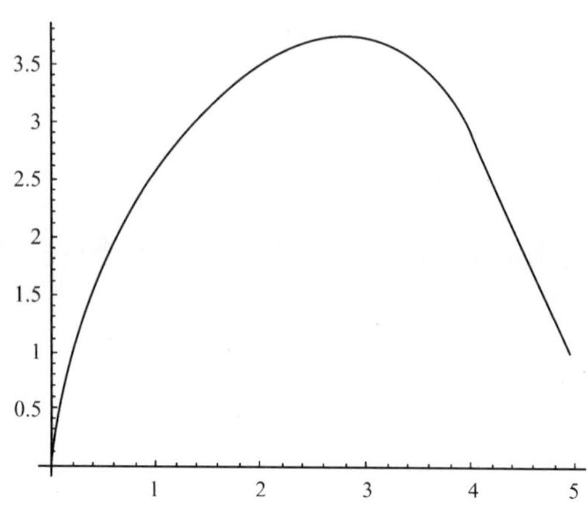

图 7.11

$$\boldsymbol{R}(s,t)=\frac{\boldsymbol{N}(s,t)}{D(s,t)}=\boldsymbol{b}_0(s)+\frac{t-t_0}{\boldsymbol{b}_1(s)}+\frac{t-t_1}{\boldsymbol{b}_2(s)},\tag{4.11}$$

其中 $\boldsymbol{N}(s,t)=(\lambda_1(s,t),\lambda_2(s,t),\lambda_3(s,t))$，$\lambda_j(s,t)$是 s,t 的实函数，$(j=1,2,3)$，$D(s,t)$是 s,t 的实函数，$\mathbf{V}_i(s)$，$\boldsymbol{b}_i(s)(i=0,1,2)$是关于 s 的三维向量，$s,t,t_i(i=0,1,2)$为实数.

定义 7.2　给定 $\mathbf{V}_i(s)$及 $t_i(i=0,1,2)$，称满足插值条件

$$\boldsymbol{R}(s,t_i)=\frac{\boldsymbol{N}(s,t_i)}{D(s,t_i)}=\mathbf{V}_i(s),\quad i=0,1,2,\tag{4.12}$$

的形如(4.11)的二元向量有理函数为二元超限向量有理插值函数.

利用上述超限向量有理函数,结合(分段)Bézier 曲线或其他连续曲线,给出一种构造空间任意旋转曲面的方法.

算法 7.2

第 1 步 产生旋转曲面的母线.

首先,在空间直角坐标系的某个平面(如 xoy 平面)上构造一条以 $d_0, d_1, \cdots, d_n$ 为顶点的(分段)Bézier 曲线 S_0:

$$\boldsymbol{V}_0(s) = (x_0(s), y_0(s), z_0(s)).$$

其次,以 y 轴作为对称轴 L,在平面$\sum$上作关于 L 对称的曲线 S_2:

$$\boldsymbol{V}_2(s) = (x_2(s), y_2(s), z_2(s)) = (x_0(s), -y_0(s), z_0(s)).$$

然后,在与平面$\sum$垂直的平面$\overline{\sum}$(如 yoz 平面)上作曲线 S_1:

$$\boldsymbol{V}_1(s) = (x_1(s), y_1(s), z_1(s)) = (x_0(s), 0, y_0(s)).$$

于是得到分布在两块垂直平面上的三条参数曲线 S_0, S_1 和 S_2.

第 2 步 利用二元向量有理插值方法,构造形如(4.11)的满足插值条件(4.12)的二元超限向量有理插值函数:

step 1 设 $t_0=0,\ t_1=1/2,\ t_2=1$,定义 $\boldsymbol{b}_0(s)=\boldsymbol{V}_0(s)$;

step 2 定义 $R_1(s,t_i)=\dfrac{t_i - t_0}{\boldsymbol{V}_i - \boldsymbol{b}_0(s)},\ i=1,2$,记 $\boldsymbol{b}_1(s)=\boldsymbol{R}_1(s,t_1)$;

step 3 定义 $\boldsymbol{R}_2(s,t_2)=\dfrac{t_2 - t_1}{\boldsymbol{R}_1(s,t_2)-\boldsymbol{b}_1(s)}$,并记 $\boldsymbol{b}_2(s)=\boldsymbol{R}_2(s,t_2)$;

step 4 计算 $\boldsymbol{R}(s,t)=\boldsymbol{b}_0(s)+\dfrac{t-t_0}{\boldsymbol{b}_1(s)}+\dfrac{t-t_1}{\boldsymbol{b}_2(s)}=\dfrac{\boldsymbol{N}(s,t)}{D(s,t)}$,

记为

$$\boldsymbol{R}(s,t) = (r_1(s,t), r_2(s,t), r_3(s,t)).$$

引理 7.11 设 $M_0(x_0, y_0, 0), M_1(x_1, y_1, 0), M_2(x_2, y_2, 0)$为 xoy 平面上不在同一条直线上的三点,若过此三点的圆弧的圆心坐标是 $\overline{M}(\bar{x}, \bar{y}, 0)$,并记 $\boldsymbol{V}_M$ 表示以原点为始点,$\overline{M}$ 为终点的向量,则

$$\boldsymbol{V}_{\overline{M}} = (\bar{x}, \bar{y}, 0) = \frac{1}{2}[(\boldsymbol{V}_0 + \boldsymbol{V}_1) + \lambda \boldsymbol{V}'], \tag{4.13}$$

其中

$$\boldsymbol{V}' = (y_0 - y_1,\ x_1 - x_0, 0),\ \ \lambda = (\boldsymbol{V}_2 - \boldsymbol{V}_0)\cdot(\boldsymbol{V}_2 - \boldsymbol{V}_1)/(\boldsymbol{V}_2 - \boldsymbol{V}_0)\cdot \boldsymbol{V}'.$$

圆弧的半径为

$$r = \| \boldsymbol{V}_0 - \boldsymbol{V}_{\overline{M}} \| = \frac{\sqrt{1+\lambda^2}}{2} \| \boldsymbol{V}_1 - \boldsymbol{V}_0 \|, \tag{4.14}$$

其中 $\boldsymbol{V}_i = (x_i, y_i, 0), i = 0,1,2$.

事实上,在 xoy 平面,即 $z=0$ 上,用定理 7.6 立知式(4.13)及(4.14)成立.

定理 7.12　对任意固定的 s,由算法 7.2 得到的形如(4.11)的 $\boldsymbol{R}(s,t)$所表示的曲线是过三点

$$M_i(x_i(s), y_i(s), z_i(s)),\quad i = 0,1,2$$

的一段圆弧.

证明　为简明起见,将定理 12 中的三点记为 M_0, M_1, M_2(不在同一条直线上),并设该三点在 xoy 平面上.用 $\boldsymbol{V}_i = (x_i(s), y_i(s), z_i(s))$表示以原点为起点,以 M_i 为终点的向量.对于一般情形,只需先确定过三点的平面,再在该平面上类似于 xoy 平面进行证明即可.

要证明对任意固定的 s,$\boldsymbol{R}(s,t)$所表示的曲线是经过上述三点的圆弧,只要证明

$$\| \boldsymbol{R}(s,t) - \boldsymbol{V}_{\overline{M}} \| = \frac{\sqrt{1+\lambda^2}}{2} \| \boldsymbol{V}_1 - \boldsymbol{V}_0 \|$$

即可,式中 $\boldsymbol{V}_M = \frac{1}{2}[(\boldsymbol{V}_0 + \boldsymbol{V}_1) + \lambda \boldsymbol{V}']$.

余下的证明与定理 7.8 完全类似.这里略去.

由定理 7.12 知,$\boldsymbol{R}(s,t) = (r_1(s,t), r_2(s,t), r_3(s,t))$所表示的曲面是以平面参数曲线 S_0:

$$\boldsymbol{V}_0(s) = (x_0(s), y_0(s), z_0(s))$$

为母线的旋转曲面的一半.要得到完整的旋转曲面,只须将 $\boldsymbol{R}(s,t) = (r_1(s,t), r_2(s,t), r_3(s,t))$中的相应分量关于平面$\Sigma$作对称变换(如若取$\Sigma$为 xoy 平面,则将 $\boldsymbol{R}(s,t) = (r_1(s,t), r_2(s,t), r_3(s,t))$中的 $r_3(s,t)$反号),即可得另外一半旋转曲面,两半曲面合在一起即得所需形状的旋转曲面.

需要指出的是在算法 7.2 中,我们将平面取为坐标面,定直线 L 取为相应的对称轴,当用算法求得所需形状的旋转曲面后,通过平移及旋转变换,可将所得旋转曲面移到任意指定的位置.

例 7　设由下列控制点

$$d_{0,1}(3,5/2,0),d_{1,1}(3/2,1,0),d_{2,1}(6/5,3,0),$$

$$d_{0,2}=d_{2,1},d_{1,2}(0,7/2,0),d_{2,2}(-1,3/2,0),$$

$$d_{0,3}=d_{2,2},d_{13}(-3/2,1/2,0),d_{2,3}(-3,1,0)$$

所确定的三段二次 Bézier 曲线为 $S_0:\boldsymbol{V}_0(s)=\{x_0(s),y_0(s),z_0(s)\}$. 求以曲线 S_0 为母线,绕 y 轴旋转而成的旋转曲面.

解 第 1 步 求出由上述控制顶点确定的分段二次 Bézier 曲线的参数方程

$$\boldsymbol{V}_0(s)=\{x_0(s),y_0(s),z_0(s)\},$$

其中 $\boldsymbol{V}_0(s)$是下列三段参数曲线构成:

$$\{3(5-5s+2s^2)/5,(5-6s+7s^2)/2,\ 0\},$$

$$\{(6-12s+s^2)/5,\ (6+2s-5s^2)/2,0\},$$

$$\{-(1+s+s^2),(9-12s+11s^2)/6,0\}.$$

它的图形由图 7.12 所示.

再以此为基础,给出

$$\boldsymbol{V}_1(s)=\{x_1(s),y_1(s),z_1(s)\}=\{x_0(s),0,y_0(s)\},$$

$$\boldsymbol{V}_2(s)=\{x_2(s),y_2(s),z_2(s)\}=\{x_0(s),-y_0(s),z_0(s)\}.$$

第 2 步 由算法 7.2 构造二元超限向量值有理插值函数

$$\boldsymbol{R}(s,t)=\{r_1(s,t),r_2(s,t),r_3(s,t)\},$$

它是由下列三片 GC^0 连续的有理参数曲面组成:

$$\left\{3(5-5s+2s^2)/5,\frac{5-6s+7s^2-10t+12st-14s^2t}{2(1-2t+2t^2)},\frac{t(1-t)(5-6s+7s^2)}{1-2t+2t^2}\right\},$$

$$0\leqslant s,t\leqslant 1,$$

$$\left\{(6-12s+s^2)/5,\frac{6+2s-5s^2-12t-4st+10s^2t}{2(1-2t+2t^2)},\frac{t(1-t)(6+2s-5s^2)}{1-2t+2t^2}\right\},$$

$$0\leqslant s,t\leqslant 1,$$

$$\left\{-(1+s+s^2),\frac{9-12s+11s^2-18t+24st-22s^2t}{6(1-2t+2t^2)},\frac{t(1-t)(9-12s+11s^2)}{3(1-2t+2t^2)}\right\},$$

$$0\leqslant s,t\leqslant 1.$$

将 $\boldsymbol{R}(s,t)=\{r_1(s,t),r_2(s,t),r_3(s,t)\}$中的 $r_3(s,t)$反号即可得另外一半旋转

曲面.

上述两半旋转曲面合在一起,即得完整的旋转曲面(见图 7.13).

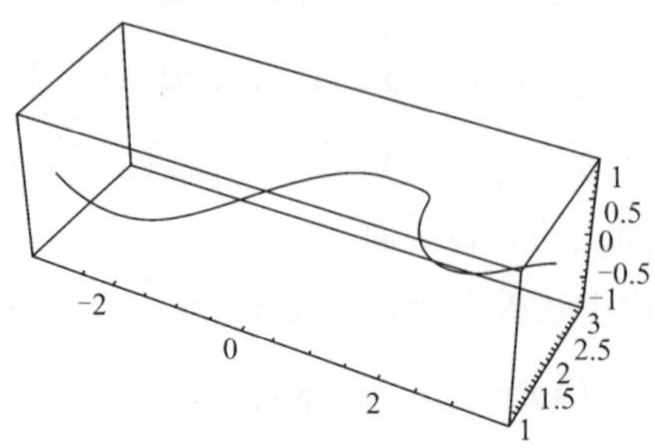

图 7.12　分段二次 Bézier 曲线

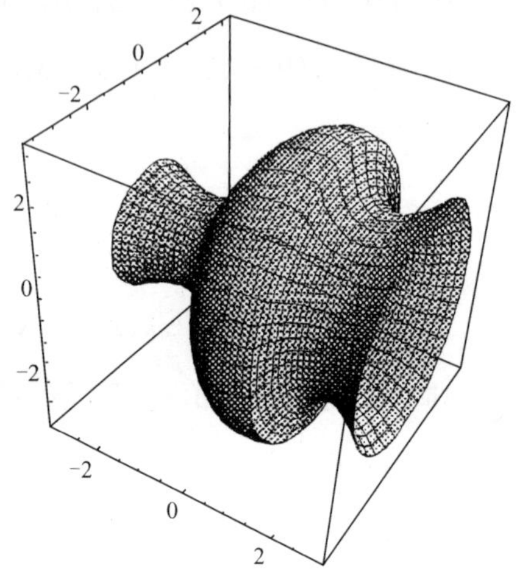

图 7.13　沿准线方向 CG^0 连续的旋转曲面

若要使此旋转曲面沿母线方向具有 GC^1 光滑连续,可按分段 Bézier 曲线在连接点处达到 GC^1 连续的方法将上述控制顶点调整为

$$d_{0,1}(3,5/2,0),d_{1,1}(3/2,1,0),d_{2,1}(6/5,2,0),$$

$$d_{0,2} = d_{2,1},d_{1,2}(0,6,0),d_{2,2}(-1,5/2,0),$$

$$d_{0,3} = d_{2,2},d_{1,3}(-3/2,3/4,0),d_{2,3}(-3,4/3,0),$$

即得 GC^1 连续的分段 Bézier 曲线(如图 7.14),再按算法 7.2 的第 2 步构造出符合光滑性要求的旋转曲面,其图形由图 7.15 所示.

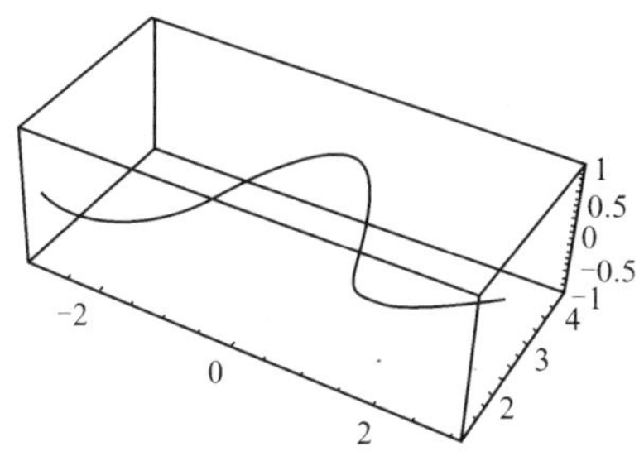

图 7.14 CG^1 连续的分段二次 Bézier 曲线

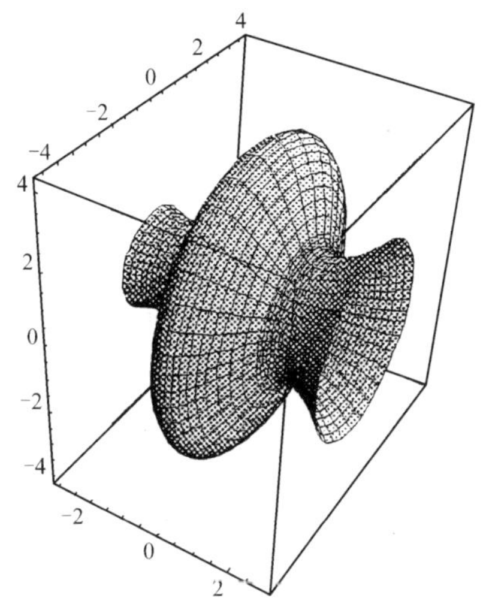

图 7.15 沿准线方向 CG^1 连续的旋转曲面

上面我们以举例的方式介绍有理逼近的应用.实际上,它的应用非常广泛.特别是有理逼近思想方法在计算机辅助几何设计(CAGD)中的应用,具有潜在的开发前景,如构造混合型曲线、曲面,有人已进行了尝试,取得了很好的效果.可以设想将有理逼近方法与常用的一些构造曲线、曲面方法结合,有可能产生更好的简便、实用的新方法.[45]在非线性回归的算法中,采用有理插值算法得到了满意的结果.由此可见用有理逼近方法解决非线性问题中的计算问题是一种值得推荐的方法.

参 考 文 献

[1] 王仁宏.数值有理逼近.上海:上海科学技术出版社,1980

[2] 王仁宏.梁学章,多元函数逼近.北京:科学出版社,1988

[3] 王仁宏等.多元样条函数及其应用.北京:科学出版社,1994

[4] 王仁宏.数值逼近.北京:高等教育出版社,1999

[5] 王仁宏.有理逼近的理论与方法.逼近论会议论文集,杭州大学出版社,1978

[6] 王仁宏.具有约束的有理逼近.吉林大学自然科学学报,1(1979),19～25

[7] 王仁宏,吴顺唐.关于有理 spline 函数.吉林大学自然科学学报,1(1978),58～70

[8] 王仁宏,吴顺唐.有理样条的一个插值问题.高等学校计算数学学报,2(1981),165～167

[9] 王仁宏,吴顺唐.关于有理样条函数(英文).数学研究与评论,2(1984),31～36

[10] 王艳春,乔新.一类有理保形插值.航空学报,12(1992),586～598

[11] 王艳春,许有信.一种有理三次保形样条.计算数学,2(1994),131～143

[12] 王洪燕.向量有理样条研究.硕士学位论文,合肥工业大学,1995

[13] 叶懋冬.具有局部插值性质的样条.计算数学,2(1984),138～147

[14] 宁荣健,朱功勤.有理样条不可约解的行列式表示.高等学校计算数学学报,2(1999),104～109

[15] 朱功勤,何天晓.具有重节点的分段 Padé 逼近的一个算法.计算数学,2(1981),179～182

[16] 朱功勤,何天晓.关于有理 Spline 函数的一个注记.高等学校计算数学学报,3(1981)276～278

[17] 朱功勤,黄有群.关于有理插值正则解的一个充要条件.合肥工业大学学报(自然科学版),3(1981),34～37

[18] 朱功勤,黄有群.关于有理插值问题的倒差商——连分式算法可行性的证明.合肥工业大学学报(自然科学版),4(1981),9～17

[19] 朱功勤,黄有群.具有 Hermite 插值约束的有理一致逼近问题的简化.合肥工业大学学报(自然科学版),1(1982),1～5

[20] 朱功勤,黄有群.插值(切触)分式表的构造.计算数学,3(1983),310～317

[21] 朱功勤,何天晓.Padé 样条插值.科学通报,16(1983),1020～1021

[22] 朱功勤,檀结庆.实域内 Newton-Padé 逼近与最佳有理逼近.合肥工业大学学报(自然科学报),4(1989),8～13

[23] 朱功勤,顾传青.二元 Thiele 型向量有理插值.计算数学,3(1990),293～301

[24] 朱功勤,顾传青.Thiele 型向量连分式的收敛定理.数学研究与评论,4(1990),523～526

[25] 朱功勤,顾传青.合成序列变换的加速收敛.数值计算与计算机应用,4(1990),247～250

[26] 朱功勤,顾传青.一般外推算法的加速收敛过程.数值计算与计算机应用,1(1992),13～19

[27] 朱功勤,顾传青.向量连分式逼近与插值.计算数学,4(1992),427~432

[28] 朱功勤,朱晓临.二元 Padé 型逼近的一个算法.高等学校计算数学学报,4(1993),369~373

[29] 朱功勤,檀结庆.Padé 样条的代数结构及若干性质.安徽工学院学报,4(1994),1~5

[30] 朱功勤,檀结庆.矩形网格上二元向量有理插值的对偶性.计算数学,3(1995),311~320

[31] 朱功勤,唐烁.关于两种连分式加速收敛方法等价性的一般猜想的证明.数学研究与评论,2(1995),283~286

[32] 朱功勤,王洪燕.离散点集上的向量有理插值算法与特征性质.高等学校计算数学学报,4(1998),316~320

[33] 朱功勤,潘杰.Padé 型逼近的收敛性.合肥工业大学学报(自然科学版),4(1994),1~7

[34] 朱功勤,徐秀琴.关于矩阵值 Padé 逼近的注记.合肥工业大学学报(自然科学版),1(1999),1~7.

[35] 朱功勤.二元矩阵有理插值算法与特征性质.中国学术期刊文摘,3(1999),333~335

[36] 朱功勤.二元有理插值逐步算法.合肥工业大学学报(自然科学版),1(2000),10~15

[37] 朱功勤,檀结庆,王洪燕.预给极点的向量有理插值及性质.高等学校计算数学学报,2(2000),97~104

[38] 朱晓临.多元 Padé 型逼近与有理插值样条.硕士学位论文,合肥工业大学,1991

[39] 朱功勤,顾传青,檀结庆.多元有理逼近方法,中国科学技术出版社,1996

[40] 朱晓临.一种快速构造圆弧的方法,合肥工业大学学报(自然科学版),2(2002),54~57

[41] 朱晓临.(向量)有理函数插值的研究及其应用,博士学位论文,中国科学技术大学,2002

[42] 宋宝瑞.有理插值与广义正交性,博士学位论文,大连理工大学,1991

[43] 汪泉.Apple 级数的 Padé 逼近.硕士学位论文,合肥工业大学,1997

[44] 苏家铎,黄有度.切触有理插值的一个新算法.高等学校计算数学学报,2(1987),170~176

[45] 周志丹,朱功勤.非线性回归的一种算法.合肥工业大学学报(自然科学版),4(1999),17~21

[46] 施法中.计算机辅助几何设计与非均匀有理B样条.北京:高等教育出版社,2001

[47] 赵欢喜.一种新的连分式求值方法.中南工业大学学报,3(2000),188~189

[48] 赵欢喜,朱功勤.一类基于广义逆的矩阵连分式收敛性.中国科学技术大学学报,4(2002),412~416.

[49] 钟慧湘,王钲旋,庞云阶.图象重建中的有理逼近方法.中国图象图形学报,11(2000),976~979

[50] 顾传青.二元 Thiele 型向量有理插值的误差公式.数学研究与评论,4(1997),562~564

[51] 顾传青,朱功勤.二元 Thiele 型向量连分式的余项公式.高等学校计算数学学报,3(1994),293~296

[52] 顾传青,朱功勤.矩阵有理逼近.数学研究与评论,2(1996),301~306

[53] 顾传青,陈之兵.矩阵有理插值.计算数学,1(1995),73~77

[54] 顾传青.基于广义逆的矩阵 Padé 逼近.计算数学,1(1997),19~28

[55] 顾传青.基于广义逆的矩阵 Padé 逼近的 Pfaffian 计算公式及其应用.数值计算与计算机应用,4(1998),283～289

[56] 顾传青,李春景.用于积分方程解的广义逆函数值 Padé 逼近的计算公式.应用数学和力学,9(2001),952～957

[57] 顾传青.关于矩阵指数的 Padé 逼近新算法.自动化学报,1(1999),94～99

[58] 徐献瑜,李家楷,徐国良.Padé 逼近概论.上海:上海科学技术出版社,1990

[59] 唐烁.极限循环连分式的加速收敛.硕士学位论文,合肥工业大学,1991

[60] 唐烁,朱功勤.一类极限循环连分式的加速收敛因子.数学研究与评论,1(2001),135～138

[61] 黄有度.Tchebyshev-Padé 逼近的存在性与 C 表的结构.计算数学,4(1988),369～374

[62] 黄有度.Padé 逼近和 Newton-Padé 逼近的计算.硕士学位论文,合肥工业大学,1984

[63] 黄峰.有理逼近方法的一种应用.硕士学位论文,合肥工业大学,1996

[64] 盛中平,崔凯.有理插值问题存在性的一个判别准则.高等学校计算数学学报,2(1999),115～125

[65] 潘杰.Padé 型逼近与最佳 Lp 有理逼近.硕士学位论文,合肥工业大学,1988

[66] 檀结庆.多元有理插值与逼近.博士学位论文,吉林大学,1990

[67] 檀结庆,朱功勤.广义有理样条的几种构造方法.数学研究与评论,4(1995),485～498

[68] 檀结庆,朱功勤.二元分叉连分式插值的矩阵算法.高等学校计算数学学报,3(1996),250～254

[69] 檀结庆,唐烁.向量值三重分叉连分式插值的算法.数值计算与计算机应用,2(1996),146～149

[70] 檀结庆,唐烁.(α,β)-Padé 逼近的发散性.中国科学技术大学学报,3(1996),395～397

[71] 檀结庆.Interpolating rational spline in three dimensional apace.数学研究与评论,2(1998),181～187

[72] 檀结庆,方毅.General frames for bivariate interpola.数学研究与评论,4(1999),681～687

[73] 檀结庆,胡敏,刘晓平.有理曲面的三维重建.计算机应用,增刊(2000),57～59

[74] 檀结庆.A Compact determinantal representation for inverse differences.数学研究与评论,1(2000),32～36

[75] S. Abelman. A rational basis for second-kind Abel integral equations. *J. Comput. Appl. Math.*,34(1991),281～290

[76] S. Arioka. Padé-type approximants in multivariables. *Appl. Numer. Math.*,3(1987),497～511

[77] C. D. Ahlbrandt. A princherle theorren for matrix continued fraction. *J. Approx. theory*,84(1996),188～196

[78] A. I. Aptekartv, M. C. Smirnova. On convergence of vector Stieltjes continued fraction ,*Dokcady Math.*,62(2000),391～393

[79] A. C. Antoulas. Rational interpolation and Euclidean algorithm, *Linear Algebra Appl.*,108(1998),157～171

[80] A. C. Antoulas, B. D. O. Anderson. On the scalar rational interpolation problem. *IMA J. Math, Control Infrom.*, 3(1986), 61～68

[81] A. C. Antoulas, B. D. O. Anderson. On the problem of stable rational interpolation. *Linear Algebra Appl.*, 122-124(1989), 301～329

[82] G. A. Baker Jr. Essentiables of Padé approximants. Academic press, London, 1975

[83] G. A. Baker Jr.. Existence and convergence of subsequence of Padé approximants. *J. Math. Anal. Appl.*, 43(1973), 498～528

[84] G. A. Baker. The Numerical Treatment of integral equations. Oxford: oxford Univ. press, 1978

[85] G. A. Baker, Jr, J. L. Gammel (eds.). The Padé approximant in theoretical physics. Academie press, New York, 1970

[86] G. A. Baker, Jr. and P. R. Graves-Morris. Padé approximants, part Ⅱ: Extension and Applications. Addison-wesley publishing company, 1981

[87] J. P. Berrut, H. D. Mittelman. Matrices for the direct determination of the barycentric weight of rational interpolation. *J. Comput. Appl. Math.*, 78(1997), 35

[88] B. Boehm. Existence of best rational Tchebyshev approximations. *Pac. J. Math.*, 15(1965), 19～28

[89] C. Brezinski. Rational approximation to formal power series. *J. Approx. Theory*, 25(1979), 295～317

[90] C. Brezinski. Padé-type approximation and general Orthogonal polynomials. ISNM50 Birkhauser Basel, 1980

[91] C. Brezinski. Acceleration dela convergence en Analyse Numerique. LNM 584 , Springer Velag, Berlin, 1977

[92] C. Brezinski. On interpolatory multivariate Padé-type approximants. *BIT*, 26(1986), 254～258

[93] C. Brezinski. A. general extrapolation algorithm. *Numer. Math.*, 35(1980), 175～187

[94] C. Brezinski. Successiv modification of limit continued fraction. *J. Comput. Appl, Math.*, 19(1987), 67～74

[95] C. Brezinski, A. Lemharki. The lincar convergence of limit periodic continued fractions. *J. Comput. Appl. Math.*, 19(1987), 75～77

[96] C. Brezinski, J. V. I seghem. Padé-type approximants and linear functional transformations. *LNM*, 1150(1986), 100～108

[97] H. Brunner. Nonpolynominal spline collocation for volterra equations with weakly singular kernels. *SIAM J. Numer. Anal.*, 6(1993)

[98] M. G. de Brain. Simultaneous Padé approximation and Orthogonality. Lecture Notes in Math., Springer-Verlag, 1984

[99] D. Bessis. Topics in the theory of Padé approximants. P. R. Graves-Morris(ed.), Inst. of Phys., Bristor, 1973, pp. 19～44

[100] A. Bultheel. M. van Barel. Minimal vector Padé approximation. *J. Comput. Appl. Math.*,

1&2(1990),27～37

[101] M. Van Barel, A. Bultheel. A new approach to the rational interpolation problem. *J. Comput. Appe. Math.*, 1&2(1990), 281～289

[102] M. Van Barel, A. Bultheel. A new approach to the rational interpolation problem: the vector case. *J. Comput. Appl. Math.*, 3(1990), 331～345

[103] A. F. Beardon, L. Lorentzen. Approximants of sleszynski-pringsheim continued fraction. *J. Comput, Appl. Math.*, 132(2001), 467～477

[104] G. Chen, P. Hu. The truncated Hamburger mtrix moment problem in the monuegenerate and degencerate cases and matrix continued fractions. *Lineal Algebra Appl.*, 277(1998), 199～237

[105] J. S. R. Chisholm. Rational approximants defined from dcuble power series. *Math. Comput.*, 27(1973), 841～848

[106] J. C. Clements. Convexity-preserving piecewise rational cubic interpolation, *SIAM J. Numer. Anal.*, 27:4(1990), 1016～1023

[107] G. W. Clenshaw, K. Lord. Rational approximations from chebyshev series in studies in Numerical analysis, ed. B. K. P. Scaife, Academic Press, London, 1974

[108] G. Claessens. On the Newton-Padé approximation problem, *J. Approx. Theory*, 22(1978), 150～160

[109] A. Cuyt, K. Driver, J. Tan and B. Verdonk. Exploring multivariate Padé approximants for meltiple hypergeometric series, *Advances in Comput. Math.*, 10(1999), 29～49

[110] A. Cuyt. A multivariate qd-like algorithm, *BIT*, 23(1988), 98～112

[111] A. Cuyt, B, Verdonk. Multivariate rational interpolation Computing. 34(1985), 41～61

[112] A. Cuyt, L. Wuytack. Nonlinear methods in numerica analysis, North-Holland Amsterdam. 1986

[113] A. Cuyt. Padé approximants for operatcrs: theory and apprication. LNM 1065, Springer Verlay, Berlin, 1984

[114] A. Cuyt, B. Verdonk. General order Newton-Padé approximants for multivariate functions. *Numer. Math.*, 43(1984), 293～307

[115] R. Delbourgo Accurate c^2 rational interpolants in tension. *AIAMJ. Numer. Anal.*, (1993), 595～607

[116] R. Delbourgo, J. A. Gregory, Shape preserving piecewise rational interpolation, *SIAM J. Sci Comput.*, 4(1985), 967～976

[117] R. Delbourgo, J. A. Gregory. The determination of derivative parameteirs for a monotonic rational quadratic interpolant. *IMA J. Numer. Anal.*, 5(1985), 397～406

[118] R. Delbourgo. Shape preserving interpolation to convex data by rational functions with quadratic numerator and linear denominator. *IMA J. Numer. Anal.*, 9(1989)

[119] Qi Duan, K. Djidjeli, W. G. Prici, E. H. Twizell. Weighted rational cubic spline interpolation and its application. *J Comput. Appl. Math.*, 117(2000), 121～135

[120] A. Draux. Approximants de type Padé et de table. Little: publication A No. 96, 1983

[121] B. L. Ehle. On Cortain order constrained Tchebyshev rational approximation. *J. Approx. Theory*, 17(1976), 297~306

[122] M. Eiermann. On the convergence of Padé-type approximants to analytic functions. *J. Comput. Appl. Math.*, 10(1984), 219~227

[123] F. N. Fristsch, R. E. Carlson. Monotone piecewise cubic interpolation. *SIAM J. Numer. Anal.*, 17(1980), 238~246

[124] Gu Chuanqing, Zhu Gongqin. Bivariate Lagrange-type vector valued rational interpolants. *J. Comput. Math.*, 2(2002), 207~216

[125] Gu Chuanqing, Zhu Gongqin. Matrix algorithms and error formula for bivariate Thiele-type rectangular matrix valued rational interpolation, *Numer. Math. J. Chinese Univ.*, 2(1999), 195~208

[126] Gu Chuanqing. Bivariate Thiele-type matrix valued rational interpolants. *J. Comput. Appl. Math.*, 80(1997), 71~82

[127] Gu Chuanqing. Generalized inverse matrix Padé approximation on the basis of scalar products. *Linear Algebra Appl.*, 322(2001), 141~167

[128] Gu Chuanqing. Thiele-type and Lagrange-type generalize inverse rational interpolation for rectangular complex matrices, *Linear Algebra Appl.*, 295(1999), 7~30

[129] J. A. Gregory, M. Sarfrag. A rational cubic spline with tension, *CAGD*, 7(1990), 1~13

[130] J. A. Gregory, R. Delbourgo. Piecewise rational quadratic interpolation to monotonic data. *IMA, J. Numer. Anal.*, 2(1982), 123~130

[131] M. Gasca, J. J. Martinez. Computation of rational interpolants with prescribed poles, *J. Comput. Math.*, 26(1989), 297~309

[132] K. O. Geddes. Block, structure in the Chebyshev-Padé table, *SIAM J. NUmer. Anal.*, 5(1981), 844~861

[133] P. R. Graves-Morris. Vector valued rational interpolants I. *Numer, Math.*, 42(1983), 331~348

[134] P. R. Graves-Morris. Vector valued rational interpolants Ⅱ. *IMA, J. Numer. Anal.*, 4(1984), 209~224

[135] P. R. Graves-Morris, C. D. Jenkins. Vector valued rational interpolants Ⅲ. *Constr. Approx.*, 2(1986), 263~289

[136] P. R. Graves-Morris. Solution of integral equations using generalised inverse, function-valued Padé approximants. *J. Comput. Appl. Math.*, 32(1990), 117~124

[137] P. R. Graves-Morris, C. D. Jenkins. Generalised inverse vector valued rational interpolation. in: H. Wermer and H. J. Bünger, eds., Padé approximation and its application, Spring, Berlin, 1983

[138] P. R. Graves-Morris. Padé approximants for linear integral equations. *J. Inst. Math. Appl.*, 21(1978), 375~378

[139] P. R. Graves-Morris, A. George, Jr. Baker, C. F. woodcock. Cayley's theorem and its application in the theory of vector Padé approximants. *J. Comput. Appl. Math.*, 66(1996), 255~265

[140] P. R. Graves-Morris, E. B. Saff. Row convergence thorems of generalized inverse vector-valued Padé approximants. *J. Comput. Appl. Math.*, 23(1988), 63~85

[141] M. Gasca, J. J. Martinez. Computation of rational interpolants with prescribed poles. *J. Comput. Math.*, 26(1989), 297~309

[142] J. A. Gregory, M. Sarfraz, P. K. Yuen. Interactive curve design using C^2 rational spline, *Comp & Graph*, 18(1994), 153~159

[143] W. B. Gragg. The Padé table and its relation to certain algorithms of numerical analysis. *SIAM. Review*, 14(1972), 1~62

[144] F. de Hoog, R. Weiss. High order methods for a class of volterva integral equations with weakly singular kernels. *SIAM J. Numer. Anal.*, 11(1974), 1166~1180

[145] J. R. Hughes. General rational approximants in N-Variable. *J. Approx. Theory*, 16(1976), 201~233

[146] J. R. Hughes, G. J. Makinson. The generation of chisholm rational approximants to power series in two-variable. *J. Inst. Math. Appl.*, 13(1974), 299~310

[147] Hu Min, Tan Jieqing. Image compression and reconstruction based on bivariate interpolation by continued fractions, proceedings of second international conference on image and graphics. wei sui ed. 87~92, SPIE vol. 4875, 2002

[148] Van Iseghem J. Vector Padé approximants. 11th IMACS world congvess, OSID, North-Holland, Amsterdam, 1985

[149] Van Iseghem J.. Vector orthogonal relations vector QD-algorithm. *J. Comput. Appl Math.*, 19(1987), 140~150

[150] Van Iseghem J. Matrix continued fraction for the resolvent function of the hand operator. *Acta. Appl. Math.*, 61(2000), 351~365

[151] L. Iorentzen, H. Waadeland. Continued fraction with application, Elsevier science publishers. B. V., 1992

[152] W. B. Jones, W. J. Thron. Continued fractions, Analytic Theory and Application, Addison-Wesley, Reading, MA, 1980

[153] L. Jacobsen. Remarks of definition of convergence acceleration illustrated by means of continued fractions K(a_n/1) where $a_n \to 0$, *J. Comput. Appl. Math.*, 21(1988), 101~110

[154] L. Jacobsen, H. Waadeland. An asymptotic property for tail of limit periodic continued fractions, *Rocky Mt. J. Math.*, 1(1990), 151~163

[155] A. Lembarki. Acceleration of limit periodic continued fraction by the T_{tm} transformation, *J. Comput. Appl. Math.*, 19(1987), 109~116

[156] D. Levin. General order Padé type rational approximants defined from double power series. *J. Inst. Math. Appl.*, 18(1976), 1~8

[157] N. Macon,. D. E. Dupree. Existence and uniqueness of interpolating rational functions. *The Amer. Math. Monthly*,69(1962),751～759

[158] G. Meinardus. Approximation von Funktionen und ihre numerische Behandlung. Springer-Verlag,Berlin,Göttingen,Heidelberg,New York,1964

[159] H. J. Maehly. Rational approximations for transeendental function. in Proc. Int. Conf. on Infrom. Proc. Butter Worth,(1960),57～62

[160] G. Mühlbach,M. Gasca. A generalization of sylvester′s identity on determinants and some applications. *Linear Algebra Appl.*,66(1985),221～234

[161] G. Mühlbach. L. Reimers. Linear extrapolation by rational functions, exponentials and logarithmic functions. *J. Comput. Appl. Math.*,17(1987),329～344

[162] S. Muhammad. A c^2 rational cubic spline alternative to the nurbs.,*Comput. & Graphics*,1 (1992),69～77

[163] D. J. Newman. Rational approximation to $|x|$,*J. Michigan Math.*,11(1964),11～14

[164] Ning Rongjian,Zhu Gongqin,The construction of a kind of rational spline,*Numer. Math. A. J. Chinese Univ*,. 2(1996),134～138

[165] L. Piegl,W Tiller. The NURBS Book,Berlin:Springer-Verlag,1997

[166] M. Raissouli, A. Kacha. Convergence of matvix continued fractions. *Linear Algebra Appl.*, 320(2000),115～129

[167] J. Stoer,R. Bulirsch. 数值分析引论. 孙文瑜等译,南京:南京大学出版社,1995

[168] W. Siemazko. Thiele-type branched continued fractions for two-variable functions,*J. Comput. Appl. Math.*,9(1983),137～153

[169] C. Schneider, W. Werner. Some new aspects of rational interpolation, *Math. Comput*,,47 (1986),285～299

[170] P. Sablonniere. A new family of Pade′-type approximants in $1R^k$,J. Comput. Appl. Math.,9 (1983),347～359

[171] P. Sablonniere, Pade′-type approximants for multivatiate series of function, LNM.,1071 (1984),238～251

[172] R. Schaback. Spezielle rational spline funktionen, Jour. Approx. Theory,7(1973)281～292

[173] L. S. Shieh, F. F. Gaudiano, Some properties and applications of matrix continued fraction: IEEE Trans,Circuits System,22(1975),721～728

[174] V. N Sorokin,T. V. Iseghem, Matrix continued fractions,J. Approx. Theory ,46(1999),237 ～257

[175] H. E. Salzer,Note on osculatory rational,Math. Comput.,16(1962),486～491

[176] A. side,Rational approximation from power sevies of vector-valued meromorphic function,J. Approx. Theory,1(1994),89～111

[177] L. L. Schumaker,On shape preserving quadratic spline interpolation,*SIAM J. Numer Anal.*,20(1983),854～864

[178] F. Streit. The T_{tm} fransformation,*Math. Comput.*,30(1976),505～511

[179] M. Sarfraz. Interpolatory vational cubic spline with biased, point and interval tension, *Comput. Graph.*, 4(1992), 427~430

[180] Tang Shuo, Zhu Gongqin On the acceleration convergence of limit periodic continued fractions by the T_{tm} transformation, *J. Comput. Appl. Math.*, 5(1994), 267~274

[181] Tan Jieqing, Zhu Gongqin, Bivariate vector valued rational interpolants by branched continued fractions, *Numer Math. A. J. Chinese Univ.*, 1(1995), 37~43

[182] Tan Jieqing, Interpolating multivariate rational spline in R^r, *Numer. Math. A. J. Chinese Univ.*, 2(1995), 185~192

[183] Tan Jieqing, Zhu Gongqin, General framework for vector valued interpolants, proceedings of Third China-Japan seminar on Numerical mathematics, Zhong Cishi ed, Science press, Beijing, New york (1998), 273~278

[184] Tan Jieqing, Algorithms for lacunary vector valued rational interpolants, *Numer. Math. A. J. Chinese Univ.*, 2(1998), 169~182

[185] Tan Jieqing, Bivariate blending rational interpolants, *Approx. Theory and Its Appl.*, 21 (1999), 74~83.

[186] Tan Jieqing, Bivariate rational interpolants with vectangle-hole structure, *J. Comput. Math.*, 1(1999), 1~14.

[187] Tan Jieqing, Tang Shuo, Vector valued rational interpolants by triple branched continued fractions, *Appl. Math. TCU*: 12(B), 1(1997), 273~278

[188] Tan Jieqing, Tang shuo, Bivariate composite vector valued interpolation, *Math. Comput.*, 69 (2000), 1521~1532

[189] Tan Jieqing, Fang yi, Newton-Thiele′s rational interpolants, *Numerical Algorithms*, 24 (2000), 141~157

[190] Tang Shuo, Tan Jieqing, Zhu Gongqin, On the choices of accelerating convergence fractor for limit periodic continued fraction K $(a_n/1)$, *Numer, Math. A. J. Chinese Univ.*, 1(1996), 62~70

[191] R. H. Wang, J. Q. Tan, On interpolating multivariate rational spline, *Appl. Numer Math.*, 2(1993), 357~372

[192] J. L. Walsh, Padé approximats as limits of rational functions of best approximation, Real Domain, *J. Approx. Theory*, 11(1974), 225~230

[193] L. Wuytack(ed.), Padé approximation and its applications, Lecture Notes in Mathematics, 765(1979)

[194] L. Waytack, An algorithm for rational interpolation similar to the qd-algorithm, *Numer, Math.*, 20(1973), 418~424

[195] L. Wuytack, On the osculatory rational interpolating problem, *Math. Comput.*, 29(1975), 837~843

[196] P. Wynn. Continued fractions whose coefficients obey a non-commutative law of multiplacation, *Arch. Rational Mech. Anal.*, 12(1963), 273~312

[197] P. Wynn. Upon systems of recursions which obtain mong the quotients of the Padé table, *Numer. Math.*, 8(1966), 264～269

[198] Zhao Huanxi, Zhu Gongqin, Xiao Ping. A backward three-term recurrence relation for vector valued continued fractions and its application, *J. Comput. Appl. Math.*, 142(2002), 389～400

[199] Zhu Gongqin Zhu Xiaolin. On the convergence of Padé-type approximants in two variables, *Numer. Math. A. J. Chinese Univ.*, 2(1993), 148～153

[200] Zhu Gongqin, Tan Jieqing. A note on matrix-valued rational interpolations, *J. Comput. Appl. Math.*, 110(1999), 129～140.

《信息与计算科学丛书 · 典藏版》书目

30 反问题的数值解法 2003.9 肖庭延等 著
31 有理函数逼近及其应用 2004.1 王仁宏等 著
32 小波分析·应用算法 2004.5 徐 晨等 著
33 非线性微分方程多解计算的搜索延拓法 2005.7 陈传淼 谢资清 著
34 边值问题的Galerkin有限元法 2005.8 李荣华 著
35 Numerical Linear Algebra and Its Applications 2005.8 Xiao-qing Jin, Yi-min Wei
36 不适定问题的正则化方法及应用 2005.9 刘继军 著
37 Developments and Applications of Block Toeplitz Iterative Solvers 2006.3 Xiao-qing Jin
38 非线性分歧：理论和计算 2007.1 杨忠华 著
39 科学计算概论 2007.3 陈传淼 著
40 Superconvergence Analysis and a Posteriori Error Estimation in Finite Element Methods 2008.3 Ningning Yan
41 Adaptive Finite Element Methods for Optimal Control Governed by PDEs 2008.6 Wenbin Liu Ningning Yan
42 计算几何中的几何偏微分方程方法 2008.10 徐国良 著
43 矩阵计算 2008.10 蒋尔雄 著
44 边界元分析 2009.10 祝家麟 袁政强 著
45 大气海洋中的偏微分方程组与波动学引论 2009.10 〔美〕Andrew Majda 著 陈 南 王晓明 程 晋 江 渝 译
46 有限元方法 2010.1 石钟慈 王 鸣 著
47 现代数值计算方法 2010.3 刘继军 编著
48 Selected Topics in Finite Elements Method 2011.2 Zhiming Chen Haijun Wu
49 交点间断Galerkin方法：算法、分析和应用 〔美〕Jan S.Hesthaven T.Warburton 著 李继春 汤涛 译
50 Computational Fluid Dynamics Based on the Unified Coordinates 2012.1 Wai-How Hui Kun Xu
51 间断有限元理论与方法(修订版) 2014.10 张 铁 著
52 三维油气资源盆地数值模拟的理论和实际应用 2013.1 袁益让 韩玉笈 著
53 偏微分方程外问题——理论和数值方法 2013.1 应隆安 著
54 Geometric Partial Differential Equation Methods in Computational Geometry 2013.3 Guoliang Xu Qin Zhang
55 Effective Condition Number for Numerical Partial Differential Equations 2013.3 Zi-Cai Li Hung-Tsai Huang Yimin Wei Alexander H.-D. Cheng
56 积分方程的高精度算法 2013.3 吕 涛 黄 晋 著
57 能源数值模拟方法的理论和应用 2013.6 袁益让 著

58　Finite Element Methods 2013.6 Shi Zhongci　Wang Ming　著
59　支持向量机的算法设计与分析 2013.6　杨晓伟　郝志峰　著
60　后小波与变分理论及其在图像修复中的应用　2013.9　徐　晨　李　敏　张维强　孙晓丽　宋宜美　著
61　统计微分回归方程——微分方程的回归方程观点与解法　2013.9　陈乃辉　著